"Artificial intelligence is the new electricity."

- Andrew Ng, Co-founder of Coursera and Adjunct Professor at Stanford University

Chi siamo

Benvenuto in questo libro creato da Cuantum Technologies. Siamo un team di sviluppatori appassionati impegnati nella creazione di software che offra esperienze creative e risolva problemi del mondo reale. Il nostro approccio si concentra sulla costruzione di applicazioni web di alta qualità che offrano un'esperienza utente fluida e soddisfino le esigenze dei nostri clienti.

Nella nostra azienda crediamo che programmare non significhi soltanto scrivere codice. Significa risolvere problemi e creare soluzioni che possano fare la differenza nella vita delle persone. Esploriamo costantemente nuove tecnologie e tecniche per rimanere all'avanguardia nel settore e siamo entusiasti di condividere con te le nostre conoscenze e la nostra esperienza attraverso questo libro.

Il nostro approccio allo sviluppo software si basa sulla collaborazione e sulla creatività. Lavoriamo a stretto contatto con i nostri clienti per comprendere le loro esigenze e creare soluzioni adattate ai loro requisiti specifici. Crediamo che il software debba essere intuitivo, facile da usare e visivamente accattivante, e ci impegniamo a creare applicazioni che soddisfino questi criteri.

Questo libro ha l'obiettivo di offrire un approccio pratico e accessibile all'apprendimento delle tecnologie moderne. Che tu sia un principiante senza esperienza di programmazione o uno sviluppatore esperto che desidera ampliare le proprie competenze, il nostro obiettivo è aiutarti a sviluppare le tue abilità e costruire solide basi nel mondo dello sviluppo software, della data science e delle tecnologie emergenti.

La nostra filosofia:

Nel cuore di Cuantum crediamo che il modo migliore per creare software sia attraverso la collaborazione e la creatività. Valorizziamo l'opinione dei nostri clienti e lavoriamo a stretto contatto con loro per creare soluzioni che soddisfino le loro esigenze. Crediamo inoltre che il software debba essere intuitivo, facile da usare e visivamente attraente, e ci impegniamo a sviluppare applicazioni che rispettino questi principi.

Crediamo anche che la programmazione sia una competenza che può essere appresa e sviluppata nel tempo. Incoraggiamo i nostri sviluppatori a esplorare nuove tecnologie e tecniche e forniamo loro gli strumenti e le risorse necessari per rimanere all'avanguardia nel settore. Crediamo inoltre che programmare debba essere stimolante e gratificante, e ci impegniamo a creare un ambiente che favorisca la creatività e l'innovazione.

La nostra esperienza:

Nella nostra azienda di software siamo specializzati nella creazione di applicazioni web che offrono esperienze creative e risolvono problemi del mondo reale. I nostri sviluppatori hanno esperienza in una vasta gamma di linguaggi di programmazione e framework, tra cui **Python, intelligenza artificiale, ChatGPT, Django, React, Three.js e Vue.js**, tra gli altri. Esploriamo costantemente nuove tecnologie e tecniche per rimanere all'avanguardia nel settore e siamo orgogliosi della nostra capacità di creare soluzioni che soddisfino le esigenze dei nostri clienti.

Abbiamo inoltre una vasta esperienza nell'**analisi e visualizzazione dei dati, nel machine learning e nell'intelligenza artificiale**. Crediamo che queste tecnologie abbiano il potenziale di trasformare il modo in cui viviamo e lavoriamo, e siamo entusiasti di contribuire allo sviluppo di questa nuova era tecnologica.

In conclusione, la nostra azienda è dedicata alla creazione di software che promuova esperienze creative e risolva problemi del mondo reale. Diamo priorità alla collaborazione e alla creatività e ci impegniamo a sviluppare soluzioni intuitive, facili da usare e visivamente accattivanti. Siamo appassionati di programmazione e desideriamo condividere con te le nostre conoscenze e la nostra esperienza attraverso le nostre pubblicazioni. Speriamo che questo libro possa rappresentare una risorsa preziosa nel tuo percorso di apprendimento e crescita nel mondo della tecnologia.

YOUR JOURNEY STARTS HERE…

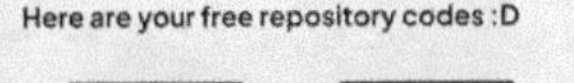

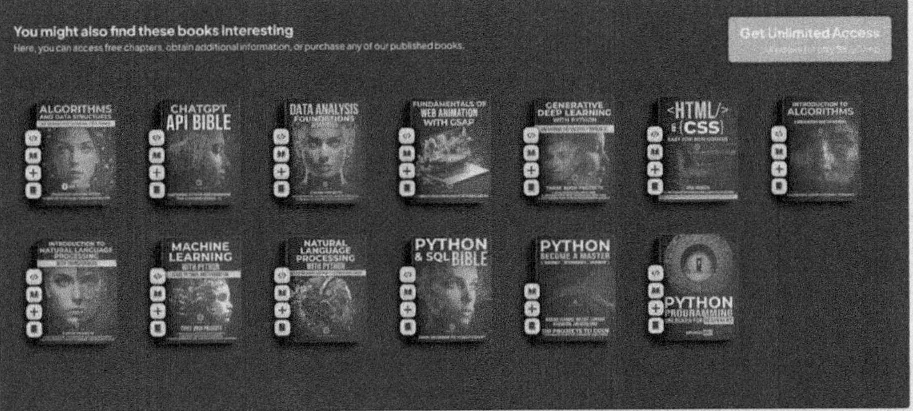

Get access to all the benefits of being one of our valuable readers through our new **eLearning Platform:**

1. Free code repository of this book

2. Access to a **free example chapter** of any of our books.

3. Access to the **free repository code** of any of our books.

4. Premium customer support by writing to **books@cuantum.tech**

And much more…

HERE IS YOUR
FREE ACCESS

www.cuantum.tech/books/javascript-from-zero-to-superhero/code/

SOMMARIO

Introduzione

Benvenutə in "**JavaScript da Zero a Supereroe: Sblocca i tuoi superpoteri nello sviluppo web**", una guida completa pensata per accompagnarti in un percorso trasformativo: da principiante a sviluppatore JavaScript competente. Questo libro non riguarda solo l'apprendimento di JavaScript; riguarda il padroneggiarlo al punto da poter creare, in modo creativo ed efficace, applicazioni web che potrebbero persino cambiare il mondo.

JavaScript è il linguaggio del web. Oggi rimane l'unico linguaggio di programmazione nativo dei browser, essenziale per aggiungere interattività e funzionalità alle pagine web. È cresciuto da semplice strumento per rendere le pagine più dinamiche a un vero motore capace di alimentare applicazioni complesse su numerose piattaforme. Questa diffusione rende JavaScript una competenza indispensabile per chiunque aspiri a diventare sviluppatore web.

Tuttavia, iniziare con JavaScript può essere scoraggiante. Il linguaggio si è evoluto rapidamente, incorporando funzionalità che supportano architetture complesse e caratteristiche avanzate. Questo libro chiarisce queste complessità scomponendo i concetti in parti gestibili e comprensibili. Che tu sia un principiante assoluto o una persona con basi di programmazione, il nostro obiettivo è fornirti le competenze e la fiducia necessarie per tracciare la tua strada nel dinamico mondo dello sviluppo web.

"**JavaScript da Zero a Supereroe**" è strutturato per offrire una progressione logica dai concetti fondamentali agli argomenti avanzati. Iniziamo configurando il tuo ambiente di sviluppo—uno spazio in cui scrivere, testare e fare debug del codice. Comprendere strumenti e configurazioni prima di mettersi a programmare è cruciale, perché ti permette di essere ben preparatə e di concentrarti esclusivamente sull'apprendimento di JavaScript.

Da lì, entriamo nel cuore di JavaScript. Imparerai variabili, tipi di dato e operatori—i mattoni di base che costituiscono le fondamenta di qualsiasi applicazione JavaScript. Seguiranno strutture di controllo e funzioni, che ti insegneranno a scrivere codice conciso ed efficace. Ogni capitolo si basa sul precedente, aumentando gradualmente la complessità.

Per consolidare l'apprendimento, ogni capitolo si conclude con esercizi pratici che ti sfidano ad applicare ciò che hai imparato in scenari reali. Alla fine di ogni sezione principale, un quiz ti aiuterà a fissare le conoscenze, assicurando che i concetti chiave siano padroneggiati prima di passare a temi più impegnativi.

Man mano che affrontiamo argomenti intermedi e avanzati, imparerai a conoscere il Document Object Model (DOM), che consente a JavaScript di manipolare le pagine web con cui le persone interagiscono. Esplorerai anche funzioni avanzate come callback, promise e async/await per gestire operazioni asincrone—una competenza fondamentale nello sviluppo web moderno.

Nelle parti finali del libro, ti introduciamo a JavaScript lato server con Node.js e ti guidiamo nello sviluppo di applicazioni single-page usando framework moderni come React, Vue e Angular. A questo punto, ti sentirai a tuo agio nell'usare JavaScript non solo per migliorare le pagine web, ma anche per costruire sistemi front-end e back-end sofisticati.

Il culmine del tuo percorso di apprendimento saranno i tre progetti completi inclusi nel libro. Questi progetti sono progettati per sintetizzare tutti i concetti trattati, offrendoti un'esperienza pratica nella creazione e nel rilascio di applicazioni reali.

Questo libro è anche un invito a riflettere sul panorama tecnologico più ampio, incoraggiandoti a pensare in modo critico al codice e al suo impatto sulle persone e sulla società. Considerazioni etiche, implicazioni sulle prestazioni e accessibilità sono intrecciate nelle discussioni, preparandoti non solo a programmare, ma a diventare uno sviluppatore consapevole.

Alla fine di questo libro, avrai le conoscenze, le competenze e la sicurezza per usare JavaScript in modo efficace in una varietà di contesti. Sarai in grado di progettare applicazioni robuste, risolvere sfide di programmazione complesse e contribuire a progetti che ti entusiasmano, con una solida comprensione di uno dei linguaggi di programmazione più popolari al mondo. Benvenuto all'inizio del tuo viaggio per sbloccare i tuoi superpoteri nello sviluppo web con JavaScript.

Come usare questo libro

"**JavaScript da Zero a Supereroe: Sblocca i tuoi superpoteri nello sviluppo web**" è pensato per essere sia una guida completa sia uno strumento pratico per sviluppatori e sviluppatrici, sia alle prime armi sia con esperienza. Per ottenere il massimo da questo libro, è importante affrontarlo non solo come lettore o lettrice, ma come partecipante attivo del proprio percorso di apprendimento. Ecco come puoi utilizzare questo libro in modo efficace per massimizzare la tua esperienza di apprendimento.

1. Configura il tuo ambiente di sviluppo

Prima di iniziare il primo capitolo, prenditi il tempo di configurare l'ambiente di sviluppo come descritto nella Prefazione. Questa configurazione include la scelta di un editor di codice, l'impostazione del browser per i test e la comprensione di strumenti di base come la console JavaScript. Una configurazione corretta è fondamentale, perché sarà il tuo spazio di lavoro per i numerosi esempi di codice e i progetti che realizzerai.

2. Procedi in modo lineare

Anche se può essere allettante saltare da un argomento all'altro in base a ciò che ti interessa nell'immediato, JavaScript è un linguaggio costruito su concetti fondamentali che si appoggiano l'uno sull'altro. Per una comprensione migliore, procedi capitolo dopo capitolo. La struttura di questo libro è progettata deliberatamente per aumentare gradualmente la complessità.

3. Svolgi gli esercizi pratici

Alla fine di ogni capitolo ci sono esercizi pratici pensati per verificare e rafforzare ciò che hai imparato. Non saltare questi esercizi: sono essenziali per passare dalla teoria alle competenze pratiche. Se un esercizio ti sembra difficile, ripassa i concetti del capitolo oppure prova a riscrivere gli esempi forniti prima di affrontarlo di nuovo.

4. Prendi sul serio i quiz

I quiz sono presenti alla fine di ogni sezione principale e sono fondamentali per valutare la tua comprensione del materiale. Considerali sia come uno strumento di apprendimento sia come un indicatore diagnostico per individuare le aree su cui potresti aver bisogno di maggiore attenzione o ripasso.

5. Lavora sui progetti

Questo libro include tre progetti principali, distribuiti strategicamente lungo il percorso. Ogni progetto è pensato per consolidare le tue conoscenze e simulare attività reali di sviluppo in JavaScript. Lavorando su questi progetti, acquisisci sicurezza nel gestire codebase più ampie e nel risolvere problemi più complessi.

6. Sfrutta le appendici e le risorse online

Le appendici e le risorse elencate alla fine del libro sono utili per approfondire le tue conoscenze e rimanere aggiornato sugli sviluppi più recenti in ambito JavaScript. Queste risorse includono letture aggiuntive, strumenti, forum della community e opportunità di formazione continua.

7. Rifletti sulle considerazioni etiche

Mentre impari, pensa alle implicazioni più ampie del tuo codice. Considera l'accessibilità, la privacy delle persone e l'uso etico del software. Affrontiamo questi temi in tutto il libro, per fare in modo che, mentre cresci come sviluppatore o sviluppatrice, tu diventi anche una persona più consapevole.

Seguendo queste linee guida, "**JavaScript da Zero a Supereroe: Sblocca i tuoi superpoteri nello sviluppo web**" non solo ti insegnerà JavaScript, ma anche come pensare e risolvere problemi come una persona con esperienza. Che il tuo obiettivo sia creare siti web dinamici, contribuire all'open source o sviluppare applicazioni enterprise scalabili, questo libro è il tuo primo passo per padroneggiare l'arte e la scienza dello sviluppo web con JavaScript.

Strumenti e configurazione necessari

Iniziare il tuo percorso per imparare JavaScript richiede una base solida, non solo in termini di competenze e concetti, ma anche negli strumenti e nell'ambiente che utilizzi per lo sviluppo. Questa sezione descrive gli strumenti essenziali e la configurazione necessaria per seguire in modo efficace "**JavaScript da Zero a Supereroe: Sblocca i tuoi superpoteri nello sviluppo web**". Assicurarti di avere una configurazione corretta fin dall'inizio renderà l'esperienza di apprendimento più fluida e ti permetterà di concentrarti di più sullo studio e meno sulla risoluzione dei problemi.

1. Editor di codice

Un buon editor di codice è indispensabile per programmare. Per JavaScript e lo sviluppo web, esistono diverse opzioni popolari:

- **Visual Studio Code (VS Code)**: altamente consigliato per le sue funzionalità avanzate, come evidenziazione della sintassi, IntelliSense (completamento del codice) e un vasto ecosistema di estensioni. È leggero, gratuito e disponibile per Windows, macOS e Linux.
- **Sublime Text**: noto per la sua velocità ed efficienza, Sublime Text è un'altra scelta eccellente. Offre molte delle stesse funzionalità di VS Code, ma può risultare più veloce su hardware meno recente.
- **Atom**: sviluppato da GitHub, Atom è un editor di testo "hackable" per il 21° secolo. È altamente personalizzabile, anche se a volte più lento rispetto alle altre opzioni.

Scegli quello che ti sembra più intuitivo e comodo, perché ci passerai molte ore.

Per maggiori informazioni su come installare VS Code, visita i nostri post del blog dettagliati su questo argomento: https://www.cuantum.tech/post/stepbystep-guide-to-installing-visual-studio-code-vs-code-on-windows-mac-and-linux

2. Browser web

Un browser web moderno è fondamentale per testare ed eseguire JavaScript. Anche se la maggior parte dei browser supporta JavaScript, i seguenti sono consigliati per i loro strumenti pensati per gli sviluppatori:

- **Google Chrome**: molto utilizzato grazie ai suoi strumenti per sviluppatori (Developer Tools), che rendono il debug di JavaScript più semplice.
- **Mozilla Firefox**: offre solidi Developer Tools con alcune funzionalità uniche, come l'ispettore della griglia CSS e un'esperienza di navigazione più attenta alla privacy.
- **Microsoft Edge**: basato sullo stesso motore di Chrome, Edge offre strumenti per sviluppatori simili, con integrazioni aggiuntive specifiche del sistema operativo Windows.

3. Node.js e npm

Node.js è un runtime JavaScript basato sul motore V8 di Chrome. Ti consente di eseguire JavaScript sul lato server o di sviluppare applicazioni server-side. npm (Node Package Manager) è incluso con Node.js ed è essenziale per gestire i pacchetti di terze parti che potresti usare nei tuoi progetti.

Scarica e installa Node.js dal sito ufficiale (https://nodejs.org/). Questa installazione installerà anche npm, fondamentale per gestire le dipendenze del progetto.

Per maggiori dettagli su come installare Node.js, consulta il seguente post del blog informativo: https://www.cuantum.tech/post/how-to-install-nodejs-on-windows-mac-and-linux-a-stepbystep-guide

4. Sistema di controllo versione

Git è il sistema più utilizzato per il controllo versione. Ti aiuta a tenere traccia delle modifiche, tornare a stati precedenti e collaborare con altri su progetti. Scarica e installa Git dal sito ufficiale (https://git-scm.com/). Una volta installato, puoi integrarlo con il tuo editor di codice per rendere il flusso di lavoro più efficiente.

Per maggiori informazioni sul controllo versione, visita il seguente post del blog informativo e utile: https://www.cuantum.tech/post/understanding-version-control-systems-what-they-are-and-why-you-need-one

5. Account GitHub

Pur non essendo uno strumento nel senso tradizionale, avere un account GitHub sarà estremamente utile. Ti permette di gestire i repository, collaborare e archiviare i tuoi progetti nel cloud. Crea un account gratuito su GitHub (https://github.com/) e inizia a familiarizzare con le sue funzionalità.

6. Ambiente server locale

Molti semplici compiti in JavaScript possono essere eseguiti direttamente in un browser, ma lo sviluppo di applicazioni più complesse spesso richiede un server locale. Per chi inizia, estensioni in Visual Studio Code come Live Server possono ricaricare automaticamente il browser mentre modifichi i file, simulando un ambiente "live".

7. Estensioni e plugin per sviluppatori

Valuta di installare estensioni aggiuntive del browser come React Developer Tools o i devtools di Vue.js se prevedi di lavorare con questi framework. Questi strumenti offrono informazioni più approfondite sulle applicazioni create con tali tecnologie.

Per sapere cosa sono e come installare React Developer Tools e Vue.js, visita i seguenti post del blog:

1. **React Developer Tools:** https://www.cuantum.tech/post/how-to-install-and-set-up-react-developer-tools-a-comprehensive-guide
2. **Vue.js:** https://www.cuantum.tech/post/how-to-install-and-set-up-vuejs-for-your-next-project

Con questi strumenti e queste impostazioni avrai un ambiente di sviluppo robusto che supporta l'apprendimento e la creazione di applicazioni in JavaScript. Ogni strumento contribuisce a un'esperienza di sviluppo fluida, permettendoti di concentrarti sul padroneggiare JavaScript e costruire progetti web di grande impatto.

Parte I: Iniziare con JavaScript

Capitolo 1: Introduzione a JavaScript

Benvenuto al capitolo introduttivo di "**JavaScript da Zero a Supereroe: Sblocca i tuoi superpoteri nello sviluppo web**." Questo capitolo è la tua porta d'ingresso nell'affascinante mondo di JavaScript, un linguaggio di programmazione che non solo è diventato una pietra miliare dello sviluppo web, ma ha anche rivoluzionato il modo in cui interagiamo con il mondo digitale.

Che tu sia un aspirante sviluppatore web, un programmatore esperto che desidera diversificare le proprie competenze o persino un appassionato di tecnologia con la passione per il codice, acquisire una solida comprensione di JavaScript è una risorsa preziosa. La conoscenza di JavaScript ti aprirà molte possibilità, spianando la strada a creatività, innovazione e problem solving.

Mentre intraprendiamo questo entusiasmante percorso, inizieremo con un'immersione nella ricca storia di JavaScript. Comprendendone le origini, la traiettoria di sviluppo e l'evoluzione, possiamo apprezzare perché occupi una posizione così centrale e insostituibile nel panorama tecnologico di oggi. Questa panoramica storica fornirà il contesto necessario per comprendere il profondo impatto del linguaggio e la sua continua rilevanza in un settore in costante evoluzione.

1.1 Storia di JavaScript

JavaScript, spesso abbreviato in JS, fu creato nel 1995 da Brendan Eich quando era ingegnere presso Netscape. Inizialmente fu sviluppato con il nome Mocha, poi rinominato LiveScript e infine JavaScript. Questa rinomina coincise con l'aggiunta, da parte di Netscape, del supporto agli applet Java nel browser, dando origine al comune equivoco secondo cui JavaScript sarebbe una sorta di derivazione di Java. In realtà, le somiglianze tra i due linguaggi sono poche, poiché furono sviluppati indipendentemente l'uno dall'altro e per scopi diversi.

La motivazione principale alla base della creazione di JavaScript era rendere le pagine web interattive. Prima di JavaScript, le pagine web erano statiche, il che significava che qualsiasi interazione richiedeva all'utente di ricaricare una pagina o inviare dati al server. JavaScript permise agli sviluppatori di aggiungere elementi interattivi alle pagine web, capaci di rispondere alle azioni dell'utente senza dover ricaricare la pagina. Questa capacità cambiò radicalmente il modo in cui sviluppatori e designer concepivano la costruzione dei siti, aprendo la strada alle esperienze web dinamiche che abbiamo oggi.

Nel 1997, JavaScript fu portato a ECMA International, un'organizzazione di standardizzazione, per definire una specifica standard che garantisse un'implementazione coerente del linguaggio nei diversi browser. Questo portò alla nascita di ECMAScript, lo standard ufficiale di JavaScript. ECMAScript ha subito molte revisioni che hanno introdotto nuove funzionalità e miglioramenti, con versioni principali note come ES5 (ECMAScript 5), ES6 (noto anche come ECMAScript 2015) e così via.

L'introduzione di AJAX (Asynchronous JavaScript and XML) nei primi anni 2000 fu un altro momento decisivo per JavaScript. AJAX permise alle pagine web di richiedere dati al server in modo asincrono senza interferire con la visualizzazione e il comportamento della pagina. Questo non solo migliorò l'esperienza utente rendendo le pagine più veloci e reattive, ma diede anche impulso alle single-page application (SPA) — applicazioni web che caricano una singola pagina HTML e la aggiornano dinamicamente mentre l'utente interagisce con l'app.

Nel corso degli anni, le capacità di JavaScript si sono ampliate enormemente: da semplice strumento di scripting è diventato un linguaggio potente, adatto allo sviluppo sia front-end sia back-end, grazie a Node.js. Introdotto nel 2009, Node.js è un ambiente di runtime JavaScript open source e multipiattaforma che consente agli sviluppatori di eseguire codice JavaScript al di fuori del browser. Questa innovazione è stata fondamentale per rendere JavaScript ancora più popolare, trasformandolo in un linguaggio versatile e "tuttofare".

Codice di esempio: Interazione JavaScript di base

Vediamo un semplice esempio per illustrare la capacità di JavaScript di aggiungere interattività a una pagina web. Considera una pagina con un pulsante che, quando viene cliccato, mostra la data e l'ora correnti:

```html
<!DOCTYPE html>
<html>
<head>
    <title>Simple JavaScript Example</title>
</head>
<body>
    <button onclick="displayDate()">What's the time?</button>
    <p id="time"></p>

    <script>
        function displayDate() {
```

```
            document.getElementById("time").innerHTML = new Date().toLocaleString();
        }
    </script>
</body>
</html>
```

In questo esempio, cliccando il pulsante viene attivata la funzione **displayDate()**, che modifica il contenuto dell'elemento paragrafo per mostrare la data e l'ora correnti. Questo è un esempio fondamentale di come JavaScript possa interagire con la struttura HTML di una pagina per modificare dinamicamente i contenuti.

L'interazione iniziale con il codice può sembrare opprimente, ma non c'è motivo di preoccuparsi. In questo libro semplificheremo tutto passo dopo passo. Per ora, iniziamo scomponendo il codice:

1. Costruire la struttura della pagina (HTML):
   o Il codice inizia con **<!DOCTYPE html>**, che indica al browser che si tratta di un documento HTML.
   o I tag **<html>** e **</html>** definiscono la struttura principale della pagina web.
   o All'interno di **<html>**, abbiamo una sezione **<head>** che contiene il titolo della pagina visualizzato nella scheda del browser. Qui, il titolo è "Simple JavaScript Example".
   o La parte più importante per il nostro scopo è la sezione **<body>**. È qui che viene scritto il contenuto che appare nella pagina web.
2. Pulsante e area di visualizzazione (HTML):
   o All'interno di **<body>**, per prima cosa creiamo un pulsante usando il tag **<button>**. Il testo visualizzato sul pulsante è "What's the time?"
   o Un attributo importante del pulsante è **onclick**. Questo dice al browser quale azione eseguire quando il pulsante viene cliccato. In questo caso, il valore è impostato su **displayDate()**, che fa riferimento a una funzione che definiremo più avanti.
   o Poi abbiamo un elemento paragrafo (**<p>**) con id "time". Questo paragrafo verrà usato per visualizzare la data e l'ora correnti.
3. Farlo funzionare con JavaScript:
   o Il tag **<script>** dice al browser che il codice al suo interno è JavaScript.
   o All'interno di **<script>**, definiamo una funzione chiamata **displayDate()**. Questa funzione verrà eseguita ogni volta che il pulsante viene cliccato.
   o La funzione usa **document.getElementById("time")** per trovare nella pagina web l'elemento paragrafo con id "time".
   o La "magia" avviene con **.innerHTML**. Questa proprietà ci permette di cambiare il contenuto visualizzato all'interno dell'elemento paragrafo.

- o Nel nostro caso, impostiamo il contenuto su **new Date().toLocaleString()**. Scomponiamolo ulteriormente:
  - **new Date()**: crea una nuova istanza dell'oggetto JavaScript **Date**, che rappresenta la data e l'ora correnti.
  - **.toLocaleString()**: è un metodo dell'oggetto **Date** che converte data e ora in un formato leggibile, in base alle impostazioni della lingua del browser.

Riepilogo:

Questo codice crea una semplice pagina web con un pulsante. Cliccando il pulsante, viene eseguita una funzione JavaScript che recupera la data e l'ora correnti, le formatta in modo comprensibile e le mostra nella pagina, all'interno dell'elemento paragrafo.

1.1.1 Figure influenti

Sebbene Brendan Eich sia ampiamente riconosciuto come l'autore originale di JavaScript, avendolo sviluppato durante il suo periodo in Netscape negli anni '90, ci sono state diverse altre figure influenti che hanno svolto ruoli fondamentali nella sua evoluzione continua e nel crescente livello di sofisticazione:

Douglas Crockford: Crockford è molto noto nella community di sviluppo per il suo lavoro significativo su JSON (JavaScript Object Notation). Questo formato leggero di interscambio dati, facile da leggere e scrivere per gli esseri umani e semplice da analizzare e generare per le macchine, oggi è usato universalmente per lo scambio di dati sul web. Oltre al lavoro su JSON, Crockford ha scritto molto anche su JavaScript. Il suo libro influente, "JavaScript: The Good Parts", è stato ampiamente letto e ha aiutato molte persone a comprendere e utilizzare in modo efficace le parti più solide del linguaggio, portando a una maggiore consapevolezza delle capacità e del potenziale di JavaScript.

Ryan Dahl: come creatore di Node.js, Dahl ha avuto un impatto significativo nell'ampliare le capacità di JavaScript, estendendone la portata oltre il browser. Abilitando la programmazione lato server, il lavoro di Dahl con Node.js ha davvero trasformato JavaScript in un linguaggio full-stack. Questo gli ha permesso di gestire tutto, dalle interazioni front-end alle operazioni di database back-end, aumentando notevolmente la versatilità e l'utilità di JavaScript nel mondo dello sviluppo web.

1.1.2 Community e cultura

La community ampia e vivace di JavaScript è senza dubbio uno dei suoi attributi più preziosi, perché favorisce una ricca cultura di innovazione, creatività e supporto, essenziale per la crescita e lo sviluppo continui del linguaggio:

Progetti Open Source: la community di JavaScript ha sviluppato e continua a mantenere un'enorme quantità di librerie e framework. Tra questi ci sono, ad esempio, jQuery, AngularJS, React e Vue.js. Questi progetti, guidati dallo spirito pionieristico della community, spingono continuamente i confini di ciò che si può ottenere con JavaScript. Hanno avuto un ruolo sostanziale nel plasmare le capacità del linguaggio e hanno portato a importanti progressi nello sviluppo web.

Forum e piattaforme di apprendimento: la condivisione della conoscenza è un elemento chiave della community di JavaScript, facilitata da varie piattaforme online. Siti come Stack Overflow, Mozilla Developer Network (MDN) e freeCodeCamp offrono risorse preziosissime, dove sia chi sta iniziando sia chi ha più esperienza può trovare supporto. Questi siti mettono a disposizione tutorial completi, articoli approfonditi e uno spazio per approfondimenti e discussioni della community, promuovendo un ambiente di apprendimento favorevole.

Conferenze: la community di JavaScript organizza anche conferenze annuali come JSConf e Node.js Interactive. Questi eventi sono importanti punti di incontro per lo scambio di conoscenze, il networking nel settore e la presentazione di nuove tecnologie e tecniche nell'ecosistema JavaScript. Riuniscono sviluppatori e sviluppatrici da tutto il mondo, favorendo un senso di unità e collaborazione che, a sua volta, contribuisce alla crescita e allo sviluppo collettivi del linguaggio JavaScript.

1.1.3 JavaScript sul Web oggi

JavaScript, un linguaggio di scripting potente e versatile, è praticamente onnipresente nel mondo dello sviluppo web di oggi. Poiché quasi tutti i browser integrano motori JavaScript dedicati per elaborarlo e interpretarlo in modo efficiente, JavaScript è diventato una parte integrante del panorama digitale:

Statistiche e adozione: secondo le più recenti indagini e ricerche, JavaScript è utilizzato da oltre il 95% di tutti i siti web nel mondo. Questa presenza capillare non solo evidenzia il suo ruolo fondamentale nello sviluppo web moderno, ma sottolinea anche la sua importanza come tecnologia chiave del mondo digitale. L'adozione diffusa di JavaScript è una prova della sua versatilità e solidità, che lo rendono una pietra miliare delle tecnologie web.

Framework e strumenti: l'avvento di framework JavaScript moderni come React, Angular e Vue ha rivoluzionato lo sviluppo web, rendendo più semplice che mai costruire applicazioni web complesse e ad alte prestazioni. Questi strumenti innovativi astraggono molte delle complessità e delle difficoltà associate al JavaScript "puro", offrendo agli sviluppatori capacità potenti e sofisticate per creare esperienze utente reattive e dinamiche.

Consentono agli sviluppatori di concentrarsi sulla creazione di interfacce coinvolgenti e intuitive, mantenendo al contempo prestazioni e reattività ottimali. Questa nuova generazione di strumenti JavaScript ha inaugurato una nuova era dello sviluppo web, permettendo di creare applicazioni web più efficienti, efficaci e facili da usare.

1.1.4 Controversie e sfide

JavaScript, nonostante il suo utilizzo diffuso e l'enorme popolarità nel mondo dello sviluppo web, ha ricevuto anche diverse critiche. Queste critiche ruotano principalmente attorno a problemi di sicurezza, preoccupazioni sulle prestazioni e alla complessità delle best practice.

Una delle critiche più significative riguarda i **problemi di sicurezza**. La capacità di JavaScript di interagire direttamente con i browser può essere un'arma a doppio taglio. Se da un lato offre un alto livello di interazione e una migliore esperienza utente, dall'altro può essere sfruttata a fini malevoli se non viene gestita correttamente. Una vulnerabilità comune di cui le applicazioni JavaScript devono essere consapevoli e da cui devono proteggersi è il Cross-site scripting (XSS), in cui script dannosi vengono iniettati in siti web considerati affidabili e possono poi essere usati per rubare informazioni sensibili.

Un'altra area di preoccupazione sollevata nel corso degli anni riguarda le **prestazioni**. Nelle sue prime versioni, JavaScript era sensibilmente più lento, il che limitava di conseguenza ciò che si poteva fare in modo efficiente. Tuttavia, l'avvento di motori moderni come V8, usato in Google Chrome, e SpiderMonkey, usato in Firefox, ha migliorato drasticamente le velocità di esecuzione, rendendo JavaScript molto più efficiente.

La crescente complessità di JavaScript e delle relative best practice è un'ulteriore area di critica. Man mano che JavaScript si è evoluto ed è cresciuto per funzionalità e casi d'uso, è aumentata anche la **complessità delle best practice** associate. Questa complessità può risultare scoraggiante per chi è alle prime armi e cerca di muovere i primi passi nella programmazione in JavaScript, ed è spesso al centro di dibattiti all'interno della community di sviluppo.

1.1.5 Prospettive future

Guardando al futuro, il ruolo di JavaScript nello sviluppo web e delle applicazioni sembra destinato a espandersi ulteriormente e a diventare ancora più centrale per diverse ragioni:

Evoluzione di ECMAScript: JavaScript è un linguaggio dinamico che continua a evolversi grazie all'aggiunta di nuove funzionalità e miglioramenti. Questi vengono introdotti nello standard di JavaScript, noto come ECMAScript. Ci si aspetta che le future versioni di ECMAScript migliorino aspetti legati a modularità, prestazioni e "syntactic sugar". Questi aggiornamenti e revisioni sono pensati per rendere il linguaggio più potente, versatile e user-friendly, rispondendo alle esigenze dello sviluppo web moderno.

Oltre il Web: l'uso di JavaScript si sta estendendo oltre lo sviluppo web tradizionale. Sta dimostrando la propria versatilità e adattabilità entrando in nuovi ambiti come lo sviluppo di app mobile. In particolare, grazie a framework come React Native, JavaScript si sta affermando anche in questo spazio. Inoltre, JavaScript si sta spingendo anche nel campo dell'IoT (Internet of Things), dimostrando la sua capacità di adattarsi e rimanere rilevante in un panorama tecnologico in rapido cambiamento.

WebAssembly: l'introduzione di WebAssembly ha rappresentato un cambio di paradigma per le applicazioni web. WebAssembly consente di eseguire codice scritto in linguaggi diversi da JavaScript a velocità quasi nativa.

Questo importante avanzamento può affiancare e potenziare le capacità di JavaScript nelle applicazioni web, offrendo una combinazione potente di velocità e funzionalità. Ciò significa che JavaScript può lavorare in sinergia con altri linguaggi di programmazione, aumentando le prestazioni delle applicazioni web e offrendo un'esperienza utente più ricca.

1.2 Che cosa può fare JavaScript?

C'era una volta in cui JavaScript era concepito semplicemente come un linguaggio di scripting lineare e immediato. Era stato progettato con un unico obiettivo: migliorare le funzionalità dei browser web, aggiungendo capacità dinamiche. Tuttavia, con il passare del tempo e con l'evoluzione della tecnologia, JavaScript è cresciuto in modo significativo, trasformandosi in uno strumento potente e ricco di possibilità. Oggi non si limita ad aggiungere dinamicità ai browser: alimenta applicazioni complesse e sofisticate e opera in una moltitudine di ambienti, ben oltre i confini del suo scopo originario.

Per apprezzare davvero l'adattabilità di JavaScript e capire perché sia diventato una pietra miliare dello sviluppo web moderno, è necessario esplorarne e comprenderne le capacità estese. Come linguaggio, JavaScript si è evoluto e si è adattato — quasi come un organismo vivente — per rispondere alle esigenze di un panorama digitale in rapida trasformazione, dimostrando più volte il proprio valore.

Approfondiamo quindi questo mondo affascinante e scopriamo cosa può fare JavaScript. Questa sezione ci porterà oltre lo sviluppo web "tradizionale", introducendoci a un'ampia gamma di ambiti in cui JavaScript gioca un ruolo cruciale e lascia un impatto concreto e duraturo.

Nota: alcuni esempi in questa sezione potrebbero sembrare opprimenti o confusi. Servono solo a illustrare le capacità di JavaScript. Non preoccuparti se non li capisci del tutto: nel corso del libro acquisirai le conoscenze necessarie per padroneggiare JavaScript e i suoi utilizzi.

1.2.1 Interattività nelle pagine web

JavaScript, nella sua essenza, svolge un ruolo cruciale — e rivoluzionario — nel migliorare l'esperienza delle persone sulle piattaforme digitali. Lo fa in modo intelligente, dando alle pagine web la capacità di rispondere in tempo reale alle interazioni, eliminando la noiosa necessità di ricaricare l'intera pagina e garantendo un'esperienza più fluida ed efficiente.

Questa reattività immediata non è soltanto una "funzione" aggiuntiva: è una capacità intrinseca e fondamentale nel panorama del web design contemporaneo. È una prova di quanto le tecnologie moderne possano migliorare il modo in cui interagiamo con le piattaforme digitali. La natura dinamica di JavaScript, che consente di creare e implementare contenuti interattivi, può trasformare pagine statiche e potenzialmente monotone in ambienti vivaci, coinvolgenti e partecipativi.

Per questo l'importanza di JavaScript non è semplicemente rilevante: nel contesto digitale di oggi è enorme. In un mondo in cui l'interazione e l'esperienza utente sono centrali — dove l'esperienza digitale può determinare il successo o l'insuccesso di un prodotto o servizio — JavaScript ha un ruolo decisivo. La sua capacità di rendere le piattaforme più interattive e coinvolgenti è uno dei motori principali del web design moderno, e per questo la sua importanza è difficile da sopravvalutare.

Esempio: moduli interattivi Considera un modulo di registrazione in cui JavaScript viene usato per validare i dati inseriti prima che vengano inviati al server. Questo feedback immediato può guidare l'utente e prevenire errori nell'invio dei dati.

```html
<!DOCTYPE html>
<html>
<head>
    <title>Signup Form Example</title>
</head>
<body>
    <form id="signupForm">
        Username: <input type="text" id="username" required>
        <button type="button" onclick="validateForm()">Submit</button>
        <p id="message"></p>
    </form>
```

```html
<script>
    function validateForm() {
        var username = document.getElementById("username").value;
        if(username.length < 6) {
            document.getElementById("message").innerHTML = "Username must be at
least 6 characters long.";
        } else {
            document.getElementById("message").innerHTML = "Username is valid!";
        }
    }
</script>
</body>
</html>
```

In questo esempio, la funzione JavaScript **validateForm()** controlla la lunghezza dello username e fornisce un feedback immediato nella stessa pagina, migliorando l'esperienza dell'utente grazie a indicazioni utili e istantanee, senza ricaricare la pagina.

Analisi del codice:

1. Costruire il modulo di registrazione (HTML):

- Come nell'esempio precedente, partiamo dalla struttura HTML di base.
- Questa volta, il titolo è "Signup Form Example".
- All'interno di **<body>**, creiamo un elemento form usando il tag **<form>**. Il form serve a raccogliere l'input dell'utente. Gli assegniamo un id "signupForm" per poterlo referenziare più facilmente in seguito.

2. Campo Username e pulsante di invio (HTML):

- All'interno del form, abbiamo un'etichetta "Username:" seguita da un elemento **<input>**. Qui l'utente inserirà lo username.
  - L'attributo **type** è impostato su "text", indicando che è un campo di testo per inserire caratteri.
  - L'attributo **id** è impostato su "username" per identificare questo campo specifico.
  - L'attributo **required** assicura che l'utente inserisca uno username prima di inviare il modulo.
- Poi abbiamo un elemento button con il testo "Submit". Tuttavia, questa volta l'attributo **type** è impostato su "button" invece di "submit". Questo significa che, cliccando il pulsante, il form non verrà inviato automaticamente, permettendoci di controllare il processo di invio con JavaScript.

- Il pulsante ha un attributo **onclick** impostato su **validateForm()**. Questo richiama una funzione JavaScript che definiremo più avanti, per validare lo username prima dell'invio.
- Infine, abbiamo un elemento paragrafo con id "message". Questo paragrafo verrà usato per mostrare eventuali messaggi legati alla validazione dello username.

3. Validare lo username con JavaScript:

- Il tag **<script>** resta lo stesso, indicando che il codice al suo interno è JavaScript.
- Definiamo una funzione chiamata **validateForm()**. Questa funzione verrà eseguita ogni volta che l'utente clicca il pulsante "Submit".
- Dentro la funzione:
    - Usiamo **var username = document.getElementById("username").value;** per recuperare il valore inserito dall'utente nel campo username.
        - **document.getElementById("username")** trova l'elemento con id "username" nella pagina (il campo di input dello username).
        - **.value** estrae il testo effettivamente digitato dall'utente in quel campo.
    - Usiamo un'istruzione **if** per controllare se la lunghezza dello username è inferiore a 6 caratteri usando **.length**.
        - Se lo username è troppo corto, mostriamo un messaggio con **document.getElementById("message").innerHTML**. Impostiamo il contenuto del messaggio per informare l'utente del requisito minimo di lunghezza.
    - Altrimenti (blocco **else**), mostriamo un messaggio di successo che indica che lo username è valido.

Riepilogo:

Questo codice crea un modulo di registrazione con un campo username e un pulsante di invio. Quando l'utente clicca il pulsante, una funzione JavaScript valida la lunghezza dello username. Se lo username ha meno di 6 caratteri, viene mostrato un messaggio di errore. Altrimenti, viene mostrato un messaggio di successo.

1.2.2 Rich Internet Applications (RIAs)

JavaScript è la spina dorsale fondamentale, il mattoncino essenziale, delle single-page application (SPA), che sono una caratteristica comune nel panorama delle moderne applicazioni web. Ne vediamo esempi in piattaforme popolari come Google Maps o Facebook. In queste applicazioni altamente interattive e ricche di funzionalità, JavaScript ricopre un ruolo estremamente centrale, perché si occupa di una grande varietà di responsabilità. Queste vanno dalle richieste di dati, alla gestione del routing front-end e al controllo delle transizioni tra le pagine, fino a molte altre attività vitali per le prestazioni dell'applicazione.

Le funzionalità di JavaScript vanno ben oltre la semplice esecuzione di compiti. È determinante nel fornire un'esperienza fluida, quasi "da desktop", direttamente all'interno del browser. Questo importante miglioramento dell'esperienza utente si ottiene rendendo l'interfaccia più scorrevole e interattiva. In questo modo si replica la fluidità e la reattività che ci si aspetterebbe naturalmente da un'applicazione desktop completa, colmando il divario tra esperienze web e desktop.

Senza la potenza e la flessibilità di JavaScript, queste single-page application non potrebbero offrire il tipo di esperienza utente continua e immersiva per cui sono conosciute. È JavaScript che dà vita a queste applicazioni, rendendole più che semplici pagine statiche e trasformandole in esperienze digitali dinamiche e interattive, capaci di coinvolgere e soddisfare gli utenti.

Esempio: caricamento dinamico dei contenuti

JavaScript può caricare dinamicamente contenuti in una pagina senza un ricaricamento completo. Questo è usato in modo estensivo nelle SPA, dove le azioni dell'utente attivano direttamente cambiamenti nei contenuti.

```javascript
document.getElementById('loadButton').addEventListener('click', function() {
    fetch('data/page2.html')
        .then(response => response.text())
        .then(html => document.getElementById('content').innerHTML = html)
        .catch(error => console.error('Error loading the page: ', error));
});
```

In questo frammento, quando si fa clic su un pulsante, JavaScript recupera nuovo contenuto HTML e lo inserisce in un div di contenuto, aggiornando la pagina in modo dinamico.

Analisi del codice:

1. Attivare l'azione (JavaScript):

- Questo frammento di codice usa JavaScript per aggiungere funzionalità a un pulsante.

2. Trovare il pulsante e aggiungere un listener (addEventListener):

- La prima riga, **document.getElementById('loadButton')**, trova l'elemento pulsante nella pagina web tramite il suo id, che possiamo assumere sia impostato su "loadButton" nel codice HTML (non mostrato qui).
- **.addEventListener('click', function() {...})** è una funzione potente che ci consente di associare un event listener al pulsante.
  - In questo caso, l'evento che stiamo ascoltando è "click". Quindi, ogni volta che l'utente fa clic su questo pulsante, verrà eseguito il codice all'interno delle parentesi graffe (**{...}**).

3. Recuperare contenuti esterni (fetch):

- All'interno della funzione attivata dall'evento click, usiamo la funzione **fetch**. È un modo moderno e potente per recuperare dati dal server.
- Nel nostro caso, **fetch('data/page2.html')** prova a recuperare il contenuto di un file chiamato "page2.html" che si trova in una cartella chiamata "data" (relativa al file HTML corrente).

4. Elaborare i dati recuperati (then):

- La funzione **fetch** restituisce una promise. Una promise è un modo per gestire operazioni asincrone (operazioni che richiedono tempo) in JavaScript.
- Qui usiamo il metodo **.then** sulla promise restituita da **fetch**. Questo ci permette di definire cosa fare con i dati una volta che sono stati recuperati correttamente.
  - All'interno del **.then**, riceviamo un oggetto "response". Questo oggetto contiene informazioni sui dati recuperati.
- Usiamo un altro **.then** sull'oggetto "response". Questa volta chiamiamo il metodo **response.text()**. Questo estrae il contenuto testuale effettivo dalla response, assumendo che sia HTML in questo caso.

5. Aggiornare il contenuto della pagina (innerHTML):

- Riceviamo il contenuto HTML recuperato (testo) dal **.then** precedente.
- Usiamo **document.getElementById('content')** per trovare l'elemento con id "content" nella pagina web (presumibilmente un contenitore in cui vogliamo mostrare il contenuto caricato).
- Impostiamo la proprietà **innerHTML** dell'elemento "content" sul contenuto HTML recuperato (**html**). In questo modo, il contenuto esistente all'interno dell'elemento "content" viene sostituito con il contenuto di "page2.html".

6. Gestire gli errori (catch):

- L'operazione **fetch** può fallire per vari motivi, come errori del server o problemi di rete.
- Per gestire eventuali errori, usiamo il metodo **.catch** sulla chiamata **fetch** iniziale.
- Il metodo **.catch** riceve un oggetto "error" se l'operazione **fetch** fallisce.
- All'interno del blocco **.catch**, usiamo **console.error('Error loading the page: ', error)** per registrare il messaggio di errore nella console del browser. Questo aiuta chi sviluppa a identificare e risolvere eventuali problemi durante lo sviluppo.

Riepilogo:

Questo codice dimostra come caricare contenuti da un file HTML esterno usando la **fetch** API e aggiornare dinamicamente la pagina web in base all'interazione dell'utente (clic su un pulsante). Introduce anche il concetto di promise per gestire operazioni asincrone e la gestione degli errori tramite **.catch**.

```javascript
const http = require('http');

const server = http.createServer((req, res) => {
    res.writeHead(200, {'Content-Type': 'text/plain'});
    res.end('Hello, welcome to our server!');
});

server.listen(3000, () => {
    console.log('Server is running on <http://localhost:3000>');
});
```

Quando esegui questo script con Node.js, viene avviato un web server che invia "Hello, welcome to our server!" a qualsiasi richiesta da parte di un client.

Analisi del codice:

1. Entrare nel mondo di Node.js:

- Questo frammento di codice è scritto in JavaScript, ma è progettato specificamente per essere eseguito in un ambiente Node.js. Node.js consente di usare JavaScript per lo sviluppo lato server, il che significa che può creare web server e gestire richieste da parte degli utenti.

2. Includere il modulo HTTP (require):

- La prima riga, **const http = require('http');**, è essenziale per lavorare con HTTP in Node.js.
    - **const** viene usato per dichiarare una variabile.
    - **require('http');** importa il modulo HTTP integrato fornito da Node.js. Questo modulo ci mette a disposizione gli strumenti per creare un server HTTP.

3. Creare il server (http.createServer):

- La riga successiva, **const server = http.createServer((req, res) => {...});**, crea il server HTTP vero e proprio.
    - **http.createServer** è una funzione del modulo HTTP importato.
    - Accetta una callback (la parte tra parentesi) che definisce come il server risponderà alle richieste in arrivo.
    - All'interno della callback riceviamo due argomenti:
        - **req** (request): questo oggetto rappresenta la richiesta HTTP in arrivo da un client (ad esempio, un browser).
        - **res** (response): questo oggetto ci permette di inviare una risposta al client.

4. Inviare una risposta semplice:

- All'interno della callback:
    - **res.writeHead(200, {'Content-Type': 'text/plain'});** imposta gli header della risposta.
        - Il primo argomento, **200**, è il codice di stato che indica una risposta riuscita.
        - Il secondo argomento è un oggetto che definisce gli header della risposta. Qui impostiamo **Content-Type** su **text/plain**, indicando che il contenuto della risposta è testo semplice.
    - **res.end('Hello, welcome to our server!');** invia il contenuto effettivo della risposta come stringa al client.

5. Avviare il server (server.listen):

- Le ultime due righe, **server.listen(3000, () => {...});**, avviano il server e registrano un messaggio nella console.
    - **server.listen** è un metodo dell'oggetto server. Accetta due argomenti:
        - Il primo argomento, **3000**, è il numero di porta su cui il server resterà in ascolto delle richieste in arrivo.
        - Il secondo argomento è una callback che viene eseguita una volta che il server ha iniziato correttamente ad ascoltare.

o   All'interno della callback usiamo **console.log** per stampare un messaggio che indica che il server è in esecuzione e raggiungibile all'indirizzo **http://localhost:3000**. È presente "http://" perché si tratta di un server web e "localhost" si riferisce alla propria macchina.

Riepilogo:

Questo codice crea un server HTTP di base in Node.js. Mostra come gestire richieste in arrivo, impostare gli header della risposta, inviare contenuti al client e avviare il server su una porta specifica. È un elemento fondamentale per costruire applicazioni web più complesse con Node.js e JavaScript.

1.2.4 Internet of Things (IoT)

JavaScript non è solo un linguaggio di programmazione versatile e ampiamente utilizzato, ma ha anche esteso significativamente la propria portata nel campo in rapida crescita e altamente innovativo dell'Internet of Things (IoT). In questo settore all'avanguardia, l'uso di JavaScript va oltre le applicazioni web e mobile tradizionali, consentendo alle persone che sviluppano di controllare una varietà di dispositivi hardware, raccogliere dati da molteplici fonti diverse ed eseguire numerose altre funzioni critiche, fondamentali nell'era digitale tecnologicamente avanzata in cui viviamo oggi.

A supporto dell'ingresso di JavaScript nell'IoT esistono numerosi framework, tra cui uno dei più noti è Johnny-Five. Questo framework potenzia in modo significativo le capacità di JavaScript, trasformandolo da semplice linguaggio di scripting a strumento prezioso e potente, ampiamente usato per la prototipazione e la realizzazione di applicazioni IoT robuste, efficienti e scalabili.

Queste applicazioni non sono limitate a un singolo ambito, ma spaziano in una grande varietà di settori: dai sistemi di domotica che migliorano la qualità della vita automatizzando attività di routine, alle soluzioni IoT industriali che semplificano e ottimizzano processi complessi. Questi esempi mettono perfettamente in evidenza l'enorme flessibilità e potenza che JavaScript esercita nel panorama dell'IoT, in continua evoluzione.

1.2.5 Animazione e giochi

JavaScript, un linguaggio di programmazione straordinariamente versatile, è ben lontano dall'essere confinato al consueto ambito delle pagine web statiche e della semplice gestione dei dati. In realtà, è molto più ampio: viene impiegato estensivamente nella progettazione complessa e nell'implementazione accurata di animazioni e nello sviluppo di videogiochi. Il suo utilizzo aggiunge un livello significativo di dinamicità e componenti interattive a molte piattaforme digitali, migliorando il coinvolgimento e l'esperienza dell'utente.

Le persone che sviluppano possono sfruttare le potenti capacità di JavaScript insieme a librerie robuste come Three.js e Phaser. Queste librerie offrono un ricco insieme di strumenti e funzionalità che permettono non solo di creare, ma anche di progettare nel dettaglio animazioni 3D complesse e giochi interattivi, aggiungendo una nuova dimensione alle piattaforme digitali.

L'uso di queste librerie supera i confini tradizionali della programmazione: fornisce gli strumenti necessari per dare vita a scene digitali altrimenti statiche. Con il loro supporto, è possibile trasformare scene statiche in realtà virtuali immersive, giochi interattivi e interfacce web visivamente sorprendenti che catturano l'attenzione del pubblico. Questi strumenti aprono nuove strade alla creatività e all'innovazione nel mondo digitale, rendendo possibile creare esperienze coinvolgenti e visivamente accattivanti per le persone.

1.2.6 Strumenti educativi e collaborativi

JavaScript, un linguaggio di programmazione potente e versatile, è la base di molte piattaforme educative moderne e di strumenti di collaborazione in tempo reale. È proprio questo linguaggio poliedrico a dare vita a una vasta gamma di funzionalità avanzate che, nella nostra attuale era digitale, sono diventate quasi una seconda natura.

Prendiamo, per esempio, la condivisione di documenti. Questo progresso tecnologico ha trasformato completamente sia l'ambiente professionale sia quello educativo, offrendo una piattaforma per lo scambio fluido di informazioni e favorendo un contesto collaborativo. E il protagonista "silenzioso" dietro questa rivoluzione? Proprio JavaScript.

Inoltre, consideriamo la videoconferenza. Nel periodo attuale, segnato da lavoro da remoto e apprendimento a distanza, la videoconferenza si è rivelata una risorsa preziosissima. Ci permette di mantenere una forma di normalità, facilitando interazioni faccia a faccia nonostante le distanze geografiche. E la "magia" tecnologica che lo rende possibile è, ancora una volta, JavaScript.

Infine, osserviamo gli aggiornamenti in tempo reale. Questa funzionalità, spesso sottovalutata, garantisce che abbiamo sempre accesso alle informazioni più aggiornate e accurate. Che si tratti delle ultime notizie, delle oscillazioni del mercato azionario o semplicemente del punteggio di un evento sportivo in diretta, gli aggiornamenti in tempo reale ci tengono informati e connessi. Ed è JavaScript, con le sue capacità robuste, a rendere possibile tutto questo.

In sintesi, JavaScript, con la sua potenza e versatilità, è al centro degli strumenti e delle piattaforme digitali che spesso diamo per scontati. La sua influenza attraversa molti aspetti della nostra vita digitale, abilitando funzionalità che sono diventate parte integrante delle nostre routine quotidiane.

1.2.7 Progressive Web Applications (PWA)

JavaScript svolge un ruolo cruciale nello sviluppo delle Progressive Web Applications (PWA), un aspetto importante dello sviluppo web moderno. Le PWA sfruttano le più recenti capacità del Web per offrire un'esperienza molto simile a quella di un'app nativa, pur funzionando all'interno di un browser.

Si tratta di una combinazione potente che offre numerosi vantaggi alle persone: la possibilità di lavorare offline, buone prestazioni anche su reti lente e l'installazione sulla schermata iniziale, proprio come un'app nativa. Un elemento chiave di tutto questo è l'uso di JavaScript, responsabile della gestione dei service worker.

I service worker sono essenzialmente script che il browser esegue in background, separatamente da una pagina web, aprendo la strada a funzionalità che non richiedono una pagina o un'interazione diretta dell'utente. Tra le altre cose, abilitano funzionalità come le notifiche push e la sincronizzazione in background, che migliorano in modo significativo l'esperienza d'uso.

Questi service worker sono una caratteristica fondamentale delle PWA, ed è JavaScript a controllarne il funzionamento.

Esempio: registrazione di un Service Worker

```javascript
if ('serviceWorker' in navigator) {
    navigator.serviceWorker.register('/service-worker.js')
    .then(function(registration) {
        console.log('Service Worker registered with scope:', registration.scope);
    }).catch(function(error) {
        console.log('Service Worker registration failed:', error);
    });
}
```

Questo esempio mostra come registrare un service worker usando JavaScript, un passaggio fondamentale per abilitare esperienze offline e attività in background nelle PWA.

Spiegazione del codice:

1. Verificare il supporto ai Service Worker (istruzione if):

- Questo codice verifica se il browser supporta i service worker.
  - **if ('serviceWorker' in navigator)** è l'istruzione condizionale che avvia tutto.
    - **'serviceWorker' in navigator** controlla se l'oggetto **navigator** (che fornisce informazioni sul browser) possiede una proprietà chiamata **serviceWorker**. Questa proprietà indica se i service worker sono supportati in quel browser.

2. Registrare il Service Worker (navigator.serviceWorker.register):

- Se i service worker sono supportati (la condizione dell'**if** è vera), il codice procede a registrare un service worker tramite **navigator.serviceWorker.register('/service-worker.js')**.
  - **navigator.serviceWorker.register** è un metodo fornito dall'oggetto **navigator** per registrare lo script di un service worker.
  - **/service-worker.js** è il percorso del file JavaScript che contiene la logica del service worker. Questo file probabilmente si trova nella stessa directory (o in una sottodirectory) del file HTML in cui viene inserito questo codice.

3. Gestire il successo e il fallimento della registrazione (then e catch):

- Il metodo **.register** restituisce una promise. Una promise è un modo per gestire operazioni asincrone (operazioni che richiedono tempo) in JavaScript.
  - **.then(function(registration) {...})** definisce cosa fare se la registrazione del service worker va a buon fine.
    - La funzione riceve come argomento un oggetto **registration**, che contiene informazioni sul service worker registrato.
  - **.catch(function(error) {...})** definisce cosa fare se la registrazione del service worker fallisce.
    - La funzione riceve come argomento un oggetto **error**, che contiene i dettagli dell'errore riscontrato.

4. Registrare lo stato della registrazione (log):

- All'interno dei blocchi **.then** e **.catch**, usiamo **console.log** per scrivere messaggi nella console del browser.
  - In caso di successo, registriamo un messaggio che indica la registrazione riuscita, insieme allo scope del service worker tramite **registration.scope**. Lo scope determina quali URL il service worker può controllare.
  - In caso di fallimento, registriamo un messaggio che indica la registrazione non riuscita e i dettagli specifici dell'errore presenti in **error**.

Riepilogo:

Questo frammento registra lo script di un service worker se il browser li supporta. Usa le promise per gestire la natura asincrona della registrazione e registra su console i messaggi di successo o di errore per il debugging e a scopo informativo. I service worker sono strumenti potenti per migliorare le applicazioni web con funzionalità offline, notifiche push e operazioni in background. Questo codice rappresenta un passo di base per iniziare a usarli nei tuoi progetti web.

1.2.8 Machine Learning and Artificial Intelligence

Con l'avvento di librerie avanzate come TensorFlow.js, gli sviluppatori e le sviluppatrici specializzati in JavaScript hanno ora la possibilità di integrare in modo fluido capacità di machine learning direttamente nelle proprie applicazioni web.

Questo apre un intero nuovo mondo di possibilità e consente l'integrazione di funzionalità sofisticate e all'avanguardia come il riconoscimento delle immagini — che permette all'applicazione di identificare ed elaborare oggetti nelle immagini — l'elaborazione del linguaggio naturale — una tecnologia che consente all'applicazione di comprendere e interagire con il linguaggio umano — e l'analisi predittiva — una funzionalità che utilizza dati, algoritmi statistici e tecniche di machine learning per identificare la probabilità di risultati futuri.

Tutto questo può essere ottenuto senza che sia necessario avere una formazione specialistica in machine learning o intelligenza artificiale. Si tratta di un passo importante per rendere il machine learning più accessibile e più diffuso nello sviluppo di applicazioni web.

Esempio: Modello base con TensorFlow.js

```javascript
async function run() {
    const model = tf.sequential();
    model.add(tf.layers.dense({units: 1, inputShape: [1]}));
    model.compile({loss: 'meanSquaredError', optimizer: 'sgd'});

    const xs = tf.tensor2d([1, 2, 3, 4], [4, 1]);
    const ys = tf.tensor2d([1, 3, 5, 7], [4, 1]);

    await model.fit(xs, ys, {epochs: 500});
    document.getElementById('output').innerText = model.predict(tf.tensor2d([5], [1,
1])).toString();
}

run();
```

Questo script imposta un semplice modello di rete neurale che impara a prevedere l'output in base ai dati di input, mostrando come JavaScript possa essere usato per attività di IA di base direttamente nel browser.

Scomposizione del codice:

1. Entrare nel mondo del Machine Learning:

- Questo codice entra nel mondo del machine learning usando TensorFlow.js, una libreria popolare che consente di addestrare modelli di machine learning direttamente nel browser con JavaScript.

2. Definire una funzione asincrona (async function run):

- Il codice inizia con **async function run() {...}**, che definisce una funzione asincrona chiamata **run**. Le funzioni asincrone ci permettono di gestire codice che richiede tempo senza bloccare il thread principale. Questo è importante per le attività di machine learning, che spesso includono l'addestramento dei modelli su dati.

3. Costruire il modello di Machine Learning (tf.sequential):

- All'interno della funzione **run**:
    - **const model = tf.sequential();** crea un oggetto modello sequenziale usando TensorFlow.js (**tf**). Questo oggetto conterrà i layer e la configurazione del nostro modello di machine learning.
    - **model.add(tf.layers.dense({units: 1, inputShape: [1]}));** aggiunge un layer denso al modello.
        - I layer densi sono un elemento fondamentale delle reti neurali. Eseguono trasformazioni lineari sui dati.
        - Qui, **units: 1** indica che il layer ha un'unità di output.
        - **inputShape: [1]** definisce la forma dell'input atteso per questo modello. In questo caso, si aspetta un singolo numero come input.

4. Configurare il modello (model.compile):

- **model.compile({loss: 'meanSquaredError', optimizer: 'sgd'});** configura il processo di addestramento del modello.
    - **loss: 'meanSquaredError'** definisce la funzione di perdita usata per misurare quanto le previsioni del modello corrispondono ai valori reali. L'errore quadratico medio è una scelta comune per problemi di regressione.

- o **optimizer: 'sgd'** specifica l'algoritmo di ottimizzazione usato per regolare i pesi del modello durante l'addestramento. SGD (stochastic gradient descent) è una scelta molto diffusa.

5. Preparare i dati di addestramento (tf.tensor2d):

- **const xs = tf.tensor2d([1, 2, 3, 4], [4, 1]);** crea un tensore 2D chiamato **xs** usando TensorFlow.js. Questo tensore rappresenta i dati di addestramento per gli input del modello.
  - o I dati sono un array di numeri: [1, 2, 3, 4].
  - o **[4, 1]** definisce la forma del tensore. Ha 4 righe (che rappresentano 4 esempi di addestramento) e 1 colonna (che rappresenta il singolo valore di input per ciascun esempio).
- **const ys = tf.tensor2d([1, 3, 5, 7], [4, 1]);** crea un altro tensore 2D chiamato **ys** per gli output target (etichette) dei dati di addestramento.
  - o I dati sono un array di numeri: [1, 3, 5, 7].
  - o La forma corrisponde ancora a **[4, 1]**, in modo coerente con i 4 valori target per ciascun input nel tensore **xs**.

6. Addestrare il modello (model.fit):

- **await model.fit(xs, ys, {epochs: 500});** addestra il modello in modo asincrono.
  - o **model.fit** è il metodo usato per addestrare il modello. Accetta tre argomenti:
    - **xs**: il tensore degli input di addestramento (**xs**).
    - **ys**: il tensore degli output target (etichette) (**ys**).
    - **{epochs: 500}**: un oggetto che definisce le opzioni di addestramento. Qui, **epochs: 500** specifica il numero di iterazioni di addestramento (epoche) da eseguire. Durante ogni epoca, il modello passerà attraverso tutti gli esempi di addestramento e adatterà i propri pesi interni per minimizzare la funzione di perdita.

7. Fare una previsione (model.predict):

- **document.getElementById('output').innerText = model.predict(tf.tensor2d([5], [1, 1])).toString();** usa il modello addestrato per fare una previsione.
  - o **model.predict(tf.tensor2d([5], [1, 1]))** prevede l'output per un nuovo input con valore 5. Crea un nuovo tensore con forma **[1, 1]** che rappresenta un singolo valore di input.
  - o **.toString()** converte il valore previsto (un tensore) in una stringa per la visualizzazione.

- o Infine, impostiamo la proprietà **innerText** dell'elemento con id "output" (presumibilmente un elemento paragrafo) per mostrare il valore previsto sulla pagina web.

1.2.9 Miglioramenti dell'accessibilità

JavaScript svolge un ruolo assolutamente fondamentale nel migliorare l'accessibilità web, un aspetto cruciale del web design moderno. Le sue capacità vanno ben oltre la semplice funzionalità, perché può aggiornare e modificare dinamicamente i contenuti web in tempo reale per rispettare con precisione gli standard di accessibilità.

Questo non solo assicura che i contenuti web siano conformi alle linee guida internazionali, ma migliora anche in modo significativo l'esperienza complessiva. Questa natura dinamica di JavaScript è particolarmente utile per le persone con disabilità, offrendo opzioni di navigazione e interattività molto migliori.

In questo modo, si consente di vivere il Web in modo più inclusivo e facile da usare, rendendo il mondo digitale un luogo più accessibile.

Esempio: migliorare l'accessibilità

```javascript
document.getElementById('themeButton').addEventListener('click', function() {
    const body = document.body;
    body.style.backgroundColor = body.style.backgroundColor === 'black' ? 'white' :
'black';
    body.style.color = body.style.color === 'white' ? 'black' : 'white';
});
```

Questo esempio mostra come JavaScript possa essere usato per alternare temi ad alto contrasto, utili per persone con disabilità visive.

Scomposizione del codice:

1. Attivare il cambio tema (Event Listener):

- Questo frammento di codice usa JavaScript per aggiungere interattività a un pulsante.
- La prima riga, **document.getElementById('themeButton').addEventListener('click', function() {...});**, imposta un event listener per il pulsante con id "themeButton".

- o **.addEventListener('click', function() {...})** è una funzione potente che ci permette di collegare un event listener al pulsante.
- o In questo caso, l'evento che stiamo ascoltando è "click". Quindi, ogni volta che l'utente fa clic su questo pulsante, verrà eseguito il codice all'interno delle parentesi graffe (**{...}**).

2. Alternare colore di sfondo e del testo:

- All'interno della funzione attivata dall'evento click, definiamo la logica per cambiare il tema (sfondo e colore del testo).
- **const body = document.body;** recupera un riferimento all'elemento **<body>** della pagina web, a cui vogliamo applicare le modifiche del tema.
- Le due righe successive: body.style.backgroundColor = body.style.backgroundColor === 'black' ? 'white' : 'black'; body.style.color = body.style.color === 'white' ? 'black' : 'white'; usano una tecnica intelligente per alternare tra due schemi di colori (sfondo nero con testo bianco e sfondo bianco con testo nero) in base al colore di sfondo corrente.

JavaScript

```
body.style.backgroundColor = body.style.backgroundColor === 'black' ? 'white' :
'black'; body.style.color = body.style.color === 'white' ? 'black' : 'white';
```

- o **.style.backgroundColor** e **.style.color** accedono alle proprietà CSS background-color e color dell'elemento body, rispettivamente.
- o L'assegnazione usa un operatore ternario (**? :**). È una forma abbreviata per scrivere un'istruzione if-else. Ecco come funziona:
  - ▪ **body.style.backgroundColor === 'black'** controlla se il colore di sfondo corrente è nero.
  - ▪ Se è nero (**=== 'black'**), allora lo sfondo viene impostato su 'white' (passaggio al tema chiaro).
  - ▪ Altrimenti (tramite i **:** dopo la prima condizione), lo sfondo viene impostato su 'black' (passaggio al tema scuro).
- o La stessa logica si applica alla proprietà color, alternando tra 'white' e 'black' in base al colore del testo corrente.

Riepilogo:

Questo codice dimostra come ascoltare un'interazione dell'utente (clic su un pulsante) e cambiare dinamicamente il tema della pagina (sfondo e colore del testo) usando tecniche di manipolazione del DOM in JavaScript e un uso intelligente dell'operatore ternario per le assegnazioni condizionali. È un ottimo esempio di come aggiungere interattività e un controllo di stile di base a una pagina web.

1.3 Esercizi Pratici

Alla fine di questo capitolo, forniamo esercizi pratici che ti permettono di applicare ciò che hai imparato sulla storia e sulle capacità di JavaScript. Questi esercizi sono progettati per rafforzare la tua comprensione e aiutarti ad acquisire esperienza pratica con JavaScript.

Se trovi alcuni esercizi troppo complessi, non preoccuparti. Potrai tornarci dopo aver completato i capitoli successivi.

Esercizio 1: Quiz Storico

- D1: Chi ha creato JavaScript e in quale anno?
- D2: Come si chiamava originariamente JavaScript?
- D3: Descrivi una pietra miliare importante nell'evoluzione di JavaScript.

Esercizio 2: Validazione di un Form

Crea un semplice modulo HTML per la registrazione di un utente che includa campi per username ed email. Usa JavaScript per validare il modulo in modo che:

- Lo username debba contenere almeno 6 caratteri.
- L'email debba includere un simbolo "@".

  Visualizza messaggi di errore accanto a ciascun campo se la validazione fallisce.

Soluzione:

```html
<!DOCTYPE html>
<html>
<head>
    <title>Registration Form Validation</title>
    <script>
        function validateForm() {
            var username = document.getElementById("username").value;
            var email = document.getElementById("email").value;
            var errorMessage = "";

            if(username.length < 6) {
                errorMessage += "Username must be at least 6 characters long.\\\\n";
```

```javascript
                document.getElementById("usernameError").innerText = errorMessage;
            } else {
                document.getElementById("usernameError").innerText = "";
            }

            if(email.indexOf('@') === -1) {
                errorMessage += "Email must include an '@' symbol.\\\\n";
                document.getElementById("emailError").innerText = errorMessage;
            } else {
                document.getElementById("emailError").innerText = "";
            }

            if(errorMessage.length > 0) {
                return false;
            }
        }
    </script>
</head>
<body>
    <form id="registrationForm" onsubmit="return validateForm()">
        Username: <input type="text" id="username" required>
        <span id="usernameError" style="color: red;"></span><br>
        Email: <input type="text" id="email" required>
        <span id="emailError" style="color: red;"></span><br>
        <button type="submit">Register</button>
    </form>
</body>
</html>
```

Esercizio 3: Caricamento di Contenuti

Usando JavaScript, scrivi una funzione per caricare contenuti da un file di testo in un elemento
div della tua pagina web quando viene cliccato un pulsante. Supponi che il file di testo si chiami
"content.txt".

Soluzione:

```html
<!DOCTYPE html>
<html>
<head>
    <title>Dynamic Content Loading</title>
    <script>
        function loadContent() {
            fetch('content.txt')
            .then(response => response.text())
            .then(data => {
```

```
                    document.getElementById('contentDiv').innerHTML = data;
            })
            .catch(error => {
                console.log('Error loading the content:', error);
                document.getElementById('contentDiv').innerHTML = 'Failed to load
content.';
            });
        }
    </script>
</head>
<body>
    <button onclick="loadContent()">Load Content</button>
    <div id="contentDiv"></div>
</body>
</html>
```

Esercizio 4: Cambiatore di Tema

Scrivi una funzione JavaScript per alternare il tema colore di una pagina web tra modalità chiara (sfondo bianco con testo nero) e modalità scura (sfondo nero con testo bianco).

Soluzione:

```
<!DOCTYPE html>
<html>
<head>
    <title>Theme Switcher</title>
    <script>
        function toggleTheme() {
            var body = document.body;
            body.style.backgroundColor = body.style.backgroundColor === 'black' ?
'white' : 'black';
            body.style.color = body.style.color === 'white' ? 'black' : 'white';
        }
    </script>
</head>
<body>
    <button onclick="toggleTheme()">Toggle Theme</button>
</body>
</html>
```

Questi esercizi forniscono scenari pratici per aiutarti ad applicare e approfondire la tua comprensione di JavaScript. Tentando questi esercizi, migliorerai la tua capacità di risolvere problemi reali usando JavaScript.

Riepilogo del Capitolo

In questo capitolo di apertura di "JavaScript from Scratch: Unlock your Web Development Superpowers", abbiamo intrapreso un percorso per comprendere JavaScript, un linguaggio che rappresenta una pietra miliare dello sviluppo web moderno. Questo capitolo ha fornito le basi necessarie per apprezzare le capacità di JavaScript e il suo ruolo centrale, sia dal punto di vista storico sia nel contesto attuale del Web.

Abbiamo iniziato esplorando la storia di JavaScript, sviluppato da Brendan Eich nel 1995. Nato inizialmente con il nome Mocha, poi rinominato LiveScript e infine JavaScript, questo linguaggio fu creato per aggiungere interattività alle pagine web — un'idea nuova per l'epoca. L'evoluzione di JavaScript è stata profondamente segnata dalla sua standardizzazione come ECMAScript, che ha garantito un'interpretazione coerente nei diversi browser. Questa standardizzazione è stata cruciale per la community di sviluppo, perché ha favorito un ambiente affidabile in cui JavaScript potesse crescere e ampliare le proprie capacità.

In seguito, abbiamo esaminato l'ampiezza delle funzionalità di JavaScript. Se all'inizio era pensato per rendere interattive pagine HTML statiche, oggi JavaScript alimenta applicazioni complesse su molte piattaforme. Le sue capacità vanno dai semplici miglioramenti delle pagine fino alla gestione di servizi back-end tramite Node.js, e arrivano persino ad applicazioni nell'intelligenza artificiale e nell'Internet of Things. Gli esempi proposti — dai moduli interattivi al caricamento dinamico dei contenuti — hanno mostrato la capacità di JavaScript di migliorare l'esperienza utente e semplificare le funzionalità del Web.

Dal punto di vista pratico, JavaScript permette agli sviluppatori di creare rich internet applications (RIA), come le single-page application, che offrono esperienze fluide e continue, simili a quelle delle applicazioni desktop. Abbiamo anche accennato al ruolo di JavaScript nello sviluppo lato server, evidenziandone la versatilità oltre lo scripting client-side.

Gli esercizi alla fine del capitolo sono stati progettati per consolidare ciò che abbiamo imparato, con attività pratiche che vanno dalla validazione di form al cambio di tema. Questi esercizi non solo aiutano a fissare le funzionalità di base di JavaScript, ma incoraggiano anche a pensare in modo creativo a come usarlo per risolvere problemi reali.

Concludendo questo capitolo, dovresti avere una comprensione solida di che cos'è JavaScript, da dove proviene e quali compiti può svolgere. Le intuizioni storiche, insieme alle applicazioni pratiche, preparano il terreno per un'esplorazione più approfondita nei capitoli successivi. Con queste basi, sei ora più preparato a entrare negli aspetti più complessi di JavaScript, dalla manipolazione del DOM ai framework moderni che stanno plasmando il futuro dello sviluppo web.

Questo capitolo è solo l'inizio del tuo percorso con JavaScript. Andando avanti, ogni capitolo costruirà su queste fondamenta, introducendo concetti e tecniche più sofisticati. Il percorso che va dall'apprendimento delle basi fino alla padronanza di funzionalità JavaScript avanzate sarà ricco di sfide interessanti e opportunità di crescita.

Capitolo 2: Fondamenti di JavaScript

Benvenuto nel Capitolo 2. Questo capitolo è pensato per offrirti un'esplorazione approfondita dei concetti fondamentali di JavaScript, ponendo le basi essenziali per argomenti più complessi e per le diverse applicazioni che incontrerai più avanti nel tuo percorso di programmazione.

Comprendere questi concetti di base non è soltanto un esercizio accademico, ma un passaggio cruciale nella tua crescita come programmatore. Sono i mattoni di qualsiasi programma JavaScript e una loro conoscenza solida ti permetterà di scrivere codice più efficiente ed efficace.

Dalle cose apparentemente semplici, come variabili e tipi di dati, a quelle più sfumate, come operatori e strutture di controllo, ogni concetto verrà analizzato con cura. Il nostro obiettivo è darti una base solida e inattaccabile nella programmazione JavaScript.

Iniziamo questo capitolo introducendo le basi—variabili e tipi di dati. Sono componenti essenziali che userai in ogni programma JavaScript che scriverai. Questa conoscenza non è solo fondamentale, ma anche vitale per capire come JavaScript interpreta ed elabora i dati. Alla fine di questo capitolo dovresti avere una chiara comprensione di questi concetti, pronta da applicare ai tuoi progetti di programmazione.

2.1 Variabili e Tipi di Dati

In JavaScript, una variabile funge da nome simbolico o identificatore per un valore. Il ruolo delle variabili è centrale nella programmazione perché vengono usate per memorizzare dati, che costituiscono la struttura portante di qualsiasi programma. Questi dati memorizzati possono essere di vario tipo—numeri, stringhe o strutture di dati più complesse—e possono essere modificati, manipolati e utilizzati in diversi momenti durante l'esecuzione del programma.

Una delle caratteristiche chiave di JavaScript è che è un linguaggio a tipizzazione dinamica. Ciò significa che non devi dichiarare esplicitamente il tipo della variabile quando la inizializzi, a differenza dei linguaggi a tipizzazione statica in cui tale dichiarazione è obbligatoria. Questo offre una notevole flessibilità, permette di scrivere script rapidamente e rende JavaScript un linguaggio accessibile ai principianti grazie a una sintassi meno rigida.

Tuttavia, questa flessibilità richiede anche una solida comprensione e una gestione attenta dei diversi tipi di dati che JavaScript può trattare. Senza una chiara comprensione dei tipi di dati, c'è il rischio di comportamenti inattesi o di errori nel programma. Perciò, anche se la natura dinamica di JavaScript può accelerare il processo di scripting, mette anche in evidenza l'importanza di conoscere a fondo i tipi di dati.

2.1.1 Comprendere le Dichiarazioni di Variabili

JavaScript mette a disposizione tre parole chiave distinte per dichiarare variabili: **var**, **let** o **const**. Ognuna di esse ha caratteristiche e ambiti (scope) propri.

Variabile var

La parola chiave **var** è presente da molto tempo nel mondo di JavaScript ed è stata tradizionalmente usata per dichiarare variabili. È una funzionalità intrecciata al linguaggio fin dalla sua nascita. L'ambito (scope) di una variabile **var**, cioè il contesto in cui la variabile esiste, è il contesto di esecuzione corrente. Questo contesto può essere la funzione che la racchiude oppure, nei casi in cui la variabile venga dichiarata al di fuori di qualsiasi funzione, un ambito globale.

In termini più semplici, una variabile **var** può essere vista o utilizzata solo all'interno della funzione in cui è stata dichiarata. Tuttavia, quando una variabile **var** viene dichiarata al di fuori dei confini di una specifica funzione, la sua visibilità si estende a tutto il programma. Questa visibilità universale, che abbraccia l'intero programma, assegna quindi alla variabile un ambito globale. Ciò significa che può essere accessibile e manipolata da qualsiasi parte del codice, rendendo le variabili **var** estremamente versatili nel loro utilizzo.

Esempio:

La parola chiave **var** viene usata per dichiarare una variabile in JavaScript. Le variabili dichiarate con **var** hanno ambito di funzione oppure ambito globale (se dichiarate al di fuori di una funzione).

```javascript
// Global scope
var globalVar = "I'm a global variable";

function example() {
  // Function scope
  var functionVar = "I'm a function variable";
  console.log(functionVar); // Output: "I'm a function variable"
}
```

```
example();
console.log(globalVar); // Output: "I'm a global variable"
```

Analisi del codice:

1. Variabile Globale:
   - Il codice inizia con **var globalVar = "I'm a global variable";**. Questa riga dichiara una variabile chiamata **globalVar** e le assegna il valore stringa "I'm a global variable".
     - La parola chiave **var** viene utilizzata per la dichiarazione di variabili (modo più vecchio in JavaScript, il modo moderno usa **let** o **const**).
     - Poiché non c'è **let** o **const** prima di essa, e non si trova all'interno di alcuna funzione, **globalVar** viene dichiarata nello scope globale. Questo significa che è accessibile da qualsiasi punto del codice.
2. Scope della Funzione:
   - Il codice definisce poi una funzione chiamata **example()**.
   - All'interno della funzione:
     - **var functionVar = "I'm a function variable";** dichiara un'altra variabile chiamata **functionVar** con il valore "I'm a function variable".
     - Qui, **functionVar** viene dichiarata con **var** all'interno della funzione, quindi possiede uno **scope di funzione**. Questo significa che è accessibile solo all'interno della funzione **example** e non all'esterno.
   - La funzione include anche **console.log(functionVar);** che stampa il valore di **functionVar** nella console, e vedrai l'output previsto "I'm a function variable".
3. Accesso alle Variabili:
   - Dopo la definizione della funzione, il codice richiama la funzione con **example();**. Questo esegue il codice all'interno della funzione.
   - Fuori dalla funzione, c'è un'altra riga: **console.log(globalVar);**. Questa tenta di stampare il valore di **globalVar**. Poiché **globalVar** è stata dichiarata globalmente, è accessibile qui, e vedrai l'output "I'm a global variable".

Riepilogo:

Questo codice mostra la differenza tra variabili globali e variabili con scope di funzione. Le variabili globali possono essere accessibili da qualsiasi punto del codice, mentre le variabili con scope di funzione sono accessibili solo all'interno della funzione in cui vengono dichiarate.

Variabile let

let – Introdotta in ECMAScript 6 (ES6), noto anche come ECMAScript 2015, **let** fornisce un modo contemporaneo e avanzato per dichiarare variabili in JavaScript. Questo rappresenta un passo avanti rispetto alla tradizionale dichiarazione **var**.

La differenza principale tra le due risiede nelle loro regole di scope. A differenza di **var**, che ha uno scope di funzione, **let** ha uno scope di blocco. Lo scope di blocco significa che una variabile dichiarata con **let** è visibile solo all'interno del blocco in cui viene dichiarata, così come in eventuali sotto-blocchi contenuti al suo interno. Questo rappresenta un miglioramento significativo rispetto a **var**, che essendo limitato allo scope di funzione può portare a variabili visibili al di fuori dello scope previsto.

Di conseguenza, utilizzare **let** per dichiarare variabili migliora la leggibilità e la manutenibilità del codice, poiché offre un comportamento più prevedibile e riduce il rischio di dichiarare accidentalmente variabili globali. Questo rende **let** una scelta ideale quando si lavora con dati variabili che possono cambiare nel tempo, in particolare in codebase più grandi dove la gestione dello scope può diventare complessa.

Esempio:

La parola chiave **let** viene utilizzata per dichiarare una variabile con scope di blocco (**{ }**). Le variabili dichiarate con **let** sono limitate nello scope al blocco in cui vengono definite.

```javascript
function example() {
  if (true) {
    // Block scope
    let blockVar = "I'm a block variable";
    console.log(blockVar); // Output: "I'm a block variable"
  }
  // console.log(blockVar); // Error: blockVar is not defined
}

example();
```

Analisi del codice:

1. Scope di Blocco con **let**:
    - o   Il codice definisce una funzione chiamata **example()**.
    - o   All'interno della funzione, c'è un'istruzione **if**: **if (true) {...}**. La condizione è sempre vera, quindi il codice all'interno delle parentesi graffe (**{...}**) verrà sempre eseguito.
    - o   All'interno del blocco **if**:

- **let blockVar = "I'm a block variable";** dichiara una variabile chiamata **blockVar** usando la parola chiave **let** e assegna il valore stringa "I'm a block variable".
- Ecco il punto chiave: **let** crea uno scope di blocco, il che significa che **blockVar** è accessibile solo all'interno del blocco di codice in cui viene dichiarata (in questo caso il blocco **if**).

2. Accesso a **blockVar**:
   - All'interno del blocco **if**, c'è **console.log(blockVar);**. Questa riga può accedere a **blockVar** perché è dichiarata all'interno dello stesso blocco. Vedrai l'output "I'm a block variable" come previsto.

3. Tentativo di Accesso Fuori dal Blocco (Errore):
   - Nota la riga commentata, **// console.log(blockVar); // Error: blockVar is not defined**. Se rimuovi il commento da questa riga e provi a eseguire il codice, otterrai un messaggio di errore come "blockVar is not defined".
   - Questo accade perché **blockVar** è dichiarata con **let** all'interno del blocco **if**, e il suo scope è limitato a quel blocco. Una volta che l'esecuzione del codice esce dal blocco (dopo la parentesi graffa di chiusura dell'istruzione **if**), **blockVar** non è più accessibile.

Riepilogo:

Questo codice dimostra lo scope di blocco utilizzando **let**. Le variabili dichiarate con **let** sono accessibili solo all'interno del blocco in cui vengono definite, favorendo una migliore organizzazione del codice e riducendo il rischio di conflitti di nomi tra variabili con lo stesso nome in diverse parti del codice.

Variabile const

Introdotta in ES6, **const** è un tipo specifico di dichiarazione di variabile utilizzato per variabili che non sono destinate a subire alcun tipo di modifica dopo la loro assegnazione iniziale. **const** condivide le caratteristiche di scope di blocco della dichiarazione **let**, il che significa che lo scope della variabile **const** è limitato al blocco in cui viene definita e non può essere accessibile o utilizzata al di fuori di quel particolare blocco di codice.

Tuttavia, la dichiarazione **const** aggiunge un ulteriore livello di protezione. Questa protezione aggiuntiva garantisce che il valore assegnato a una variabile **const** rimanga costante e inalterabile per tutta la durata del codice. Questa è una caratteristica cruciale perché impedisce che il valore della variabile **const** venga modificato accidentalmente in qualsiasi punto del codice, cosa che potrebbe potenzialmente portare a bug o ad altre conseguenze indesiderate nel programma.

In sostanza, la dichiarazione **const** è uno strumento importante nel linguaggio JavaScript che aiuta i programmatori a mantenere l'integrità del proprio codice assicurando che determinate variabili rimangano costanti e immutabili, prevenendo così potenziali errori o bug che potrebbero verificarsi a causa di modifiche indesiderate o involontarie a tali variabili.

Esempio:

La parola chiave **const** viene utilizzata per dichiarare una variabile costante. Le costanti devono ricevere un valore al momento della dichiarazione, e i loro valori non possono essere riassegnati.

```javascript
const PI = 3.14159; // Constant value
console.log(PI); // Output: 3.14159

// PI = 3.14; // Error: Assignment to constant variable

const person = {
  name: "John Doe"
};
console.log(person.name); // Output: "John Doe"

person.name = "Jane Smith"; // Allowed, but modifies the object property
console.log(person.name); // Output: "Jane Smith"
```

Analisi del codice:

1. Variabili Costanti con **const**:
    - La prima riga, **const PI = 3.14159;**, dichiara una variabile costante chiamata **PI** usando la parola chiave **const**. Le viene assegnato il valore 3.14159, che rappresenta la costante matematica pi greco.
        - **const** viene utilizzato per creare variabili i cui valori non possono essere modificati dopo essere stati assegnati. Questo garantisce che il valore di pi greco rimanga coerente in tutto il codice.
    - La riga successiva, **console.log(PI);**, stampa il valore di **PI** nella console, e vedrai l'output 3.14159.
    - La riga commentata, **// PI = 3.14; // Error: Assignment to constant variable**, tenta di riassegnare un nuovo valore a **PI**. Questo genererà un errore perché le costanti non possono essere modificate dopo la loro assegnazione iniziale.
2. Oggetti e Modifica delle Proprietà:
    - Il codice definisce poi una variabile costante chiamata **person** usando **const**. Tuttavia, in questo caso, **const** non significa che l'intero oggetto sia

immutabile. Significa che il riferimento all'oggetto (**person**) non può essere riassegnato a un nuovo oggetto.

- o **person = { name: "John Doe" };** crea un oggetto con una proprietà chiamata **name** e le assegna il valore "John Doe".
- o **console.log(person.name);** stampa il valore della proprietà **name** dell'oggetto referenziato da **person**, e vedrai l'output "John Doe".
- o Ecco la distinzione chiave:
    - Anche se **person** stessa è costante (il suo riferimento non può cambiare), l'oggetto a cui fa riferimento può comunque essere modificato.
- o Ecco perché la riga successiva, **person.name = "Jane Smith";**, è consentita. Essa modifica il valore della proprietà **name** all'interno dell'oggetto a cui **person** fa riferimento.
- o Infine, **console.log(person.name);** stampa nuovamente la proprietà **name**, ma questa volta vedrai il valore aggiornato "Jane Smith".

Riepilogo:

Questo codice dimostra le variabili costanti con **const** e la differenza tra riferimenti di variabili costanti e proprietà modificabili degli oggetti. Sebbene **const** impedisca la riassegnazione della variabile stessa, non impedisce la modifica dei dati contenuti nell'oggetto a cui essa fa riferimento, se l'oggetto è modificabile (come un array o un altro oggetto).

Per scrivere codice JavaScript pulito, efficiente e privo di errori, è essenziale comprendere pienamente le differenze tra i tre metodi di dichiarazione delle variabili: var, let e const. Ognuno di questi metodi possiede caratteristiche e peculiarità uniche, ed è più adatto a situazioni differenti.

Le sfumature di questi metodi possono sembrare sottili, ma possono avere un impatto significativo sul comportamento del codice. Scegliendo attentamente il metodo di dichiarazione più adatto a ogni situazione, puoi rendere il codice più intuitivo e facile da leggere, il che a sua volta lo rende più semplice da correggere e mantenere.

Nel lungo periodo, questa comprensione può far risparmiare a te, e a chiunque possa lavorare con il tuo codice, una notevole quantità di tempo e fatica.

2.1.2 Tipi di Dati

Nel mondo di JavaScript, le variabili agiscono come un componente assolutamente essenziale e fondamentale della programmazione. Sono i contenitori che memorizzano diversi tipi di dati, fungendo da base per numerose operazioni all'interno di qualsiasi frammento di codice. La bellezza di queste variabili risiede nella loro capacità di accogliere un'ampia gamma di tipi di dati, dai numeri e dalle stringhe di testo più semplici e diretti fino a strutture dati intricate e complesse come gli oggetti.

Oltre a ciò, la natura delle variabili in JavaScript è tale da non essere rigidamente limitata a contenere solo questi specifici tipi di dati. Al contrario, la loro funzionalità si estende a comprendere una varietà molto più ampia di tipi di dati.

Questo aspetto garantisce che le variabili di JavaScript offrano la massima flessibilità ai programmatori, permettendo loro di modificare dinamicamente il tipo di dati contenuto in una variabile in base alle esigenze mutevoli del proprio codice. Questo offre ai programmatori la libertà di manipolare le variabili nel modo che meglio si adatta ai requisiti specifici del proprio contesto di programmazione.

Ecco i tipi di dati di base in JavaScript:

Tipi primitivi:

String: Nel mondo della programmazione JavaScript, una *stringa* è un tipo di dato fondamentale usato per rappresentare e manipolare una sequenza di caratteri, cioè dati testuali. Per esempio, una stringa semplice potrebbe essere: **'hello'**. Può rappresentare un saluto, il nome di un utente o qualsiasi altro testo che il programma debba memorizzare e recuperare in un secondo momento. La versatilità e l'utilità del tipo **string** lo rendono presente nella stragrande maggioranza del codice JavaScript.

Number: Rappresenta un tipo di dato che include sia numeri interi sia numeri in virgola mobile. Un intero è un numero senza parte frazionaria, come **10**, mentre un numero in virgola mobile include una parte decimale, come **20.5**. Il tipo **number** è estremamente versatile e cruciale perché può rappresentare qualunque valore numerico, risultando essenziale per calcoli e manipolazione dei dati.

Boolean: In informatica, un Booleano è un tipo di dato logico che può assumere solo uno di due valori possibili: **true** o **false**. Questo tipo di dato prende il nome da George Boole, matematico e logico. Il Booleano è centrale nell'algebra booleana, che costituisce la base della progettazione dei circuiti digitali e della programmazione.

Viene usato frequentemente nei test condizionali, dove risulta prezioso in strutture decisionali come gli if-else, consentendo al programma di scegliere diversi percorsi di esecuzione in base alle condizioni. In sostanza, il tipo Booleano è uno strumento semplice ma potente che permette ai programmatori di rispecchiare la natura binaria dei sistemi informatici.

Undefined: È un tipo di dato speciale assegnato a una variabile che è stata dichiarata ma a cui non è stato ancora assegnato un valore. È uno stato della variabile che ne indica l'esistenza, ma senza un valore associato o un significato definito.

Un valore **undefined** segnala che, pur essendo stata riconosciuta ed esistendo in memoria, la variabile è ancora priva di un valore definito o non è stata inizializzata. In altre parole, si tratta del caso in cui una variabile viene dichiarata nel programma ma non le viene assegnato alcun valore, e quindi risulta **undefined**.

Null: **null** è un tipo di dato speciale usato per indicare in modo deliberato l'assenza di un valore di oggetto specifico. In altre parole, rappresenta "niente" o "nessun valore". È importante in molti linguaggi perché permette di indicare o verificare la non-esistenza di qualcosa.

Per esempio, può essere usato quando un oggetto non esiste, oppure come valore predefinito per variabili a cui non è stato assegnato nulla. È un concetto fondamentale per gestire lo stato e il comportamento dei programmi.

Symbol: Introdotto in ES6, **Symbol** è un tipo di dato unico e immutabile. La sua caratteristica principale è l'unicità: non esistono due simboli con la stessa descrizione. Questo lo rende particolarmente utile per creare identificatori univoci per gli oggetti, evitando modifiche o duplicazioni accidentali. Offre quindi agli sviluppatori uno strumento potente per mantenere l'integrità dei dati e controllare le proprietà degli oggetti, migliorando la robustezza complessiva del codice.

Oggetti:

Nel vasto mondo della programmazione JavaScript esistono diversi concetti chiave che è fondamentale comprendere. Tra questi, uno dei più importanti è la nozione di oggetto.

A un livello di base, gli oggetti possono essere considerati come collezioni organizzate di proprietà. Più precisamente, ogni proprietà è una coppia composta da una chiave (detta anche *nome*) e da un valore corrispondente. Questa struttura semplice ma efficiente è l'essenza di ciò che chiamiamo oggetto.

La chiave o nome, all'interno di questa coppia, è sempre una stringa. Questo garantisce un metodo coerente di identificazione all'interno dell'oggetto. Il valore associato alla chiave, invece, può essere di qualsiasi tipo di dato: stringhe, numeri, booleani o persino altri oggetti; le possibilità sono praticamente illimitate.

Questa caratteristica degli oggetti, che consente di strutturare e accedere ai dati in modo estremamente versatile, è ciò che li rende un componente indispensabile della programmazione JavaScript. Utilizzandoli in modo efficace, gli sviluppatori possono gestire i dati in modo strutturato e coerente, migliorando la qualità e l'efficienza del codice.

Esempio: Tipi di dati

```
let message = "Hello, world!"; // String
let age = 25; // Number
let isAdult = true; // Boolean
let occupation; // Undefined
let computer = null; // Null

// Object
let person = {
    name: "Jane Doe",
    age: 28
};
```

2.1.3 Dynamic Typing

JavaScript, un linguaggio di programmazione molto diffuso, è noto per essere un linguaggio a tipizzazione dinamica. Questa caratteristica indica che il tipo di una variabile non viene verificato fino a quando il programma è in esecuzione, fase detta anche runtime. Sebbene questa proprietà offra una certa flessibilità, può anche portare a comportamenti inattesi, che possono risultare impegnativi per chi sviluppa.

Per chi sviluppa software, comprendere a fondo la natura della tipizzazione dinamica di JavaScript è fondamentale. Questo perché può generare bug estremamente difficili da individuare e correggere, soprattutto se non si è consapevoli di questa caratteristica. La tipizzazione dinamica, pur offrendo versatilità, può quindi essere un'arma a doppio taglio, causando bug sfuggenti che possono portare a crash del sistema o a risultati errati, con un impatto negativo sull'esperienza complessiva.

Perciò, quando inizi a creare applicazioni o a lavorare su progetti JavaScript, è importante prestare particolare attenzione a questa caratteristica. Gestire correttamente le variabili, comprendere le possibili insidie e i modi per evitarle, non solo aiuta a ridurre il rischio di bug, ma migliora anche l'efficienza e le prestazioni delle applicazioni.

Esempio: Tipizzazione dinamica

```
let data = 20; // Initially a number
data = "Now I'm a string"; // Now a string
```

```
console.log(data); // Outputs: Now I'm a string
```

Analisi del codice:

1. Tipizzazione dinamica in JavaScript:
   - JavaScript è un linguaggio a tipizzazione dinamica. Questo significa che il tipo di dato (ad esempio numero o stringa) di una variabile non viene dichiarato esplicitamente, ma viene determinato dal valore assegnato in fase di esecuzione (runtime).
   - Il codice dimostra questo concetto:
     - **let data = 20;** dichiara una variabile chiamata **data** usando **let** e le assegna il numero 20. In questo momento, **data** ha tipo number.
     - Nella riga successiva, **data = "Now I'm a string";**, la stessa variabile **data** viene riassegnata a un nuovo valore, che è una stringa. JavaScript comprende automaticamente che **data** ora fa riferimento a un valore stringa.
2. Riassegnare variabili con tipi di dato diversi:
   - A differenza di alcuni linguaggi in cui le variabili hanno un tipo fisso, JavaScript permette di riassegnare a una variabile valori di tipi diversi nel corso del codice. Questo offre flessibilità, ma può anche portare a comportamenti inattesi se non si presta attenzione.
3. L'output:
   - L'ultima riga, **console.log(data);**, stampa il valore corrente di **data** nella console. Poiché l'ultimo valore assegnato è una stringa, l'output sarà "Now I'm a string".

In sintesi:

Questo snippet evidenzia la tipizzazione dinamica in JavaScript. Le variabili possono contenere tipi di dato diversi nel corso del programma e il loro tipo è determinato dal valore assegnato a runtime. Questa flessibilità è una caratteristica fondamentale di JavaScript, ma è importante conoscerla per scrivere codice prevedibile e manutenibile.

2.1.4 Type Coercion

La coercizione di tipo (type coercion) è una caratteristica distintiva di JavaScript: l'interprete del linguaggio converte automaticamente i tipi di dato da una forma all'altra quando lo ritiene necessario.

Questo fenomeno si osserva spesso durante i confronti in cui, per esempio, vengono messi a confronto una stringa e un numero: JavaScript può convertire automaticamente la stringa in un numero per effettuare un confronto "sensato". Da un lato, questa caratteristica può essere utile e aumenta la flessibilità del linguaggio, soprattutto per chi è alle prime armi e non ha ancora piena confidenza con la gestione dei diversi tipi di dato; dall'altro lato, può anche portare a risultati inattesi e talvolta difficili da interpretare.

Il motivo è che la conversione automatica non sempre coincide con l'intenzione di chi scrive il codice, e può introdurre bug complicati da individuare e correggere. Per questo, anche se la coercizione di tipo può essere uno strumento utile, è importante comprenderne le implicazioni e usarla con attenzione.

Esempio: Coercizione di tipo

```
let result = '10' + 5; // The number 5 is coerced into a string
console.log(result); // Outputs: "105"
```

Per evitare i risultati inattesi che possono verificarsi a causa della coercizione di tipo in JavaScript, è fortemente consigliato usare sempre l'operatore di uguaglianza stretta, indicato con **===**. Questo operatore è considerato superiore all'operatore di uguaglianza standard, rappresentato da **==**, perché applica criteri di valutazione più rigorosi.

L'operatore di uguaglianza stretta non confronta solo i valori dei due operandi, ma tiene conto anche del loro tipo di dato. Questo significa che, se il valore e il tipo di dato degli operandi non coincidono esattamente, il confronto restituirà false. Questo livello di rigore aiuta a prevenire bug ed errori che possono nascere da conversioni di tipo inaspettate.

Esempio: Evitare la coercizione di tipo

```
let value1 = 0;
let value2 = '0';

console.log(value1 == value2);  // Outputs: true (type coercion occurs)
console.log(value1 === value2); // Outputs: false (no type coercion)
```

2.1.5 Const Declarations and Immutability

Nel contesto di JavaScript, l'uso del termine **const** comporta una distinzione importante che viene spesso fraintesa. Molte persone interpretano comunemente **const** come un chiaro segnale di immutabilità completa, cioè che il valore in questione sia immutabile e fisso. Tuttavia, questa interpretazione non è del tutto corretta. In realtà, la funzione principale di **const** è impedire la riassegnazione dell'identificatore della variabile a un nuovo valore. È essenziale notare che non garantisce l'immutabilità del valore stesso a cui il riferimento della variabile punta.

Per chiarire, consideriamo un esempio. Se dichiari un oggetto o un array come **const**, è fondamentale comprendere che la parola chiave **const** non estende la sua "protezione" ai contenuti di quell'oggetto o array, impedendone la modifica o la manipolazione. Ciò significa che, mentre l'identificatore della variabile è protetto dalla riassegnazione, l'oggetto o l'array a cui si riferisce può comunque avere proprietà o elementi alterati, cambiati o modificati.

In sostanza, la parola chiave **const** in JavaScript assicura che il legame tra l'identificatore della variabile e il suo valore rimanga costante. Tuttavia, i contenuti del valore, soprattutto quando si ha a che fare con tipi di dati complessi come oggetti e array, possono comunque essere soggetti a modifiche.

Esempio: Const e immutabilità

```
const person = { name: "John" };
person.name = "Doe"; // This is allowed
console.log(person); // Outputs: { name: "Doe" }

// person = { name: "Jane" }; // This would cause an error
```

Analisi del codice:

1. Creazione di un oggetto costante (**const person**)
   - Il codice inizia con **const person = { name: "John" }**. Qui usiamo la parola chiave **const** per dichiarare una variabile costante chiamata **person**.
     - Ricorda: **const** significa che non puoi cambiare il valore assegnato alla variabile dopo l'assegnazione iniziale (cioè non puoi riassegnare il riferimento).
   - In questo caso, però, il valore assegnato è un oggetto letterale (**{ name: "John" }**). Questo oggetto contiene una proprietà chiamata **name** con valore "John".
2. Modifica delle proprietà dell'oggetto (consentita)
   - Anche se **person** è una costante, il codice esegue **person.name = "Doe"**. Questa riga aggiorna il valore della proprietà **name** all'interno dell'oggetto a cui **person** fa riferimento.

- È importante capire che **const** impedisce di riassegnare la variabile **person** a un nuovo oggetto, ma non "congela" l'oggetto a cui **person** punta.
  - Gli oggetti in JavaScript sono mutabili, cioè le loro proprietà possono essere modificate dopo la creazione. Per questo, qui è possibile cambiare la proprietà **name**.

3. Tentativo di riassegnare l'intero oggetto (errore)
   - La riga commentata **// person = { name: "Jane" }** mostra ciò che non è permesso: tenta di riassegnare un oggetto completamente nuovo alla variabile **person**.
   - Poiché **person** è dichiarata con **const**, questa riassegnazione viola la regola della costante. Se provi a eseguire questa riga, otterrai un errore perché non puoi cambiare il riferimento a cui **person** punta dopo l'assegnazione iniziale.

4. Osservare l'output (**console.log(person)**)
   - L'ultima riga **console.log(person);** stampa il valore della variabile **person** nella console. Anche se abbiamo modificato la proprietà **name**, si tratta ancora dello stesso oggetto referenziato da **person**. Quindi vedrai l'oggetto aggiornato: **{ name: "Doe" }**.

Riepilogo:

Questo codice mostra come funzionano gli oggetti dichiarati con **const** in JavaScript. Anche se non puoi riassegnare l'intero oggetto referenziato da una variabile costante, puoi comunque modificarne le proprietà interne perché gli oggetti sono mutabili. Questa distinzione tra riferimento costante della variabile e proprietà mutabili dell'oggetto è fondamentale quando si lavora con **const** e con gli oggetti in JavaScript.

2.1.6 Uso di Object.freeze()

Una strategia efficace per garantire l'immutabilità di oggetti o array nel tuo codice è utilizzare un metodo JavaScript chiamato **Object.freeze()**. Questo metodo ha un ruolo importante nel preservare lo stato di oggetti e array, perché impedisce qualsiasi modifica possibile.

Il punto di forza di **Object.freeze()** è la sua capacità di mantenere costante lo stato dell'oggetto o dell'array per tutta l'esecuzione del programma, indipendentemente dalle condizioni che può incontrare. Invocando questo metodo, blocchi le modifiche che potrebbero alterare lo stato dell'oggetto o dell'array.

Questa immutabilità può essere molto vantaggiosa nello sviluppo software, soprattutto per prevenire bug. In particolare, mutazioni inattese in oggetti e array sono una fonte comune di errori in JavaScript e possono causare diversi problemi, da piccoli malfunzionamenti a gravi errori di funzionamento dell'applicazione.

Usando **Object.freeze()**, puoi evitare che tali mutazioni avvengano, aumentando la stabilità del programma e riducendo la probabilità di incontrare bug legati a modifiche indesiderate. In questo modo, **Object.freeze()** offre una soluzione solida ed efficiente per imporre l'immutabilità e prevenire problemi derivanti da mutazioni non volute.

Esempio:

```javascript
const frozenObject = Object.freeze({ name: "John Doe", age: 30 });

// Trying to modify the object
frozenObject.name = "Jane Smith"; // This won't have any effect
console.log(frozenObject.name); // Outputs: "John Doe"

// Trying to add a new property
frozenObject.gender = "Male"; // This won't work
console.log(frozenObject.gender); // Outputs: undefined

// Trying to delete a property
delete frozenObject.age; // This won't work
console.log(frozenObject.age); // Outputs: 30
```

Analisi del codice:

1. Creazione di un oggetto congelato (**const frozenObject**):

    Il codice inizia con **const frozenObject = Object.freeze({ name: "John Doe", age: 30 });**. Qui stiamo usando il metodo **Object.freeze()** per creare un oggetto congelato che non può essere modificato, e stiamo memorizzando l'oggetto congelato in una variabile costante chiamata **frozenObject**.

2. Tentativo di modificare l'oggetto (nessun effetto):

    Il codice prosegue con **frozenObject.name = "Jane Smith";**. Questa riga tenta di cambiare il valore della proprietà **name** all'interno dell'oggetto congelato.

    Poiché è stato usato **Object.freeze()**, questa operazione non ha alcun effetto. L'oggetto rimane com'era quando è stato congelato.

3. Tentativo di aggiungere una nuova proprietà (non funziona):

La riga successiva, **frozenObject.gender = "Male";**, prova ad aggiungere una nuova proprietà **gender** all'oggetto congelato.

Ancora una volta, poiché l'oggetto è congelato, questa operazione non va a buon fine.

4. Tentativo di eliminare una proprietà (nessun effetto):

Il codice poi prova a eliminare una proprietà con **delete frozenObject.age;**. Questa operazione tenta di rimuovere la proprietà **age** dall'oggetto congelato.

5. Osservare gli output (istruzioni **console.log()**):

Le varie istruzioni **console.log()** nel codice stampano lo stato dell'oggetto dopo ogni operazione.

Come puoi vedere, nessuna delle operazioni altera lo stato dell'oggetto congelato. Gli output confermano che l'oggetto rimane com'era quando è stato creato e congelato per la prima volta.

Riepilogo:

Questo codice dimostra come funziona il metodo **Object.freeze()** in JavaScript. Una volta che un oggetto è congelato, non può essere modificato, esteso o ridotto in alcun modo. Questa immutabilità si estende a tutte le proprietà dell'oggetto, salvaguardandone l'integrità.

2.1.7 Gestione di Null e Undefined

In JavaScript, **null** e **undefined** sono entrambi tipi di dato speciali che rappresentano l'assenza di valore. Tuttavia, non sono completamente intercambiabili e di solito vengono usati in contesti diversi per comunicare concetti differenti:

undefined di solito implica che una variabile è stata dichiarata nel codice, ma non le è ancora stato assegnato un valore. È un modo per dire al/alla programmatore/trice che la variabile esiste, ma in questo momento non ha un valore. Questo può accadere perché la variabile deve ancora essere inizializzata, oppure perché è un parametro di una funzione che non è stato fornito quando la funzione è stata chiamata.

D'altra parte, **null** viene usato esplicitamente per indicare che una variabile è impostata intenzionalmente per non avere alcun valore. Quando un/una programmatore/trice assegna **null** a una variabile, sta affermando chiaramente che la variabile non deve avere alcun valore o oggetto associato, forse indicando che il valore o l'oggetto a cui puntava prima non è più necessario o rilevante. È una dichiarazione consapevole del fatto che la variabile deve essere "vuota".

Esempio: Gestione di Null e Undefined

```
let uninitialized;
console.log(uninitialized); // Outputs: undefined

let empty = null;
console.log(empty); // Outputs: null
```

Questo esempio mostra la differenza tra variabili non inizializzate e variabili impostate a **null**. La variabile 'uninitialized' è dichiarata ma non le viene assegnato alcun valore, quindi il suo valore è **undefined**. La variabile 'empty' viene invece assegnata al valore **null**, che è un valore speciale che rappresenta l'assenza di un valore o di un oggetto.

2.1.8 Utilizzo dei Template Literals per le Stringhe

Introdotti come parte della sesta edizione dello standard ECMAScript, nota come ES6, i template literals sono diventati uno strumento potente per gestire le attività di manipolazione delle stringhe. Offrono un metodo notevolmente più semplice per creare stringhe complesse in JavaScript.

A differenza dei metodi tradizionali di concatenazione, i template literals permettono di creare stringhe su più righe senza ricorrere a operatori di concatenazione o sequenze di escape, rendendo il codice più pulito e leggibile.

Inoltre, consentono di incorporare espressioni all'interno della stringa. Queste espressioni vengono poi elaborate, valutate e infine convertite in stringa. Questa funzionalità può semplificare molto il processo di integrazione di variabili e calcoli dentro una stringa.

Esempio: Template Literals

```
let name = "Jane";
let greeting = `Hello, ${name}! How are you today?`;
console.log(greeting); // Outputs: "Hello, Jane! How are you today?"
```

In questo esempio dichiariamo una variabile chiamata "name" e le assegniamo il valore stringa "Jane". Poi dichiariamo un'altra variabile chiamata "greeting" e le assegniamo una stringa che usa un template literal per includere il valore della variabile "name". La frase "Hello, Jane! How are you today?" viene creata tramite questo template literal. L'ultima riga del codice stampa questo saluto nella console.

2.2 Operatori

Nel mondo di JavaScript, gli operatori sono strumenti indispensabili che ti permettono di eseguire una grande varietà di operazioni su variabili e valori. Rendono possibile svolgere tutto, dalle operazioni aritmetiche più basilari fino ai confronti logici più complessi.

Padroneggiare l'uso corretto ed efficiente di questi operatori è fondamentale per programmare in modo efficace e spesso rappresenta un fattore distintivo nel successo di un progetto.

Questa sezione è dedicata a scoprire ed esplorare la vasta gamma di operatori presenti in JavaScript, offrendoti una comprensione completa delle loro funzionalità e capacità specifiche.

Inoltre, analizzeremo esempi tratti da scenari reali, così da permetterti di capire come questi operatori possano essere applicati e sfruttati nel modo giusto. Questo approccio pratico e applicato assicura che tu non stia solo comprendendo questi concetti a livello teorico, ma anche

2.2.1 Operatori Aritmetici

Nel campo della programmazione, gli operatori aritmetici svolgono un ruolo cruciale perché vengono utilizzati per eseguire calcoli matematici. Gli operatori aritmetici di base, che costituiscono il fondamento di qualsiasi calcolo, includono addizione (**+**), sottrazione (**-**), moltiplicazione (*****) e divisione (**/**). Ciascuno di questi operatori esegue la propria operazione matematica sui valori numerici.

L'addizione (**+**) combina due numeri, la sottrazione (**-**) sottrae un numero da un altro, la moltiplicazione (*****) moltiplica due numeri tra loro e la divisione (**/**) divide un numero per un altro.

Oltre a questi operatori aritmetici fondamentali, JavaScript, un linguaggio di programmazione molto diffuso, include anche alcuni altri operatori per ampliare le sue capacità matematiche. Uno di questi è l'operatore modulo (**%**). Questo operatore viene usato per ottenere il resto di un'operazione di divisione, e può essere utile in diversi scenari di programmazione.

Inoltre, JavaScript include gli operatori di incremento (**++**) e decremento (**--**). Questi operatori vengono utilizzati per aumentare o diminuire di uno un valore numerico, rispettivamente, e sono spesso impiegati nelle strutture di loop e in molti altri costrutti di programmazione.

L'operatore di incremento (**++**) aggiunge uno al suo operando, mentre l'operatore di decremento (**--**) sottrae uno.

Esempio: Uso degli Operatori Aritmetici

```
let a = 10;
let b = 3;

console.log(a + b);  // Outputs: 13
console.log(a - b);  // Outputs: 7
console.log(a * b);  // Outputs: 30
console.log(a / b);  // Outputs: 3.3333333333333335
console.log(a % b);  // Outputs: 1

let counter = 0;
counter++;
console.log(counter);  // Outputs: 1
counter--;
console.log(counter);  // Outputs: 0
```

Questo è un semplice esempio JavaScript (JSX) che dimostra le operazioni aritmetiche di base. Qui vengono dichiarate due variabili, 'a' e 'b', con i valori rispettivamente 10 e 3. Successivamente, il codice registra (log) il risultato delle operazioni di addizione, sottrazione, moltiplicazione, divisione e modulo (resto della divisione) eseguite su 'a' e 'b'.

In seguito, viene dichiarata una variabile 'counter' con valore 0. La variabile 'counter' viene poi incrementata di 1 usando 'counter++', ottenendo un nuovo valore pari a 1. Infine, la variabile 'counter' viene decrementata di 1 usando 'counter--', riportandola al suo valore iniziale di 0.

2.2.2 Operatori di assegnazione

Nella programmazione JavaScript, gli operatori di assegnazione svolgono un ruolo cruciale, poiché vengono usati per assegnare valori alle variabili. L'operatore di assegnazione più comune è il semplice segno di uguale (**=**), che assegna il valore alla sua destra alla variabile alla sua sinistra.

Tuttavia, JavaScript include anche una varietà di operatori di assegnazione composti, che sono in grado di eseguire un'operazione e un'assegnazione in un unico passaggio, semplificando il codice e migliorandone la leggibilità. Alcuni di questi operatori di assegnazione composti includono **+=, -= , *=, /=** e **%=**.

Questi operatori, rispettivamente, aggiungono, sottraggono, moltiplicano, dividono o calcolano il modulo del valore corrente della variabile e del valore a destra, quindi assegnano il risultato alla variabile. Non solo rendono il codice più pulito e facile da comprendere, ma aumentano anche l'efficienza riducendo la quantità di codice necessaria per eseguire queste operazioni.

Esempio: Uso degli operatori di assegnazione

```
let x = 10;
x += 5;  // Equivalent to x = x + 5
console.log(x);  // Outputs: 15

x *= 3;  // Equivalent to x = x * 3
console.log(x);  // Outputs: 45
```

In questo esempio, il codice inizialmente definisce una variabile 'x' e le assegna il valore 10. L'operatore '+=', noto come assegnazione con addizione, aggiunge il numero 5 al valore corrente di 'x'. Quindi, dopo l'esecuzione di questa istruzione, il valore di 'x' diventa 15. Questo valore viene poi registrato (log) nella console.

L'operatore '*=', noto come assegnazione con moltiplicazione, moltiplica il valore corrente di 'x' per 3. Dopo l'esecuzione di questa istruzione, il valore di 'x' diventa 45, che viene poi registrato (log) nella console.

2.2.3 Operatori di confronto

In JavaScript, gli operatori di confronto svolgono un ruolo fondamentale nel confrontare due valori e nel restituire successivamente un valore booleano, cioè true o false. Sono parte integrante del flusso di controllo e delle strutture decisionali nel codice. I diversi tipi di operatori di confronto che JavaScript include sono i seguenti:

- Il primo è "Uguale a", rappresentato da **==**. Valuta se due valori sono uguali nel valore, indipendentemente dal loro tipo. Accanto a questo, c'è "Strettamente uguale a", indicato con **===**. È più rigoroso perché controlla sia il valore sia il tipo delle due entità confrontate.
- L'operatore "Diverso da" è rappresentato da **!=**. Restituisce true se i due valori confrontati non sono uguali nel valore, indipendentemente dal loro tipo. "Strettamente diverso da", invece, rappresentato da **!==**, controlla sia il valore sia il tipo, restituendo true solo se uno o entrambi non coincidono.
- Gli operatori "Maggiore di" (**>**) e "Minore di" (**<**) sono abbastanza intuitivi. Confrontano due valori e restituiscono true se il valore a sinistra dell'operatore è rispettivamente maggiore o minore di quello a destra.

- Infine, abbiamo gli operatori "Maggiore o uguale a" (**>=**) e "Minore o uguale a" (**<=**). Questi operatori restituiscono true non solo quando il valore a sinistra è maggiore o minore di quello a destra, ma anche quando entrambi i valori sono uguali.

Esempio: Uso degli operatori di confronto

```
let age = 30;
console.log(age == 30);  // Outputs: true
console.log(age === '30');  // Outputs: false (strict comparison checks type)
console.log(age != 25);  // Outputs: true
console.log(age > 20);  // Outputs: true
```

In questo esempio, dimostriamo vari tipi di operatori di confronto.

- "age == 30" verifica se la variabile 'age' è uguale a 30 e restituisce true.
- "age === '30'" esegue un confronto stretto (controllando sia il valore sia il tipo), quindi restituisce false perché 'age' è un numero, non una stringa.
- "age != 25" restituisce true perché 'age' non è uguale a 25.
- "age > 20" verifica se 'age' è maggiore di 20 e restituisce true.

2.2.4 Operatori logici

Nel mondo della programmazione, gli operatori logici occupano una posizione fondamentale. Sono essenziali per stabilire la logica tra variabili o valori e svolgono quindi un ruolo chiave nel definire il comportamento e l'output di un programma.

Gli operatori logici, in sostanza, sono i "mattoni" che permettono di formulare condizioni più complesse e dinamiche, rendendoli strumenti indispensabili nell'arsenale di ogni programmatore. JavaScript supporta diversi operatori logici che aiutano a costruire strutture logiche articolate all'interno del codice.

Tra questi troviamo l'AND logico (**&&**), un operatore potente che restituisce true solo se entrambi gli operandi che valuta sono true. Questo operatore è spesso utilizzato quando più condizioni devono essere soddisfatte contemporaneamente.

Poi c'è l'OR logico (**||**), un altro operatore molto comune, che restituisce true se almeno uno degli operandi che valuta è true. Questo operatore è tipicamente usato quando è sufficiente soddisfare anche solo una tra più condizioni perché il codice possa procedere.

Infine abbiamo il NOT logico (**!**), un operatore particolare che inverte la "verità" (truthiness) dell'operando a cui viene applicato: se l'operando è true lo rende false, e viceversa. Questo operatore è particolarmente utile per negare rapidamente condizioni o per verificare l'opposto di una certa condizione.

Padroneggiare l'uso di questi operatori logici può aprire nuove possibilità di efficienza e affidabilità nel codice. Un utilizzo corretto di questi operatori può portare a un codice non solo più facile da comprendere e mantenere, ma anche più robusto e meno soggetto a bug, migliorando così la qualità complessiva e le prestazioni del software.

Esempio: Uso degli operatori logici

```javascript
let isAdult = true;
let hasPermission = false;

console.log(isAdult && hasPermission);  // Outputs: false
console.log(isAdult || hasPermission);  // Outputs: true
console.log(!isAdult);  // Outputs: false
```

In questo esempio:

1. L'operatore **&&** restituisce **true** solo se entrambi gli operandi sono **true**. Qui **isAdult** è **true** e **hasPermission** è **false**, quindi il risultato è **false**.
2. L'operatore **||** restituisce **true** se almeno uno degli operandi è **true**. Qui **isAdult** è **true**, quindi il risultato è **true** indipendentemente dal valore di **hasPermission**.
3. L'operatore **!** nega il valore dell'operando. Qui **isAdult** è **true**, quindi **!isAdult** è **false**.

2.2.5 Operatore condizionale (ternario)

L'operatore condizionale (ternario), unico in JavaScript perché richiede tre operandi, rappresenta un'eccezione rispetto ai comuni operatori binari che in genere ne richiedono due.

Questo operatore viene spesso utilizzato come alternativa più concisa alla classica istruzione **if...else**. Svolge efficacemente questo ruolo perché consente di valutare una condizione e restituire valori in base all'esito della condizione in modo più sintetico rispetto alle tradizionali strutture di controllo del flusso.

Esempio: uso dell'operatore condizionale

```javascript
let age = 18;
let beverage = (age >= 18) ? "Beer" : "Juice";
```

```
console.log(beverage);  // Outputs: "Beer"
```

In questo esempio viene dichiarata una variabile **age** con valore 18. Poi si usa un operatore ternario per dichiarare un'altra variabile, **beverage**. Se l'età è pari o superiore a 18, a **beverage** viene assegnato il valore **"Beer"**. Se l'età è inferiore a 18, a **beverage** viene assegnato il valore **"Juice"**. Infine, il valore di **beverage** viene stampato nella console. In questo caso, dato che **age** è 18, viene stampato **"Beer"**.

2.2.6 Operatori bit a bit (bitwise)

Gli operatori bit a bit (bitwise), come suggerisce il nome, eseguono operazioni direttamente sulla rappresentazione binaria (a livello di bit) dei numeri. Questi numeri sono tipicamente rappresentati in un formato che il computer può elaborare, come il binario (base 2).

Gli operatori bit a bit possono essere estremamente utili in alcune attività di programmazione di basso livello. In particolare, sono preziosi in ambiti come la programmazione grafica o il controllo di dispositivi, dove spesso è necessario manipolare o controllare i dati fino al singolo bit.

Queste attività richiedono spesso un alto grado di precisione e controllo, ed è proprio ciò che gli operatori bit a bit offrono. Con essi, chi programma può manipolare i dati in modi che sarebbero complessi o poco pratici con operazioni di livello più alto.

Esempio: uso degli operatori bit a bit a bit a bit

```
let a = 5;  // binary 0101
let b = 3;  // binary 0011

console.log(a & b);  // AND operator, outputs: 1 (binary 0001)
console.log(a | b);  // OR operator, outputs: 7 (binary 0111)
console.log(a ^ b);  // XOR operator, outputs: 6 (binary 0110)
console.log(~a);     // NOT operator, outputs: -6 (binary 1010, two's complement)
```

In questo esempio, dimostriamo l'uso degli operatori bit a bit.

a & b usa l'operatore AND, che confronta ogni bit del primo operando (a) con il bit corrispondente del secondo operando (b). Se entrambi i bit sono 1, il bit corrispondente del risultato viene impostato a 1. Altrimenti, il risultato è 0.

a | b usa l'operatore OR. Confronta ogni bit di a con il bit corrispondente di b. Se almeno uno dei due bit è 1, il bit corrispondente del risultato viene impostato a 1. Altrimenti, il risultato è 0.

a ^ b usa l'operatore XOR. Confronta ogni bit di a con il bit corrispondente di b. Se i bit non sono uguali, il bit corrispondente del risultato viene impostato a 1. Altrimenti, il risultato è 0.

~a usa l'operatore NOT. Inverte i bit dell'operando.

2.2.7 Operatori sulle stringhe

In JavaScript, l'operatore + ha una duplice funzione. Non solo svolge la normale operazione matematica di addizione quando viene usato con valori numerici, ma può anche concatenare stringhe quando viene usato con tipi di dato stringa.

La concatenazione, in programmazione, è il processo di unire due o più stringhe per formare un'unica stringa continua. Questa caratteristica dell'operatore + è particolarmente utile in diversi scenari, ad esempio quando devi combinare dati inseriti dall'utente o generare testo in modo dinamico.

Esempio: Concatenazione di stringhe

```
let firstName = "John";
let lastName = "Doe";
let fullName = firstName + " " + lastName;

console.log(fullName);  // Outputs: "John Doe"
```

In questo esempio, iniziamo dichiarando due variabili, "firstName" e "lastName", e assegnando loro i valori stringa "John" e "Doe". Poi dichiariamo un'altra variabile, "fullName", e le assegniamo il valore ottenuto combinando "firstName", uno spazio e "lastName". Infine, stampiamo il valore di "fullName" nella console, ottenendo come output "John Doe".

2.2.8 Operatore virgola

L'operatore virgola, una funzionalità piuttosto poco utilizzata in molti linguaggi di programmazione, ha uno scopo interessante. Offre un modo per valutare più espressioni all'interno di una singola istruzione, cosa che può essere molto utile in determinate situazioni.

Quando questo operatore viene usato, le espressioni vengono valutate in sequenza, da sinistra a destra, e viene poi restituito il risultato dell'ultima espressione. Questo significa che il valore dell'istruzione nel suo complesso sarà sempre il valore dell'ultima espressione.

Nonostante sia usato di rado, l'operatore virgola, se applicato con criterio, può rendere il codice più conciso, pulito ed efficiente. Vale la pena comprenderlo per quei casi in cui può offrire una soluzione più elegante a un problema di programmazione.

Esempio: Uso dell'operatore virgola

```
let a = 1, b = 2, c = 3;
(a++, b = a + c, c = b * a);
console.log(a, b, c);  // Outputs: 2, 5, 10
```

In questo esempio, le variabili a, b e c vengono inizialmente dichiarate e assegnate rispettivamente ai valori 1, 2 e 3. All'interno delle parentesi, avvengono contemporaneamente tre operazioni. Per prima cosa, 'a' viene incrementata di 1, portando il suo valore a 2. Poi, la somma di 'a' e 'c', che è 5, viene assegnata a 'b'. Infine, il prodotto di 'b' e 'a', che è 10, viene assegnato a 'c'. L'istruzione **console.log** stampa i nuovi valori di 'a', 'b' e 'c', che ora sono rispettivamente 2, 5 e 10.

2.2.9 Operatore di coalescenza nullish (??)

L'operatore di coalescenza nullish (**??**), introdotto nella versione ES2020 di JavaScript, svolge un ruolo importante come operatore logico nella programmazione. Questo operatore funziona restituendo l'operando a destra, ma solo nei casi in cui l'operando a sinistra sia **null** o **undefined**. In tutti gli altri casi, restituisce l'operando a sinistra.

Il vantaggio di questo operatore si vede soprattutto nella possibilità di assegnare valori predefiniti. È particolarmente utile quando una variabile può essere **null** o **undefined**. Invece di scrivere un'istruzione condizionale per verificare se la variabile ha un valore, puoi usare l'operatore di coalescenza nullish per assegnare un valore di default, rendendo il codice più snello e leggibile.

Esempio: Operatore di coalescenza nullish

```
let userComment = null;
let defaultComment = "No comment provided.";

let displayComment = userComment ?? defaultComment;
console.log(displayComment);  // Outputs: "No comment provided."
```

In questo esempio dichiariamo due variabili, 'userComment' e 'defaultComment'. 'userComment' viene inizialmente impostata su null, e 'defaultComment' è una stringa che dice "No comment provided."

L'operatore **??** è l'operatore di coalescenza nullish. Restituisce l'operando a destra (che qui è 'defaultComment') se l'operando a sinistra (che qui è 'userComment') è null o undefined.

La variabile 'displayComment' assume il valore di 'userComment' se non è null o undefined. Se 'userComment' è null o undefined, allora 'displayComment' assume il valore di 'defaultComment'.

Infine, il valore di 'displayComment' viene stampato nella console. In questo caso, poiché 'userComment' è null, nella console verrà stampato "No comment provided."

2.2.10 Operatore di optional chaining (?.)

In ES2020 è stata introdotta un'altra funzionalità interessante: l'operatore di optional chaining (**?.**). Questo strumento semplifica l'accesso a proprietà annidate in profondità all'interno di una struttura di oggetti. Senza questo operatore, normalmente dovresti controllare manualmente ogni riferimento nella catena per assicurarti che non sia nullish (cioè **null** o **undefined**).

Questo può essere un processo noioso e soggetto a errori, soprattutto con strutture complesse. Tuttavia, con l'operatore di optional chaining puoi navigare in sicurezza in queste strutture, e l'operatore restituirà automaticamente **undefined** quando incontra un riferimento nullish.

Questo aiuta a prevenire errori a runtime e rende il codice più pulito e leggibile.

Esempio: Optional Chaining

```javascript
let user = {
    name: "John",
    address: {
        street: "123 Main St",
        city: "Anytown"
    }
};

let street = user.address?.street;
console.log(street);  // Outputs: "123 Main St"

let zipcode = user.address?.zipcode;
console.log(zipcode);  // Outputs: undefined (safely handled)
```

In questo esempio utilizziamo l'optional chaining (?.). L'operatore di optional chaining ti consente di leggere il valore di una proprietà annidata in profondità all'interno di una catena di oggetti connessi, senza dover verificare che ogni riferimento nella catena sia valido.

L'oggetto 'user' contiene un oggetto 'address' annidato. Le variabili 'street' e 'zipcode' ricevono i valori delle proprietà corrispondenti nell'oggetto 'address'. Se la proprietà non esiste, invece di causare un errore, l'espressione interrompe la valutazione (short-circuit) e restituisce undefined.

2.3 Strutture di controllo (if, else, switch, loop)

Le strutture di controllo svolgono un ruolo fondamentale nella programmazione JavaScript. Sono la spina dorsale dei tuoi script e ti permettono di controllare come e quando specifici segmenti di codice vengono eseguiti in base a una varietà di condizioni. Questo controllo del flusso del programma è ciò che rende i tuoi script dinamici e reattivi, consentendo loro di adattarsi a input e situazioni diverse.

In JavaScript esistono diversi tipi di strutture di controllo che puoi utilizzare a seconda dei requisiti specifici del tuo codice. Queste strutture ti permettono di aggiungere complessità e funzionalità ai tuoi script, rendendoli più efficienti ed efficaci.

In questa sezione approfondiremo queste strutture di controllo. Ci concentreremo su tre tipi principali: istruzioni condizionali, istruzioni switch e loop. Ognuna di queste strutture ha uno scopo specifico e può essere usata in scenari diversi.

Le istruzioni condizionali, come l'if-else, ti permettono di eseguire porzioni di codice diverse in base al fatto che una determinata condizione sia vera o falsa. Questo offre una grande flessibilità e può rendere i tuoi script molto più dinamici.

Le istruzioni switch, invece, ti consentono di scegliere tra diversi blocchi di codice da eseguire in base al valore di una variabile o di un'espressione. Questo può essere particolarmente utile quando hai più condizioni da controllare.

Infine, i loop offrono un modo per eseguire ripetutamente un blocco di codice fino a quando non viene soddisfatta una certa condizione. Questo può essere incredibilmente utile per attività che richiedono ripetizione, come scorrere gli elementi di un array.

In tutta questa sezione non solo spiegheremo come usare queste strutture di controllo, ma offriremo anche esempi dettagliati per ciascuna. Questi esempi serviranno a illustrare come queste strutture funzionano nella pratica, migliorando la tua comprensione e aiutandoti a diventare un/una programmatore/trice JavaScript più competente.

2.3.1 Istruzioni condizionali (if, else)

Le istruzioni condizionali rappresentano la base della programmazione logica: ci permettono di verificare condizioni specifiche e di eseguire azioni diverse a seconda dei risultati di queste verifiche. La forma più semplice e basilare di queste istruzioni è l'istruzione **if**.

L'istruzione **if** verifica una determinata condizione e, se il risultato del test è true, esegue un blocco di codice specifico associato a quella condizione. Questo consente un maggiore controllo e una maggiore flessibilità nel codice. Per aumentare ulteriormente questa flessibilità, possiamo anche aggiungere blocchi **else** alle nostre istruzioni condizionali.

Questi blocchi **else** sono progettati per gestire gli scenari in cui la condizione iniziale verificata dall'istruzione **if** non viene soddisfatta o risulta falsa. In questo modo, possiamo assicurarci che il nostro programma abbia un meccanismo di risposta robusto e completo per diverse situazioni, migliorandone ulteriormente funzionalità ed efficacia.

Esempio: Uso di if ed else

```javascript
let score = 85;

if (score >= 90) {
    console.log("Excellent");
} else if (score >= 75) {
    console.log("Very Good");
} else if (score >= 60) {
    console.log("Good");
} else {
    console.log("Needs Improvement");
}
```

In questo esempio, un programma valuta un punteggio e stampa un messaggio corrispondente. Usa un metodo semplice ma efficace per gestire condizioni multiple. Il programma inizia inizializzando una variabile chiamata "score" con un valore pari a 85. Poi usa una struttura if-else per stampare messaggi diversi in base al valore di "score". Se il punteggio è pari o superiore a 90, stampa "Excellent". Per punteggi tra 75 e 89, stampa "Very Good". Se il punteggio è tra 60 e 74, stampa "Good". Per punteggi inferiori a 60, restituisce "Needs Improvement".

2.3.2 Istruzioni Switch

In programmazione, quando ti trovi in una situazione in cui ci sono più condizioni che dipendono tutte dalla stessa variabile, usare un'istruzione **switch** può diventare un metodo più efficiente e più pulito rispetto al ricorso a molte istruzioni **if**. L'istruzione **switch** è un costrutto di diramazione a più vie.

Fornisce un modo più semplice per verificare in sequenza ciascuna condizione della variabile. Inizia confrontando il valore di una variabile con i valori di più varianti o casi. Se viene trovata una corrispondenza, viene eseguito il blocco di codice corrispondente. Questo migliora la leggibilità e l'efficienza del codice, rendendolo una scelta preferibile in scenari di questo tipo.

Esempio: Uso di switch

```javascript
let day = new Date().getDay(); // Returns 0-6 (Sunday to Saturday)

switch(day) {
    case 0:
        console.log("Sunday");
        break;
    case 1:
        console.log("Monday");
        break;
    case 2:
        console.log("Tuesday");
        break;
    case 3:
        console.log("Wednesday");
        break;
    case 4:
        console.log("Thursday");
        break;
    case 5:
        console.log("Friday");
        break;
    case 6:
        console.log("Saturday");
        break;
    default:
        console.log("Invalid day");
}
```

Questo codice JavaScript genera una variabile chiamata 'day' che identifica il giorno corrente della settimana come un numero (0-6, che rappresenta da domenica a sabato). Poi utilizza un'istruzione **switch** per stampare il nome del giorno corrispondente. Se il numero del giorno non rientra nell'intervallo 0-6, stampa "Invalid day" nella console.

2.3.3 Loops

In programmazione, i loop sono strumenti estremamente utili che permettono di ripetere un blocco di codice più volte. Questa ripetizione può essere usata per scorrere array, eseguire calcoli ripetuti o persino creare animazioni.

JavaScript, un linguaggio di programmazione versatile e molto diffuso, supporta diversi tipi di loop. Tra questi c'è il loop **for**, che viene spesso usato quando si conosce esattamente quante volte si vuole eseguire il ciclo.

Il loop **while**, invece, continua a essere eseguito finché una determinata condizione resta vera. Infine, il loop **do...while** è simile al **while**, ma garantisce che il blocco venga eseguito almeno una volta, perché la condizione viene verificata dopo l'esecuzione del blocco di codice.

For Loop

Questa è una struttura di loop ideale da utilizzare quando il numero totale di iterazioni è noto in anticipo, prima dell'inizio del ciclo. Il 'For Loop' offre un modo conciso per scrivere un ciclo che deve essere eseguito un numero specifico di volte, risultando particolarmente utile in scenari in cui è necessario iterare sugli elementi di un array o eseguire operazioni ripetitive per un certo numero di volte.

Example:

```javascript
for (let i = 1; i <= 5; i++) {
    console.log("Iteration number " + i);
}
```

Questo ciclo stampa il numero dell'iterazione cinque volte. È un ciclo **for** di base che parte con un indice (**i**) pari a 1 e continua finché **i** è minore o uguale a 5. Durante ogni iterazione, visualizza sulla console la frase "Iteration number " seguita dal numero corrente dell'iterazione.

While Loop

Questo concetto di programmazione entra in gioco quando non si conosce con certezza il numero esatto di iterazioni necessarie prima che il ciclo inizi. È un meccanismo che esegue continuamente un determinato blocco di codice finché una certa condizione rimane vera.

Questa condizione è il fulcro del ciclo e, finché resta vera, il ciclo continuerà a funzionare, eseguendo ripetutamente il blocco di codice al suo interno.

Quando la condizione viene valutata come falsa, il ciclo si interrompe. Questo rende questo tipo di ciclo una scelta ottimale per situazioni in cui il numero di iterazioni non è fisso, ma dipende da fattori dinamici o da input che possono cambiare durante l'esecuzione del programma. Di conseguenza, offre molta flessibilità e controllo, risultando uno strumento prezioso nell'arsenale di chi programma.

Esempio:

```javascript
let i = 1, n = 5;
while (i <= n) {
    console.log("Iteration number " + i);
    i++;
}
```

Questo metodo ottiene lo stesso risultato di un ciclo **for**, ma viene comunemente utilizzato quando la condizione di terminazione dipende da qualcosa di diverso da un semplice contatore. Questo programma imposta due variabili, **i** e **n**, rispettivamente ai valori 1 e 5. Il ciclo **while** quindi viene eseguito finché **i** è minore o uguale a **n**. All'interno del ciclo, registra il numero corrente dell'iterazione e incrementa **i** di uno a ogni iterazione. Di conseguenza, stampa "Iteration number 1" fino a "Iteration number 5" sulla console.

Do...While Loop

Il ciclo **do...while** è un'istruzione di controllo del flusso che funziona in modo simile al ciclo **while**, ma presenta una distinzione significativa. La caratteristica principale del ciclo **do...while** è che esegue prima il blocco di codice racchiuso al suo interno e solo dopo verifica la condizione del ciclo. Questo garantisce che il blocco di codice venga eseguito almeno una volta, indipendentemente dal fatto che la condizione sia vera o falsa.

Questo è in contrasto con il ciclo **while**, in cui la condizione viene valutata prima dell'esecuzione del blocco di codice e, se la condizione è falsa fin dall'inizio, il blocco potrebbe non essere eseguito affatto. Pertanto, il ciclo **do...while** offre un vantaggio in scenari specifici in cui è necessario che il blocco di codice venga eseguito almeno una volta prima di valutare la condizione del ciclo.

Questo può essere applicabile in casi in cui un'operazione o un metodo devono essere eseguiti prima che una condizione possa essere testata o prima di ottenere un certo valore da usare nel test. Perciò, comprendere il ciclo **do...while** può essere uno strumento essenziale nel toolkit di chi programma per gestire tali scenari in modo efficiente.

Esempio:

```javascript
let result;
do {
    result = prompt("Enter a number greater than 10", "");
} while (result <= 10);
```

Questo ciclo continuerà a mostrare un prompt all'utente finché non verrà inserito un numero maggiore di 10. Utilizza un ciclo do-while per richiedere ripetutamente all'utente di inserire un numero. Il ciclo continuerà a ripetersi finché l'utente non inserirà un numero maggiore di 10. L'input viene memorizzato nella variabile 'result'.

2.3.4 Strutture di controllo annidate

Le strutture di controllo sono elementi fondamentali della programmazione che possono essere annidati l'una dentro l'altra per creare processi decisionali più complessi e un controllo del flusso più dettagliato.

Questa capacità di annidamento offre a chi programma la flessibilità di stabilire con precisione come un programma debba funzionare e reagire in circostanze diverse. Un esempio illustrativo di ciò si può vedere quando si lavora con cicli annidati.

Questi sono particolarmente utili e, in molti casi, necessari quando si opera con array multidimensionali o con strutture dati più complesse. Il ciclo annidato consente di attraversare queste strutture più articolate, permettendo la manipolazione, l'analisi o la visualizzazione dei dati in modo dettagliato e completo.

Esempio: cicli for annidati

```javascript
for (let i = 0; i < 3; i++) {
    for (let j = 0; j < 3; j++) {
        console.log(`Row ${i}, Column ${j}`);
    }
}
```

Questo esempio utilizza cicli **for** annidati per attraversare una griglia 3x3, che potrebbe rappresentare le righe e le colonne di una tavola di gioco o una griglia di pixel nell'elaborazione delle immagini. Il ciclo esterno viene eseguito tre volte, iterando i valori di **i** da 0 a 2. Per ogni iterazione di **i**, anche il ciclo interno viene eseguito tre volte, iterando i valori di **j** da 0 a 2. Ogni iterazione del ciclo interno genera un'istruzione di log nella console che mostra la riga corrente (**i**) e la colonna corrente (**j**). Questo produce un totale di 9 istruzioni di log nella console, una per ogni coppia di valori di **i** e **j**.

2.3.5 Uso di istruzioni condizionali con operatori logici

Nel campo della programmazione, è fondamentale sottolineare l'importanza di usare le istruzioni condizionali in armonia con gli operatori logici, come **&&** (che rappresenta "and") o **||** (che rappresenta "or"). Questo può portare a una struttura del codice non solo più snella ed efficiente, ma anche più comprensibile e più facile da mantenere.

Il valore di questo approccio diventa particolarmente evidente quando si deve valutare più condizioni all'interno di una singola istruzione **if**. Sfruttando la forza di questa combinazione, è possibile ottenere una serie di benefici.

In primo luogo, la leggibilità del codice può migliorare in modo significativo. Questo rende più semplice per altre persone capire il tuo lavoro, un aspetto spesso trascurato ma estremamente importante nella programmazione professionale.

In secondo luogo, la manutenibilità del codice può aumentare. Una codebase ben strutturata è più facile da navigare, aggiornare e debuggare, riducendo così la probabilità di errori e rendendo il lavoro più affidabile.

Infine, anche le prestazioni del codice possono migliorare. Semplificando la struttura ed eliminando possibili ridondanze, puoi ridurre la complessità del codice. Questo può portare a tempi di esecuzione più rapidi e a un minor carico sulle risorse di sistema, cosa particolarmente importante in contesti in cui l'efficienza è fondamentale.

L'uso di istruzioni condizionali e operatori logici può essere uno strumento potente nell'arsenale di chi programma, offrendo una serie di benefici che migliorano qualità, leggibilità, manutenibilità e prestazioni del codice.

Esempio: Combinare condizioni

```javascript
let age = 25;
let resident = true;

if (age > 18 && resident) {
    console.log("Eligible to vote");
}
```

Questo esempio dimostra l'uso degli operatori logici per semplificare i controlli delle condizioni. Coinvolge due variabili: 'age', a cui viene assegnato il valore 25, e 'resident', a cui viene assegnato il valore true. Il sistema verifica poi se l'età è maggiore di 18 e se la persona è residente. Se entrambe le condizioni sono soddisfatte, viene stampato "Eligible to vote" nella console.

2.3.6 **Controllo dei loop con** break **e** continue

In programmazione, le istruzioni **break** e **continue** sono fondamentali perché permettono di controllare e modificare il flusso dei loop:

L'istruzione **break** è uno strumento potente: consente di uscire immediatamente dal loop, ignorando completamente eventuali iterazioni rimanenti che erano state previste. Ciò significa che, non appena **break** viene incontrato nel flusso del programma, l'esecuzione della parte restante del loop viene interrotta all'istante.

Il programma esce quindi dalla struttura del loop senza ulteriori ritardi e prosegue eseguendo il resto del codice che si trova dopo il loop. Questa caratteristica di **break** permette a chi programma di avere un notevole controllo sul flusso di esecuzione e può essere particolarmente utile in numerosi scenari, ad esempio quando viene rilevata una condizione di errore all'interno di un loop o quando è stata soddisfatta una determinata condizione, rendendo superflue ulteriori iterazioni.

L'istruzione **continue** nei linguaggi di programmazione ha un ruolo unico e significativo. A differenza di **break**, che interrompe completamente il loop, **continue** salta soltanto la parte rimanente dell'iterazione corrente e passa rapidamente all'iterazione successiva.

Di conseguenza, quando il flusso di esecuzione di un programma incontra **continue**, non termina l'intero loop. Invece, bypassa il resto del codice nell'iterazione corrente e avanza rapidamente al punto di inizio del ciclo successivo nel loop.

Questo significa che tutto il codice dopo **continue** nell'iterazione corrente non verrà eseguito, ma il loop continuerà con l'iterazione successiva, rendendo **continue** uno strumento potente per controllare il flusso dei loop in programmazione.

Esempio: Uso di break e continue

```
for (let i = 0; i < 10; i++) {
    if (i === 5) {
        break;  // Exits the loop when i is 5
    }
    if (i % 2 === 0) {
        continue;  // Skips the current iteration if i is even
```

```
    }
    console.log(i);  // This line will only run for odd values of i less than 5
}
```

In questo esempio, **break** interrompe il ciclo in anticipo e **continue** viene usato per saltare i numeri pari, filtrando di fatto l'output in modo da ottenere solo i numeri dispari minori di 5. Questo programma usa un ciclo **for** per iterare da 0 a 9. All'interno del ciclo ci sono due istruzioni condizionali.

La prima istruzione condizionale interrompe il ciclo quando il valore di **i** è uguale a 5. Questo significa che il ciclo smetterà di essere eseguito non appena **i** raggiunge 5 e il codice dopo il ciclo inizierà a essere eseguito.

La seconda istruzione condizionale usa l'istruzione **continue** per saltare il resto dell'iterazione corrente del ciclo se **i** è un numero pari. Questo significa che, se **i** è un numero pari, la riga **console.log(i)** verrà saltata e il ciclo passerà immediatamente all'iterazione successiva.

Di conseguenza, la riga **console.log(i)** verrà eseguita solo per i valori dispari di **i** che sono minori di 5 (cioè 1 e 3 verranno stampati nella console).

2.3.7 Gestione degli errori con Try-Catch nei loop

Quando si esegue un loop, soprattutto quelli che lavorano con sorgenti dati esterne o che svolgono calcoli complessi, ci sono molte situazioni in cui possono verificarsi errori. Questi errori possono dipendere da diverse cause, come dati non corretti, bug nel codice o input inattesi.

In questi casi è fondamentale avere un meccanismo che gestisca questi errori in modo efficiente, così che l'intero loop non fallisca a causa di un singolo errore. Un meccanismo di gestione degli errori efficace è la struttura **try-catch**.

Avvolgendo il loop o il suo corpo dentro questa struttura, il programma può intercettare gli errori che si verificano e gestirli di conseguenza, senza far fallire l'intero loop. Questo assicura anche che il resto del loop possa continuare a funzionare come previsto, anche se una singola iterazione incontra un errore.

Esempio: Gestione degli errori nei loop

```
for (let i = 0; i < data.length; i++) {
    try {
        processData(data[i]);
    } catch (error) {
```

```
        console.error(`Error processing data at index ${i}: ${error}`);
    }
}
```

Questo loop continua a elaborare i dati anche se si verifica un errore in **processData**, registrando l'errore e passando all'iterazione successiva. Si tratta di un programma in cui un ciclo **for** viene usato per iterare su un array di dati. Per ogni elemento dell'array viene chiamata una funzione chiamata 'processData'. Se durante l'elaborazione dei dati si verifica un errore, l'errore viene intercettato e registrato nella console insieme all'indice dell'array in cui si è verificato.

2.4 Funzioni e Scope

Nel mondo di JavaScript, le funzioni rappresentano uno dei mattoni più fondamentali del linguaggio. Permettono a chi programma di incapsulare porzioni di codice che possono essere riutilizzate ed eseguite quando necessario, portando modularità ed efficienza nei tuoi script. Avere una solida comprensione di come definire e utilizzare queste funzioni in modo efficace è una competenza chiave per chiunque programmi in JavaScript e un elemento essenziale per scrivere codice pulito ed efficiente.

Inoltre, avere una chiara comprensione del concetto di scope è altrettanto importante. Lo scope determina essenzialmente la visibilità o l'accessibilità delle variabili all'interno del tuo codice. Questo concetto è assolutamente vitale quando si tratta di gestire i dati nelle tue funzioni, così come in tutto il tuo programma. La gestione dello scope può determinare la struttura del tuo codice e influenzarne direttamente prestazioni ed efficienza.

Questa sezione è progettata per analizzare a fondo il funzionamento delle funzioni in JavaScript, esplorando i dettagli di come vengono dichiarate, come vengono gestite le espressioni al loro interno e come funziona la gestione dello scope. Attraverso una chiara comprensione di questi elementi, puoi scrivere codice JavaScript più efficiente ed efficace.

2.4.1 Dichiarazioni di Funzione

Una dichiarazione di funzione è un concetto fondamentale nella programmazione: pone le basi per creare una funzione con parametri definiti. Inizia con la parola chiave **function**, che segnala l'inizio della definizione della funzione.

Dopo questa parola chiave compare il nome della funzione, che è un identificatore univoco usato per richiamare la funzione nel programma. Dopo il nome della funzione troviamo un elenco di parametri, racchiuso tra parentesi tonde. Questi parametri sono gli input della funzione e permettono alla funzione di eseguire azioni in base ai valori forniti.

Infine, dopo l'elenco dei parametri, segue un blocco di istruzioni racchiuso tra parentesi graffe. Queste istruzioni costituiscono il corpo della funzione e definiscono che cosa fa quando viene chiamata. L'intera struttura forma la dichiarazione di funzione, che è un componente cruciale nella struttura di qualsiasi programma.

Esempio: Dichiarazione di funzione

```
function greet(name) {
    console.log("Hello, " + name + "!");
}

greet("Alice");  // Outputs: Hello, Alice!
```

Questo esempio dimostra una funzione semplice che accetta un parametro e stampa un messaggio di saluto. La funzione **greet** accetta un parametro di input chiamato **name**. Quando la funzione viene chiamata, stampa nella console un messaggio di saluto che include il nome fornito. L'ultima riga del codice richiama la funzione **greet** passando l'argomento "Alice", producendo così l'output: "Hello, Alice!".

2.4.2 Espressioni di Funzione

Un'espressione di funzione è un concetto potente e prezioso nel mondo della programmazione. In sostanza, un'espressione di funzione è una tecnica in cui una funzione viene assegnata direttamente a una variabile. La funzione assegnata alla variabile può essere una funzione con un nome proprio, oppure una funzione anonima, cioè una funzione senza un nome specifico associato.

Questo concetto apre un notevole livello di flessibilità e adattabilità. Una volta assegnata a una variabile, una funzione può essere passata in giro come un valore all'interno del codice. Questa capacità di "trasportare" e riutilizzare la funzione non solo ne aumenta l'usabilità, ma rende anche più fluido il modo in cui il codice può essere strutturato.

In pratica, ciò significa che la funzione può essere usata in molti contesti diversi e può essere invocata in vari punti del programma, in base alle esigenze e alle scelte di chi scrive il codice. Questo è un vantaggio significativo, perché consente di adattare l'uso della funzione agli obiettivi specifici.

La possibilità di assegnare funzioni a variabili e usarle in modo flessibile nel codice è una dimostrazione della natura complessa e dinamica di linguaggi come JavaScript. Mostra i molti modi in cui questi linguaggi possono essere sfruttati per creare funzionalità complesse, adattarsi a necessità diverse ed eseguire compiti in modo più efficiente ed efficace.

Esempio: Espressione di funzione

```javascript
const square = function(number) {
    return number * number;
};

console.log(square(4));  // Outputs: 16
```

Qui la funzione è memorizzata nella variabile **square** e calcola il quadrato di un numero. Il codice definisce una funzione chiamata **square** che accetta un numero come input e restituisce il quadrato di quel numero. Poi usa **console.log** per stampare il risultato della funzione **square** quando l'input è 4, cioè 16.

2.4.3 Arrow Functions

Introdotte nella sesta edizione di ECMAScript (ES6), le arrow functions hanno portato nel panorama JavaScript una sintassi nuova e concisa. Sono state progettate per offrire un modo più compatto e lineare di scrivere funzioni, soprattutto rispetto alle tradizionali espressioni di funzione. Grazie a una sintassi meno verbosa e più leggibile, sono diventate rapidamente una scelta molto apprezzata, in particolare quando si lavora con espressioni brevi su una sola riga.

Una delle caratteristiche più importanti che distingue le arrow functions dalle funzioni tradizionali è la loro capacità di condividere lo stesso **this** lessicale del codice circostante. In altre parole, ereditano il binding di **this** dal contesto esterno.

Questa è una differenza significativa rispetto alle funzioni tradizionali, che creano un proprio contesto **this**. Con le arrow functions, **this** mantiene lo stesso significato all'interno della funzione e all'esterno di essa. Questa caratteristica non solo semplifica il codice, ma lo rende anche più facile da comprendere e da debuggare. Riduce i bug e le confusioni più comuni che nascono quando la parola chiave **this** si comporta in modo diverso in contesti differenti, migliorando così l'esperienza complessiva di programmazione.

Esempio: Arrow Function

```javascript
const add = (a, b) => a + b;
```

```
console.log(add(5, 3));  // Outputs: 8
```

Questo esempio usa una arrow function per una semplice operazione di addizione. Definisce una funzione costante chiamata 'add', che accetta due argomenti 'a' e 'b' e restituisce la loro somma. L'istruzione 'console.log' richiama questa funzione passando 5 e 3 come argomenti, producendo quindi l'output 8 nella console.

2.4.4 Scope in JavaScript

In JavaScript, il concetto di scope (ambito) viene utilizzato per definire il contesto in cui le variabili possono essere accessibili. È un concetto fondamentale che influenza in modo significativo il comportamento del codice. Lo scope in JavaScript può essere suddiviso in due tipi principali:

Scope globale

Quando le variabili sono definite al di fuori dei confini di una specifica funzione, si dice che hanno uno "scope globale". Questa definizione implica che tali variabili, chiamate "variabili globali", possono essere accessibili da qualsiasi parte del codice, indipendentemente dal punto o dal contesto in cui vengono richiamate.

Questa caratteristica dello scope globale indica un'accessibilità universale, rendendo queste variabili disponibili in tutta la codebase. Questa disponibilità dura per l'intero ciclo di vita del programma, rendendo le variabili globali uno strumento potente che va usato con giudizio per evitare effetti collaterali indesiderati.

Scope locale

D'altra parte, le variabili definite all'interno di una funzione hanno quello che si chiama scope locale. In sostanza, significa che sono accessibili o "visibili" solo all'interno di quella specifica funzione in cui sono state dichiarate. Non possono essere richiamate né utilizzate al di fuori della funzione.

Questa è una restrizione significativa e intenzionale, perché impedisce alle variabili con scope locale di interagire, interferire o entrare in conflitto con altre parti del codice che si trovano al di fuori dei confini della funzione.

Questo principio di progettazione aiuta a mantenere l'integrità del codice, assicurando che le funzioni operino in modo indipendente e che le variabili non cambino valore inaspettatamente a causa di interazioni con altre parti del programma.

Esempio: Scope globale vs. scope locale

```javascript
let globalVar = "I am global";

function testScope() {
    let localVar = "I am local";
    console.log(globalVar);  // Accessible here
    console.log(localVar);   // Accessible here
}

testScope();
console.log(globalVar);      // Accessible here
// console.log(localVar);    // Unaccessible here, would throw an error
```

Questo esempio spiega la distinzione tra scope globale e scope locale. Vengono dichiarate una variabile globale chiamata "globalVar" e una funzione chiamata "testScope". All'interno della funzione viene dichiarata una variabile locale chiamata "localVar". La variabile globale può essere utilizzata sia dentro sia fuori dalla funzione, mentre la variabile locale può essere utilizzata solo all'interno della funzione in cui è stata dichiarata. Provare ad accedere alla variabile locale al di fuori della funzione provoca un errore.

2.4.5 Comprendere let, const e var

L'introduzione di **let** e **const** in ES6 ha portato un cambiamento significativo nel modo in cui JavaScript gestisce lo scope delle variabili. Invece di essere limitate allo scope di funzione, come accade con **var**, queste nuove dichiarazioni hanno introdotto il concetto di scope di blocco.

Questo significa che una variabile dichiarata con **let** o **const** è accessibile solo all'interno del blocco di codice in cui è stata dichiarata. Questo è diverso da **var**, che è accessibile ovunque all'interno della funzione in cui è stata dichiarata, indipendentemente dai confini dei blocchi.

La natura a scope di funzione di **var** può essere fonte di confusione e risultati inattesi se non viene usata con cautela, soprattutto nei cicli o nei blocchi condizionali. Per questo, l'uso di **let** e **const** per lo scope di blocco può rendere il codice più prevedibile e ridurre i bug.

Esempio: Scope di blocco con let

```javascript
if (true) {
    let blockScoped = "I am inside a block";
    console.log(blockScoped);  // Outputs: I am inside a block
}

// console.log(blockScoped);  // Unaccessible here, would throw an error
```

Questo mostra lo scope a livello di blocco di **let**, che limita l'accessibilità di **blockScoped** al blocco **if**. Illustra come utilizzare la parola chiave **let** per dichiarare una variabile con scope di blocco, **blockScoped**, accessibile solo all'interno del blocco in cui viene dichiarata (tra le parentesi graffe). Tentare di accedervi al di fuori di questo blocco, come mostrato nella riga commentata, genera un errore poiché la variabile è fuori dallo scope.

2.4.6 Espressioni di Funzione Auto-Invocate (IIFE)

Un'Immediately Invoked Function Expression (IIFE) è una funzione che viene dichiarata ed eseguita simultaneamente. Questo è un concetto importante in JavaScript ed è un pattern che i programmatori usano spesso quando vogliono creare un nuovo scope. Quando viene utilizzata una IIFE, la funzione viene eseguita immediatamente dopo essere stata definita.

Questa caratteristica unica è particolarmente vantaggiosa per creare variabili private e mantenere pulito lo scope globale. Utilizzando una IIFE, possiamo impedire qualsiasi accesso o modifica indesiderata alle nostre variabili, garantendo così l'integrità e l'affidabilità del nostro codice.

In altre parole, riduce il rischio di inquinare lo scope globale, che è un problema comune nello sviluppo JavaScript. Questo rende le IIFE uno strumento essenziale nella cassetta degli attrezzi di qualsiasi sviluppatore JavaScript.

Esempio: IIFE

```
(function() {
    let privateVar = "I am private";
    console.log(privateVar);  // Outputs: I am private
})();
// The variable privateVar is not accessible outside the IIFE
```

Questo esempio mostra come una IIFE aiuti a incapsulare le variabili, rendendole private alla funzione e inaccessibili dall'esterno.

In questo esempio, una IIFE viene dichiarata usando la sintassi **(function() { ... })()**. Le parentesi esterne **(...)** vengono utilizzate per raggruppare la dichiarazione della funzione, trasformandola in un'espressione. Le parentesi finali **()** fanno sì che l'espressione di funzione venga immediatamente invocata o eseguita.

All'interno della IIFE, è presente una dichiarazione di variabile **let privateVar = "I am private";**. Questa variabile **privateVar** è locale alla IIFE e non può essere accessibile al di fuori dello scope della funzione. Questa è una tecnica per incapsulare variabili e renderle private, utile per prevenire accessi o modifiche indesiderate dall'esterno e per mantenere pulito lo scope globale.

Dopo la dichiarazione della variabile, c'è un'istruzione di log nella console **console.log(privateVar);**, che mostra la stringa "I am private". Questa istruzione si trova all'interno dello scope della IIFE, quindi ha accesso alla variabile **privateVar**.

Una volta eseguita la IIFE, la variabile **privateVar** esce dallo scope e non è più accessibile. Di conseguenza, se provi ad accedere a **privateVar** al di fuori della IIFE, otterrai un errore.

2.4.7 Closure

Una closure, nel mondo della programmazione, è un particolare tipo di funzione che possiede un insieme unico di capacità. Ciò che distingue una closure dalle altre funzioni è la sua capacità intrinseca di ricordare e accedere alle variabili dello scope in cui è stata originariamente definita. Questo rimane vero indipendentemente da dove venga successivamente eseguita, rendendola uno strumento estremamente potente nell'arsenale di un programmatore.

Questa caratteristica distintiva delle closure costituisce la base per la creazione di funzioni dotate di proprie variabili e metodi privati, creando di fatto un'unità di codice autonoma. Queste variabili e metodi non sono accessibili esternamente, migliorando così l'incapsulamento e la modularità del codice. Questa caratteristica delle closure è un grande vantaggio per i programmatori, poiché consente loro di creare sezioni di codice sicure e autosufficienti.

Nell'ambito della programmazione funzionale, le closure non sono solo un concetto importante, ma uno strumento essenziale. Offrono un livello di potenza e flessibilità che può aumentare significativamente l'efficienza e la semplicità del codice. Attraverso l'uso delle closure, i programmatori possono semplificare il proprio codice, riducendo la complessità inutile e rendendolo più facile da comprendere e mantenere. Tutti questi fattori combinati rendono le closure una parte indispensabile della programmazione moderna.

Esempio: Closure

```javascript
function makeAdder(x) {
    return function(y) {
        return x + y;
    };
}

const addFive = makeAdder(5);
console.log(addFive(2));  // Outputs: 7
```

Qui, **addFive** è una closure che "ricorda" il valore di **x** (5) e lo aggiunge al proprio argomento ogni volta che viene chiamata. Questo codice JavaScript definisce una funzione chiamata **makeAdder** che accetta un singolo argomento **x**. Questa funzione restituisce un'altra funzione che accetta un altro argomento **y** e restituisce la somma di **x** e **y**.

Nel codice, la funzione **makeAdder** viene chiamata passando **5** come argomento, e la funzione restituita viene memorizzata nella variabile **addFive**. Questo fa sì che **addFive** sia una funzione che aggiunge **5** a qualunque numero riceva come argomento.

Infine, **addFive** viene chiamata con l'argomento **2**, ottenendo **7** (perché 5 + 2 fa 7), e questo risultato viene stampato nella console.

2.4.8 Parametri predefiniti

Nel complesso e articolato mondo della programmazione, il concetto di parametri predefiniti riveste un ruolo importante. I parametri predefiniti sono una funzionalità molto utile: permettono di inizializzare automaticamente i parametri nominati con valori di default quando non viene fornito un valore esplicito, oppure quando viene passato **undefined**.

Immagina uno scenario in cui stai gestendo numerosi parametri nella tua funzione e alcuni di essi restano spesso uguali o vengono riutilizzati di frequente. In questi casi, non sarebbe comodo avere quei parametri automaticamente impostati ai loro valori abituali senza doverli specificare ogni volta? È esattamente ciò che consentono i parametri predefiniti.

Questa funzionalità è particolarmente vantaggiosa quando alcuni valori vengono usati frequentemente. Per esempio, potresti avere una funzione che recupera dati da un database. Nella maggior parte dei casi potresti interrogare la stessa tabella, usando le stesse credenziali. Invece di dover specificare questi parametri ogni volta, potresti definirli come parametri predefiniti, semplificando in modo significativo le chiamate alla funzione.

Inoltre, l'uso dei parametri predefiniti rende il codice non solo più semplice, ma anche più robusto. Assegnando automaticamente valori ai parametri, previeni potenziali errori che potrebbero derivare da argomenti mancanti. Questo rafforza il codice, rendendolo più resistente a bug ed errori e, in ultima analisi, portando a un processo di sviluppo più efficiente ed efficace.

Esempio: Parametri predefiniti

```javascript
function greet(name = "Stranger") {
    console.log(`Hello, ${name}!`);
}
```

```
greet("Alice");   // Outputs: Hello, Alice!
greet();          // Outputs: Hello, Stranger!
```

Questa funzionalità offre flessibilità e sicurezza alle funzioni, assicurando che gestiscano in modo corretto la mancanza di argomenti. Questo è un programma che definisce una funzione chiamata 'greet'. Questa funzione accetta un parametro 'name' e, se non viene fornito alcun argomento quando la funzione viene chiamata, assume come valore predefinito 'Stranger'.

La funzione poi stampa un saluto nella console, includendo il nome fornito o il valore di default. Quando la funzione viene chiamata con "Alice" come argomento, l'output è "Hello, Alice!". Quando viene chiamata senza alcun argomento, l'output è "Hello, Stranger!".

2.4.9 Parametri rest e sintassi spread

I parametri rest e la sintassi spread sono entrambe funzionalità molto utili in JavaScript che, a prima vista, possono sembrare simili, ma in realtà servono scopi diversi e complementari:

I parametri rest, indicati da un'ellissi (...), offrono un modo per gestire i parametri di funzione consentendo di passare un numero variabile di argomenti. In pratica, permettono di rappresentare un numero indefinito di argomenti come un array. Questo è particolarmente comodo quando non sai in anticipo quanti argomenti verranno passati a una funzione.

Dall'altro lato, la **sintassi spread**, anch'essa indicata da un'ellissi (...), svolge la funzione opposta. Consente di "espandere" un iterabile, come un array o una stringa, in punti in cui sono attesi zero o più argomenti (nelle chiamate di funzione) oppure elementi (nei letterali di array).

Questo può essere utile in molti scenari, come combinare array, passare gli elementi di un array come argomenti separati a una funzione o anche copiare un array.

Esempio: Parametri rest

```
function sumAll(...numbers) {
    return numbers.reduce((acc, num) => acc + num, 0);
}

console.log(sumAll(1, 2, 3, 4));  // Outputs: 10
```

Questa è una funzione JavaScript chiamata 'sumAll' che utilizza la sintassi dei parametri rest ('...numbers') per rappresentare un numero indefinito di argomenti come un array. All'interno della funzione, il metodo 'reduce' viene usato per sommare tutti i numeri presenti nell'array e restituire la somma totale. La riga 'console.log' è un test di questa funzione: passa i numeri 1, 2, 3 e 4. L'output di questo test dovrebbe essere 10, perché 1+2+3+4 fa 10.

Esempio: Sintassi Spread

```
let parts = ["shoulders", "knees"];
let body = ["head", ...parts, "toes"];

console.log(body);  // Outputs: ["head", "shoulders", "knees", "toes"]
```

Questo è un programma che usa l'operatore spread (...) per combinare due array. La variabile 'parts' contiene l'array ["shoulders", "knees"]. La variabile 'body' crea un nuovo array che combina la stringa 'head', gli elementi dell'array 'parts' e la stringa 'toes'. L'istruzione console.log poi stampa l'array 'body' nella console, producendo: ["head", "shoulders", "knees", "toes"].

2.5 Eventi e Gestione degli Eventi

Gli eventi costituiscono l'ossatura delle applicazioni web interattive. Sono fondamentali per dare vita a pagine web statiche, permettendo alle persone di interagire con gli elementi della pagina in molti modi diversi. Grazie alle solide capacità di gestione degli eventi offerte da JavaScript, è possibile interagire con le pagine web attraverso un'ampia gamma di azioni, come clic, input da tastiera, movimenti del mouse e altro ancora.

Non è un'esagerazione dire che capire come gestire correttamente questi eventi è cruciale per creare interfacce web reattive, intuitive e facili da usare. Senza una buona comprensione della gestione degli eventi, le applicazioni web rischiano di diventare macchinose e difficili da navigare.

In questa sezione completa, esploreremo a fondo il mondo degli eventi. Vedremo cosa sono gli eventi nel contesto dello sviluppo web, come vengono gestiti in JavaScript—uno dei linguaggi di programmazione più popolari nello sviluppo web—e forniremo esempi dettagliati, passo dopo passo, per illustrare efficacemente questi concetti. Il nostro obiettivo è offrirti una base solida su cui costruire la tua comprensione e le tue competenze nella gestione degli eventi in JavaScript.

2.5.1 Che cosa sono gli Eventi?

Nel panorama digitale di Internet, il termine "eventi" si riferisce a specifiche azioni o occorrenze che avvengono all'interno del browser web. Queste azioni possono essere rilevate e gestite dalla pagina web. Gli eventi sono una parte integrante dell'interazione. Possono essere avviati dall'utente tramite attività come fare clic su un elemento, scorrere la pagina o premere un tasto specifico.

In alternativa, gli eventi possono essere attivati dal browser stesso. Questo può accadere in molti scenari, ad esempio quando una pagina web viene caricata, quando una finestra viene ridimensionata o quando è trascorso un intervallo di tempo (timer). Si tratta di eventi critici che una pagina web ben progettata dovrebbe essere pronta a gestire.

JavaScript, un potente linguaggio di programmazione ampiamente usato nello sviluppo web, viene impiegato per rispondere a questi eventi. Lo fa tramite funzioni progettate appositamente per gestire questi casi, chiamate "gestori di eventi" (event handlers). Questi gestori di eventi vengono scritti nel codice JavaScript di una pagina web e vengono eseguiti quando si verifica l'evento che sono progettati per gestire.

2.5.2 Aggiungere Gestori di Eventi

Nel processo di creazione di pagine web dinamiche e interattive, i gestori di eventi svolgono un ruolo fondamentale e possono essere assegnati agli elementi HTML in diversi modi:

Attributi di evento HTML

Sono attributi specifici incorporati direttamente negli elementi HTML. Sono progettati per rispondere immediatamente quando si verifica un determinato evento. In queste condizioni, l'attributo di evento richiamerà rapidamente il codice JavaScript che gli è stato assegnato.

Questo metodo di incorporare JavaScript è semplice e facile da comprendere, il che lo rende un modo accessibile per aggiungere funzionalità interattive a un sito web. Tuttavia, è opportuno prestare attenzione quando si usa questo metodo.

Se gli attributi di evento HTML vengono usati in modo eccessivo o senza un'organizzazione attenta, possono portare a un codice disordinato e poco strutturato. Questo può rendere il codice difficile da leggere e da debuggare, riducendo l'efficacia e la manutenibilità del sito.

Esempio: Attributo di evento HTML

```html
<button onclick="alert('Button clicked!')">Click Me!</button>
```

Questo esempio usa un attributo HTML per assegnare direttamente un gestore di eventi a un pulsante. Quando il pulsante viene cliccato, viene attivata una funzione JavaScript che mostra una finestra di avviso (alert) con il messaggio 'Button clicked!'.

Metodo della proprietà DOM

Questo metodo consiste nell'assegnare il gestore di eventi direttamente a una proprietà DOM di uno specifico elemento HTML. Questa assegnazione avviene all'interno del codice JavaScript. Questa tecnica offre un vantaggio distinto rispetto all'approccio degli attributi di evento HTML.

Il vantaggio principale è che fornisce un'opzione molto più ordinata e pulita per chi sviluppa. Questo perché separa il codice JavaScript dal markup HTML, migliorando la leggibilità e la manutenibilità del codice. Tuttavia, è importante notare una limitazione significativa associata a questo metodo.

A un elemento HTML specifico può essere assegnato un solo gestore di eventi per un determinato evento. Questa limitazione può potenzialmente ridurre la funzionalità e la flessibilità dell'applicazione.

Esempio: Proprietà DOM

```
<script>
    window.onload = function() {
        alert('Page loaded!');
    };
</script>
```

Qui viene assegnato un gestore di eventi all'evento **load** della finestra usando una proprietà DOM. Questo script mostrerà un avviso con il messaggio 'Page loaded!' una volta che la pagina web sarà stata caricata completamente.

Event listener

Questi sono metodi potenti e dinamici che vengono invocati ogni volta che si verifica un evento specifico sull'elemento associato. Il principale vantaggio dell'uso degli event listener è la loro capacità di gestire più istanze dello stesso evento su un singolo elemento, cosa che li distingue dagli altri metodi.

Questo significa che puoi assegnare più event listener per lo stesso evento su un singolo elemento, senza interferenze tra i diversi listener. Questa caratteristica unica rende il metodo degli event listener il più flessibile e adattabile dei tre, in particolare quando si gestiscono funzionalità interattive complesse o quando è necessario tracciare più eventi su un singolo elemento.

Esempio: Event Listener

```
document.getElementById('myButton').addEventListener('click', function() {
    alert('Button clicked!');
});
```

Questo programma collega un event listener all'elemento HTML con ID 'myButton'. Quando il pulsante viene cliccato, apparirà un avviso con il messaggio 'Button clicked!'.

Questo esempio usa **addEventListener** per collegare una funzione anonima all'evento click del pulsante, un metodo più flessibile perché consente più gestori per lo stesso evento e una configurazione più dettagliata.

2.5.3 Propagazione degli eventi: cattura e bubbling

Nel Document Object Model (DOM), gli eventi possono propagarsi in due modi distinti, ciascuno con uno scopo specifico nella struttura e nel funzionamento complessivo dell'applicazione.

Il primo metodo è noto come **Cattura**. In questa fase, l'evento parte dall'elemento più in alto (o dalla radice dell'albero) e poi scende attraverso gli elementi annidati, seguendo la gerarchia fino a raggiungere l'elemento target previsto. Questo approccio top-down permette di "catturare" interazioni specifiche mentre l'evento attraversa i livelli inferiori dell'albero DOM.

Il secondo metodo è il **Bubbling**. Al contrario della cattura, il bubbling inizia dall'elemento target e poi risale attraverso gli antenati, muovendosi dagli elementi di livello più basso a quelli più alti. Questo approccio bottom-up garantisce che l'evento non resti isolato sull'elemento target e possa influenzare gli elementi genitori.

Comprendere sia la fase di cattura sia quella di bubbling della propagazione degli eventi è cruciale, soprattutto negli scenari di gestione eventi più complessi. Permette di controllare come e quando gli eventi vengono gestiti, offrendo flessibilità nella gestione delle interazioni e del comportamento complessivo dell'applicazione.

Esempio: cattura e bubbling

```
<div onclick="alert('Div clicked!');">
```

```html
    <button id="myButton">Click Me!</button>
</div>
<script>
    // Stops the click event from bubbling
    document.getElementById('myButton').addEventListener('click', function(event) {
        alert('Button clicked!');
        event.stopPropagation();
    });
</script>
```

In questo esempio, facendo clic sul pulsante si attiva il relativo gestore e, normalmente, l'evento farebbe *bubbling* fino al gestore del **div**. Tuttavia, **stopPropagation()** lo impedisce, quindi viene mostrato solo l'avviso del pulsante.

Questo programma crea un pulsante all'interno di un elemento **div**. Quando fai clic sul pulsante, viene mostrato un messaggio di avviso che dice 'Button clicked!'. Inoltre, viene interrotta la propagazione dell'evento: questo significa che l'evento **onclick** del **div** (che mostrerebbe un avviso con 'Div clicked!') non viene attivato quando si fa clic sul pulsante. Se fai clic in qualsiasi altro punto del **div** ma non sul pulsante, verrà mostrato l'avviso 'Div clicked!'.

2.5.4 Impedire il comportamento predefinito

Il Document Object Model (DOM), una componente fondamentale delle tecnologie web, è composto da numerosi elementi che hanno comportamenti intrinseci, o predefiniti. Questi comportamenti predefiniti, progettati per rendere più fluide le interazioni, vengono attivati automaticamente quando una persona interagisce con determinati elementi di una pagina.

Un esempio classico di attivazione automatica del comportamento predefinito si osserva quando qualcuno fa clic su un collegamento ipertestuale all'interno di una pagina web. In questo scenario, l'azione predefinita del browser è navigare verso l'URL (l'indirizzo web) indicato dal link.

Tuttavia, in alcune circostanze può essere necessario impedire, o sovrascrivere, questa azione predefinita. Un motivo comune è quando si sceglie di usare JavaScript per controllare la navigazione di un sito e caricare nuovi contenuti nella pagina esistente senza richiedere un aggiornamento completo.

Questa tecnica di caricamento dinamico dei contenuti senza un refresh totale della pagina è spesso utilizzata nello sviluppo web moderno. È un approccio che non solo migliora l'esperienza d'uso, offrendo un'interfaccia più fluida e reattiva, ma riduce anche il carico sui server. Di conseguenza, può portare a prestazioni migliori del sito e a una maggiore soddisfazione di chi lo utilizza.

Esempio: Impedire il comportamento predefinito

```html
<a    href="<https://www.example.com>"    onclick="return    false;">Click    me    (going
nowhere!)</a>
```

Qui, restituire **false** dal gestore **onclick** impedisce al browser di seguire il link. Il tag di ancoraggio **<a>** viene usato per creare l'hyperlink. L'attributo **href** è impostato su un URL (**https://www.example.com**), che normalmente sarebbe la destinazione raggiunta quando si fa clic sul link. Tuttavia, l'attributo **onclick** è impostato su **return false;**, che impedisce l'azione predefinita del link e fa sì che, quando si fa clic, non avvenga alcun reindirizzamento.

2.5.5 Gestione avanzata degli eventi

La gestione degli eventi in programmazione non è limitata a scenari semplici; può includere anche situazioni più complesse. Una di queste riguarda la gestione degli eventi su elementi creati dinamicamente.

Gli elementi creati dinamicamente sono quelli che vengono aggiunti alla pagina dopo il caricamento iniziale, e gestire gli eventi su questi elementi può presentare sfide specifiche. Inoltre, la gestione degli eventi può includere l'ottimizzazione delle prestazioni per eventi ad alta frequenza.

Si tratta di eventi che si verificano molto spesso, come il ridimensionamento di una finestra o lo scorrimento di una pagina. Se non vengono gestiti correttamente, possono rallentare le prestazioni di una pagina, quindi un'adeguata ottimizzazione è cruciale.

Esempio: Delega degli eventi

```javascript
document.getElementById('myList').addEventListener('click', function(event) {
    if (event.target.tagName === 'LI') {
        alert('List item clicked: ' + event.target.textContent);
    }
});
```

Questo è un programma che aggiunge un event listener a un elemento HTML con id 'myList'. Quando viene cliccato un qualsiasi elemento della lista (LI) all'interno di questo elemento, viene attivata una funzione che apre una finestra di alert mostrando il contenuto testuale dell'elemento della lista cliccato.

Questo è un esempio di delega degli eventi (event delegation), in cui un singolo event listener viene aggiunto a un elemento genitore invece di definire gestori separati per ciascun elemento figlio. È particolarmente utile per gestire eventi su elementi che potrebbero non esistere nel momento in cui lo script viene eseguito.

2.5.6 Throttling e Debouncing

Gestire eventi ad alta frequenza, come il ridimensionamento della finestra, lo scrolling o il movimento continuo del mouse, può essere una sfida significativa. Questo perché queste azioni possono causare problemi di prestazioni a causa dell'elevato numero di chiamate di evento che generano. Per attenuare questo problema, vengono comunemente utilizzate due strategie: throttling e debouncing. Queste tecniche servono a limitare la frequenza con cui una funzione viene eseguita, evitando un eccesso di chiamate che potrebbe rallentare le prestazioni del sistema.

Throttling è una tecnica che garantisce che una funzione venga eseguita al massimo una volta ogni determinato numero di millisecondi. Questo metodo è particolarmente efficace con eventi ad alta frequenza perché consente di impostare un limite massimo alla velocità con cui la funzione viene eseguita. In questo modo, possiamo mantenere un flusso di chiamate costante e prevedibile e prevenire potenziali problemi di prestazioni che potrebbero derivare da troppe esecuzioni in un breve intervallo di tempo.

D'altra parte, **debouncing** è un'altra tecnica che fa sì che una funzione venga eseguita una sola volta dopo che è trascorso un certo intervallo di tempo dall'ultima invocazione. Questo è particolarmente utile per eventi che continuano a "scattare" finché una certa condizione rimane vera, come quando una persona continua a ridimensionare una finestra. Implementando un debounce, possiamo assicurarci che la funzione non venga eseguita in modo continuo, ma solo una volta dopo che la persona ha smesso di ridimensionare la finestra per un certo periodo di tempo.

Esempio: Throttling

```javascript
function throttle(func, limit) {
    let lastFunc;
    let lastRan;
    return function() {
        const context = this;
        const args = arguments;
        if (!lastRan) {
            func.apply(context, args);
            lastRan = Date.now();
        } else {
            clearTimeout(lastFunc);
```

```javascript
        lastFunc = setTimeout(function() {
            if ((Date.now() - lastRan) >= limit) {
                func.apply(context, args);
                lastRan = Date.now();
            }
        }, limit - (Date.now() - lastRan));
    }
  };
}

window.addEventListener('resize', throttle(function() {
    console.log('Resize event handler call every 1000 milliseconds');
}, 1000));
```

Analisi del codice:

1. Limitazione delle Chiamate di Funzione (funzione **throttle**):
    o   Il codice definisce una funzione chiamata **throttle(func, limit)**. Questa
        funzione accetta due argomenti:
        ▪   **func**: Questa è la funzione che vogliamo limitare. È la funzione le cui
            chiamate vogliamo controllare.
        ▪   **limit**: Questo è un numero (in millisecondi) che specifica l'intervallo
            minimo di tempo tra le chiamate consentite alla funzione **func**.
    o   All'interno della funzione **throttle**, ci sono diverse variabili e logiche per
        controllare la frequenza delle chiamate della **func** fornita.
2. Tracciamento dell'Ultimo Momento di Chiamata (**lastRan**):
    o   La variabile **let lastRan;** viene dichiarata per memorizzare il timestamp
        dell'ultima volta in cui la funzione **func** è stata chiamata attraverso la
        versione limitata.
3. La Logica di Throttling (Funzione Interna):
    o   La funzione **throttle** restituisce un'altra funzione. Questa funzione interna
        agisce come la versione limitata della **func** originale passata come
        argomento.
        ▪   All'interno della funzione interna:
            ▪   **const context = this;** cattura il contesto (**this**) della
                chiamata della funzione (importante per alcuni tipi di
                funzione).
            ▪   **const args = arguments;** cattura gli argomenti passati alla
                funzione limitata.
            ▪   La logica controlla poi se è il momento di consentire una
                chiamata alla **func** originale in base al **limit**:
                ▪   Se **!lastRan** (ovvero non c'è stata una chiamata
                    precedente o è passato abbastanza tempo

dall'ultima chiamata), la **func** originale viene chiamata direttamente usando **func.apply(context, args)**. Questo garantisce che la funzione venga chiamata immediatamente almeno una volta.

- **lastRan** viene poi aggiornato con il timestamp corrente usando **Date.now()**.

- Altrimenti (se **lastRan** esiste), viene utilizzato un meccanismo di throttling più complesso:

  - Qualsiasi timeout esistente (impostato per chiamare **func** successivamente) viene cancellato usando **clearTimeout(lastFunc)**.

  - Viene creato un nuovo timeout usando **setTimeout**. Questo timeout chiamerà un'altra funzione dopo un ritardo.

    - Il ritardo viene calcolato in base al **limit** e al tempo trascorso dall'ultima chiamata (**Date.now() - lastRan**). Questo garantisce che le chiamate siano distanziate di almeno l'intervallo di tempo **limit**.

    - La funzione interna chiamata dopo il timeout controlla nuovamente se è passato abbastanza tempo dall'ultima chiamata (**(Date.now() - lastRan) >= limit**). In tal caso, richiama la **func** originale e aggiorna **lastRan**.

4. Applicazione del Throttling all'Evento Resize (**window.addEventListener**):
   - Le ultime due righe dimostrano come utilizzare la funzione **throttle**.
   - **window.addEventListener('resize', throttle(function() { ... }, 1000));** aggiunge un event listener per l'evento **resize** sull'oggetto window.

     - La funzione event listener che desideri chiamare durante il resize viene passata attraverso la funzione **throttle**.

     - In questo caso, la funzione limitata registra nella console il messaggio "Resize event handler call every 1000 milliseconds".

     - Il valore **1000** passato come secondo argomento a **throttle** specifica il limite (1 secondo o 1000 millisecondi) tra le chiamate consentite alla funzione handler del resize. Questo impedisce che l'handler venga chiamato troppo frequentemente, migliorando le prestazioni.

Riepilogo:

Questo codice introduce il throttling delle funzioni, una tecnica per limitare la frequenza con cui una funzione può essere chiamata. La funzione **throttle** crea una funzione wrapper che garantisce che la funzione originale venga chiamata al massimo una volta entro uno specifico intervallo di tempo (definito dal **limit**). Questo è utile per gli event handler o qualsiasi funzione che non si desidera venga chiamata troppo spesso, per evitare di sovraccaricare il browser o causare problemi di prestazioni.

Esempio: Debouncing

```javascript
function debounce(func, delay) {
    let debounceTimer;
    return function() {
        const context = this;
        const args = arguments;
        clearTimeout(debounceTimer);
        debounceTimer = setTimeout(() => func.apply(context, args), delay);
    };
}

input.addEventListener('keyup', debounce(function() {
    console.log('Input event handler call after 300 milliseconds of inactivity');
}, 300));
```

Analisi del codice:

1. Debouncing delle Chiamate di Funzione (funzione **debounce**):
    - Il codice definisce una funzione chiamata **debounce(func, delay)**. Questa funzione accetta due argomenti:
        - **func**: Questa è la funzione che vogliamo sottoporre a debounce. È la funzione le cui chiamate vogliamo controllare.
        - **delay**: Questo è un numero (in millisecondi) che specifica il tempo di attesa dopo l'ultima chiamata prima di eseguire effettivamente la funzione **func**.
    - All'interno della funzione **debounce**, è presente una variabile e una logica per gestire l'esecuzione ritardata della **func** fornita.
2. Timer di Debounce (**debounceTimer**):
    - La variabile **let debounceTimer;** viene dichiarata per memorizzare un riferimento a un timer di timeout. Questo timer viene utilizzato per controllare il ritardo prima di chiamare la funzione **func**.
3. La Logica di Debouncing (Funzione Interna):
    - La funzione **debounce** restituisce un'altra funzione. Questa funzione interna agisce come la versione con debounce della **func** originale passata come argomento.

- All'interno della funzione interna:
  - **const context = this;** cattura il contesto (**this**) della chiamata della funzione (importante per alcuni tipi di funzione).
  - **const args = arguments;** cattura gli argomenti passati alla funzione con debounce.
  - La logica di debouncing viene implementata usando un timeout:
    - **clearTimeout(debounceTimer);** cancella qualsiasi timeout esistente impostato dalla funzione **debounce**. Questo garantisce che ci sia sempre un solo timeout in attesa.
    - Viene creato un nuovo timeout usando **setTimeout**. Questo timeout richiama una funzione anonima dopo il numero di millisecondi specificato da **delay**.
      - La funzione anonima richiama la **func** originale usando **func.apply(context, args)**. Inoltre applica la funzione con il contesto e gli argomenti catturati.

4. Applicazione del Debouncing all'Evento Keyup (**input.addEventListener**):
   - Le ultime due righe dimostrano come utilizzare la funzione **debounce**.
   - **input.addEventListener('keyup', debounce(function() { ... }, 300));** aggiunge un event listener per l'evento **keyup** sull'elemento **input** (supponendo che esista un elemento input con questo riferimento).
     - La funzione event listener che desideri chiamare durante il keyup viene passata attraverso la funzione **debounce**.
     - In questo caso, la funzione con debounce registra nella console il messaggio "Input event handler call after 300 milliseconds of inactivity".
     - Il valore **300** passato come secondo argomento a **debounce** specifica il ritardo (300 millisecondi) prima di chiamare la vera funzione handler dell'evento **keyup**. Questo impedisce che l'handler venga chiamato a ogni singola pressione di tasto. Invece, aspetta una pausa di 300 millisecondi dopo l'ultima pressione prima di eseguire la funzione.

Riepilogo:

Questo codice mostra il debouncing, una tecnica utilizzata per ritardare l'esecuzione di una funzione fino a quando non è trascorso un determinato periodo di tempo dall'ultima chiamata. Questo è utile in situazioni come barre di ricerca o campi di input, dove non si desidera eseguire un'azione (come inviare una richiesta di ricerca) dopo ogni singola pressione di tasto, ma solo dopo un breve periodo di inattività. Il debouncing aiuta a migliorare le prestazioni e l'esperienza utente evitando chiamate di funzione non necessarie.

2.5.7 Eventi Personalizzati

JavaScript, un linguaggio di programmazione potente e comunemente utilizzato nel mondo dello sviluppo web, amplia la propria gamma di funzionalità offrendo agli sviluppatori la possibilità di creare eventi personalizzati. Questo viene realizzato utilizzando la funzione **CustomEvent**, una funzionalità integrata nel linguaggio JavaScript.

Con **CustomEvent**, questi eventi personalizzati possono essere dispatchati o attivati su qualsiasi elemento esistente all'interno del Document Object Model (DOM). Il DOM, in sostanza, è una rappresentazione della struttura di una pagina web e la funzione **CustomEvent** di JavaScript consente agli sviluppatori di interagire con questa struttura in modo altamente personalizzabile.

Questa capacità unica di JavaScript di creare e dispatchare eventi personalizzati possiede un valore significativo, specialmente quando si gestiscono interazioni complesse all'interno delle applicazioni web. Lo sviluppo di applicazioni web richiede spesso la gestione di numerosi elementi interattivi e interfacce utente intricate. In tali casi, la possibilità di creare eventi personalizzati può semplificare notevolmente il processo di gestione di queste interazioni, rendendo l'intero processo di sviluppo più efficiente.

Inoltre, l'uso di eventi personalizzati diventa ancora più critico quando si integrano librerie di terze parti. In questi scenari, gli eventi personalizzati fungono da necessari "hook" o punti di connessione che consentono un'interazione e un'integrazione efficaci con queste librerie esterne. Fornendo questi hook, la funzione **CustomEvent** di JavaScript può migliorare significativamente la funzionalità complessiva e l'esperienza utente dell'applicazione web, rendendola più reattiva, interattiva e facile da usare.

Esempio: Eventi Personalizzati

```javascript
// Creating a custom event
let event = new CustomEvent('myEvent', { detail: { message: 'This is a custom event'
} });

// Listening for the custom event
document.addEventListener('myEvent', function(e) {
    console.log(e.detail.message);  // Outputs: This is a custom event
});

// Dispatching the custom event
```

```
document.dispatchEvent(event);
```

Questo esempio utilizza l'API CustomEvent. Per prima cosa crea un nuovo evento personalizzato chiamato 'myEvent' con un oggetto **detail** che contiene un messaggio. Poi imposta un event listener sul document per 'myEvent'. Quando 'myEvent' viene dispatchato sul document, l'event listener viene attivato e il messaggio viene registrato nella console.

2.5.8 Buone pratiche nella gestione degli eventi

1. **Usa la delega degli eventi**: è una tecnica particolarmente utile quando si lavora con liste o contenuti generati dinamicamente. Invece di collegare un event listener a ciascun elemento, è più efficiente collegare un unico listener a un elemento genitore. Questo approccio riduce il numero di event listener necessari per far funzionare la logica, migliorando prestazioni ed efficienza del codice.
2. **Rimuovi gli event listener quando non servono più**: è importante rimuovere sempre gli event listener quando non sono più necessari, soprattutto quando gli elementi vengono rimossi dal Document Object Model (DOM). Mantenere listener inutili può causare memory leak e potenziali bug nell'applicazione. Avere un processo di pulizia aiuta a mantenere nel tempo salute e prestazioni dell'applicazione.
3. **Fai attenzione a this negli event handler**: quando lavori con gestori di eventi, è fondamentale ricordare che il valore di **this** fa riferimento all'elemento che ha ricevuto l'evento, a meno che non sia stato "legato" in modo diverso. Questo può portare a comportamenti inattesi se non viene gestito correttamente. Per mantenere il controllo sullo scope di **this**, puoi usare le arrow function oppure il metodo **bind()**, che consente di specificare esplicitamente il valore di **this**.

2.6 Debugging in JavaScript

Il debugging è un'abilità critica ed essenziale che ogni persona che sviluppa, indipendentemente dall'area di specializzazione, dovrebbe padroneggiare, e la programmazione JavaScript non fa certamente eccezione. La capacità di individuare e correggere in modo efficace ed efficiente errori o bug nella codebase è un fattore determinante per garantire che il codice non solo svolga correttamente la sua funzione, ma mantenga anche in modo costante un elevato standard di qualità.

Questo è importante non solo per il compito immediato, ma anche per la sostenibilità e l'affidabilità del codice nel lungo periodo. In questa sezione completa, esploreremo in modo approfondito diverse tecniche e strumenti disponibili per il debugging in JavaScript.

L'obiettivo di questa guida è fornirti un kit di strumenti robusto e versatile, utilizzabile per affrontare sia problemi comuni sia problemi complessi che possono emergere durante lo sviluppo. Questo ti darà le competenze e le conoscenze necessarie affinché il tuo codice sia non solo funzionante, ma anche ottimizzato e privo di errori.

2.6.1 Comprendere la console

La console, uno strumento indispensabile nella cassetta degli attrezzi di chi sviluppa, funge da primo baluardo contro i potenziali bug che potrebbero compromettere il corretto funzionamento delle applicazioni web. La console è una funzionalità integrata e facilmente accessibile in tutti i browser moderni, dai più popolari come Google Chrome e Mozilla Firefox fino a quelli meno conosciuti. In particolare, la console JavaScript è una risorsa irrinunciabile per chiunque sviluppi.

Le funzionalità della console non si limitano a essere un semplice meccanismo di difesa dai bug. Offre anche una piattaforma completa per registrare informazioni, un elemento fondamentale per il debugging e per il monitoraggio delle prestazioni delle applicazioni web. La possibilità di fare logging fornisce a chi sviluppa una visione più chiara del comportamento delle applicazioni, aiutando a individuare eventuali anomalie che possono influire sulle prestazioni.

Inoltre, la console JavaScript offre una capacità unica: la possibilità di eseguire codice JavaScript in tempo reale. Questa esecuzione "live" può fare una grande differenza nello sviluppo web, perché permette non solo di testare il codice, ma anche di apportare modifiche al volo.

Questa flessibilità può aumentare in modo significativo produttività ed efficienza, perché elimina cicli lunghi e ripetitivi di scrittura, test e debugging. Invece, è possibile interagire direttamente con il codice in tempo reale, apportando le modifiche necessarie per ottenere prestazioni ottimali.

Esempio: Uso dei metodi della console console console console console

```
console.log('Hello, World!'); // Standard log
console.error('This is an error message'); // Outputs an error
console.warn('This is a warning message'); // Outputs a warning

const name = 'Alice';
console.assert(name === 'Bob', `Expected name to be Bob, but got ${name}`); //
Conditionally outputs an error message
```

Questo esempio utilizza l'oggetto console per stampare messaggi. **console.log** viene utilizzato per l'output generale delle informazioni di log, **console.error** viene utilizzato per i messaggi di errore, **console.warn** viene utilizzato per gli avvisi. **console.assert** viene utilizzato per i test: se la condizione all'interno della funzione assert è falsa, verrà stampato un messaggio di errore. Qui, controlla se la variabile **name** è uguale a **Bob**. In caso contrario, viene visualizzato un messaggio di errore.

2.6.2 Utilizzo dell'Istruzione debugger

In JavaScript, l'istruzione **debugger** svolge un ruolo fondamentale e indispensabile per supportare i processi di debugging. Funziona agendo come un breakpoint strategico nel codice, simile a un segnale di stop su una strada trafficata. Questa funzionalità essenziale provoca una pausa temporanea nell'esecuzione del codice all'interno dello strumento avanzato di debugging del browser. Questa pausa offre allo sviluppatore una preziosa opportunità per analizzare lo stato corrente del codice ed esplorarne il funzionamento a un livello più profondo.

Questa funzionalità è uno strumento potente nell'arsenale di uno sviluppatore. Consente un'ispezione meticolosa dei valori delle variabili in quel preciso momento. Questo fornisce una visione chiara e illuminante del funzionamento interno di come i dati vengono manipolati e trasformati durante il processo di esecuzione. È come una finestra sull'anima del tuo codice, che illumina le sue operazioni più profonde.

Inoltre, l'istruzione **debugger** consente di eseguire il codice riga per riga. Questo è simile a seguire una mappa stradale, permettendo allo sviluppatore di tracciare il percorso dell'esecuzione e identificare potenziali problemi o aree di miglioramento nel codice. È come avere una guida turistica attraverso il tuo codice, che indica aree di interesse e possibili segnali d'allarme che potrebbero causare problemi o rallentare l'esecuzione.

L'istruzione **debugger** in JavaScript è uno strumento essenziale per qualsiasi sviluppatore che desideri comprendere il proprio codice a un livello più profondo, risolvere potenziali problemi e ottimizzare il codice affinché sia il più efficiente ed efficace possibile.

Esempio: Utilizzo di debugger

```javascript
function multiply(x, y) {
    debugger; // Execution will pause here
    return x * y;
}

multiply(5, 10);
```

Quando esegui questo codice in un browser con gli strumenti per sviluppatori aperti, l'esecuzione si fermerà all'istruzione **debugger**, consentendoti di ispezionare gli argomenti della funzione e seguire passo dopo passo il processo di moltiplicazione.

Questa è una semplice funzione JavaScript chiamata **multiply**. Accetta due parametri, **x** e **y**, e restituisce il prodotto di questi due numeri. Il comando **debugger** viene utilizzato per mettere in pausa l'esecuzione del codice in quel punto, cosa utile per scopi di debugging. La funzione viene poi chiamata con gli argomenti 5 e 10.

2.6.3 Strumenti per Sviluppatori del Browser

I moderni browser internet sono ora dotati di una suite di strumenti per sviluppatori, progettati per fornire un insieme robusto di funzionalità essenziali per il debugging di JavaScript. Questi strumenti sono integrati direttamente nel browser, rendendo più semplice ed efficiente per gli sviluppatori eseguire il debug del proprio codice. Ecco una breve panoramica delle principali funzionalità offerte da questi strumenti per sviluppatori:

- **Breakpoint**: Una delle funzionalità chiave è la possibilità di impostare breakpoint direttamente nella visualizzazione del codice sorgente. Questo consente di mettere in pausa l'esecuzione del codice JavaScript in una determinata riga, facilitando l'ispezione dello stato dell'applicazione in quel preciso momento.
- **Watch Expressions**: Un'altra funzionalità utile è la possibilità di monitorare espressioni e variabili. Utilizzando le watch expressions, puoi osservare come i valori di specifiche variabili cambiano nel tempo mentre il codice viene eseguito, il che può essere estremamente utile per identificare comportamenti inattesi.
- **Call Stack**: La visualizzazione dello stack di chiamata consente di vedere la pila delle chiamate di funzione, offrendo una chiara comprensione di come l'esecuzione del codice abbia raggiunto il punto corrente. Questo è particolarmente utile per tracciare il flusso di esecuzione, soprattutto in applicazioni complesse con numerose chiamate di funzione.
- **Richieste di Rete**: Infine, gli strumenti per sviluppatori forniscono un modo per monitorare richieste e risposte AJAX. Questa funzionalità è cruciale per il debugging della comunicazione con il server, poiché consente di vedere i dati inviati e ricevuti, la durata della richiesta e gli eventuali errori verificatisi durante il processo.

Esempio: Impostazione dei Breakpoint

1. Apri gli strumenti per sviluppatori nel tuo browser (di solito F12 oppure clic destro -> Ispeziona).
2. Vai alla scheda "Sources".
3. Trova il file JavaScript o lo script inline che desideri eseguire in debug.

4. Fai clic sul numero della riga in cui desideri mettere in pausa l'esecuzione. Questo imposta un breakpoint.
5. Esegui la tua applicazione e interagisci con essa per attivare il breakpoint.

2.6.4 Gestione delle Eccezioni con Try-Catch

Nel mondo della programmazione, l'istruzione **try-catch** si distingue come uno strumento straordinariamente potente. Essa fornisce un mezzo elegante e raffinato per gestire errori ed eccezioni che altrimenti potrebbero interrompere il normale flusso di esecuzione.

Il concetto è semplice ma efficace. Quando scriviamo il nostro codice, esso viene inserito all'interno del blocco **try**. Questo blocco viene quindi eseguito sequenzialmente, riga dopo riga, come qualsiasi altro normale blocco di codice. Questo processo continua senza interruzioni, permettendo al programma di funzionare come previsto. Tuttavia, se durante il processo si verifica un errore o un'eccezione, l'istruzione **try-catch** entra immediatamente in azione.

Contrariamente a ciò che potrebbe accadere senza questa protezione, il verificarsi di un errore non provoca l'arresto improvviso dell'esecuzione. Invece, il flusso di controllo viene immediatamente deviato verso il blocco **catch**. Questo blocco funge da rete di sicurezza, intercettando l'errore prima che possa causare gravi interruzioni.

Una volta all'interno del blocco **catch**, hai l'opportunità di gestire l'errore in modo costruttivo. Le possibilità sono molteplici. Potresti correggerlo immediatamente, se possibile. In alternativa, potresti scegliere di registrare l'errore per un futuro debugging, fornendo così informazioni preziose che potrebbero aiutare a identificare schemi o problemi ricorrenti. Hai anche la possibilità di comunicare l'errore all'utente in un formato comprensibile, invece di mostrargli messaggi di errore grezzi e spesso criptici.

Fornendo questa rete di sicurezza, l'istruzione **try-catch** garantisce un'esecuzione fluida del codice anche in presenza di situazioni impreviste o eccezionali. È uno strumento inestimabile per mantenere la robustezza e l'affidabilità del software.

Esempio: Utilizzo di Try-Catch

```
try {
    let result = riskyFunction(); // Function that might throw an error
    console.log('Result:', result);
} catch (error) {
    console.error('Caught an error:', error);
}
```

Questo esempio utilizza l'istruzione **try-catch**. Il codice all'interno del blocco **try** (**riskyFunction**) viene eseguito. Se si verifica un errore durante l'esecuzione di questo codice, l'esecuzione viene interrotta e il controllo viene passato al blocco **catch**. Il blocco **catch** registra quindi il messaggio di errore.

2.6.5 Consigli per un Debugging Efficace

- **Riprodurre il Bug**: Il primo passo nel processo di debugging dovrebbe essere assicurarsi di poter riprodurre il problema in modo coerente prima di tentare di risolverlo. Questo garantisce una buona comprensione del problema e che esso non sia legato a fattori esterni.
- **Isolare il Problema**: Una volta riprodotto il bug, il passo successivo è isolare il problema. Questo significa ridurre il codice al più piccolo insieme possibile che continua comunque a produrre il bug. In questo modo, sarà più facile identificare la causa principale del problema.
- **Usare il Controllo di Versione**: Uno degli strumenti più critici nell'arsenale di uno sviluppatore è il controllo di versione. Esso consente di tenere traccia delle modifiche apportate al codice nel tempo e di tornare a versioni precedenti se necessario. Questo può essere particolarmente utile quando si cerca di capire quando e come il bug è stato introdotto nella codebase.
- **Scrivere Test Unitari**: Infine, scrivere test unitari può essere un metodo molto efficace di debugging. I test possono aiutare a restringere il punto in cui si trova il problema e a confermare che sia stato risolto una volta apportate le modifiche. Questo non solo aiuta a risolvere il problema attuale, ma previene anche il ripetersi dello stesso bug in futuro.

Padroneggiando pienamente queste tecniche avanzate di debugging, migliorerai significativamente la tua capacità di mantenere, risolvere problemi e migliorare il tuo codice JavaScript. Questo non solo contribuisce a rendere il codice più efficiente, ma fa anche risparmiare molto tempo e riduce la frustrazione durante il processo di sviluppo.

Un debugging efficace è una competenza assolutamente fondamentale per qualsiasi programmatore. Permette una migliore comprensione del codice, consente di identificare e correggere rapidamente i problemi e porta infine alla creazione di codice più robusto, affidabile e resiliente. Questo è essenziale per migliorare la qualità generale e le prestazioni delle applicazioni, garantendo così una migliore esperienza utente.

Esercizi Pratici

Ora che hai appreso i fondamenti di JavaScript nel Capitolo 2, ecco alcuni esercizi pratici progettati per testare e rafforzare la tua comprensione dei concetti discussi. Questi esercizi includono sfide relative a variabili e tipi di dati, operatori, strutture di controllo, funzioni, gestione degli eventi e debugging.

Esercizio 1: Manipolazione delle Variabili

Crea variabili per memorizzare il tuo nome, la tua età e se sei uno studente (booleano). Stampa un messaggio di saluto utilizzando queste variabili.

Soluzione:

```javascript
let name = "John Doe";
let age = 20;
let isStudent = true;

console.log(`Hello, my name is ${name}. I am ${age} years old and it is ${isStudent ?
'' : 'not '}true that I am a student.`);
```

Esercizio 2: Utilizzo degli Operatori

Calcola l'area di un cerchio con un raggio di 7 utilizzando gli appropriati operatori matematici di JavaScript. Mostra il risultato nella console.

Soluzione:

```javascript
let radius = 7;
let area = Math.PI * radius * radius;

console.log("The area of the circle is:", area);
```

Esercizio 3: Struttura di Controllo - Ciclo

Scrivi un ciclo **for** in JavaScript che conti da 1 a 10 ma stampi solo i numeri dispari nella console.

Soluzione:

```javascript
for (let i = 1; i <= 10; i++) {
    if (i % 2 !== 0) {
        console.log(i);
```

```
        }
    }
}
```

Esercizio 4: Funzioni - Verifica Numero Primo

Crea una funzione per verificare se un determinato numero è un numero primo oppure no. La funzione dovrebbe restituire **true** se il numero è primo, altrimenti **false**.

Soluzione:

```javascript
function isPrime(number) {
    if (number <= 1) return false;
    if (number <= 3) return true;

    if (number % 2 === 0 || number % 3 === 0) return false;

    for (let i = 5; i * i <= number; i += 6) {
        if (number % i === 0 || number % (i + 2) === 0) {
            return false;
        }
    }
    return true;
}

console.log(isPrime(29));  // Outputs: true
console.log(isPrime(10));  // Outputs: false
```

Esercizio 5: Gestione degli Eventi

Crea un semplice pulsante HTML che cambi il proprio contenuto testuale da "Click me!" a "Clicked!" quando viene cliccato.

Soluzione:

```html
<button id="clickButton">Click me!</button>
<script>
    document.getElementById('clickButton').addEventListener('click', function() {
        this.textContent = "Clicked!";
    });
</script>
```

Esercizio 6: Sfida di Debugging

Trova e correggi l'errore nel seguente frammento di codice:

```
function calculateProduct(a, b) {
    console.log(a * b);
}

calculateProuct(10, 2);
Soluzione:
function calculateProduct(a, b) {
    console.log(a * b);
}

calculateProduct(10, 2);  // Fixed the typo in the function call
```

Questi esercizi forniscono applicazioni pratiche dei concetti discussi nel Capitolo 2, aiutandoti ad approfondire la tua comprensione e competenza con JavaScript. Completarli consoliderà ulteriormente le tue basi in JavaScript, preparandoti per argomenti e progetti più avanzati.

Riepilogo del capitolo

Nel Capitolo 2 abbiamo esplorato gli aspetti fondamentali di JavaScript, costruendo una base solida per realizzare applicazioni web interattive e dinamiche. Questo capitolo ha offerto una panoramica approfondita dei concetti essenziali che ogni persona che programma in JavaScript deve comprendere, tra cui variabili, tipi di dati, operatori, strutture di controllo, funzioni, gestione degli eventi e debugging. Riassumiamo i punti chiave affrontati in ciascuna sezione per consolidare ciò che hai imparato e mettere in luce come questi elementi interagiscono tra loro, formando l'ossatura della programmazione in JavaScript.

Variabili e tipi di dati

Abbiamo iniziato comprendendo come dichiarare e inizializzare le variabili usando **var**, **let** e **const**, ognuna adatta a scopi diversi e con differenti regole di scope in JavaScript. Abbiamo poi analizzato la natura a tipizzazione debole del linguaggio, esplorando vari tipi di dati come stringhe, numeri, booleani, **null**, **undefined**, array e oggetti. Questa conoscenza è fondamentale per gestire i dati in modo efficace nelle tue applicazioni.

Operatori

Successivamente, ci siamo concentrati sugli operatori, discutendo come manipolare i dati tramite operatori aritmetici, di assegnazione, di confronto, logici e condizionali. Questi strumenti ti permettono di eseguire calcoli, prendere decisioni ed eseguire logica basata su condizioni, aspetti cruciali per creare comportamenti dinamici nei tuoi script.

Strutture di controllo

Abbiamo esplorato strutture di controllo come **if**, **else**, **switch** e i loop (**for**, **while**, **do-while**) per mostrare come puoi controllare il flusso di esecuzione dei tuoi programmi. Comprendere queste strutture è essenziale per scrivere codice JavaScript efficiente ed efficace, capace di reagire a condizioni diverse e di ripetere attività più volte.

Funzioni e scope

Abbiamo affrontato le funzioni, una delle caratteristiche più potenti di JavaScript, che ti consentono di incapsulare il codice in blocchi riutilizzabili. Questa sezione ha messo in evidenza l'importanza dello scope—globale e locale—aiutandoti a gestire dove le variabili possono essere accessibili e modificate all'interno dei tuoi script.

Gestione degli eventi

La gestione degli eventi è stata introdotta per darti gli strumenti necessari a rendere le tue pagine web interattive. Abbiamo discusso come rispondere alle azioni dell'utente, come clic, input da tastiera e altre forme di interazione, tramite gestori ed event listener: elementi fondamentali per creare esperienze d'uso coinvolgenti.

Debugging

Infine, la sezione sul debugging ti ha fornito strategie per individuare e correggere i problemi nel tuo codice JavaScript. Usando la console, le istruzioni **debugger** e gli strumenti per sviluppatori del browser, hai imparato come eseguire un troubleshooting sistematico e come affinare il codice, assicurandone affidabilità e corretto funzionamento.

In tutto il capitolo sono stati proposti esempi pratici ed esercizi per aiutarti ad applicare ciò che hai imparato in modo concreto. Queste attività sono pensate non solo per rafforzare la comprensione, ma anche per incoraggiarti a sperimentare ed esplorare le capacità di JavaScript.

Concludendo questo capitolo, dovresti sentirti sicuro della tua comprensione dei concetti fondamentali di JavaScript. Queste basi fungeranno da trampolino verso argomenti più avanzati nei capitoli successivi, dove costruirai su questa conoscenza per creare applicazioni web più complesse e potenti. Ricorda: la padronanza arriva con la pratica, quindi continua a sperimentare con il codice e a perfezionare le tue competenze.

Capitolo 3: Lavorare con i dati

Benvenuto in un viaggio coinvolgente che inizia con il Capitolo 3. In questo capitolo articolato e completo, stiamo per approfondire le varie e interessanti strutture dati e i diversi tipi che costituiscono la base per gestire e manipolare i dati in modo altamente efficace nel versatile linguaggio di programmazione JavaScript.

Comprendere come lavorare in modo efficiente con diversi tipi di dati è un insieme di competenze fondamentale per lo sviluppo di applicazioni non solo efficienti, ma anche scalabili e adattabili a esigenze e richieste in crescita. In questo capitolo esploreremo nel dettaglio gli elementi essenziali delle strutture dati di JavaScript, come array, oggetti e il popolare formato di dati JSON, tra gli altri.

Il nostro obiettivo è fornirti gli strumenti e le conoscenze necessarie per gestire con facilità e competenza operazioni su dati complessi, migliorando le tue capacità di programmazione. Analizzeremo ogni struttura e tipo, offrendo esempi pratici e spiegazioni approfondite per garantire una comprensione solida.

Iniziamo questo percorso illuminante con una delle strutture dati più versatili e utilizzate in JavaScript: gli array, uno strumento potente che ogni sviluppatore JavaScript competente deve padroneggiare.

3.1 Array

Nel mondo di JavaScript, gli array svolgono un ruolo indispensabile, offrendo la funzione cruciale di memorizzare più valori all'interno di un'unica variabile. Questa caratteristica non è solo utile, ma estremamente vantaggiosa per la gestione e l'organizzazione di elementi di dati diversi. Garantisce che tali elementi siano mantenuti in modo ordinato e sistematico all'interno di un unico contenitore, promuovendo così una gestione efficiente dei dati.

La versatilità degli array è un altro aspetto che li distingue. Queste strutture dati dinamiche hanno la capacità di contenere elementi di un'ampia varietà di tipi di dati. Che si tratti di valori numerici, stringhe di testo, oggetti complessi o perfino altri array, gli array di JavaScript sono in grado di memorizzarli tutti. Questa capacità unica di accogliere diversi tipi di dati senza restrizioni ne amplifica la funzionalità, rendendoli uno strumento estremamente potente nelle mani degli sviluppatori.

Gli array sono strutturati per natura, il che li rende una scelta ideale per archiviare e gestire collezioni di dati ordinate. Questo approccio strutturato semplifica il lavoro di organizzazione e manipolazione dei dati. Con gli array, gestire i dati diventa meno faticoso e più lineare.

Ciò semplifica notevolmente molti aspetti della programmazione in JavaScript, consentendo agli sviluppatori di scrivere codice pulito ed efficiente. Aiutando a mantenere i dati organizzati e facilmente accessibili, gli array svolgono un ruolo fondamentale nel rendere JavaScript un linguaggio di programmazione robusto e versatile.

3.1.1 Creare e inizializzare gli array

Gli array, una struttura dati cruciale e fondamentale disponibile in un'ampia gamma di linguaggi di programmazione, sono strutture versatili che possono essere create tramite due metodi principali.

Il primo metodo per creare array è l'utilizzo dei letterali di array. Questo metodo è semplice ma efficace e consiste nell'elencare i valori che vuoi includere nel tuo array all'interno di parentesi quadre. È un modo diretto per specificare manualmente ogni elemento che desideri nell'array ed è perfetto quando hai un'idea chiara dei dati con cui lavorerai.

Il secondo metodo prevede l'uso del costruttore **Array**, una funzione speciale che crea un array in base agli argomenti passati. Questo metodo è leggermente più complesso ma offre maggiore flessibilità, poiché consente di creare array in modo dinamico a partire da input variabili. È particolarmente utile quando la dimensione o il contenuto dell'array può cambiare in base all'input dell'utente o ad altri fattori.

Entrambi i metodi per creare array sono ugualmente validi e utili, anche se quello più appropriato può variare a seconda del contesto specifico e dei requisiti del tuo codice. Conoscendoli e utilizzandoli entrambi, puoi assicurarti di scegliere il metodo più efficiente per le tue esigenze.

Esempio: Creare array

```javascript
// Using an array literal
let fruits = ['Apple', 'Banana', 'Cherry'];

// Using the Array constructor
```

```javascript
let numbers = new Array(1, 2, 3, 4, 5);

console.log(fruits);  // Outputs: ['Apple', 'Banana', 'Cherry']
console.log(numbers); // Outputs: [1, 2, 3, 4, 5]
```

Questo codice JavaScript mostra due modi per creare un array. Il primo utilizza un letterale di array, rappresentato da parentesi quadre. Il secondo utilizza il costruttore **Array**, una funzione JavaScript integrata per creare array. Dopo aver creato gli array, la funzione **console.log** viene usata per stampare il contenuto degli array nella console.

3.1.2 Accedere agli elementi di un array

Nel vasto e complesso mondo della programmazione esiste un concetto fondamentale e indispensabile: l'uso degli array. Un array, in termini semplici, è una raccolta strutturata di elementi. Ogni elemento è identificato in modo univoco da un indice specifico, un identificatore numerico che indica la sua esatta posizione all'interno dell'array.

Il processo di indicizzazione, che è un pilastro nei linguaggi di programmazione tradizionali, di solito inizia dal numero 0. Questa convenzione, ampiamente accettata, implica che il primo elemento di qualsiasi array sia indicato dall'indice 0, il successivo dall'1, e così via in una sequenza sistematica.

Questa forma metodica di indicizzazione non offre soltanto un approccio molto ordinato, ma anche un modo efficiente e intuitivo per accedere a ciascun elemento dell'array. Che l'array contenga pochi elementi o arrivi a migliaia, questo sistema rimane costantemente efficace.

Permette ai programmatori di iterare facilmente sugli elementi, eseguire una vasta gamma di operazioni su di essi o recuperare dati specifici quando necessario. Questo può includere attività semplici come ordinare o filtrare i dati, fino a compiti più complessi come l'esecuzione di algoritmi per l'analisi dei dati.

Acquisendo una comprensione completa e utilizzando in modo efficace il sistema di indici, i programmatori possono manipolare gli array con facilità. Ciò consente di risolvere un'ampia varietà di problemi, gestire i dati in modo altamente efficiente e, in definitiva, scrivere codice robusto ed efficace. La conoscenza degli array e della loro indicizzazione è quindi uno strumento cruciale nel bagaglio di competenze di ogni programmatore, e migliora notevolmente la capacità di scrivere buon codice.

Esempio: Accesso agli elementi

```javascript
let firstFruit = fruits[0];  // Accessing the first element
console.log(firstFruit);  // Outputs: 'Apple'

let secondNumber = numbers[1];  // Accessing the second element
console.log(secondNumber);  // Outputs: 2
```

Questo esempio mostra come accedere agli elementi di un array. **fruits** e **numbers** sono array e gli elementi vengono accessi usando il loro indice (posizione nell'array). Gli indici degli array iniziano da 0, quindi **fruits\\[0\\]** si riferisce al primo elemento nell'array **fruits**. Il codice poi registra (stampa nella console) questi elementi.

3.1.3 Modificare gli array

Gli array JavaScript non sono soltanto dinamici, ma anche flessibili: possono aumentare o diminuire di dimensione in base alle esigenze specifiche del programma. Questa è una caratteristica estremamente potente ed efficiente, perché permette di lavorare con raccolte di dati che cambiano nel tempo, invece di gestire dati statici o di dimensione fissa.

La natura dinamica degli array JavaScript è ulteriormente supportata da una varietà di metodi forniti da JavaScript per manipolarli. Alcuni dei metodi più comuni includono **push()**, **pop()**, **shift()**, **unshift()** e **splice()**.

Questi metodi sono incredibilmente versatili: consentono di aggiungere elementi alla fine o all'inizio dell'array (**push()** e **unshift()**), eliminare elementi dalla fine o dall'inizio (**pop()** e **shift()**), oppure inserire e rimuovere elementi in qualsiasi posizione (**splice()**).

Questi metodi offrono ai programmatori la flessibilità necessaria per gestire e manipolare i dati in base alle proprie esigenze. Di conseguenza, gli array JavaScript, grazie a questi metodi, si rivelano uno strumento estremamente flessibile e potente per gestire diverse collezioni di dati, migliorando l'efficienza e la funzionalità del programma.

Esempio: Modificare gli array

```javascript
fruits.push('Durian');  // Adds 'Durian' to the end of the array
console.log(fruits);  // Outputs: ['Apple', 'Banana', 'Cherry', 'Durian']

let lastFruit = fruits.pop();  // Removes the last element
console.log(lastFruit);  // Outputs: 'Durian'
console.log(fruits);  // Outputs: ['Apple', 'Banana', 'Cherry']

fruits.unshift('Strawberry');  // Adds 'Strawberry' to the beginning
console.log(fruits);  // Outputs: ['Strawberry', 'Apple', 'Banana', 'Cherry']
```

```
let firstRemoved = fruits.shift();  // Removes the first element
console.log(firstRemoved);  // Outputs: 'Strawberry'
console.log(fruits);  // Outputs: ['Apple', 'Banana', 'Cherry']
```

Questo codice JavaScript dimostra l'uso dei metodi di manipolazione degli array.

- **.push('Durian')**: Aggiunge 'Durian' alla fine dell'array **fruits**.
- **.pop()**: Rimuove l'ultimo elemento dall'array **fruits** e lo assegna alla variabile **lastFruit**.
- **.unshift('Strawberry')**: Aggiunge 'Strawberry' all'inizio dell'array **fruits**.
- **.shift()**: Rimuove il primo elemento dall'array **fruits** e lo assegna alla variabile **firstRemoved**.

Dopo ogni operazione, registra nello console lo stato dell'array **fruits** o l'elemento rimosso.

3.1.4 Iterare sugli array

Quando devi manipolare o interagire con ogni elemento di un array, in JavaScript hai a disposizione numerosi strumenti. Puoi usare strutture di ciclo tradizionali come il ciclo **for** o il ciclo **for...of**. In questi cicli, in genere definisci una variabile indice e la usi per accedere a ogni elemento dell'array in modo sequenziale.

Tuttavia, JavaScript offre anche diversi metodi integrati degli array che possono rendere questo processo più semplice e leggibile. Il metodo **forEach()**, ad esempio, esegue una funzione fornita una volta per ogni elemento dell'array. Il metodo **map()** crea un nuovo array popolato con i risultati della chiamata di una funzione su ogni elemento dell'array chiamante.

Il metodo **filter()** crea un nuovo array con tutti gli elementi che superano un test implementato dalla funzione fornita. Infine, il metodo **reduce()** applica una funzione a un accumulatore e a ciascun elemento dell'array (da sinistra a destra) per ridurlo a un singolo valore di output. Questi metodi forniscono un approccio più funzionale e dichiarativo all'iterazione degli array.

Esempio: Iterare sugli array

```
// Using forEach to log each fruit
fruits.forEach(function(fruit) {
  console.log(fruit);
});
```

```
// Using map to create a new array of fruit lengths
let fruitLengths = fruits.map(function(fruit) {
  return fruit.length;
});
console.log(fruitLengths);  // Outputs: [5, 6, 6]
```

Questo frammento di codice JavaScript dimostra l'uso di due potenti metodi degli array: **forEach** e **map**.

Il metodo **forEach** viene usato per eseguire una funzione su ogni elemento di un array. In questo caso, la funzione si limita a registrare (stampare) il nome di ogni frutto nell'array 'fruits'. Questo metodo è utile quando vuoi eseguire la stessa operazione su ogni elemento di un array, senza modificare l'array stesso né crearne uno nuovo. Qui **console.log** viene chiamato per ogni frutto, e stamperà il nome del frutto nella console.

Il metodo **map**, invece, viene usato per creare un nuovo array basato sui risultati di una funzione eseguita su ogni elemento dell'array originale. In questo caso, la funzione restituisce la lunghezza del nome di ciascun frutto, creando di fatto un nuovo array che contiene la lunghezza del nome di ogni frutto. Il metodo **map** è molto utile quando devi trasformare un array in qualche modo, perché ti consente di applicare una funzione a ogni elemento e raccogliere i risultati in un nuovo array.

Infine, il nuovo array 'fruitLengths' viene registrato nella console. L'output sarà un array di numeri, ciascuno dei quali rappresenta il numero di caratteri nel nome del frutto corrispondente dell'array originale 'fruits'. Per esempio, se l'array 'fruits' contenesse ['Apple', 'Banana', 'Cherry'], l'output sarebbe [5, 6, 6] perché 'Apple' ha 5 caratteri, 'Banana' ne ha 6 e 'Cherry' ne ha anch'esso 6.

Comprendendo e utilizzando questi metodi degli array, puoi manipolare e trasformare gli array in modo efficace in JavaScript, una competenza fondamentale in molte aree della programmazione e della gestione dei dati.

Gli array sono una parte fondamentale di JavaScript e uno strumento potente per qualsiasi sviluppatore. Padroneggiando le operazioni e i metodi sugli array, puoi gestire collezioni di dati in modo più efficace, rendendo le tue applicazioni più potenti e reattive.

3.1.5 Array multidimensionali

JavaScript, un linguaggio di programmazione dinamico e versatile, supporta gli array di array, comunemente noti come array multidimensionali. Gli array multidimensionali sono particolarmente utili in alcuni scenari grazie alla loro capacità di rappresentare strutture dati complesse.

Per esempio, possono essere impiegati per rappresentare matrici, un importante concetto matematico utilizzato in vari ambiti, dalla computer grafica al machine learning. Inoltre, gli array multidimensionali possono essere usati per memorizzare dati in forma tabellare.

Questo li rende perfetti per scenari in cui i dati devono essere organizzati in righe e colonne, come in un database relazionale o in un foglio di calcolo. Per questo motivo, la flessibilità e l'utilità degli array multidimensionali in JavaScript li rendono una parte integrante del linguaggio.

Esempio: Array multidimensionale

```
let matrix = [
    [1, 2, 3],
    [4, 5, 6],
    [7, 8, 9]
];

console.log(matrix[1][2]);   // Accessing the third element in the second array,
Outputs: 6
```

Questo codice è un esempio di come creare e utilizzare un array bidimensionale, talvolta chiamato anche matrice, in JavaScript.

In questo esempio, 'matrix' viene dichiarata come variabile usando la parola chiave 'let' e viene assegnata a un array multidimensionale. Questo array è composto da tre array più piccoli, ciascuno contenente tre elementi. Questi sotto-array rappresentano le righe della matrice, mentre gli elementi al loro interno rappresentano le colonne.

In altre parole, la variabile 'matrix' è, di fatto, una griglia con tre righe e tre colonne, riempita con i numeri da 1 a 9. La disposizione di questi numeri è importante, perché è ciò che ci permette di recuperare elementi specifici in base alla loro posizione all'interno della matrice.

La funzione 'console.log()' viene utilizzata per stampare nella console il risultato di 'matrix[1][2]'. Questa espressione accede al terzo elemento (all'indice 2) del secondo sotto-array (all'indice 1) all'interno della matrice, che è il numero 6.

Ricorda che gli indici degli array in JavaScript partono da 0, quindi 'matrix[1]' si riferisce al secondo sotto-array '[4, 5, 6]' e 'matrix[1][2]' si riferisce al terzo elemento di questo sotto-array, ovvero il numero 6.

Questa capacità di accedere ai singoli elementi all'interno di un array multidimensionale è fondamentale quando si lavora con strutture dati complesse o algoritmi in JavaScript, ed è una tecnica che spesso torna utile in molti scenari di programmazione.

3.1.6 Destrutturazione degli array

L'avvento di ES6, noto anche come ECMAScript 2015, ha introdotto una serie di nuove funzionalità utili, pensate per migliorare le capacità di JavaScript e renderlo più semplice da usare. Tra questi miglioramenti principali c'è la destrutturazione degli array. Questa potente funzionalità offre agli sviluppatori un modo molto comodo per estrarre più valori da un array (o da un oggetto) e assegnarli a variabili individuali.

La destrutturazione degli array è una svolta: permette di rendere il codice più snello e semplice. Migliora anche in modo significativo la leggibilità, un fattore fondamentale in qualsiasi progetto. Un codice chiaro e facile da comprendere, infatti, aiuta sia durante lo sviluppo sia nelle attività di manutenzione future.

Questa funzionalità è particolarmente preziosa quando si lavora con strutture dati complesse. Immagina di avere una struttura dati da cui devi estrarre più valori per manipolarli separatamente: in uno scenario del genere, la destrutturazione degli array può essere uno strumento indispensabile. Ti consente di estrarre e gestire questi valori singolarmente in modo più semplice ed efficiente.

In generale, l'uso della destrutturazione degli array può aumentare l'efficienza del codice e migliorarne la manutenibilità. È una delle tante funzionalità introdotte con ES6 che elevano davvero l'esperienza di sviluppo in JavaScript.

Esempio: Destrutturazione degli array

```javascript
let colors = ['Red', 'Green', 'Blue'];
let [firstColor, , thirdColor] = colors;

console.log(firstColor);  // Outputs: 'Red'
console.log(thirdColor);  // Outputs: 'Blue'
```

Questo codice di esempio dimostra l'uso della destrutturazione degli array. L'array 'colors' è definito con tre elementi. La riga 'let [firstColor, , thirdColor] = colors' usa la destrutturazione degli array per assegnare il primo e il terzo elemento dell'array 'colors' alle variabili 'firstColor' e 'thirdColor', rispettivamente.

Il secondo elemento viene ignorato a causa dello spazio vuoto tra le virgole. Le istruzioni console.log poi stampano i valori di 'firstColor' e 'thirdColor', che sarebbero 'Red' e 'Blue', rispettivamente.

3.1.7 Trovare elementi negli array

Quando devi cercare un elemento specifico o verificare se un certo elemento esiste all'interno di un array, JavaScript offre una varietà di metodi che possono essere utilizzati. Tra questi ci sono il metodo **indexOf()**, che restituisce il primo indice in cui un determinato elemento può essere trovato nell'array, oppure -1 se non è presente.

Allo stesso modo, il metodo **find()** restituisce il valore del primo elemento in un array che soddisfa la funzione di test fornita, mentre **findIndex()** restituisce l'indice del primo elemento che soddisfa la stessa funzione. Infine, il metodo **includes()** determina se un array include un certo valore tra le sue voci, restituendo true o false a seconda dei casi.

Ognuno di questi metodi offre un modo unico ed efficiente per gestire la ricerca di elementi all'interno di un array in JavaScript.

Esempio: Trovare elementi

```javascript
let numbers = [1, 2, 3, 4, 5];

console.log(numbers.indexOf(3));          // Outputs: 2
console.log(numbers.includes(4));         // Outputs: true

let result = numbers.find(num => num > 3);
console.log(result);                      // Outputs: 4

let resultIndex = numbers.findIndex(num => num > 3);
console.log(resultIndex);                 // Outputs: 3
```

Questo è un esempio di frammento di codice che dimostra l'uso di diversi metodi degli array.

1. **numbers.indexOf(3)**: Questa riga di codice trova l'indice del numero 3 nell'array, che in questo caso è 2.
2. **numbers.includes(4)**: Questa riga di codice verifica se il numero 4 è incluso nell'array, che in questo caso è true.
3. **numbers.find(num => num > 3)**: Questa riga di codice usa il metodo find per restituire il primo numero nell'array che è maggiore di 3, che in questo caso è 4.

4. **numbers.findIndex(num => num > 3)**: Questa riga di codice usa il metodo findIndex per restituire l'indice del primo numero nell'array che è maggiore di 3, che in questo caso è 3.

3.1.8 Ordinare gli array

Nel campo della manipolazione e dell'analisi dei dati, un'attività ricorrente che molte persone incontrano è l'ordinamento dei dati contenuti negli array. Questo compito riguarda essenzialmente la disposizione dei dati in un ordine specifico, che può variare dall'ordine crescente a quello decrescente, oppure dall'ordinamento numerico a quello alfabetico. La capacità di disporre correttamente i dati in questo modo è di fondamentale importanza, poiché svolge un ruolo chiave nell'analisi e nella manipolazione efficiente dei dati.

Il metodo **sort()** emerge come uno strumento potente in questo contesto, offrendo la funzionalità necessaria per ordinare i dati. Funziona ordinando un array in-place. Ciò significa che, invece di creare e restituire un nuovo array ordinato, modifica direttamente l'array originale. La conseguenza è che l'array originale viene ordinato e non è necessaria memoria aggiuntiva per memorizzare un array separato.

Per impostazione predefinita, il metodo **sort()** è progettato per ordinare gli elementi come stringhe, in sequenza crescente e in ordine alfabetico. Ciò implica che, se gli elementi dell'array sono numeri, il metodo inizierà a ordinare partendo dal valore numerico più piccolo e procederà in ordine crescente.

Al contrario, se l'array è composto da parole, l'ordinamento inizierà dalla parola che apparirebbe per prima in un elenco alfabetico (partendo da A) e continuerà in ordine crescente. Questa funzionalità intrinseca del metodo **sort()** lo rende uno strumento prezioso in qualsiasi kit di strumenti per l'analisi dei dati.

Esempio: Ordinare un array

```javascript
let items = ['Banana', 'Apple', 'Pineapple'];
items.sort();
console.log(items);  // Outputs: ['Apple', 'Banana', 'Pineapple']

let numbers = [10, 1, 5, 2, 9];
numbers.sort((a, b) => a - b);
console.log(numbers);  // Outputs: [1, 2, 5, 9, 10]
```

Questo codice di esempio crea e ordina due array: uno composto da elementi stringa e l'altro da elementi numerici.

La prima parte del codice crea un array chiamato 'items' con tre stringhe: 'Banana', 'Apple' e 'Pineapple'. Successivamente viene chiamato il metodo sort() su questo array. Per impostazione predefinita, sort() ordina gli elementi come stringhe in ordine lessicografico (o "da dizionario"), cioè in ordine alfabetico crescente. Quando l'array 'items' ordinato viene stampato in console, l'output sarà ['Apple', 'Banana', 'Pineapple'], risultato dell'ordinamento alfabetico degli elementi originali.

La seconda parte del codice crea un array chiamato 'numbers', formato da cinque valori numerici: 10, 1, 5, 2, 9. Anche qui viene chiamato sort(), ma passando come argomento una funzione di confronto. La funzione di confronto (a, b) => a - b fa sì che sort() ordini i numeri in ordine crescente.

Questo avviene perché, per qualunque coppia di elementi 'a' e 'b', se a - b è minore di 0, 'a' verrà posizionato prima di 'b' (cioè a un indice più basso). Se a - b è uguale a 0, 'a' e 'b' mantengono la stessa posizione relativa. Se a - b è maggiore di 0, 'a' verrà posizionato dopo 'b' (cioè a un indice più alto), quindi 'b' verrà prima. In questo modo, sort() ordina l'array 'numbers' in ordine numerico crescente. Quando stampiamo l'array 'numbers' ordinato in console, l'output è [1, 2, 5, 9, 10], ovvero gli elementi dell'array originale disposti in ordine crescente.

Questo esempio mostra l'utilità del metodo sort() in JavaScript per disporre gli elementi di un array in un ordine specifico, sia alfabetico per le stringhe sia numerico per i numeri.

3.1.9 Considerazioni sulle prestazioni

Quando si lavora con array di grandi dimensioni, le prestazioni possono diventare rapidamente un aspetto importante da gestire con attenzione. L'uso efficiente dei metodi degli array è fondamentale per mantenere applicazioni veloci e reattive. Questo è particolarmente vero quando l'obiettivo è ridurre al minimo il numero di operazioni, che influisce direttamente sul tempo di esecuzione del codice.

Per esempio, concatenare metodi come **map()** e **filter()** può creare involontariamente array intermedi. Non è sempre la scelta migliore, perché può consumare memoria aggiuntiva e rallentare le prestazioni. Per evitare questi inconvenienti, si possono adottare strategie di scrittura più ottimali, ad esempio utilizzando funzioni più specializzate in grado di svolgere il lavoro in modo più efficiente.

Capire le conseguenze delle proprie scelte di codice è essenziale per mantenere alte prestazioni quando si lavora con array di grandi dimensioni.

Esempio: concatenazione efficiente dei metodi

```javascript
// Less efficient
let processedData = data.map(item => item.value).filter(value => value > 10);

// More efficient
let efficientlyProcessedData = data.reduce((acc, item) => {
    if (item.value > 10) acc.push(item.value);
    return acc;
}, []);
```

Questa sezione mostra due modi di elaborare i dati in JavaScript.

Il primo modo, meno efficiente, consiste nell'usare il metodo 'map' per creare un nuovo array con la proprietà 'value' di ogni elemento, e poi usare 'filter' per selezionare solo i valori maggiori di 10.

Il secondo modo, più efficiente, consiste nell'usare il metodo 'reduce'. Questo metodo attraversa l'array 'data' una sola volta e, se la proprietà 'value' di un elemento è maggiore di 10, inserisce quel valore nell'array accumulatore 'acc'. Questo approccio è più efficiente perché richiede una sola iterazione sull'array invece di due.

Approfondendo questi aspetti avanzati degli array, acquisisci le competenze per gestirli e manipolarli in modo più efficace, così da poter lavorare con strutture dati più complesse e migliorare le prestazioni delle tue applicazioni JavaScript.

3.2 Oggetti

Nella programmazione JavaScript, gli oggetti svolgono un ruolo di grande importanza. Sono i mattoni fondamentali usati per memorizzare collezioni di dati e persino entità più complesse. La loro importanza è enorme, perché costituiscono la base dell'interazione con dati strutturati nel linguaggio.

A differenza degli array, che sono essenzialmente collezioni indicizzate da un valore numerico, gli oggetti introducono un approccio più strutturato e organizzato alla rappresentazione dei dati. Questo aspetto è centrale in JavaScript e migliora la leggibilità e la manutenibilità del codice.

Gli oggetti funzionano tramite proprietà accessibili attraverso chiavi specifiche. Queste chiavi vengono usate per memorizzare e recuperare dati, rendendo gli oggetti una forma di "array associativo". L'uso delle chiavi fornisce una struttura chiara e un accesso semplice ai dati memorizzati, rendendo gli oggetti uno strumento molto potente per gli sviluppatori.

Questa sezione ha l'obiettivo di offrire un'esplorazione completa degli oggetti in JavaScript. Approfondisce la natura orientata agli oggetti del linguaggio, coprendo la creazione, la manipolazione e l'utilizzo pratico degli oggetti. Lo scopo è costruire una comprensione solida di cosa sono gli oggetti, perché sono importanti e come vengono utilizzati.

Acquisendo una buona padronanza di questi concetti, potrai usare gli oggetti in modo efficace nei tuoi progetti JavaScript. Questo porta allo sviluppo di codice più efficiente, manutenibile e leggibile. Questa conoscenza non è solo utile, ma essenziale per chi vuole andare oltre in JavaScript e sfruttarne appieno il potenziale. Comprendendo e padroneggiando gli oggetti, compi un passo importante verso una maggiore competenza come sviluppatore JavaScript.

3.2.1 Creare e accedere agli oggetti

Gli oggetti hanno un ruolo fondamentale nel definire la struttura del linguaggio. In JavaScript, gli oggetti possono essere creati comodamente usando una tecnica chiamata *object literal* (letterali di oggetto), un metodo semplice e intuitivo.

Con questo metodo, l'oggetto viene istanziato con un insieme di coppie chiave-valore. Queste coppie sono spesso chiamate proprietà dell'oggetto, perché descrivono singole caratteristiche o attributi, fornendone una descrizione dettagliata.

Ogni proprietà è composta da due elementi: una chiave, che è un identificatore univoco o il nome della proprietà, e un valore, che può essere qualsiasi valore valido in JavaScript, come stringhe, numeri, array, altri oggetti e così via. La struttura chiave-valore offre un modo chiaro e conciso per organizzare e accedere ai dati, rendendo il lavoro con gli oggetti immediato per gli sviluppatori.

Questo approccio alla creazione di oggetti non è solo molto flessibile, ma anche estremamente potente. Permette di rappresentare strutture di dati complesse in modo comprensibile e gestibile, anche per chi è relativamente all'inizio del percorso. È uno dei motivi per cui la notazione dei letterali di oggetto è così popolare e ampiamente utilizzata nel mondo della programmazione.

Esempio: Creare e accedere a un oggetto

```javascript
let person = {
    name: "Alice",
    age: 25,
    isStudent: true
};

console.log(person.name);  // Outputs: Alice
```

```javascript
console.log(person['age']);  // Outputs: 25
```

In questo esempio, **person** è un oggetto con le proprietà **name**, **age** e **isStudent**. È possibile accedere alle proprietà usando la notazione con il punto (**person.name**) oppure la notazione tra parentesi quadre (**person['age']**).

Qui viene creato un oggetto chiamato 'person' con le proprietà 'name', 'age' e 'isStudent'. Le istruzioni 'console.log' vengono utilizzate per stampare nella console le proprietà 'name' e 'age' dell'oggetto 'person'. Nel primo caso si usa la notazione con il punto per accedere alla proprietà 'name', mentre nel secondo caso si usa la notazione tra parentesi quadre per accedere alla proprietà 'age'.

3.2.2 Modificare gli oggetti

Nella programmazione, JavaScript occupa un posto speciale grazie alla sua capacità di aggiungere, modificare ed eliminare le proprietà degli oggetti anche dopo che questi sono stati creati. Questa caratteristica robusta consente un elevato grado di dinamicità e flessibilità, rendendo la gestione degli oggetti particolarmente efficace quando si tratta di amministrare i dati. In sostanza, ciò significa che puoi personalizzare gli oggetti per adattarli con precisione alle tue esigenze in evoluzione durante l'esecuzione di un programma.

Invece di essere vincolati dai parametri rigidi di strutture predefinite, JavaScript offre la libertà di adattarsi strada facendo. Questa flessibilità è immensamente preziosa perché consente di aggiungere nuove proprietà quando necessario. Allo stesso tempo, permette di adeguare le proprietà esistenti per allinearle meglio ai tuoi obiettivi e requisiti che cambiano nel tempo.

Inoltre, la natura dinamica di JavaScript si estende anche all'efficienza. In uno scenario in cui una proprietà diventa superflua o irrilevante, puoi semplicemente eliminarla. Questo assicura che i tuoi oggetti rimangano snelli ed efficienti, liberi da ingombri inutili che potrebbero compromettere le prestazioni.

Questa dinamicità intrinseca nella gestione degli oggetti è uno dei tanti motivi per cui JavaScript si è dimostrato un linguaggio di programmazione così versatile. La sua popolarità tra gli sviluppatori è la prova della sua adattabilità e idoneità a un'ampia gamma di esigenze di programmazione.

Esempio: Modificare un oggetto

```javascript
// Adding a new property
person.email = 'alice@example.com';
```

```javascript
console.log(person);

// Modifying an existing property
person.age = 26;
console.log(person);

// Deleting a property
delete person.isStudent;
console.log(person);
```

Questo frammento di codice di esempio illustra come manipolare le proprietà di un oggetto. Qui stiamo lavorando con un oggetto chiamato **person**.

In JavaScript, gli oggetti sono dinamici, il che significa che possono essere modificati anche dopo essere stati creati. Questo include l'aggiunta di nuove proprietà, la modifica del valore di proprietà esistenti o persino l'eliminazione di proprietà. Questa caratteristica offre un alto grado di flessibilità e ci consente di gestire i dati in modo più efficace.

La prima operazione nel codice è l'aggiunta di una nuova proprietà all'oggetto **person**. La nuova proprietà è **email** e il suo valore viene impostato su 'alice@example.com'. Questo viene fatto usando la notazione con il punto, cioè **person.email = 'alice@example.com';**. Dopo questa operazione, l'oggetto **person** viene stampato nella console usando **console.log(person);**.

Successivamente, viene modificata una proprietà esistente dell'oggetto **person**, **age**. Il nuovo valore della proprietà **age** viene impostato a 26. Anche questa operazione viene eseguita usando la notazione con il punto, cioè **person.age = 26;**. Dopo questa modifica, l'oggetto **person** aggiornato viene stampato di nuovo nella console.

Infine, viene eliminata una proprietà **isStudent** dall'oggetto **person**. Questo viene fatto usando la parola chiave **delete** seguita dall'oggetto e dalla sua proprietà, cioè **delete person.isStudent;**. Dopo questa eliminazione, lo stato finale dell'oggetto **person** viene stampato nella console.

La possibilità di modificare dinamicamente gli oggetti è uno dei motivi per cui JavaScript è un linguaggio di programmazione così versatile. Consente agli sviluppatori di adattare le strutture dati ai requisiti che evolvono durante l'esecuzione di un programma. Questa flessibilità è estremamente preziosa perché permette di aggiungere nuove proprietà quando necessario, di regolare le proprietà esistenti per allinearle meglio agli obiettivi e di eliminare le proprietà che diventano ridondanti o irrilevanti.

3.2.3 Metodi negli oggetti

Nel vasto e complesso ambito della programmazione orientata agli oggetti, un concetto cruciale spicca: l'uso dei metodi. I metodi sono, in sostanza, funzioni memorizzate come proprietà all'interno di un oggetto. Sono le azioni che un oggetto può eseguire, i compiti che può svolgere. Il bello e il vantaggio principale di definire questi metodi all'interno degli oggetti stessi è che ciò incapsula, ovvero raggruppa, funzionalità direttamente e intrinsecamente rilevanti per l'oggetto.

Questa incapsulazione non solo organizza ordinatamente tali funzionalità, ma apre anche la strada a una maggiore modularità. Ne deriva una struttura del codice molto più organizzata, snella e gestibile. Invece di dover cercare tra porzioni di codice scollegate, gli sviluppatori possono individuare e comprendere facilmente le funzionalità grazie alla loro collocazione logica all'interno degli oggetti a cui appartengono.

Inoltre, questo modo di organizzare il codice non migliora soltanto l'ordine: aumenta anche in modo significativo la riusabilità. Contenendo queste funzioni negli oggetti a cui sono più pertinenti, possono essere richiamate e riutilizzate facilmente quando necessario. Questo non solo fa risparmiare tempo e risorse durante lo sviluppo, ma rende anche il debug più semplice e meno oneroso.

L'uso dei metodi all'interno degli oggetti nella programmazione orientata agli oggetti porta a una comprensione più intuitiva del codice, a una maggiore efficienza nello sviluppo e a un debug più semplice. È un approccio che offre benefici profondi, trasformando il modo in cui gli sviluppatori affrontano e gestiscono il codice.

Esempio: Metodi negli oggettititi

```javascript
let student = {
    name: "Bob",
    courses: ['Mathematics', 'English'],
    greet: function() {
        console.log("Hello, my name is " + this.name);
    },
    addCourse: function(course) {
        this.courses.push(course);
    }
};

student.greet();  // Outputs: Hello, my name is Bob
student.addCourse('History');
console.log(student.courses);  // Outputs: ['Mathematics', 'English', 'History']
```

Questo è un esempio di un oggetto in JavaScript, creato usando la notazione *object literal*. L'oggetto, chiamato **student**, rappresenta uno studente con proprietà e metodi specifici.

L'oggetto **student** ha due proprietà: **name** e **courses**. La proprietà **name** è una stringa che rappresenta il nome dello studente, in questo caso "Bob". La proprietà **courses** è un array che contiene i corsi che lo studente sta frequentando, cioè 'Mathematics' e 'English'.

Oltre a queste proprietà, l'oggetto **student** ha anche due metodi: **greet** e **addCourse**.

Il metodo **greet** è una funzione che, quando viene chiamata, stampa un saluto nella console. Usa la funzione JavaScript **console.log** per stampare un messaggio di saluto che include il nome dello studente. La parola chiave **this** viene usata per fare riferimento all'oggetto corrente, che in questo caso è **student**, e accedere alla sua proprietà **name**.

Il metodo **addCourse** è una funzione che accetta un corso (rappresentato da una stringa) come parametro e lo aggiunge all'array **courses** dello studente. Lo fa usando il metodo **push** dell'array, che aggiunge un nuovo elemento alla fine dell'array.

Dopo aver definito l'oggetto **student**, il codice dimostra come usare le sue proprietà e i suoi metodi. Per prima cosa, richiama il metodo **greet** usando la notazione con il punto (**student.greet()**). La chiamata di questo metodo stampa nella console "Hello, my name is Bob".

Poi richiama il metodo **addCourse**, sempre usando la notazione con il punto, e passa 'History' come argomento (**student.addCourse('History')**). Questo aggiunge 'History' all'array **courses** dello studente.

Infine, il codice stampa la proprietà **courses** dello studente nella console (**console.log(student.courses)**). Questo produce l'array **courses** aggiornato, che ora include 'History' oltre a 'Mathematics' e 'English'. Quindi, l'output sarebbe ['Mathematics', 'English', 'History'].

3.2.4 Iterare sugli oggetti

Quando si tratta di iterare sugli oggetti in JavaScript, è possibile utilizzare diverse tecniche. Una tecnica comunemente usata è il ciclo **for...in**, progettato specificamente per enumerare le proprietà di un oggetto.

Questo tipo di ciclo può essere particolarmente utile quando hai un oggetto con un numero di proprietà sconosciuto e devi accedere alle chiavi di queste proprietà. D'altra parte, se preferisci un approccio più funzionale alla gestione dei dati, JavaScript offre metodi come **Object.keys()**, **Object.values()** e **Object.entries()**.

Questi metodi restituiscono array che contengono rispettivamente le chiavi, i valori e le coppie [chiave, valore] dell'oggetto. Questa funzionalità può essere molto utile quando vuoi manipolare i dati di un oggetto in modo più dichiarativo o quando devi integrare questi dati con altri metodi degli array per attività più complesse.

Esempio: Iterare su un oggetto

```javascript
for (let key in student) {
    if (student.hasOwnProperty(key)) {
        console.log(key + ': ' + student[key]);
    }
}

// Using Object.keys() to get an array of keys
console.log(Object.keys(student));      // Outputs:  ['name', 'courses', 'greet', 'addCourse']

// Using Object.entries() to get an array of [key, value] pairs
Object.entries(student).forEach(([key, value]) => {
    console.log(`${key}: ${value}`);
});
```

Questo esempio di codice illustra vari metodi per iterare sulle proprietà di un oggetto.

La prima parte del codice utilizza un ciclo 'for in' per iterare su ciascuna proprietà (o 'chiave') dell'oggetto 'student'. Il metodo 'hasOwnProperty' viene usato per garantire che vengano registrate nella console solo le proprietà proprie dell'oggetto, e non quelle eventualmente ereditate.

La seconda parte utilizza il metodo 'Object.keys()' per creare un array contenente le chiavi dell'oggetto, quindi lo stampa nella console.

La terza parte utilizza il metodo 'Object.entries()' per creare un array di coppie [chiave, valore] e poi usa un ciclo 'forEach' per stampare ogni coppia chiave-valore nella console.

3.2.5 Destrutturazione degli oggetti

L'introduzione di ECMAScript 6 (ES6) ha portato con sé molte nuove funzionalità che hanno migliorato in modo significativo l'ecosistema JavaScript. Una delle più incisive è una funzionalità nota come destrutturazione degli oggetti.

La destrutturazione degli oggetti è, in sostanza, un metodo comodo ed efficiente che consente ai programmatori di estrarre più proprietà dagli oggetti in un'unica istruzione. Questa tecnica offre un modo semplice per creare nuove variabili estraendo i valori dalle proprietà di un oggetto.

Una volta estratte, queste proprietà possono essere associate (bound) a variabili. Questo processo aiuta a semplificare la gestione di oggetti e variabili in programmazione. Elimina la necessità di accedere ripetutamente alle proprietà all'interno degli oggetti, rendendo il codice più pulito, più facile da capire e più efficiente.

In definitiva, la destrutturazione degli oggetti è una funzionalità molto utile per gli sviluppatori. Non solo migliora la leggibilità del codice, ma aumenta anche la produttività riducendo la quantità di codice necessaria per svolgere determinate attività. È una delle tante funzionalità che rendono ES6 uno strumento potente nelle mani degli sviluppatori JavaScript moderni.

Esempio: Destrutturazione degli oggetti

```
let { name, courses } = student;
console.log(name);  // Outputs: Bob
console.log(courses);  // Outputs: ['Mathematics', 'English', 'History']
```

Questo esempio utilizza l'assegnazione tramite destrutturazione per estrarre proprietà dall'oggetto 'student'. 'name' e 'courses' sono variabili che ora contengono i valori delle proprietà corrispondenti nell'oggetto 'student'. Le istruzioni 'console.log()' vengono usate per stampare questi valori nella console.

Gli oggetti sono incredibilmente potenti e versatili in JavaScript, e sono adatti a rappresentare quasi qualsiasi tipo di struttura dati. Padroneggiando gli oggetti JavaScript, migliori la tua capacità di strutturare e gestire i dati in modo efficace nelle tue applicazioni, ottenendo codice più pulito, più efficiente e più scalabile.

3.2.6 Attributi e descrittori delle proprietà

Nel mondo di JavaScript, una caratteristica fondamentale che lo distingue è il modo in cui gestisce le proprietà dei suoi oggetti. Ogni proprietà di un oggetto in JavaScript è caratterizzata in modo univoco da determinati attributi specifici. Questi attributi non sono semplici descrizioni: servono a definire la configurabilità, l'enumerabilità e la scrivibilità delle proprietà. Questi tre aspetti sono cruciali, perché determinano in che modo le proprietà degli oggetti possono essere usate o manipolate, fornendo una struttura al funzionamento degli oggetti nell'ambiente JavaScript.

Ma JavaScript non si ferma qui. Poiché gli sviluppatori spesso hanno bisogno di un controllo più fine sul comportamento delle proprietà per migliorare ulteriormente le proprie possibilità di programmazione, JavaScript mette a disposizione una funzione integrata chiamata **Object.defineProperty()**. Questa funzione è non solo potente, ma anche rivoluzionaria:

consente di impostare esplicitamente questi attributi, offrendo agli sviluppatori gli strumenti per definire o modificare il comportamento predefinito delle proprietà di un oggetto.

In pratica, questo significa che gli sviluppatori possono usare **Object.defineProperty()** per modellare i propri oggetti in base alle esigenze specifiche, aumentando flessibilità e controllo durante la scrittura del codice. Questo livello di controllo può portare a codice più efficiente, più efficace e più pulito, rendendo JavaScript uno strumento ancora più potente nelle mani di chi sviluppa.

Esempio: Uso degli attributi delle proprietà

```javascript
let person = { name: "Alice" };
Object.defineProperty(person, 'age', {
    value: 25,
    writable: false,  // Makes the 'age' property read-only
    enumerable: true,  // Allows the property to be listed in a for...in loop
    configurable: false  // Prevents the property from being removed or the descriptor
from being changed
});

console.log(person.age);  // Outputs: 25
person.age = 30;
console.log(person.age);  // Still outputs: 25 because 'age' is read-only

for (let key in person) {
    console.log(key);  // Outputs 'name' and 'age'
}
```

This example code creates an object called "person" with a property "name". Then, it uses the Object.defineProperty method to add a new property "age" to the "person" object.

Questa nuova proprietà viene impostata con determinati attributi:

- Il suo valore viene impostato a 25.
- Non è scrivibile (*writable*), il che significa che i tentativi di modificare il valore falliranno.
- È enumerabile (*enumerable*), quindi comparirà nei cicli **for...in**.
- Non è configurabile (*configurable*), quindi non puoi eliminare questa proprietà né modificare questi attributi in seguito.

Le istruzioni **console.log** dimostrano che la proprietà **age** non può essere modificata a causa dell'attributo **writable: false**. Il ciclo finale **for...in** dimostra che **age** è inclusa nel ciclo grazie all'attributo **enumerable: true**.

3.2.7 Prototipi ed ereditarietà

JavaScript è un linguaggio basato sui prototipi, un tipo di linguaggio di programmazione orientato agli oggetti che utilizza un concetto chiamato ereditarietà prototipale. In questo tipo di linguaggio, gli oggetti ereditano proprietà e metodi da un prototipo.

In altre parole, esiste un modello di riferimento, noto come prototipo, dal quale gli oggetti vengono creati e da cui derivano le loro caratteristiche. Ogni oggetto in JavaScript contiene una proprietà privata, un attributo univoco che mantiene un collegamento a un altro oggetto, chiamato appunto prototipo.

Questo prototipo funge da "genitore", o modello di base, dal quale l'oggetto eredita le sue proprietà e i suoi metodi.

Esempio: Prototipi in azione

```javascript
let animal = {
    type: 'Animal',
    describe: function() {
        return `A ${this.type} named ${this.name}`;
    }
};

let cat = Object.create(animal);
cat.name = 'Whiskers';
cat.type = 'Cat';

console.log(cat.describe());  // Outputs: A Cat named Whiskers
```

In questo esempio, **cat** eredita il metodo **describe** da **animal**.

Questo esempio utilizza il concetto di ereditarietà prototipale. Qui viene creato un oggetto 'animal' con le proprietà 'type' e 'describe'. 'describe' è un metodo che restituisce una stringa che descrive l'animale.

Poi viene creato un nuovo oggetto 'cat' usando il metodo Object.create(), che imposta il prototipo di 'cat' su 'animal', il che significa che 'cat' eredita proprietà e metodi da 'animal'. Le proprietà 'name' e 'type' di 'cat' vengono poi impostate rispettivamente su 'Whiskers' e 'Cat'.

Infine, quando il metodo 'describe' viene chiamato su 'cat', usa le proprie proprietà 'name' e 'type' grazie alla ricerca nella catena dei prototipi di JavaScript. Quindi l'output sarà: 'A Cat named Whiskers'.

3.2.8 Clonazione degli oggetti

Nel mondo intricato e complesso della programmazione orientata agli oggetti, ci sono alcune situazioni in cui potresti trovarti ad avere la necessità di creare una copia identica di un oggetto già esistente. Questo processo, noto come clonazione, può essere prezioso in vari scenari.

Per esempio, supponiamo di avere un oggetto con un insieme specifico di proprietà o uno stato particolare. A quel punto potresti aver bisogno di creare un altro oggetto che rispecchi esattamente quelle proprietà o quello stato. È qui che entra in gioco la clonazione, permettendoti di replicare l'oggetto originale con precisione.

Tuttavia, l'utilità della clonazione non si ferma qui. Uno degli aspetti cruciali è che puoi apportare modifiche a questo nuovo oggetto clonato senza alcun impatto sull'oggetto originale. Questo significa che lo stato dell'oggetto originale rimane invariato, indipendentemente da quante modifiche tu apporti al clone.

In sostanza, la possibilità di manipolare in modo indipendente due oggetti, dove uno è un clone diretto dell'altro, è un vantaggio significativo del processo di clonazione. Consente flessibilità e libertà nella programmazione, senza mettere a rischio l'integrità dell'oggetto originale. È questo che rende la clonazione uno strumento fondamentale nell'arsenale di ogni programmatore orientato agli oggetti competente.

Esempio: Clonare un oggetto

```javascript
let original = { name: "Alice", age: 25 };
let clone = Object.assign({}, original);

clone.name = "Bob";   // Modifying the clone does not affect the original

console.log(original.name);  // Outputs: Alice
console.log(clone.name);     // Outputs: Bob
```

Questo è un frammento di codice di esempio che dimostra il concetto di clonazione degli oggetti utilizzando il metodo Object.assign().

Nel codice, viene creato un oggetto chiamato 'original' con le proprietà 'name' ed 'age'. Poi viene creato un nuovo oggetto 'clone' come copia di 'original' usando Object.assign().

Qualsiasi modifica effettuata su 'clone' non influenzerà 'original'. Questo si vede quando 'clone.name' viene cambiato in "Bob", ma 'original.name' rimane "Alice".

I comandi console.log() alla fine vengono utilizzati per verificare che l'oggetto originale rimanga invariato quando il clone viene modificato.

3.2.9 Utilizzo di Object.freeze() e Object.seal()

In JavaScript, esistono diversi metodi che possono essere usati per impedire la modifica degli oggetti e mantenere integrità e coerenza dei dati. Tra questi ci sono i metodi **Object.freeze()** e **Object.seal()**:

- **Object.freeze()** è un metodo che prende un oggetto come argomento e restituisce un oggetto in cui sono impedite le modifiche alle proprietà esistenti. Questo metodo rende di fatto un oggetto immutabile, bloccando qualsiasi alterazione delle proprietà correnti. Inoltre impedisce l'aggiunta di nuove proprietà all'oggetto, garantendone l'integrità dopo che è stato definito.
- Un altro metodo, **Object.seal()**, prende anch'esso un oggetto come argomento e restituisce un oggetto a cui non possono essere aggiunte nuove proprietà. Questo metodo assicura che la struttura dell'oggetto rimanga costante dopo la sua definizione. Oltre a impedire l'aggiunta di nuove proprietà, **Object.seal()** rende anche non configurabili tutte le proprietà esistenti dell'oggetto. Ciò significa che, mentre i valori di queste proprietà possono essere modificati, le proprietà stesse non possono essere eliminate né riconfigurate in alcun modo.

Esempio: Congelare e Sigillare oggetti

```javascript
let frozenObject = Object.freeze({ name: "Alice" });
frozenObject.name = "Bob";  // No effect
console.log(frozenObject.name);  // Outputs: Alice

let sealedObject = Object.seal({ name: "Alice" });
sealedObject.name = "Bob";
sealedObject.age = 25;  // No effect
console.log(sealedObject.name);  // Outputs: Bob
console.log(sealedObject.age);   // Outputs: undefined
```

Questo codice JavaScript dimostra l'uso dei metodi **Object.freeze()** e **Object.seal()**. Il metodo **Object.freeze()** rende un oggetto immutabile, il che significa che non puoi modificare, aggiungere o eliminare le sue proprietà. Il metodo **Object.seal()** impedisce l'aggiunta di nuove proprietà e contrassegna tutte le proprietà esistenti come non configurabili.

Tuttavia, le proprietà di un oggetto sigillato possono comunque essere modificate. Nel codice fornito vengono creati un oggetto congelato e un oggetto sigillato, entrambi con una proprietà

name inizialmente impostata sul valore "Alice". Il tentativo di modificare la proprietà **name** dell'oggetto congelato non ha alcun effetto, ma la proprietà **name** dell'oggetto sigillato può essere modificata. Anche il tentativo di aggiungere una nuova proprietà **age** all'oggetto sigillato non ha alcun effetto.

Padroneggiando queste funzionalità avanzate degli oggetti JavaScript, sarai più preparato a scrivere codice JavaScript robusto, efficiente e sicuro. Queste capacità consentono una gestione dei dati sofisticata e forniscono i mattoni fondamentali per architetture applicative complesse e scalabili.

3.3 JSON

JSON, abbreviazione di JavaScript Object Notation, è un formato leggero per lo scambio di dati che si distingue per la sua semplicità ed efficacia. È progettato per essere facilmente compreso e scritto dagli esseri umani, ed è anche facile da analizzare e generare per le macchine. Questa combinazione di caratteristiche lo rende uno strumento prezioso per trasferire dati, soprattutto su Internet.

Nel corso degli anni, JSON si è affermato come formato standard per strutturare i dati nella comunicazione via Internet. Il suo uso diffuso e la sua versatilità lo rendono un argomento di conoscenza essenziale per qualsiasi sviluppatore web, indipendentemente dal livello di esperienza o dalla natura specifica del lavoro.

Nella sezione seguente, approfondiremo il mondo di JSON. Inizieremo esplorando più nel dettaglio che cos'è JSON, incluse le sue origini, la sua struttura e le ragioni della sua popolarità. Successivamente, ti guideremo su come utilizzare JSON in modo efficace all'interno di JavaScript, uno dei linguaggi di programmazione più popolari nel mondo digitale di oggi.

Inoltre, passeremo in rassegna alcune delle operazioni più comuni legate a JSON. Questo include il parsing, un'operazione essenziale per convertire un testo JSON in un oggetto JavaScript, e la stringificazione, il processo di conversione di un oggetto JavaScript in un testo JSON. Queste operazioni costituiscono la base della maggior parte dei compiti che coinvolgono JSON, rendendone la comprensione cruciale per qualsiasi aspirante sviluppatore web.

3.3.1 Che cos'è JSON?

JSON, che sta per JavaScript Object Notation, è un formato testuale totalmente indipendente dal linguaggio. Utilizza convenzioni molto familiari ai programmatori esperti dei linguaggi della famiglia C. Questo include linguaggi come C, C++, C#, Java, JavaScript, Perl, Python e molti altri.

La natura universale di JSON lo rende uno strumento incredibilmente utile per lo scambio di dati.

La struttura di JSON si basa su due strutture fondamentali, rendendolo semplice ma potente:

- La prima è una collezione di coppie nome/valore. Questa struttura è realizzata in vari linguaggi di programmazione in forme diverse. In alcuni linguaggi è nota come oggetto, in altri come record. Alcuni linguaggi la chiamano struct, mentre altri la chiamano dizionario. Potresti anche sentirla chiamare hash table, keyed list o array associativo, a seconda del linguaggio che stai usando.
- La seconda struttura è una lista ordinata di valori. Anche questa viene realizzata in modo diverso nella maggior parte dei linguaggi di programmazione. Spesso è nota come array, ma in alcuni linguaggi può essere chiamata anche vector. Altri linguaggi potrebbero chiamare questa struttura list, mentre altri potrebbero riferirsi a essa come sequence.

In sostanza, la semplicità, la versatilità e la natura indipendente dal linguaggio rendono JSON una scelta ideale per i programmatori quando si tratta di scambio di dati.

Esempio: Oggetto JSON

```json
{
    "firstName": "John",
    "lastName": "Doe",
    "age": 30,
    "isStudent": false,
    "address": {
        "street": "123 Main St",
        "city": "Anytown",
        "country": "Anycountry"
    },
    "courses": ["Math", "Science", "Art"]
}
```

Questo esempio mostra un oggetto JSON che descrive una persona, includendo il nome, l'età, lo stato di studente, l'indirizzo e i corsi che sta seguendo.

L'oggetto contiene informazioni su una persona di nome John Doe, che ha 30 anni, non è uno studente e vive al 123 Main St, Anytown, Anycountry. Sta seguendo i corsi di Math, Science e Art.

3.3.2 Parsing JSON

Come descritto in precedenza, JavaScript ha una caratteristica particolare: gestisce i dati ricevuti da un server in un formato noto come JSON, che sta per JavaScript Object Notation. Questi dati, quando vengono ricevuti inizialmente, sono sotto forma di stringa JSON.

Una stringa JSON, sebbene sia facile da trasmettere via Internet, non è direttamente utilizzabile per manipolare o recuperare dati all'interno dell'ambiente JavaScript. Questo significa che, nel suo stato iniziale, non può essere usata per eseguire operazioni o estrarre informazioni specifiche.

Di conseguenza, per rendere questi dati utilizzabili in JavaScript, dobbiamo trasformare questa stringa JSON in oggetti JavaScript. Questi oggetti possono poi essere facilmente manipolati e consultati in base alle esigenze di chi sviluppa.

Questo processo di trasformazione viene eseguito usando una funzione fornita da JavaScript stesso, chiamata **JSON.parse()**. È una funzione potente che prende in input la stringa JSON e la restituisce come oggetto JavaScript.

Convertendo i dati in oggetti JavaScript, chi sviluppa può accedere facilmente a specifici elementi, manipolare i dati e integrarli nel proprio codice. Questa caratteristica semplifica la gestione dei dati JSON, rendendo JavaScript un linguaggio versatile ed efficiente per lo sviluppo web.

Esempio: Parsing JSON

```javascript
let jsonData = '{"firstName":"John","lastName":"Doe","age":30}';
let person = JSON.parse(jsonData);

console.log(person.firstName);  // Outputs: John
console.log(person.age);        // Outputs: 30
```

In questo esempio, **JSON.parse()** trasforma la stringa JSON in un oggetto JavaScript. Per prima cosa dichiara una variabile 'jsonData' che contiene una stringa di dati JSON. Poi usa la funzione 'JSON.parse' per convertire questa stringa JSON in un oggetto JavaScript, che viene memorizzato nella variabile 'person'. Le ultime due righe usano 'console.log' per stampare nella console le proprietà 'firstName' e 'age' dell'oggetto 'person'.

3.3.3 Stringifying JSON

D'altra parte, ci sono casi in cui devi trasportare dati da un'applicazione JavaScript a un server. In queste situazioni, diventa necessario convertire il formato degli oggetti JavaScript in stringhe JSON.

Le stringhe JSON sono riconosciute universalmente e possono essere gestite facilmente dai server. Il processo di conversione di oggetti JavaScript in stringhe JSON viene eseguito tramite un metodo chiamato **JSON.stringify()**. Questa funzione permette di inviare i dati sulla rete in un formato che può essere compreso ed elaborato facilmente dal server.

Esempio: Stringifying JSON

```
let personObject = {
    firstName: "John",
    lastName: "Doe",
    age: 30
};

let jsonString = JSON.stringify(personObject);
console.log(jsonString);                                    //              Outputs:
'{"firstName":"John","lastName":"Doe","age":30}'
```

Qui, **JSON.stringify()** converte l'oggetto JavaScript in una stringa JSON, che può poi essere inviata a un server. Viene dichiarato un oggetto chiamato 'personObject' con le proprietà 'firstName', 'lastName' e 'age'. La funzione 'JSON.stringify()' viene quindi utilizzata per convertire 'personObject' in una stringa JSON. Questa stringa viene memorizzata nella variabile 'jsonString'. L'ultima riga di codice registra 'jsonString' nella console, mostrando 'personObject' come stringa JSON.

3.3.4 Lavorare con gli array in JSON

JSON, che sta per JavaScript Object Notation, è un formato di dati ampiamente utilizzato che ha la capacità unica di incorporare array nella propria struttura. Questa caratteristica è estremamente utile quando devi trasferire o ricevere grandi quantità di dati sotto forma di liste. Con gli array, invece di inviare singoli elementi uno alla volta, puoi inviare grandi insiemi di dati contemporaneamente.

Questa trasmissione "in blocco" può fare una grande differenza per le applicazioni basate sui dati, migliorandone in modo significativo la velocità e l'efficienza complessiva. Consentendo di aggregare i punti dati in pacchetti organizzati e facilmente trasmissibili, gli array in JSON non solo semplificano la gestione dei dati, ma aumentano anche le prestazioni delle applicazioni che gestiscono grandi volumi di informazioni.

Esempio: Array JSON

```javascript
let jsonArray = '[{"name":"John"}, {"name":"Jane"}, {"name":"Jim"}]';
let people = JSON.parse(jsonArray);

people.forEach(person => {
    console.log(person.name);
});
```

Questo esempio dimostra come effettuare il parsing di una stringa JSON che contiene un array di oggetti e come poi iterare sull'array risultante in JavaScript.

Per prima cosa definisce un array JSON di oggetti, ognuno dei quali contiene un attributo **name**. Poi esegue il parsing di questo array JSON in un array JavaScript di oggetti usando **JSON.parse()**. Successivamente, utilizza il metodo **forEach()** per iterare su ciascun oggetto nell'array e registra (stampa) il nome di ogni persona nella console.

3.3.5 Gestire le date in JSON

JSON è un formato di interscambio dati molto diffuso, con applicazioni molto ampie. Tuttavia, una caratteristica distintiva di JSON è che non supporta intrinsecamente un tipo data. Ciò significa che tutte le date che devono essere rappresentate in formato JSON vengono in genere memorizzate come stringhe, anziché come veri oggetti data.

Questo aspetto di JSON può avere implicazioni importanti quando si lavora con le date nel codice. In particolare, se hai stringhe di data in JSON e devi usarle come veri oggetti **Date** all'interno del codice, dovrai eseguire un processo di conversione. Questa conversione non viene gestita automaticamente da JSON e deve quindi essere implementata manualmente dallo sviluppatore.

Questo processo di conversione avviene in genere dopo che i dati JSON sono stati sottoposti a parsing. I dettagli specifici del processo, inclusi quando e come viene eseguito, dipendono dai requisiti della tua applicazione o del tuo progetto. Per esempio, alcune applicazioni potrebbero richiedere la conversione immediata delle stringhe di data in oggetti **Date** al momento del parsing, mentre altre potrebbero consentire di rimandare questa conversione a un momento successivo durante l'esecuzione del codice.

Sebbene JSON sia un formato di interscambio dati potente e versatile, la mancanza di supporto nativo per un tipo data può rendere necessari alcuni passaggi aggiuntivi quando si lavora con le date nel codice. È un aspetto importante da tenere presente quando pianifichi e implementi le tue strategie di sviluppo.

Esempio: Gestire le date in JSON

```javascript
let eventJson = '{"eventDate":"2022-01-01T12:00:00Z"}';
let event = JSON.parse(eventJson);
event.eventDate = new Date(event.eventDate);

console.log(event.eventDate.toDateString());  // Outputs: Sat Jan 01 2022
```

In questo esempio, la stringa della data presente nei dati JSON viene convertita in un oggetto **Date** di JavaScript usando **new Date()**. Si inizia definendo una stringa **eventJson** che rappresenta un oggetto JSON con una singola proprietà, "eventDate". La funzione **JSON.parse()** viene usata per convertire questa stringa in un oggetto JavaScript, **event**. La proprietà "eventDate" dell'oggetto **event** viene poi convertita da stringa a oggetto **Date** di JavaScript. Infine, il metodo **toDateString()** viene utilizzato per convertire la data in una stringa nel formato "Giorno Mese Data Anno" e viene stampata nella console.

Padroneggiando JSON e le sue operazioni in JavaScript, migliori la tua capacità di gestire i dati nelle moderne applicazioni web in modo efficiente. Il formato dati universale di JSON lo rende prezioso per lo scambio di dati tra client e server, rendendolo una competenza cruciale per qualsiasi sviluppatore web.

3.3.6 Gestire strutture annidate complesse

JSON, che sta per JavaScript Object Notation, è un formato di dati molto diffuso che a volte può contenere strutture profondamente annidate. Queste strutture possono essere piuttosto intricate, rendendo difficile navigarle e modificarle.

Questa complessità deriva dal fatto che ogni livello di annidamento rappresenta un oggetto o un array diverso, che a sua volta può contenere altri oggetti o array, e così via. Capire come accedere a queste strutture annidate, così come come modificare i valori al loro interno, è una competenza assolutamente cruciale quando si lavora con dati più complessi.

Questa conoscenza ti permetterà di manipolare i dati in modi adatti alle tue esigenze specifiche, che si tratti di estrarre informazioni precise, cambiare determinati valori o ristrutturare i dati in un modo diverso.

Esempio: Accedere a JSON annidato

```json
{
    "team": "Development",
    "members": [
        {
            "name": "Alice",
            "role": "Frontend",
            "skills": ["HTML", "CSS", "JavaScript"]
        },
        {
            "name": "Bob",
            "role": "Backend",
            "skills": ["Node.js", "Express", "MongoDB"]
        }
    ]
}
```

Questo esempio di codice è un dato in formato JSON che rappresenta un team e i suoi membri. Mostra un team di sviluppo composto da due membri, Alice e Bob. Alice è una sviluppatrice frontend con competenze in HTML, CSS e JavaScript. Bob è una sviluppatrice backend con competenze in Node.js, Express e MongoDB.

Codice JavaScript:

```javascript
let jsonData = `{
    "team": "Development",
    "members": [
        {"name": "Alice", "role": "Frontend", "skills": ["HTML", "CSS",
"JavaScript"]},
        {"name": "Bob", "role": "Backend", "skills": ["Node.js", "Express",
"MongoDB"]}
    ]
}`;
let teamData = JSON.parse(jsonData);

console.log(teamData.members[1].name);  // Outputs: Bob
teamData.members.forEach(member => {
    console.log(`${member.name} specializes in ${member.skills.join(", ")}`);
});
```

Questo esempio mostra come eseguire il parsing di JSON che contiene un array di oggetti e come iterarlo per accedere a proprietà annidate.

Questo codice JavaScript dichiara una variabile **jsonData** che contiene una stringa di dati JSON che rappresenta un team di sviluppo e i suoi membri. Successivamente, esegue il parsing di questi dati JSON in un oggetto JavaScript **teamData** usando il metodo **JSON.parse()**.

In seguito, stampa nella console il nome del secondo membro del team (Bob).

Infine, usa un ciclo **forEach** per iterare su ciascun membro del team e stampa una stringa che include il nome di ogni membro e le relative competenze.

3.3.7 Eseguire il parsing JSON in modo sicuro

Quando lavori con dati JSON che provengono da fonti esterne, esiste sempre il rischio che il JSON non sia ben formato o contenga errori di sintassi. Queste malformazioni o questi errori possono far sì che **JSON.parse()** lanci un **SyntaxError**, interrompendo il flusso del codice e potenzialmente causando comportamenti indesiderati o arresti anomali dell'applicazione.

Per gestire questa situazione in modo più elegante e controllato, è fortemente consigliato racchiudere il parsing del JSON in un blocco try-catch. In questo modo puoi intercettare il potenziale **SyntaxError** e gestirlo nel modo più adatto alla tua applicazione, evitando crash inattesi e migliorando la robustezza complessiva del codice.

Esempio: Parsing JSON sicuro

```javascript
let jsonData = '{"name": "Alice", "age": }';  // Malformed JSON

try {
    let user = JSON.parse(jsonData);
    console.log(user.name);
} catch (error) {
    console.error("Failed to parse JSON:", error);
}
```

Questo approccio garantisce che la tua applicazione rimanga robusta e possa gestire con eleganza dati inattesi o non corretti. La stringa 'jsonData' dovrebbe rappresentare un oggetto utente con le proprietà 'name' e 'age', ma manca un valore per 'age', rendendola un JSON non valido. Il blocco 'try-catch' viene usato per gestire eventuali errori che potrebbero verificarsi durante il parsing del JSON. Se il parsing fallisce, verrà registrato nella console un messaggio di errore.

3.3.8 Usare JSON per una copia profonda

Un utilizzo molto comune dei metodi di JavaScript Object Notation (JSON) **JSON.stringify()** e **JSON.parse()** in combinazione è creare un clone profondo di un oggetto. Questo approccio è particolarmente efficiente e semplice da usare per oggetti che contengono esclusivamente proprietà compatibili con la serializzazione JSON.

Ciò significa che queste proprietà possono essere convertite facilmente in un formato di dati che JSON è in grado di leggere e generare. Questa coppia di metodi lavora in modo armonico: **JSON.stringify()** trasforma l'oggetto in una stringa JSON, e il metodo **JSON.parse()** converte questa stringa di nuovo in un oggetto JavaScript.

Questo processo produce un nuovo oggetto che è una copia profonda dell'originale, consentendo di manipolarlo senza alterare l'oggetto iniziale.

Esempio: Copia profonda usando JSON

```javascript
let original = {
    name: "Alice",
    details: {
        age: 25,
        city: "New York"
    }
};

let copy = JSON.parse(JSON.stringify(original));
copy.details.city = "Los Angeles";

console.log(original.details.city);   // Outputs: New York
console.log(copy.details.city);       // Outputs: Los Angeles
```

Questa tecnica garantisce che le modifiche apportate all'oggetto copiato non influenzino l'oggetto originale, risultando utile negli scenari in cui l'immutabilità è necessaria.

Questo esempio di codice crea una copia profonda di un oggetto utilizzando i metodi JSON.parse() e JSON.stringify(). Per prima cosa dichiara un oggetto chiamato 'original', poi crea una copia profonda di questo oggetto e la assegna a 'copy'. Successivamente, modifica la proprietà 'city' dell'oggetto 'details' in 'copy'. Infine, stampa nella console la proprietà 'city' dell'oggetto 'details' sia in 'original' che in 'copy'. L'output mostra che modificare 'copy' non influisce su 'original', dimostrando che è stata effettuata una copia profonda.

3.3.9 Migliori Pratiche

1. **Utilizzare il tipo MIME corretto**: È importante utilizzare il tipo MIME **application/json** quando si serve dati JSON da un server. Questo è fondamentale perché garantisce che i client trattino la risposta come JSON, aiutando a evitare eventuali problemi che potrebbero sorgere da un'errata interpretazione del tipo di dati.

2. **Garantire la Validazione dei Dati JSON**: In particolare quando si lavora con dati provenienti da fonti esterne, è assolutamente essenziale validare i dati JSON. Facendo questo, puoi assicurarti che i dati rispettino la struttura e i tipi previsti prima di iniziare a elaborarli. Questo aiuterà a evitare possibili errori o incoerenze che potrebbero verificarsi se i dati non corrispondono al formato previsto.

3. **L'Importanza del Pretty Printing JSON**: Quando esegui il debug o visualizzi JSON, puoi utilizzare il metodo **JSON.stringify()** con parametri aggiuntivi per formattarlo in modo facilmente leggibile. Questo è noto come "pretty printing" e può fare una grande differenza quando cerchi di comprendere o eseguire il debug dei tuoi dati JSON, poiché organizza i dati in maniera pulita e strutturata.

```
console.log(JSON.stringify(original, null, 2));  // Indents the output with 2 spaces
```

Questo è un esempio di codice che utilizza la funzione **console.log** per stampare una versione convertita in stringa di un oggetto chiamato **original**. Il metodo **JSON.stringify** viene utilizzato per convertire l'oggetto **original** in una stringa JSON. I parametri **null** e **2** indicano che la stringa JSON risultante non deve avere sostituzioni e deve essere indentata con 2 spazi per migliorarne la leggibilità.

Comprendendo questi aspetti avanzati e le migliori pratiche della gestione JSON, migliorerai le tue capacità nella gestione e nello scambio di dati nelle applicazioni web. La semplicità e l'efficacia di JSON nella strutturazione dei dati lo rendono uno strumento indispensabile nel toolkit del moderno sviluppatore.

3.4 Map e Set

Oltre alle strutture dati già esistenti come array e oggetti, l'aggiornamento JavaScript ES6 ha introdotto due nuove e potenti strutture dati. Queste sono **Set** e **Map**. Sono particolarmente utili quando si tratta di gestire elementi unici e coppie chiave-valore in modo più efficiente.

Questa sezione del documento è dedicata all'esplorazione dettagliata di queste due nuove strutture. Discuteremo in maniera approfondita le loro proprietà fondamentali, analizzeremo i loro casi d'uso tipici ed esamineremo come possano essere utilizzate per migliorare i tuoi progetti JavaScript. Integrando **Set** e **Map**, puoi ottenere maggiore efficienza e semplicità nel tuo codice JavaScript, migliorando così le prestazioni delle tue applicazioni.

3.4.1 Map

Una **Map** in JavaScript è essenzialmente una collezione o aggregazione di coppie chiave-valore. Questo significa che puoi memorizzare dati in modo tale che ogni valore sia associato a una chiave univoca. L'aspetto principale che differenzia una **Map** da un oggetto in JavaScript è che le chiavi in una **Map** possono essere di qualsiasi tipo.

Questo è diverso dagli oggetti, che supportano solo chiavi di tipo String o Symbol. Un'altra importante distinzione da notare è che le Map mantengono l'ordine degli elementi così come sono stati inseriti, a differenza degli oggetti dove l'ordine non è garantito.

Questa caratteristica di mantenere l'ordine può essere vantaggiosa per determinate applicazioni in cui la sequenza dei dati è importante. Ad esempio, se stai costruendo una funzionalità in cui deve essere preservato l'ordine cronologico delle interazioni degli utenti, utilizzare una **Map** sarebbe più appropriato rispetto a un oggetto.

Creazione e Utilizzo di una Map

Esempio: Creazione di una Map e Manipolazione dei Dati

```javascript
let map = new Map();

// Setting values
map.set('name', 'Alice');
map.set('age', 30);
map.set({}, 'An object key');

// Getting values
console.log(map.get('name'));   // Outputs: Alice
console.log(map.get('age'));    // Outputs: 30

// Checking for keys
console.log(map.has('age'));    // Outputs: true

// Iterating over a Map
for (let [key, value] of map) {
    console.log(`${key}: ${value}`);
}

// Size of the Map
console.log(map.size);  // Outputs: 3
```

```javascript
// Deleting an element
map.delete('name');
console.log(map.has('name'));  // Outputs: false

// Clearing all entries
map.clear();
console.log(map.size);  // Outputs: 0
```

Questo esempio dimostra le operazioni di base di una **Map**, tra cui l'impostazione e il recupero dei valori, il controllo della presenza delle chiavi e l'iterazione sulle voci.

Per prima cosa, viene creata una nuova Map. Il metodo **set** viene usato per aggiungere coppie chiave-valore alla Map. Qui le chiavi sono 'name', 'age' e un oggetto vuoto, con i valori corrispondenti 'Alice', 30 e 'An object key'.

Il metodo **get** viene usato per recuperare i valori associati a una particolare chiave nella Map.

Il metodo **has** viene usato per verificare se una determinata chiave esiste nella Map.

C'è un ciclo che itera sulla Map, registrando (stampando) ogni coppia chiave-valore.

La proprietà **size** viene stampata nella console, mostrando il numero di voci presenti nella Map.

Poi, il metodo **delete** viene usato per rimuovere la chiave 'name' e il suo valore associato dalla Map.

Infine, il metodo **clear** viene usato per rimuovere tutte le voci dalla Map.

3.4.2 Set

Nel mondo della programmazione, un **Set** è un tipo di struttura dati specializzata. È progettato specificamente per contenere una raccolta di valori unici. Questi valori possono essere di qualsiasi tipo, il che conferisce al **Set** un grado di versatilità davvero notevole. Questa caratteristica lo rende la scelta ideale per creare molti tipi diversi di elenchi o collezioni in cui è necessario che ogni elemento sia unico e compaia una sola volta.

L'applicazione di questa unicità è uno degli attributi più importanti di un **Set**. Permette di eseguire operazioni in modo efficiente, perché elimina la possibilità di duplicazioni. Questo è particolarmente vantaggioso quando si lavora con grandi volumi di dati. In questi casi, i valori duplicati non solo sarebbero superflui, ma potrebbero anche causare problemi significativi.

Per questo motivo, il **Set**, grazie al suo meccanismo integrato che impedisce la duplicazione, rappresenta una soluzione ideale per gestire scenari di questo tipo.

Creare e usare un Set

Esempio: Creare un Set e manipolare gli elementi

```javascript
let set = new Set();

// Adding values
set.add('apple');
set.add('banana');
set.add('apple');  // Duplicate, will not be added

// Checking the size
console.log(set.size);  // Outputs: 2

// Checking for presence
console.log(set.has('banana'));  // Outputs: true

// Iterating over a Set
set.forEach(value => {
    console.log(value);
});

// Deleting an element
set.delete('banana');
console.log(set.has('banana'));  // Outputs: false

// Clearing all elements
set.clear();
console.log(set.size);  // Outputs: 0
```

In questo esempio, vedrai come aggiungere elementi a un **Set**, verificare se sono presenti e iterare sul set. Le voci duplicate vengono rifiutate automaticamente, garantendo che tutti gli elementi siano unici.

In questo codice:

1. Viene creato un nuovo Set.
2. 'apple' e 'banana' vengono aggiunti al Set. Il secondo tentativo di aggiungere 'apple' viene ignorato perché i Set memorizzano solo valori unici.
3. La dimensione del Set (il numero di elementi) viene registrata nella console.
4. Il codice verifica se 'banana' è presente nel Set e registra il risultato nella console.
5. Il Set viene iterato usando 'forEach' e ogni valore viene registrato nella console.

6. 'banana' viene rimosso dal Set e la sua presenza viene verificata di nuovo, registrando 'false' nella console.
7. Infine, tutti gli elementi vengono rimossi dal Set con 'clear()' e la dimensione del Set viene registrata di nuovo, risultando 0.

3.4.3 Casi d'uso e applicazioni pratiche

Le Map, come struttura dati, svolgono un ruolo cruciale quando è necessaria un'associazione diretta tra chiavi e valori, insieme al bisogno di inserimenti ed eliminazioni efficienti. Diventano particolarmente utili in scenari in cui l'unicità delle chiavi è un requisito obbligatorio e il mantenimento dell'ordine è importante, ad esempio quando si memorizzano nella cache dati derivati da un database. Questo le rende una scelta eccellente per gestire attività specifiche legate ai dati.

D'altra parte, **i Set** sono la struttura dati ideale per gestire collezioni di elementi in cui la duplicazione non è consentita. Sono particolarmente utili in situazioni come il tracciamento di identificatori utente univoci o in contesti in cui i test di appartenenza sono frequenti. Offrono un modo efficiente per gestire elementi unici in una collezione, garantendo così integrità e coerenza dei dati.

Sia **Map** sia **Set** offrono miglioramenti significativi delle prestazioni quando si lavora con grandi insiemi di dati. Sono particolarmente efficienti in operazioni come la ricerca di un valore specifico, offrendo un chiaro vantaggio rispetto ad altre strutture dati come oggetti e array. Inoltre, sono dotati di una varietà di metodi che li rendono particolarmente intuitivi ed efficienti quando si lavora con strutture dati complesse, assicurando che siano strumenti preziosi per gestire insiemi di dati grandi e articolati.

Integrando **Map** e **Set** nel tuo kit di strumenti JavaScript, puoi gestire i dati in modo più efficiente ed elegante, rendendo le tue applicazioni più veloci e scalabili. Queste strutture migliorano la tua capacità di gestire i dati in modo dinamico e possono semplificare notevolmente il codice quando vengono usate in modo appropriato.

Esercizi Pratici

Per consolidare la tua comprensione dei concetti discussi nel Capitolo 3: "Lavorare con i Dati", ecco alcuni esercizi pratici incentrati su array, oggetti, JSON e le nuove strutture ES6, Map e Set. Questi esercizi ti aiuteranno ad applicare ciò che hai imparato e ad approfondire la tua conoscenza nella gestione di varie strutture dati in JavaScript.

Esercizio 1: Manipolazione degli Array

Crea un array di numeri, inverti il suo ordine e poi ordinalo in ordine crescente.

Soluzione:

```javascript
let numbers = [3, 1, 4, 1, 5, 9];
numbers.reverse();  // Reverses the array
numbers.sort((a, b) => a - b);  // Sorts the array in ascending order

console.log(numbers);  // Outputs: [1, 1, 3, 4, 5, 9]
```

Esercizio 2: Operazioni sugli Oggetti

Crea un oggetto che rappresenti un libro con proprietà per il titolo, l'autore e l'anno di pubblicazione. Successivamente, aggiungi un metodo all'oggetto che stampi una descrizione del libro.

Soluzione:

```javascript
let book = {
    title: "JavaScript: The Definitive Guide",
    author: "David Flanagan",
    year: 2020,
    describe: function() {
        console.log(`${this.title} by ${this.author}, published in ${this.year}`);
    }
};

book.describe();  // Outputs: "JavaScript: The Definitive Guide by David Flanagan,
published in 2020"
```

Esercizio 3: Parsing e Stringificazione JSON

Converti una stringa JSON che rappresenta una persona in un oggetto JavaScript, poi modifica l'età e riconvertila in una stringa JSON.

Soluzione:

```javascript
let personJSON = '{"name":"John", "age":28, "city":"New York"}';
let person = JSON.parse(personJSON);

person.age += 1;  // Increment the age

let updatedPersonJSON = JSON.stringify(person);
console.log(updatedPersonJSON);     // Outputs:  '{"name":"John","age":29,"city":"New
York"}'
```

Esercizio 4: Utilizzo di Map

Crea una Map per memorizzare i nomi degli studenti e i loro voti corrispondenti. Aggiungi alcune voci, modifica una voce e poi visualizza tutte le voci.

Soluzione:

```javascript
let studentGrades = new Map();

studentGrades.set('Alice', 85);
studentGrades.set('Bob', 92);
studentGrades.set('Alice', 88);  // Update Alice's grade

studentGrades.forEach((value, key) => {
    console.log(`${key}: ${value}`);
});
```

Esercizio 5: Valori Unici con Set

Dato un array di numeri con duplicati, utilizza un Set per trovare e visualizzare i numeri unici.

Soluzione:

```javascript
let numbers = [1, 2, 3, 2, 1, 4, 4, 5];
let uniqueNumbers = new Set(numbers);

console.log(Array.from(uniqueNumbers));  // Outputs: [1, 2, 3, 4, 5]
```

Questi esercizi forniscono esperienza pratica con le strutture dati di JavaScript, migliorando la tua capacità di manipolare e gestire i dati in modo efficace nei tuoi progetti di programmazione.

Completando questi compiti, diventerai più abile nel riconoscere quale struttura dati sia più appropriata per una determinata situazione, migliorando sia le prestazioni che la leggibilità del tuo codice.

Riepilogo del capitolo

Nel Capitolo 3 di "JavaScript from Scratch: Unlock your Web Development Superpowers" abbiamo esplorato diverse potenti strutture dati e tecniche essenziali per gestire e manipolare i dati in modo efficace in JavaScript. Questo capitolo ha offerto una panoramica completa di array, oggetti, JSON, Map e Set, ognuno con scopi specifici e vantaggi diversi nella programmazione JavaScript. Qui riassumiamo i concetti chiave trattati in ciascuna sezione per consolidare la comprensione e mettere in evidenza come questi componenti lavorano insieme nella gestione dei dati nelle applicazioni web.

Array

Abbiamo iniziato con gli array, una struttura dati fondamentale per memorizzare collezioni ordinate di elementi in JavaScript. Gli array sono versatili e molto utilizzati perché possono contenere elementi di qualsiasi tipo e offrono numerosi metodi per manipolarli, tra cui operazioni di aggiunta, rimozione, ordinamento e ricerca. Abbiamo discusso come creare, accedere e modificare gli array, e l'importanza di comprendere metodi come **map()**, **filter()**, **reduce()** e **forEach()** per una manipolazione efficace dei dati.

Oggetti

Successivamente, ci siamo concentrati sugli oggetti, coppie chiave-valore che costituiscono la base della maggior parte delle applicazioni JavaScript. A differenza degli array, gli oggetti permettono di memorizzare i dati in modo più strutturato, consentendo un accesso e una manipolazione più flessibili e intuitivi. Abbiamo esplorato la creazione, l'accesso, la modifica e l'eliminazione delle proprietà degli oggetti, sottolineando anche il ruolo dei metodi negli oggetti per incapsulare funzionalità legate ai dati dell'oggetto.

JSON

La sezione su JSON (JavaScript Object Notation) ha evidenziato il suo ruolo di formato leggero per lo scambio di dati, facile da leggere e scrivere sia per le persone sia per le macchine. Abbiamo visto come JSON venga utilizzato per serializzare e trasmettere dati strutturati attraverso una rete, in particolare tra client web e server. Hai imparato come eseguire il parsing di JSON in oggetti JavaScript e come riconvertire gli oggetti in stringhe JSON, passaggi fondamentali per le comunicazioni web.

Map e Set

Infine, abbiamo introdotto i miglioramenti di ES6 per la gestione dei dati con Map e Set. Le Map offrono un modo efficiente per memorizzare coppie chiave-valore con chiavi di qualsiasi tipo, mentre i Set consentono di archiviare valori unici senza duplicati. Entrambe le strutture mettono a disposizione metodi che migliorano prestazioni e usabilità rispetto a oggetti e array tradizionali, soprattutto quando si lavora con grandi dataset o quando le prestazioni sono un fattore critico.

Nel corso del capitolo, abbiamo fornito esempi pratici ed esercizi pensati per aiutarti ad applicare questi concetti. Padroneggiando queste strutture dati, migliorerai la capacità di strutturare, accedere e manipolare i dati in modo efficiente, una competenza essenziale per qualsiasi progetto di sviluppo web.

Per concludere questo capitolo, ricorda che la scelta della struttura dati può influenzare in modo significativo le prestazioni e la leggibilità della tua applicazione. Comprendere i punti di forza e i limiti di ciascun tipo di struttura dati ti permette di scegliere quella più adatta alle sfide di programmazione che incontri, ottenendo applicazioni più robuste e manutenibili. Continua a esercitarti mentre procedi nel tuo percorso, così da essere pronto ad affrontare scenari di gestione dei dati sempre più complessi nei tuoi progetti futuri.

Capitolo 4: Manipolazione del DOM

Benvenutə al Capitolo 4, un capitolo dedicato a esplorare una delle aree più critiche e fondamentali dello sviluppo web: la manipolazione del DOM. Il Document Object Model (DOM) non è solo un'interfaccia di programmazione per documenti HTML e XML, ma è la struttura portante che fornisce una rappresentazione organizzata del documento. Questa rappresentazione assume la forma di un albero di nodi che può essere interrogato e modificato tramite linguaggi di programmazione come JavaScript.

Comprendere le complessità del DOM non è semplicemente importante: è assolutamente essenziale per qualsiasi sviluppatorə web, perché è la chiave per modificare in modo dinamico contenuto, struttura e stile delle pagine. Senza una solida padronanza del DOM, la capacità di creare pagine web dinamiche e interattive risulterebbe fortemente limitata.

Questo capitolo non si limita a guidarti attraverso le basi o i fondamenti del DOM. Al contrario, entra più a fondo nelle tecniche di manipolazione e ti aiuta a sviluppare una comprensione solida delle best practice, così da garantire che le tue applicazioni non siano solo efficienti, ma anche reattive. Faremo insieme un percorso nel cuore dello sviluppo web, iniziando da una comprensione fondamentale del DOM e arrivando a una conoscenza completa che rafforzerà le tue competenze di sviluppo.

4.1 Comprendere il DOM

Il Document Object Model (DOM) è, in sostanza, una rappresentazione ad albero dei contenuti di una pagina web. È un concetto chiave nello sviluppo web, indispensabile per capire come funzionano le pagine. Dopo che il documento HTML è stato completamente caricato, il browser crea con cura questo modello, trasformando ogni elemento HTML in un oggetto che può essere manipolato programmaticamente tramite JavaScript o linguaggi simili.

Questo processo consente agli sviluppatori di interagire con i contenuti e la struttura di una pagina web e di modificarli in tempo reale, dando vita alle esperienze dinamiche e interattive che vediamo oggi. Comprendere questa struttura e il suo funzionamento è il primo passo fondamentale per padroneggiare il comportamento delle pagine dinamiche e diventare proficienti nello sviluppo web interattivo.

4.1.1 Che cos'è il DOM?

Il Document Object Model, spesso abbreviato in DOM, è un concetto cruciale nello sviluppo web, anche se non è una parte intrinseca del linguaggio JavaScript in sé. Il DOM è invece uno standard universalmente accettato che definisce come interagire con gli elementi HTML. Offre un modo sistematico per accedere, modificare, aggiungere o eliminare elementi HTML. In sostanza, il DOM funge da ponte o interfaccia che consente a JavaScript di comunicare e interagire in modo fluido con l'HTML e il CSS di una pagina web.

Questa interazione avviene trattando le diverse parti della pagina come oggetti, che possono essere manipolati tramite JavaScript. In altre parole, il DOM traduce la pagina web in una struttura orientata agli oggetti che JavaScript può comprendere e con cui può interagire, rendendo possibile la manipolazione degli elementi della pagina.

Una delle capacità più potenti del DOM è la possibilità di cambiare dinamicamente la struttura, lo stile e il contenuto di una pagina web. Questa natura dinamica del DOM, combinata con JavaScript, crea esperienze web interattive e robuste che rispondono a input e azioni dell'utente. Ciò significa che il DOM permette a JavaScript di reagire agli eventi dell'utente, modificare il contenuto della pagina al volo e persino cambiare aspetto e stile della pagina in risposta alle azioni dell'utente.

Comprendere il DOM è essenziale per qualsiasi sviluppatore web. Fornisce gli strumenti necessari per rendere i siti più interattivi e facili da usare, migliorando così l'esperienza complessiva dell'utente.

Esempio: visualizzare il DOM

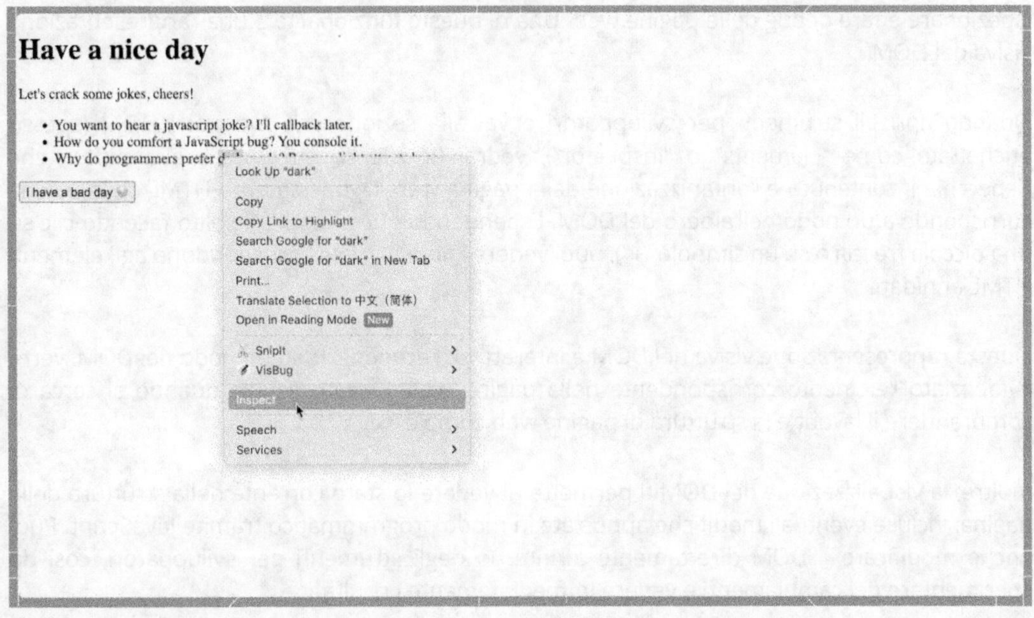

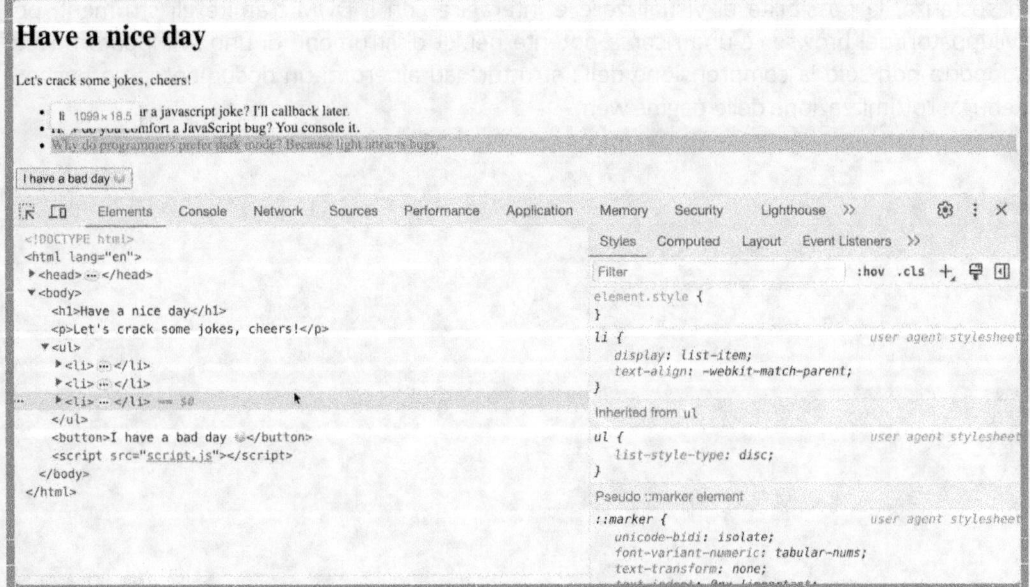


```html
<!DOCTYPE html>
<html lang="en">
  <head> ... </head>
  <body>
    <h1>Have a nice day</h1>
    <p>Let's crack some jokes, cheers!</p>
    <ul>
      <li> ... </li>
      <li> ... </li>
      <li> ... </li> == $0
    </ul>
    <button>I have a bad day </button>
    <script src="script.js"></script>
  </body>
</html>
```


Questi strumenti per sviluppatori, che di solito sono accessibili dal menu del browser o tramite una scorciatoia da tastiera, includono diverse funzionalità pensate per aiutare gli sviluppatori a ispezionare e fare debug delle pagine web. Una di queste funzionalità è una rappresentazione visiva del DOM.

Quando apri gli strumenti per sviluppatori e vai alla sezione che mostra il DOM (spesso etichettata come "Elements" o "Inspector"), vedrai un elenco strutturato e annidato che rispecchia il contenuto e l'organizzazione della pagina web. Ogni elemento HTML della pagina corrisponde a un nodo nell'albero del DOM. Espandendo questi nodi (di solito facendo clic su una piccola freccia o su un simbolo "+"), puoi vedere i nodi figli che corrispondono agli elementi HTML annidati.

Questa rappresentazione visiva del DOM è interattiva. Facendo clic su un nodo nel DOM, verrà evidenziato l'elemento corrispondente nella pagina web. Questo è utile quando si cerca di comprendere il layout e la struttura di pagine web complesse.

Inoltre, la visualizzazione del DOM ti permette di vedere lo stato corrente della struttura della pagina, incluse eventuali modifiche apportate in modo programmatico tramite JavaScript. Puoi anche modificare il DOM direttamente all'interno degli strumenti per sviluppatori, così da sperimentare dei cambiamenti e vedere immediatamente i risultati.

In sostanza, la possibilità di visualizzare e interagire con il DOM tramite gli strumenti per sviluppatori del browser è una risorsa potente nel kit di strumenti di uno sviluppatore web. Supporta non solo la comprensione della struttura ad albero di un documento, ma anche il debug e l'ottimizzazione delle pagine web.

4.1.2 Struttura del DOM

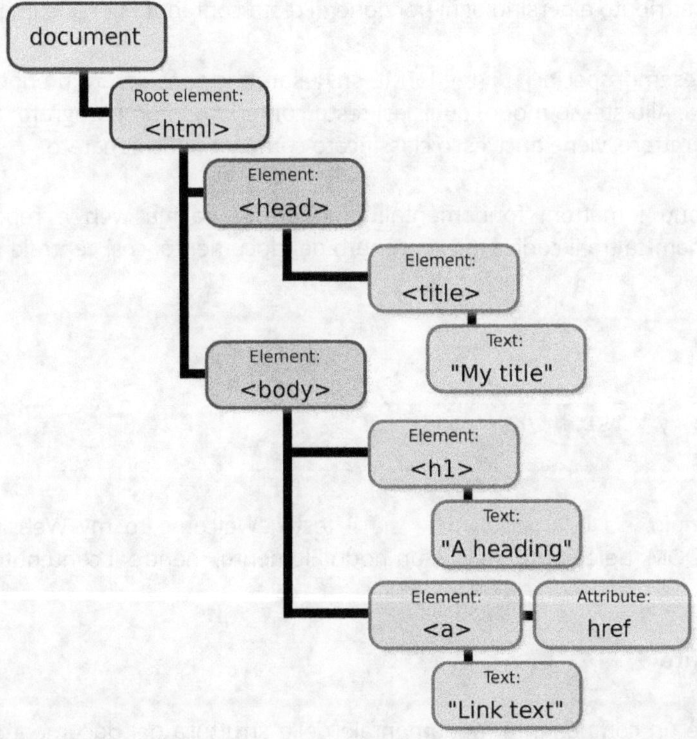

Come discusso, il Document Object Model, noto anche come DOM, è una struttura organizzata ad albero che rappresenta in modo fondamentale i contenuti e la struttura di una pagina web. Questo modello è una parte cruciale dello sviluppo web perché consente a script e linguaggi di programmazione di interagire in modo dinamico con i contenuti di una pagina.

La struttura del DOM è composta da vari nodi, e ogni nodo rappresenta un diverso componente del documento. Questi componenti possono essere un elemento, un attributo o persino il testo all'interno del documento. Ognuno di questi nodi svolge una funzione specifica e ricopre un ruolo fondamentale nel rappresentare la struttura e il contenuto del documento.

Il DOM, con la sua struttura gerarchica ad albero, offre un modo efficiente per attraversare, manipolare e interagire con le informazioni presenti in una pagina web.

I tipi di nodi nella struttura del DOM includono:

Nodi

Nel contesto del Document Object Model, o DOM, ogni singolo componente presente all'interno del documento fa parte dell'albero del DOM ed è definito un "nodo". Questo include ogni elemento, ogni attributo e persino ogni porzione di testo contenuta nel documento.

Per fare alcuni esempi specifici, un tag HTML **<h1>** sarebbe considerato un nodo all'interno di questa struttura. Allo stesso modo, qualsiasi testo contenuto in un paragrafo, anche se è una sola parola o carattere, viene anch'esso classificato come un nodo separato.

Questi nodi sono i mattoni fondamentali di qualsiasi pagina web e rendono possibile l'interazione dinamica tra il codice e il contenuto del documento, così centrale nel web design moderno.

Esempio:

```
<h1>Welcome to my Website!</h1>
```

In questo esempio, sia l'elemento **<h1>** sia il testo "Welcome to my Website!" sono nodi nell'albero del DOM. L'elemento **<h1>** è un nodo Elemento, mentre il contenuto testuale è un nodo Testo.

Nodo Documento

Il nodo radice è un componente fondamentale della struttura del documento. Fornisce una rappresentazione essenziale dell'intero documento, racchiudendone la complessità e offrendo una visione d'insieme. Agendo come punto di partenza, il nodo radice contiene tutti gli altri nodi nella propria struttura, creando un'organizzazione gerarchica.

Le informazioni contenute nel nodo radice si diramano fino a includere tutti gli altri elementi del documento. Funziona come un contenitore, che racchiude in sé tutti i vari componenti che costituiscono il documento. Questa capacità di contenimento è ciò che conferisce al documento struttura e ordine.

Il nodo radice è il principale punto di riferimento per accedere a qualsiasi parte del documento. È il primo punto di contatto quando si naviga nella struttura del documento e fornisce una mappa per raggiungere le varie sezioni. Questa funzione essenziale rende il nodo radice un componente critico nell'assetto complessivo del documento.

Esempio:

```html
<!DOCTYPE html>
<html>
<head>
  <title>My Website</title>
</head>
<body>
  <h1>Welcome to my Website!</h1>
  <p>This is some content.</p>
</body>
</html>
```

Questo codice rappresenta una struttura di base di un documento HTML. L'intero documento, dalla dichiarazione **<!DOCTYPE html>** fino al tag di chiusura **</html>**, insieme a tutti gli elementi e ai contenuti testuali al suo interno, è rappresentato dal Nodo Documento (Document Node) alla radice dell'albero del DOM.

Nodi elemento

Sono componenti fondamentali che rappresentano gli elementi HTML all'interno di una pagina web. Fanno parte integrante del Document Object Model (DOM), che è una rappresentazione strutturata degli elementi HTML presenti nella pagina.

Ogni tag HTML nella pagina è rappresentato nel DOM da un nodo elemento. Questi nodi possono contenere altri nodi, inclusi nodi di testo e altri nodi elemento, il che consente la struttura gerarchica che i documenti HTML di solito hanno.

Esempio:

```html
<ul>
  <li>Item 1</li>
  <li>Item 2</li>
  <img src="image.png" alt="My Image">
  <a href="<https://www.example.com>">Visit our website</a>
</ul>
```

Questo frammento di codice mostra diversi elementi HTML come **<ul>**, **<li>**, **<img>** e **<a>**. Ognuno di questi elementi (**ul**, i due **li**, **img** e **a**) è un Nodo Elemento separato nell'albero del DOM.

Nodi di testo

Sono componenti fondamentali della struttura di un documento XML e contengono il testo effettivo all'interno degli elementi. Trasportano le informazioni che il documento XML intende comunicare e sono racchiusi tra i tag di apertura e chiusura di un elemento.

Esempio:

```
<p>This is a paragraph with some text content.</p>
```

Qui, il testo "This is a paragraph with some text content." all'interno dei tag **<p>** è un Nodo di testo. Nota che i Nodi di testo non hanno nodi figli propri.

Nodi attributo

Sono nodi associati agli attributi degli elementi all'interno di un documento XML. Questi nodi attributo contengono informazioni aggiuntive sui Nodi elemento e spesso vi si accede direttamente tramite tali nodi. Contengono dati che forniscono più dettagli sugli elementi, ma non fanno parte del contenuto informativo vero e proprio.

Esempio:

```
<img src="image.png" alt="My Image">
```

In questo esempio, l'elemento **<img>** ha un attributo chiamato **src** con valore "image.png". L'attributo **src** stesso è un Nodo attributo associato al Nodo elemento **<img>**. Anche se i Nodi attributo esistono, di solito vi si accede tramite il Nodo elemento corrispondente per comodità (ad es. **element.getAttribute("src")**).

4.1.3 Navigare nel DOM

Nello sviluppo web, puoi attraversare o navigare l'albero del Document Object Model (DOM) usando diverse proprietà. Queste proprietà forniscono una sorta di mappa che ti permette di spostarti e manipolare gli elementi all'interno dell'albero del DOM.

Alcuni esempi di queste proprietà includono **parentNode**, **childNodes** e **firstChild**. La proprietà **parentNode**, per esempio, ti consente di accedere al nodo genitore di un determinato nodo nell'albero del DOM. Allo stesso modo, la proprietà **childNodes** ti permette di accedere a tutti i nodi figli di un nodo specificato, mentre **firstChild** restituisce in modo specifico il primo nodo figlio di un nodo dato. Utilizzando queste proprietà, chi sviluppa può interagire in modo efficiente con gli elementi dell'albero del DOM e modificarli.

Esempio: navigazione del DOM in azione

Vediamo un esempio pratico utilizzando il codice HTML fornito:

```html
<!DOCTYPE html>
<html>
<head>
    <title>Sample Page</title>
</head>
<body>
    <div id="content">
        <p>First paragraph</p>
        <p>Second paragraph</p>
    </div>
    <script>
        let contentDiv = document.getElementById('content');
        console.log(contentDiv.childNodes.length); // Outputs: 5 (includes text nodes,
like whitespace)
        console.log(contentDiv.firstChild.nextSibling.textContent);    //    Outputs:
'First paragraph'
    </script>
</body>
</html>
```

In questo esempio, la proprietà **childNodes** include tutti i nodi figli, compresi i nodi di testo (che possono essere spazi bianchi se l'HTML è formattato con indentazioni o spazi). La navigazione **firstChild.nextSibling** permette di raggiungere in modo efficace il primo elemento **<p>**. Ora andiamo più a fondo:

1. Selezionare l'elemento:

    Il codice inizia selezionando l'elemento con l'ID "content" usando **document.getElementById('content')**. Questo assegna l'elemento **<div>** che contiene i paragrafi alla variabile **contentDiv**.

2. Navigare con **childNodes**:
    o   La prima istruzione **console.log** usa **contentDiv.childNodes.length**. La proprietà **childNodes** restituisce una collezione (NodeList) di tutti i nodi figli dell'elemento specificato. In questo caso include i due elementi **<p>**, eventuali nodi di testo (come gli spazi tra gli elementi) e potenzialmente

commenti (se presenti). Questo spiega perché l'output è **5**, anche se nell'HTML vediamo solo due paragrafi.

3. Navigare con **firstChild** e **nextSibling**:
   - La seconda istruzione **console.log** mostra come navigare verso nodi figli specifici. Ecco una scomposizione passo per passo:
     - **contentDiv.firstChild** accede al primo nodo figlio di **contentDiv** (cioè dell'elemento **<div>**). Questo fa riferimento al primo elemento **<p>** che contiene "First paragraph".
     - **.nextSibling** si sposta al nodo fratello successivo del nodo corrente. Poiché il primo elemento **<p>** ha come fratello un altro elemento **<p>**, questo punta al secondo paragrafo con il testo "Second paragraph".
     - Infine, **.textContent** recupera il contenuto testuale dell'elemento selezionato, che in questo caso produce come output "First paragraph".

Punti chiave:

Queste proprietà (**childNodes**, **firstChild**, **nextSibling**) ti permettono di attraversare l'albero del DOM e di accedere a elementi specifici in base alla loro posizione all'interno della struttura. Questo è essenziale per manipolare e interagire con gli elementi delle tue pagine web usando JavaScript.

Capire la struttura del DOM e come navigarla è fondamentale per qualsiasi sviluppatore web che voglia creare applicazioni web dinamiche e reattive. Manipolando il DOM, puoi aggiornare contenuto, struttura e stile di una pagina senza dover inviare una richiesta al server per ottenere una nuova pagina.

4.1.4 DOM come rappresentazione live

Un aspetto fondamentale del Document Object Model (DOM), che dovrebbe restare sempre al centro delle tue considerazioni, è la sua caratteristica unica di fornire quella che viene definita una rappresentazione "live" del documento HTML.

In pratica, questo significa che il DOM è intrinsecamente dinamico, non statico. È uno specchio interattivo della pagina web corrente: qualsiasi modifica apportata al DOM — aggiunte, eliminazioni o alterazioni — viene riflessa istantaneamente sulla pagina web.

È un processo bidirezionale: anche eventuali cambiamenti nel contenuto o nella struttura della pagina web, magari dovuti a interazioni dell'utente o ad aggiornamenti automatici, vengono immediatamente rispecchiati nel DOM. Questa sincronizzazione continua tra DOM e pagina web garantisce che ciò che manipoli programmaticamente nel DOM sia sempre coerente con ciò che viene effettivamente renderizzato e mostrato nella pagina.

Esempio: aggiornamenti live del DOM

```
let list = document.createElement('ul');
document.body.appendChild(list);

let newItem = document.createElement('li');
newItem.textContent = 'New item';
list.appendChild(newItem); // Immediately visible on the web page
```

Questo esempio mostra come l'aggiunta dinamica di un elemento al DOM aggiorni immediatamente la pagina web. Gli elementi **ul** e **li** vengono creati e aggiunti al documento in modo dinamico, e queste modifiche diventano subito visibili.

4.1.5 Considerazioni sulle prestazioni

Lavorare con il Document Object Model (DOM) può talvolta richiedere molte risorse, soprattutto dal punto di vista delle prestazioni. Quando vengono apportate modifiche continue al DOM, si può creare un carico significativo sul sistema, in particolare se la pagina web è grande o presenta una struttura complessa.

Questo può causare evidenti problemi di performance, che incidono sull'esperienza complessiva dell'utente. Per questo motivo, diventa fondamentale semplificare e ottimizzare il modo in cui interagiamo con il DOM. Questa ottimizzazione è principalmente orientata a ridurre al minimo la frequenza di "reflow" e "repaint", ovvero i processi che il browser deve eseguire per ricalcolare il layout e ridisegnare alcune parti della pagina.

In questo modo, non solo rendiamo la pagina più efficiente, ma miglioriamo anche le prestazioni generali e l'esperienza utente.

Best practice per ottimizzare le manipolazioni del DOM

- **Ridurre al minimo le modifiche al DOM**: un modo efficace per migliorare le prestazioni della pagina è limitare le modifiche al Document Object Model (DOM). Puoi farlo raggruppando (batching) gli aggiornamenti al DOM. Questo significa modificare le proprietà degli elementi mentre sono fuori schermo e poi aggiungere o aggiornare tali elementi nella pagina in un'unica operazione. Così si riduce la quantità di reflow e repaint che il browser deve eseguire, ottenendo un rendering più fluido e una migliore esperienza utente.

- **Usare i document fragments**: un'altra tecnica vantaggiosa consiste nell'utilizzare i document fragments. I document fragments ti permettono di mantenere una parte del DOM fuori schermo, dandoti la libertà di effettuare più modifiche — come aggiungere, modificare o eliminare nodi — senza causare reflow della pagina. Una volta completate tutte le modifiche, il fragment può essere riattaccato al documento, causando un solo reflow nonostante i molteplici cambiamenti.
- **Delegazione degli eventi**: un aspetto importante di JavaScript efficiente è l'uso appropriato degli event listener. Invece di collegare listener a singoli elementi (scelta che può consumare memoria e creare problemi di performance), spesso è preferibile usare un solo listener su un elemento genitore. Questo listener può gestire gli eventi provenienti dagli elementi figli tramite un processo chiamato propagazione degli eventi. Questa tecnica può migliorare significativamente le prestazioni, soprattutto quando si lavora con un grande numero di elementi simili.

Esempio: usare i document fragments

```javascript
let fragment = document.createDocumentFragment();
for (let i = 0; i < 10; i++) {
    let newItem = document.createElement('li');
    newItem.textContent = `Item ${i}`;
    fragment.appendChild(newItem);
}

document.getElementById('myList').appendChild(fragment);
```

Questo approccio garantisce che il DOM venga aggiornato tutto in una sola volta, invece che in dieci operazioni separate, migliorando in modo significativo le prestazioni.

4.1.6 Accessibilità e DOM

Quando lavori con il Document Object Model (DOM) nello sviluppo web, è assolutamente fondamentale mantenere l'accessibilità al centro delle tue considerazioni. Il processo di aggiungere, rimuovere o modificare elementi nella pagina può avere un impatto significativo sull'esperienza di chi utilizza lettori di schermo e altri tipi di tecnologie assistive per navigare su Internet.

Questo gruppo di utenti può includere persone con disabilità visive o motorie. Per questo motivo, è importante che noi, come sviluppatori, ci assicuriamo che i nostri contenuti web non siano solo dinamici, ma anche pienamente accessibili. Un modo per ottenere questo risultato è usare ruoli e proprietà ARIA (Accessible Rich Internet Applications) corretti.

Si tratta di strumenti fondamentali che rendono i contenuti dinamici e complessi più accessibili, soprattutto per le persone con disabilità. Implementando correttamente ruoli e proprietà ARIA, puoi assicurarti che il contenuto che aggiungi o modifichi "al volo" resti accessibile a tutte le persone, contribuendo così a creare un ambiente digitale più inclusivo.

Esempio: migliorare l'accessibilità con ARIA

```javascript
let dialog = document.createElement('div');
dialog.setAttribute('role', 'dialog');
dialog.setAttribute('aria-labelledby', 'dialog_label');
dialog.textContent = 'Questa è una finestra di dialogo accessibile.';
document.body.appendChild(dialog);
```

Questo esempio mostra come impostare ruoli e proprietà ARIA per informare le tecnologie assistive sul ruolo dell'elemento e sul suo stato, migliorando l'accessibilità per tutte le persone.

4.2 Selezionare gli elementi

Nel campo dello sviluppo web, il processo di manipolazione del Document Object Model, o DOM come viene spesso chiamato, di solito inizia con la selezione degli elementi. Questa operazione elementare costituisce la base della maggior parte delle funzionalità interattive di una pagina.

La capacità di selezionare elementi dal DOM, in modo accurato ed efficiente, è di fondamentale importanza per una moltitudine di attività, tra cui (ma non solo) aggiornare dinamicamente i contenuti, modificare lo stile e rispondere alle interazioni dell'utente.

Dato il ruolo fondamentale che la selezione degli elementi riveste nello sviluppo web, è cruciale comprendere i diversi metodi a nostra disposizione per farlo. Con l'evoluzione di JavaScript, oggi abbiamo una vasta gamma di metodi per selezionare elementi dal DOM. Tuttavia, ciascun metodo ha un proprio caso d'uso, vantaggi e limiti.

In questa sezione esploreremo i vari metodi offerti da JavaScript per selezionare elementi dal DOM. Questo includerà una spiegazione dettagliata degli scenari d'uso e delle best practice associate a ciascun metodo. L'obiettivo è fornirti le conoscenze e le competenze necessarie per aumentare l'efficacia dei tuoi script e la produttività complessiva nello sviluppo web.

4.2.1 Il metodo document.getElementById()

Quando si tratta di selezionare un elemento nel Document Object Model (DOM), il metodo più semplice e diretto è utilizzare il suo identificatore univoco, comunemente chiamato ID. Gli ID sono progettati per essere unici all'interno di una pagina web, il che significa che ogni ID dovrebbe corrispondere a un solo elemento.

La funzione JavaScript **document.getElementById()**, quindi, offre un metodo rapido ed efficiente per individuare un singolo elemento nella struttura della pagina. Usando questa funzione, chi sviluppa può accedere e manipolare rapidamente le proprietà dell'elemento del DOM che corrisponde all'ID specificato.

Esempio: usare document.getElementById()

```
<div id="content">This is some content.</div>
<script>
    let contentDiv = document.getElementById('content');
    console.log(contentDiv.textContent);  // Outputs: This is some content.
</script>
```

Questo metodo è molto veloce perché il browser può accedere immediatamente all'elemento tramite il suo identificatore univoco.

4.2.2 Il metodo document.getElementsByTagName()

Quando si tratta di selezionare elementi in base al loro specifico nome di tag in JavaScript, puoi usare la funzione **document.getElementsByTagName()**. Questa funzione restituisce una HTMLCollection live di elementi che corrispondono al nome di tag fornito.

Ciò significa che la collezione si aggiorna automaticamente quando il documento cambia. Questa funzionalità è particolarmente utile per operazioni che devono essere applicate a tutti gli elementi di un certo tipo. Per esempio, se volessi manipolare o eseguire un'azione su tutti gli elementi **div** nel tuo documento HTML, potresti usare questa funzione.

La HTMLCollection live conterrebbe tutti gli elementi **div** e le modifiche apportate a questi elementi nello script verrebbero riflesse nel documento.

Esempio: usare document.getElementsByTagName()

```
<ul>
    <li>First item</li>
    <li>Second item</li>
</ul>
<script>
    let listItems = document.getElementsByTagName('li');
```

```
    for (let item of listItems) {
        console.log(item.textContent);
    }
</script>
```

Questo metodo registrerà "First item" e "Second item", dimostrando come iterare su più elementi.

4.2.3 Il metodo document.getElementsByClassName()

Nel vasto ambito dello sviluppo web, spesso è necessario classificare gli elementi in base ai loro attributi di classe. È qui che il metodo JavaScript **document.getElementsByClassName()** diventa particolarmente utile.

Questo metodo è uno strumento potente che consente agli sviluppatori di selezionare tutti gli elementi che condividono lo stesso nome di classe. È importante notare che questo metodo non restituisce un elenco statico di elementi, bensì una HTMLCollection live.

Questa HTMLCollection live è un elenco dinamico e aggiornato di tutti gli elementi contrassegnati con il nome di classe specificato, fornendo così un tracciamento in tempo reale di tutti gli elementi rilevanti all'interno del documento.

Esempio: usare document.getElementsByClassName()

```
<div class="note">Note 1</div>
<div class="note">Note 2</div>
<script>
    let notes = document.getElementsByClassName('note');
    for (let note of notes) {
        console.log(note.textContent);
    }
</script>
```

Questo esempio seleziona tutti gli elementi con la classe "note" e registra i loro contenuti.

4.2.4 Selettori di query

Quando si ha a che fare con selezioni più intricate o sofisticate in una pagina web, i selettori di query in stile CSS si rivelano estremamente potenti. Offrono un modo metodico e preciso per individuare e manipolare diversi elementi all'interno del Document Object Model (DOM) di una pagina.

Esistono principalmente due metodi per usare questi selettori in stile CSS per trovare elementi nel DOM: **document.querySelector()** e **document.querySelectorAll()**.

La funzione **document.querySelector()** è particolarmente utile quando ti interessa solo il primo elemento che corrisponde a un determinato selettore CSS. Cerca nel DOM e restituisce il primo elemento che incontra e che soddisfa il selettore fornito. Questo può essere molto utile quando devi trovare e manipolare rapidamente un elemento specifico.

document.querySelectorAll(), invece, è uno strumento leggermente diverso ma altrettanto utile. Invece di restituire solo il primo elemento corrispondente, restituisce una NodeList, cioè una collezione, di tutti gli elementi che corrispondono al selettore CSS specificato.

Questo metodo è particolarmente utile quando devi selezionare più elementi ed eseguire la stessa azione su tutti, ad esempio aggiungere una classe specifica o modificare lo stile.

Esempio: uso dei selettori di query

```html
<div id="container">
    <div class="item">Item 1</div>
    <div class="item">Item 2</div>
</div>
<script>
    let container = document.querySelector('#container');
    let items = document.querySelectorAll('.item');

    console.log(container);  // Outputs the container div
    items.forEach(item => console.log(item.textContent));  // Outputs: Item 1, Item 2
</script>
```

Questi metodi offrono flessibilità e potenza, permettendo strategie di interrogazione complesse come la combinazione di selettori di classe, selettori di ID e pseudo-classi.

4.2.5 Best practice

Quando si tratta di selezionare elementi in una pagina web, ci sono alcune considerazioni importanti da tenere a mente:

- **Usare gli ID per elementi unici**: se hai un singolo elemento univoco a cui devi accedere spesso, la scelta ottimale è usare un ID. Gli ID sono uno strumento potente per individuare con precisione un elemento specifico e possono essere sfruttati per manipolarlo in molti modi.
- **Preferire i nomi di classe per gruppi di elementi**: se stai lavorando con un gruppo di elementi che condividono caratteristiche simili o che devono avere comportamenti o stili simili, i nomi di classe sono l'opzione migliore. Ti permettono di accedere e modificare collettivamente più elementi correlati in un'unica operazione.
- **Usare i query selector per selezioni complesse**: se le tue esigenze di selezione sono più complesse e non possono essere gestite adeguatamente con ID o classi, i query selector possono essere uno strumento utile. Tuttavia, è importante essere consapevoli delle possibili implicazioni sulle prestazioni. Questo è particolarmente vero quando si usa **document.querySelectorAll()** su documenti grandi: può rallentare i tempi di caricamento della pagina, quindi è essenziale usarlo con giudizio.

Comprendere questi vari metodi per selezionare elementi nel DOM ti consente di manipolare le pagine web in modo più efficace, gettando le basi per esperienze utente dinamiche e interattive. Padroneggiando la selezione degli elementi, puoi accedere in modo efficiente a qualsiasi parte del DOM per leggere dati, modificare attributi o attivare cambiamenti nell'aspetto o nel comportamento del documento.

4.2.6 Memorizzare nella cache i riferimenti al DOM

Quando lavori su un progetto e ti accorgi che stai accedendo ripetutamente allo stesso elemento, diventa utile ricorrere al caching. In pratica, significa salvare il riferimento a quell'elemento in una variabile.

Questo metodo viene spesso utilizzato per evitare l'overhead non necessario di interrogare ripetutamente il Document Object Model (DOM). Le interrogazioni ripetute possono ridurre le prestazioni, cosa che non è ideale in nessun caso. Utilizzando il caching, però, puoi migliorare in modo significativo le prestazioni della tua applicazione.

Questo è particolarmente rilevante nel caso di applicazioni complesse, dove efficienza e tempi di risposta rapidi sono fondamentali. Quindi non si tratta solo di rendere il codice più pulito, ma anche di migliorare l'esperienza complessiva di chi usa l'applicazione, rendendola più veloce.

Esempio: caching dei riferimenti al DOM

```
const menu = document.getElementById('main-menu');   // Access DOM once and store reference
```

```javascript
// Use 'menu' multiple times without re-querying the DOM
menu.classList.add('active');
menu.addEventListener('click', handleMenuClick);
```

Il caching è particolarmente utile negli event handler o in qualsiasi funzione che venga chiamata ripetutamente.

Questo è un esempio di snippet di codice che accede all'elemento HTML (DOM) con l'ID 'main-menu' e lo assegna alla variabile 'menu'. Lo snippet poi usa questo riferimento per aggiungere la classe 'active' al menu e per impostare un event listener che chiamerà la funzione 'handleMenuClick' ogni volta che si verifica un evento di clic sul menu.

4.2.7 Usare gli attributi data-* per la selezione

HTML5, una revisione importante del linguaggio fondamentale del World Wide Web, ha introdotto una funzionalità rilevante nota come attributi di dati personalizzati. Questi attributi offrono un modo per memorizzare informazioni aggiuntive direttamente all'interno degli elementi HTML standard.

Il processo consiste nell'utilizzare attributi con prefisso **data-**, che funge da indicatore per questi attributi definiti dall'utente. Questa nuova funzionalità è potente e flessibile e consente agli sviluppatori di arricchire gli elementi con dati personalizzati, estendendo le capacità native degli elementi HTML.

Questi attributi di dati personalizzati possono essere molto utili per diversi motivi, tra cui associare dati direttamente agli elementi senza dover ricorrere ad attributi non standard o a proprietà DOM aggiuntive.

Questo non solo migliora l'efficienza, ma garantisce anche l'integrità del codice. È un passo avanti significativo nello sviluppo HTML, perché offre un modo più versatile ed efficace per gestire e manipolare i dati all'interno dei documenti HTML.

Esempio: usare gli attributi data-*

```html
<div id="product-list">
    <div data-product-id="001" data-price="29.99">Product 1</div>
    <div data-product-id="002" data-price="39.99">Product 2</div>
</div>

<script>
    const products = document.querySelectorAll('[data-product-id]');
    products.forEach(product => {
```

```
    console.log(`Product ID: ${product.getAttribute('data-product-id')}, Price:
$${product.getAttribute('data-price')}`);
  });
</script>
```

Questo approccio non solo mantiene valido il tuo HTML, ma sfrutta anche il dataset per un recupero e una manipolazione dei dati più efficienti.

La parte HTML del codice di esempio crea un contenitore con l'ID "product-list", che contiene due elementi div che rappresentano due prodotti differenti. Ogni prodotto ha un ID univoco e un prezzo associato, impostati come attributi data.

La parte JavaScript del codice seleziona tutti gli elementi con l'attributo 'data-product-id', che in questo caso sono i div che rappresentano i prodotti. Poi scorre questi elementi e, per ciascun prodotto, stampa in console l'ID del prodotto e il prezzo.

4.2.8 Considerazioni quando si usano NodeList e HTMLCollection

Nello sviluppo web è fondamentale comprendere le differenze tra **NodeList** e **HTMLCollection**. Sono due tipi diversi di collezioni di nodi del DOM e differiscono in modo significativo nel comportamento, soprattutto per quanto riguarda la natura "live" rispetto a quella "statica".

Quando usi **document.getElementsByClassName()**, ottieni quella che viene chiamata una HTMLCollection live. Il termine "live" significa che questa HTMLCollection viene aggiornata dinamicamente per riflettere qualsiasi modifica che avviene nel DOM. Per esempio, se elementi che corrispondono al nome di classe specificato vengono aggiunti o rimossi dal documento dopo la chiamata a **getElementsByClassName()**, la HTMLCollection si aggiornerà automaticamente includendo o escludendo tali elementi.

Al contrario, **document.querySelectorAll()** restituisce una NodeList statica, non live. Questo significa che, a differenza di una HTMLCollection, la NodeList restituita da **querySelectorAll()** non si aggiorna automaticamente in base ai cambiamenti del DOM. Se elementi che corrispondono ai selettori passati a **querySelectorAll()** vengono aggiunti o rimossi dal documento dopo la chiamata, questi cambiamenti non saranno riflessi nella NodeList.

Comprendere questa differenza è fondamentale per garantire una manipolazione corretta del DOM nel tuo codice JavaScript.

Esempio: collezioni statiche vs. live

```javascript
const liveCollection = document.getElementsByClassName('item');
const staticList = document.querySelectorAll('.item');

// Adding a new element with class 'item'
const newItem = document.createElement('div');
newItem.className = 'item';
document.body.appendChild(newItem);

console.log(liveCollection.length);  // Includes the newly added element
console.log(staticList.length);      // Does not include the newly added element
```

Comprendere il comportamento di queste collezioni è fondamentale per gestire correttamente gli elementi del DOM nelle applicazioni dinamiche.

Questo snippet di codice dimostra la differenza tra **getElementsByClassName()** e **querySelectorAll()**. Entrambe le funzioni vengono utilizzate per selezionare elementi HTML con la classe 'item'. Quando un nuovo elemento con classe 'item' viene aggiunto al documento, **getElementsByClassName()** riflette immediatamente questa modifica e include il nuovo elemento nella propria collezione, perché restituisce una collezione live di elementi. Al contrario, **querySelectorAll()** non include il nuovo elemento, poiché restituisce una NodeList statica che non si aggiorna per riflettere i cambiamenti del DOM.

4.2.9 Interrogazioni efficienti e limitazione dell'ambito

Limitando con attenzione l'ambito delle tue query, puoi migliorare drasticamente le prestazioni del tuo codice, soprattutto quando lavori con strutture DOM estese. Invece di interrogare indiscriminatamente l'intero documento, un approccio più efficiente consiste nel confinare la query all'interno di un sottoalbero specifico del DOM.

Questo approccio assicura che l'operazione di ricerca venga eseguita su un insieme ridotto di elementi, riducendo così il tempo e le risorse necessarie per eseguire la query. Questa tecnica è particolarmente utile quando si lavora con strutture DOM complesse e su larga scala, dove interrogazioni non necessarie possono causare un significativo degrado delle prestazioni.

Esempio: limitazione dell'ambito

```html
<div id="sidebar">
    <!-- Sidebar content -->
</div>

<script>
    const sidebar = document.getElementById('sidebar');
    const links = sidebar.querySelectorAll('a');  // Only search within 'sidebar'
```

```
</script>
```

Questo metodo è più efficiente di **document.querySelectorAll()** quando gli elementi di destinazione si trovano con certezza all'interno di una parte specifica del DOM.

La parte HTML crea un contenitore (div) con l'id 'sidebar' per ospitare i contenuti della sidebar. La parte JavaScript viene usata per selezionare il div 'sidebar' e tutti gli elementi anchor ('a') al suo interno. Di conseguenza, questo script serve a raccogliere tutti i link presenti nella sezione 'sidebar' della pagina web.

4.3 Modificare i contenuti

JavaScript è rinomato per le sue capacità robuste e versatili, e una delle sue funzionalità più potenti è la possibilità di modificare dinamicamente il contenuto di una pagina web. Questa capacità non è solo un trucco interessante: è un componente fondamentale quando si tratta di creare applicazioni web interattive, reattive e capaci di adattarsi in tempo reale agli input dell'utente e ad altri stimoli esterni.

In questa sezione completa, analizzeremo le numerose tecniche disponibili per la modifica dei contenuti. Questo include un'ampia gamma di metodi: dall'alterazione del contenuto testuale alla modifica dell'HTML sottostante, fino alla regolazione degli attributi degli elementi del DOM. Ogni metodo che esploreremo ha vantaggi specifici e possibili casi d'uso, arricchendo così il tuo toolkit per personalizzare dinamicamente il comportamento e la presentazione visiva delle pagine web.

Padroneggiando queste tecniche, sarai meglio equipaggiato per creare esperienze web coinvolgenti e interattive che non solo rispondono agli input dell'utente, ma adattano anche comportamento e aspetto per soddisfare meglio le esigenze e le aspettative di chi le utilizza.

4.3.1 Modificare il contenuto testuale

Quando si tratta di modificare il contenuto di un elemento in programmazione, in particolare in JavaScript, ci sono un paio di modi semplici per farlo cambiandone il testo. JavaScript offre due proprietà principali, fondamentali per questo scopo: **textContent** e **innerText**.

La prima proprietà, **textContent**, fornisce un modo "puro" per recuperare e modificare il contenuto testuale di un elemento insieme a tutti i suoi discendenti. Un aspetto interessante di **textContent** è che non tiene conto di eventuali stili applicati per nascondere il testo. Di conseguenza, restituisce il contenuto nella sua forma grezza, senza alterazioni.

D'altra parte, la seconda proprietà, **innerText**, funziona in modo leggermente diverso. È sensibile agli stili applicati al testo e quindi non restituirà il testo degli elementi "nascosti" tramite determinati stili, come **display: none**. Questo contrasta nettamente con **textContent**. Inoltre, **innerText** rispetta la presentazione visiva del testo, cioè tiene in considerazione il modo in cui il testo è formattato e visualizzato sulla pagina web.

Esempio: uso di textContent e innerText

```
<div id="message">Hello <span style="display: none;">hidden</span> World!</div>
<script>
    const element = document.getElementById('message');
    console.log(element.textContent);  // Outputs: "Hello hidden World!"
    console.log(element.innerText);     // Outputs: "Hello World!"
</script>
```

Questo esempio illustra la differenza tra **textContent** e **innerText**. Mentre **textContent** recupera tutto il testo indipendentemente dagli stili CSS, **innerText** fornisce una rappresentazione più vicina a ciò che è visibile per una persona.

4.3.2 Modificare il contenuto HTML

La proprietà **innerHTML** è uno strumento potente quando si tratta di manipolare il contenuto HTML di un elemento. Questa proprietà ti consente di impostare o recuperare il contenuto HTML (cioè il markup) contenuto all'interno dell'elemento.

Una delle caratteristiche chiave della proprietà **innerHTML** è che include non solo il testo dell'elemento, ma anche eventuali tag HTML presenti al suo interno. Questo significa che puoi usare **innerHTML** per inserire strutture HTML complesse direttamente in un elemento, oppure estrarle per riutilizzarle altrove.

Di conseguenza, la proprietà **innerHTML** offre un metodo altamente efficiente e versatile per manipolare dinamicamente il contenuto di una pagina web.

Esempio: usare innerHTML

```
<div id="content">Original Content</div>
<script>
    const contentDiv = document.getElementById('content');
    contentDiv.innerHTML = '<strong>Updated Content</strong>';

    console.log(contentDiv.innerHTML);              //      Outputs:      "<strong>Updated
Content</strong>"
```

```
</script>
```

Questo metodo è potente per aggiungere strutture HTML complesse all'interno di un elemento, ma va usato con cautela per evitare vulnerabilità di cross-site scripting (XSS).

La parte HTML definisce un elemento div con id "content" che contiene il testo "Original Content". Il codice JavaScript seleziona poi questo div tramite il suo id e modifica il suo **innerHTML** in "<strong>Updated Content</strong>", rendendo il testo in grassetto e cambiandolo in "Updated Content". L'ultima riga del codice JavaScript stampa in console l'**innerHTML** corrente del div, che sarà "<strong>Updated Content</strong>".

4.3.3 Aggiornare gli attributi

Uno dei requisiti più comuni nello sviluppo web è la manipolazione degli attributi degli elementi del Document Object Model, o DOM. Questo è spesso necessario nelle applicazioni web dinamiche e interattive, dove le proprietà degli elementi devono essere modificate in base alle interazioni dell'utente o ad altri fattori.

JavaScript, essendo il linguaggio del web, fornisce diversi metodi per gestire dinamicamente questi attributi. Tra questi metodi ci sono **setAttribute**, **getAttribute** e **removeAttribute**. Il metodo **setAttribute** consente di assegnare un valore specifico a un attributo, **getAttribute** permette di recuperare il valore corrente di un attributo e **removeAttribute** consente di rimuovere completamente un attributo.

Questi metodi offrono modi potenti per manipolare le proprietà degli elementi del DOM, abilitando esperienze utente più dinamiche e interattive.

Esempio: modificare gli attributi

```
<a id="link" href="<http://example.com>">Visit Example</a>
<script>
    const link = document.getElementById('link');
    console.log(link.getAttribute('href'));  // Outputs: "<http://example.com>"

    link.setAttribute('href', '<https://www.changedexample.com>');
    link.textContent = 'Visit Changed Example';

    console.log(link.getAttribute('href'));                    //          Outputs:
"<https://www.changedexample.com>"
</script>
```

Questo esempio mostra come cambiare l'attributo **href** di un tag anchor, reindirizzando di fatto chi usa la pagina verso un URL diverso.

All'inizio, l'esempio imposta un collegamento ipertestuale (tag anchor) con id "link" che punta a "http://example.com" e con testo del link "Visit Example". Successivamente viene eseguito uno script.

Lo script recupera l'elemento con id "link" e stampa in console il suo attributo **href**, che è "http://example.com".

Poi modifica l'attributo **href** del link in "https://www.changedexample.com" e cambia anche il testo del link in "Visit Changed Example".

Infine, stampa in console il nuovo attributo **href**, che è "https://www.changedexample.com".

4.3.4 Gestire le classi

Nello sviluppo web, gestire le classi CSS è un'esigenza molto comune, soprattutto quando devi cambiare dinamicamente i contenuti. Questo è particolarmente importante quando vuoi modificare l'aspetto degli elementi in base alle interazioni dell'utente.

Per esempio, potresti voler cambiare il colore di un pulsante quando l'utente ci passa sopra con il mouse, oppure modificare il layout di una pagina in base alle preferenze. Per facilitare questo tipo di operazioni, JavaScript mette a disposizione una proprietà chiamata **classList**.

La proprietà **classList** ti dà accesso a diversi metodi utili che rendono la gestione delle classi CSS più semplice. Tra questi metodi ci sono **add**, **remove**, **toggle** e **contains**. Il metodo **add** aggiunge una nuova classe a un elemento, **remove** la elimina, **toggle** la attiva o disattiva, e **contains** verifica se una classe specifica è assegnata a un elemento.

Esempio: uso di classList

```html
<div id="toggleElement">Toggle My Style</div>
<script>
    const element = document.getElementById('toggleElement');

    // Toggle a class
    element.classList.toggle('highlight');
    console.log(element.classList.contains('highlight'));  // Outputs: true

    // Remove a class
    element.classList.remove('highlight');
```

```
    console.log(element.classList.contains('highlight'));  // Outputs: false
</script>
```

Questo esempio mostra come attivare/disattivare una classe per evidenziare visivamente un elemento e poi rimuoverla per tornare allo stile originale.

Il codice di esempio include un elemento div con id "toggleElement". Il codice JavaScript accede a questo div tramite il suo id e alterna la classe 'highlight'. Se la classe 'highlight' è presente, viene rimossa; se non è presente, viene aggiunta. Dopo ogni operazione, il codice verifica la presenza della classe sul div e stampa il risultato in console.

4.3.5 Aggiornamenti in batch efficienti

Quando sviluppi applicazioni web, è importante capire che apportare modifiche direttamente al Document Object Model, o DOM, può essere costoso dal punto di vista delle prestazioni.

Questo è particolarmente vero quando tali modifiche vengono eseguite ripetutamente all'interno di un ciclo o durante una sequenza complessa di operazioni. Il motivo è che ogni volta che modifichi il DOM, il browser deve ricalcolare il layout, ridisegnare la pagina e svolgere altre operazioni che possono rallentare l'applicazione.

Per ottimizzare le prestazioni e garantire che la tua applicazione rimanga fluida, è consigliabile minimizzare le interazioni dirette con il DOM. In alternativa, puoi usare una tecnica nota come aggiornamenti in batch.

Questo approccio consiste nell'applicare più modifiche al DOM in un'unica operazione, riducendo il lavoro che il browser deve svolgere e migliorando così la velocità dell'applicazione. Ricorda: una manipolazione efficiente del DOM è fondamentale per un'applicazione web performante.

Esempio: aggiornamento in batch efficiente

```
<div id="listContainer"></div>
<script>
    const listContainer = document.getElementById('listContainer');
    let htmlString = '';

    for (let i = 0; i < 100; i++) {
        htmlString += `<li>Item ${i}</li>`;
    }
```

```
    listContainer.innerHTML = htmlString;    // Updates the DOM once, rather than in
each iteration
</script>
```

Questo esempio mostra come creare una stringa di HTML e aggiornare il DOM una sola volta, invece di aggiornarlo a ogni iterazione del ciclo (che sarebbe molto meno efficiente).

4.3.6 Lavorare con i Document Fragment

Un **DocumentFragment** è un oggetto documento minimale e leggero, con la caratteristica di memorizzare una porzione della struttura di un documento senza possedere un nodo genitore. La sua funzione principale è contenere nodi come qualsiasi altro documento, ma con una differenza chiave: esiste al di fuori dell'albero DOM principale.

Questo significa che le modifiche apportate a un **DocumentFragment** non influenzano il documento, non innescano reflow e non hanno impatto sulle prestazioni. Il vantaggio diventa evidente quando devi aggiungere molti elementi al DOM.

Invece di aggiungere ogni nodo singolarmente (con il rischio di causare molteplici reflow e quindi cali di performance), puoi aggiungere questi nodi a un **DocumentFragment** e poi appendere il fragment al DOM. In questo modo, attivi un solo reflow, ottimizzando le prestazioni.

Esempio: uso di Document Fragment

```
<ul id="myList"></ul>
<script>
    const myList = document.getElementById('myList');
    const fragment = document.createDocumentFragment();

    for (let i = 0; i < 5; i++) {
        let li = document.createElement('li');
        li.appendChild(document.createTextNode(`Item ${i}`));
        fragment.appendChild(li);
    }

    myList.appendChild(fragment);    // Appends all items in a single DOM update
</script>
```

Questo approccio è particolarmente efficace quando si costruiscono dinamicamente strutture DOM complesse o su larga scala.

Il codice di esempio crea una lista non ordinata in HTML con id "myList". Poi, usando JavaScript, crea un **DocumentFragment** (un oggetto minimale che può contenere nodi). Esegue un ciclo di 5 iterazioni creando un elemento di lista (**li**) per ogni iterazione. Ciascun elemento viene aggiunto al **DocumentFragment**. Infine, il fragment viene aggiunto alla lista "myList". Il vantaggio è che l'append del fragment causa un solo reflow, rendendo l'operazione più efficiente.

4.3.7 Modificare gli stili

Uno degli aspetti cruciali nella creazione di contenuti web dinamici è la capacità di manipolare lo stile degli elementi. È ciò che permette di creare un'esperienza utente visivamente coinvolgente e interattiva. Gli attributi **className** e **classList** sono strumenti particolarmente utili perché consentono una gestione efficiente delle classi CSS.

Possono essere usati per cambiare l'aspetto degli elementi HTML in risposta alle interazioni dell'utente o per adattare dinamicamente il layout di una pagina web. Tuttavia, ci sono casi in cui sono necessarie modifiche dirette agli stili inline. Queste situazioni si verificano tipicamente quando devi fare regolazioni specifiche "al volo" senza influire sulle classi.

In questi casi, poter modificare direttamente gli stili inline ti dà un maggiore controllo sull'aspetto preciso dei contenuti.

Esempio: cambiare gli stili dinamicamente

```html
<div id="dynamicDiv">Dynamic Style</div>
<script>
    const dynamicDiv = document.getElementById('dynamicDiv');
    dynamicDiv.style.backgroundColor = 'lightblue';
    dynamicDiv.style.padding = '10px';
    dynamicDiv.style.border = '1px solid navy';
</script>
```

Questa tecnica è utile per modifiche rapide e puntuali e per animazioni, ma va usata con giudizio perché può sovrascrivere gli stili definiti nei fogli CSS.

Questo snippet di codice definisce un elemento div con id "dynamicDiv". Poi, usando JavaScript, seleziona quel div e applica dinamicamente diversi stili CSS: cambia il colore di sfondo in azzurro chiaro, aggiunge un padding di 10 pixel e imposta un bordo navy di 1 pixel.

4.3.8 Modificare i contenuti in modo condizionale

Ci sono situazioni in cui potrebbe essere necessario modificare il contenuto di una pagina web o di un'applicazione in risposta a condizioni o parametri specifici. È qui che l'unione tra manipolazione del DOM e le robuste strutture di controllo di JavaScript si rivela particolarmente potente.

Utilizzando strutture di controllo come cicli e istruzioni condizionali, puoi cambiare dinamicamente il DOM (cioè la struttura della pagina) in base all'interazione dell'utente o ad altre condizioni. Questa combinazione rende l'esperienza più interattiva e reattiva.

Esempio: modifica condizionale dei contenuti

```html
<div id="message">Welcome, guest!</div>
<script>
    const user = { name: 'Alice', loggedIn: true };
    const messageDiv = document.getElementById('message');

    if (user.loggedIn) {
        messageDiv.textContent = `Welcome, ${user.name}!`;
        messageDiv.classList.add('loggedIn');
    }
</script>
```

In questo esempio, il messaggio e lo stile vengono modificati in base allo stato di accesso dell'utente, mostrando come le capacità logiche di JavaScript si integrino con la manipolazione del DOM.

La parte HTML crea un elemento div con id "message" e il testo "Welcome, guest!". Il codice JavaScript crea un oggetto utente con le proprietà name e loggedIn. Poi seleziona il div con id "message". Se l'utente ha effettuato l'accesso (cioè se user.loggedIn è true), il contenuto testuale del div viene cambiato in "Welcome, Alice!" (o qualsiasi sia il nome dell'utente) e al div viene aggiunta la classe 'loggedIn'.

4.4 Creare e rimuovere elementi

La capacità di creare e rimuovere dinamicamente elementi è un aspetto cruciale dello sviluppo web. Queste tecniche danno a chi sviluppa la possibilità di modificare la struttura del documento in tempo reale, rendendola reattiva alle interazioni dell'utente, ai cambiamenti nei dati o a diverse condizioni. Questo può migliorare in modo significativo l'interattività e la reattività di un'applicazione web, rendendola più coinvolgente e facile da usare.

In questa sezione esploreremo il processo, nel dettaglio, di aggiungere nuovi elementi al Document Object Model (DOM) e di rimuovere quelli esistenti. Il DOM è un'interfaccia di programmazione per i documenti web: rappresenta la struttura di un documento e consente ai programmi di manipolarne struttura, stile e contenuto. Aggiungere e rimuovere elementi sono operazioni fondamentali della manipolazione del DOM e padroneggiarle può migliorare notevolmente le tue competenze di sviluppo.

Tuttavia, non si tratta solo di aggiungere o rimuovere elementi a piacere. Ci sono considerazioni pratiche da tenere a mente quando si manipola il DOM. Uno degli aspetti più importanti è assicurarsi che le manipolazioni migliorino l'esperienza utente e non introducano problemi di prestazioni o comportamenti imprevedibili. Possono verificarsi colli di bottiglia se le manipolazioni del DOM non vengono gestite correttamente, portando a un'esperienza lenta. Allo stesso modo, manipolazioni improprie possono generare comportamenti inattesi, confondere chi usa l'applicazione e potenzialmente spingerla ad abbandonarla.

Per questo motivo, questa sezione non ti insegnerà solo come aggiungere e rimuovere elementi nel DOM, ma anche come farlo in modo corretto ed efficace, tenendo presenti le best practice e i possibili rischi. Al termine di questa guida, dovresti sentirti in grado di manipolare il DOM in modo dinamico, migliorando reattività, prestazioni ed esperienza utente delle tue applicazioni web.

4.4.1 Creare elementi

JavaScript offre un metodo chiamato **document.createElement()**. Questo metodo è progettato per creare un nuovo nodo elemento all'interno del documento. Una volta creato, l'elemento può essere configurato secondo le necessità.

La configurazione può includere la definizione del tipo di elemento, l'impostazione degli attributi o persino la specifica del contenuto. Dopo averlo configurato completamente, il nuovo elemento può essere inserito senza problemi nel documento corrente. Questo processo consente una modifica dinamica della struttura del documento, offrendo un alto grado di flessibilità e interattività.

Esempio: creare e inserire un elemento

```
<div id="container"></div>
<script>
    const container = document.getElementById('container');
```

```javascript
// Create a new paragraph element
const newParagraph = document.createElement('p');
newParagraph.textContent = 'This is a new paragraph.';

// Append the new element to the container
container.appendChild(newParagraph);
</script>
```

In questo esempio viene creato un nuovo elemento paragrafo, vi viene aggiunto del testo e poi viene inserito (append) in un contenitore div nel DOM.

Questo codice, prima di tutto, seleziona un elemento HTML con id 'container' usando il metodo **document.getElementById**. Poi crea un elemento paragrafo (**<p>**), imposta il suo contenuto testuale a 'This is a new paragraph.' e aggiunge questo nuovo paragrafo all'elemento 'container'. Il risultato è l'aggiunta, nella pagina web, di un paragrafo con il testo 'This is a new paragraph.' all'interno del contenitore.

4.4.2 Rimuovere elementi

Quando si tratta di rimuovere un elemento dal DOM (Document Object Model), puoi utilizzare un paio di metodi. Il primo è **removeChild()**, che consente di selezionare un elemento figlio specifico e rimuoverlo dal DOM. L'altro, se supportato dal tuo ambiente, è **remove()**.

Questo metodo viene applicato direttamente all'elemento che vuoi rimuovere. Entrambi i metodi sono efficaci e la scelta dipende soprattutto dalle esigenze del tuo progetto e dalla compatibilità con i browser che devi supportare.

Esempio: rimuovere un elemento

```html
<div id="container">
    <p id="oldParagraph">This paragraph will be removed.</p>
</div>
<script>
    const container = document.getElementById('container');
    const oldParagraph = document.getElementById('oldParagraph');

    // Remove the old paragraph using removeChild
    container.removeChild(oldParagraph);

    // Alternatively, use the remove method if you don't need a reference to the parent
    // oldParagraph.remove();
</script>
```

Questo esempio mostra due metodi per rimuovere un elemento. La scelta dipende dal fatto che tu debba o meno eseguire azioni sul nodo genitore.

Nella parte HTML c'è un elemento 'div' con ID 'container', che contiene un elemento 'p' (paragrafo) con ID 'oldParagraph'. La parte JavaScript accede prima alla 'div' e al paragrafo tramite i rispettivi ID.

Poi rimuove l'elemento 'p' dalla 'div' usando il metodo 'removeChild'. C'è anche del codice commentato che suggerisce un modo alternativo per rimuovere direttamente l'elemento 'p' usando il metodo 'remove', che non richiede un riferimento alla 'div' genitore.

4.4.3 Uso dei Document Fragment per operazioni in batch

Quando devi creare una moltitudine di elementi, un approccio efficiente è utilizzare una funzionalità chiamata **DocumentFragment**. Questo potente strumento ti permette di assemblare tutti gli elementi insieme in un'unica unità coerente.

Una volta strutturati gli elementi all'interno del **DocumentFragment**, puoi aggiungerli (append) al Document Object Model (DOM) in un'unica operazione. Questo metodo è particolarmente vantaggioso perché riduce in modo significativo la quantità di reflow della pagina.

Il reflow della pagina è un processo che può influire negativamente sulle prestazioni, poiché comporta il calcolo delle modifiche di layout e il re-rendering in risposta a cambiamenti degli elementi. Usando **DocumentFragment**, puoi minimizzare questo reflow, migliorando così le prestazioni e la reattività della pagina.

Esempio: uso dei Document Fragment

```html
<ul id="list"></ul>
<script>
    const list = document.getElementById('list');
    const fragment = document.createDocumentFragment();

    for (let i = 0; i < 5; i++) {
        let listItem = document.createElement('li');
        listItem.textContent = `Item ${i + 1}`;
        fragment.appendChild(listItem);
    }

    // Append all items at once
    list.appendChild(fragment);
</script>
```

Questo metodo è particolarmente utile quando devi aggiungere un gran numero di elementi al DOM.

Si tratta di uno script scritto per creare dinamicamente, in HTML, un elenco di 5 elementi. Per prima cosa seleziona un elemento di lista non ordinata con l'id "list". Poi crea un document fragment, che è un contenitore leggero usato per memorizzare elementi temporanei.

Successivamente, crea un ciclo che viene eseguito cinque volte: a ogni iterazione crea un nuovo elemento di lista ('li'), imposta il suo contenuto testuale su "Item" seguito dall'indice corrente del ciclo più uno. Questi elementi vengono poi aggiunti (append) al document fragment.

Una volta terminato il ciclo, tutti gli elementi di lista vengono aggiunti all'elemento 'list' nel documento HTML in un'unica operazione. Questo approccio è efficiente perché riduce al minimo le modifiche al DOM reale.

4.4.4 Clonare gli elementi

Quando si lavora nello sviluppo web o in qualsiasi attività che richieda la manipolazione di elementi del Document Object Model (DOM), possono esserci casi in cui è necessario creare un duplicato di un elemento esistente. Questo può servire per diversi motivi, ad esempio per replicare l'elemento con o senza i suoi elementi figli, oppure per introdurre alcune modifiche senza influenzare l'originale. In questi scenari, il metodo **cloneNode()** si rivela estremamente utile.

Il metodo **cloneNode()**, come suggerisce il nome, aiuta a creare una copia o un clone del nodo su cui viene invocato. Funziona creando e restituendo un nuovo nodo che è una copia identica del nodo che vuoi clonare. Il vantaggio di questo metodo è il controllo aggiuntivo che offre. Quando usi **cloneNode()**, puoi specificare se vuoi clonare l'intero sottoalbero del nodo (quello che viene chiamato "clonazione profonda", o 'deep clone') oppure se vuoi clonare solo il nodo stesso, senza i suoi elementi figli.

Questo livello di flessibilità rende **cloneNode()** uno strumento indispensabile quando si gestiscono elementi del DOM, perché permette di mantenere l'integrità dell'elemento originale pur potendo lavorare sulla sua copia.

Esempio: clonare gli elementi

```html
<div id="original" class="sample">Original Element</div>
<script>
    const original = document.getElementById('original');
    const clone = original.cloneNode(true); // true means clone all child nodes
```

```
   clone.id = 'clone';
   clone.textContent = 'Cloned Element';
   original.parentNode.insertBefore(clone, original.nextSibling);
</script>
```

Questo esempio mostra come clonare un elemento e modificarne l'ID e il testo prima di reinserirlo nel DOM.

Questo esempio di codice identifica un elemento HTML utilizzando il suo id "original", ne crea un duplicato, modifica l'id e il contenuto testuale del duplicato e infine aggiunge il duplicato al DOM, immediatamente dopo l'elemento originale.

4.4.5 Considerazioni Pratiche

Quando si tratta del processo di creazione e rimozione di elementi all'interno di qualsiasi framework o linguaggio di programmazione, ci sono due aree chiave di interesse che devono essere affrontate con la massima cura e attenzione:

Gestione della Memoria e delle Risorse

Una delle preoccupazioni più significative durante questo processo è la gestione efficiente ed efficace della memoria e delle risorse. È fondamentale prestare estrema attenzione ai potenziali memory leak, soprattutto quando si tratta della rimozione di elementi che hanno event listener associati.

Questi event listener, se non gestiti correttamente, possono causare memory leak, che possono influire gravemente sulle prestazioni della tua applicazione. Per questo motivo, è di fondamentale importanza rimuovere sempre gli event listener quando non sono più necessari, al fine di prevenire tali problemi.

Mantenere gli Standard di Accessibilità

L'altra area cruciale su cui concentrarsi è il mantenimento degli standard di accessibilità. È essenziale garantire che tutto il contenuto aggiunto dinamicamente alla tua applicazione sia completamente accessibile a tutti gli utenti. Questo include la gestione del focus per gli elementi che vengono aggiunti o rimossi e l'aggiornamento degli attributi aria quando necessario.

Questi passaggi sono fondamentali per garantire che la tua applicazione sia inclusiva e accessibile a tutti gli utenti, indipendentemente da eventuali disabilità o limitazioni che potrebbero avere.

4.4.6 Gestire Efficientemente gli ID degli Elementi

Quando si lavora con la creazione dinamica di elementi nel processo di sviluppo web, diventa estremamente importante gestire gli ID degli elementi con cura e precisione. La ragione è che bisogna evitare la creazione di ID duplicati, che possono introdurre problemi nel funzionamento del sito web.

I duplicati possono portare a comportamenti imprevedibili nell'interfaccia del sito, confondendo gli utenti e potenzialmente causando perdita di dati o operazioni errate. Inoltre, questi duplicati possono causare errori nella logica JavaScript, portando al fallimento dell'esecuzione delle funzioni e delle operazioni previste.

Questo potrebbe compromettere significativamente l'esperienza utente e complicare i processi di debugging. Pertanto, una gestione attenta degli ID degli elementi durante la creazione dinamica degli elementi non è soltanto una buona pratica, ma un aspetto necessario di uno sviluppo web robusto e affidabile.

Esempio: Gestione degli ID Dinamici

```javascript
function createUniqueElement(tag, idBase) {
    let uniqueId = idBase + '_' + Math.random().toString(36).substr(2, 9);
    let element = document.createElement(tag);
    element.id = uniqueId;
    return element;
}

const newDiv = createUniqueElement('div', 'uniqueDiv');
document.body.appendChild(newDiv);
console.log(newDiv.id);  // Outputs a unique ID like 'uniqueDiv_15gs6kd1i'
```

Questo approccio assicura che ogni elemento abbia un ID univoco, prevenendo conflitti e migliorando la stabilità delle tue manipolazioni del DOM.

Questo snippet di codice include una funzione chiamata 'createUniqueElement'. Questa funzione accetta due parametri: 'tag' (il tipo di elemento HTML da creare) e 'idBase' (la stringa base per creare un ID univoco). Genera un ID univoco aggiungendo una stringa casuale a 'idBase', crea un nuovo elemento HTML del tipo specificato da 'tag', assegna l'ID univoco a questo elemento e poi restituisce l'elemento.

Il codice usa quindi questa funzione per creare un nuovo elemento 'div' con un ID univoco che inizia con 'uniqueDiv', aggiunge (append) questo nuovo 'div' al body del documento e registra il suo ID univoco nella console.

4.4.7 Gestire i memory leak

Nello sviluppo web, quando gli elementi vengono rimossi dal Document Object Model (DOM), è di fondamentale importanza assicurarsi che anche tutte le risorse associate vengano ripulite. Questa operazione di pulizia è necessaria per prevenire i memory leak, che possono portare a problemi di prestazioni nel tempo.

I memory leak si verificano quando le risorse di memoria allocate per dei compiti non vengono rilasciate al sistema dopo che i compiti sono stati completati. Nel caso degli elementi del DOM, queste risorse possono includere event listener o risorse esterne come immagini o dati personalizzati. Gli event listener, in particolare, possono causare memory leak significativi se non vengono gestiti correttamente.

Questo perché mantengono memoria nel DOM anche dopo che l'elemento a cui erano associati è stato rimosso. Lo stesso può valere per risorse esterne come immagini o dati personalizzati. Per questo motivo, una pulizia accurata è cruciale per mantenere prestazioni ottimali in qualsiasi applicazione web.

Esempio: prevenire i memory leak

```javascript
const button = document.getElementById('myButton');
button.addEventListener('click', function handleClick() {
    console.log('Button clicked!');
});

// Before removing the button, remove its event listener
button.removeEventListener('click', handleClick);
button.parentNode.removeChild(button);
```

Pulisci sempre ciò che crei, soprattutto nelle single-page application, dove le prestazioni nel lungo periodo sono fondamentali.

Questo codice usa il DOM per manipolare un pulsante su una pagina web. Per prima cosa ottiene un riferimento a un elemento button usando il suo attributo **id** (**myButton**). Poi aggiunge un event listener al pulsante che registrerà "Button clicked!" nella console ogni volta che il pulsante viene cliccato. Infine, prima di rimuovere il pulsante dalla pagina, rimuove l'event listener dal pulsante per prevenire i memory leak.

4.4.8 Usare gli attributi di dati personalizzati

Gli attributi di dati di HTML5, spesso chiamati attributi **data-***, sono una funzionalità preziosa che può semplificare in modo significativo il processo di interazione con elementi creati dinamicamente all'interno di una pagina web. Questi attributi offrono un metodo comodo per memorizzare i dati necessari direttamente nell'elemento del DOM (Document Object Model).

Questo approccio offre vantaggi concreti perché elimina la necessità di codice extra o di uno storage separato per gestire tali dati. Di conseguenza, aiuta a mantenere il codice pulito e gestibile. Inoltre, uno dei benefici principali degli attributi **data-*** è che possono essere accessi facilmente e direttamente tramite JavaScript.

Questa facilità di accesso semplifica la manipolazione e il recupero dei dati, rendendo l'esperienza di scrittura del codice più efficiente e meno soggetta a errori.

Esempio: usare gli attributi data

```html
<div id="userContainer"></div>
<script>
    for (let i = 0; i < 5; i++) {
        let userDiv = document.createElement('div');
        userDiv.setAttribute('data-user-id', i);
        userDiv.textContent = 'User ' + i;
        userDiv.onclick = function() {
            console.log('Selected user ID:', this.getAttribute('data-user-id'));
        };
        document.getElementById('userContainer').appendChild(userDiv);
    }
</script>
```

Questo metodo offre un modo elegante per associare dati agli elementi senza complicare la logica JavaScript.

Questo codice crea un contenitore 'div' con l'id 'userContainer'. All'interno di questo contenitore, genera cinque elementi 'div' usando un ciclo for, ognuno dei quali rappresenta un utente diverso. A questi elementi 'div' viene assegnato un id (da 0 a 4) e, quando vengono cliccati, l'id dell'utente selezionato viene stampato nella console.

4.4.9 Ottimizzare per l'accessibilità

Quando vuoi aggiungere o rimuovere dinamicamente elementi nella tua interfaccia digitale, è fondamentale considerare come questi cambiamenti possano influire sulle persone che dipendono da tecnologie assistive. Tra queste persone possono esserci quelle con disabilità visive o uditive che usano strumenti come gli screen reader o i sistemi di sottotitolazione.

Gestendo il focus in modo appropriato e aggiornando gli attributi ARIA (Accessible Rich Internet Applications) quando necessario, puoi contribuire a garantire un'esperienza utente fluida e inclusiva. Questo non solo migliora l'accessibilità, ma promuove anche un design più universale che può essere vantaggioso per tutte le persone, indipendentemente dalle loro esigenze o abilità individuali.

Esempio: gestione dell'accessibilità

```javascript
let modal = document.createElement('div');
modal.setAttribute('role', 'dialog');
modal.setAttribute('aria-modal', 'true');
modal.setAttribute('tabindex', '-1'); // Make it focusable
document.body.appendChild(modal);
modal.focus();  // Set focus to the new modal for accessibility

// When removing
modal.parentNode.removeChild(modal);
document.body.focus(); // Return focus safely
```

Questo garantisce che l'applicazione rimanga accessibile, in particolare durante gli aggiornamenti dinamici del contenuto, che altrimenti potrebbero compromettere l'esperienza utente per coloro che utilizzano screen reader o altri strumenti di accessibilità.

Questo codice sta creando una finestra di dialogo modale accessibile. Per prima cosa, crea un nuovo elemento 'div'. Successivamente, imposta diversi attributi per farlo comportare come una finestra di dialogo modale. 'role' viene impostato su 'dialog' per informare le tecnologie assistive che si tratta di una finestra di dialogo. 'aria-modal' viene impostato su 'true' per indicare che è modale, e 'tabindex' viene impostato su '-1' per consentire il focus.

La finestra modale viene quindi aggiunta al documento e riceve il focus. Quando arriva il momento di rimuovere la finestra modale, il codice la rimuove dal documento e restituisce il focus al body del documento.

4.5 Gestione degli Eventi nel DOM

La gestione degli eventi rappresenta un aspetto fondamentale dello sviluppo web interattivo, svolgendo un ruolo cruciale nella trasformazione delle pagine web statiche in piattaforme dinamiche e interattive. È attraverso la gestione degli eventi che le pagine web possono reagire e rispondere a una varietà di azioni dell'utente, come clic, pressioni di tasti e movimenti del mouse, rendendo così l'esperienza web dell'utente più dinamica, coinvolgente e personalizzata.

In questa sezione completa, approfondiremo il complesso mondo della gestione degli eventi all'interno del Document Object Model (DOM), l'interfaccia di programmazione per i documenti web. Esploreremo e discuteremo i diversi metodi per collegare event listener agli elementi web, consentendoci di rilevare e rispondere alle azioni dell'utente in tempo reale.

Inoltre, illustreremo anche alcune delle migliori pratiche per gestire e trattare gli eventi in modo efficiente ed efficace, garantendo che le tue pagine web rimangano reattive e intuitive per l'utente. Introdurremo tecniche per ottimizzare la gestione degli eventi, minimizzando l'elaborazione non necessaria e mantenendo le tue pagine web fluide e performanti.

Alla fine di questa sezione, avrai una comprensione approfondita della gestione degli eventi nello sviluppo web, permettendoti di creare esperienze web più interattive e intuitive.

4.5.1 Fondamenti della Gestione degli Eventi

Per poter rispondere efficacemente alle azioni dell'utente all'interno di un'applicazione o sito web, è fondamentale innanzitutto stabilire un meccanismo per ascoltare gli eventi. Gli eventi possono essere qualsiasi tipo di interazione dell'utente, come clic o pressioni di tasti. JavaScript, essendo una delle tecnologie fondamentali del web, offre molteplici modi per collegare questi event listener agli elementi HTML all'interno del tuo codice.

Facendo questo, permetti al tuo codice di reagire e rispondere a qualsiasi evento attivato dall'utente, rendendo la tua applicazione interattiva e reattiva. Questo è un aspetto cruciale per creare un'esperienza utente dinamica e coinvolgente.

Collegare gli Event Listener

Nel JavaScript moderno, la tecnica principale per ascoltare gli eventi è attraverso l'utilizzo del metodo **addEventListener**. Questo metodo è caratterizzato dalla sua potenza e versatilità nella gestione degli eventi.

Una delle sue caratteristiche principali è la capacità di collegare più gestori di eventi a un singolo evento su un singolo elemento. Questo significa che puoi avere diverse azioni o reazioni attivate da un unico evento sullo stesso elemento, il che può migliorare significativamente l'interattività della tua applicazione.

Inoltre, il metodo **addEventListener** fornisce opzioni per controllare il modo in cui gli eventi vengono catturati e propagati. Questo consente agli sviluppatori di regolare con precisione il comportamento degli eventi nelle proprie applicazioni, offrendo maggiore controllo sull'esperienza utente e sul flusso di interazione.

Comprendere e utilizzare efficacemente il metodo **addEventListener** è una competenza cruciale per qualsiasi sviluppatore JavaScript che desideri creare applicazioni web dinamiche e reattive.

Esempio: Utilizzo di addEventListener

```html
<button id="clickButton">Click Me!</button>
<script>
    document.getElementById('clickButton').addEventListener('click', function() {
        alert('Button was clicked!');
    });
</script>
```

Questo esempio aggiunge un event listener a un pulsante che attiva un alert quando viene cliccato.

È un esempio di codice che mostra come creare interattività su una pagina web usando i concetti di manipolazione del DOM e gestione degli eventi.

La parte HTML del codice crea un elemento pulsante sulla pagina con un ID pari a "clickButton" e un'etichetta che dice "Click Me!". L'ID è un identificatore univoco che permette al codice JavaScript di individuare quel pulsante specifico nella pagina.

Il codice JavaScript aggiunge un event listener al pulsante usando il metodo **addEventListener**. Questo metodo accetta due argomenti: il tipo di evento da ascoltare e la funzione da eseguire quando l'evento si verifica. Qui il tipo di evento è 'click', quindi la funzione verrà eseguita quando il pulsante viene cliccato.

La funzione definita qui è una funzione anonima, cioè una funzione senza nome definita direttamente nel punto in cui viene usata. Questa funzione utilizza la funzione JavaScript **alert** per mostrare un messaggio pop-up nella pagina. Il messaggio dice "Button was clicked!", indicando che il pulsante è stato effettivamente cliccato dall'utente.

Questo semplice frammento di codice dimostra in modo efficace come HTML e JavaScript possano essere combinati per creare elementi interattivi su una pagina web. Usando JavaScript per ascoltare e rispondere agli eventi dell'utente, chi sviluppa può creare pagine dinamiche e coinvolgenti che reagiscono agli input dell'utente.

4.5.2 Propagazione degli Eventi: Cattura e Bubbling

Comprendere il concetto di propagazione degli eventi è fondamentale per implementare una gestione degli eventi efficiente ed efficace all'interno del Document Object Model (DOM). Questo è particolarmente importante per chi sviluppa interfacce web interattive. Nel DOM, gli eventi seguono un flusso caratteristico composto da due fasi distinte: la fase di cattura (capturing) e la fase di bubbling.

Fase di cattura (capturing)

La fase di cattura è il primo passo del processo di propagazione degli eventi. Organizzata come una gerarchia discendente, questa fase inizia al livello più alto della struttura del documento e procede sistematicamente verso il basso fino a raggiungere l'elemento in cui l'evento si è effettivamente verificato.

È simile a un effetto "onda" che parte dalla parte più esterna della pagina web e si sposta verso l'interno, avvicinandosi gradualmente al target dell'evento. Questo processo fa sì che l'evento venga riconosciuto e registrato a ogni livello della struttura del documento, facilitando un meccanismo di gestione degli eventi completo e robusto.

Fase di bubbling

Il percorso di un evento nel web non termina quando raggiunge l'elemento di destinazione. In realtà, raggiungere il target è solo metà del viaggio. Ciò che segue è la fase di bubbling. Durante questa seconda parte cruciale, l'evento "risale" dal target e si sposta gradualmente verso l'alto, fino alla cima del documento.

Questo fenomeno può essere visualizzato come una bolla in un liquido. Quando una bolla si forma sott'acqua, non resta dove si è formata: sale verso la superficie seguendo un percorso osservabile.

Allo stesso modo, durante la fase di bubbling, l'evento si muove verso l'alto, dalle profondità dell'elemento target fino alla "superficie" del documento. Per questo si parla di 'bubbling phase', perché richiama il movimento delle bolle in un liquido.

Come sviluppatore, puoi controllare se un event listener viene invocato durante la fase di cattura (l'onda discendente) oppure durante la fase di bubbling (la bolla ascendente). Questo si ottiene impostando il parametro **useCapture** nel metodo **addEventListener**. Comprendendo e controllando questa propagazione, puoi creare esperienze web più robuste e interattive.

Esempio: cattura vs. bubbling

```
<div id="parent">
    <button id="child">Click Me!</button>
</div>
<script>
    // Capturing
    document.getElementById('parent').addEventListener('click', function() {
        console.log('Captured on parent');
    }, true);

    // Bubbling
    document.getElementById('child').addEventListener('click', function() {
        console.log('Bubbled to child');
    });

    // This will log "Captured on parent" first, then "Bubbled to child"
</script>
```

L'esempio di codice dimostra la cattura degli eventi (event capturing) e la propagazione in bubbling (event bubbling).

La cattura degli eventi è il processo in cui un evento parte dall'elemento più esterno (il genitore) e poi si attiva su ciascun discendente (figlio) in ordine di annidamento. Si imposta tramite il terzo parametro di **addEventListener** a **true**.

Il bubbling degli eventi, invece, è l'opposto: l'evento parte dall'elemento più interno (il figlio) e poi si attiva su ciascun antenato (genitore) in ordine di annidamento.

In questo esempio, quando viene cliccato il pulsante "child", il browser esegue prima l'event listener in cattura sul "parent" (registrando "Captured on parent"), poi l'event listener in bubbling sul "child" (registrando "Bubbled to child").

4.5.3 Rimuovere gli Event Listener

Nello sviluppo di applicazioni software, soprattutto di grandi dimensioni, è essenziale gestire gli event listener in modo efficace. Sia l'aggiunta sia la rimozione di questi listener sono ugualmente importanti, in particolare per evitare potenziali memory leak che possono influire sulle prestazioni dell'applicazione.

Gli event listener vengono aggiunti agli elementi per ascoltare determinati tipi di eventi, come clic o pressioni di tasti. Tuttavia, quando questi listener non sono più necessari, oppure quando l'elemento a cui sono associati viene rimosso dal Document Object Model (DOM), diventa necessario rimuovere tali event listener.

Questo può essere fatto utilizzando il metodo **removeEventListener**. Gestendo correttamente gli event listener, possiamo assicurarci che le applicazioni funzionino in modo fluido ed efficiente, senza un consumo inutile di risorse.

Esempio: rimuovere un Event Listener

```html
<script>
    const button = document.getElementById('clickButton');
    const handleClick = function() {
        console.log('Clicked!');
        // Remove listener after handling click
        button.removeEventListener('click', handleClick);
    };

    button.addEventListener('click', handleClick);
</script>
```

Questo snippet è un esempio pratico di come puoi aggiungere e rimuovere un event listener su un elemento **<button>** in HTML usando JavaScript.

Iniziamo definendo una costante chiamata 'button' che utilizza la funzione **document.getElementById** per restituire l'elemento nel documento con id 'clickButton'. È il pulsante con cui lavoreremo in questo snippet di codice.

Successivamente definiamo una funzione chiamata 'handleClick'. Questa funzione contiene un comando **console.log** che scrive il testo 'Clicked!' nella console del browser ogni volta che viene chiamata.

La riga **button.addEventListener** è quella in cui colleghiamo la funzione 'handleClick' all'evento 'click' del pulsante. L'evento 'click' si attiva ogni volta che una persona fa clic sul pulsante con il mouse. Quando l'evento 'click' viene emesso, la funzione 'handleClick' viene eseguita e 'Clicked!' viene stampato in console.

All'interno della funzione 'handleClick' abbiamo anche la riga di codice **button.removeEventListener('click', handleClick);**, che rimuove l'event listener dal pulsante immediatamente dopo il primo clic, subito dopo che 'Clicked!' è stato scritto in console.

Questo significa che l'evento 'click' verrà gestito una sola volta per quel pulsante. Dopo il primo clic, l'event listener viene rimosso, quindi cliccare il pulsante altre volte non produrrà più l'output 'Clicked!' in console.

È un esempio semplice ma molto pratico di come puoi manipolare elementi del DOM con JavaScript, aggiungendo e rimuovendo event listener quando necessario. Può essere uno strumento potente per aumentare l'interattività e migliorare l'esperienza utente delle tue applicazioni web.

4.5.4 Delegazione degli Eventi

La delegazione degli eventi è una tecnica molto efficiente in JavaScript che consiste nell'assegnare un unico event listener a un elemento genitore per gestire gli eventi provenienti dai suoi molteplici elementi figli.

Questa tecnica sfrutta la fase di "event bubbling", cioè il meccanismo per cui un evento parte dall'elemento più annidato e poi "risale" attraverso i suoi antenati. Invece di collegare singoli event listener a ciascun elemento figlio (cosa che può ridurre le prestazioni e aumentare l'uso di memoria), la delegazione consente di gestire gli eventi a un livello più alto e generale.

Questo approccio non solo ottimizza l'uso della memoria, ma semplifica anche il codice, rendendolo più facile da mantenere e da debuggare.

Esempio: Delegazione degli Eventi

```html
<ul id="menu">
    <li>Home</li>
    <li>About</li>
    <li>Contact</li>
</ul>
<script>
    document.getElementById('menu').addEventListener('click', function(event) {
        if (event.target.tagName === 'LI') {
            console.log('You clicked on', event.target.textContent);
        }
    });
</script>
```

Questo è particolarmente utile per gestire eventi su elementi che vengono aggiunti dinamicamente al documento, perché il listener non deve essere riagganciato ogni volta che viene aggiunto un elemento.

L'esempio illustra l'uso di HTML e JavaScript per creare un elemento interattivo in una pagina web. In particolare, presenta un elenco non ordinato che funge da menu di navigazione e del codice JavaScript per gestire gli eventi di clic sugli elementi del menu.

La parte HTML del codice definisce un elenco non ordinato (**<ul>**) con l'ID "menu". Questo elenco contiene tre elementi di lista (**<li>**), ognuno dei quali rappresenta una sezione diversa del sito: Home, About e Contact. L'ID "menu" funge da identificatore univoco per l'elenco non ordinato, permettendo al codice JavaScript di trovarlo e interagirci facilmente.

La parte JavaScript del codice aggiunge un event listener all'elenco non ordinato. Questo event listener ascolta gli eventi di clic che avvengono all'interno dell'elenco. La funzione **addEventListener** viene usata per collegare questo listener all'elenco. Questa funzione accetta due parametri: il tipo di evento da ascoltare ('click' in questo caso) e una funzione da eseguire quando l'evento si verifica.

La funzione che viene eseguita in caso di clic riceve come parametro un oggetto evento. Questo oggetto contiene informazioni sull'evento, incluso l'elemento target su cui l'evento si è verificato (**event.target**). In questo caso, la funzione verifica se l'elemento cliccato è un elemento di lista confrontando il nome del tag dell'elemento target (**event.target.tagName**) con la stringa 'LI'. Se l'elemento cliccato è un elemento di lista, la funzione registra in console il contenuto testuale dell'elemento cliccato (**event.target.textContent**).

Questo meccanismo permette alla pagina web di rispondere alle interazioni dell'utente in modo dinamico. Quando una persona fa clic su elementi diversi del menu di navigazione, la pagina può identificare quale sezione interessa e rispondere di conseguenza. Questo potrebbe avvenire evidenziando l'elemento del menu selezionato, caricando la sezione appropriata del sito o eseguendo qualsiasi altra interazione definita da chi sviluppa.

4.5.5 Uso degli eventi personalizzati

Nel panorama digitale di oggi, le moderne applicazioni web richiedono spesso interazioni complesse che vanno oltre l'ambito degli eventi standard del Document Object Model (DOM). Queste interazioni complesse richiedono spesso un approccio più su misura, ed è qui che entrano in gioco gli eventi personalizzati.

Gli eventi personalizzati permettono a chi sviluppa di definire e attivare eventi propri. Questo livello di personalizzazione offre una piattaforma molto flessibile per gestire comportamenti specifici dell'applicazione. Inoltre, viene fatto in modo disaccoppiato, garantendo che questi comportamenti specifici non interferiscano con, né dipendano da, altre parti dell'applicazione.

Questo metodo di gestione di comportamenti specifici dell'applicazione consente maggiore controllo, versatilità e adattabilità nello sviluppo di moderne applicazioni web.

Esempio: creazione e dispatch di eventi personalizzati

```html
<script>
    // Create a custom event
    const loginEvent = new CustomEvent('login', {
        detail: { username: 'user123' }
    });

    // Listen for the custom event
    document.addEventListener('login', function(event) {
        console.log('Login event triggered by', event.detail.username);
    });

    // Dispatch the custom event
    document.dispatchEvent(loginEvent);
</script>
```

Questo esempio dimostra come creare un evento personalizzato con dati aggiuntivi (username) e come ascoltarlo e rispondere, il che può essere particolarmente utile per stati o interazioni applicative più complesse che non sono coperti dagli eventi DOM nativi.

Questo codice crea un evento personalizzato chiamato 'login', lo ascolta e lo dispatcha. L'evento trasporta i dati nella sua proprietà 'detail', nello specifico uno username 'user123'. Quando l'evento 'login' viene attivato, un event listener esegue una funzione che registra un messaggio nella console, indicando lo username coinvolto nell'evento di login.

4.5.6 Throttling e Debouncing degli Event Handler

Nello sviluppo web, la gestione degli eventi è un aspetto fondamentale. Eventi come **resize**, **scroll** o **mousemove** possono attivarsi molto spesso. Quando ciò accade, diventa cruciale ottimizzare gli handler degli eventi per evitare potenziali problemi di prestazioni, che potrebbero influire negativamente sull'esperienza utente. Throttling e debouncing sono due tecniche comunemente usate per limitare la frequenza con cui viene invocata una funzione handler.

Il **throttling**, come tecnica, garantisce che la funzione handler venga chiamata al massimo una volta ogni certo numero di millisecondi. È come impostare un ritmo fisso con cui la funzione può essere eseguita. Questo assicura un flusso costante di invocazioni, aiutando a gestire la frequenza e a prevenire sovraccarichi.

D'altra parte, il **debouncing** è una tecnica che assicura che la funzione handler venga invocata solo dopo che l'evento ha smesso di attivarsi per un certo numero di millisecondi. Questo aiuta a evitare che l'handler venga chiamato troppo spesso in un intervallo di tempo molto breve.

Il debouncing può essere particolarmente utile in scenari in cui vuoi assicurarti che la funzione venga eseguita solo dopo che una persona ha smesso di compiere una certa azione, ad esempio digitare in una barra di ricerca.

Esempio: throttling di un event handler

```
<script>
    let lastCall = 0;
    const throttleTime = 100; // milliseconds

    window.addEventListener('resize', function() {
        const now = new Date().getTime();
        if (now - lastCall < throttleTime) {
            return;
        }
        lastCall = now;
        console.log('Window resized');
    });
</script>
```

Questo script applica il throttling all'evento **resize** per evitare che l'handler venga eseguito troppo spesso, contribuendo a mantenere buone prestazioni anche quando l'evento si attiva rapidamente, ad esempio durante il ridimensionamento della finestra.

Questo è un esempio di snippet di codice che implementa un meccanismo di throttling. Viene usato per impedire che l'evento **resize** scatti troppo frequentemente, cosa che può causare problemi di prestazioni. L'handler verrà eseguito solo se sono passati 100 millisecondi dall'ultima chiamata. Quando l'evento **resize** viene attivato, lo script registra **Window resized** nella console.

4.5.7 Garantire l'accessibilità nei contenuti dinamici

Quando si tratta di aggiungere, rimuovere o modificare elementi in risposta a eventi specifici, diventa fondamentale mantenere l'accessibilità per tutti gli utenti. Questo comporta una serie di passaggi chiave.

In primo luogo, la gestione del focus è necessaria per garantire che gli utenti possano navigare in modo efficiente nel sito o nell'applicazione. In secondo luogo, i cambiamenti dovrebbero essere annunciati alle tecnologie assistive, un passaggio essenziale per supportare utenti con abilità diverse e assicurare che possano accedere a tutte le informazioni e funzionalità disponibili.

Infine, garantire la navigabilità da tastiera è essenziale, in particolare per le persone che possono fare affidamento sull'input da tastiera invece che sulla navigazione con il mouse. Seguendo questi passaggi, possiamo assicurarci che i nostri contenuti restino accessibili a tutti, indipendentemente dalla modalità di interazione con il sito o l'applicazione.

Esempio: gestione del focus e accessibilità

```html
<div id="modal" tabindex="-1" aria-hidden="true">
    <p>Modal content...</p>
    <button id="closeButton">Close</button>
</div>
<script>
    document.getElementById('toggleButton').addEventListener('click', function() {
        const modal = document.getElementById('modal');
        modal.style.display = 'block';
        modal.setAttribute('aria-hidden', 'false');
        modal.focus();
    });

    document.getElementById('closeButton').addEventListener('click', function() {
        const modal = document.getElementById('modal');
        modal.style.display = 'none';
        modal.setAttribute('aria-hidden', 'true');
        document.getElementById('toggleButton').focus();
    });
</script>
```

In questo esempio, la gestione del focus e gli attributi ARIA vengono utilizzati per migliorare l'accessibilità di un contenuto modale che viene mostrato e nascosto dinamicamente.

Questo esempio esplora vari aspetti della manipolazione del DOM e della gestione degli eventi in JavaScript. Evidenzia come queste competenze siano fondamentali per creare esperienze web dinamiche e interattive.

L'esempio inizia con una breve introduzione alla manipolazione del DOM e a come contribuisce a creare un'esperienza web interattiva. Descrive come una finestra di dialogo modale venga aggiunta al documento e riceva il focus, e come venga rimossa quando non è più necessaria.

Il codice passa poi alla gestione degli eventi, che consente alle pagine web di reagire e rispondere a una varietà di azioni dell'utente, come clic, pressioni di tasti e movimenti del mouse. Questo rende l'esperienza web dell'utente più dinamica e personalizzata. Il documento discute diversi metodi per collegare gli event listener agli elementi web, permettendo il rilevamento e la risposta in tempo reale alle azioni dell'utente.

Viene fornito un esempio di gestione degli eventi usando il metodo **addEventListener** in JavaScript. Questo metodo è versatile e consente di collegare più gestori di eventi allo stesso evento su uno stesso elemento.

Viene discusso anche il concetto di propagazione degli eventi, composto da due fasi: cattura (capturing) e bubbling. La fase di cattura inizia al livello più alto della struttura del documento e procede verso il basso fino all'elemento in cui si è verificato l'evento. Al contrario, la fase di bubbling parte dall'elemento target e risale gradualmente verso la parte superiore del documento.

L'esempio evidenzia inoltre l'importanza di gestire efficacemente gli event listener per evitare potenziali memory leak che possono influire sulle prestazioni dell'applicazione. Viene fornito un esempio di come aggiungere e rimuovere gli event listener.

Si parla della delegazione degli eventi, una tecnica che consiste nell'assegnare un unico event listener a un elemento genitore per gestire gli eventi provenienti dai suoi molteplici elementi figli. È un metodo che ottimizza l'uso della memoria e semplifica la gestione del codice.

L'esempio approfondisce anche l'uso degli eventi personalizzati, che offrono agli sviluppatori la possibilità di definire e attivare eventi propri. Questo fornisce una piattaforma molto flessibile per gestire comportamenti specifici della propria applicazione.

Successivamente, viene introdotto il concetto di throttling e debouncing degli handler degli eventi. Queste tecniche limitano la frequenza con cui viene invocata una funzione handler, garantendo prestazioni efficienti.

Infine, l'esempio di codice sottolinea l'importanza di mantenere l'accessibilità quando si aggiungono, rimuovono o modificano elementi in risposta a eventi specifici. Si parla di gestione del focus, annuncio delle modifiche alle tecnologie assistive e garanzia della navigabilità da tastiera.

Viene fornito un esempio pratico di finestra di dialogo modale. Il codice HTML crea la modale e il codice JavaScript ne gestisce la visualizzazione e il focus. Quando la modale viene attivata, viene mostrata e le viene assegnato il focus. L'attributo 'aria-hidden' viene impostato su false, rendendola accessibile agli screen reader. Quando viene cliccato il 'closeButton', la modale viene nascosta, il focus torna al 'toggleButton' e 'aria-hidden' viene impostato su true, rendendola inaccessibile agli screen reader.

Questo esempio offre una comprensione completa di come creare esperienze web più interattive e user-friendly usando la manipolazione del DOM e la gestione degli eventi.

Esercizi Pratici

Per rafforzare i concetti trattati nel Capitolo 4 sulla Manipolazione del DOM, ecco alcuni esercizi pratici progettati per testare e migliorare la tua comprensione della selezione degli elementi, della modifica del contenuto, della creazione e rimozione di elementi e della gestione degli eventi. Questi esercizi forniranno esperienza pratica e ti prepareranno ad applicare queste tecniche in scenari reali.

Esercizio 1: Selezionare e Stilizzare Elementi

Seleziona tutti gli elementi paragrafo in una pagina e cambia il colore del loro testo in blu.

Soluzione:

```html
<p>Paragraph one</p>
<p>Paragraph two</p>
<script>
    const paragraphs = document.querySelectorAll('p');
    paragraphs.forEach(p => {
        p.style.color = 'blue';
    });
</script>
```

Esercizio 2: Creare e Aggiungere Elementi

Crea dinamicamente una lista di elementi da un array di stringhe e aggiungila a un elemento div.

Soluzione:

```html
<div id="listContainer"></div>
<script>
    const items = ['Item 1', 'Item 2', 'Item 3'];
    const list = document.createElement('ul');

    items.forEach(item => {
        let listItem = document.createElement('li');
        listItem.textContent = item;
        list.appendChild(listItem);
    });

    document.getElementById('listContainer').appendChild(list);
```

```
</script>
```

Esercizio 3: Gestione degli Eventi

Collega un event listener a un pulsante che registri un messaggio nella console quando viene cliccato. Assicurati che il pulsante venga rimosso dopo essere stato cliccato una volta.

Soluzione:

```html
<button id="myButton">Click me</button>
<script>
    const button = document.getElementById('myButton');
    button.addEventListener('click', function handleClick() {
        console.log('Button was clicked!');
        button.removeEventListener('click', handleClick);
        button.remove(); // Removes the button after clicking
    });
</script>
```

Esercizio 4: Modificare Dinamicamente gli Attributi

Crea una funzione che cambi l'attributo **src** di un elemento immagine e registri nella console il vecchio e il nuovo **src**.

Soluzione:

```html
<img id="myImage" src="original.jpg" alt="Original Image">
<script>
    function changeImageSrc(newSrc) {
        const image = document.getElementById('myImage');
        console.log('Old src:', image.src);
        image.src = newSrc;
        console.log('New src:', image.src);
    }

    changeImageSrc('updated.jpg');
</script>
```

Esercizio 5: Creazione e Gestione di Eventi Personalizzati

Definisci un evento personalizzato chiamato 'userLoggedIn' e invialo dopo aver impostato un listener che aggiorni il contenuto di una div per mostrare un messaggio di benvenuto quando l'evento viene attivato.

Soluzione:

```
<div id="welcomeMessage"></div>
<script>
    // Listener for the custom event
    document.addEventListener('userLoggedIn', function(event) {
        document.getElementById('welcomeMessage').textContent        =        `Welcome,
${event.detail.username}!`;
    });

    // Create and dispatch the custom event
    const loggedInEvent = new CustomEvent('userLoggedIn', { detail: { username:
'Alice' } });
    document.dispatchEvent(loggedInEvent);
</script>
```

Questi esercizi forniscono applicazioni pratiche delle tecniche di manipolazione del DOM discusse nel capitolo, consentendoti di acquisire competenza nella creazione di pagine web dinamiche e interattive. Completando questi compiti, approfondirai la tua comprensione di come JavaScript possa manipolare il DOM in risposta agli input dell'utente e ad altri eventi, una competenza fondamentale per qualsiasi sviluppatore web.

Riassunto del Capitolo

Il Capitolo 4 di "JavaScript from Scratch: Unlock your Web Development Superpowers" offre un'esplorazione completa della manipolazione del DOM, un insieme di competenze essenziale per qualsiasi sviluppatore web che voglia creare applicazioni web dinamiche, interattive e facili da usare. Il capitolo copre una vasta gamma di argomenti: dalla selezione e modifica degli elementi alla creazione, rimozione e gestione degli eventi nel DOM. Di seguito un riepilogo dei punti chiave e degli insight di ciascuna sezione, per consolidare la comprensione e mettere in luce le applicazioni pratiche di queste competenze.

Selezionare gli elementi

Abbiamo iniziato con i vari metodi per selezionare elementi all'interno del DOM, passaggio fondamentale per qualunque interazione o manipolazione. Sono stati discussi metodi come

document.getElementById(), **document.getElementsByTagName()**, **document.getElementsByClassName()** e i più potenti selettori di query **document.querySelector()** e **document.querySelectorAll()**. Ogni metodo risponde a esigenze diverse, dalla selezione di un singolo elemento al recupero di liste di elementi basate su criteri complessi. Padroneggiare questi selettori assicura la capacità di trovare e interagire in modo efficiente con qualsiasi parte della pagina web.

Modificare i contenuti

La modifica del contenuto, dello stile e degli attributi degli elementi del DOM consente di cambiare dinamicamente le pagine web in risposta alle interazioni dell'utente o a condizioni definite dal codice. Abbiamo esplorato come utilizzare proprietà come **textContent**, **innerHTML** e **style**, insieme ai metodi per manipolare le classi CSS come **classList.add()**, **remove()**, **toggle()** e altri. Queste funzionalità sono cruciali per attività come aggiornare componenti dell'interfaccia, mostrare o nascondere contenuti e applicare nuovi stili in modo dinamico.

Creare e rimuovere elementi

La capacità di aggiungere e rimuovere dinamicamente elementi dal DOM permette di costruire interfacce altamente interattive e reattive. Abbiamo visto come creare nuovi elementi con **document.createElement()** e inserirli nel DOM con metodi come **appendChild()** e **insertBefore()**. Allo stesso modo, abbiamo discusso la rimozione di elementi usando **removeChild()** o il più semplice **remove()**, sottolineando l'importanza di gestire gli elementi del DOM in modo efficiente per garantire buone prestazioni e prevenire perdite di risorse.

Gestione degli eventi

Una gestione efficace degli eventi è fondamentale per le applicazioni interattive. Ci siamo concentrati sull'aggiunta di event listener con **addEventListener()**, che offre un controllo robusto su come vengono gestiti gli eventi, incluse le opzioni per le fasi di cattura e bubbling. Sono state discusse anche le tecniche per rimuovere gli event listener ed evitare memory leak, oltre a strategie avanzate come la delegazione degli eventi, che consente una gestione più efficiente, soprattutto in applicazioni dinamiche con molti elementi.

Applicazioni pratiche e best practice

Nel corso del capitolo, è stata data particolare enfasi a best practice come ridurre al minimo le interazioni dirette con il DOM per migliorare le prestazioni, usare i document fragments per aggiornamenti in batch e garantire l'accessibilità tramite una corretta gestione del focus e degli attributi ARIA. Abbiamo anche esplorato gli eventi personalizzati per gestire interazioni complesse specifiche dell'applicazione e l'importanza di gestire gli eventi con responsabilità per creare esperienze utente fluide.

Al termine di questo capitolo, dovresti avere una solida base nelle tecniche di manipolazione del DOM, con le conoscenze necessarie per selezionare, modificare e gestire elementi e interazioni in modo efficace. Queste competenze sono fondamentali per sviluppare applicazioni web moderne che siano non solo funzionali, ma anche coinvolgenti e accessibili. Continuando a esercitarti e ad applicare queste tecniche, sarai in grado di affrontare sfide di sviluppo più complesse, migliorando sia l'esperienza utente sia le capacità dei tuoi progetti web.

Quiz per Parte I: Iniziare con JavaScript

Metti alla prova la tua comprensione dei concetti fondamentali trattati nella prima parte di "JavaScript from Scratch: Unlock your Web Development Superpowers" con questo quiz. Ogni domanda è progettata per rafforzare i punti chiave di ogni capitolo, assicurandoti di avere una solida comprensione delle basi di JavaScript e della manipolazione del DOM.

Domanda 1: JavaScript di Base

Qual è l'output del seguente codice JavaScript?

```
console.log(typeof (typeof 1));
```

    A) "string"

    B) "number"

    C) "object"

    D) "boolean"

Domanda 2: Strutture Dati

Quale metodo useresti per aggiungere un elemento all'inizio di un array?

    A) **push()**

    B) **pop()**

    C) **shift()**

D) **unshift()**

Domanda 3: Gestione JSON

Quale affermazione riguardo JSON è corretta?

A) JSON è un linguaggio di programmazione.

B) Le stringhe JSON devono usare apici singoli.

C) JSON può includere funzioni come valori.

D) JSON è comunemente usato per lo scambio di dati tra un server e applicazioni web.

Domanda 4: Manipolazione del DOM

Quale metodo viene usato per selezionare un elemento tramite il suo ID?

A) **document.getElementByClassName()**

B) **document.getElementById()**

C) **document.querySelectorAll()**

D) **document.getElementsByTagName()**

Domanda 5: Creazione e Rimozione di Elementi DOM

Qual è il modo corretto per rimuovere un elemento dal DOM?

A) **element.delete()**

B) **element.removeChild()**

C) **element.remove()**

D) **element.erase()**

Domanda 6: Gestione degli Eventi

Qual è la sintassi corretta per aggiungere un event listener che venga eseguito quando un utente clicca un pulsante con l'ID "submitBtn"?

```javascript
document.querySelector('???').addEventListener('???', function() {
    alert('Button clicked!');
});
```

Completa i '???' per configurare correttamente l'event listener.

Domanda 7: Modificare il Contenuto di un Elemento

Come si cambia il contenuto testuale di un elemento con l'ID "header" in "Welcome to JavaScript"?

A) **document.getElementById('header').innerHTML = 'Welcome to JavaScript';**

B) **document.getElementById('header').textContent = 'Welcome to JavaScript';**

C) **document.getElementById('header').innerText = 'Welcome to JavaScript';**

D) Sia B che C sono corrette.

Domanda 8: Eventi Personalizzati

Vero o Falso: Gli eventi personalizzati possono essere usati per attivare funzionalità specifiche che non sono coperte dagli eventi DOM nativi.

A) Vero

B) Falso

Risposte

1. A) "string"
2. D) **unshift()**
3. D) JSON è comunemente usato per lo scambio di dati tra un server e applicazioni web.
4. B) **document.getElementById()**

5.   C) **element.remove()**
6.   **#submitBtn**, **'click'**
7.   D) Sia B che C sono corrette.
8.   A) Vero

Questo quiz copre i concetti da base a intermedi introdotti nella prima parte del libro e aiuterà a consolidare la tua comprensione delle funzionalità principali di JavaScript e delle tecniche di manipolazione del DOM.

Progetto 1: Creare un Sito Web Interattivo Semplice

1. Panoramica del Progetto

1.1 Obiettivo

L'obiettivo principale di questo progetto è creare un sito web interattivo semplice che utilizzi le competenze fondamentali di JavaScript e le tecniche di manipolazione del DOM. Questo sito servirà come applicazione pratica dei concetti appresi nella prima parte di questo libro. Alla fine del progetto, avrai realizzato una pagina web dinamica che risponde agli input dell'utente e cambia stato di conseguenza.

1.2 Funzionalità Chiave

Il sito web interattivo includerà diversi componenti chiave che permetteranno agli utenti di interagire con i contenuti in modo dinamico:

- **Caricatore di Contenuti Dinamici**: Una sezione del sito aggiornerà dinamicamente i contenuti in base alle scelte dell'utente da un menu a tendina o da pulsanti. Questo può includere la visualizzazione di testo, immagini o altri media pertinenti alla scelta dell'utente.
- **Modulo Interattivo**: Integra un modulo con campi come nome, email e un messaggio. Il modulo includerà una validazione in tempo reale per fornire feedback immediato sugli input dell'utente, assicurando che tutti i campi obbligatori siano compilati correttamente prima dell'invio.
- **Interruttore del Tema**: Un pulsante o un interruttore che consente agli utenti di cambiare il tema del sito da modalità chiara a modalità scura (e viceversa). Questo dimostrerà la manipolazione degli stili in tempo reale tramite JavaScript.
- **Lista di Cose da Fare**: Gli utenti possono aggiungere, rimuovere e contrassegnare le attività come completate. Questa funzionalità utilizzerà la manipolazione del DOM per aggiornare dinamicamente l'elenco e mostrerà anche come gestire gli eventi utente.

- **Integrazione con Local Storage**: Per migliorare l'esperienza utente rendendo persistente lo stato del sito tra una sessione e l'altra, verrà utilizzato il local storage per salvare e recuperare dati chiave dell'utente o preferenze.

Queste funzionalità sono progettate per offrire pratica concreta con una varietà di funzionalità JavaScript, incluse la gestione degli eventi, il lavoro con il DOM e il local storage, rafforzando l'apprendimento e aumentando la fiducia nell'uso di JavaScript per lo sviluppo web.

2. Configurazione e Impostazioni Iniziali

Per iniziare a costruire il nostro sito web interattivo semplice, dobbiamo prima stabilire una base solida impostando l'ambiente di sviluppo e definendo la struttura del progetto. Questa sezione ti guiderà nella scelta degli strumenti necessari e nell'organizzazione dei file per uno sviluppo efficiente.

2.1 Strumenti e Ambiente

Prima di iniziare a programmare, assicurati di avere configurato i seguenti strumenti essenziali sul tuo computer:

- **Editor di Testo**: Un editor di testo è fondamentale per scrivere il codice. Alcune scelte popolari per lo sviluppo web includono Visual Studio Code, Sublime Text e Atom. Questi editor offrono funzionalità come evidenziazione della sintassi, completamento del codice ed estensioni che possono migliorare l'esperienza di programmazione.
- **Browser Web**: Ti servirà un browser moderno per testare e visualizzare l'applicazione web. Google Chrome, Mozilla Firefox o Microsoft Edge sono consigliati perché offrono strumenti pensati per gli sviluppatori, come la Console degli sviluppatori e l'ispezione del DOM in tempo reale.
- **Server Locale (Opzionale)**: Anche se non è strettamente necessario per questo progetto, eseguire un server locale può essere utile, soprattutto quando si passa a progetti più complessi. Strumenti come XAMPP, MAMP o semplici configurazioni di server usando Node.js o Python possono servire i file in modo più affidabile rispetto all'apertura diretta dei file HTML nel browser.

2.2 Struttura del Progetto

Organizzare i file del progetto fin dall'inizio può aiutare a gestire lo sviluppo in modo più fluido. Ecco una struttura di base da cui partire:

```
simple-interactive-website/
```

```
— index.html              # The main HTML document
— css/                    # Folder for CSS stylesheets
  └── styles.css          # Main stylesheet for the website
— js/                     # Folder for JavaScript files
  └── script.js           # Main JavaScript file for handling logic
— assets/                 # Folder for images and other assets (if needed)
```

- **File HTML**: il tuo **index.html** sarà il punto di ingresso del sito. Questo file conterrà la struttura HTML di base e i collegamenti ai file CSS e JavaScript.
- **Cartella CSS**: questa cartella conterrà i fogli di stile. Partendo da **styles.css**, puoi aggiungere altri file se il progetto cresce o richiede uno styling più complesso.
- **Cartella JavaScript**: tutti i file JavaScript andranno in questa cartella. Anche se inizialmente potresti aver bisogno solo di **script.js**, organizzare il codice JavaScript in moduli o file separati può aiutare a mantenere il codice più pulito.
- **Cartella Assets**: se il progetto include immagini, font o altre risorse multimediali, tenerle in una cartella **assets** rende più semplice gestirle.

2.3 Inizializzare il tuo progetto

1. **Crea la directory del progetto**: crea una nuova cartella sul tuo computer o nel tuo ambiente di sviluppo chiamata **simple-interactive-website**.
2. **Imposta i file**: all'interno della directory del progetto, crea la struttura di file e cartelle come mostrato sopra. Puoi creare file e cartelle manualmente oppure da riga di comando.
3. **Prepara il template HTML**: apri **index.html** e imposta un template HTML5 di base. Ecco un semplice esempio per iniziare:

```html
<!DOCTYPE html>
<html lang="en">
<head>
    <meta charset="UTF-8">
    <meta name="viewport" content="width=device-width, initial-scale=1.0">
    <title>Simple Interactive Website</title>
    <link rel="stylesheet" href="css/styles.css">
</head>
<body>
    <header>
        <h1>Welcome to Our Interactive Website</h1>
    </header>
    <main>
        <!-- Content will be dynamically added here -->
    </main>
    <script src="js/script.js"></script>
</body>
```

```
</html>
```

1. **Scrivi contenuto segnaposto**: aggiungi alcuni stili di base in **styles.css** e poche righe di JavaScript in **script.js** per assicurarti che tutto sia collegato correttamente.

Questa configurazione fornisce un punto di partenza solido per sviluppare il tuo sito web interattivo. Con questa struttura, puoi iniziare a implementare le funzionalità interattive discusse nella panoramica del progetto, assicurandoti che ogni componente sia gestibile e che lo sviluppo sia efficiente.

3. Progettare l'Interfaccia Utente

Un'interfaccia utente (UI) ben progettata è fondamentale per garantire una piacevole esperienza d'uso. Deve essere intuitiva, accessibile e visivamente gradevole, così da coinvolgere gli utenti in modo efficace. In questa sezione, delineeremo le considerazioni di design per il nostro semplice sito web interattivo, inclusi il layout degli elementi HTML e lo styling con CSS.

3.1 Struttura HTML

Inizia impostando la struttura di base del tuo sito usando HTML. Questa costituirà lo scheletro del progetto, su cui verranno costruite tutte le funzionalità dinamiche. Ecco come potresti strutturare il tuo HTML per includere le funzionalità descritte nella panoramica del progetto:

```
<!DOCTYPE html>
<html lang="en">
<head>
    <meta charset="UTF-8">
    <meta name="viewport" content="width=device-width, initial-scale=1.0">
    <title>Simple Interactive Website</title>
    <link rel="stylesheet" href="css/styles.css">
</head>
<body>
    <header>
        <h1>Interactive Features Website</h1>
        <button id="theme-toggler">Toggle Theme</button>
    </header>
    <nav>
        <ul id="menu">
            <li>Home</li>
            <li>About</li>
            <li>Contact</li>
        </ul>
    </nav>
```

```html
<main>
    <section id="dynamic-content">
        <h2>Dynamic Content Area</h2>
        <p>Select an option to change this content.</p>
    </section>
    <section id="todo-list">
        <h2>To-Do List</h2>
        <ul id="tasks"></ul>
        <input type="text" id="new-task" placeholder="Add a new task">
        <button id="add-task">Add Task</button>
    </section>
    <section id="form-section">
        <h2>Contact Us</h2>
        <form id="contact-form">
            <input type="text" id="name" name="name" placeholder="Your name"
required>
            <input type="email" id="email" name="email" placeholder="Your email"
required>
            <textarea id="message" name="message" placeholder="Your message"
required></textarea>
            <button type="submit">Send</button>
        </form>
    </section>
</main>
<footer>
    <p>© 2024 Interactive Website Project</p>
</footer>
<script src="js/script.js"></script>
</body>
</html>
```

3.2 Stile CSS

Ora aggiungi il CSS per migliorare l'aspetto visivo del sito. Inizia con alcuni stili di base per ottimizzare layout e tipografia, poi aggiungi stili più specifici per elementi interattivi come pulsanti e moduli.

Example CSS (styles.css):

```css
/* Basic layout and typography styles */
body {
    font-family: Arial, sans-serif;
    line-height: 1.6;
    margin: 0;
    padding: 0;
    background: #f4f4f4;
    color: #333;
}
```

```css
header, nav, main, footer {
    padding: 20px;
    text-align: center;
}

/* Styling for the navigation menu */
nav ul {
    list-style: none;
    padding: 0;
}

nav ul li {
    display: inline;
    margin-right: 10px;
}

/* Theme toggler button */
#theme-toggler {
    position: absolute;
    top: 20px;
    right: 20px;
}

/* Form styling */
input, textarea {
    width: 90%;
    margin-bottom: 10px;
    padding: 10px;
    box-sizing: border-box;
}

button {
    padding: 10px 20px;
    cursor: pointer;
}

/* Dynamic content and To-Do List styles */
#dynamic-content, #todo-list {
    margin-top: 20px;
    padding: 20px;
    background: white;
    box-shadow: 0 0 5px #ccc;
}

/* Footer styling */
footer {
    margin-top: 20px;
    color: #666;
}
```

Questi stili offrono un aspetto pulito e moderno, ma puoi sicuramente ampliarli in base alle tue preferenze estetiche o a ulteriori requisiti funzionali.

3.3 Considerazioni sul Design Responsivo

Infine, assicurati che il tuo sito web sia accessibile e abbia un aspetto ottimale su tutti i dispositivi:

- **Layout responsivo**: usa le media query CSS per adattare gli stili in base alle dimensioni dello schermo del dispositivo.
- **Accessibilità**: assicurati che tutti gli elementi interattivi siano accessibili, includendo i corretti ruoli ARIA e garantendo che tutti i campi dei moduli abbiano etichette associate per i lettori di schermo.

Progettando con attenzione l'interfaccia utente, con focus su layout, stile e accessibilità, crei le condizioni per un'esperienza d'uso positiva. Questa base supporta le funzionalità interattive che implementeremo nelle sezioni successive, dando vita a un'applicazione web coerente e coinvolgente.

4. Implementazione delle Funzionalità Principali

Ora che abbiamo stabilito una base solida con un'interfaccia utente ben progettata, ci concentreremo sull'implementazione delle funzionalità principali del nostro semplice sito web interattivo. Questa sezione approfondisce l'aggiunta di elementi interattivi e la manipolazione dinamica dei contenuti tramite JavaScript. Vedremo come implementare il Caricatore di Contenuti Dinamici, il Modulo Interattivo, l'Interruttore del Tema e la Lista di Cose da Fare, assicurandoci che ogni funzionalità non solo funzioni correttamente, ma migliori anche l'esperienza complessiva dell'utente.

4.1 Implementare l'Interattività

1. Caricatore di Contenuti Dinamici

Inizieremo permettendo agli utenti di cambiare il contenuto mostrato in una sezione della pagina in base alla scelta effettuata da un menu o da un set di pulsanti.

Configurazione HTML:

```html
<select id="contentSelector">
    <option value="content1">Content 1</option>
```

```
    <option value="content2">Content 2</option>
    <option value="content3">Content 3</option>
</select>
<div id="contentDisplay">Select an option to see the content.</div>
JavaScript:
document.getElementById('contentSelector').addEventListener('change', function() {
    const selectedValue = this.value;
    const displayDiv = document.getElementById('contentDisplay');
    displayDiv.innerHTML = `<p>You selected ${selectedValue}. Here is some more
information about it.</p>`;
});
```

Questo script ascolta le modifiche nel menu a tendina **contentSelector** e aggiorna il div **contentDisplay** con un messaggio relativo all'opzione selezionata.

2. Modulo interattivo

Successivamente, aggiungi la validazione per assicurarti che tutti i campi siano compilati prima che il modulo possa essere inviato.

Configurazione HTML:

```
<!-- Already defined in the HTML structure -->
JavaScript:
document.getElementById('contact-form').addEventListener('submit', function(event) {
    event.preventDefault();   // Prevent the form from submitting traditionally
    const name = document.getElementById('name').value;
    const email = document.getElementById('email').value;
    const message = document.getElementById('message').value;

    if (!name || !email || !message) {
        alert('Please fill in all fields.');
    } else {
        alert('Thank you for your message!');
        // Here you could also add an AJAX request to send the data to a server
    }
});
```

3. Interruttore Tema

Crea un semplice pulsante di attivazione per passare tra tema chiaro e tema scuro.

JavaScript:

```javascript
document.getElementById('theme-toggler').addEventListener('click', function() {
    document.body.classList.toggle('dark-theme');
    const isDark = document.body.classList.contains('dark-theme');
    this.textContent = isDark ? 'Switch to Light Mode' : 'Switch to Dark Mode';
});
```

CSS:

```css
/* Add to styles.css */
.dark-theme {
    background: #333;
    color: #fff;
}
```

4. Elenco di Cose da Fare

Consenti agli utenti di aggiungere, contrassegnare come completate o rimuovere attività da un elenco.

Configurazione HTML:

```html
<!-- Already defined in the HTML structure -->
JavaScript:
document.getElementById('add-task').addEventListener('click', function() {
    const newTask = document.getElementById('new-task').value;
    if (newTask) {
        const listItem = document.createElement('li');
        listItem.textContent = newTask;
        listItem.addEventListener('click', function() {
            this.classList.toggle('completed');
        });
        document.getElementById('tasks').appendChild(listItem);
        document.getElementById('new-task').value = '';   // Clear the input after
adding
    } else {
        alert('Please enter a task.');
    }
});

/* CSS for completed tasks */
.completed {
    text-decoration: line-through;
}
```

Questi esempi mostrano come interagire dinamicamente con il DOM per creare un'applicazione web reattiva e capace di coinvolgere l'utente. Implementando queste funzionalità, non solo metti in pratica i concetti fondamentali di JavaScript e di manipolazione del DOM trattati nel libro, ma realizzi anche un progetto pratico e funzionale che consolida la tua comprensione di queste competenze cruciali per lo sviluppo web.

5. Aggiungere Funzionalità Avanzate

Per portare il nostro semplice sito web interattivo a un livello superiore, integreremo alcune funzionalità avanzate che migliorano la funzionalità, l'interazione con l'utente e dimostrano concetti JavaScript più complessi. In questa sezione vedremo come implementare la validazione del modulo, usare il local storage per mantenere lo stato tra una sessione e l'altra e introdurre ulteriori tecniche JavaScript che possono offrire un'esperienza utente più ricca.

5.1 Validazione del Modulo

Migliorare il modulo con una validazione basata su JavaScript consente un feedback più interattivo. Questo garantirà che gli utenti inseriscano informazioni valide prima dell'invio.

JavaScript per una Validazione Migliorata:

```javascript
document.getElementById('contact-form').addEventListener('submit', function(event) {
    event.preventDefault();
    let isValid = true;

    const name = document.getElementById('name');
    const email = document.getElementById('email');
    const message = document.getElementById('message');

    // Simple validation checks
    [name, email, message].forEach(input => {
        if (!input.value) {
            input.style.border = '2px solid red';
            isValid = false;
        } else {
            input.style.border = '';
        }
    });

    if (isValid) {
        alert('Thank you for your message!');
        // Optionally clear the form or handle the data further
        this.reset();
    } else {
        alert('Please fill in all fields correctly.');
```

```
    }
});
```

5.2 Integrazione con Local Storage

L'uso del local storage consente al sito di ricordare alcune impostazioni o dati dell'utente tra una sessione e l'altra. Per esempio, possiamo memorizzare la preferenza del tema dell'utente oppure salvare gli elementi della lista di cose da fare.

JavaScript per il Local Storage:

```javascript
// Save theme preference
document.getElementById('theme-toggler').addEventListener('click', function() {
    const body = document.body;
    body.classList.toggle('dark-theme');
    const isDark = body.classList.contains('dark-theme');
    localStorage.setItem('theme', isDark ? 'dark' : 'light');
    this.textContent = isDark ? 'Switch to Light Mode' : 'Switch to Dark Mode';
});

// Load theme preference on page load
document.addEventListener('DOMContentLoaded', () => {
    const savedTheme = localStorage.getItem('theme');
    if (savedTheme === 'dark') {
        document.body.classList.add('dark-theme');
        document.getElementById('theme-toggler').textContent = 'Switch to Light
Mode';
    }
});

// Save and load tasks
document.getElementById('add-task').addEventListener('click', function() {
    const taskList = document.getElementById('tasks');
    const newTaskValue = document.getElementById('new-task').value;
    if (newTaskValue) {
        const listItem = document.createElement('li');
        listItem.textContent = newTaskValue;
        taskList.appendChild(listItem);
        updateTasksLocalStorage();
        document.getElementById('new-task').value = '';  // Clear the input
    }
});

function updateTasksLocalStorage() {
    const tasks = [];
    document.querySelectorAll('#tasks li').forEach(task => {
        tasks.push(task.textContent);
    });
    localStorage.setItem('tasks', JSON.stringify(tasks));
```

```javascript
}

document.addEventListener('DOMContentLoaded', () => {
    const savedTasks = JSON.parse(localStorage.getItem('tasks'));
    if (savedTasks) {
        savedTasks.forEach(taskText => {
            const listItem = document.createElement('li');
            listItem.textContent = taskText;
            document.getElementById('tasks').appendChild(listItem);
        });
    }
});
```

5.3 Tecniche JavaScript Aggiuntive

Per migliorare ulteriormente il sito, puoi aggiungere animazioni o transizioni con JavaScript per rendere l'esperienza utente più fluida, soprattutto quando gli elementi entrano o escono dal DOM o quando l'utente interagisce con gli elementi dell'interfaccia.

Esempio: aggiungere una semplice animazione

```javascript
const buttons = document.querySelectorAll('button');
buttons.forEach(button => {
    button.addEventListener('mouseover', () => {
        button.style.transition = 'all 0.3s';
        button.style.transform = 'scale(1.1)';
    });
    button.addEventListener('mouseout', () => {
        button.style.transform = 'scale(1)';
    });
});
```

Integrando queste funzionalità avanzate, il nostro semplice sito web interattivo non solo diventa più funzionale e personalizzato, ma dimostra anche l'applicazione di potenti tecniche JavaScript in scenari reali. Questi miglioramenti contribuiranno a garantire che il sito sia coinvolgente e che mantenga i dati dell'utente in modo efficace, offrendo un'esperienza più ricca e interattiva.

6. Test e Debugging

Un passaggio cruciale in qualsiasi progetto di sviluppo web è il testing e il debugging. Questo processo assicura che il tuo sito funzioni correttamente in ambienti diversi e che eventuali problemi vengano individuati e risolti. In questa sezione, discuteremo strategie per testare il sito web interattivo e forniremo suggerimenti per un debugging efficace.

6.1 Strategie di Testing

1. Test Funzionale:

- **Test Manuale**: passa in rassegna tutte le funzionalità del sito manualmente per assicurarti che funzionino come previsto. Prova ogni pulsante, l'invio dei moduli e ogni interazione.
- **Strumenti per Sviluppatori del Browser**: utilizza la console e le schede network negli strumenti per sviluppatori del browser per ispezionare gli elementi, monitorare le richieste di rete e verificare gli output in console alla ricerca di errori.
- **Test di Responsività**: ridimensiona la finestra del browser per provare diverse dimensioni di schermo, oppure usa gli strumenti di simulazione dei dispositivi disponibili nei developer tools per assicurarti che il sito sia responsive e funzioni su tutti i dispositivi.

2. Test Cross-Browser:

- **Browser diversi**: testa il sito su browser differenti (come Chrome, Firefox, Safari ed Edge) per garantire un comportamento e un aspetto coerenti.
- **Strumenti di compatibilità**: usa strumenti come BrowserStack o Caniuse per verificare la compatibilità ed eseguire test cross-browser.

3. Test di Usabilità:

- **Feedback degli utenti**: raccogli feedback dagli utenti per capire la loro esperienza con il sito. Questo può mettere in evidenza problemi inattesi o possibili miglioramenti.
- **Conformità all'accessibilità**: verifica che il sito sia accessibile testandolo con lettori di schermo, navigazione solo tramite tastiera e strumenti di test dell'accessibilità come WAVE.

6.2 Suggerimenti per il Debugging

1. Log in Console:

- Usa **console.log()**, **console.warn()** e **console.error()** in modo strategico per stampare informazioni di debug nella console JavaScript. Questo può aiutarti a capire quale parte del codice viene eseguita e a individuare dove le cose potrebbero andare storte.

2. Breakpoint:

- Imposta breakpoint nel tuo codice JavaScript usando i developer tools del browser per mettere in pausa l'esecuzione e ispezionare i valori delle variabili in vari punti. Questo può essere fondamentale per comprendere il flusso della logica e i cambiamenti di stato.

3. Esecuzione passo-passo:

- Utilizza la funzione di esecuzione passo-passo nei developer tools del browser per eseguire il JavaScript riga per riga. Questo ti permette di vedere esattamente come viene eseguito il codice e come i dati vengono manipolati.

4. Monitoraggio della rete:

- Monitora e analizza le richieste di rete effettuate dal sito, soprattutto quando interagisci con API o endpoint server. Assicurati che le richieste vadano a buon fine e che i dati restituiti siano quelli attesi.

5. Gestione degli errori:

- Implementa una gestione robusta degli errori nel tuo codice. Intercetta gli errori e mostra informazioni utili all'utente oppure registrale per analisi successive. Usa i blocchi **try...catch** in JavaScript per gestire le eccezioni in modo elegante.

6. Controlli di validazione:

- Valida regolarmente gli input sia lato client sia lato server (se applicabile) per assicurare l'integrità dei dati e prevenire vulnerabilità di sicurezza comuni come XSS (Cross-Site Scripting).

6.3 Problemi Comuni e Relative Soluzioni

- **Problemi di caching**: a volte, le modifiche a CSS o JavaScript potrebbero non apparire a causa della cache del browser. Svuota la cache del browser oppure usa tecniche di cache-busting durante lo sviluppo, ad esempio aggiungendo un parametro di versione (query string) ai riferimenti dei file CSS e JavaScript.
- **Bug asincroni**: i problemi legati al codice asincrono possono essere insidiosi. Usa **async** e **await** (o le promise) in modo efficace e assicurati che le operazioni che

dipendono dal completamento di chiamate asincrone siano posizionate correttamente nel flusso logico.

- **Problemi di design responsivo**: usa le media query CSS per gestire diverse dimensioni dello schermo e assicurati che tutti gli elementi si ridimensionino e si riposizionino correttamente. Testa regolarmente la responsività durante lo sviluppo.

Seguendo queste strategie di test e debugging, puoi assicurarti che il tuo sito web interattivo non solo funzioni in modo impeccabile su piattaforme e dispositivi diversi, ma offra anche un'esperienza utente solida. Il debugging è un processo continuo e il testing costante, insieme a iterazioni e rifiniture, è fondamentale per sviluppare un sito affidabile e professionale.

7. Distribuzione

Dopo aver testato il tuo sito web interattivo e verificato che tutte le funzionalità funzionino come previsto, il passo successivo è distribuirlo su un server live, così che possa essere accessibile agli utenti su internet. La distribuzione comprende diversi passaggi chiave: dalla scelta del provider di hosting alla garanzia che il sito rimanga sicuro e funzioni bene anche sotto carico. Questa sezione ti guiderà nel processo per portare il tuo sito online.

7.1 Scegliere un Provider di Hosting

Il primo passo per distribuire il tuo sito web è scegliere un provider di hosting. Esistono molte opzioni disponibili, ciascuna con funzionalità e fasce di prezzo diverse. Ecco alcune scelte comuni:

- **Hosting condiviso**: provider come Bluehost e HostGator offrono piani economici adatti a siti piccoli o medi. L'hosting condiviso significa che il tuo sito è ospitato su un server condiviso con altri siti web.
- **Hosting VPS**: un Virtual Private Server (VPS) offre una porzione dedicata di un server, il che significa più controllo e migliori prestazioni rispetto all'hosting condiviso. Provider come DigitalOcean e Linode offrono soluzioni VPS scalabili.
- **Hosting cloud**: servizi come AWS, Google Cloud e Microsoft Azure offrono soluzioni di hosting cloud robuste, che possono scalare automaticamente per gestire picchi di traffico e garantire un'ampia copertura geografica.

7.2 Configurare il Dominio

Il tuo sito web avrà bisogno di un nome di dominio, cioè l'indirizzo che gli utenti digiteranno nel browser per trovare il tuo sito. Puoi acquistare un dominio da registrar come GoDaddy, Namecheap o Google Domains. Dopo l'acquisto, configura le impostazioni DNS del dominio affinché puntino al tuo server di hosting: in genere si tratta di impostare record A o record CNAME in base alle istruzioni del tuo host.

7.3 Prepararsi alla Distribuzione

Prima di caricare il sito web, assicurati che tutto sia ottimizzato per ottenere le migliori prestazioni:

- **Minimizzare CSS e JavaScript**: usa strumenti per minificare i file CSS e JavaScript, riducendone le dimensioni e migliorando i tempi di caricamento.
- **Ottimizzare le immagini**: assicurati che le immagini non siano più grandi del necessario, usa formati appropriati e considera strumenti di compressione per ridurre il peso dei file senza perdere qualità.
- **Certificato SSL/TLS**: metti in sicurezza il tuo sito ottenendo un certificato SSL/TLS, che cifra i dati inviati da e verso il sito. Molti host offrono certificati SSL gratuiti tramite Let's Encrypt.

7.4 Caricare il tuo sito web

Per distribuire il tuo sito web, dovrai caricare i tuoi file sul provider di hosting. In genere, questo può essere fatto utilizzando uno dei seguenti metodi:

- **FTP/SFTP**: usa un client FTP come FileZilla per trasferire i file del sito web dal computer locale al server di hosting. SFTP è una versione sicura di FTP che cifra i trasferimenti dei file.
- **Pannello di controllo dell'hosting**: molti provider di hosting offrono un pannello di controllo (come cPanel) che include un file manager. Puoi usare questo strumento per caricare i file direttamente tramite il browser.
- **Sistemi di controllo versione**: se stai usando un sistema di controllo versione come Git, alcuni host consentono di distribuire direttamente dal repository. Questo metodo è particolarmente efficace per gestire aggiornamenti e rollback.

7.5 Controlli dopo la distribuzione

Una volta che il sito è online, esegui i seguenti controlli per assicurarti che tutto funzioni come previsto:

- **Testa tutte le funzionalità**: assicurati che tutti gli elementi interattivi e le funzionalità funzionino come nel tuo ambiente di sviluppo.

- **Monitora le prestazioni**: usa strumenti come Google PageSpeed Insights per analizzare le prestazioni del sito e ottenere suggerimenti di miglioramento.
- **Configura l'analisi**: implementa il tracciamento con Google Analytics o strumenti simili per monitorare il comportamento dei visitatori e raccogliere insight che possano guidare futuri miglioramenti.

7.6 Monitoraggio continuo e aggiornamenti

La distribuzione non è la fine del processo di sviluppo del sito web. È essenziale monitorare continuamente il sito per individuare eventuali problemi e aggiornare regolarmente contenuti, tecnologie e misure di sicurezza, così da garantire prestazioni ottimali e protezione dalle minacce.

Seguendo questi passaggi di distribuzione, il tuo sito web interattivo sarà online e accessibile agli utenti di tutto il mondo, rappresentando una tappa importante nel tuo percorso come web developer. Continua a imparare e a iterare in base al feedback degli utenti e ai dati di analisi per mantenere e migliorare il tuo sito nel tempo.

8. Sfide ed Estensioni

Dopo aver distribuito con successo il tuo semplice sito web interattivo, potresti voler migliorare ulteriormente le tue competenze e le funzionalità del progetto. Questa sezione propone sfide e idee di estensione che non solo aumentano la complessità e l'usabilità del sito, ma incoraggiano anche l'apprendimento e il miglioramento continuo.

8.1 Sfide Aggiuntive

1. **Implementare interazione lato server**:
   - Integra un framework backend come Node.js con Express o un'altra tecnologia server per gestire l'invio dei moduli in modo più dinamico e sicuro. Esplora la creazione di API RESTful per interagire con il front-end in modo più efficiente.
2. **Aggiungere interazioni utente più complesse**:
   - Integra funzionalità drag-and-drop nella lista di cose da fare o in altre parti del sito per migliorare l'esperienza utente.
   - Sviluppa una funzionalità di live chat usando WebSocket per la comunicazione in tempo reale tra utenti.
3. **Integrare API di terze parti**:
   - Integra API come Google Maps per servizi basati sulla posizione o gateway di pagamento come Stripe o PayPal per elaborare transazioni.

- o Recupera dati esterni, come informazioni meteo o articoli di notizie, e mostrali dinamicamente sul sito.
4. **Creare una Progressive Web App (PWA):**
   - o Trasforma il tuo sito in una PWA, che consente funzionalità offline, notifiche push e un'esperienza simile a un'app nativa sui dispositivi mobili.

8.2 Estensioni di Apprendimento

1. **Esplorare i Moderni Framework JavaScript:**
   - o Impara e applica framework come React, Angular o Vue.js al tuo progetto. Questi strumenti possono aiutarti a gestire stati e interfacce utente più complessi, offrendo pattern potenti e ottimizzazioni pronte all'uso.
2. **Tecniche CSS Avanzate:**
   - o Approfondisci concetti CSS avanzati come Flexbox, Grid, animazioni e transizioni per migliorare il layout e la dinamica visiva del tuo sito web.
3. **Ottimizzazione e Best Practice:**
   - o Studia le tecniche di ottimizzazione dei siti web, concentrandoti sul miglioramento dei tempi di caricamento e delle prestazioni. Impara di lazy loading, service worker e gestione efficiente degli asset.
4. **Miglioramenti di Sicurezza:**
   - o Rafforza la sicurezza del tuo sito implementando funzionalità come HTTPS, Content Security Policy e altre pratiche moderne per proteggere i dati e le interazioni degli utenti.
5. **Miglioramenti di Accessibilità:**
   - o Rendi il tuo sito più accessibile rispettando le WCAG (Web Content Accessibility Guidelines). Implementa funzionalità che facilitino la navigazione per tutti gli utenti, inclusi quelli con disabilità.
6. **Test Automatizzati e Integrazione Continua (CI):**
   - o Configura framework di test automatizzati come Jest o Mocha per i test JavaScript. Integra il tuo progetto con strumenti CI come Jenkins o GitHub Actions per automatizzare test e processi di deployment.
7. **Esplorare l'Integrazione con un Database:**
   - o Aggiungi una soluzione database come MongoDB, PostgreSQL o Firebase per archiviare i dati degli utenti in modo persistente. Questo ti permetterà di gestire account utente, salvare i dati dell'applicazione e recuperarli dinamicamente.

Ognuna di queste sfide ed estensioni offre un percorso non solo per migliorare il tuo progetto, ma anche per approfondire la tua comprensione dello sviluppo web. Affrontarle ti aiuterà a creare applicazioni web più robuste, efficienti e user-friendly, preparandoti a ruoli avanzati nel web development. Man mano che progredisci, continua a esplorare nuove tecnologie e metodologie per restare al passo con l'evoluzione rapida dello sviluppo web.

9. Conclusione

Congratulazioni per aver completato la Parte I di "JavaScript from Scratch: Unlock your Web Development Superpowers" e per aver creato e distribuito con successo il tuo semplice sito web interattivo. In questo percorso, hai costruito solide basi in JavaScript, imparando a manipolare il DOM, gestire gli eventi e aggiornare dinamicamente i contenuti in base alle interazioni dell'utente. Questa sezione finale serve a riepilogare le competenze sviluppate, riflettere su ciò che hai imparato e considerare come applicare queste abilità a progetti futuri o a contesti professionali.

9.1 Riepilogo delle Competenze Apprese

Nel corso di questa parte del libro, hai acquisito e messo in pratica una serie di competenze essenziali per lo sviluppo web:

- **Fondamenti di JavaScript**: hai sviluppato padronanza delle basi di JavaScript, incluse variabili, tipi di dati, strutture di controllo e funzioni.
- **Manipolazione del DOM**: hai imparato a selezionare, modificare, creare e rimuovere elementi HTML in modo dinamico, competenza cruciale per costruire pagine web interattive.
- **Gestione degli Eventi**: hai imparato a configurare event listener e a rispondere alle azioni dell'utente, permettendo un design interattivo e responsivo.
- **Validazione e Gestione dei Moduli**: hai implementato la validazione lato client e appreso tecniche di base per migliorare la gestione degli input dell'utente.
- **Local Storage**: hai utilizzato il local storage per mantenere lo stato tra le sessioni, migliorando l'esperienza utente ricordando preferenze e dati.
- **Distribuzione**: hai distribuito con successo il tuo sito web, rendendolo accessibile agli utenti di tutto il mondo e acquisendo esperienza negli ultimi passaggi cruciali dello sviluppo web.

9.2 Riflessioni sul Processo del Progetto

Questo progetto non solo ha consolidato la tua comprensione dei concetti tecnici, ma ti ha anche insegnato il ciclo di vita di un progetto: dall'ideazione alla distribuzione. Rifletti sui seguenti aspetti:

- **Problem Solving**: come hai affrontato il troubleshooting e risolto i problemi emersi durante lo sviluppo? Quali strategie hai trovato più efficaci?

- **Design Thinking**: considera come le decisioni di design influenzano l'esperienza utente. In che modo le scelte progettuali che hai fatto hanno inciso sul modo in cui gli utenti hanno interagito con il tuo sito?
- **Ottimizzazione delle Prestazioni**: rifletti sull'importanza delle performance di un sito web. Quali passaggi hai seguito per assicurarti che il tuo sito si caricasse rapidamente e funzionasse in modo fluido?

9.3 Direzioni Future

Con queste competenze fondamentali a disposizione, sei ben preparato ad affrontare progetti più complessi. Considera di esplorare i seguenti percorsi:

- **JavaScript Avanzato e Framework**: approfondisci JavaScript ed esplora framework come React, Angular o Vue.js, che possono aiutarti a gestire stati applicativi e interfacce utente più complesse.
- **Sviluppo Full-Stack**: amplia le tue conoscenze includendo la programmazione lato server. Imparare Node.js, Python o Ruby può aiutarti a costruire applicazioni complete, dal front-end al back-end.
- **Specializzazione**: valuta di specializzarti in aree come l'ottimizzazione delle prestazioni front-end, l'accessibilità o lo user experience design. Ognuna di queste aree offre percorsi professionali profondi e gratificanti.

9.4 Apprendimento Continuo

Lo sviluppo web è un campo in rapida evoluzione. Restare aggiornato su nuove tecnologie, best practice e standard emergenti è fondamentale. Partecipa alla community di sviluppo attraverso forum, social media e conferenze. Continua a imparare con corsi online, tutorial e costruendo progetti che ti sfidino ad applicare e ampliare le tue competenze.

In chiusura, ricorda che il percorso di apprendimento e crescita è continuo. Ogni progetto si basa sul precedente e ogni sfida rappresenta una nuova opportunità per migliorare. Continua a scrivere codice, continua a sperimentare e, soprattutto, continua a goderti il processo di creare qualcosa di nuovo. Il tuo viaggio come web developer è appena iniziato e le possibilità sono infinite.

Parte II: JavaScript Intermedio

Capitolo 5: Funzioni avanzate

Benvenuti al Capitolo 5 di "**JavaScript da Zero a Supereroe: Sblocca i tuoi superpoteri nello sviluppo web**", dove intraprendiamo un viaggio nel complesso e gratificante mondo delle funzioni avanzate. Questo capitolo è stato progettato con cura per ampliare la tua comprensione delle funzioni JavaScript. Ti introduce a una varietà di concetti più sofisticati che hanno il potenziale di migliorare in modo significativo la leggibilità, l'efficienza e la funzionalità del tuo codice. Addentrandoci nel cuore della programmazione JavaScript, scoprirai che le funzioni sono i mattoni fondamentali e che padroneggiarle è assolutamente cruciale per sviluppare applicazioni complesse.

In questo capitolo illuminante esploreremo i molti volti delle funzioni JavaScript. Ci muoveremo tra vari tipi di funzioni, ne scopriremo le sfumature più sottili e impareremo come sfruttarle efficacemente in scenari reali. Questa sezione è la tua guida per padroneggiare l'arte delle funzioni JavaScript. Tratteremo argomenti che vanno dalla semplicità e dall'eleganza delle arrow function, alla versatilità delle funzioni di ordine superiore, all'utilità delle callback, all'ingegnosità delle closure e alla potenza delle funzioni asincrone.

Ogni sezione è stata realizzata con attenzione per offrirti non solo una profonda comprensione teorica, ma anche conoscenze pratiche che potrai applicare immediatamente nei tuoi progetti. Alla fine di questo capitolo, avrai una comprensione completa delle funzioni avanzate e sarai pronto ad affrontare qualsiasi sfida nel tuo percorso di programmazione in JavaScript.

5.1 Arrow Functions

Le arrow function, una novità introdotta nella sesta edizione di ECMAScript (ES6), offrono una sintassi più snella per scrivere funzioni, semplificando così il codice e migliorandone la leggibilità. Queste funzioni sono particolarmente utili nei casi in cui le funzioni vengono usate principalmente per restituire un valore calcolato, riducendo la necessità di codice superfluo.

Il vantaggio principale delle arrow function è la loro sintassi concisa, che consente agli sviluppatori di scrivere espressioni di funzione meno verbose. Eliminano la necessità della parola chiave 'function', delle parentesi graffe e della parola chiave 'return' quando nella funzione è presente una sola istruzione. Questo rende il codice più pulito e facile da comprendere a colpo d'occhio.

Inoltre, le arrow function condividono lo stesso **this** lessicale del codice circostante. Questa è una caratteristica significativa, perché elimina la comune confusione legata al comportamento di **this** in JavaScript. **This** all'interno di una arrow function rappresenta sempre l'oggetto che ha definito la arrow function. Questo le rende ideali nei contesti in cui, altrimenti, potresti dover fare il bind di una funzione all'oggetto corrente, ottenendo un comportamento più intuitivo.

Pertanto, l'introduzione delle arrow function in ES6 ha migliorato la brevità e la leggibilità di JavaScript, rendendole uno strumento potente per lo sviluppo web moderno.

5.1.1 Sintassi e uso di base

La arrow function, che è una caratteristica fondamentale del JavaScript moderno, ha una sintassi di base relativamente semplice e facile da capire. È un modo più conciso per creare funzioni in JavaScript e presenta anche alcune differenze di comportamento rispetto alle espressioni di funzione tradizionali. Questo la rende uno strumento essenziale da comprendere e utilizzare efficacemente per chi programma in JavaScript.

La sintassi di base di una arrow function è la seguente:

```
const functionName = (parameters) => expression;
```

Questa sintassi è una versione più concisa di una function expression. L'istruzione **return** è implicita e viene omessa nelle funzioni a singola espressione. Ecco un semplice confronto:

Questo è un esempio semplice della sintassi delle arrow function in JavaScript. Definisce una funzione chiamata "functionName" che accetta gli argomenti indicati in "parameters" e restituisce il risultato di "expression". Questa sintassi è ampiamente utilizzata in JavaScript, soprattutto nella libreria React.js.

Espressione di funzione tradizionale:

```
const add = function(a, b) {
    return a + b;
};
```

Il codice di esempio è un semplice esempio di funzione in JavaScript, uno dei linguaggi di programmazione più utilizzati nello sviluppo web. La funzione si chiama 'add', il che suggerisce il suo scopo: sommare due numeri.

La funzione è dichiarata usando la parola chiave 'const', il che significa che è una variabile costante. In pratica, una volta definita la funzione, non puoi ridichiararla più avanti nel codice.

Ora scomponiamo il codice:

Qui, 'add' è il nome della funzione. La parola chiave 'function' viene usata per dichiarare una funzione. Subito dopo, tra parentesi, abbiamo 'a' e 'b'. Questi sono i parametri o input della funzione. Questa funzione specifica si aspetta due input.

All'interno del corpo della funzione, racchiuso tra parentesi graffe **{}**, c'è una sola riga di codice: **return a + b;**. La parola chiave **return** viene usata nelle funzioni per specificarne l'output. In questo caso, la funzione restituisce la somma di 'a' e 'b'.

Quindi, in sintesi, questa funzione chiamata 'add' prende due parametri, 'a' e 'b', li somma e restituisce il risultato.

Arrow Function:

```javascript
const add = (a, b) => a + b;
```

Questo è un esempio semplice. Definisce una funzione chiamata "add" che accetta due parametri "a" e "b". La funzione restituisce la somma di "a" e "b". La sintassi è nel formato ES6, che usa la arrow function.

Nessun parametro e più espressioni

Se non ci sono parametri, devi includere una coppia di parentesi vuote nella definizione:

```javascript
const sayHello = () => console.log("Hello!");
```

Questo esempio mostra che in JavaScript, quando definisci una funzione usando la sintassi delle arrow function, devi includere un set di parentesi vuote anche se la funzione non richiede parametri. Lo snippet di codice fornito definisce una funzione chiamata "sayHello" che stampa la stringa "Hello!" nella console.

Quando la funzione contiene più di un'espressione, devi racchiudere il corpo tra parentesi graffe e usare un'istruzione **return** (se deve restituire un valore):

```javascript
const multiply = (a, b) => {
    let result = a * b;
    return result;
};
```

5.1.2 Casi d'uso delle Arrow Functions

Le arrow function sono un modo più snello e conciso di scrivere funzioni in JavaScript, semplificando notevolmente il codice e migliorandone la leggibilità. Sono particolarmente utili nei casi in cui le funzioni vengono usate principalmente per restituire un valore calcolato, riducendo la necessità di codice aggiuntivo.

In questa sezione, approfondirai la comprensione delle arrow function. Esploreremo diversi scenari, mostrando quando e come usare efficacemente queste funzioni in situazioni di programmazione reali.

L'obiettivo è fornirti le conoscenze e le competenze necessarie per integrare senza difficoltà l'uso delle arrow function nelle tue pratiche di coding, migliorando efficienza e padronanza.

Operazioni di iterazione concise: Le arrow function sono particolarmente utili per manipolare array, ad esempio con operazioni come map, filter o reduce. Queste operazioni diventano più sintetiche e facili da leggere con le arrow function, facendo risparmiare tempo e rendendo il codice più pulito e comprensibile:

```javascript
const numbers = [1, 2, 3, 4, 5];
const squared = numbers.map(number => number * number);
console.log(squared); // Output: [1, 4, 9, 16, 25]
```

Il codice dichiara un array 'numbers' composto da cinque elementi. Poi genera un nuovo array 'squared' elevando al quadrato ogni elemento dell'array 'numbers' usando la funzione **map**. Questa funzione accetta una funzione come argomento e la applica a ciascun elemento dell'array.

La arrow function 'number => number * number' viene usata per elevare al quadrato ogni numero. Infine, l'array 'squared' viene stampato nella console, producendo un nuovo array con i numeri originali al quadrato: [1, 4, 9, 16, 25].

Come callback: Nel contesto della programmazione JavaScript, il binding lessicale di **this** fornito dalle arrow function è particolarmente utile, soprattutto quando si lavora con callback. Le function expression tradizionali possono legare involontariamente la keyword **this** a un contesto diverso, cosa che può portare a risultati inattesi o bug nel codice.

Questa è una trappola che può essere facilmente evitata usando le arrow function, che legano automaticamente **this** al contesto dello scope esterno in cui la funzione è stata definita, mantenendo il contesto previsto e contribuendo a un codice più pulito e prevedibile.

Esempio:

```
document.getElementById("myButton").addEventListener('click', () => {
    console.log(this);  // 'this' refers to the context where the function was defined,
not to the element.
});
```

Il codice aggiunge un event listener all'elemento HTML con ID "myButton". Quando questo pulsante viene cliccato, viene eseguita una funzione che stampa nella console il contesto corrente, cioè il contesto in cui la funzione è stata definita. Tuttavia, in questo caso **this** non si riferisce all'elemento HTML cliccato perché è stata usata una arrow function, e le arrow function non hanno un proprio contesto **this**.

Programmazione funzionale: Le arrow function svolgono un ruolo importante nella programmazione funzionale. Consentendo una sintassi più concisa e leggibile, contribuiscono a creare codice più pulito e più facile da mantenere. Questo è particolarmente utile nei progetti più grandi, dove chiarezza e leggibilità del codice sono fondamentali.

L'adozione di uno stile di programmazione funzionale può portare a un miglioramento dei processi di debug e test, con il risultato di software di qualità più elevata. È importante notare che, anche se le arrow function possono migliorare notevolmente l'esperienza di programmazione funzionale, comprenderne l'uso e le implicazioni è essenziale per uno sviluppo efficace.

Limitazioni delle Arrow Function

- **Nessun binding di this:** Una delle caratteristiche delle arrow function è che non effettuano il binding di **this**. Questo spesso è un vantaggio e offre maggiore flessibilità in certi scenari. Tuttavia, può diventare un limite quando serve che la funzione si leghi a un contesto diverso.

- **Nessun oggetto arguments:** Un'altra caratteristica importante è che le arrow function non hanno un proprio oggetto **arguments**. Questo significa che, se devi accedere a un oggetto "array-like" degli argomenti, devi usare i rest parameters.
- **Non adatte come metodi:** Anche se le arrow function sono molto utili, non sono adatte per definire metodi di oggetti. Questo perché, quando definisci un metodo con una arrow function, non puoi accedere all'oggetto tramite **this**, il che può limitarne la funzionalità.
- **Non utilizzabili come costruttori:** Infine, è importante ricordare che le arrow function non possono essere usate come costruttori. Tentare di usare una arrow function con la keyword **new** genera un errore, perché non è un caso d'uso supportato per questo tipo di funzioni.

Le arrow function sono una potente aggiunta all'arsenale della sintassi delle funzioni in JavaScript. Offrono vantaggi sintattici e gestiscono **this** in modo diverso, il che può portare a un comportamento più prevedibile quando vengono usate in modo appropriato.

5.1.3 Restituire oggetti letterali

Le arrow function offrono un modo più breve e conciso per dichiarare funzioni. Tuttavia, hanno alcune sfumature che possono trarre in inganno chi non le conosce bene. Un errore comune, ad esempio, si verifica quando si vuole restituire direttamente un object literal dalla funzione.

La sintassi particolare delle arrow function può portare a un'interpretazione errata da parte dell'interprete JavaScript, soprattutto quando sono coinvolte le parentesi graffe. In JavaScript, le parentesi graffe servono sia a delimitare il corpo di una funzione sia a definire gli object literal. Questo può generare confusione. Quando usi le parentesi graffe dopo la freccia in una arrow function, l'interprete pensa che tu stia iniziando il corpo della funzione, invece di dichiarare un object literal.

Questo può causare risultati inattesi o errori, se non viene gestito correttamente. Per evitare il problema e restituire un object literal direttamente da una arrow function, basta fare un passaggio semplice ma fondamentale: devi racchiudere l'object literal tra parentesi tonde. In questo modo, invii un segnale chiaro all'interprete JavaScript che le parentesi graffe non indicano il corpo della funzione, ma l'object literal.

È un punto importante da ricordare quando si scrivono arrow function ed è un ottimo esempio di come conoscere le sfumature della sintassi possa prevenire bug ed errori nel codice.

Esempio: Restituire un Object Literal

```
const createPerson = (name, age) => ({name: name, age: age});
```

```
console.log(createPerson("John Doe", 30)); // Outputs: { name: 'John Doe', age: 30 }
```

Questa tecnica garantisce che l'object literal non venga confuso con il corpo della funzione, permettendoti di restituire oggetti in modo conciso.

Il codice definisce una funzione chiamata "createPerson". Questa funzione accetta due parametri, "name" e "age", e restituisce un oggetto con queste due proprietà. Poi la funzione viene chiamata con gli argomenti "John Doe" e "30" e l'output viene stampato nella console. L'output è un oggetto con la proprietà name uguale a 'John Doe' e la proprietà age uguale a 30.

5.1.4 Arrow Functions nei metodi degli array

Le arrow function sono diventate una svolta nella programmazione JavaScript, soprattutto quando si lavora con metodi degli array che si aspettano funzioni di callback. Questo include metodi come **map()**, **filter()**, **reduce()** e altri. La vera potenza delle arrow function emerge dalla loro sintassi concisa, che elimina la necessità delle parole chiave verbose **function** e **return**.

map(), **filter()** e **reduce()** sono potenti metodi degli array in JavaScript che vengono spesso utilizzati nel contesto della programmazione funzionale.

La funzione **map()** viene usata per creare un nuovo array applicando una funzione specifica a tutti gli elementi di un array esistente. In termini semplici, "mappa" ogni elemento dell'array originale in un nuovo elemento dell'array risultante, in base alla funzione di trasformazione fornita. È particolarmente utile quando vuoi applicare una trasformazione o un'operazione a ogni elemento di un array, senza modificare l'array originale.

```
const numbers = [1, 2, 3, 4, 5];
const squared = numbers.map(number => number * number);
console.log(squared);  // Output: [1, 4, 9, 16, 25]
```

La funzione **filter()**, invece, viene usata per creare un nuovo array a partire da un array dato, includendo solo gli elementi che soddisfano una condizione specificata da una funzione fornita. In pratica, "filtra" gli elementi che non rispettano la condizione. Può essere utile quando vuoi selezionare determinati elementi da un array in base a criteri specifici.

```
const numbers = [1, 2, 3, 4, 5];
const evenNumbers = numbers.filter(n => n % 2 === 0);
console.log(evenNumbers);  // Outputs: [2, 4]
```

Infine, la funzione **reduce()** viene usata per applicare una funzione a ciascun elemento dell'array (da sinistra a destra) in modo da ridurre l'array a un singolo valore — da qui il nome "reduce". Questa funzione prende due argomenti: un accumulatore e il valore corrente. L'accumulatore accumula i valori restituiti dalla callback, mentre il valore corrente rappresenta l'elemento che si sta elaborando in quel momento nell'array.

```javascript
const numbers = [1, 2, 3, 4, 5];
const sum = numbers.reduce((total, current) => total + current, 0);
console.log(sum);  // Outputs: 15
```

In questo esempio, il metodo **reduce()** viene usato per sommare tutti i numeri dell'array. Il parametro 'total' è l'accumulatore che memorizza il totale progressivo, mentre 'current' è il numero corrente dell'array mentre **reduce()** procede da sinistra a destra. Lo 0 dopo la funzione di callback è il valore iniziale di 'total'.

Queste funzioni offrono un modo robusto ed efficiente di gestire gli array e possono migliorare significativamente la tua capacità di scrivere codice conciso, comprensibile e manutenibile.

5.1.5 Gestire this **negli event listener**

Anche se le arrow function condividono lo stesso **this** lessicale del codice circostante (il che di solito è un vantaggio), questo può portare a comportamenti inattesi quando aggiungi event listener che si basano sul fatto che **this** si riferisca all'elemento che ha generato l'evento:

Esempio: Arrow Function negli event listener

```javascript
document.getElementById('myButton').addEventListener('click', () => {
    console.log(this.innerHTML);   // Non funziona come previsto; 'this' non è il
pulsante
});
```

Per gestire questi casi, puoi usare una function expression tradizionale oppure usare l'oggetto event, che viene passato all'handler:

Esempio corretto usando l'oggetto event

```javascript
document.getElementById('myButton').addEventListener('click', event => {
    console.log(event.target.innerHTML);   // Correctly logs the button's innerHTML
});
```

5.1.6 Nessun parametro con nome duplicato

A differenza delle espressioni di funzione tradizionali, le arrow function hanno una caratteristica particolare: vietano in modo rigoroso l'uso di parametri con lo stesso nome, indipendentemente dal fatto che il codice sia in strict mode o in non-strict mode. Questa regola aiuta a individuare potenziali errori fin dalle prime fasi dello sviluppo.

Di conseguenza, aumenta in modo significativo l'affidabilità e la pulizia del codice. Assicurando che ogni parametro abbia un nome univoco, chi sviluppa può evitare confusione e possibili malfunzionamenti in seguito, ottenendo un software più robusto e tollerante agli errori.

Esempio: errore di sintassi in una arrow function

```javascript
const add = (a, a) => a + a;  // Syntax error in strict and non-strict mode
```

5.1.7 Debuggare le Arrow Function

Il debug delle arrow function in JavaScript può, a volte, rappresentare una sfida, soprattutto a causa della loro sintassi concisa e compatta, che spesso lascia poco spazio a un debugging dettagliato. Le arrow function, pur essendo estremamente utili per scrivere codice pulito ed efficiente, possono diventare un punto delicato quando qualcosa non funziona e si rende necessario fare debug.

Quando in queste funzioni è presente logica complessa, una buona pratica è trasformare la sintassi "concisa" del corpo in una sintassi a blocco più verbosa. Questo consente di includere istruzioni di debug appropriate, ad esempio **console.log()**.

Una strategia di questo tipo può offrire una visione più chiara di ciò che la funzione sta facendo a ogni passaggio, rendendo il processo di debugging più gestibile ed efficace.

Esempio: debug all'interno di una arrow function

```javascript
const complexCalculation = (a, b) => {
        console.log("Input values:", a, b);
        const result = a * b + 100;
        console.log("Calculation result:", result);
        return result;
};
```

5.2 Callback e Promise

Nel vasto universo di JavaScript, un linguaggio ampiamente utilizzato in moltissime applicazioni e scenari, la gestione di operazioni asincrone come richieste di rete, operazioni su file o timer è di fondamentale importanza.

Queste operazioni sono una parte critica della maggior parte delle applicazioni JavaScript e la loro corretta gestione può influire notevolmente sulle prestazioni e sull'esperienza utente della tua applicazione. In questa sezione approfondiremo due concetti fondamentali, ampiamente usati per gestire questi compiti complessi: callback e promise.

Questi due concetti sono pilastri della programmazione asincrona in JavaScript e offrono modi diversi per organizzare e strutturare il codice asincrono. Acquisendo una comprensione approfondita di questi concetti, migliorerai in modo significativo la tua capacità di scrivere codice asincrono pulito, efficace e manutenibile.

Questo, a sua volta, ti permetterà di sviluppare applicazioni più robuste ed efficienti, e renderà il tuo codice più facile da leggere e da debuggare, aumentando la tua produttività come sviluppatore JavaScript.

5.2.1 Comprendere le Callback

Una **callback** è un tipo speciale di funzione progettata per essere passata a un'altra funzione come argomento. Lo scopo di una callback è rimandare un certo calcolo o un'azione a un momento successivo. In altre parole, la callback viene "richiamata" (called back) in un punto specifico nel futuro.

Questa configurazione è ideale nei paradigmi di programmazione asincrona, in cui vogliamo avviare un'attività lunga (come una richiesta di rete) e poi passare ad altri compiti.

La callback ci permette di specificare cosa dovrebbe accadere quando l'attività lunga termina. Questo consente di garantire che il codice giusto venga eseguito al momento giusto.

Esempio base di una callback

```javascript
function greeting(name, callback) {
        console.log('Hello ' + name);
        callback();
}

greeting('Alice', function() {
```

```
        console.log('This is executed after the greeting function.');
});
```

In questo esempio, la funzione **greeting** accetta un nome e una callback come argomenti. La callback viene eseguita subito dopo che il messaggio di saluto viene stampato in console.

Questo esempio definisce una funzione chiamata "greeting" che accetta due parametri: un nome (come stringa) e una callback. La funzione stampa un messaggio di saluto ('Hello ' + name) nella console e poi esegue la callback.

Dopo che la funzione **greeting** è stata definita, viene chiamata con il nome 'Alice' e una funzione anonima come parametri. Questa funzione anonima verrà eseguita dopo la funzione **greeting**, stampando 'This is executed after the greeting function.' nella console.

Callback nelle Operazioni Asincrone

Nella programmazione, le callback svolgono un ruolo fondamentale, specialmente quando si ha a che fare con operazioni asincrone. Le operazioni asincrone sono quelle che permettono ad altri processi di continuare prima che esse vengano completate.

Per esempio, supponiamo che tu stia recuperando dati da un server, un'operazione molto comune nello sviluppo web. Questo processo può richiedere un tempo non specificato. Per mantenere la tua applicazione reattiva ed efficiente, non vuoi bloccare l'intero programma mentre aspetti i dati. È qui che entrano in gioco le callback.

Usando una funzione callback, puoi effettivamente dire: "Continua a eseguire il resto del programma. Una volta che i dati arrivano dal server, esegui questa funzione per gestirli." In questo modo, la funzione callback agisce come un mezzo pratico per gestire i dati una volta che diventano disponibili.

Esempio: Utilizzare le Callback con Operazioni Asincrone

```
function fetchData(callback) {
    setTimeout(() => {
        callback('Data retrieved');
    }, 2000);  // Simulates a network request
}

fetchData(data => {
    console.log(data);  // Outputs: 'Data retrieved'
});
```

Anche se le callback sono semplici ed efficaci per gestire i risultati asincroni, possono portare a problemi come la "callback hell" o la "piramide del destino", in cui le callback vengono annidate dentro altre callback, producendo codice molto indentato e difficile da leggere.

Questo codice definisce una funzione chiamata fetchData. La funzione accetta una funzione di callback come argomento, simula una richiesta di rete tramite un ritardo di 2000 millisecondi (2 secondi) usando il metodo setTimeout e poi chiama la callback passando l'argomento 'Data retrieved'. Sotto la definizione della funzione, la funzione fetchData viene invocata con una callback che registra i dati (in questo caso 'Data retrieved') nella console.

5.2.2 Promises: Un'alternativa più pulita

In risposta alle sfide e alle complessità spesso associate all'uso delle callback in JavaScript, ECMAScript 6 (ES6) ha introdotto un miglioramento significativo sotto forma di **Promise**.

Le Promise non sono semplici oggetti: nel contesto delle operazioni asincrone hanno un significato particolare. Indicano la conclusione futura di queste operazioni, che si tratti di un completamento con successo o di un fallimento.

Inoltre, le Promise non riguardano solo il completamento o il fallimento di un'operazione: contengono anche il valore risultante dell'operazione. Questa caratteristica offre un modo più lineare ed efficiente per gestire attività asincrone in JavaScript.

Creare una Promise

```javascript
const promise = new Promise((resolve, reject) => {
    setTimeout(() => {
        resolve('Data loaded successfully');
        // reject('Error loading data');  // Uncomment to simulate an error
    }, 2000);
});

promise.then(data => {
    console.log(data);
}).catch(error => {
    console.error(error);
});
```

In questo esempio di codice viene creata una nuova Promise. Come discusso, una Promise è un oggetto che rappresenta il completamento (con successo) oppure il fallimento (con errore) di un'operazione asincrona in un momento futuro.

In questo caso, la Promise viene risolta con il messaggio 'Data loaded successfully' dopo un ritardo di 2 secondi. Se si verifica un errore, viene rifiutata con il messaggio 'Error loading data'.

Il metodo **then** viene usato per pianificare l'esecuzione del codice quando la Promise viene risolta, registrando i dati. Se la Promise viene rifiutata, il metodo **catch** intercetta l'errore e lo registra.

Punti chiave sulle Promise:

- Una Promise nella programmazione JavaScript ha tre stati: pending, in cui l'esito non è ancora determinato; fulfilled, in cui l'operazione è completata con successo; e rejected, in cui l'operazione è fallita.
- Il metodo **then()** (parte integrante del lavoro con le Promise in JavaScript) viene usato per pianificare una funzione di callback che verrà eseguita non appena la Promise viene risolta, cioè quando è fulfilled.
- Infine, il metodo **catch()** viene usato per gestire eventuali errori o eccezioni che possono verificarsi durante l'esecuzione della Promise. Agisce come una rete di sicurezza, garantendo che le condizioni di errore vengano gestite correttamente e non restino senza gestione.

Concatenare le Promise Uno dei punti di forza fondamentali delle Promise è la possibilità di concatenarle (chain). Questa caratteristica è possibile perché ogni invocazione del metodo **then()** su una Promise restituisce una Promise completamente nuova.

Questa nuova Promise può poi essere usata come base per un altro **then()**, creando una catena. Questa catena di Promise rende possibile chiamare metodi asincroni in un ordine specifico, assicurando che ogni operazione venga eseguita in modo sequenziale, una dopo l'altra.

Questo è un aspetto fondamentale delle Promise, che permette una gestione strutturata e prevedibile delle operazioni asincrone.

Esempio: Concatenazione di Promise

```javascript
function fetchUser() {
    return new Promise(resolve => {
        setTimeout(() => resolve({ name: 'Alice' }), 1000);
    });
}

function fetchPosts(userId) {
    return new Promise(resolve => {
        setTimeout(() => resolve(['Post 1', 'Post 2']), 1000);
    });
```

```javascript
}

fetchUser().then(user => {
    console.log('User fetched:', user.name);
    return fetchPosts(user.name);
}).then(posts => {
    console.log('Posts fetched:', posts);
}).catch(error => {
    console.error(error);
});
```

Questo esempio mostra come eseguire più operazioni asincrone in sequenza, in cui ogni passaggio dipende dal risultato di quello precedente.

Questo esempio illustra il concetto di Promise e di programmazione asincrona. Il codice, inizialmente, recupera i dati di un utente (simulando l'operazione con **setTimeout**, che risolve una Promise dopo 1 secondo con un oggetto utente). Dopo aver recuperato l'utente, il codice registra il nome dell'utente e recupera i post dell'utente (un'altra operazione simulata con **setTimeout**). I post vengono poi mostrati nella console. Qualsiasi errore incontrato durante il processo viene intercettato e registrato nella console.

Comprendere e utilizzare correttamente callback e Promise è fondamentale per programmare efficacemente in JavaScript, soprattutto quando si lavora con operazioni asincrone. Le Promise, in particolare, offrono un approccio più pulito e gestibile rispetto alle callback tradizionali, riducendo la complessità e migliorando la leggibilità.

5.2.3 Gestione degli errori nelle Promise

In JavaScript, ogni Promise si trova in uno di tre stati: *pending* (l'operazione è in corso), *fulfilled* (l'operazione si è completata con successo) oppure *rejected* (l'operazione è fallita). La gestione degli errori nelle Promise riguarda principalmente lo stato *rejected*. Quando una Promise viene rifiutata, in genere significa che si è verificato un errore.

Per esempio, una Promise può essere usata per richiedere dati a un server. Se il server risponde con i dati, la Promise viene soddisfatta (*fulfilled*). Ma se il server non risponde o invia una risposta di errore, la Promise viene rifiutata (*rejected*).

Per gestire questi rifiuti, puoi usare il metodo **.catch()** sull'oggetto Promise. Questo metodo pianifica l'esecuzione di una funzione se la Promise viene rifiutata. La funzione può ricevere l'errore come parametro, consentendoti di gestirlo in modo appropriato, ad esempio registrando il messaggio di errore nella console o mostrando un messaggio di errore all'utente.

Inoltre, il metodo **.finally()** può essere usato per pianificare del codice da eseguire dopo che la Promise è stata soddisfatta o rifiutata, ed è utile per attività di pulizia come chiudere una connessione al database.

Implementando una gestione efficace degli errori nelle Promise, puoi assicurarti che la tua applicazione resti robusta e affidabile, anche quando affronta le incertezze tipiche delle operazioni asincrone.

Quando si lavora con le Promise in programmazione, una corretta gestione degli errori diventa un aspetto di importanza fondamentale. Questo perché funge da salvaguardia efficiente, garantendo che eventuali errori, piccoli o grandi, non passino inosservati. Al contrario, vengono intercettati in anticipo e gestiti in modo efficace.

Inoltre, integrare una gestione efficiente degli errori nella tua applicazione le conferisce la capacità di affrontare situazioni impreviste in modo "elegante". Ciò significa che l'applicazione non andrà in crash né si comporterà in modo imprevedibile quando si verifica un errore. Invece, continuerà a funzionare nel modo più fluido possibile, fornendo al tempo stesso un feedback significativo sull'errore, così da permettere un troubleshooting tempestivo ed efficace.

Esempio: Gestione completa degli errori

```javascript
const fetchUserData = () => {
    return new Promise((resolve, reject) => {
        setTimeout(() => {
            if (Math.random() > 0.5) {
                resolve({ name: "Alice", age: 25 });
            } else {
                reject(new Error("Failed to fetch user data"));
            }
        }, 1000);
    });
};

fetchUserData()
    .then(data => {
        console.log("User data retrieved:", data);
    })
    .catch(error => {
        console.error("An error occurred:", error.message);
    });
```

In questo esempio, il metodo **catch()** viene usato per gestire eventuali errori che si verificano durante l'esecuzione della promise, garantendo che tutte le possibili situazioni di fallimento vengano gestite.

Il codice definisce una funzione chiamata **fetchUserData** che restituisce una Promise. Questa Promise simula il recupero dei dati utente: dopo un ritardo di 1 secondo (1000 millisecondi), o si risolve con un oggetto contenente i dati utente (nome ed età), oppure viene rifiutata con un errore. L'esito è determinato in modo casuale, con una probabilità del 50% per ciascun caso.

Dopo che la funzione **fetchUserData** è stata definita, viene chiamata immediatamente. Usa il metodo **.then** per gestire il caso in cui la Promise si risolve, registrando i dati utente nella console. Usa anche il metodo **.catch** per gestire il caso in cui la Promise venga rifiutata, registrando il messaggio di errore nella console.

5.2.4 Promise.all

In scenari in cui stai gestendo più operazioni asincrone che devono essere eseguite contemporaneamente e in cui è essenziale attendere che tutte queste operazioni si completino prima di procedere, il metodo **Promise.all** diventa uno strumento preziosissimo in JavaScript.

Il metodo **Promise.all** funziona accettando un array di promise come parametro di input. In risposta, restituisce una nuova promise. Per quanto riguarda il comportamento di questa nuova promise, è progettata per risolversi solo quando tutte le promise nell'array di input si sono risolte con successo. Questo significa che attende che ogni operazione asincrona termini correttamente.

D'altra parte, se anche solo una delle promise nell'array di input fallisce o viene rifiutata, la nuova promise restituita da **Promise.all** verrà rifiutata immediatamente. Questo significa che non attende il completamento di tutte le operazioni se una sola fallisce, permettendoti così di gestire gli errori tempestivamente.

Esempio: Uso di Promise.alll

```javascript
const promise1 = Promise.resolve(3);
const promise2 = 42;
const promise3 = new Promise((resolve, reject) => {
    setTimeout(resolve, 100, 'foo');
});

Promise.all([promise1, promise2, promise3]).then(values => {
    console.log(values);  // Output: [3, 42, "foo"]
}).catch(error => {
    console.error("Error:", error);
});
```

Questo è particolarmente utile per aggregare i risultati di più promise e garantisce che il tuo codice proceda solo quando tutte le operazioni sono state completate.

In questo codice ci sono tre promise: **promise1** è una promise che si risolve con il valore 3, **promise2** è un valore diretto pari a 42 e **promise3** è una promise che si risolve con il valore 'foo' dopo 100 millisecondi.

Il metodo **Promise.all()** viene usato per gestire queste promise. Prende un array di promise e restituisce un'unica promise che si risolve quando tutte le promise di input si sono risolte. In questo caso, si risolve con un array dei valori risolti delle promise di input, nello stesso ordine dell'array di partenza: [3, 42, 'foo'].

Se una qualsiasi delle promise di input viene rifiutata, anche la promise restituita da **Promise.all()** viene rifiutata e il metodo **.catch()** viene usato per gestire l'errore.

5.2.5 Gestire le Promise con finally()

Il metodo **finally()**, che è un aspetto importante delle Promise in JavaScript, restituisce una promise. Questo avviene quando la promise è stata "settled", cioè quando è stata soddisfatta (fulfilled) oppure rifiutata (rejected). A questo punto viene eseguita la funzione di callback che hai specificato.

Questa funzionalità è particolarmente utile perché ti consente di eseguire specifici tipi di codice, spesso chiamati codice di pulizia (*cleanup*). Esempi di codice di pulizia includono la chiusura di eventuali connessioni al database ancora aperte o il rilascio di risorse che non sono più in uso.

Ciò che è ancora più utile è che puoi eseguire questo codice di pulizia indipendentemente dall'esito della catena di promise. Questo significa che, sia che la promise venga soddisfatta sia che venga rifiutata, il codice di pulizia verrà comunque eseguito, garantendo un'esecuzione ordinata ed efficiente.

Esempio: usare finally con le Promise

```
fetch('<https://api.example.com/data>')
    .then(data => data.json())
    .then(json => console.log(json))
    .catch(error => console.error('Error fetching data:', error))
    .finally(() => console.log('Operation complete.'));
```

Questo è un esempio di codice che usa la Fetch API per recuperare dati da un URL specifico (**https://api.example.com/data**). La funzione **fetch()** restituisce una Promise che si risolve nella Response della richiesta. Questa risposta viene poi convertita in formato JSON con **data.json()**. I dati JSON vengono quindi stampati nella console. Se si verifica un errore durante l'operazione di fetch, viene intercettato con il metodo **catch()** e registrato nella console come errore. Infine, indipendentemente dall'esito (successo o errore), viene stampato nella console 'Operation complete.', grazie al metodo **finally()**.

Padroneggiare callback, promise e async/await è essenziale per programmare efficacemente in JavaScript, soprattutto quando si gestiscono operazioni asincrone. Comprendendo questi pattern e come gestire correttamente gli errori, puoi scrivere codice asincrono più pulito, più efficiente e più robusto. Questa conoscenza è preziosa quando costruisci applicazioni più complesse che richiedono interazioni con API, operazioni di lunga durata o la gestione di più attività asincrone contemporaneamente.

5.3 Async/Await

Nello sviluppo JavaScript moderno, gestire le operazioni asincrone in modo elegante è fondamentale. Introdotta in ES2017, la sintassi **async** e **await** offre un modo più pulito e leggibile per lavorare con le promise, rendendo il codice asincrono più facile da scrivere e da comprendere. Questa sezione approfondisce la sintassi **async/await**, mostrando come integrarla efficacemente nei tuoi progetti JavaScript.

Async/await è uno strumento potente che offre un modo più comodo e leggibile di lavorare con le promise, semplificando notevolmente il codice asincrono. Una funzione **async** è una funzione definita esplicitamente come asincrona e contiene una o più espressioni **await**.

Queste espressioni mettono letteralmente in pausa l'esecuzione della funzione, facendola sembrare sincrona, ma senza bloccare il thread. Quando usi **await**, metti in pausa quella specifica parte della funzione finché una promise non viene risolta o rifiutata, permettendo nel frattempo ad altre attività di continuare la loro esecuzione.

In questo modo, **async/await** ci consente di scrivere codice asincrono basato su promise come se fosse sincrono, ma senza bloccare il thread principale.

Esempio: Usare async/await

```javascript
async function loadUserData() {
    try {
        const response = await fetch('<https://api.mydomain.com/user>');
        const userData = await response.json();
```

```
        console.log("User data loaded:", userData);
    } catch (error) {
        console.error("Failed to load user data:", error);
    }
}

loadUserData();
```

Async/await makes your asynchronous code look and behave a little more like synchronous code, which can make it easier to understand and maintain.

This 'async' function, named 'loadUserData', works by trying to fetch user data from a specific URL (https://api.mydomain.com/user) and then logging the data to the console. If it fails to fetch the data for any reason (e.g., server issues, network problems), it will catch the error and log a failure message to the console. The 'await' keyword is used to pause and wait for the Promise returned by 'fetch' and 'response.json()' to resolve or reject, before moving on to the next line of code.

5.3.1 Comprendere Async/Await

In JavaScript programming, the **async** keyword plays a crucial role in declaring a function to be asynchronous. By using the **async** keyword before a function, you are essentially instructing JavaScript to automatically encapsulate the function's return value inside a promise. This promise, a key concept in asynchronous programming, represents a value that may not be available yet but is expected to be available in the future, or it may never be available due to an error.

Moving on to the **await** keyword, its primary function is to pause the ongoing execution of the **async** function. It's important to note that the **await** keyword can only be utilized within the context of **async** functions. When **await** is used, it halts the function until a Promise is either fulfilled (resolved) or failed (rejected). This allows the function to asynchronously wait for the promise's resolution, enabling the function to proceed only when it has the necessary data or a confirmed failure.

Thus, the **async** and **await** keywords together provide a powerful tool for handling asynchronous operations in JavaScript, making the code easier to write and understand.

Basic Syntax

```
async function fetchData() {
    return "Data fetched";
```

```
}

fetchData().then(console.log); // Outputs: Data fetched
```

In questo esempio, **fetchData** è una funzione **async** che restituisce una stringa. Anche se non restituisce esplicitamente una promise, il valore di ritorno della funzione viene incapsulato in una promise.

Il codice definisce una funzione asincrona chiamata 'fetchData' che restituisce una promise che si risolve in "Data fetched". La funzione viene poi chiamata e il risultato viene gestito tramite un gestore di promise (.then), che registra il risultato nella console. Di conseguenza, "Data fetched" viene stampato nella console.

5.3.2 Utilizzare Await con le Promise

Nel mondo della programmazione, la vera forza e il potenziale delle funzioni **async/await** diventano particolarmente evidenti quando si eseguono operazioni di natura asincrona. I task asincroni sono quelli che vengono eseguiti separatamente dal thread principale e notificano il thread chiamante al completamento, in caso di errore o con aggiornamenti di avanzamento. Questi task includono, ma non si limitano a, operazioni come la comunicazione con API, la gestione di file o qualsiasi altra attività basata su Promise.

Le funzioni **async/await** offrono una sintassi molto più elegante e leggibile per gestire queste operazioni asincrone rispetto agli approcci tradizionali basati su callback. In pratica, invece di annidare callback dentro altre callback (portando alla famigerata "callback hell"), puoi scrivere codice che *sembra* sincrono ma che in realtà opera in modo asincrono. Questo rende enormemente più facile comprendere e manutenere il codice, soprattutto per chi è alle prime armi con la programmazione asincrona in JavaScript.

È qui che **async/await** dà davvero il meglio di sé e la sua potenza si realizza pienamente. Permette di scrivere codice non solo più leggibile e più facile da capire, ma anche più semplice da debuggare e da mantenere. Questo è un vantaggio importante negli ambienti di sviluppo moderni, complessi e veloci, dove leggibilità e manutenibilità contano tanto quanto la funzionalità.

Esempio: Recuperare dati con Async/Await

```
async function getUser() {
    let response = await fetch('<https://api.example.com/user>');
    let data = await response.json();
    return data;
```

```
}

getUser().then(user => console.log(user));
```

Qui, **await** viene usato per mettere in pausa l'esecuzione della funzione finché la promise restituita da **fetch()** non viene risolta. Il successivo **await** mette in pausa finché la conversione della risposta in JSON non è completata. Questo approccio evita la complessità della concatenazione di promise e fa sì che il codice asincrono appaia e si comporti in modo simile a quello sincrono.

Questo codice usa la Fetch API per recuperare i dati utente da un determinato endpoint API ('https://api.example.com/user'). Si tratta di una funzione asincrona, il che significa che opera in modo non bloccante. La funzione 'getUser()' invia prima una richiesta all'URL indicato, attende la risposta, poi elabora la risposta come JSON. I dati elaborati vengono quindi restituiti. L'ultima riga del codice chiama questa funzione e registra nella console i dati utente restituiti.

5.3.3 Gestione degli errori

Gestire gli errori nel codice asincrono tramite **async/await** è un processo relativamente semplice e lineare. Di solito, questo si ottiene implementando blocchi **try...catch**. Se hai esperienza con codice sincrono, questo approccio dovrebbe risultare familiare e intuitivo.

Il principio di base consiste nel inserire, all'interno del blocco **try**, il segmento di codice asincrono che prevedi possa generare un errore. Se durante l'esecuzione del blocco **try** si verifica effettivamente un errore, il flusso del codice viene immediatamente trasferito al blocco **catch**.

Il blocco **catch** funge da area dedicata in cui puoi definire come gestire l'errore. Questo può includere, ad esempio, la semplice registrazione dell'errore per scopi di debugging, oppure operazioni più complesse pensate per recuperare dall'errore e garantire che il resto del codice continui a funzionare.

Questo approccio basato su blocchi **try...catch** con **async/await** offre un modo pulito, efficiente e sistematico per gestire eventuali errori che possono verificarsi durante l'esecuzione del codice asincrono. Gestendo gli errori in modo efficace, puoi aumentare notevolmente la stabilità e la robustezza delle tue applicazioni JavaScript, migliorando prestazioni ed esperienza utente.

Esempio: Gestione degli errori con Async/Await

```javascript
async function loadData() {
    try {
        let response = await fetch('<https://api.example.com/data>');
        let data = await response.json();
        console.log(data);
    } catch (error) {
        console.error('Failed to fetch data:', error);
    }
}

loadData();
```

In questo esempio, qualsiasi errore che si verifichi durante l'operazione di fetch o durante la conversione della risposta in JSON viene intercettato nel blocco **catch**, consentendo una gestione degli errori pulita.

Il compito principale della funzione è recuperare dati da un URL specificato (https://api.example.com/data) usando l'API 'fetch'. La funzione 'fetch' è una Web API fornita dai browser moderni per recuperare risorse attraverso la rete. Restituisce una Promise che si risolve in un oggetto Response che rappresenta la risposta alla richiesta. Questa Promise viene gestita tramite la keyword 'await', che fa sì che la funzione attenda che la Promise si risolva prima di passare alla riga successiva di codice.

Dopo che la Promise di 'fetch' si è risolta, la funzione tenta di effettuare il parsing del body della risposta come JSON usando il metodo 'response.json()'. Anche questa operazione restituisce una Promise, che viene nuovamente gestita con 'await'. Una volta risolta, i dati JSON risultanti vengono stampati nella console usando 'console.log(data)'.

Tutte queste operazioni sono racchiuse in un blocco 'try...catch'. Si tratta di un pattern comune di gestione degli errori in molti linguaggi di programmazione. Il blocco 'try' contiene il codice che potrebbe generare un'eccezione, e il blocco 'catch' contiene il codice da eseguire se viene generata un'eccezione.

In questo caso, se si verifica un errore durante l'operazione di fetch o durante la conversione in JSON — per esempio, se la richiesta di rete fallisce a causa di problemi di connettività, oppure se i dati della risposta non possono essere interpretati come JSON — l'errore verrà intercettato e passato al blocco 'catch'. Il blocco 'catch' registra quindi il messaggio di errore nella console usando 'console.error('Failed to fetch data:', error)', fornendo un messaggio di debug utile che indica cosa è andato storto.

Infine, viene chiamata la funzione 'loadData()' per eseguire l'operazione di recupero dei dati.

Questo codice mostra come eseguire operazioni asincrone in JavaScript usando la sintassi 'async/await' e tecniche di gestione degli errori. È un pattern fondamentale nella programmazione JavaScript moderna, soprattutto in scenari che coinvolgono il networking o qualsiasi altra operazione che possa richiedere un po' di tempo per completarsi.

5.3.4 Gestire più operazioni asincrone

In situazioni in cui ci sono numerose operazioni asincrone indipendenti che devono essere eseguite, un modo molto efficace per gestirle è eseguirle in parallelo. Questo si può ottenere usando **Promise.all()** in combinazione con **async/await**. In questo modo, puoi migliorare in modo significativo le prestazioni del tuo codice.

Questo perché **Promise.all()** permette di gestire più promise contemporaneamente, invece che in modo sequenziale, e quando viene usato con **async/await**, garantisce che il tuo codice attenda finché tutte le promise non si siano risolte o non siano state rifiutate, prima di proseguire. In questo modo, sfrutti al meglio le risorse e migliori la reattività della tua applicazione.

Esempio: Operazioni asincrone concorrenti

```javascript
async function fetchResources() {
    try {
        let [userData, postsData] = await Promise.all([
            fetch('<https://api.example.com/users>'),
            fetch('<https://api.example.com/posts>')
        ]);
        const user = await userData.json();
        const posts = await postsData.json();
        console.log(user, posts);
    } catch (error) {
        console.error('Error fetching resources:', error);
    }
}

fetchResources();
```

Questo pattern è particolarmente utile quando le operazioni asincrone non dipendono l'una dall'altra, permettendo loro di essere avviate simultaneamente anziché in modo sequenziale.

La funzione **fetchResources** è una funzione JavaScript definita come asincrona, indicata dalla parola chiave **async** prima della dichiarazione della funzione. Questa parola chiave informa JavaScript che la funzione restituirà una Promise e che può contenere un'espressione **await**, che mette in pausa l'esecuzione della funzione fino a quando una Promise non viene risolta o rifiutata.

All'interno di questa funzione, abbiamo un blocco **try...catch**, utilizzato per la gestione degli errori. Il codice all'interno del blocco **try** viene eseguito e, se si verifica un errore durante l'esecuzione, invece di fallire e potenzialmente mandare in crash il programma, l'errore viene intercettato e passato al blocco **catch**.

All'interno del blocco **try**, vediamo un'espressione **await** insieme a **Promise.all()**. **Promise.all()** è un metodo che accetta un array di promise e restituisce una nuova promise che viene risolta solo quando tutte le promise nell'array sono state risolte. Se una qualsiasi promise nell'array viene rifiutata, la promise restituita da **Promise.all()** viene immediatamente rifiutata con il motivo della prima promise rifiutata.

In questo caso, **Promise.all()** viene utilizzato per inviare simultaneamente due richieste fetch. Fetch è un'API per effettuare richieste di rete simile a **XMLHttpRequest**. Fetch restituisce una promise che viene risolta con l'oggetto Response che rappresenta la risposta alla richiesta.

La parola chiave **await** viene utilizzata per mettere in pausa l'esecuzione della funzione fino a quando **Promise.all()** non è stata risolta. Ciò significa che la funzione non proseguirà fino a quando entrambe le richieste fetch non saranno completate. Le risposte delle richieste fetch vengono poi destrutturate in **userData** e **postsData**.

Successivamente, vediamo altre due espressioni **await** - **await userData.json()** e **await postsData.json()**. Queste vengono utilizzate per analizzare il corpo della risposta come JSON. Anche il metodo **json()** restituisce una promise, quindi dobbiamo usare **await** per mettere in pausa la funzione fino a quando questa promise non viene risolta. I dati risultanti vengono quindi stampati nella console.

Nel blocco **catch**, se si verifica un errore durante le richieste fetch o durante la conversione del corpo della risposta in JSON, esso viene intercettato e stampato nella console con **console.error('Error fetching resources:', error)**.

Infine, la funzione **fetchResources()** viene chiamata per eseguire l'operazione di recupero dati. Questa funzione dimostra come **async/await** venga utilizzato insieme a **Promise.all()** per gestire più richieste fetch simultanee in JavaScript.

Questo pattern può migliorare significativamente le prestazioni quando si gestiscono più operazioni asincrone indipendenti, poiché permette di avviarle simultaneamente anziché in modo sequenziale.

5.3.5 Considerazioni Pratiche Dettagliate

- **Prestazioni ed Efficienza**: Uno dei principali vantaggi della sintassi **async/await** è che semplifica il processo di scrittura del codice asincrono. Tuttavia, è importante prestare attenzione a come e dove si utilizza la parola chiave **await**. Nonostante la sua comodità, un utilizzo non necessario o improprio di **await** può portare a colli di bottiglia nelle prestazioni. Questo potenziale problema evidenzia l'importanza di comprendere i principi e i meccanismi alla base della programmazione asincrona e della parola chiave **await**.

- **Debugging e Gestione degli Errori**: Il debugging del codice asincrono scritto con **async/await** può essere più intuitivo rispetto al codice scritto usando promise. Questo è dovuto principalmente al fatto che gli stack trace degli errori in **async/await** sono generalmente più chiari e forniscono informazioni più dettagliate. Questa maggiore chiarezza può migliorare significativamente il processo di debugging e accelerare l'identificazione e la risoluzione di bug o problemi nel codice.

- **Utilizzo nei Costrutti di Loop**: È necessario prestare particolare attenzione quando si utilizza **await** all'interno di costrutti di loop. Le operazioni asincrone all'interno di un loop sono intrinsecamente sequenziali e devono essere gestite correttamente. Una cattiva gestione o un utilizzo scorretto possono portare a problemi di prestazioni, rendendo il codice meno efficiente. È importante comprendere le complessità dell'utilizzo di **async/await** all'interno dei loop e assicurarsi che le operazioni asincrone vengano gestite in modo ottimale per evitare inutili degradazioni delle prestazioni.

5.3.6 Combinare Async/Await con Altri Pattern Asincroni

La sintassi **async/await** in JavaScript è uno strumento potente che può essere utilizzato in modo elegante per gestire codice asincrono, migliorando così leggibilità e manutenibilità. Questa funzionalità ci consente di scrivere codice asincrono come se fosse sincrono.

Questo può semplificare significativamente la logica dietro la gestione di promise o callback, rendendo il codice più facile da comprendere. Oltre a ciò, **async/await** può essere integrato senza problemi con altre funzionalità JavaScript come i generatori o il codice event-driven.

Quando vengono utilizzati insieme, possono affrontare efficacemente problemi complessi e rendere il processo di sviluppo molto più efficiente e piacevole. È una combinazione potente che può aiutare nella costruzione di applicazioni robuste, efficienti e scalabili.

Esempio: Utilizzare Async/Await con i Generatori

```
async function* asyncGenerator() {
```

```javascript
    const data = await fetchData();
    yield data;
    const moreData = await fetchMoreData(data);
    yield moreData;
}

async function consume() {
    for await (const value of asyncGenerator()) {
        console.log(value);
    }
}

consume();
```

Questo esempio dimostra come **async/await** possa essere utilizzato con i generatori asincroni per gestire scenari di streaming di dati o di caricamento progressivo.

La funzione asyncGenerator() è una funzione generatore asincrona, un tipo speciale di funzione che può produrre (yield) più valori nel tempo. Prima recupera i dati in modo asincrono usando fetchData(), poi produce i dati recuperati; successivamente recupera altri dati in modo asincrono usando fetchMoreData(data) e produce i dati aggiuntivi.

La funzione consume() è una funzione asincrona che itera sui valori prodotti da asyncGenerator() usando un ciclo for-await-of. Questo ciclo attende che ogni promise venga risolta prima di passare all'iterazione successiva. Registra ogni valore prodotto nella console.

Infine, la funzione consume() viene chiamata per avviare il processo.

5.3.7 Best practice per la struttura del codice

Evitare await nei loop

È importante notare che incorporare direttamente **await** all'interno dei loop può portare a un calo delle prestazioni. Questo perché ogni iterazione del loop è costretta ad attendere che la precedente sia completata del tutto. Per aggirare questo potenziale problema, una strategia utile è raccogliere tutte le promise generate dal loop.

Una volta raccolte queste promise, la funzione **Promise.all** può essere utilizzata per attenderle tutte in modo concorrente, anziché in modo sequenziale. Questo ottimizza il codice consentendo a più operazioni di essere eseguite simultaneamente, migliorando così la velocità e l'efficienza complessive del codice.

Await a livello top-level

Per chi utilizza i moduli nel proprio codice, l'uso di **await** a livello top-level può essere un modo efficace per semplificare l'inizializzazione di moduli asincroni. Tuttavia, è fondamentale usare questa funzionalità con giudizio.

Un uso eccessivo o improprio di **await** a livello top-level può bloccare il grafo dei moduli, con possibili problemi di prestazioni. Un uso corretto può semplificare il codice e rendere più semplici da gestire le operazioni asincrone, ma è sempre importante considerare le implicazioni sul resto del grafo dei moduli.

Esempio: ottimizzare await nei loop

```javascript
async function processItems(items) {
    const promises = items.map(async item => {
        const processedItem = await processItem(item);
        return processedItem;
    });
    return Promise.all(promises);
}

async function processItem(item) {
    // processing logic
}
```

Questo codice definisce due funzioni asincrone. La prima, chiamata **processItems**, prende come argomento un array di elementi. Crea un array di promise mappando ogni elemento su un'operazione asincrona. Questa operazione consiste nel chiamare la seconda funzione, **processItem**, che prende anch'essa un elemento come argomento e lo elabora.

Una volta che tutte le promise sono state risolte, **processItems** restituisce un array di elementi elaborati. La seconda funzione, **processItem**, è il punto in cui andrebbe scritta la logica per elaborare un singolo elemento. Questo codice è scritto usando la sintassi async/await di JavaScript, che permette di scrivere codice asincrono in modo più simile a quello sincrono, rendendolo più leggibile.

5.4 Closure

Le closure rappresentano una funzionalità fondamentale e straordinariamente potente di JavaScript, in grado di permettere a chi sviluppa di scrivere codice più complesso ed efficiente. Consentono alle funzioni di "ricordare" e mantenere l'accesso alle variabili di una funzione esterna, anche dopo che la funzione esterna ha terminato la propria esecuzione. Questa caratteristica non è un semplice effetto collaterale del linguaggio, ma una parte intenzionale e integrante del design di JavaScript.

Questa sezione approfondisce il concetto di closure con l'obiettivo di chiarirne il funzionamento e fornire una comprensione completa della loro utilità. Esploreremo come operano, i meccanismi della loro implementazione e l'ambito (scope) delle variabili al loro interno. Inoltre, esamineremo le loro applicazioni pratiche in scenari di programmazione reali.

Padroneggiando le closure, puoi migliorare in modo significativo la tua capacità di scrivere codice JavaScript efficiente e modulare. Puoi sfruttarle per controllare l'accesso alle variabili, promuovendo incapsulamento e modularità, principi cruciali nello sviluppo software. Comprendere le closure può aprire nuove possibilità nello sviluppo JavaScript e portare il tuo codice a un livello superiore.

5.4.1 Comprendere le Closure

Una closure è un concetto caratterizzato dalla dichiarazione di una funzione all'interno di un'altra funzione. Questa struttura consente naturalmente alla funzione interna di accedere alle variabili della funzione esterna. Questa capacità non è un evento casuale, ma una funzionalità determinante per raggiungere specifici obiettivi in programmazione.

In particolare, questa capacità ha un ruolo importante nella creazione di variabili private. Sfruttando le closure, possiamo creare variabili visibili e accessibili solo all'interno dello scope della funzione in cui vengono dichiarate, creando di fatto una barriera contro accessi indesiderati dall'esterno.

Inoltre, le closure svolgono un ruolo indispensabile nell'incapsulare funzionalità in JavaScript. Usandole, possiamo raggruppare funzionalità correlate e renderle un'unità autonoma e riutilizzabile, favorendo modularità e manutenibilità del codice.

Esempio base di una Closure

```javascript
function outerFunction() {
    let count = 0;  // A count variable that is local to the outer function

    function innerFunction() {
        count++;
        console.log('Current count is:', count);
    }

    return innerFunction;
```

```
}

const myCounter = outerFunction(); // myCounter is now a reference to innerFunction
myCounter(); // Outputs: Current count is: 1
myCounter(); // Outputs: Current count is: 2
```

In questo esempio, **innerFunction** è una closure che mantiene l'accesso alla variabile **count** di **outerFunction** anche dopo che **outerFunction** ha terminato la propria esecuzione. Ogni chiamata a **myCounter** incrementa e registra il conteggio corrente, mostrando come le closure possano mantenere lo stato.

La funzione **outerFunction** dichiara una variabile locale **count** e definisce una **innerFunction** che incrementa **count** ogni volta che viene chiamata e ne registra il valore corrente.

Quando **outerFunction** viene chiamata, restituisce un riferimento a **innerFunction**. In questo caso, **myCounter** mantiene quel riferimento.

Quando viene chiamata **myCounter** (che di fatto è **innerFunction**), continua ad avere accesso a **count** dal suo scope genitore (cioè **outerFunction**), anche dopo che **outerFunction** ha finito di essere eseguita.

Quindi, quando chiami **myCounter()** più volte, **count** viene incrementato e il suo valore viene registrato, preservando le modifiche a **count** tra una chiamata e l'altra grazie alla closure.

5.4.2 Applicazioni pratiche delle closure

Nel mondo della programmazione, le closure non sono solo costrutti teorici o concetti confinati alla sfera accademica. In realtà, hanno applicazioni pratiche e quotidiane nei compiti di coding e rappresentano uno strumento essenziale nel toolkit di ogni programmatore competente.

1. Incapsulamento dei dati e privacy

Il primo (e probabilmente più importante) uso pratico delle closure riguarda **incapsulamento dei dati e privacy**.

In programmazione, il concetto di incapsulamento si riferisce al raggruppamento di dati e metodi correlati in un'unica unità, nascondendo al tempo stesso i dettagli dell'implementazione. È qui che entrano in gioco le closure.

Le closure offrono un modo per creare variabili private. Questo può essere fondamentale quando si tratta di nascondere dettagli di implementazione complessi. Inoltre, le closure aiutano a preservare lo stato in modo sicuro, un aspetto cruciale per qualsiasi applicazione che gestisca dati sensibili o riservati. In sintesi, le closure svolgono un ruolo indispensabile nel mantenere l'integrità e la sicurezza di un'applicazione.

Esempio: incapsulare i dati

```javascript
function createBankAccount(initialBalance) {
    let balance = initialBalance; // balance is private

    return {
        deposit: function(amount) {
            balance += amount;
            console.log(`Deposit ${amount}, new balance: ${balance}`);
        },
        withdraw: function(amount) {
            if (amount > balance) {
                console.log('Insufficient funds');
                return;
            }
            balance -= amount;
            console.log(`Withdraw ${amount}, new balance: ${balance}`);
        }
    };
}

const account = createBankAccount(100);
account.deposit(50);   // Outputs: Deposit 50, new balance: 150
account.withdraw(20);   // Outputs: Withdraw 20, new balance: 130
```

Questo è uno snippet di codice che definisce una funzione **createBankAccount**. Questa funzione accetta **initialBalance** come argomento e crea un conto bancario con una variabile privata **balance**. La funzione restituisce un oggetto con due metodi: **deposit** e **withdraw**.

Il metodo **deposit** accetta un **amount** come argomento, lo aggiunge a **balance** e stampa il nuovo saldo. Il metodo **withdraw** accetta anch'esso un **amount** come argomento, verifica se **amount** è maggiore di **balance** (in tal caso stampa "Insufficient funds" e termina in anticipo); altrimenti sottrae **amount** da **balance** e stampa il nuovo saldo.

Infine, il codice crea un nuovo conto con un saldo iniziale di 100, deposita 50 e poi preleva 20.

2. Creare factory di funzioni

Le closure rappresentano un concetto potente in programmazione che consente di creare factory di funzioni. Queste factory, a loro volta, hanno la capacità di generare nuove funzioni distinte in base agli argomenti specifici passati alla factory.

Questo permette una maggiore modularità e personalizzazione del codice, rendendo le closure uno strumento prezioso nel toolkit di chi programma.

Esempio: Factory di funzioni

```javascript
function makeMultiplier(x) {
    return function(y) {
        return x * y;
    };
}

const double = makeMultiplier(2);
const triple = makeMultiplier(3);

console.log(double(4));  // Outputs: 8
console.log(triple(4));  // Outputs: 12
```

Questo esempio di snippet di codice dimostra il concetto di closure e di factory di funzioni. Una closure è una funzione che ha accesso al proprio scope, allo scope della funzione esterna e allo scope globale. Una factory di funzioni è una funzione che restituisce un'altra funzione.

La funzione **makeMultiplier** è una factory di funzioni. Accetta un singolo argomento **x** e restituisce una nuova funzione. Questa funzione restituita è una closure perché ha accesso al proprio scope e allo scope di **makeMultiplier**.

La funzione restituita accetta un singolo argomento **y** e restituisce il risultato della moltiplicazione di **x** per **y**. Questo funziona perché **x** è disponibile nello scope della funzione restituita grazie alla closure.

La funzione **makeMultiplier** viene usata per creare due nuove funzioni, **double** e **triple**, che vengono memorizzate in costanti. Questo avviene chiamando **makeMultiplier** con gli argomenti 2 e 3, rispettivamente.

La funzione **double** è una closure che moltiplica il suo input per 2, e **triple** moltiplica il suo input per 3. Questo perché hanno "ricordato" il valore **x** passato a **makeMultiplier** nel momento in cui sono state create.

Le istruzioni **console.log** alla fine del codice sono esempi di come utilizzare queste nuove funzioni. **double(4)** esegue la funzione **double** con l'argomento 4 e, poiché **double** moltiplica il suo input per 2, restituisce 8. Allo stesso modo, **triple(4)** restituisce 12.

Questo è un pattern potente che ti permette di creare versioni specializzate di una funzione senza dover riscrivere o copiare manualmente la funzione. Può rendere il codice più modulare, più facile da comprendere e ridurre la ridondanza.

3. Gestire gli Event Handler

Le closure svolgono un ruolo particolarmente centrale quando si tratta di gestione degli eventi. Permettono a chi programma di associare in modo efficace dati specifici a un event handler, consentendo così un uso più controllato di tali dati.

Ciò che rende le closure così utili in questi scenari è che offrono un modo per associare questi dati a un event handler senza dover esporre i dati a livello globale. Questo porta a un utilizzo molto più contenuto e sicuro dei dati, garantendo che siano accessibili solo dove servono e non disponibili per un potenziale uso improprio altrove nel codice.

Esempio: Event Handler con Closure

```javascript
function setupHandler(element, text) {
    element.addEventListener('click', function() {
        console.log(text);
    });
}

const button = document.createElement('button');
document.body.appendChild(button);
setupHandler(button, 'Button clicked!');
```

Lo snippet di codice di esempio illustra come gestire gli eventi di clic su un elemento HTML utilizzando un event listener.

Il codice inizia dichiarando una funzione chiamata **setupHandler**. Questa funzione accetta due parametri: **element** e **text**.

Il parametro **element** rappresenta un elemento HTML a cui verrà collegato l'event listener. Il parametro **text** rappresenta una stringa che verrà registrata nella console quando l'evento viene attivato.

All'interno della funzione **setupHandler**, viene aggiunto un event listener all'**element** tramite il metodo **addEventListener**. Questo metodo accetta due argomenti: il tipo di evento da ascoltare e una funzione da eseguire quando l'evento si verifica. Qui, il tipo di evento è 'click' e la funzione da eseguire è una funzione anonima che registra nella console il parametro **text**.

Successivamente, viene creato un nuovo elemento button con **document.createElement('button')**. Questo metodo crea un elemento HTML specificato dall'argomento, in questo caso un **button**.

Il button appena creato viene poi aggiunto al **body** del documento usando **document.body.appendChild(button)**. Il metodo **appendChild** aggiunge un nodo alla fine dell'elenco dei figli di un nodo genitore specificato. In questo caso, il button viene aggiunto come ultimo nodo figlio del body del documento.

Infine, la funzione **setupHandler** viene invocata passando come argomenti il **button** e la stringa 'Button clicked!'. Questo collega un event listener di clic al button. Ora, ogni volta che il button viene cliccato, il testo 'Button clicked!' verrà registrato nella console.

Questo snippet è una semplice dimostrazione di come interagire con elementi HTML usando JavaScript, in particolare come creare elementi, aggiungerli al documento e collegare event listener agli elementi.

5.4.3 Comprendere le implicazioni sulla memoria

Le closure sono strumenti davvero potenti nel mondo della programmazione; tuttavia comportano anche importanti implicazioni dal punto di vista della memoria. Questo avviene principalmente perché le closure, per loro natura, mantengono riferimenti alle variabili della funzione esterna in cui sono definite. A causa di questa caratteristica intrinseca, diventa estremamente importante gestirle con attenzione per evitare problemi come i memory leak.

Best practice per le closure: una guida completa

- Una delle strategie chiave per gestire le closure consiste nel ridurne l'uso al minimo, soprattutto nelle applicazioni su larga scala in cui vengono create numerose funzioni. Questo perché ogni closure che crei mantiene un collegamento unico con il proprio scope esterno. Col tempo, se non gestita correttamente, questa situazione può portare a un aumento eccessivo dell'uso di memoria; da qui la necessità di usare le closure con moderazione.
- Un altro punto cruciale da considerare quando si lavora con le closure riguarda gli event listener. Spesso, le closure vengono usate quando si configurano questi listener. È quindi fondamentale assicurarsi di avere anche un meccanismo per

rimuovere i listener quando hanno terminato il loro scopo. Se non vengono rimossi, infatti, possono continuare a occupare memoria anche quando non sono più necessari, portando a un uso di memoria superfluo. Per questo è importante liberare quella memoria, così da garantire prestazioni efficienti dell'applicazione.

Le closure sono una funzionalità versatile ed essenziale di JavaScript: offrono modi potenti per manipolare dati e funzioni con maggiore flessibilità e privacy. Comprendendo e utilizzando le closure in modo efficace, puoi creare applicazioni JavaScript più robuste, sicure e manutenibili. Che si tratti di creare dati privati, factory di funzioni o di gestire event handler, le closure offrono una serie di benefici pratici che possono arricchire il toolkit di qualsiasi sviluppatore.

5.4.4 Memoization con le closure

La memoization è una tecnica di ottimizzazione altamente efficiente usata nella programmazione. Ruota attorno all'idea di memorizzare i risultati di chiamate a funzioni complesse e dispendiose in termini di tempo. In questo modo, quando le stesse chiamate vengono effettuate di nuovo con gli stessi input, il programma non deve ripetere i calcoli da capo.

Invece, viene restituito il risultato precedentemente memorizzato (in cache), con un notevole risparmio di tempo di calcolo e risorse. Un aspetto interessante di questa tecnica è che può essere implementata efficacemente tramite le closure.

Le closure, un concetto fondamentale in molti linguaggi di programmazione, consentono alle funzioni di accedere alle variabili di una funzione esterna che ha già terminato la propria esecuzione. Questa capacità rende le closure particolarmente adatte per implementare la memoization, perché permettono di memorizzare e recuperare in modo efficiente i risultati calcolati in precedenza.

Esempio: Memoization con le closure

```
function memoize(fn) {
    const cache = {};
    return function (...args) {
        const key = JSON.stringify(args);
        if (!cache[key]) {
            cache[key] = fn.apply(this, args);
        }
        return cache[key];
    };
}

const fib = memoize(n => n <= 1 ? n : fib(n - 1) + fib(n - 2));
```

```
console.log(fib(10));  // Outputs: 55
```

In questo esempio, viene creata una funzione **memoize** che utilizza una closure per memorizzare i risultati delle chiamate di funzione. Questo è particolarmente utile per funzioni ricorsive come il calcolo dei numeri di Fibonacci.

Questo esempio dimostra il concetto di memoization. La funzione "memoize" prende in input una funzione "fn" come argomento e utilizza un oggetto "cache" per memorizzare i risultati delle chiamate di funzione. Restituisce una nuova funzione che controlla se il risultato per un determinato argomento è già presente nella cache. Se lo è, restituisce il risultato memorizzato; altrimenti chiama "fn" con gli argomenti, salva il risultato nella cache e poi lo restituisce.

Il codice definisce quindi una versione memoizzata di una funzione per calcolare i numeri di Fibonacci, chiamata "fib". La funzione di Fibonacci è definita in modo ricorsivo: se l'input "n" è 0 o 1, restituisce "n"; altrimenti restituisce la somma dei due numeri di Fibonacci precedenti.

La chiamata di funzione "fib(10)" calcola il decimo numero di Fibonacci e lo stampa nella console, che è 55.

5.4.5 Closure nell'Event Delegation

Le closure, un concetto potente nella programmazione, possono essere particolarmente utili nel contesto dell'event delegation. L'event delegation è un processo in cui, invece di assegnare listener separati a ogni singolo elemento figlio, si assegna un unico event listener al genitore.

Questo elemento genitore gestisce poi gli eventi provenienti dai suoi figli, rendendo il codice più efficiente. Il vantaggio di usare le closure in questo scenario è che offrono un modo eccellente per associare dati o azioni specifiche a un particolare evento o elemento.

Questo spesso si ottiene racchiudendo i dati o le azioni all'interno di una closure; da qui il nome. Di conseguenza, grazie all'uso delle closure in un contesto del genere, è possibile gestire più eventi in modo efficiente ed efficace.

Esempio: usare le closure per l'Event Delegation

```
document.getElementById('menu').addEventListener('click', function(event) {
    if (event.target.tagName === 'LI') {
        handleMenuClick(event.target.id);  // Using closure to access specific element
id
    }
});
```

```
function handleMenuClick(itemId) {
    console.log('Menu item clicked:', itemId);
}
```

Questa configurazione riduce il numero di event listener nel documento e sfrutta le closure per gestire azioni specifiche in base all'elemento che ha generato l'evento, migliorando prestazioni e manutenibilità.

La prima riga dello script seleziona un elemento HTML con id 'menu' usando il metodo **document.getElementById**. Questo metodo restituisce il primo elemento nel documento con l'id specificato. In questo caso, si presume che 'menu' sia un elemento contenitore che ospita un elenco di elementi 'LI' (di solito usati per rappresentare voci di menu in una barra di navigazione o in un menu a tendina).

A questo elemento 'menu' viene poi associato un event listener tramite il metodo **addEventListener**. Questo metodo accetta due argomenti: il tipo di evento da ascoltare ('click' in questo caso) e una funzione da eseguire ogni volta che l'evento si verifica.

La funzione impostata per essere eseguita al click è una funzione anonima che riceve un parametro **event**. Questo oggetto **event** contiene molte informazioni sull'evento, inclusa la specifica parte della pagina che lo ha generato, accessibile tramite **event.target**.

All'interno di questa funzione, c'è una condizione che verifica se l'elemento cliccato è un elemento 'LI' usando **event.target.tagName**. Se l'elemento cliccato è un 'LI', viene chiamata un'altra funzione chiamata 'handleMenuClick' e viene passato come argomento l'id dell'elemento 'LI' cliccato (**event.target.id**).

Qui entra in gioco la potenza delle closure. La funzione anonima crea una closure che incapsula l'id specifico dell'elemento 'LI' (**event.target.id**) e lo passa alla funzione 'handleMenuClick'. Questo consente a 'handleMenuClick' di gestire il click per uno specifico elemento 'LI', anche se l'event listener è stato agganciato all'elemento genitore 'menu'. Questo è un esempio di event delegation, un approccio più efficiente alla gestione degli eventi, soprattutto quando si lavora con un numero elevato di elementi simili.

La funzione 'handleMenuClick' accetta un parametro 'itemId' (che è l'id dell'elemento 'LI' cliccato) e registra in console un messaggio insieme a questo id. Questa funzione funge, di fatto, da gestore degli eventi click sugli elementi 'LI' contenuti nell'elemento 'menu'.

In sintesi, questo codice aggiunge un event listener di click a un elemento genitore 'menu', usa una closure per catturare l'id di uno specifico elemento 'LI' cliccato e lo passa a un'altra funzione che gestisce l'evento. Questo approccio riduce il numero di event listener nel documento e sfrutta la potenza delle closure per gestire azioni specifiche in base al target dell'evento, migliorando sia le prestazioni sia la manutenibilità del codice.

5.4.6 Usare le closure per incapsulare lo stato nei moduli

Le closure sono una funzionalità straordinaria e potente di JavaScript. Sono particolarmente efficaci per creare e mantenere uno stato privato all'interno di moduli o costrutti simili. Questa capacità di mantenere lo stato privato è un aspetto fondamentale del pattern dei moduli in JavaScript.

Il pattern dei moduli consente livelli di accesso pubblici e privati. Le closure offrono un modo per creare funzioni con variabili private. Aiutano a incapsulare e proteggere le variabili dall'andare nello scope globale, riducendo le probabilità di conflitti di denominazione.

Questo meccanismo basato su closure, in sostanza, offre un ottimo modo per ottenere privacy dei dati e incapsulamento, che sono principi chiave della programmazione orientata agli oggetti.

Esempio: Pattern dei moduli usando le closure

```
const counterModule = (function() {
    let count = 0;  // Private state
    return {
        increment() {
            count++;
            console.log(count);
        },
        decrement() {
            count--;
            console.log(count);
        }
    };
})();

counterModule.increment();  // Outputs: 1
counterModule.decrement();  // Outputs: 0
```

Questo pattern utilizza una *Immediately Invoked Function Expression* (IIFE) per creare uno stato privato (**count**) che non può essere accessibile direttamente dall'esterno del modulo, ma solo tramite i metodi esposti.

Questo è un esempio di snippet di codice che utilizza un pattern di progettazione molto noto chiamato *Module Pattern*. In questo pattern, una *Immediately Invoked Function Expression* (IIFE) viene usata per creare uno scope privato, creando di fatto uno stato privato che può essere accessibile e manipolato solo tramite l'API pubblica del modulo.

Nel codice, il modulo si chiama 'counterModule'. L'IIFE crea una variabile privata chiamata 'count', inizializzata a 0. Questa variabile non è accessibile direttamente dall'esterno della funzione a causa delle regole di scope di JavaScript.

Tuttavia, l'IIFE restituisce un oggetto che espone due metodi allo scope esterno: 'increment' e 'decrement'. Questi metodi rappresentano l'unico modo per interagire con la variabile 'count' dall'esterno della funzione.

Il metodo 'increment', quando viene invocato, aumenta il valore di 'count' di uno e poi stampa il valore aggiornato nella console. Al contrario, il metodo 'decrement' diminuisce il valore di 'count' di uno e poi stampa il valore aggiornato nella console.

Il modulo 'counterModule' viene invocato immediatamente grazie alle parentesi alla fine della dichiarazione della funzione. Questo comporta la creazione della variabile 'count' e la restituzione dell'oggetto con i metodi 'increment' e 'decrement'. L'oggetto restituito viene assegnato alla variabile 'counterModule'.

Le righe 'counterModule.increment()' e 'counterModule.decrement()' mostrano come usare l'API pubblica di 'counterModule'. Quando viene chiamato 'increment', il conteggio aumenta di 1 e il valore aggiornato (1) viene stampato nella console. Quando successivamente viene chiamato 'decrement', il conteggio diminuisce di 1, tornando a 0, e il valore aggiornato (0) viene stampato nella console.

Questo pattern è potente perché abilita l'incapsulamento, uno dei principi chiave della programmazione orientata agli oggetti. Permette di creare metodi pubblici che possono accedere a variabili private, controllando così il modo in cui queste variabili vengono lette e modificate. Inoltre, impedisce che tali variabili "sporchino" lo scope globale, riducendo la probabilità di collisioni tra nomi di variabili.

5.4.7 Best practice per l'uso delle closure

- **Evitare closure non necessarie**: Le closure sono strumenti potenti nel mondo della programmazione, ma un uso improprio può portare a un aumento indesiderato dell'utilizzo di memoria. È bene usarle con cautela, soprattutto nei contesti in cui vengono create all'interno di loop o dentro funzioni chiamate molto frequentemente. È fondamentale valutare, caso per caso, se la creazione di una closure sia davvero necessaria.

- **Debug delle closure**: Una delle difficoltà nel lavorare con le closure è che possono essere complicate da debuggare, proprio perché incapsulano lo scope esterno. Per superare questo ostacolo, è utile utilizzare strumenti di debug avanzati che permettano di ispezionare le closure. Questi strumenti possono offrire una comprensione completa dello scope e delle closure presenti negli stack trace dell'applicazione.
- **Memory leak**: Quando si usano le closure, è importante prestare attenzione al rischio di memory leak. Questo è particolarmente rilevante nelle applicazioni di grandi dimensioni o quando le closure catturano contesti molto ampi. Per evitarlo, è necessario gestire le closure in modo efficace e rilasciarle quando non sono più necessarie. Così facendo, si liberano risorse preziose e si garantisce un funzionamento più fluido dell'applicazione.

Le closure sono un concetto fondamentale in JavaScript e offrono capacità potenti per gestire privacy, stato e comportamento funzionale nelle applicazioni. Comprendendo come usarle in modo efficace, puoi scrivere codice JavaScript più pulito, più efficiente e più sicuro. Che tu stia implementando la memoization, gestendo event handler o creando module pattern, le closure offrono un insieme versatile di strumenti per migliorare i tuoi progetti di programmazione.

Esercizi Pratici

Per rafforzare i concetti discussi in questo capitolo sulle funzioni avanzate, ecco diversi esercizi pratici. Questi esercizi sono progettati per testare la tua comprensione delle arrow function, callback e promise, **async/await** e closure. Ogni esercizio include una soluzione per aiutarti a verificare la tua implementazione.

Esercizio 1: Convertire in Arrow Function

Converti le seguenti espressioni di funzione tradizionali in arrow function.

Espressioni di Funzione Tradizionali:

```
function add(x, y) {
    return x + y;
}

function filterNumbers(arr) {
    return arr.filter(function(item) {
        return item > 5;
    });
}
Soluzione:
```

```javascript
const add = (x, y) => x + y;

const filterNumbers = arr => arr.filter(item => item > 5);
```

Esercizio 2: Implementare una Promise Semplice

Crea una funzione **multiply** che restituisca una promise che si risolve con il prodotto di due numeri passati come argomenti.

Soluzione:

```javascript
function multiply(x, y) {
    return new Promise((resolve, reject) => {
        if (typeof x !== 'number' || typeof y !== 'number') {
            reject(new Error("Invalid input"));
        } else {
            resolve(x * y);
        }
    });
}

multiply(5,      2).then(result    =>    console.log(result)).catch(error    =>
console.error(error));
```

Esercizio 3: Utilizzare Async/Await

Scrivi una funzione **async** che utilizzi la funzione **multiply** dell'Esercizio 2 per trovare il prodotto di due numeri, poi stampi il risultato. Includi la gestione degli errori.

Soluzione:

```javascript
async function calculateProduct(x, y) {
    try {
        const result = await multiply(x, y);
        console.log('Product:', result);
    } catch (error) {
        console.error('Error:', error.message);
    }
}

calculateProduct(10, 5); // Outputs: Product: 50
```

Esercizio 4: Creare una Closure

Crea una closure che mantenga una variabile contatore privata ed esponga metodi per aumentare e diminuire il contatore.

Soluzione:

```javascript
function createCounter() {
    let counter = 0;

    return {
        increment() {
            counter++;
            console.log('Counter:', counter);
        },
        decrement() {
            counter--;
            console.log('Counter:', counter);
        }
    };
}

const myCounter = createCounter();
myCounter.increment(); // Counter: 1
myCounter.increment(); // Counter: 2
myCounter.decrement(); // Counter: 1
```

Esercizio 5: Memoizzazione con Closure

Implementa una funzione di memoizzazione che memorizzi nella cache i risultati di una funzione in base ai suoi parametri per ottimizzare le prestazioni.

Soluzione:

```javascript
function memoize(fn) {
    const cache = {};
    return function(...args) {
        const key = JSON.stringify(args);
        if (!cache[key]) {
            cache[key] = fn.apply(this, args);
        }
        return cache[key];
    };
}
```

```javascript
const factorial = memoize(function(x) {
    if (x === 0) {
        return 1;
    } else {
        return x * factorial(x - 1);
    }
});

console.log(factorial(5));  // Outputs: 120
console.log(factorial(5));  // Outputs: 120 (from cache)
```

Questi esercizi forniscono pratica diretta con i concetti chiave di questo capitolo, aiutandoti a consolidare la tua comprensione delle funzioni avanzate di JavaScript e delle loro applicazioni in scenari del mondo reale.

Riepilogo del capitolo

Nel Capitolo 5 di "JavaScript da Zero: Sblocca i tuoi superpoteri nello sviluppo web", abbiamo approfondito concetti avanzati sulle funzioni che sono fondamentali per padroneggiare JavaScript e costruire applicazioni sofisticate. Il capitolo ha trattato diversi argomenti, tra cui arrow function, callback, promise, **async/await** e closure, ciascuno essenziale per una programmazione asincrona efficace e per lo sviluppo funzionale in JavaScript.

Arrow Functions

Abbiamo iniziato esplorando le arrow function, una sintassi concisa introdotta in ES6 che semplifica la scrittura di espressioni di funzione più piccole. Le arrow function non solo riducono il "rumore" sintattico, ma gestiscono anche **this** in modo diverso rispetto alle funzioni tradizionali.

Ereditano **this** dal contesto circostante, rendendole ideali in scenari in cui lo scope della funzione può diventare un problema, ad esempio nelle callback di timer, negli event handler o nei metodi degli array. L'adozione delle arrow function può portare a un codice più pulito e leggibile, soprattutto nei pattern di programmazione funzionale o quando vengono usate nelle trasformazioni di array.

Callbacks e Promises

Successivamente abbiamo discusso le callback, che sono alla base della natura asincrona di JavaScript. Nonostante siano molto usate, le callback possono portare a strutture annidate complesse, spesso chiamate "callback hell".

Per affrontare queste difficoltà, abbiamo esaminato le promise, che offrono un modo più robusto per gestire operazioni asincrone. Le promise rappresentano un valore che potrebbe non essere noto al momento della loro creazione, ma rendono la logica asincrona più lineare offrendo un modo più chiaro e flessibile per gestire risultati futuri. Consentono di concatenare operazioni e di gestire risultati o errori in modo più elegante tramite i metodi **.then()**, **.catch()** e **.finally()**.

Async/Await

Partendo dalle promise, è stata introdotta la sintassi **async/await** come una funzionalità rivoluzionaria che semplifica ulteriormente il lavoro con le promise, permettendo di scrivere codice asincrono con uno stile simile a quello sincrono. Questo "zucchero sintattico" rende più semplice leggere e fare debug di catene di promise complesse ed è particolarmente potente nella gestione di operazioni asincrone sequenziali. L'uso di **async/await** migliora chiarezza del codice e gestione degli errori, rendendo l'asincronia meno macchinosa e più intuitiva.

Closures

Abbiamo anche trattato le closure, una funzionalità potente di JavaScript in cui una funzione può accedere al proprio scope, allo scope della funzione esterna e alle variabili globali. Le closure sono cruciali per la privacy dei dati e l'incapsulamento, perché permettono di creare variabili e metodi privati. Abbiamo esplorato applicazioni pratiche delle closure nella creazione di factory di funzioni, nella memoization di operazioni costose e nella gestione dello stato negli event handler o in codice modulare.

Riflessione

Questo capitolo non solo ha rafforzato la comprensione delle funzioni in JavaScript, ma ha anche fornito strumenti essenziali per affrontare sfide di programmazione complesse. Questi concetti non sono solo teorici: hanno implicazioni pratiche nelle attività di coding di tutti i giorni, dalla gestione delle interazioni utente e dello stato, fino alle richieste di rete e all'elaborazione asincrona dei dati.

Guardando avanti

Andando avanti, le competenze acquisite in questo capitolo fungeranno da base per argomenti ancora più avanzati di JavaScript e sviluppo web. Comprendere queste tecniche avanzate sulle funzioni è fondamentale, perché costituiscono la spina dorsale dei moderni framework e librerie JavaScript. La capacità di usare efficacemente questi pattern aprirà molte possibilità per creare applicazioni web più efficienti, efficaci e robuste.

Padroneggiando queste funzioni avanzate, ora sei più preparatə a scrivere codice pulito, efficiente e manutenibile, ad affrontare problemi più complessi e, in definitiva, a diventare una persona sviluppatrice JavaScript più competente.

Capitolo 6: JavaScript orientato agli oggetti

Benvenuto nell'esplorazione approfondita del Capitolo 6, intitolato "JavaScript orientato agli oggetti". In questo capitolo illuminante, ci addentreremo nell'affascinante mondo della programmazione orientata agli oggetti (OOP) in relazione a JavaScript. Questo capitolo è stato realizzato con cura per ampliare e approfondire la tua comprensione di come JavaScript, un linguaggio che si distingue dai linguaggi tradizionali basati su classi, gestisce e affronta i concetti dell'orientamento agli oggetti.

Per comprendere a fondo questi concetti, ci immergeremo negli aspetti più interessanti dei costruttori di oggetti, una parte integrante di JavaScript. Inoltre, esploreremo il concetto di prototipi e la sintassi **class** introdotta con il significativo aggiornamento ES6. Non ci fermeremo qui: parleremo anche di ereditarietà, uno strumento potente nella programmazione orientata agli oggetti, e di diversi pattern di progettazione che sfruttano in modo elegante queste funzionalità per creare codice efficiente ed efficace.

La programmazione orientata agli oggetti in JavaScript non è soltanto uno stile di programmazione; è uno strumento potente che può migliorare in modo significativo la modularità, la riusabilità e la manutenibilità del tuo codice. Offre un approccio strutturato che è estremamente utile quando si lavora con sistemi complessi che richiedono una gestione attenta di numerosi elementi in movimento.

La comprensione e l'applicazione di questi concetti non sono solo importanti, ma fondamentali per costruire applicazioni web scalabili, efficienti e potenti. Le conoscenze acquisite in questo capitolo saranno il tuo trampolino di lancio per padroneggiare sistemi complessi e creare applicazioni web robuste.

6.1 Costruttori di oggetti e prototipi

JavaScript è un linguaggio di programmazione distintivo, caratterizzato da una struttura basata sui prototipi. Questo approccio unico lo distingue da altri linguaggi come Java o C#, che utilizzano prevalentemente classi "classiche".

La natura basata sui prototipi di JavaScript significa che si affida a costruttori e prototipi per offrire funzionalità orientate agli oggetti, invece della più tradizionale orientazione agli oggetti basata su classi. In questa sezione approfondiremo una spiegazione completa su come creare costruttori di oggetti in JavaScript.

Inoltre, esploreremo il modo in cui i prototipi vengono utilizzati per estendere proprietà e metodi degli oggetti, aumentando funzionalità e flessibilità. Questa comprensione fornirà una base solida per utilizzare e orientarti efficacemente nel dinamico mondo della programmazione JavaScript.

6.1.1 Costruttori di oggetti

In JavaScript, il ruolo dei costruttori è impareggiabile ed estremamente significativo. Anche se nella loro forma grezza possono sembrare semplici funzioni, lo scopo essenziale che svolgono li distingue nettamente dagli altri elementi. I costruttori vengono utilizzati specificamente per creare e inizializzare istanze di oggetti, svolgendo quindi un ruolo assolutamente cruciale nell'ambito della programmazione orientata agli oggetti.

Una delle convenzioni fondamentali in JavaScript è iniziare il nome di queste funzioni costruttrici con una lettera maiuscola. Questa convenzione non è soltanto una tradizione nel mondo della programmazione, ma ha anche uno scopo pratico. È un modo molto utile per distinguere chiaramente queste funzioni speciali da altri tipi di funzioni comuni presenti nel codice.

Di conseguenza, questa pratica migliora notevolmente la leggibilità del codice, rendendolo molto più semplice da leggere, comprendere e, se necessario, correggere. In ultima analisi, ciò porta a una programmazione più efficiente ed efficace, risparmiando tempo e fatica preziosi.

Esempio: Creare una funzione costruttrice

```
function Car(make, model, year) {
    this.make = make;
    this.model = model;
    this.year = year;
}

const myCar = new Car('Toyota', 'Corolla', 1997);
console.log(myCar.model);  // Outputs: 'Corolla'
```

In questo esempio, **Car** è una funzione costruttrice che inizializza un nuovo oggetto con le proprietà **make**, **model** e **year**. La parola chiave **new** viene utilizzata per creare un'istanza di **Car**, producendo un nuovo oggetto a cui **myCar** fa riferimento.

Questo codice definisce una funzione costruttrice chiamata "Car". Questa funzione viene usata per creare nuovi oggetti con le proprietà 'make', 'model' e 'year'. Poi viene creato un nuovo oggetto 'myCar' usando la funzione "Car" con 'Toyota', 'Corolla' e 1997 come argomenti. Infine, viene stampato il model di 'myCar', con risultato 'Corolla'.

6.1.2 Prototipi

Nel mondo di JavaScript, ogni oggetto ha un prototipo, che a sua volta è anch'esso un oggetto. Il concetto cruciale da comprendere è che ogni singolo oggetto JavaScript eredita proprietà e metodi dal proprio prototipo. Questa eredità dal prototipo è una caratteristica fondamentale degli oggetti in JavaScript.

Il prototipo della funzione costruttrice svolge un ruolo fondamentale in questo processo di ereditarietà. Modificando o alterando il prototipo di questa funzione costruttrice, avviene un cambiamento importante: tutte le istanze che sono state (o saranno) create a partire da quella funzione costruttrice avranno accesso a queste proprietà e metodi modificati.

Ciò significa che le modifiche al prototipo hanno un effetto a cascata, influenzando tutte le istanze derivate dalla funzione costruttrice. Questo mette in evidenza la potente influenza del prototipo nella creazione di oggetti in JavaScript.

Esempio: Estendere i costruttori con i prototipi

```javascript
Car.prototype.getAge = function() {
    return new Date().getFullYear() - this.year;
};

console.log(myCar.getAge());  // Calcola l'età di 'myCar' in base all'anno corrente
```

Aggiungendo il metodo **getAge** al prototipo di **Car**, ogni istanza di **Car** ha ora accesso a questo metodo. È una caratteristica potente dell'ereditarietà basata su prototipi di JavaScript, che consente una gestione efficiente della memoria e la condivisione dei metodi tra tutte le istanze.

La dichiarazione **Car.prototype.getAge** aggiunge un metodo al prototipo del costruttore 'Car'. I prototipi in JavaScript sono un meccanismo che permette agli oggetti di ereditare funzionalità da altri oggetti. Aggiungere metodi e proprietà al prototipo di un oggetto è un modo efficiente per conservare risorse di memoria e mantenere il codice DRY (Don't Repeat Yourself).

In questo caso, il metodo **getAge** viene aggiunto al prototipo di **Car**, il che significa che questo metodo sarà ora accessibile da tutte le istanze di **Car**. Il metodo **getAge** calcola l'età di un'auto sottraendo l'anno di produzione dell'auto (memorizzato in **this.year**) dall'anno corrente. **new Date().getFullYear()** ottiene l'anno corrente.

Infine, **console.log(myCar.getAge())** stampa nella console il risultato di questo metodo quando viene chiamato sull'oggetto **myCar**. Questa riga calcola l'età di **myCar** chiamando il metodo **getAge** aggiunto al prototipo di **Car** e poi registrando quel risultato.

Questa è una dimostrazione di una potente caratteristica dell'ereditarietà basata su prototipi in JavaScript, che consente una gestione efficiente della memoria e la condivisione dei metodi tra tutte le istanze di un oggetto.

Perché usare i prototipi?

L'uso dei prototipi offre numerosi vantaggi:

Efficienza della memoria

Nella programmazione orientata agli oggetti tradizionale, ogni istanza di un oggetto memorizzerebbe una propria copia delle funzioni, il che potrebbe portare a un uso considerevole della memoria. Con i prototipi, invece, tutte le istanze di un oggetto condividono lo stesso insieme di funzioni tramite un prototipo comune.

Questo significa che le funzioni devono essere memorizzate una sola volta, invece che una volta per istanza. Di conseguenza, l'uso della memoria può ridursi in modo significativo, migliorando le prestazioni e la velocità del codice.

Aggiornamenti dinamici

Un altro grande vantaggio dei prototipi è la loro capacità di facilitare aggiornamenti dinamici. In uno scenario in cui un metodo viene aggiunto a un prototipo dopo che le istanze sono già state create, tutte le istanze potranno comunque accedere a quel nuovo metodo. Questo accade perché condividono lo stesso prototipo.

Questa funzionalità offre una flessibilità notevole nel modo in cui gli oggetti vengono estesi e modificati. Permette cambiamenti dinamici alle funzionalità di tutte le istanze di un oggetto, senza dover aggiornare manualmente ogni singola istanza. Questo può essere particolarmente utile in progetti software su larga scala, dove potrebbero essere necessari cambiamenti frequenti o "al volo".

Comprendere i costruttori di oggetti e i prototipi è fondamentale per sfruttare le capacità di JavaScript in modo orientato agli oggetti. Queste funzionalità forniscono strumenti potenti agli sviluppatori per creare applicazioni più strutturate ed efficienti.

6.1.3 Personalizzare i Costruttori

Sebbene il pattern base dei costruttori si dimostri piuttosto potente per definire oggetti in JavaScript, il linguaggio offre flessibilità per definire comportamenti più sofisticati all'interno di questi costruttori.

Ciò viene ottenuto attraverso l'uso delle closure, che consentono l'incapsulamento delle funzionalità, permettendo quindi la creazione di variabili e metodi privati. Questo aggiunge un ulteriore livello di sicurezza e controllo ai nostri oggetti, poiché le variabili e i metodi privati non possono essere accessibili direttamente dall'esterno dell'oggetto.

Possono invece essere accessibili solo tramite metodi pubblici, fornendo un approccio più robusto e sicuro alla programmazione orientata agli oggetti in JavaScript.

Esempio: Incapsulare Dati Privati nei Costruttori

```javascript
function Bicycle(model, color) {
    let speed = 0;  // Private variable

    this.model = model;
    this.color = color;

    this.accelerate = function(amount) {
        speed += amount;
        console.log(`Accelerated to ${speed} mph`);
    };

    this.getSpeed = function() {
        return speed;
    };
}

const myBike = new Bicycle('Trek', 'blue');
myBike.accelerate(15);
console.log(myBike.getSpeed());  // Outputs: 15
console.log(myBike.speed);       // Outputs: undefined (private)
```

In questo esempio, la variabile **speed** è privata per l'istanza di **Bicycle**. Questo pattern sfrutta le closure per mantenere **speed** accessibile solo tramite i metodi definiti nel costruttore, garantendo incapsulamento e protezione dello stato interno.

Questo esempio di codice mostra come i costruttori possano essere utilizzati nella programmazione orientata agli oggetti (OOP) in JavaScript. Definisce una funzione costruttrice chiamata 'Bicycle'.

Una funzione costruttrice è un tipo speciale di funzione utilizzata per inizializzare nuovi oggetti. In questo caso, il costruttore 'Bicycle' viene usato per creare nuovi oggetti 'Bicycle'. Il costruttore accetta due parametri: 'model' e 'color', che rappresentano rispettivamente il modello e il colore della bicicletta.

All'interno del costruttore, viene dichiarata una variabile 'speed' con valore iniziale 0. Questa variabile è locale al costruttore e quindi funge da variabile privata per ogni istanza di 'Bicycle'. Ciò significa che 'speed' non è direttamente accessibile dall'esterno dell'oggetto e può essere manipolata solo attraverso i metodi dell'oggetto.

Il costruttore definisce inoltre due metodi: 'accelerate' e 'getSpeed'. Il metodo 'accelerate' accetta un valore come parametro e lo aggiunge alla variabile 'speed', aumentando di fatto la velocità della bicicletta. Inoltre, stampa nella console un messaggio che indica la nuova velocità. Il metodo 'getSpeed', invece, è una semplice funzione getter che restituisce la velocità corrente della bicicletta.

Il codice poi crea un nuovo oggetto 'Bicycle' chiamato 'myBike' con modello 'Trek' e colore 'blue'. Il metodo 'accelerate' viene chiamato su 'myBike' con l'argomento 15, portando la velocità di 'myBike' a 15. La velocità corrente di 'myBike' viene quindi stampata nella console chiamando il metodo 'getSpeed', che restituisce 15.

È interessante notare che quando il codice prova a stampare direttamente 'myBike.speed', il risultato è 'undefined'. Questo accade perché 'speed' è una variabile privata e non può essere accessibile direttamente dall'esterno dell'oggetto. Questo incapsulamento di 'speed' è un aspetto fondamentale della programmazione orientata agli oggetti e consente di proteggere i dati da modifiche dirette.

6.1.4 Ereditarietà prototipale

I prototipi nella programmazione hanno una caratteristica affascinante che li rende particolarmente potenti: la capacità di creare catene di ereditarietà. Questo significa, in sostanza, che un oggetto può ereditare proprietà e metodi da un altro oggetto.

In un contesto più ampio, questa funzionalità abilita uno dei principi dell'orientamento agli oggetti: oggetti che condividono caratteristiche comuni possono ereditare gli uni dagli altri, rendendo il codice più efficiente e riutilizzabile.

Questo può ridurre drasticamente la quantità di codice necessaria e rendere il codebase più semplice da mantenere, migliorando l'intero processo di sviluppo software.

Esempio: Ereditare da un prototipo

```javascript
function Vehicle(type) {
    this.type = type;
}

Vehicle.prototype.drive = function() {
    console.log(`Driving a ${this.type}`);
};

function Car(make, model) {
    Vehicle.call(this, 'car');  // Call the parent constructor with 'car' as type
    this.make = make;
    this.model = model;
}

Car.prototype = Object.create(Vehicle.prototype);  // Inherit from Vehicle
Car.prototype.constructor = Car;  // Set the constructor property to Car

Car.prototype.display = function() {
    console.log(`${this.make} ${this.model}`);
};

const myCar = new Car('Toyota', 'Corolla');
myCar.drive();  // Outputs: Driving a car
myCar.display();  // Outputs: Toyota Corolla
```

Questo esempio dimostra come **Car** possa ereditare il metodo **drive** da **Vehicle** tramite la catena dei prototipi, definendo al tempo stesso le proprie proprietà e i propri metodi specifici.

Il codice di esempio mostra i principi della programmazione orientata agli oggetti (OOP) in JavaScript, più nello specifico le funzioni costruttrici e l'ereditarietà basata sui prototipi. Analizziamolo nel dettaglio:

1. **Definire il costruttore Vehicle**: Il codice inizia con la dichiarazione di una funzione chiamata **Vehicle**. In questo contesto, **Vehicle** non è una semplice funzione, ma una funzione costruttrice. Una funzione costruttrice è un tipo speciale di funzione usato

per inizializzare nuovi oggetti. Questo costruttore **Vehicle** accetta un parametro, **type**, e lo assegna alla proprietà **this.type**. La parola chiave **this** in JavaScript, all'interno di una funzione costruttrice, fa riferimento al nuovo oggetto che viene creato.

2. **Aggiungere un metodo al prototipo di Vehicle**: La parte successiva è **Vehicle.prototype.drive = function() {...}**. Qui si aggiunge un metodo chiamato **drive** al prototipo di **Vehicle**. Un prototipo è un oggetto dal quale altri oggetti ereditano proprietà. In JavaScript, ogni oggetto ha un prototipo e le proprietà del prototipo possono essere accessibili da tutti gli oggetti collegati a esso. Il metodo **drive** stampa nella console una stringa che include il tipo di veicolo.

3. **Definire il costruttore Car ed ereditare da Vehicle**: La funzione **Car** è un altro costruttore che crea un oggetto auto. Accetta due parametri, **make** e **model**. All'interno del costruttore, **Vehicle.call(this, 'car')** viene usato per chiamare il costruttore padre (**Vehicle**). Questo è un modo per implementare l'ereditarietà in JavaScript. Chiamando il costruttore padre, **Car** eredita di fatto le proprietà inizializzate da **Vehicle**. Inoltre aggiunge due proprie proprietà: **make** e **model**.

4. **Impostare il prototipo di Car e il costruttore: Car.prototype = Object.create(Vehicle.prototype);** imposta il prototipo di **Car** in modo che erediti da **Vehicle.prototype**. La riga **Car.prototype.constructor = Car;** reimposta poi la proprietà **constructor** su **Car**, perché era stata sovrascritta nella riga precedente.

5. **Aggiungere un metodo al prototipo di Car: Car.prototype.display = function() {...}** aggiunge un metodo **display** al prototipo di **Car**. Questo metodo stampa nella console la marca e il modello dell'auto.

6. **Creare un'istanza di Car e chiamare i suoi metodi**: Infine, il codice crea un'istanza di **Car** chiamata **myCar** con 'Toyota' come marca e 'Corolla' come modello. Poi chiama i metodi **drive** e **display** su **myCar**. Poiché **Car** eredita da **Vehicle**, **myCar** può accedere sia al metodo **drive** di **Vehicle** sia al metodo **display** di **Car**. Il risultato di queste chiamate è "Driving a car" e "Toyota Corolla".

6.1.5 Considerazioni sulle prestazioni

I prototipi, per quanto siano estremamente potenti, devono essere usati con attenzione per via del loro impatto sulle prestazioni, soprattutto nel caso di applicazioni di grandi dimensioni:

- **Costo della ricerca lungo la catena dei prototipi**: il processo di accesso a proprietà che non si trovano direttamente sull'oggetto, ma esistono invece nella catena dei prototipi, comporta un costo di ricerca. Questo può avere un effetto negativo sulle prestazioni se viene utilizzato in modo eccessivo. Ogni operazione di lookup richiede tempo e risorse di calcolo e, in un'applicazione su larga scala in cui queste ricerche potrebbero avvenire moltissime volte, il costo complessivo può diventare significativo.

- **Modificare i prototipi a runtime**: modificare il prototipo di un oggetto mentre il programma è in esecuzione, soprattutto dopo che sono già state create delle istanze di quell'oggetto, può comportare penalizzazioni rilevanti in termini di prestazioni. Ciò dipende dal modo in cui i motori JavaScript ottimizzano l'accesso agli oggetti. Quando la struttura di un oggetto (ad esempio il suo prototipo) viene alterata dopo l'istanziazione, i motori JavaScript devono ri-ottimizzare la nuova struttura: un'operazione potenzialmente costosa che può incidere negativamente sulle performance.

Comprendere e utilizzare in modo efficace costruttori e prototipi è cruciale per applicare i principi dell'orientamento agli oggetti in JavaScript. Questi concetti non solo facilitano l'organizzazione e il riuso del codice, ma consentono anche di creare strutture di ereditarietà complesse che possono emulare le capacità presenti in linguaggi OOP più tradizionali.

6.2 Classi ES6

Introdotto come funzionalità chiave in ECMAScript 2015, noto anche come ES6, il sistema di classi in JavaScript ha portato un cambiamento rivoluzionario nel linguaggio. Le classi in JavaScript offrono una sintassi alternativa, più tradizionale, per generare istanze di oggetti e gestire l'ereditarietà. Questa aggiunta ha rappresentato un'importante deviazione rispetto all'approccio basato su prototipi utilizzato nelle versioni precedenti del linguaggio.

L'approccio basato su prototipi, pur essendo efficace, veniva spesso percepito come contorto e difficile da comprendere, soprattutto da chi proveniva da un background più classico di programmazione orientata agli oggetti. L'introduzione delle classi è stata una boccata d'aria fresca, portando in JavaScript una sintassi e una struttura più familiari.

È importante notare che, nonostante l'introduzione delle classi, il meccanismo sottostante di JavaScript per creare oggetti e gestire l'ereditarietà non è cambiato. In sostanza, le classi JavaScript sono "zucchero sintattico" sopra l'esistente sistema di ereditarietà basato su prototipi. Questo significa che le classi non introducono un nuovo modello di ereditarietà orientato agli oggetti in JavaScript, ma forniscono semplicemente una sintassi più semplice per creare oggetti e gestire l'ereditarietà.

L'introduzione di questa funzionalità è stata ampiamente riconosciuta come un passo positivo nell'evoluzione del linguaggio, perché offre una sintassi più chiara e concisa per creare oggetti e gestire l'ereditarietà. Il risultato è un codice più pulito, snello e leggibile. Inoltre, consente di scrivere codice intuitivo e ben strutturato, un vantaggio particolarmente importante in codebase di grandi dimensioni e in progetti di team, dove leggibilità e manutenibilità sono fondamentali.

6.2.1 Comprendere le classi ES6

Le classi in JavaScript fungono da modello fondamentale per costruire oggetti con caratteristiche e funzionalità specifiche e predefinite. Incapsulano, ovvero contengono in modo sicuro, i dati relativi all'oggetto, garantendo che rimangano inalterati e integri.

Oltre a contenere i dati, le classi forniscono un modello completo per creare numerose istanze dell'oggetto, ciascuna delle quali aderirà alla struttura e al comportamento definiti nella classe.

Questo è un aspetto cruciale della programmazione orientata agli oggetti in JavaScript, perché consente di creare più oggetti dello stesso tipo, ognuno con il proprio insieme di proprietà e metodi, favorendo così la riusabilità e l'efficienza del codice.

Attraverso l'incapsulamento dei dati e la disponibilità di un modello per la creazione degli oggetti, le classi aiutano a rendere il codice JavaScript orientato agli oggetti più semplice, più intuitivo e più facile da gestire.

Sintassi di base delle classi

Approfondiamo il concetto di definire una classe in JavaScript, un concetto fondamentale della programmazione orientata agli oggetti. In JavaScript, una classe è un tipo di funzione, ma invece di usare la parola chiave 'function' si usa la parola chiave 'class', e le proprietà vengono assegnate all'interno di un metodo constructor(). Ecco un esempio di come definire una classe semplice in JavaScript:

Esempio: definire una classe semplice

```javascript
class Car {
    constructor(make, model, year) {
        this.make = make;
        this.model = model;
        this.year = year;
    }

    display() {
        console.log(`This is a ${this.make} ${this.model} from ${this.year}.`);
    }
}

const myCar = new Car('Honda', 'Accord', 2021);
myCar.display();  // Outputs: This is a Honda Accord from 2021.
```

In questo esempio, la classe **Car** ha un metodo costruttore che inizializza le proprietà del nuovo oggetto. Il metodo **display** è un metodo di istanza che tutte le istanze della classe possono chiamare.

Questo codice illustra la Programmazione Orientata agli Oggetti (OOP) tramite l'uso delle classi, introdotte in ECMAScript 6 (ES6). Il codice presenta una semplice classe 'Car', che funge da modello (blueprint) per creare oggetti 'Car'.

La classe viene definita usando la parola chiave **class**, seguita dal nome della classe, che in questo caso è 'Car'. Dopo la dichiarazione della classe, troviamo una coppia di parentesi graffe **{}** che contiene il corpo della classe.

All'interno del corpo della classe viene definito un metodo **constructor**. Si tratta di un metodo speciale che viene chiamato ogni volta che viene creato un nuovo oggetto a partire da questa classe. Il costruttore accetta tre parametri: 'make', 'model' e 'year'. All'interno del costruttore, questi parametri vengono assegnati a variabili di istanza, indicate da **this.make**, **this.model** e **this.year**. La parola chiave **this** fa riferimento all'istanza dell'oggetto che si sta creando.

Dopo il costruttore, viene definito un metodo chiamato **display**. È un metodo di istanza, cioè può essere chiamato su qualunque oggetto creato a partire da questa classe. Il metodo **display** usa la funzione **console.log** per stampare nella console una stringa che include marca (make), modello (model) e anno (year) dell'auto.

Dopo la definizione della classe, viene creata un'istanza di 'Car' usando la parola chiave **new**, seguita dal nome della classe e da una coppia di parentesi tonde contenenti argomenti che corrispondono ai parametri definiti nel costruttore della classe. In questo caso, viene creato un nuovo oggetto 'Car' chiamato 'myCar' con 'Honda' come make, 'Accord' come model e 2021 come year.

Infine, viene chiamato il metodo **display** sull'oggetto **myCar**, che produce in output nella console: "This is a Honda Accord from 2021.".

Questo frammento di codice è una dimostrazione semplice ma efficace di come le classi possano essere usate in JavaScript per creare oggetti e definire metodi in grado di eseguire azioni correlate a quegli oggetti. L'uso delle classi rende il codice più strutturato, organizzato e più facile da comprendere, soprattutto quando si lavora con un gran numero di oggetti che condividono proprietà e comportamenti comuni.

6.2.2 Vantaggi dell'uso delle classi

Sintassi più semplice per l'ereditarietà: uno dei principali vantaggi dell'uso di **extends** e **super** è che le classi possono ereditare l'una dall'altra con facilità, semplificando in modo significativo il codice necessario per creare una gerarchia di ereditarietà. Questo significa meno tempo e meno sforzo nello scrivere righe di codice complesse, aumentando l'efficienza.

Le definizioni di classe sono con scope di blocco: a differenza delle dichiarazioni di funzione, che sono hoisted e possono quindi essere usate prima di essere dichiarate, le dichiarazioni di classe non vengono hoisted. Questo le rende con scope di blocco, in linea con altre dichiarazioni con scope di blocco come **let** e **const**, offrendo un comportamento più prevedibile e facile da comprendere.

Le definizioni dei metodi non sono enumerabili: un'altra caratteristica rilevante delle classi è che le definizioni dei metodi non sono enumerabili. Questo è un miglioramento significativo rispetto al pattern basato su prototype delle funzioni, dove i metodi sono enumerabili per impostazione predefinita e devono essere definiti manualmente come non enumerabili se necessario. Questo rende il codice più sicuro e meno soggetto a effetti collaterali indesiderati.

Le classi usano la strict mode: tutto il codice scritto nel contesto di una classe viene eseguito implicitamente in strict mode. Non c'è modo di disattivarla. Il vantaggio è duplice: aiuta a individuare in anticipo errori di programmazione comuni e rende il codice più sicuro e robusto. Questo è particolarmente utile per chi è alle prime armi con JavaScript, perché previene alcuni errori frequenti.

Esempio: ereditarietà nelle classi

```javascript
class ElectricCar extends Car {
    constructor(make, model, year, batteryCapacity) {
        super(make, model, year);  // Call the parent class's constructor
        this.batteryCapacity = batteryCapacity;
    }

    charge() {
        console.log(`Charging ${this.make} ${this.model}`);
    }
}

const myElectricCar = new ElectricCar('Tesla', 'Model S', 2020, '100kWh');
myElectricCar.display();  // Outputs: This is a Tesla Model S from 2020.
myElectricCar.charge();  // Outputs: Charging Tesla Model S
```

In questo esempio, **ElectricCar** estende **Car**, ereditandone i metodi e aggiungendo nuove funzionalità. La keyword **super** viene utilizzata per chiamare il costruttore della classe padre.

Lo snippet di codice utilizza la sintassi delle classi ES6 per definire una classe chiamata **ElectricCar**. Questa classe estende una classe padre, indicata come **Car**. Questo è un esempio di ereditarietà nella programmazione orientata agli oggetti, in cui una classe "figlia" (in questo caso, **ElectricCar**) eredita le proprietà e i metodi di una classe "padre" (**Car**).

La classe **ElectricCar** include un metodo costruttore che accetta quattro parametri: **make**, **model**, **year** e **batteryCapacity**. Questi parametri rappresentano rispettivamente la marca e il modello dell'auto, l'anno di produzione e la capacità della batteria.

All'interno del costruttore, **super(make, model, year)** viene usato per chiamare il costruttore della classe padre **Car** passando i parametri **make**, **model** e **year**. La keyword **super** viene utilizzata nei metodi di una classe per fare riferimento ai metodi della classe padre. Nel costruttore, è obbligatorio chiamare **super** prima di usare **this**, perché **super** è responsabile dell'inizializzazione di **this**.

Inoltre, la classe **ElectricCar** definisce una nuova proprietà **batteryCapacity** e la assegna a **this.batteryCapacity**. La keyword **this** fa riferimento all'istanza dell'oggetto che viene creata.

La classe **ElectricCar** include anche un metodo **charge**, che non accetta alcun parametro. Questo metodo usa la funzione **console.log** per stampare in console una stringa che indica che la **make** e il **model** dell'auto sono in carica.

Dopo che la classe **ElectricCar** è stata definita, viene creata un'istanza di questa classe con il nome **myElectricCar**. La keyword **new** viene utilizzata per istanziare un nuovo oggetto e gli argomenti 'Tesla', 'Model S', 2020 e '100kWh' vengono passati per corrispondere ai parametri richiesti dal costruttore di **ElectricCar**.

Infine, i metodi **display** e **charge** vengono chiamati sull'oggetto **myElectricCar**. Il metodo **display** proviene dalla classe padre **Car** e restituisce una stringa che indica marca, modello e anno dell'auto. Il metodo **charge**, specifico della classe **ElectricCar**, segnala che l'auto è in carica.

Questo codice fornisce un esempio di come le classi in JavaScript possano essere usate per creare oggetti con proprietà e comportamenti specifici, e di come l'ereditarietà consenta di condividere ed estendere proprietà e metodi tra classi. Dimostra i principi della programmazione orientata agli oggetti, tra cui incapsulamento, ereditarietà e polimorfismo.

6.2.3 Considerazioni pratiche

Le classi in JavaScript offrono numerosi vantaggi sintattici e pratici, ma è fondamentale comprendere che sono essenzialmente una versione più "user-friendly" del sistema di ereditarietà basato su prototipi preesistente in JavaScript. Ecco alcuni punti chiave da tenere a mente:

- **Comprendere la catena dei prototipi**: sebbene le classi semplifichino il lavoro con gli oggetti, non eliminano la necessità di capire i prototipi in JavaScript. Avere una solida comprensione del funzionamento dei prototipi è fondamentale quando le cose non vanno come previsto o quando è necessario effettuare il debug di problemi complessi che coinvolgono creazione ed ereditarietà degli oggetti.
- **Uso efficiente della memoria**: dal punto di vista dell'uso della memoria, le classi si comportano in modo simile alle funzioni costruttrici. I metodi definiti all'interno di una classe non vengono duplicati per ogni istanza; al contrario, vengono condivisi sull'oggetto prototipo. Ciò significa che, indipendentemente dal numero di istanze create, i metodi esisteranno in memoria una sola volta, portando a un utilizzo più efficiente delle risorse di sistema.

Le classi ES6 offrono un modo più elegante e accessibile per gestire la costruzione degli oggetti e l'ereditarietà in JavaScript. Fornendo una sintassi familiare a chi proviene da linguaggi class-based, le classi JavaScript aiutano a semplificare la transizione e l'adozione di JavaScript per lo sviluppo di applicazioni su larga scala.

Consentono agli sviluppatori di strutturare il codice in modo più pulito e di concentrarsi maggiormente sullo sviluppo delle funzionalità, invece che sulla gestione delle sfumature dell'ereditarietà basata su prototipi. Man mano che incorpori le classi nel tuo repertorio JavaScript, esse possono rendere significativamente più ordinato il tuo codebase e migliorarne la manutenibilità.

6.2.4 Metodi e proprietà statiche

In JavaScript, le classi supportano metodi e proprietà statiche. Questo significa che tali metodi e proprietà non vengono chiamati sulle istanze della classe, ma direttamente sulla classe stessa.

Questo è particolarmente utile per le funzioni di utilità, che sono associate alla classe e fanno parte integrante delle sue funzionalità, ma non necessariamente interagiscono o operano su singole istanze della classe. Queste funzioni possono eseguire operazioni rilevanti per la classe nel suo complesso, anziché per istanze specifiche, rendendo metodi e proprietà statiche uno strumento prezioso nella programmazione JavaScript.

Esempio: Metodi e proprietà statiche

```javascript
class MathUtility {
    static pi = 3.14159;

    static areaOfCircle(radius) {
        return MathUtility.pi * radius * radius;
    }
}

console.log(MathUtility.areaOfCircle(10));  // Outputs: 314.159
console.log(MathUtility.pi);  // Outputs: 3.14159
```

Questo esempio mostra come i metodi e le proprietà statiche possano essere usati per raggruppare funzionalità correlate all'interno di una classe, senza dover creare un'istanza della classe.

L'esempio definisce una classe chiamata 'MathUtility'. Una classe è un modello (blueprint) per creare oggetti dello stesso tipo nella Programmazione Orientata agli Oggetti (OOP).

In questa classe ci sono due elementi statici: una proprietà chiamata 'pi' e un metodo chiamato 'areaOfCircle'. Gli elementi statici sono associati alla classe stessa, e non alle sue istanze. Possono essere accessibili direttamente sulla classe, senza la necessità di creare un'istanza.

La proprietà 'pi' è impostata al valore 3.14159 e rappresenta la costante matematica Pi, che è il rapporto tra la circonferenza di un cerchio e il suo diametro.

Il metodo 'areaOfCircle' è una funzione che calcola l'area di un cerchio dato il suo raggio. Questo viene fatto usando la formula 'pi * radius * radius'. Poiché 'pi' è una proprietà statica della classe, viene accessibile all'interno del metodo come 'MathUtility.pi'.

Infine, il codice include due istruzioni 'console.log'. Queste vengono usate per stampare rispettivamente l'output del metodo 'areaOfCircle' quando il raggio è 10 e il valore di 'pi'. Questi valori vengono accessibili direttamente sulla classe MathUtility, dimostrando che proprietà e metodi statici possono essere usati senza creare un'istanza della classe.

Nel complesso, questo frammento di codice fornisce un esempio utile di come metodi e proprietà statiche possano essere utilizzati all'interno di una classe in JavaScript. Le proprietà e i metodi statici possono essere particolarmente utili per raggruppare funzioni di utilità o costanti correlate sotto un namespace comune, rendendo il codice più organizzato e più facile da leggere.

6.2.5 Getter e Setter

I getter e i setter sono metodi progettati appositamente per fornirti un meccanismo per accedere (get) e modificare (set) le proprietà, o attributi, di un oggetto. Fungono da ponte tra l'implementazione interna di un oggetto e il mondo esterno.

La bellezza di questi metodi sta nella loro capacità di incorporare funzionalità aggiuntive o applicare determinate regole quando una proprietà viene letta o modificata. Per esempio, possono essere particolarmente utili quando vuoi eseguire del codice specifico ogni volta che una proprietà viene letta o impostata, offrendo maggiore controllo e flessibilità.

Questo rende i getter e i setter una componente fondamentale nel mantenere l'integrità e la coerenza dello stato di un oggetto.

Esempio: Usare Getter e Setter

```javascript
class User {
    constructor(firstName, lastName) {
        this.firstName = firstName;
        this.lastName = lastName;
    }

    get fullName() {
        return `${this.firstName} ${this.lastName}`;
    }

    set fullName(name) {
        [this.firstName, this.lastName] = name.split(' ');
    }
}

const user = new User('John', 'Doe');
console.log(user.fullName);  // Outputs: John Doe

user.fullName = 'Jane Smith';
console.log(user.fullName);  // Outputs: Jane Smith
```

Questo esempio dimostra come getter e setter possano essere utilizzati per gestire l'accesso ai dati in modo controllato, offrendo un'interfaccia per interagire con le proprietà di un oggetto.

Lo snippet di codice mostra il concetto di classi, insieme a getter e setter, nella sintassi ES6.

Definisce una classe chiamata 'User' usando la keyword **class**, che è un aspetto fondamentale della programmazione orientata agli oggetti in JavaScript. Una classe è un modello (blueprint) per creare oggetti che condividono proprietà e comportamenti comuni.

All'interno della classe 'User' viene definito un metodo constructor con due parametri: 'firstName' e 'lastName'. Il constructor è una funzione speciale che viene eseguita ogni volta che viene creata una nuova istanza della classe. I parametri rappresentano il nome e il cognome di un utente e vengono assegnati all'istanza dell'oggetto in creazione tramite la keyword 'this'.

La classe include inoltre un getter e un setter per una proprietà chiamata 'fullName'. Il getter, **get fullName()**, è un metodo che, quando viene invocato, restituisce il nome completo dell'utente, ottenuto concatenando le proprietà 'firstName' e 'lastName'. Il setter, **set fullName(name)**, è un metodo che consente di modificare i valori delle proprietà 'firstName' e 'lastName'. Lo fa prendendo una stringa 'name', dividendola in due parti in corrispondenza del carattere spazio e assegnando i valori risultanti a 'firstName' e 'lastName'.

Una volta definita la classe, viene creata un'istanza della classe 'User' usando la keyword **new**, seguita da 'User' e dagli argomenti per il constructor racchiusi tra parentesi. In questo caso, viene creato un nuovo oggetto 'User' chiamato 'user' con 'John' come nome e 'Doe' come cognome.

Successivamente, il getter viene utilizzato per stampare nella console il nome completo dell'utente, ottenendo 'John Doe'. Dopo di ciò, il setter viene usato per cambiare il nome completo dell'oggetto 'user' in 'Jane Smith', e il getter viene utilizzato di nuovo per stampare il nuovo nome completo nella console, ottenendo 'Jane Smith'.

Questo esempio è un'illustrazione concisa ma efficace di come classi, costruttori, getter e setter funzionino in JavaScript. Mostra come si possano incapsulare dati e comportamenti correlati all'interno di una classe e controllare l'accesso alle proprietà di un oggetto, rendendo il codice più strutturato, manutenibile e sicuro.

6.2.6 Metodi e campi privati

Nel mondo della programmazione, uno dei miglioramenti più significativi introdotti nelle versioni più recenti di JavaScript è il supporto per metodi e campi privati. Questo sviluppo rappresenta un passo importante in avanti in termini di incapsulamento.

Il principio dell'incapsulamento è un concetto cardine della programmazione orientata agli oggetti e ruota attorno all'idea di limitare l'accesso diretto a determinati componenti di un oggetto. Con l'introduzione di metodi e campi privati in JavaScript, questo concetto fondamentale è stato notevolmente rafforzato.

Questo miglioramento garantisce che alcuni dettagli interni di una classe rimangano nascosti e protetti da accessi esterni, preservando così l'integrità dei dati e aumentando la sicurezza e la robustezza del codice.

Esempio: Campi e metodi privati

```javascript
class Account {
    #balance = 0;

    constructor(initialDeposit) {
        this.#balance = initialDeposit;
    }

    #updateBalance(amount) {
        this.#balance += amount;
    }

    deposit(amount) {
        if (amount < 0) throw new Error("Invalid deposit amount");
        this.#updateBalance(amount);
    }

    get balance() {
        return this.#balance;
    }
}

const acc = new Account(100);
acc.deposit(50);
console.log(acc.balance);  // Outputs: 150
```

In questo esempio, **#balance** e **#updateBalance** sono privati, il che significa che non possono essere accessibili al di fuori della classe **Account**, proteggendo così l'integrità dello stato interno delle istanze della classe.

L'esempio di codice definisce una classe chiamata 'Account'. Questa classe funge da modello per creare oggetti account secondo i principi della programmazione orientata agli oggetti (OOP).

La classe 'Account' ha un campo privato chiamato '#balance'. In JavaScript, i campi privati sono indicati da un simbolo cancelletto '#' prima del nome. Sono privati perché possono essere letti o modificati solo all'interno della classe in cui sono definiti. Per impostazione predefinita, questo campo '#balance' è inizializzato a 0, a indicare che un nuovo account avrà un saldo pari a 0 se non viene fornito alcun deposito iniziale.

La classe include anche un metodo costruttore. In OOP, il costruttore è un metodo speciale che viene chiamato automaticamente ogni volta che viene creato un nuovo oggetto a partire da una classe. In questo caso, il costruttore accetta un parametro, 'initialDeposit'. All'interno del costruttore, il campo privato '#balance' viene impostato al valore di 'initialDeposit', indicando che, ogni volta che viene creato un nuovo oggetto 'Account', il suo saldo verrà impostato al valore del deposito iniziale.

Successivamente viene definito un metodo privato '#updateBalance'. Questo metodo accetta un parametro, 'amount', e aggiunge tale importo al saldo corrente. Lo scopo di questo metodo è aggiornare il saldo dell'account dopo un'operazione di deposito.

Poi viene definito un metodo pubblico 'deposit'. Anche questo metodo accetta un parametro, 'amount'. All'interno del metodo, c'è un'istruzione 'if' che verifica se l'importo del deposito è inferiore a 0. In tal caso viene generato un errore con il messaggio "Invalid deposit amount". Questo assicura che vengano depositati nell'account solo importi validi. Se l'importo è valido, viene chiamato il metodo '#updateBalance' con l'importo del deposito per aggiornare il saldo dell'account.

La classe include anche un metodo getter per il campo 'balance'. In JavaScript, i getter permettono di recuperare il valore di una proprietà di un oggetto. In questo caso, il getter 'balance' restituisce il saldo corrente dell'account.

Dopo che la classe 'Account' è stata definita, viene creata un'istanza della classe usando la keyword 'new'. Questa istanza, chiamata 'acc', viene creata con un deposito iniziale di 100. Poi, il metodo 'deposit' viene chiamato su 'acc' per depositare altri 50 nell'account.

Infine, il saldo corrente dell'account viene stampato nella console usando 'console.log'. Poiché il campo 'balance' è privato e non può essere accessibile direttamente, viene usato il getter 'balance' per recuperare il saldo. L'output di questa operazione è 150, che è la somma del deposito iniziale e del deposito successivo.

In sintesi, questo esempio dimostra come classi, campi privati, metodi costruttori, metodi privati, metodi pubblici e getter possano essere utilizzati in JavaScript per creare e manipolare oggetti, seguendo i principi della programmazione orientata agli oggetti.

Guida completa alle best practice nell'uso delle classi

- Quando si lavora con tipi di dati strutturati e complessi che richiedono l'uso di metodi ed ereditarietà, le classi diventano uno strumento indispensabile. Forniscono un framework che consente di organizzare e manipolare i dati in modo strutturato e sistematico.

- Sebbene l'ereditarietà possa essere utile, in generale si consiglia di preferire la composizione all'ereditarietà quando possibile. Questo approccio può ridurre in modo significativo la complessità del codice aumentando la modularità. Promuove il riuso del codice e può rendere i programmi più facili da leggere e mantenere.
- L'uso di getter e setter è una pratica comune nella programmazione orientata agli oggetti. Queste funzioni controllano l'accesso alle proprietà di una classe. È particolarmente utile quando è necessaria una validazione o un pre-processing prima di leggere o impostare un valore. Aggiunge un livello di protezione ai dati, assicurando che rimangano coerenti e validi durante tutto il loro ciclo di vita.
- Infine, sfrutta proprietà e metodi statici quando hai a che fare con funzionalità che non dipendono dai dati delle istanze della classe. Metodi e proprietà statiche appartengono alla classe stessa, e non a un'istanza. Questo significa che sono condivisi tra tutte le istanze e possono essere richiamati senza creare un'istanza della classe.

Le classi ES6 offrono un chiaro vantaggio sintattico e funzionale per strutturare i programmi, soprattutto per chi proviene da linguaggi con modelli OOP classici. Comprendendo e utilizzando funzionalità avanzate come proprietà statiche, getter e setter e campi privati, puoi realizzare applicazioni più sicure, manutenibili e robuste. Con l'evoluzione di JavaScript, è probabile che queste funzionalità diventino fondamentali nello sviluppo di applicazioni complesse lato client e lato server.

6.3 Ereditarietà e polimorfismo

Ereditarietà e polimorfismo sono concetti fondamentali nel mondo della programmazione orientata agli oggetti. Contribuiscono in modo significativo alla creazione di strutture di codice più organizzate, logiche e manutenibili. Adottando questi concetti, è possibile scrivere codice più facile da comprendere, correggere e modificare. In sostanza, ereditarietà e polimorfismo sono principi che permettono di estendere funzionalità e riutilizzare codice esistente.

Questa capacità di estendere e riusare il codice può ridurre drasticamente la complessità nello sviluppo software, portando ad applicazioni più efficienti, robuste e scalabili. Il codice che utilizza ereditarietà e polimorfismo può essere modificato o esteso senza generare un effetto a catena sul resto del programma, riducendo così la probabilità di introdurre nuovi bug quando si apportano cambiamenti.

Nella sezione seguente, analizzeremo in profondità come JavaScript, uno dei linguaggi di programmazione più utilizzati al mondo, gestisce ereditarietà e polimorfismo. Esamineremo in modo critico come ES6, la sesta edizione dello standard ECMAScript su cui si basa JavaScript, abbia reso queste funzionalità più intuitive e potenti. Le classi ES6 sono state determinanti nel portare in JavaScript un approccio più tradizionale alla programmazione orientata agli oggetti, e vedremo come hanno trasformato il panorama della programmazione in JavaScript.

6.3.1 Ereditarietà in JavaScript

L'ereditarietà, concetto chiave nella programmazione orientata agli oggetti, consente a una classe di ereditare o acquisire proprietà e metodi da un'altra classe. Questo significa che un oggetto può avere proprietà di un altro oggetto, favorendo il riutilizzo del codice e rendendo il codice molto più pulito e semplice da gestire.

In JavaScript, un linguaggio dinamico orientato agli oggetti, questo viene tradizionalmente ottenuto tramite i prototipi. I prototipi sono essenzialmente un "modello" (blueprint) di un oggetto, che consente di creare tipi di oggetti in grado di ereditare proprietà e metodi l'uno dall'altro.

Tuttavia, con l'introduzione di ES6, una nuova versione di JavaScript, è stata introdotta la sintassi delle classi, che semplifica ulteriormente la creazione delle catene di ereditarietà. Questa nuova sintassi offre un modo più diretto e chiaro per creare oggetti e gestire l'ereditarietà.

Comprendere l'ereditarietà di base con le classi ES6 in JavaScript

Come discusso, l'ereditarietà è un concetto fondamentale della Programmazione Orientata agli Oggetti (OOP) che aiuta a costruire applicazioni complesse con codice riutilizzabile e manutenibile. Una delle grandi caratteristiche di JavaScript ES6 è la possibilità di usare le classi per attività OOP più complesse.

In questo contesto, vediamo come definire una classe che eredita proprietà e metodi da un'altra classe, una capacità che può migliorare in modo significativo la tua efficienza e produttività come sviluppatore. Questo si ottiene tramite l'uso della parola chiave **extends** in JavaScript:

Esempio: creare una sottoclasse

```javascript
class Animal {
    constructor(name) {
        this.name = name;
    }

    speak() {
        console.log(`${this.name} makes a noise.`);
    }
}

class Dog extends Animal {
```

```javascript
    constructor(name, breed) {
        super(name); // Call the parent class's constructor with 'name'
        this.breed = breed;
    }

    speak() {
        console.log(`${this.name} barks.`);
    }
}

const dog = new Dog('Max', 'Golden Retriever');
dog.speak(); // Outputs: Max barks.
```

In questo esempio, **Dog** estende **Animal**. Usando la keyword **extends**, **Dog** eredita tutti i metodi di **Animal**, incluso il costruttore. La funzione **super** richiama il costruttore della classe padre, assicurando che **Dog** venga inizializzata correttamente. Il metodo **speak** in **Dog** sovrascrive quello presente in **Animal**, mostrando una forma semplice di polimorfismo nota come *method overriding* (sovrascrittura dei metodi).

Questo codice mette in evidenza il concetto di ereditarietà. Lo fa definendo due classi: **Animal** e **Dog**.

La classe **Animal** funge da classe base (o classe padre). Usa un costruttore, cioè una funzione speciale in una classe che viene eseguita ogni volta che viene creata una nuova istanza della classe. Questo costruttore accetta un parametro, **name**, e lo assegna alla proprietà **this.name** dell'istanza. Di conseguenza, ogni volta che viene creata un'istanza di **Animal**, essa avrà sempre una proprietà **name** che può essere utilizzata in altri metodi della classe.

Uno di questi metodi è **speak**. È una semplice funzione che produce un output nella console. Usa una template literal per inserire il nome dell'animale in una frase, generando una stringa come 'Max makes a noise.' quando il metodo viene chiamato su un'istanza di **Animal**.

La classe **Dog**, invece, è una classe derivata (o classe figlia) che estende la classe **Animal**. Questo significa che **Dog** eredita tutte le proprietà e i metodi di **Animal**, ma può anche definire nuove proprietà e nuovi metodi, oppure sovrascrivere quelli ereditati.

Anche la classe **Dog** ha un costruttore, ma in questo caso accetta due parametri: **name** e **breed**. Il parametro **name** viene passato alla funzione **super**, che richiama il costruttore della classe padre, **Animal**. Questo garantisce che la proprietà **name** venga impostata correttamente anche nella classe **Dog**. Il parametro **breed** viene poi assegnato alla proprietà **this.breed** dell'istanza di **Dog**.

La classe **Dog** sovrascrive inoltre il metodo **speak** ereditato da **Animal**. Invece di dire che il cane 'makes a noise', questo nuovo metodo **speak** stampa che il cane 'barks'. Si tratta di un esempio di polimorfismo, un altro concetto chiave della programmazione orientata agli oggetti, in cui una classe figlia può modificare il comportamento di un metodo ereditato da una classe padre.

Infine, viene creata un'istanza di **Dog** usando la keyword **new**, con 'Max' come **name** e 'Golden Retriever' come **breed**. Questa istanza viene salvata nella variabile **dog**. Quando viene chiamato **dog.speak()**, viene usata la versione del metodo definita nella classe **Dog**, non quella della classe **Animal**. Per questo motivo, l'output in console è 'Max barks.'.

Questo esempio illustra la potenza dell'ereditarietà nella programmazione orientata agli oggetti, mostrando come sia possibile creare relazioni gerarchiche tra classi per condividere funzionalità e comportamento, mantenendo il codice DRY (Don't Repeat Yourself).

6.3.2 Polimorfismo

Il polimorfismo, un concetto fondamentale della programmazione orientata agli oggetti, descrive la capacità di un metodo di mostrare comportamenti diversi a seconda dell'oggetto su cui viene invocato. In pratica, significa che uno stesso metodo può svolgere funzionalità differenti in base alla classe o al contesto dell'oggetto che lo richiama.

Questa è una caratteristica chiave dell'OOP perché aumenta la flessibilità e favorisce la riusabilità del codice. Per esempio, quando un metodo viene invocato, il comportamento esatto o l'output che produce può cambiare in base alla specifica classe o all'oggetto che lo chiama. È proprio questa natura dinamica del polimorfismo a renderlo uno strumento cruciale nella programmazione orientata agli oggetti.

Esempio di sovrascrittura dei metodi (Method Overriding)

Nell'esempio visto in precedenza, possiamo osservare un caso in cui il metodo **speak** è stato sovrascritto (override) per modificare il comportamento delle istanze della classe **Dog**, distinguendolo da quello delle istanze della classe **Animal**. Il metodo **speak**, presente nella classe **Animal**, è stato ridefinito nel contesto della classe **Dog** per fornire un output o un'azione diversa.

Questo è un esempio classico e diretto del concetto di polimorfismo nella programmazione orientata agli oggetti. Il termine "polimorfismo" si riferisce alla capacità di una variabile, funzione o oggetto di assumere più forme. In questo caso, l'interfaccia — rappresentata dal metodo **speak** — rimane coerente.

Tuttavia, la sua implementazione varia in modo significativo tra classi diverse. Questa è l'essenza del polimorfismo: una singola interfaccia può essere associata a implementazioni differenti a seconda della classe con cui si sta lavorando.

6.3.3 Usare ereditarietà e polimorfismo in modo efficace

Ereditarietà e polimorfismo sono senza dubbio strumenti formidabili nell'arsenale di chi sviluppa software. Offrono la possibilità di creare strutture di codice interconnesse e dinamiche. Tuttavia, la loro potenza va gestita con giudizio, per evitare di creare gerarchie di classi eccessivamente intricate, che possono trasformarsi rapidamente in labirinti difficili da esplorare, gestire e comprendere.

Ecco alcune linee guida, basate su best practice ed esperienza professionale, da seguire quando lavori con ereditarietà e polimorfismo:

1. **Preferisci la composizione all'ereditarietà**: questo principio suggerisce che, se una classe deve sfruttare le funzionalità di un'altra, può essere più vantaggioso adottare l'approccio della composizione (cioè includere la classe necessaria) invece di estenderla o ereditarla. Questa metodologia non solo offre maggiore flessibilità, perché permette di assemblare oggetti più complessi a partire da oggetti più semplici, ma riduce anche in modo significativo le dipendenze e minimizza il rischio di creare gerarchie di classi difficili da navigare.
2. **Usa il polimorfismo per semplificare il codice**: nella programmazione orientata agli oggetti, il polimorfismo è una caratteristica chiave che consente a una funzione di interagire con oggetti appartenenti a classi diverse. Questo può snellire notevolmente il codice, rendendolo più leggibile, manutenibile e scalabile. Nel dubbio, ricorda che il polimorfismo può essere un alleato potente per scrivere codice più pulito ed efficiente.
3. **Mantieni poco profonde le gerarchie di ereditarietà**: anche se può essere tentante creare alberi di ereditarietà profondi per essere più "completi", spesso questo porta a codice difficile da seguire e da debuggare. Per questo, è consigliabile mantenere le gerarchie il più possibile poco profonde. Questa pratica aiuta a preservare un alto livello di chiarezza e semplicità nel codice, rendendo il lavoro più facile sia per te sia per chi collaborerà con te.
4. **Assicurati che le classi derivate estendano naturalmente le classi base**: quando crei classi derivate, è importante verificare che siano vere estensioni delle classi base, rispettando rigorosamente la relazione "is-a" ("è un"). Questo significa che la classe derivata deve essere, a livello concettuale, un tipo della classe base. Ad esempio, un **Dog** è intrinsecamente un **Animal**. Di conseguenza, è logico e appropriato che **Dog** estenda **Animal**. Questa pratica aiuta a mantenere le strutture di ereditarietà intuitive e semanticamente corrette.

Comprendere e applicare ereditarietà e polimorfismo in JavaScript può migliorare molto la tua capacità di scrivere codice orientato agli oggetti pulito, efficace e manutenibile. Con le classi ES6, questi concetti sono più accessibili e intuitivi, consentendo di costruire sistemi sofisticati che sono più facili da sviluppare, testare e mantenere.

6.3.4 Interfacce e Duck Typing

A differenza di linguaggi come Java o C#, JavaScript non incorpora le interfacce nella propria architettura. Le interfacce sono spesso presenti nei linguaggi a tipizzazione statica, dove agiscono come un contratto che garantisce che una classe si comporti in un certo modo. JavaScript, essendo un linguaggio a tipizzazione dinamica, adotta invece un concetto diverso noto come "duck typing".

In questo paradigma, l'idoneità di un oggetto non viene determinata dal suo tipo effettivo, ma dalla presenza di determinati metodi e proprietà. Questo approccio conferisce a JavaScript la sua flessibilità, permettendo agli oggetti di essere usati in contesti diversi purché possiedano gli attributi richiesti.

Il nome deriva dalla frase "Se sembra un'anatra, nuota come un'anatra e starnazza come un'anatra, allora probabilmente è un'anatra", a indicare che è il comportamento dell'oggetto a determinarne l'idoneità, più che la sua discendenza o l'ereditarietà di classe.

Esempio: Duck Typing

```javascript
function makeItSpeak(animal) {
    if (animal.speak) {
        animal.speak();
    } else {
        console.log("This object cannot speak.");
    }
}

const cat = {
    speak() { console.log("Meow"); }
};

const car = {
    horn() { console.log("Honk"); }
};

makeItSpeak(cat);  // Outputs: Meow
makeItSpeak(car);  // Outputs: This object cannot speak.
```

Questo esempio mostra come puoi progettare funzioni che interagiscono con gli oggetti in base alle loro capacità, piuttosto che alla loro classe specifica, incarnando il principio: "se cammina come un'anatra e starnazza come un'anatra, allora dev'essere un'anatra".

L'esempio di codice illustra il concetto di "Duck Typing". Nel Duck Typing, l'idoneità di un oggetto è determinata dalla presenza di determinati metodi e proprietà, piuttosto che dal tipo effettivo dell'oggetto.

Il codice definisce una funzione chiamata **makeItSpeak** che accetta un oggetto come parametro. Questa funzione controlla se l'oggetto passato ha un metodo chiamato **speak**. Se il metodo esiste, viene eseguito. Se non esiste, viene stampato in console il messaggio "This object cannot speak.".

Successivamente, vengono definiti due oggetti: **cat** e **car**. L'oggetto **cat** ha un metodo **speak** che stampa in console la stringa "Meow" quando viene chiamato. L'oggetto **car**, invece, non ha un metodo **speak**. Al suo posto, ha un metodo **horn** che stampa "Honk" in console quando viene chiamato.

Nella parte finale del codice, la funzione **makeItSpeak** viene invocata due volte: prima con l'oggetto **cat** e poi con l'oggetto **car**. Quando l'oggetto **cat** viene passato a **makeItSpeak**, il metodo **speak** di **cat** viene trovato e chiamato, e di conseguenza viene stampato "Meow" in console. Tuttavia, quando viene passato l'oggetto **car**, dato che non possiede un metodo **speak**, viene stampato il messaggio predefinito "This object cannot speak.".

Questo esempio di codice è una dimostrazione del Duck Typing in azione. Mostra che non è il tipo dell'oggetto a determinare se può "parlare", ma piuttosto se l'oggetto ha o meno un metodo **speak**. Questo rispecchia il detto "se sembra un'anatra, nuota come un'anatra e starnazza come un'anatra, allora probabilmente è un'anatra", che è il principio alla base del Duck Typing. La funzione **makeItSpeak** non si preoccupa del tipo dell'oggetto che riceve: si preoccupa solo del fatto che l'oggetto possa "parlare".

6.3.5 Mixins per l'ereditarietà multipla

In JavaScript, un linguaggio che non supporta nativamente l'ereditarietà multipla — in cui una classe può ereditare proprietà e metodi da più di una classe — esiste una soluzione alternativa che offre una flessibilità e una funzionalità simili.

Questa soluzione è nota come "mixin". I mixin consentono essenzialmente di combinare e incorporare comportamenti provenienti da più sorgenti. Questo permette di creare oggetti più dinamici e sfaccettati, rafforzando la robustezza del codice senza dover ricorrere al modello di ereditarietà tradizionale.

Esempio: creare dei mixin

```javascript
let SayMixin = {
    say(phrase) {
        console.log(phrase);
    }
};

let SingMixin = {
    sing(lyric) {
        console.log(lyric);
    }
};

class Person {
    constructor(name) {
        this.name = name;
    }
}

// Copy the methods
Object.assign(Person.prototype, SayMixin, SingMixin);

const john = new Person("John");
john.say("Hello");  // Outputs: Hello
john.sing("La la la");  // Outputs: La la la
```

Questo approccio consente di "mescolare" funzionalità aggiuntive nel prototipo di una classe, abilitando una forma di ereditarietà multipla in cui una classe può ereditare metodi da più oggetti mixin.

Un mixin è essenzialmente una classe o un oggetto che contiene metodi che possono essere presi in prestito o "inseriti" (mixed in) in altre classi. I mixin sono un modo per distribuire funzionalità riutilizzabili tra le classi. Non sono pensati per essere usati in modo indipendente, ma per essere aggiunti ad altre classi e usati da esse.

In questo codice vengono creati due mixin: **SayMixin** e **SingMixin**. Ogni mixin è un oggetto che contiene un singolo metodo: **SayMixin** contiene il metodo **say()** e **SingMixin** contiene il metodo **sing()**. Questi metodi si limitano a stampare nella console la frase o il testo (lyric) passato come parametro.

Poi viene definita una classe **Person** con un costruttore che imposta una proprietà **name**. A questo punto, questa classe non ha metodi propri.

I mixin vengono quindi applicati al prototipo della classe **Person** usando il metodo **Object.assign()**. In pratica, questo copia le proprietà di **SayMixin** e **SingMixin** su **Person.prototype**, consentendo alle istanze della classe **Person** di usare i metodi **say()** e **sing()**.

Successivamente viene creata un'istanza della classe **Person**, **john**, usando la keyword **new**. Poiché i mixin sono stati applicati a **Person.prototype**, **john** può usare sia il metodo **say()** sia il metodo **sing()**. Il codice lo dimostra facendo dire a **john** "Hello" e facendogli cantare "La la la", che vengono stampati nella console.

In conclusione, questo codice offre una semplice dimostrazione di come i mixin possano essere usati in JavaScript. I mixin sono uno strumento potente per condividere comportamenti tra classi diverse, aiutando a mantenere il codice DRY (Don't Repeat Yourself) e organizzato.

6.3.6 Funzioni factory

Le funzioni factory rappresentano un pattern alternativo che può essere usato al posto delle classi tradizionali per creare oggetti. Sono particolarmente utili perché possono incapsulare efficacemente la logica di creazione degli oggetti.

Questa incapsulazione porta a una chiara separazione tra il processo di creazione e l'uso effettivo degli oggetti, offrendo un livello di astrazione che può aiutare a comprendere e mantenere il codice.

Inoltre, le funzioni factory sfruttano la potenza delle closure per fornire privacy, una funzionalità che non è supportata nativamente in JavaScript. Questo introduce un nuovo livello di sicurezza e controllo su come i dati vengono accessi e manipolati, rendendole un'alternativa valida all'uso dei costruttori e al modello di ereditarietà basato su classi tipico della programmazione orientata agli oggetti.

Esempio: Funzione factory

```javascript
function createRobot(name, capabilities) {
    return {
        name,
        capabilities,
        describe() {
            console.log(`This robot can perform: ${capabilities.join(', ')}`);
        }
    };
}

const robo = createRobot("Robo", ["lift things", "play chess"]);
robo.describe();  // Outputs: This robot can perform: lift things, play chess
```

Le funzioni factory offrono flessibilità e incapsulamento, rendendole una potente alternativa alle classi, soprattutto quando la creazione degli oggetti non si inserisce in modo "pulito" all'interno di una singola gerarchia di ereditarietà.

Il codice di esempio mostra come definire una funzione che crea e restituisce un oggetto. È un pattern comune in JavaScript e viene spesso usato quando hai bisogno di creare più oggetti con le stesse proprietà e gli stessi metodi.

La funzione nel codice si chiama **createRobot**. È pensata per costruire oggetti "robot" e accetta due argomenti: **name** e **capabilities**.

L'argomento **name** rappresenta il nome del robot. Ci si aspetta una stringa. Per esempio, potrebbe essere "Robo", "CyberBot", "AlphaBot", ecc.

L'argomento **capabilities** rappresenta le abilità del robot. Ci si aspetta un array di stringhe, in cui ogni stringa descrive una capacità. Per esempio, potrebbe includere attività che il robot può svolgere, come "lift things", "play chess", "calculate probabilities", ecc.

La funzione **createRobot** funziona restituendo un nuovo oggetto. Questo oggetto include il **name** e le **capabilities** passate come argomenti, oltre a un metodo chiamato **describe**.

Il metodo **describe** è una funzione che, quando viene chiamata, usa **console.log** di JavaScript per stampare una stringa nella console. Questa stringa descrive cosa sa fare il robot, unendo tutte le capacità con ", " e inserendole in una frase.

Dopo aver definito **createRobot**, il codice mostra come usarla: crea un nuovo robot chiamato "Robo" che può "lift things" e "play chess". Questo viene fatto chiamando **createRobot** con gli argomenti appropriati e salvando l'oggetto restituito in una costante chiamata **robo**.

Infine, viene chiamato il metodo **describe** su **robo**. Questo stampa in console una frase che descrive le capacità del robot, nello specifico: "This robot can perform: lift things, play chess".

In sintesi, questo codice fornisce un esempio chiaro di come definire in JavaScript una funzione che crea e restituisce oggetti. Mostra anche come usare tale funzione per creare un oggetto e come chiamare un metodo su quell'oggetto. È un pattern comune in JavaScript e in molti altri linguaggi orientati agli oggetti, e comprenderlo è fondamentale per scrivere codice OOP efficace.

Approfondendo questi aspetti avanzati di ereditarietà e polimorfismo, puoi sviluppare una comprensione più sfumata della programmazione orientata agli oggetti in JavaScript. Che si tratti di implementare il duck typing, usare i mixin per simulare l'ereditarietà multipla o impiegare funzioni factory per la creazione degli oggetti, queste tecniche possono offrire strumenti potenti per costruire software flessibile, scalabile e manutenibile.

6.4 Incapsulamento e Astrazione

Nell'ambito della programmazione orientata agli oggetti (OOP), esistono due concetti fondamentali che contribuiscono in modo significativo a ridurre la complessità e ad aumentare la riusabilità del codice: incapsulamento e astrazione.

L'incapsulamento è la tecnica di racchiudere i dati, rappresentati da variabili, e i metodi associati (cioè le funzioni che manipolano quei dati) in un'unica unità o classe. Questo meccanismo garantisce che lo stato interno di un oggetto sia protetto da interferenze esterne, portando a un design più robusto e controllato.

Al contrario, l'astrazione mira a nascondere i dettagli complessi, esponendo solo le parti di un oggetto considerate necessarie. In questo modo semplifica la rappresentazione della realtà e rende più facile gestire la complessità.

Nel contesto di JavaScript, un linguaggio di scripting ampiamente usato per lo sviluppo web lato client, questi concetti possono essere implementati con diverse tecniche: classi (che offrono un modello per creare oggetti e incapsulare dati e metodi), closure (che permettono alle funzioni di avere variabili private) e pattern a moduli (che aiutano a organizzare il codice in modo manutenibile). Adottando queste tecniche, si può migliorare la sicurezza, la robustezza e la manutenibilità del codice, aumentando la qualità e l'affidabilità complessiva del software.

6.4.1 Comprendere l'Incapsulamento

Il principio dell'incapsulamento è un aspetto fondamentale della programmazione orientata agli oggetti che consente a un oggetto di nascondere il proprio stato interno: tutte le interazioni devono avvenire tramite i metodi dell'oggetto.

Questo non è solo un modo di strutturare i dati; è un approccio solido per gestire la complessità nei sistemi software su larga scala. Fornendo un'interfaccia controllata ai dati dell'oggetto, l'incapsulamento assicura che il funzionamento interno dell'oggetto sia schermato dal mondo esterno.

Ciò impedisce che lo stato dell'oggetto venga alterato in modi imprevisti, che potrebbero causare bug e comportamenti imprevedibili. Inoltre, l'incapsulamento favorisce modularità e separazione delle responsabilità, rendendo il codice più facile da mantenere e comprendere.

Esempio: Usare le Classi per Ottenere l'Incapsulamento

```javascript
class BankAccount {
    #balance;  // Private field

    constructor(initialBalance) {
        this.#balance = initialBalance;
    }

    deposit(amount) {
        if (amount < 0) {
            throw new Error("Amount must be positive");
        }
        this.#balance += amount;
        console.log(`Deposited $${amount}. Balance is now $${this.#balance}.`);
    }

    withdraw(amount) {
        if (amount > this.#balance) {
            throw new Error("Insufficient funds");
        }
        this.#balance -= amount;
        console.log(`Withdrew $${amount}. Balance is now $${this.#balance}.`);
    }

    getBalance() {
        return this.#balance;
    }
}

const account = new BankAccount(1000);
account.deposit(500);
account.withdraw(200);
console.log(`The balance is $${account.getBalance()}.`);
// Outputs: Deposited $500. Balance is now $1500.
//          Withdrew $200. Balance is now $1300.
//          The balance is $1300.
```

In questo esempio, il campo **#balance** è privato, il che significa che non può essere accessibile direttamente dall'esterno della classe. Questo incapsulamento garantisce che il saldo possa essere modificato solo tramite i metodi **deposit** e **withdraw**, che includono delle validazioni.

Lo snippet di codice definisce una classe chiamata 'BankAccount'. Questa classe è un modello per creare oggetti 'BankAccount', ognuno dei quali rappresenta un conto bancario unico.

La classe 'BankAccount' contiene un campo privato, '#balance'. Questo campo è destinato a memorizzare il saldo del conto bancario. È contrassegnato come privato, indicato dal simbolo

'#', il che significa che può essere accessibile direttamente solo all'interno della classe stessa. Questo è un aspetto fondamentale dell'incapsulamento, un principio fondamentale della programmazione orientata agli oggetti che limita l'accesso diretto alle proprietà di un oggetto allo scopo di mantenere l'integrità dei dati.

La classe definisce anche un metodo 'constructor'. Questo metodo speciale viene chiamato automaticamente quando viene creato un nuovo oggetto 'BankAccount'. Accetta un parametro, 'initialBalance', che viene utilizzato per impostare il saldo iniziale del conto bancario assegnandolo al campo privato '#balance'.

Tre metodi, 'deposit', 'withdraw' e 'getBalance', sono definiti nella classe 'BankAccount':

- Il metodo 'deposit' accetta un parametro 'amount'. Controlla se l'importo è inferiore a zero e, in tal caso, genera un errore. Altrimenti, aggiunge l'importo a '#balance' e stampa un messaggio che mostra l'importo depositato e il nuovo saldo.
- Anche il metodo 'withdraw' accetta un parametro 'amount'. Controlla se l'importo è superiore all'attuale '#balance' e, in tal caso, genera un errore. Altrimenti, sottrae l'importo da '#balance' e stampa un messaggio che mostra l'importo prelevato e il nuovo saldo.
- Il metodo 'getBalance' non accetta parametri. Restituisce semplicemente il valore corrente di '#balance'.

Le ultime righe dello snippet di codice dimostrano come utilizzare la classe 'BankAccount'. Viene creato un nuovo oggetto 'BankAccount' con un saldo iniziale di 1000, vengono depositati 500 nel conto, vengono prelevati 200 dal conto e infine viene stampato il saldo corrente del conto.

Pertanto, la classe 'BankAccount' incapsula le proprietà e i metodi relativi a un conto bancario, fornendo un modo per gestire il saldo del conto in maniera controllata. Il saldo può essere modificato solo tramite i metodi 'deposit' e 'withdraw' e recuperato utilizzando il metodo 'getBalance', garantendo così l'integrità del saldo.

6.4.2 Implementare l'Astrazione

L'astrazione è un concetto fondamentale della programmazione progettato con l'obiettivo esplicito di nascondere i dettagli di implementazione intricati e spesso complessi di una particolare classe, esponendo all'utente solo i componenti essenziali.

Questo concetto è una parte integrante della programmazione che fornisce un livello di semplicità e facilità per l'utente mentre i processi complessi vengono eseguiti dietro le quinte. Questo principio fondamentale può infatti essere implementato in JavaScript, un linguaggio di programmazione robusto e popolare.

L'implementazione dell'astrazione in JavaScript può essere ottenuta controllando e limitando attentamente l'esposizione di proprietà e metodi. Facendo ciò, ci assicuriamo che un utente interagisca solo con gli elementi necessari, offrendo così un'esperienza di programmazione più semplice e lineare.

Esempio: Utilizzare i Function Constructor per l'Astrazione

```javascript
function Car(model, year) {
    this.model = model;
    let mileage = 0;  // Private variable

    this.drive = function (miles) {
        if (miles < 0) {
            throw new Error("Miles cannot be negative");
        }
        mileage += miles;
        console.log(`Drove ${miles} miles. Total mileage is now ${mileage}.`);
    };

    this.getMileage = function () {
        return mileage;
    };
}

const myCar = new Car("Toyota Camry", 2019);
myCar.drive(150);
console.log(`Total mileage: ${myCar.getMileage()}.`);
// Outputs: Drove 150 miles. Total mileage is now 150.
//          Total mileage: 150.
```

In questo esempio di **Car**, la variabile **mileage** non è esposta direttamente; viene invece letta e modificata tramite i metodi **drive** e **getMileage**. Questa astrazione nasconde i dettagli di come il chilometraggio viene tracciato e aggiornato, il che può prevenire usi impropri o errori dovuti a manipolazioni dirette.

Lo snippet di codice di esempio dimostra la creazione di un oggetto 'Car' usando un costruttore di funzione, che è uno dei modi per creare oggetti in JavaScript.

In questo esempio, il costruttore di funzione chiamato 'Car' accetta due parametri, 'model' e 'year'. Il parametro 'model' rappresenta il modello dell'auto, mentre 'year' indica l'anno di produzione dell'auto.

All'interno di questa funzione, la keyword 'this' viene usata per assegnare i valori dei parametri 'model' e 'year' alle rispettive proprietà dell'oggetto Car che viene creato.

Successivamente, viene definita una variabile privata 'mileage' e inizializzata con valore 0. In JavaScript, le variabili private sono variabili accessibili solo all'interno della funzione in cui vengono definite. In questo caso, 'mileage' è accessibile solo all'interno della funzione 'Car'.

La funzione 'Car' definisce inoltre due metodi, 'drive' e 'getMileage'.

Il metodo 'drive' accetta un parametro 'miles', che rappresenta il numero di miglia percorse dall'auto. Poi verifica se 'miles' è minore di 0 e, in tal caso, genera un errore, perché non è possibile percorrere un numero negativo di miglia. Se 'miles' non è minore di 0, aggiunge 'miles' a 'mileage', aumentando di fatto il chilometraggio totale dell'auto, e poi stampa un messaggio che indica quante miglia sono state percorse e qual è ora il chilometraggio totale.

Il metodo 'getMileage', invece, restituisce semplicemente il valore corrente della variabile 'mileage'. Questo consente di controllare il chilometraggio totale dell'auto senza accedere direttamente alla variabile privata 'mileage'.

Dopo aver definito la funzione 'Car', il codice crea una nuova istanza dell'oggetto Car, chiamata 'myCar', con il modello "Toyota Camry" e l'anno 2019. Questo viene fatto usando la keyword 'new', che invoca la funzione 'Car' con gli argomenti forniti e restituisce un nuovo oggetto Car.

L'oggetto 'myCar' chiama poi il metodo 'drive' con argomento 150, indicando che 'myCar' ha percorso 150 miglia. Questo aumenta il chilometraggio totale di 'myCar' di 150 e stampa un messaggio in merito.

Infine, il codice stampa il chilometraggio totale di 'myCar' chiamando il metodo 'getMileage' su 'myCar'. Questo restituisce il chilometraggio totale di 'myCar' dopo aver percorso 150 miglia.

In sintesi, questo snippet di codice dimostra come creare un oggetto con proprietà e metodi pubblici, oltre a una variabile privata, in JavaScript usando un costruttore di funzione. Mostra inoltre come creare un'istanza di un oggetto e chiamarne i metodi.

6.4.3 Best Practices

- Uno dei principi fondamentali da seguire è usare l'incapsulamento per proteggere lo stato dell'oggetto da modifiche impreviste o non autorizzate. Questo garantisce l'integrità dei dati e previene cambiamenti accidentali che potrebbero compromettere il funzionamento dell'oggetto.
- Un'altra pratica chiave è impiegare l'astrazione per ridurre al minimo la complessità. Fornendo al mondo esterno solo i componenti essenziali di un oggetto, puoi semplificare l'interazione con l'oggetto e ridurre il rischio di errori o fraintendimenti.

Questo approccio aiuta a far sì che ogni oggetto venga compreso nella sua essenza, senza dettagli superflui che distraggono dalla sua funzionalità principale.

- Infine, quando progetti classi e metodi, cerca di esporre un'interfaccia chiara e semplice per interagire con i dati. Questo significa creare metodi e proprietà intuitivi che permettano ad altri sviluppatori di capire e usare facilmente il tuo oggetto, senza dover conoscere i dettagli più intricati del suo funzionamento interno. Così facendo, puoi migliorare la leggibilità complessiva e la manutenibilità del tuo codice, rendendo più semplice per altri lavorarci ed estenderlo.

Incapsulamento e astrazione sono essenziali per creare codice robusto e manutenibile. Usando efficacemente questi concetti, puoi scrivere programmi JavaScript sicuri, affidabili e facili da capire. Questi principi guidano la progettazione di interfacce che siano allo stesso tempo facili da usare e difficili da usare in modo scorretto, migliorando in modo sostanziale la qualità del tuo software.

6.4.4 Module Pattern per l'Incapsulamento

Il module pattern è un design pattern noto e ampiamente utilizzato nell'ambito di JavaScript. La sua funzione principale è incapsulare, o "racchiudere", un insieme di funzioni collegate, variabili, o una combinazione di entrambe, in un'unica entità concettuale coesa comunemente definita "modulo".

Questo pattern sofisticato può risultare estremamente efficace e vantaggioso, soprattutto quando è necessario mantenere un global namespace pulito e ben organizzato. Usando questo pattern, puoi prevenire l'inquinamento o l'affollamento indesiderato dello scope globale.

Questo assicura che lo scope globale rimanga "non contaminato", promuovendo migliori pratiche di codifica e migliorando le prestazioni complessive e la leggibilità del tuo codice JavaScript.

Esempio: Module Pattern

```javascript
const CalculatorModule = (function() {
    let data = { number: 0 };  // Private

    function add(num) {
        data.number += num;
    }

    function subtract(num) {
        data.number -= num;
    }
```

```javascript
    function getNumber() {
        return data.number;
    }

    return {
        add,
        subtract,
        getNumber
    };
})();

CalculatorModule.add(5);
CalculatorModule.subtract(2);
console.log(CalculatorModule.getNumber());  // Outputs: 3
```

In questo esempio, **CalculatorModule** incapsula l'oggetto **data** e le funzioni **add**, **subtract** e **getNumber** all'interno di una *Immediately Invoked Function Expression* (IIFE). Il modulo espone solo i metodi che desidera rendere pubblici, controllando così l'accesso al proprio stato interno.

Questo codice è un esempio di "Module Pattern", un design pattern usato in JavaScript per raggruppare variabili e funzioni correlate, offrendo un livello di incapsulamento e organizzazione del codice.

In questo caso specifico, il modulo incapsula una semplice logica da calcolatrice. Il codice definisce un modulo chiamato **CalculatorModule**. Questo modulo è definito come una *Immediately-Invoked Function Expression* (IIFE), cioè una funzione che viene definita e poi immediatamente invocata (eseguita).

All'interno di questo **CalculatorModule** ci sono diversi elementi:

- Un oggetto **data** privato che memorizza una proprietà **number**. Questo **number** è il valore su cui la calcolatrice eseguirà le operazioni. È **privato** perché non è esposto all'esterno del modulo e può essere accessibile e modificato solo dalle funzioni interne al modulo.
- Una funzione **add** che prende un numero in input e lo somma alla proprietà **number** dell'oggetto **data**.
- Una funzione **subtract** che prende un numero in input e lo sottrae dalla proprietà **number** dell'oggetto **data**.
- Una funzione **getNumber** che restituisce il valore corrente della proprietà **number** dell'oggetto **data**.

Dopo aver definito queste funzioni, l'istruzione **return** alla fine del modulo specifica cosa verrà esposto al mondo esterno. In questo caso, le funzioni **add**, **subtract** e **getNumber** vengono rese pubbliche, quindi possono essere richiamate dall'esterno di **CalculatorModule**.

Dopo la definizione e l'invocazione immediata di **CalculatorModule**, l'esempio mostra come usare il modulo. Chiama il metodo **add** per sommare 5 al numero (che parte da 0), poi chiama il metodo **subtract** per sottrarre 2, ottenendo un valore finale pari a 3. Infine chiama **getNumber** per recuperare il numero corrente e lo stampa nella console, mostrando **3**.

Questo *module pattern* permette di organizzare parti correlate di codice JavaScript in un'unica unità autonoma e auto-contenuta, offrendo un'interfaccia controllata e coerente per interagire con le funzionalità del modulo. Questo aiuta a comprendere e manutenere il codice, garantendo integrità e sicurezza dei dati grazie al fatto che lo stato interno resta nascosto e vengono esposte solo le funzioni necessarie.

6.4.5 Usare i moduli ES6 per un'astrazione migliore

Con l'introduzione di ES6, noto anche come ECMAScript 2015, JavaScript include un supporto nativo per i moduli. Questo importante sviluppo consente agli sviluppatori di scrivere codice modulare, cioè di gestire e organizzare il codice in modo più efficiente e manutenibile.

Questo codice modulare può essere importato ed esportato facilmente tra file diversi, migliorando la riusabilità e riducendo la ridondanza. Inoltre, questo sistema di moduli nativo supporta principi fondamentali come incapsulamento e astrazione. Questi principi permettono di nascondere la complessità di un modulo e di esporne solo alcune parti specifiche e necessarie.

Il risultato è un codebase più pulito, leggibile ed efficiente. In sostanza, grazie al supporto integrato per i moduli introdotto in ES6, la programmazione JavaScript è diventata più lineare e più "developer-friendly".

Esempio: modulo ES6

```javascript
// file: mathUtils.js
let internalCount = 0;  // Private to this module

export function increment() {
    internalCount++;
    console.log(internalCount);
}

export function decrement() {
```

```javascript
    internalCount--;
    console.log(internalCount);
}

// file: app.js
import { increment, decrement } from './mathUtils.js';

increment();  // Outputs: 1
decrement();  // Outputs: 0
```

Questa struttura garantisce che **internalCount** rimanga privato del modulo **mathUtils.js**, con solo le funzioni **increment** e **decrement** esposte alle altre parti dell'applicazione.

In questo esempio, stiamo dimostrando l'uso dei moduli ES6. I moduli ES6 sono una funzionalità introdotta nella versione ECMAScript 6 (ES6) di JavaScript, che consente agli sviluppatori di scrivere porzioni di codice riutilizzabili in un file e importarle per l'uso in un altro file. Questo aiuta a mantenere il codice organizzato e manutenibile.

La prima parte del codice definisce un modulo in un file chiamato "mathUtils.js". Questo modulo contiene una variabile 'internalCount' e due funzioni: 'increment' e 'decrement'.

La variabile 'internalCount' viene dichiarata con la keyword 'let' e inizializzata con un valore pari a 0. Questa variabile è privata del modulo "mathUtils.js", il che significa che non può essere accessibile direttamente dall'esterno di questo modulo. Il suo valore può essere manipolato solo dalle funzioni all'interno di questo modulo.

La funzione 'increment' è una funzione semplice che aumenta il valore di 'internalCount' di 1 ogni volta che viene chiamata. Dopo aver incrementato 'internalCount', registra il nuovo valore nella console usando la funzione 'console.log()'. Questa funzione viene esportata dal modulo, quindi può essere importata e utilizzata in altri file.

Allo stesso modo, la funzione 'decrement' diminuisce il valore di 'internalCount' di 1 ogni volta che viene chiamata. Anche questa registra nella console il nuovo valore di 'internalCount' dopo aver eseguito la decrementazione. Come 'increment', anche questa funzione viene esportata dal modulo.

Nella seconda parte del codice, le funzioni 'increment' e 'decrement' vengono importate in un altro file chiamato "app.js". Questo viene fatto usando la keyword 'import', seguita dai nomi delle funzioni da importare, racchiusi tra parentesi graffe, e dal percorso relativo al file "mathUtils.js".

Una volta importate, le funzioni 'increment' e 'decrement' vengono chiamate in "app.js". La prima chiamata a 'increment' aumenta 'internalCount' a 1 e registra '1' nella console. La successiva chiamata a 'decrement' diminuisce 'internalCount' riportandolo a 0 e registra '0' nella console.

In sintesi, questo esempio di codice dimostra l'uso dei moduli ES6 in JavaScript, mostrando come definire un modulo che esporta funzioni, come importare tali funzioni in un altro file e come chiamare le funzioni importate. Dimostra inoltre il concetto di variabili private nei moduli, ovvero variabili che possono essere accessibili e manipolate solo dalle funzioni all'interno dello stesso modulo.

6.4.6 Proxy per l'accesso controllato

I Proxy in JavaScript rappresentano uno strumento robusto che facilita la creazione di un livello di astrazione sopra un oggetto, fornendo così controllo sulle interazioni con tale oggetto. Questa funzionalità è particolarmente utile perché consente agli sviluppatori di gestire e monitorare come l'oggetto viene consultato e modificato. Le applicazioni dei Proxy sono estese e includono, tra le altre cose, logging, profiling e validazione.

Per esempio, possono essere impiegati per registrare la cronologia delle operazioni eseguite su un oggetto, fare profiling misurando il tempo richiesto dalle operazioni o applicare regole di validazione prima che vengano apportate modifiche all'oggetto. Di conseguenza, comprendere e utilizzare i Proxy in JavaScript può migliorare in modo significativo la funzionalità e la sicurezza del tuo codice.

Esempio: usare Proxy per la validazione

```javascript
let settings = {
    temperature: 0
};

let settingsProxy = new Proxy(settings, {
    get(target, prop) {
        console.log(`Accessing ${prop}: ${target[prop]}`);
        return target[prop];
    },
    set(target, prop, value) {
        if (prop === 'temperature' && (value < -273.15)) {
            throw new Error("Temperature cannot be below absolute zero!");
        }
        console.log(`Setting ${prop} to ${value}`);
        target[prop] = value;
        return true;
    }
```

```
});

settingsProxy.temperature = -300;  // Throws Error
settingsProxy.temperature = 25;  // Setting temperature to 25
console.log(settingsProxy.temperature);  // Accessing temperature: 25, Outputs: 25
```

In questo esempio, il **Proxy** viene utilizzato per controllare l'accesso all'oggetto **settings**, aggiungendo controlli e log che arricchiscono le funzionalità e impongono vincoli, mostrando un'applicazione pratica dell'astrazione.

Il codice dimostra come usare un oggetto **Proxy** in JavaScript per aggiungere comportamenti personalizzati alle operazioni di base eseguite su un oggetto. In questo caso, l'oggetto "proxato" è **settings**, un semplice oggetto JavaScript con una sola proprietà chiamata **temperature**, inizializzata a 0.

Un oggetto **Proxy** viene creato con due argomenti: l'oggetto target e un handler. Il target è l'oggetto che il proxy "virtualizza", mentre l'handler è un oggetto i cui metodi definiscono il comportamento personalizzato del **Proxy**.

In questo esempio, il target è **settings** e l'handler è un oggetto con due metodi, **get** e **set**. Questi metodi sono chiamati "trap" perché "intercettano" le operazioni, offrendo un'opportunità per personalizzarne il comportamento.

La trap **get** è un metodo chiamato quando si accede a una proprietà dell'oggetto target. Riceve come parametri l'oggetto target e la proprietà a cui si sta accedendo. Nell'handler, la trap **get** è definita in modo da registrare in console un messaggio che specifica quale proprietà viene letta e qual è il valore corrente di quella proprietà. Dopo aver registrato il messaggio, restituisce il valore della proprietà.

La trap **set**, invece, è un metodo chiamato quando una proprietà dell'oggetto target viene modificata. Riceve come parametri l'oggetto target, la proprietà da modificare e il nuovo valore. Nell'handler, la trap **set** è definita in modo da controllare prima se la proprietà modificata è **temperature** e se il nuovo valore è inferiore a -273,15 (che corrisponde allo zero assoluto in Celsius). Se entrambe le condizioni sono vere, viene lanciato un errore, perché in gradi Celsius la temperatura non può scendere sotto lo zero assoluto. Se una delle due condizioni non è vera, registra in console un messaggio che indica quale proprietà viene modificata e il nuovo valore. Poi aggiorna la proprietà con il nuovo valore e restituisce **true** per indicare che la modifica è avvenuta con successo.

Le ultime tre righe dello script mostrano come usare l'oggetto **settingsProxy**. Per prima cosa, prova a impostare la proprietà **temperature** a -300. Questa operazione genera un errore perché -300 è inferiore allo zero assoluto. Poi imposta la proprietà **temperature** a 25. Questa operazione va a buon fine e produce un messaggio in console che indica che **temperature** è stata impostata a 25. Infine, accede alla proprietà **temperature**, cosa che produce un messaggio in console indicando che la proprietà è stata letta e mostrando il suo valore corrente, che è 25.

In conclusione, l'oggetto **Proxy** offre un modo potente per aggiungere comportamenti personalizzati alle operazioni di base eseguite su un oggetto, come l'accesso o la modifica delle proprietà. Questo approccio può essere usato per diversi scopi, ad esempio logging, validazione o implementazione di regole di business.

Incapsulamento e astrazione sono concetti fondamentali per costruire software robusto e manutenibile. Sfruttando le capacità di JavaScript per applicare questi principi — che sia tramite design pattern, sintassi moderna o funzionalità avanzate — puoi assicurarti che le applicazioni siano ben strutturate e sicure. Queste tecniche non solo migliorano la qualità del codice, ma favoriscono anche pratiche di sviluppo in grado di scalare in modo efficace man mano che le applicazioni crescono in complessità.

Esercizi Pratici

Questa serie di esercizi è progettata per rafforzare i concetti discussi nel Capitolo 6, concentrandosi sui principi della programmazione orientata agli oggetti come incapsulamento, astrazione, ereditarietà e utilizzo delle classi ES6 in JavaScript. Ogni esercizio include una sfida e una soluzione per aiutarti ad applicare ciò che hai imparato in scenari pratici di programmazione.

Esercizio 1: Implementare una Classe con Incapsulamento

Crea una classe **Person** che incapsuli il nome e l'età di un individuo e fornisca metodi per ottenere e impostare ciascun attributo. Assicurati che **age** non possa essere impostata su un numero negativo.

Soluzione:

```javascript
class Person {
    constructor(name, age) {
        this.name = name;
        this.age = age;
    }

    getName() {
        return this.name;
```

```javascript
    }

    setName(name) {
        this.name = name;
    }

    getAge() {
        return this.age;
    }

    setAge(age) {
        if (age < 0) {
            throw new Error("Age cannot be negative");
        }
        this.age = age;
    }
}

const person = new Person("John", 30);
console.log(person.getName()); // Outputs: John
console.log(person.getAge()); // Outputs: 30

person.setAge(25);
console.log(person.getAge()); // Outputs: 25

// Attempting to set a negative age
try {
    person.setAge(-5);
} catch (e) {
    console.log(e.message); // Outputs: Age cannot be negative
}
```

Esercizio 2: Implementare Ereditarietà e Override dei Metodi

Estendi la classe **Person** per creare una nuova classe chiamata **Employee** che includa tutto ciò che è presente in **Person** e aggiunga **employeeId** e un metodo per visualizzare tutti i dettagli del dipendente.

Soluzione:

```javascript
class Employee extends Person {
    constructor(name, age, employeeId) {
        super(name, age); // Calls the constructor of the base class
        this.employeeId = employeeId;
    }
```

```javascript
    display() {
        console.log(`Name: ${this.name}, Age: ${this.age}, Employee ID:
${this.employeeId}`);
    }
}

const employee = new Employee("Alice", 28, "E12345");
employee.display(); // Outputs: Name: Alice, Age: 28, Employee ID: E12345
```

Esercizio 3: Utilizzare Metodi Statici

Crea una classe **Calculator** con metodi statici per le operazioni aritmetiche di base (somma, sottrazione, moltiplicazione, divisione) che accettino due numeri e restituiscano il risultato.

Soluzione:

```javascript
class Calculator {
    static add(a, b) {
        return a + b;
    }

    static subtract(a, b) {
        return a - b;
    }

    static multiply(a, b) {
        return a * b;
    }

    static divide(a, b) {
        if (b === 0) {
            throw new Error("Division by zero");
        }
        return a / b;
    }
}

console.log(Calculator.add(10, 5)); // Outputs: 15
console.log(Calculator.subtract(10, 5)); // Outputs: 5
console.log(Calculator.multiply(10, 5)); // Outputs: 50
console.log(Calculator.divide(10, 5)); // Outputs: 2
```

Esercizio 4: Astrazione con Proxy

Crea un proxy per un oggetto **settings** che validi le modifiche alle proprietà. In particolare, assicurati che **volume** sia compreso tra 0 e 100.

Soluzione:

```javascript
let settings = {
    volume: 30
};

let settingsProxy = new Proxy(settings, {
    set(target, prop, value) {
        if (prop === 'volume') {
            if (value < 0 || value > 100) {
                throw new Error("Volume must be between 0 and 100");
            }
        }
        target[prop] = value;
        return true;
    }
});

settingsProxy.volume = 90; // Works fine
console.log(settings.volume); // Outputs: 90

// Attempting to set volume out of range
try {
    settingsProxy.volume = 101;
} catch (e) {
    console.log(e.message); // Outputs: Volume must be between 0 and 100
}
```

Questi esercizi forniscono applicazioni pratiche delle funzionalità della programmazione orientata agli oggetti discusse nel Capitolo 6, aiutandoti a consolidare la tua comprensione di questi concetti attraverso sfide di programmazione che riflettono scenari del mondo reale.

Riepilogo del capitolo

Nel Capitolo 6 abbiamo intrapreso un percorso esplorativo attraverso i principi della programmazione orientata agli oggetti (OOP) così come sono implementati in JavaScript. Questo capitolo ha avuto l'obiettivo di chiarire i concetti di incapsulamento, astrazione, ereditarietà e polimorfismo, fondamentali per sviluppare applicazioni scalabili e manutenibili.

Approfondendo questi principi di base, ti abbiamo fornito le conoscenze necessarie per sfruttare le capacità di JavaScript e creare applicazioni web robuste ed efficienti.

Incapsulamento e Astrazione

Abbiamo iniziato dall'incapsulamento, un concetto fondamentale dell'OOP che consiste nel raggruppare i dati (variabili) e i metodi (funzioni) che operano su tali dati in unità uniche chiamate classi. L'incapsulamento protegge lo stato interno di un oggetto da interferenze esterne indesiderate e da utilizzi impropri, migliorando integrità e sicurezza dei dati. Abbiamo visto come JavaScript utilizzi gli scope delle funzioni e le closure per mantenere stati privati all'interno degli oggetti, una pratica cruciale per preservare l'integrità e la sicurezza delle applicazioni.

L'astrazione è stata un'altra area centrale: semplifica i sistemi complessi nascondendo agli utenti i dettagli irrilevanti ed esponendo solo le parti necessarie degli oggetti. Questo aiuta a ridurre la complessità di programmazione e ad aumentare l'efficienza. Il supporto di JavaScript all'astrazione emerge nella sua capacità di creare oggetti che espongono verso l'esterno solo attributi e metodi selezionati, permettendo agli sviluppatori di cambiare e rifattorizzare il funzionamento interno di un oggetto senza modificare il modo in cui il resto del codice interagisce con esso.

Ereditarietà e Polimorfismo

L'ereditarietà in JavaScript, tradizionalmente ottenuta tramite i prototipi e più di recente grazie alla sintassi delle classi introdotta in ES6, consente agli oggetti di ereditare proprietà e metodi da altri oggetti. Abbiamo esplorato come creare gerarchie di classi che riflettono relazioni del mondo reale, permettendoti di scrivere meno codice aumentando al contempo le funzionalità. Utilizzando la keyword **extends** per l'ereditarietà tra classi e il costruttore **super** per inizializzare il costruttore del genitore, JavaScript semplifica la gestione della catena dei prototipi, rendendola più accessibile anche a chi proviene da linguaggi OOP tradizionali.

Abbiamo discusso il polimorfismo come meccanismo che permette di trattare gli oggetti come istanze della loro classe padre, con la possibilità di sovrascrivere metodi per svolgere funzionalità differenti. Questo aspetto dell'OOP in JavaScript consente di chiamare lo stesso metodo su oggetti diversi, ognuno dei quali risponde in modo appropriato al proprio tipo, aumentando flessibilità e riusabilità del codice.

Applicazioni pratiche e best practice

Nel corso del capitolo, esempi pratici hanno mostrato come implementare questi principi OOP in scenari reali. Dalla creazione di classi e dalla gestione delle gerarchie di ereditarietà, fino all'applicazione di incapsulamento e astrazione per una migliore gestione dei dati e una progettazione più solida dei sistemi, gli esercizi hanno offerto un approccio pratico per consolidare la comprensione di questi concetti.

Conclusione

Questo capitolo ha posto basi solide per comprendere e applicare i principi orientati agli oggetti in JavaScript. Padroneggiando questi concetti, sarai meglio preparato ad affrontare sfide di sviluppo complesse, creare codice altamente riutilizzabile e progettare applicazioni con una struttura e una manutenibilità superiori. Man mano che continuerai ad approfondire JavaScript e le sue funzionalità orientate agli oggetti, ricorda che questi principi non sono solo teoria: sono strumenti essenziali che possono migliorare in modo significativo la funzionalità e la qualità dei tuoi progetti software.

Capitolo 7: API e interfacce Web

Benvenuto al completo Capitolo 7, "API e interfacce Web". In questo capitolo approfondiremo le versatili interfacce e API che i browser web moderni mettono a disposizione. Con queste API a portata di mano, noi sviluppatori web possiamo creare applicazioni web ricche e interattive, sfruttando non solo le capacità del browser, ma anche il potenziale del sistema operativo sottostante.

Questo capitolo promette di coprire un'ampia gamma di API web: da quelle principalmente dedicate alle richieste HTTP, a quelle capaci di gestire file, governare diversi tipi di media e persino interagire direttamente con l'hardware del dispositivo.

Nell'era digitale in rapida evoluzione, le applicazioni web si trovano spesso a dover comunicare con server esterni, recuperare dati cruciali, inviare aggiornamenti tempestivi e interagire in modo dinamico e fluido con gli utenti. Avere una solida comprensione delle API web e saperle usare efficacemente diventa quindi una competenza fondamentale per costruire applicazioni reattive. Per aiutarti ad acquisire questa competenza essenziale, iniziamo il capitolo con un'esplorazione approfondita della Fetch API: un approccio moderno e flessibile per effettuare richieste HTTP, pensato per il web di oggi.

7.1 Fetch API per le richieste HTTP

La Fetch API rappresenta un'interfaccia moderna e sofisticata che offre la possibilità di effettuare richieste di rete simili a quelle realizzabili con XMLHttpRequest (XHR). Tuttavia, rispetto a XMLHttpRequest, la Fetch API offre un insieme di funzionalità molto più potente e flessibile. Uno dei miglioramenti chiave della Fetch API è l'uso delle promise.

Le promise sono un approccio moderno alla gestione delle operazioni asincrone, cioè operazioni che non devono necessariamente completarsi prima che altro codice possa essere eseguito. Usandole, la Fetch API consente di scrivere e leggere il codice in modo molto più pulito e lineare, migliorando l'efficienza del processo di sviluppo e rendendo il codice più manutenibile nel lungo periodo.

7.1.1 Utilizzo di base della Fetch API

La funzione **fetch()** è il cuore della Fetch API, uno strumento fondamentale nello sviluppo web moderno. È una funzione estremamente versatile che permette di effettuare un'ampia gamma di richieste di rete, come GET, POST, PUT, DELETE, tra le altre. Queste richieste sono essenziali per interagire con i server e manipolare i dati sul web.

La richiesta GET, ad esempio, viene spesso utilizzata per recuperare dati da un server in formato JSON. I dati recuperati possono essere qualsiasi tipo di informazione memorizzata sul server. Ecco una breve dimostrazione di come puoi usare la funzione **fetch()** per eseguire una semplice richiesta HTTP GET e ottenere dati JSON da un server.

Esempio: recupero di dati JSON

```javascript
fetch('<https://api.example.com/data>')
    .then(response => {
        if (!response.ok) {
            throw new Error('Network response was not ok ' + response.statusText);
        }
        return response.json();
    })
    .then(data => console.log(data))
    .catch(error => console.error('There was a problem with your fetch operation:',
error));
```

Questo frammento di codice dimostra l'uso della Fetch API. La Fetch API utilizza le promise, un approccio moderno per gestire le operazioni asincrone, cioè operazioni che non devono necessariamente terminare prima che il resto del codice possa essere eseguito. Questo consente di ottenere codice più efficiente, manutenibile e leggibile.

In questo esempio, stiamo usando la Fetch API per effettuare una richiesta HTTP GET a un server. La richiesta GET viene spesso utilizzata per recuperare dati da un server e, in questo caso, ci si aspetta che i dati siano in formato JSON. Il server da cui richiediamo i dati è specificato dall'URL 'https://api.example.com/data'.

L'operazione di fetch inizia con la funzione **fetch()**, che restituisce una promise. Questa promise si risolve nell'oggetto **Response**, che rappresenta la risposta alla richiesta. L'oggetto **Response** contiene informazioni sulla risposta del server, incluso lo stato della richiesta.

Il primo metodo **then()** nella catena di promise gestisce la risposta dell'operazione di fetch. All'interno di questo metodo, verifichiamo se la risposta ha avuto successo usando la proprietà

ok dell'oggetto **Response**. Questa proprietà restituisce un valore Booleano che indica se lo stato della risposta rientra nell'intervallo di successo (200-299).

Se la risposta non è OK, generiamo un Error con un messaggio personalizzato che include lo status text della risposta. Lo status text fornisce una spiegazione leggibile dello stato della risposta, ad esempio 'Not Found' per uno stato 404.

Se la risposta è OK, restituiamo il corpo della risposta analizzato come JSON usando il metodo **json()**. Questo metodo legge lo stream della risposta fino al completamento e analizza il risultato come oggetto JSON.

Il secondo metodo **then()** nella catena di promise riceve i dati JSON analizzati dal precedente **then()**. Qui ci limitiamo a registrare i dati nella console.

Il metodo **catch()** alla fine della catena di promise viene utilizzato per intercettare eventuali errori che potrebbero verificarsi durante l'operazione di fetch o durante l'analisi del JSON. Se viene intercettato un errore, lo registriamo nella console con un messaggio personalizzato.

In sintesi, questo frammento di codice dimostra l'uso di base della Fetch API per effettuare una richiesta HTTP GET, verificare se la risposta ha avuto successo, analizzare i dati della risposta come JSON e gestire eventuali errori che potrebbero verificarsi durante l'operazione.

7.1.2 Effettuare richieste POST con Fetch

Quando devi inviare dati a un server, un metodo efficiente che puoi utilizzare è effettuare una richiesta POST usando la Fetch API. Questo processo prevede la chiara specifica del metodo della richiesta come 'POST'. Oltre a questo, i dati che desideri trasmettere devono essere inclusi nel body della richiesta.

Questi dati possono essere di vari tipi, come JSON o form data, a seconda di ciò che il server è configurato per ricevere. La Fetch API rende questo processo semplice e intuitivo, semplificando il compito di inviare dati ai server e rendendo più efficienti le tue attività di sviluppo web.

Nel contesto dello sviluppo web, quando c'è la necessità di inviare dati a un server, un metodo efficace è effettuare una richiesta POST. La Fetch API, uno strumento moderno e flessibile per effettuare richieste di rete, semplifica questo processo.

Per effettuare una richiesta POST usando la Fetch API, devi specificare 'POST' come metodo della richiesta. Questa specifica chiara garantisce che il server capisca che tipo di richiesta viene effettuata. Insieme a questo, i dati che intendi inviare al server devono essere inclusi nel body della richiesta.

I dati che invii possono essere di vari tipi, ad esempio in formato JSON (JavaScript Object Notation) o come form data. Il tipo di dati che scegli di inviare dipende dalla configurazione del server e da ciò che è predisposto a ricevere. Per questo, è fondamentale avere una chiara comprensione delle specifiche del server prima di inviare i dati.

La Fetch API ha reso questo processo di invio dei dati ai server più diretto e intuitivo, semplificando il lavoro degli sviluppatori. Astrae i dettagli complessi sottostanti, permettendo agli sviluppatori di concentrarsi sui dati che vogliono inviare piuttosto che sui dettagli tecnici della richiesta. Di conseguenza, migliora in modo significativo l'efficienza delle attività di sviluppo web eliminando complessità non necessarie.

Usando la Fetch API per effettuare richieste POST, gli sviluppatori web possono creare applicazioni web più dinamiche e reattive, che interagiscono senza soluzione di continuità con server e API esterne. È una competenza critica nel panorama digitale in rapida evoluzione di oggi, in cui le applicazioni web devono spesso comunicare con server esterni, recuperare dati cruciali, inviare aggiornamenti tempestivi e interagire in modo dinamico con gli utenti.

Esempio: effettuare una richiesta POST

```javascript
fetch('<https://api.example.com/data>', {
    method: 'POST',
    headers: {
        'Content-Type': 'application/json',
    },
    body: JSON.stringify({
        name: 'John',
        email: 'john@example.com'
    })
})
.then(response => {
    if (!response.ok) {
        throw new Error('Network response was not ok ' + response.statusText);
    }
    return response.json();
})
.then(data => console.log('Success:', data))
.catch(error => console.error('Error:', error));
```

Questo esempio dimostra l'uso della Fetch API per eseguire una richiesta HTTP POST verso un determinato URL, in questo caso 'https://api.example.com/data'. La Fetch API è una moderna API basata su promise per effettuare richieste di rete dall'interno delle applicazioni JavaScript e offre maggiore flessibilità e più funzionalità rispetto al metodo più datato XMLHttpRequest (XHR).

Lo script inizia con la funzione **fetch()**, alla quale passiamo l'URL di destinazione a cui vogliamo inviare la richiesta. Subito dopo l'URL, viene fornito un oggetto che configura i dettagli della richiesta. Questo oggetto di configurazione include la proprietà **method** impostata su 'POST', indicando che stiamo inviando dati al server, non semplicemente richiedendoli.

Nella proprietà **headers** dell'oggetto di configurazione, 'Content-Type' è impostato su 'application/json'. Questo comunica al server che stiamo inviando dati in formato JSON.

La proprietà **body** contiene i dati che stiamo inviando al server, che devono essere convertiti in stringa usando **JSON.stringify()** perché HTTP è un protocollo basato su testo e richiede che qualsiasi dato inviato al server sia in formato stringa. In questo caso, un oggetto con le proprietà 'name' ed 'email' viene serializzato e incluso nel body della richiesta.

Dopo la funzione **fetch()**, viene costruita una catena di promise per gestire la risposta del server e gli eventuali errori che potrebbero verificarsi durante l'operazione di fetch. Questo avviene tramite i metodi **.then()** e **.catch()** che fanno parte della Fetch API basata su promise.

Il primo blocco **.then()** riceve la risposta del server come argomento. All'interno di questo blocco, viene effettuato un controllo per verificare se la risposta è andata a buon fine usando la proprietà **ok** dell'oggetto response. Se la risposta non è ok, viene generato un errore con un messaggio personalizzato e lo status text della risposta. Se la risposta è ok, viene restituita come JSON usando il metodo **json()** dell'oggetto response.

Il secondo blocco **.then()** riceve i dati JSON già analizzati dal blocco precedente. Qui possiamo interagire con i dati restituiti dal server; in questo caso, vengono semplicemente stampati in console con il messaggio 'Success:'.

Infine, il blocco **.catch()** alla fine della catena di promise intercetta qualsiasi errore che si verifichi durante l'operazione di fetch o durante il parsing del JSON. Questi errori vengono poi registrati in console con un messaggio 'Error:'.

7.1.3 Gestione degli errori

Una gestione efficace degli errori è fondamentale quando si effettuano richieste di rete in qualsiasi progetto di programmazione, perché garantisce la resilienza e l'affidabilità dell'applicazione. In questo senso, la Fetch API è uno strumento molto potente per chi sviluppa.

La Fetch API offre un modo per intercettare errori di rete, come problemi di connettività o errori del server, e per gestire errori che possono verificarsi durante il parsing dei dati. Ciò include problemi che possono emergere durante la conversione dei dati della risposta in un formato utilizzabile. Usando la Fetch API, puoi implementare un meccanismo robusto di gestione degli errori per le tue richieste di rete, migliorando così l'esperienza utente.

Nello sviluppo web, soprattutto quando si gestiscono operazioni di rete come il recupero (fetch) o l'invio (post) di dati ai server, possono verificarsi diversi errori dovuti alla connettività, alla risposta del server o al parsing dei dati.

Con la Fetch API, è possibile catturare sia errori di rete sia errori di parsing e definire risposte personalizzate. Queste possono includere la registrazione dell'errore per il debug, la visualizzazione di un messaggio all'utente o l'attivazione di azioni correttive.

Usando la Fetch API per la gestione degli errori, puoi creare applicazioni web più robuste. Permette all'applicazione di gestire con eleganza i problemi legati alle operazioni di rete, migliorandone sia l'affidabilità sia l'esperienza utente.

Esempio: gestione degli errori

```javascript
fetch('<https://api.example.com/data>')
    .then(response => {
        if (!response.ok) {
            throw new Error('Network response was not ok ' + response.statusText);
        }
        return response.json();
    })
    .then(data => console.log(data))
    .catch(error => {
        console.error('There was a problem with your fetch operation:', error);
    });
```

Il codice inizia con una chiamata alla funzione **fetch()**, passando una stringa URL 'https://api.example.com/data'. Questo invia una richiesta GET all'URL specificato, dal quale ci si aspetta di ricevere dei dati.

Questa funzione **fetch()** restituisce una Promise. In JavaScript, le promise rappresentano il completamento o il fallimento di un'operazione asincrona e il relativo valore risultante. Si usano per gestire operazioni asincrone come questa richiesta di rete.

La Promise restituita viene poi concatenata con un metodo **then()**. Il metodo **then()** accetta una funzione di callback che verrà eseguita quando la Promise si risolve con successo. La callback riceve come argomento la response dell'operazione di fetch.

All'interno della callback, per prima cosa controlliamo se la risposta ha avuto successo verificando la proprietà **ok** dell'oggetto response. Se la risposta non ha avuto successo, viene lanciato un Error con un messaggio 'Network response was not ok', insieme allo status text della risposta.

Se la risposta ha avuto successo, la callback restituisce un'altra Promise chiamando **response.json()**. Questo metodo legge lo stream della risposta fino al completamento e analizza il risultato come JSON.

Il metodo **then()** viene concatenato di nuovo per gestire il valore risolto della Promise restituita da **response.json()**. Questa callback riceve i dati JSON già analizzati come argomento e li registra nella console.

Infine, alla fine della catena di Promise viene concatenato un metodo **catch()**. Il metodo **catch()** viene usato per gestire eventuali rifiuti (rejections) delle Promise nella catena, inclusi gli errori che potrebbero verificarsi durante l'operazione di fetch o durante il parsing del JSON. Se viene intercettato un errore, l'errore viene registrato nella console con un messaggio personalizzato.

In sintesi, questo esempio di codice dimostra come usare la Fetch API per eseguire una richiesta di rete, gestire la risposta, analizzare i dati della risposta come JSON e gestire eventuali errori che potrebbero verificarsi durante queste operazioni.

7.1.4 Uso di Async/Await con Fetch

La Fetch API, uno strumento potente e flessibile per effettuare richieste di rete, può essere usata insieme a **async** e **await** per creare uno stile più "sincrono" nella gestione delle operazioni asincrone. Questo approccio ci permette di scrivere codice più facile da capire e da fare debug, perché sembra sincrono anche se in realtà viene eseguito in modo asincrono.

Questo è particolarmente utile negli scenari in cui dobbiamo attendere la risposta di una richiesta prima di effettuarne un'altra, ad esempio quando concatenamo chiamate API. Usando **async** e **await** con la Fetch API, possiamo semplificare molto la struttura e la leggibilità del codice.

La Fetch API facilita il recupero di risorse attraverso la rete ed è una parte integrante dello sviluppo web moderno, perché consente un modo più flessibile e potente per effettuare richieste HTTP rispetto al tradizionale XMLHttpRequest.

In JavaScript, **async** e **await** sono keyword che permettono di scrivere codice basato su Promise in una forma più simile al sincrono. Consentono di gestire operazioni asincrone senza finire nella "callback hell", migliorando la leggibilità e la manutenibilità del codice.

Quando si usano **async** e **await** con la Fetch API, operazioni asincrone come richieste di rete o operazioni su file possono essere scritte in un modo che sembra bloccante, ma in realtà non lo è. Questo significa che, mentre l'operazione asincrona è in elaborazione, il motore JavaScript può eseguire altre operazioni senza essere bloccato dall'operazione in sospeso.

Esempio: uso di Async/Await con Fetch

L'uso di **async** e **await** con la Fetch API può apparire più o meno così:

```javascript
async function fetchData() {
    try {
        const response = await fetch('<https://api.example.com/data>');
        if (!response.ok) {
            throw new Error('Network response was not ok ' + response.statusText);
        }
        const data = await response.json();
        console.log(data);
    } catch (error) {
        console.error('There was a problem with your fetch operation:', error);
    }
}

fetchData();
```

In questo esempio, la funzione **fetchData** è dichiarata come **async**, indicando che la funzione restituirà una promise. All'interno di **fetchData**, la parola chiave **await** viene usata prima del metodo **fetch** e di **response.json()**. Questo dice a JavaScript di mettere in pausa l'esecuzione della funzione **fetchData** finché la promise restituita da **fetch** e **response.json()** non è stata risolta (o rifiutata), e poi di riprendere l'esecuzione restituendo il valore risolto.

Se si verifica un errore durante l'operazione di fetch o durante il parsing del JSON, viene intercettato nel blocco **catch**, evitando che il programma vada in crash e offrendo l'opportunità di gestire l'errore in modo "elegante".

Combinare la Fetch API con **async** e **await** non solo migliora la leggibilità del codice, ma rende anche più semplice gestire errori e casi limite, rendendolo uno strumento potente per sviluppare applicazioni web complesse che fanno ampio uso di operazioni asincrone.

7.1.5 Gestione dei timeout con Fetch

La Fetch API non supporta nativamente i timeout delle richieste. Tuttavia, puoi implementarli usando la funzione **Promise.race()** di JavaScript per aumentare la robustezza delle richieste di rete, soprattutto in ambienti con condizioni di rete inaffidabili. Sebbene la Fetch API offra un modo flessibile e moderno per effettuare richieste di rete, non include un supporto integrato per i timeout.

I timeout delle richieste sono importanti nella gestione delle operazioni di rete, specialmente quando le condizioni di connessione possono essere instabili. Aiutano a garantire che l'applicazione resti reattiva e non rimanga bloccata in attesa del completamento di una richiesta, offrendo una migliore esperienza utente.

Per implementare i timeout con la Fetch API, il testo suggerisce di usare la funzione **Promise.race()** di JavaScript. Questa funzione accetta un array di promise e restituisce una promise che si risolve o viene rifiutata non appena una delle promise nell'array si risolve o viene rifiutata, da cui il nome "race" (gara).

Usando **Promise.race()**, puoi impostare una "gara" tra la richiesta fetch e una promise di timeout. Se la richiesta fetch termina prima del timeout, la promise del fetch si risolverà per prima e verrà usato il suo risultato. Se invece il timeout scatta prima che la richiesta fetch completi, la promise di timeout verrà rifiutata per prima, permettendoti di gestire la situazione di timeout secondo necessità.

Questo approccio aumenta la robustezza delle richieste di rete, dandoti più controllo sul loro comportamento e assicurando che l'applicazione possa gestire efficacemente un'ampia gamma di condizioni di rete. È particolarmente importante nelle moderne applicazioni web, dove un'interazione fluida e reattiva con server esterni e API è una componente chiave per offrire un'esperienza utente di alta qualità.

Esempio: implementare i timeout con Fetch

```javascript
function fetchWithTimeout(url, options, timeout = 5000) {
    const fetchPromise = fetch(url, options);
    const timeoutPromise = new Promise((resolve, reject) => {
        setTimeout(() => reject(new Error("Request timed out")), timeout);
    });
    return Promise.race([fetchPromise, timeoutPromise]);
}

fetchWithTimeout('<https://api.example.com/data>')
    .then(response => response.json())
    .then(data => console.log(data))
    .catch(error => console.error('Failed:', error));
```

Questo snippet di esempio JavaScript introduce una funzione chiamata **fetchWithTimeout**, progettata per inviare una richiesta di rete a un URL specifico con un timeout. Questa funzione è particolarmente utile quando esegui richieste in ambienti con connessioni potenzialmente inaffidabili o ad alta latenza, e vuoi evitare che l'applicazione resti bloccata indefinitamente in attesa di una risposta che potrebbe non arrivare mai.

I parametri della funzione sono **url**, **options** e **timeout**. **url** è l'endpoint a cui invii la richiesta, **options** sono eventuali parametri o header aggiuntivi da includere nella richiesta, e **timeout** è il numero massimo di millisecondi di attesa prima di interrompere l'operazione. Il timeout predefinito è impostato a 5000 millisecondi (cioè 5 secondi), ma puoi personalizzare questo valore in base alle tue esigenze.

La funzione funziona usando l'API **fetch** per effettuare la richiesta, un metodo moderno basato su promise per eseguire richieste di rete in JavaScript. **fetch** offre un approccio più potente e flessibile alle richieste HTTP rispetto a metodi più datati come **XMLHttpRequest**.

Tuttavia, un limite di **fetch** è che non supporta nativamente i timeout delle richieste. Per aggirare questa limitazione, la funzione usa **Promise.race** per impostare un timeout. **Promise.race** è un metodo che prende un array di promise e restituisce una nuova promise che si risolve (o viene rifiutata) non appena una delle promise in input si risolve (o viene rifiutata). In altre parole, "mette in gara" le promise e ti restituisce il risultato di quella che termina per prima.

In questo caso, mettiamo in gara la richiesta fetch (una promise che si risolve quando la richiesta termina) contro una promise di timeout (una promise che viene rifiutata automaticamente dopo l'intervallo specificato). Se la richiesta fetch termina prima del timeout, si risolverà per prima e verrà usato il suo risultato. Se invece il timeout scatta prima che la fetch completi, verrà rifiutata prima la promise di timeout e verrà generato un **Error** con il messaggio "Request timed out".

L'uso della funzione viene mostrato nella parte finale dello snippet. Qui invia una richiesta **GET** a 'https://api.example.com/data', prova a interpretare la risposta come JSON usando il metodo **.json()**, e poi registra i dati risultanti in console se l'operazione ha successo, oppure registra un messaggio di errore se fallisce.

In questo esempio, **fetchWithTimeout** mette in gara la promise di fetch contro una promise di timeout, che verrà rifiutata dopo un intervallo definito. Questo garantisce che l'applicazione possa gestire situazioni in cui una richiesta resta in sospeso più a lungo del previsto.

7.1.6 Risposte in streaming

La Fetch API supporta lo streaming delle risposte, consentendoti di iniziare a elaborare i dati non appena iniziano ad arrivare. Questo è particolarmente utile per gestire dataset di grandi dimensioni o contenuti multimediali in streaming.

Lo streaming delle risposte è una funzionalità potente che ti permette di iniziare a elaborare i dati non appena iniziano ad arrivare, invece di aspettare che l'intero dataset sia stato scaricato. Questo è particolarmente vantaggioso quando lavori con grandi quantità di dati o con media in streaming.

Nei flussi di trasferimento dati tradizionali, in genere devi aspettare che l'intero dataset venga scaricato prima di poter iniziare l'elaborazione. Questo può causare ritardi significativi, soprattutto con grandi volumi di dati o in condizioni di rete scarse.

Con le risposte in streaming della Fetch API, invece, i dati possono essere elaborati a blocchi man mano che arrivano. Ciò ti consente di iniziare a lavorare quasi subito, migliorando le prestazioni percepite dell'applicazione e offrendo un'esperienza utente migliore.

Questa funzionalità è particolarmente utile quando sviluppi applicazioni che devono gestire attività come lo streaming video in diretta o l'elaborazione di dati in tempo reale, dove aspettare il download completo del dataset non è pratico né efficiente.

La Fetch API astrae molte delle complessità tipiche dello streaming, permettendoti di concentrarti sulla costruzione dell'applicazione senza dover gestire i dettagli di basso livello della trasmissione e dell'elaborazione dei dati. Con il supporto alle risposte in streaming, la Fetch API diventa uno strumento prezioso per lo sviluppo web moderno.

Esempio: streaming di una risposta con Fetch

```javascript
async function fetchAndProcessStream(url) {
    const response = await fetch(url);
    const reader = response.body.getReader();
    while (true) {
        const { done, value } = await reader.read();
        if (done) break;
        console.log('Received chunk', value);
        // Process each chunk
    }
    console.log('Response fully processed');
}

fetchAndProcessStream('<https://api.example.com/large-data>');
```

Ecco una spiegazione passo dopo passo di cosa fa la funzione:

1. **async function fetchAndProcessStream(url) {**: questa riga dichiara una funzione asincrona chiamata 'fetchAndProcessStream'. La keyword 'async' indica che la funzione restituisce una Promise. La funzione accetta un solo argomento, 'url', che è l'URL della risorsa dati che vuoi recuperare.
2. **const response = await fetch(url);**: questa riga invia una richiesta fetch all'URL specificato e attende la risposta. La keyword 'await' mette in pausa l'esecuzione della funzione finché la Promise restituita da **fetch()** non viene risolta (o rifiutata).
3. **const reader = response.body.getReader();**: questa riga ottiene uno stream leggibile (readable stream) dal body della risposta. Uno stream leggibile è un oggetto che consente di leggere dati da una sorgente in modo asincrono e "a flusso".
4. **while (true) {**: questa riga avvia un ciclo infinito, che continuerà finché non verrà interrotto esplicitamente.
5. **const { done, value } = await reader.read();**: questa riga legge un "chunk" (blocco) di dati dallo stream. Il metodo **read()** restituisce una Promise che si risolve in un oggetto con due proprietà: 'done' e 'value'. 'done' è un booleano che indica se il reader ha finito di leggere i dati, mentre 'value' è il chunk di dati.
6. **if (done) break;**: questa riga verifica se il reader ha terminato la lettura. Se 'done' è true, il ciclo viene interrotto e la funzione smette di leggere dallo stream.
7. **console.log('Received chunk', value);**: questa riga stampa in console ogni chunk ricevuto. È qui che puoi aggiungere il tuo codice per elaborare ciascun chunk man mano che arriva.
8. **console.log('Response fully processed');**: dopo aver ricevuto ed elaborato tutti i chunk, questa riga stampa 'Response fully processed' in console, indicando che l'intera risposta è stata gestita.
9. **fetchAndProcessStream('<https://api.example.com/large-data>');**: l'ultima riga del codice richiama la funzione **fetchAndProcessStream**, passando come argomento l'URL di una risorsa dati di grandi dimensioni.

Questa funzione è particolarmente utile quando lavori con grandi dataset o dati in streaming, perché permette un'elaborazione efficiente e in tempo reale non appena i dati iniziano ad arrivare. Invece di aspettare che l'intero dataset venga scaricato prima di iniziare, questa funzione consente all'applicazione di cominciare quasi subito, migliorando le prestazioni percepite e offrendo una migliore esperienza utente.

Questo esempio mostra come leggere in modo incrementale una risposta in streaming, cosa che può migliorare le prestazioni percepite della tua applicazione web quando gestisci grandi quantità di dati.

7.1.7 Fetch con CORS

Il Cross-Origin Resource Sharing (CORS) è un requisito comune per le applicazioni web che effettuano richieste verso domini diversi dal dominio di origine. Capire come gestire CORS con Fetch è essenziale nello sviluppo web moderno.

Il CORS è un meccanismo che consente o blocca le richieste di un'applicazione web verso un dominio diverso dal proprio dominio di origine. Oggi è un'esigenza molto comune, perché molte applicazioni devono accedere a risorse (come font, JavaScript e API) ospitate su domini differenti.

La Fetch API è una moderna API basata su promise integrata in JavaScript che offre un modo flessibile e potente per effettuare richieste di rete. È un'evoluzione rispetto al vecchio XMLHttpRequest e permette di inviare richieste sia verso destinazioni same-origin sia cross-origin, rendendola utile anche per gestire CORS.

Combinare Fetch e CORS permette di effettuare richieste cross-origin direttamente dalle applicazioni web, offrendo un modo per interagire con siti e servizi esterni tramite le loro API. Questo può ampliare molto le capacità di un'applicazione, consentendole di recuperare dati da diverse fonti, integrarsi con altri servizi e interagire con il web in modo più esteso.

Tuttavia, come per tutto ciò che riguarda sicurezza e web, è importante usare questi strumenti con attenzione. Il CORS è una misura di sicurezza pensata per proteggere utenti e dati: è quindi fondamentale capire come funziona e come usarlo correttamente. Fetch, pur essendo potente e flessibile, è un'API di basso livello e richiede una buona comprensione di HTTP e della same-origin policy per essere usata in modo efficace e sicuro.

La Fetch API e il CORS sono strumenti fondamentali nello sviluppo web moderno. Comprendere come lavorano insieme è la chiave per costruire applicazioni web sofisticate che possano interagire con il web più ampio, proteggendo al tempo stesso la sicurezza dell'utente.

Esempio: Fetch con CORS

```javascript
fetch('<https://api.another-domain.com/data>', {
    method: 'GET',
    mode: 'cors',  // Ensure CORS mode is set if needed
    headers: {
        'Content-Type': 'application/json'
    }
})
.then(response => response.json())
.then(data => console.log(data))
```

```
.catch(error => console.error('CORS or network error:', error));
```

In questo esempio, stiamo usando la Fetch API, un'interfaccia del browser integrata per effettuare richieste HTTP. È basata su promise, cioè restituisce una Promise che si risolve nell'oggetto Response che rappresenta la risposta alla richiesta.

Ecco come funziona:

1. **fetch('<https://api.another-domain.com/data>', {...})**: la funzione **fetch()** viene chiamata con l'URL dell'API a cui vogliamo accedere. Accetta due argomenti: l'input e l'init (opzionale). L'input è l'URL che stiamo recuperando, mentre l'init è un oggetto di opzioni che contiene eventuali impostazioni personalizzate da applicare alla richiesta.
2. **method: 'GET'**: questa opzione indica il metodo della richiesta, in questo caso GET. Il metodo GET viene usato per richiedere dati da una risorsa specificata.
3. **mode: 'cors'**: questa è la modalità della richiesta. Qui è impostata su 'cors', che sta per Cross-Origin Resource Sharing. È un meccanismo che consente o blocca le risorse richieste in base al dominio di origine. È necessario quando vogliamo permettere richieste provenienti da domini diversi.
4. **headers: {...}**: gli header della richiesta vengono impostati in questa sezione. L'header 'Content-Type' è impostato su 'application/json', il che significa che il server interpreterà i dati inviati come un oggetto JSON.
5. **.then(response => response.json())**: una volta effettuata la richiesta, la Fetch API restituisce una Promise che si risolve nell'oggetto Response. Il metodo **.then()** è un metodo delle Promise usato per definire callback in caso di successo o fallimento. Qui l'oggetto response viene passato a una callback in cui viene convertito in JSON usando il metodo **json()**.
6. **.then(data => console.log(data))**: dopo la conversione in JSON, i dati vengono passati a un altro **.then()** dove vengono stampati in console.
7. **.catch(error => console.error('CORS or network error:', error))**: il metodo **catch()** viene usato per intercettare eventuali errori che possono verificarsi durante l'operazione di fetch. Se si verifica un errore, viene passato a una callback e registrato in console.

In sintesi, questo codice invia una richiesta GET all'URL specificato e registra in console la risposta (o qualsiasi errore che possa verificarsi). L'uso delle promise con i metodi **.then()** e **.catch()** consente di gestire operazioni asincrone, rendendo possibile attendere la risposta del server e gestirla quando è disponibile.

7.2 Lavorare con file e blob

Nel mondo dinamico dello sviluppo web moderno, la capacità di gestire i file e ciò che chiamiamo *binary large objects* (o *Blob*, in breve) è un requisito fondamentale. È una necessità comune in un'ampia gamma di attività: dal caricamento di immagini su un server, all'elaborazione di file scaricati da Internet, fino al salvataggio di dati generati all'interno dell'applicazione web stessa.

JavaScript, un linguaggio di programmazione diventato parte integrante del panorama dello sviluppo web, fortunatamente ci mette a disposizione API robuste e complete per lavorare con file e Blob. Queste API sono progettate per consentire una gestione efficiente e sicura di questi dati, un aspetto critico nell'era attuale in cui le violazioni di dati sono una preoccupazione reale.

In questa sezione approfondiremo l'argomento. Esploreremo come lavorare con file e Blob nel contesto delle tue applicazioni, offrendo esempi pratici e suggerimenti su come gestire efficacemente questi tipi di dati. L'obiettivo è darti una comprensione chiara e le competenze necessarie per affrontare queste attività comuni ma cruciali nel tuo percorso di sviluppo web.

7.2.1 Comprendere i Blob

Un Blob (Binary Large Object) rappresenta dati binari grezzi e immutabili, e può contenere grandi quantità di dati. I Blob vengono tipicamente usati per gestire tipi di dati come immagini, audio e altri formati binari, oltre ai file di testo.

Un Blob o *Binary Large Object* in programmazione, e in particolare in JavaScript, rappresenta dati binari grezzi che sono immutabili, cioè non possono essere modificati una volta creati. La capacità di gestire i Blob è un requisito fondamentale nello sviluppo web moderno, soprattutto quando si lavora con grandi quantità di dati.

I Blob sono estremamente utili e versatili perché possono contenere grandi quantità di dati e vengono tipicamente usati per gestire diversi tipi di contenuti. Questo include immagini, audio e altri formati binari. Possono anche essere usati per gestire file di testo. Questo li rende uno strumento essenziale nel mondo dello sviluppo web, dove gestire ed elaborare diversi tipi di dati è una necessità quotidiana.

Puoi creare un Blob direttamente in JavaScript usando il costruttore **Blob()**. Il costruttore Blob accetta un array di dati e un oggetto di opzioni come parametri. L'array di dati è il contenuto che vuoi memorizzare nel Blob, mentre l'oggetto di opzioni può essere usato per specificare proprietà come il tipo di dato memorizzato.

Una volta creato un Blob, può essere manipolato in numerosi modi, a seconda delle esigenze della tua applicazione. Ad esempio, puoi leggerne il contenuto, creare un URL che lo rappresenti, oppure inviarlo a un server. L'interfaccia Blob in JavaScript fornisce diversi metodi e proprietà per eseguire queste operazioni.

I Blob rappresentano un modo potente per gestire grandi quantità di dati di diversi tipi in JavaScript, e capire come crearli e manipolarli è una competenza essenziale per qualsiasi sviluppatore web moderno.

Creare e manipolare i Blob

Puoi creare un Blob direttamente in JavaScript usando il costruttore **Blob()**, che accetta un array di dati e un oggetto di opzioni come parametri.

Example:

Ecco un esempio di come potresti creare un Blob:

```javascript
const text = 'Hello, World!';
const blob = new Blob([text], { type: 'text/plain' });
```

In questo esempio viene creato un nuovo Blob contenente il testo 'Hello, World!'. Il tipo di dato archiviato è specificato come 'text/plain'.

I Blob offrono un meccanismo potente per gestire grandi quantità di dati di tipi diversi in JavaScript, e capire come crearli e manipolarli è una competenza essenziale per qualsiasi sviluppatore web moderno.

Un altro esempio: creazione di un Blob

```javascript
const data = new Uint8Array([0x48, 0x65, 0x6c, 0x6c, 0x6f]); // Binary data for 'Hello'
const blob = new Blob([data], { type: 'text/plain' });

console.log(blob.size); // Outputs: 5
console.log(blob.type); // Outputs: 'text/plain'
```

Il codice inizia creando un **Uint8Array** e assegnandolo alla variabile **data**. Un **Uint8Array** è un typed array che rappresenta un array di interi senza segno a 8 bit. L'array contiene la rappresentazione esadecimale dei valori ASCII di ciascun carattere nella stringa 'Hello'. Il valore ASCII di 'H' è 0x48, quello di 'e' è 0x65, quello di 'l' è 0x6c e così via.

Successivamente viene creato un nuovo oggetto Blob con il costruttore **new Blob()**. Il costruttore accetta due argomenti. Il primo è un array che contiene i dati che vuoi inserire nel Blob. In questo caso si tratta del **Uint8Array data**. Il secondo è un oggetto **options** opzionale in cui puoi impostare la proprietà **type** con un MIME type che rappresenta il tipo di dato che stai archiviando. Qui il tipo è impostato su 'text/plain', che rappresenta dati di testo semplice.

La dimensione e il tipo del Blob vengono poi registrati in console usando **console.log()**. La proprietà **blob.size** restituisce la dimensione del Blob in byte. In questo caso è 5, che corrisponde al numero di caratteri in 'Hello'. La proprietà **blob.type** restituisce il MIME type del Blob. Qui è 'text/plain', come impostato al momento della creazione.

Questo esempio mostra la creazione e la manipolazione di base dei Blob in JavaScript, una funzionalità molto utile quando si lavora con dati binari nello sviluppo web.

7.2.2 Working with the File API

La File API estende l'interfaccia Blob, fornendo proprietà e metodi aggiuntivi per supportare contenuti di file generati dagli utenti. Quando una persona seleziona file tramite un elemento input, puoi accedere a quei file come oggetto **FileList**.

La File API amplia le funzionalità dell'interfaccia Blob, un componente di JavaScript che rappresenta dati binari grezzi. L'interfaccia Blob è utile per gestire diversi tipi di dati, come immagini, file audio e altri formati binari, oltre ai file di testo.

La File API fa un passo ulteriore, offrendo proprietà e metodi aggiuntivi per supportare contenuti di file generati dagli utenti. Questo è particolarmente utile in scenari in cui è necessario che una persona carichi un file, come un'immagine o un documento, tramite un elemento input in un'applicazione web.

Quando una persona seleziona dei file usando un elemento input in un'applicazione web, questi file possono essere accessibili come oggetto **FileList**. L'oggetto **FileList** è una sequenza simile a un array di oggetti **File** o **Blob**, e consente agli sviluppatori di accedere ai dettagli di ciascun file nella lista, come nome, dimensione e tipo.

L'oggetto **FileList** consente anche di leggere il contenuto dei file, manipolarli o inviarli a un server. Questo è fondamentale in scenari come il caricamento di una foto profilo o di un documento in un'applicazione web.

Per esempio, una persona potrebbe dover caricare una foto profilo su un'app social o un curriculum su un portale di lavoro. In questi casi, la File API diventa uno strumento prezioso, perché permette agli sviluppatori di gestire i file caricati, elaborarli e salvarli su un server.

La File API estende l'interfaccia Blob per fornire strumenti potenti per gestire contenuti di file generati dagli utenti nelle applicazioni web. Garantisce che gli sviluppatori possano lavorare efficacemente con i file caricati, dall'accesso e lettura fino all'elaborazione e all'archiviazione su un server.

Esempio: leggere file da un elemento input

```javascript
document.getElementById('fileInput').addEventListener('change', event => {
    const file = event.target.files[0]; // Get the first file
    if (!file) {
        return;
    }

    console.log(`File name: ${file.name}`);
    console.log(`File size: ${file.size} bytes`);
    console.log(`File type: ${file.type}`);
    console.log(`Last modified: ${new Date(file.lastModified)}`);
});
<!-- HTML to include a file input element -->
<input type="file" id="fileInput">
```

In questo esempio, aggiungiamo un event listener a un elemento input di tipo file. Quando vengono selezionati dei file, registra i dettagli del primo file.

Nel codice di esempio, abbiamo due parti: uno snippet di codice JavaScript e un elemento HTML. L'elemento HTML è un modulo di input file in cui l'utente può selezionare un file dal proprio computer. Ha un ID pari a 'fileInput', che consente di selezionarlo e manipolarlo in JavaScript.

Lo snippet di codice JavaScript fa quanto segue:

1. Seleziona l'elemento di input file usando **document.getElementById('fileInput')**. Questa funzione JavaScript seleziona l'elemento HTML con ID 'fileInput', che in questo caso è il nostro elemento di input file.
2. Quindi aggiunge un event listener a questo elemento di input file con **.addEventListener('change', event => {...})**. Un event listener attende che si verifichi un evento specifico e poi esegue una funzione quando quell'evento si verifica. In questo caso, l'evento è 'change', che viene attivato quando l'utente seleziona un file dal modulo di input.

3. All'interno dell'event listener, definisce cosa deve succedere quando si verifica l'evento 'change'. La funzione accetta un oggetto event come parametro.
4. Poi ottiene il primo file selezionato dall'utente con **const file = event.target.files[0]**. La proprietà **files** è un oggetto **FileList** che rappresenta tutti i file selezionati dall'utente. È un oggetto simile a un array, quindi possiamo ottenere il primo file con l'indice 0, **files[0]**.
5. Verifica con un'istruzione **if** che un file sia stato effettivamente selezionato. Se non è stato selezionato alcun file (**!file**), esce dalla funzione in anticipo con **return**.
6. Se un file è stato selezionato, registra il nome, la dimensione in byte, il tipo e la data dell'ultima modifica del file usando **console.log()**.

Questo esempio è una semplice implementazione di un modulo di input file in cui gli utenti possono selezionare un file dai propri computer. Poi registra i dettagli del file selezionato, come nome del file, dimensione, tipo e data dell'ultima modifica. Questo può essere utile in scenari in cui devi gestire upload di file e vuoi assicurarti che gli utenti carichino il tipo e la dimensione corretti, tra le altre cose.

7.2.3 Lettura dei file come testo, Data URL o array

Una volta che hai un riferimento a un File o a un Blob, puoi leggerne il contenuto in vari formati usando l'API **FileReader**. Questo è particolarmente utile per visualizzare i contenuti del file o per ulteriori elaborazioni nella tua applicazione web.

Questa sezione approfondisce il processo di lettura dei file come testo, Data URL o array, una volta che hai un riferimento a un oggetto File o Blob nella tua applicazione web.

File e Blob rappresentano dati in vari formati, come immagini, audio, video, testo e altri formati binari. Una volta ottenuto un riferimento a un File o a un Blob, l'API FileReader può essere usata per leggerne il contenuto in diversi formati, a seconda delle tue esigenze.

La FileReader API è un'interfaccia fornita da JavaScript che consente alle applicazioni web di leggere in modo asincrono il contenuto dei file o di buffer di dati grezzi archiviati sul computer dell'utente, usando oggetti File o Blob per specificare il file o i dati da leggere. Fornisce diversi metodi per leggere i dati del file, inclusa la lettura dei dati come DOMString (testo), come Data URL o come array buffer.

Leggere un file come testo è semplice ed è utile quando si lavora con file di testo. Il metodo **readAsText** dell'oggetto FileReader viene usato per avviare la lettura del contenuto del Blob o File specificato. Quando l'operazione di lettura termina, viene attivato l'evento **onload** e l'attributo **result** contiene il contenuto del file come stringa di testo.

Leggere un file come Data URL è utile per file binari come immagini o audio. I Data URL sono stringhe che contengono i dati del file come stringa codificata in base64, preceduta dal MIME type del file. Il metodo **readAsDataURL** viene usato per avviare la lettura del Blob o File specificato e, al caricamento, i dati del file vengono rappresentati come stringa Data URL che può essere usata come sorgente per elementi come **<img>**.

Leggere un file come array buffer è utile quando si lavora con dati binari, perché ti consente di manipolare i dati del file a livello di byte. Qui viene usato il metodo **readAsArrayBuffer**, che avvia la lettura del Blob o File specificato. Quando l'operazione di lettura termina, viene emesso l'evento **onload** e l'attributo **result** contiene un **ArrayBuffer** che rappresenta i dati del file.

La FileReader API è uno strumento potente che consente alle applicazioni web di leggere i contenuti di file o Blob in vari formati, a seconda dei requisiti della tua applicazione. È particolarmente utile per visualizzare contenuti di file sul web o per ulteriori elaborazioni all'interno della tua applicazione.

Esempio: leggere un file come testo

```javascript
function readFile(file) {
    const reader = new FileReader();
    reader.onload = function(event) {
        console.log('File content:', event.target.result);
    };
    reader.onerror = function(error) {
        console.error('Error reading file:', error);
    };
    reader.readAsText(file);
}

// This function would be called within the 'change' event listener above
```

Questo esempio presenta una funzione JavaScript chiamata 'readFile'. Usa la FileReader API per leggere il contenuto di un file. La funzione è progettata per accettare un file come parametro.

All'interno della funzione, viene creata una nuova istanza di FileReader e assegnata alla variabile 'reader'. FileReader è un oggetto che consente alle applicazioni web di leggere il contenuto dei file (o di buffer di dati grezzi), archiviati sul computer dell'utente.

Una volta creato l'oggetto FileReader, viene associato un event handler 'onload'. Questo event handler è impostato su una funzione che viene eseguita quando il file viene letto correttamente. All'interno di questa funzione, il contenuto del file viene registrato nella console usando **console.log()**. Il contenuto del file è accessibile tramite 'event.target.result'.

Il contenuto del file è accessibile tramite 'event.target.result'.

All'istanza di FileReader viene anche associato un event handler 'onerror'. Se si verifica un errore durante la lettura del file, questo event handler viene attivato. All'interno di questa funzione, l'errore viene registrato nella console usando **console.error()**. L'errore è accessibile tramite 'error'.

Poi, la funzione avvia la lettura del file con 'reader.readAsText(file)'. Questo metodo serve per iniziare a leggere il contenuto del Blob o del File specificato. Quando l'operazione di lettura termina, viene emesso l'evento 'onload' e l'attributo 'result' contiene il contenuto del file come stringa di testo.

Questa funzione, 'readFile', si prevede venga chiamata all'interno di un event listener 'change' per un elemento di input file in un form HTML, cioè la funzione verrebbe eseguita ogni volta che l'utente seleziona un nuovo file.

In sintesi, questa funzione JavaScript 'readFile' è una dimostrazione semplice ma efficace di come usare la FileReader API per leggere il contenuto di un file selezionato dall'utente in un'applicazione web. Mostra come gestire sia la lettura riuscita del file sia eventuali errori che potrebbero verificarsi durante il processo.

Esempio: leggere un file come Data URL

```javascript
function readAsDataURL(file) {
    const reader = new FileReader();
    reader.onload = function(event) {
        // This URL can be used as a source for <img> or other elements
        console.log('Data URL of the file:', event.target.result);
    };
    reader.readAsDataURL(file);
}
```

Il codice di esempio fornito è una funzione JavaScript chiamata 'readAsDataURL'. Il suo scopo è leggere il contenuto di un file usando la FileReader API. Questo potente strumento JavaScript consente alle applicazioni web di leggere i contenuti dei file memorizzati sul dispositivo dell'utente.

In questa funzione, un 'file' viene passato come argomento. Questo 'file' può essere un'immagine, un file di testo, un file audio o qualsiasi altro tipo di file.

La funzione inizia creando una nuova istanza di FileReader, che viene memorizzata nella variabile 'reader'. L'oggetto FileReader mette a disposizione diversi metodi ed event handler che possono essere usati per leggere il contenuto del file.

Successivamente, al reader viene associato un event handler 'onload'. Questo evento si attiva quando FileReader ha completato con successo la lettura del file. All'interno di questo event handler viene definita una funzione che registra in console il Data URL del file. Il Data URL rappresenta i dati del file come una stringa codificata in base64 e può essere usato come sorgente per elementi HTML come '<img>' o '<audio>'. Questo significa che il file può essere renderizzato direttamente nel browser senza dover essere scaricato o archiviato separatamente.

Infine, la funzione avvia la lettura del file come Data URL chiamando il metodo 'readAsDataURL' sul reader e passando il file. Questo metodo avvia il processo di lettura e, al completamento, viene attivato l'evento 'onload'.

Questa funzione è uno strumento utile per gestire i file in JavaScript, specialmente in scenari in cui vuoi visualizzare il contenuto di un file direttamente nel browser o manipolare ulteriormente i dati del file all'interno della tua applicazione web. Dimostra la potenza e la flessibilità della FileReader API per la gestione dei file nello sviluppo web.

7.2.4 Gestire in modo efficiente file di grandi dimensioni

Quando si lavora con file di grandi dimensioni, è fondamentale considerare le implicazioni in termini di prestazioni e memoria dell'approccio scelto. I file grandi possono consumare molta memoria e potenza di elaborazione, degradando le prestazioni dell'applicazione e portando a una scarsa esperienza utente.

JavaScript offre la possibilità di gestire file di grandi dimensioni a blocchi (chunk). Questo approccio è particolarmente vantaggioso quando carichi (upload) o elabori file grandi lato client. Suddividendo un file grande in chunk più piccoli, il file può essere gestito in modo più efficiente, evitando che l'interfaccia utente diventi non responsiva o si "blocchi".

Questa tecnica di chunking consente di elaborare ogni parte del file individualmente, invece di tentare di elaborare l'intero file in una sola volta, cosa che potrebbe sovraccaricare le risorse del sistema. Di conseguenza, il chunking è particolarmente utile quando lavori con file sufficientemente grandi da poter superare la memoria disponibile o quando l'elaborazione di un file può richiedere molto tempo.

Comprendendo e implementando queste strategie, gli sviluppatori possono assicurarsi che le applicazioni restino reattive e performanti anche quando devono gestire file di grandi dimensioni.

Esempio: suddividere un file in chunk per l'upload

```javascript
function uploadFileInChunks(file) {
    const CHUNK_SIZE = 1024 * 1024; // 1MB
    let start = 0;

    while (start < file.size) {
        let chunk = file.slice(start, Math.min(file.size, start + CHUNK_SIZE));
        uploadChunk(chunk); // Assume uploadChunk is a function to upload a chunk
        start += CHUNK_SIZE;
    }
}

function uploadChunk(chunk) {
    // Upload logic here
    console.log(`Uploaded chunk of size: ${chunk.size}`);
}
```

In questo snippet di codice di esempio ci sono due funzioni: **uploadFileInChunks** e **uploadChunk**.

La funzione **uploadFileInChunks** è progettata per gestire la suddivisione (chunking) del file. Accetta un parametro: **file**, ovvero il file da caricare. All'interno della funzione viene definita una costante **CHUNK_SIZE**, che determina la dimensione di ogni chunk. In questo caso, la dimensione del chunk è impostata a 1MB (1024 * 1024 byte).

Viene inoltre definita una variabile **start**, inizialmente impostata a 0. Questa variabile tiene traccia dell'indice di partenza per ciascun chunk.

Successivamente viene implementato un ciclo **while**, che continua a essere eseguito finché l'indice **start** è inferiore alla dimensione del file. All'interno del ciclo, il metodo **slice** viene usato per creare un chunk del file, a partire dall'indice **start** e fino al valore più piccolo tra la dimensione del file e **start + CHUNK_SIZE**. Questo chunk viene poi passato alla funzione **uploadChunk**, che si presume gestisca l'upload effettivo di ciascun chunk.

Dopo ogni iterazione, l'indice **start** viene incrementato di **CHUNK_SIZE**, spostando di conseguenza il punto di partenza per il chunk successivo.

La funzione **uploadChunk** è la seconda funzione nello snippet. Accetta un parametro: **chunk**, cioè una porzione del file da caricare. All'interno di questa funzione, in genere, verrebbe implementata la logica di upload. Tuttavia, il codice fornito non include la logica di upload vera e propria e, invece, registra in console un messaggio che indica la dimensione del chunk caricato.

Usando questo approccio a chunk, i file di grandi dimensioni possono essere gestiti in modo più efficiente, contribuendo a migliorare le prestazioni del processo di upload e a evitare che l'interfaccia utente diventi non responsiva.

7.2.5 Creare e scaricare Blob

Oltre alle attività di base di lettura e caricamento dei file, in alcuni casi potresti aver bisogno di creare nuovi file direttamente lato client. Questo può essere necessario per diversi motivi, ad esempio per generare un report basato sulle attività dell'utente o per consentire alle persone di esportare i propri dati in un formato utilizzabile.

Qualunque sia il motivo, la creazione di nuovi file sul client è un aspetto importante di molte applicazioni. Una volta creati questi file, spesso è necessario offrire un modo per farli scaricare. Questo può essere fatto creando un Blob — un tipo di oggetto che rappresenta un insieme di byte — che può contenere grandi quantità di dati. Dopo aver creato il Blob, puoi usare un data URL per rappresentare i dati del Blob.

In alternativa, puoi usare il metodo **URL.createObjectURL()**, che crea una DOMString contenente un URL che rappresenta l'oggetto passato come parametro. Questo URL può poi essere usato per facilitare il download dei dati del Blob. Entrambi i metodi sono efficaci per consentire il download di file direttamente dal client.

Esempio: creare e scaricare un file di testo

```javascript
function downloadTextFile(text, filename) {
    const blob = new Blob([text], {type: 'text/plain'});
    const url = URL.createObjectURL(blob);

    const a = document.createElement('a');
    a.href = url;
    a.download = filename;
    document.body.appendChild(a);
    a.click();

    document.body.removeChild(a);
    URL.revokeObjectURL(url); // Clean up the URL object
}
```

```
downloadTextFile('Hello, world!', 'example.txt');
```

In questo esempio, viene creato un nuovo file di testo a partire da una stringa, trasformato in un Blob e poi viene creato un link temporaneo per scaricare il file. Questo metodo gestisce in modo efficiente sia la creazione sia la pulizia delle risorse necessarie per il download.

La funzione chiamata 'downloadTextFile' è progettata per creare un file di testo a partire da una stringa di testo specificata e poi avviare il download di quel file sul computer dell'utente.

La funzione accetta due parametri: 'text' e 'filename'. 'text' è il contenuto che verrà scritto nel file e 'filename' è il nome che verrà assegnato al file scaricato.

La funzione inizia creando un nuovo oggetto Blob, che è un modo per gestire dati grezzi in JavaScript. Questo oggetto Blob viene creato a partire dal parametro 'text' ed è di tipo 'text/plain', indicando che si tratta di dati di testo semplice.

Una volta creato il Blob, viene generato un URL che rappresenta questo oggetto usando il metodo **URL.createObjectURL()**. Questo metodo crea un URL che può essere usato per rappresentare i dati del Blob. Tale URL viene poi salvato in una variabile chiamata 'url'.

Successivamente viene creato un nuovo elemento HTML anchor (**<a>**) con **document.createElement('a')**. Questo elemento anchor viene usato per facilitare il download dei dati del Blob. L'attributo 'href' dell'anchor viene impostato sull'URL del Blob e l'attributo 'download' viene impostato sul parametro 'filename'. In questo modo, quando l'anchor viene cliccato, i dati del Blob verranno scaricati con il nome file specificato.

L'elemento anchor viene quindi aggiunto al body del documento con **document.body.appendChild(a)** e viene simulato un click sull'anchor con **a.click()**. Questo avvia il download del file.

Dopo lo scaricamento del file, l'anchor viene rimosso dal documento con **document.body.removeChild(a)** e l'URL del Blob viene revocato usando **URL.revokeObjectURL(url)**. Revocare l'URL del Blob è importante perché libera le risorse di sistema.

Infine, la funzione viene chiamata con i parametri 'Hello, world!' ed 'example.txt', il che crea un file di testo chiamato 'example.txt' contenente il testo 'Hello, world!' e avvia il download di questo file.

In sintesi, questa funzione dimostra un metodo per creare e scaricare un file di testo interamente lato client, senza bisogno di interagire con un server. Mostra l'uso degli oggetti Blob, degli object URL e la manipolazione degli elementi HTML per ottenere questa funzionalità.

7.2.6 Considerazioni sulla sicurezza

Quando si gestisce il processo di consentire l'upload di file o qualsiasi forma di manipolazione dei file, è fondamentale tenere in considerazione le diverse implicazioni di sicurezza che potrebbero emergere.

- **Validare l'input**: assicurati sempre di validare l'input sia lato client sia lato server. Nel caso degli upload di file, è cruciale verificare il tipo di file, la sua dimensione e il contenuto. Questo serve a prevenire il caricamento di file potenzialmente dannosi o che potrebbero rappresentare una minaccia per la sicurezza.
- **Sanificare i dati**: quando viene visualizzato il contenuto di un file, è indispensabile sanificarlo in modo accurato. Questo passaggio è particolarmente importante se il contenuto include input generato dagli utenti, perché aiuta a prevenire attacchi di cross-site scripting (XSS), che possono avere conseguenze di sicurezza gravi.
- **Usare HTTPS**: quando i file vengono caricati o scaricati, è essenziale assicurarsi che le connessioni siano protette con HTTPS. Questo serve a prevenire possibili intercettazioni dei dati durante il processo, aggiungendo così un ulteriore livello di sicurezza alla gestione dei file.

7.2.7 Best practice per la gestione dei file

- **Feedback all'utente**: per migliorare l'esperienza utente, è importante fornire feedback chiari e concisi sullo stato di avanzamento degli upload o di qualsiasi elaborazione in corso sui file. Questo feedback diventa ancora più importante per operazioni che potrebbero richiedere molto tempo. In questo modo, le persone restano informate e possono gestire meglio le aspettative sui tempi di completamento.
- **Gestione degli errori**: implementare una gestione degli errori robusta è assolutamente cruciale. È importante anticipare sempre possibili fallimenti che possono verificarsi durante le operazioni sui file. Questi fallimenti dovrebbero essere gestiti in modo "graceful" all'interno dell'applicazione, per evitare impatti negativi sull'esperienza utente o sulle prestazioni dell'app.
- **Ottimizzazione delle prestazioni**: è necessario considerare l'impatto sulle prestazioni delle operazioni di gestione dei file, soprattutto nelle applicazioni web che devono gestire file di grandi dimensioni o un alto volume di transazioni. La velocità e l'efficienza di queste operazioni possono influire in modo significativo sulle

prestazioni complessive dell'applicazione; per questo, le strategie di ottimizzazione devono essere valutate e implementate con cura.

7.3 History API

La History API, uno strumento fondamentale nell'ambito dello sviluppo web moderno, offre agli sviluppatori un'opportunità unica di interagire con la cronologia della sessione del browser. Questa interfaccia sofisticata consente di manipolare lo stack della cronologia del browser, una funzionalità cruciale che ha rivoluzionato il modo in cui interagiamo con il web oggi.

Questa funzionalità ha un effetto particolarmente trasformativo sulle single-page application (SPA). In uno scenario di navigazione tradizionale, spostarsi in una sezione diversa di un sito richiede in genere un reload completo della pagina. Con l'avvento delle SPA e grazie alle capacità offerte dalla History API, la navigazione del browser può invece essere gestita in modo più efficiente, senza bisogno di un refresh completo.

In questa sezione approfondita, esploreremo nel dettaglio le capacità che la History API mette a disposizione. Analizzeremo le sue funzionalità, mostrando come possa essere sfruttata per migliorare in modo significativo l'esperienza di navigazione degli utenti nelle tue applicazioni web.

Comprendendo e adottando la History API, gli sviluppatori possono creare applicazioni web più dinamiche e user-friendly. Questo non solo migliora l'esperienza utente, ma porta anche a un'applicazione complessivamente più efficace e performante.

7.3.1 Overview of the History API

-La History API fornisce metodi che consentono di aggiungere, rimuovere e modificare le voci della cronologia. Queste funzionalità sono utili per le applicazioni che devono cambiare dinamicamente l'URL senza ricaricare la pagina, gestire lo stato in base alla navigazione dell'utente o ripristinare lo stato precedente quando una persona si sposta nella cronologia del browser.

-Interagire con la cronologia della sessione del browser è una delle caratteristiche chiave della History API, perché permette di manipolare lo stack della cronologia del browser. Questa capacità ha influenzato in modo significativo il modo in cui oggi le persone interagiscono con le applicazioni web.

-La History API è particolarmente trasformativa per le single-page application (SPA). A differenza della navigazione web tradizionale, in cui spostarsi in sezioni diverse di un sito richiede un reload completo della pagina, le SPA, insieme alla History API, consentono una navigazione più efficiente che non richiede un refresh completo.

Metodi principali della History API:

I metodi principali della History API sono i seguenti:

- **history.pushState()**: aggiunge una voce allo stack della cronologia del browser. È utile quando vuoi tracciare la navigazione dell'utente all'interno della tua applicazione.
- **history.replaceState()**: modifica la voce di cronologia corrente senza aggiungerne una nuova. È comodo quando vuoi aggiornare lo stato o l'URL della voce corrente.
- **history.back()**: naviga di un passo indietro nello stack della cronologia. Simula il click sul pulsante "Indietro" del browser.
- **history.forward()**: naviga di un passo avanti nello stack della cronologia. Simula il click sul pulsante "Avanti" del browser.
- **history.go()**: naviga a un punto specifico nello stack della cronologia. Può spostarsi avanti o indietro rispetto alla pagina corrente.

Attraverso questi metodi, la History API permette agli sviluppatori di aggiungere, rimuovere e modificare voci della cronologia. Questa funzionalità è particolarmente utile nelle applicazioni in cui devi cambiare dinamicamente l'URL senza ricaricare la pagina, gestire lo stato dell'app in base alla navigazione dell'utente o ripristinare lo stato precedente quando una persona si sposta avanti e indietro nella cronologia del browser.

In sostanza, la History API consente agli sviluppatori di gestire direttamente lo stack della cronologia, offrendo la possibilità di controllare in modo più preciso l'esperienza di navigazione dell'utente. Questo non solo migliora l'esperienza d'uso rendendo la navigazione più intuitiva ed efficiente, ma porta anche a un'applicazione complessivamente più efficace e performante.

7.3.2 Usare pushState e replaceState

Questi metodi sono essenziali per gestire le voci della cronologia. Entrambi accettano argomenti simili: un oggetto di stato, un titolo (che attualmente viene ignorato dalla maggior parte dei browser, ma dovrebbe essere incluso per compatibilità futura) e un URL. Questo è particolarmente utile nelle single-page application (SPA), dove l'esperienza di navigazione può essere migliorata in modo significativo senza dover ricaricare completamente la pagina.

Sia **pushState** sia **replaceState** accettano argomenti simili. Il primo argomento è un oggetto di stato, che può contenere qualsiasi tipo di dato che vuoi associare alla nuova voce di cronologia. Può essere, ad esempio, l'ID di un contenuto specifico, le coordinate di una vista mappa o qualsiasi altro dato necessario per ripristinare lo stato precedente dell'applicazione quando l'utente naviga.

Il secondo argomento è il titolo. È importante notare che questo argomento viene attualmente ignorato dalla maggior parte dei browser a causa di problemi di compatibilità legacy. Tuttavia, è consigliabile includerlo per compatibilità futura, perché alcuni browser potrebbero decidere di usarlo in seguito.

Il terzo e ultimo argomento è un URL. È il nuovo URL che verrà mostrato nella barra degli indirizzi del browser. Questo URL dovrebbe corrispondere a ciò che l'utente si aspetta di vedere quando visita quella pagina, offrendo un'esperienza coerente e prevedibile.

In sostanza, il metodo **pushState** serve ad aggiungere una voce allo stack della cronologia del browser e a modificare l'URL mostrato nella barra degli indirizzi, senza causare un reload della pagina. Al contrario, **replaceState** serve a modificare la voce di cronologia corrente, sostituendola con il nuovo stato, il titolo e l'URL forniti.

Usando questi metodi in modo efficace, gli sviluppatori possono creare un'esperienza di navigazione più dinamica, efficiente e user-friendly, migliorando le prestazioni complessive e l'efficacia delle loro applicazioni web.

Esempio: usare pushState

```javascript
document.getElementById('newPage').addEventListener('click', function() {
    const state = { page_id: 1, user_id: 'abc123' };
    const title = 'New Page';
    const url = '/new-page';

    history.pushState(state, title, url);
    document.title = title; // Update the document title
    // Load and display the new page content here
    console.log('Page changed to:', url);
});
```

Questo è un esempio di come il metodo **history.pushState()** possa essere usato per manipolare lo stack della cronologia del browser. È particolarmente utile nelle single-page application (SPA) per simulare il processo di navigazione verso una nuova pagina senza richiedere effettivamente un reload completo della pagina.

Ecco una spiegazione passo dopo passo del codice:

1. **document.getElementById('newPage').addEventListener('click', function() {...});**: questa riga aggiunge un event listener di tipo 'click' all'elemento HTML con id 'newPage'. Quando questo elemento viene cliccato, viene eseguita la funzione inclusa nell'event listener.

2. All'interno della funzione, viene creato un nuovo oggetto di stato con **const state = { page_id: 1, user_id: 'abc123' };**. Questo oggetto può contenere qualsiasi dato rilevante per la nuova voce della cronologia. In questo esempio, l'oggetto di stato contiene un **page_id** e un **user_id**.

3. Il titolo della nuova pagina viene definito con **const title = 'New Page';**.

4. L'URL della nuova pagina viene definito con **const url = '/new-page';**.

5. Poi, la riga **history.pushState(state, title, url);** usa il metodo **history.pushState()** per aggiornare lo stack della cronologia del browser con l'oggetto di stato, il titolo e l'URL appena definiti. In questo modo viene aggiunta una nuova voce allo stack della cronologia senza ricaricare la pagina.

6. Il titolo del documento viene poi aggiornato per corrispondere al titolo della nuova pagina con **document.title = title;**.

7. Si presume che a questo punto il contenuto della nuova pagina verrebbe caricato e mostrato, anche se questo non è illustrato nello snippet.

8. Infine, viene registrato in console un messaggio che indica che la pagina è stata cambiata al nuovo URL con **console.log('Page changed to:', url);**.

Questo esempio dimostra come tu possa usare il metodo **history.pushState()** per gestire la navigazione all'interno di una single-page application, aggiornando la cronologia del browser e l'URL mostrato nella barra degli indirizzi, senza bisogno di un reload della pagina.

Esempio: uso di replaceState

```javascript
document.getElementById('updatePage').addEventListener('click', function() {
    const state = { page_id: 1, user_id: 'abc123' };
    const title = 'Updated Page';
    const url = '/updated-page';

    history.replaceState(state, title, url);
    document.title = title; // Update the document title
    // Update the current page content here
    console.log('Page URL updated to:', url);
});
```

Lo snippet di codice inizia mettendosi in ascolto di un evento di click su un elemento HTML con id **'updatePage'**. Questo id presumibilmente corrisponde a un pulsante o a un link che, quando viene cliccato, attiva la funzione racchiusa nell'event listener.

All'interno della funzione, il primo passaggio è creare un nuovo oggetto di stato con **const state = { page_id: 1, user_id: 'abc123' };**. L'oggetto di stato è un oggetto JavaScript che può contenere qualunque dato rilevante per la nuova voce della cronologia. In questo esempio contiene un **page_id** e un **user_id**.

Successivamente, il titolo della nuova pagina viene definito con **const title = 'Updated Page';**. Questo titolo verrà usato più avanti nella funzione per aggiornare il titolo del documento.

Viene poi definito anche l'URL della nuova pagina con **const url = '/updated-page';**. Questo URL verrà mostrato nella barra degli indirizzi del browser quando la funzione viene eseguita.

Il cuore della funzione è l'uso del metodo **history.replaceState(state, title, url);**. Il metodo **replaceState** modifica la voce di cronologia corrente nello stack della cronologia del browser usando l'oggetto di stato, il titolo e l'URL appena definiti. Lo fa senza aggiungere una nuova voce allo stack e senza causare un reload della pagina.

Il titolo del documento viene quindi aggiornato per corrispondere al nuovo titolo pagina tramite **document.title = title;**. Questo aiuta a mantenere coerenza tra il titolo del documento e la voce di cronologia.

A questo punto, si presume che il contenuto corrispondente della nuova pagina verrebbe caricato e mostrato; tuttavia, questa parte non è riportata nello snippet.

Infine, viene registrato in console un messaggio che indica che la pagina è passata al nuovo URL con **console.log('Page URL updated to:', url);**.

Questa funzione dimostra come il metodo **replaceState** possa essere usato nella History API per gestire la navigazione all'interno di una single-page application. Mostra come aggiornare la cronologia del browser e l'URL visualizzato nella barra degli indirizzi senza bisogno di ricaricare la pagina.

7.3.3 Gestire l'evento popstate

Quando l'utente naviga verso un nuovo stato, il browser emette un evento **popstate**. Gestire questo evento è fondamentale per ripristinare lo stato quando l'utente naviga usando i pulsanti Indietro e Avanti del browser.

Nelle applicazioni web, il termine "stato" spesso si riferisce alla condizione o al contenuto della pagina web in un determinato momento. Quando un utente passa da uno stato a un altro in un'applicazione web, il browser emette un evento chiamato **popstate**. Questo evento viene inviato alla finestra (window) ogni volta che cambia la voce attiva della cronologia. Accade quando l'utente clicca i pulsanti Indietro o Avanti del browser, oppure quando i metodi **history.back()**, **history.forward()** o **history.go()** vengono invocati programmaticamente.

Gestire l'evento **popstate** è cruciale per un aspetto chiave dell'esperienza utente: ripristinare lo stato dell'applicazione web quando l'utente naviga usando i pulsanti Indietro e Avanti. Questo è particolarmente importante per le single-page application (SPA), in cui più "pagine" o stati dell'applicazione vengono gestiti all'interno di un singolo documento HTML.

Per esempio, supponiamo che un utente stia compilando un modulo a più passaggi in una single-page application. Compila il primo passaggio e passa al secondo. Se poi decide di usare il pulsante Indietro del browser per rivedere le informazioni inserite nel primo passaggio, verrà emesso l'evento **popstate**. Un'applicazione ben progettata avrà un handler impostato per questo evento. L'handler prenderà le informazioni di stato fornite dall'evento **popstate** e le userà per mostrare correttamente il primo passaggio del modulo, insieme ai dati inseriti dall'utente.

L'evento **popstate** svolge un ruolo critico nel mantenere coerenza e prevedibilità nell'esperienza utente delle applicazioni web. Una gestione corretta di questo evento permette alle applicazioni web di rispondere in modo accurato alle azioni di navigazione dell'utente, mantenendo lo stato corretto dell'applicazione mentre l'utente naviga.

Esempio: gestione di popstate

```javascript
window.addEventListener('popstate', function(event) {
    if (event.state) {
        console.log('State:', event.state);
        // Restore the page using the state object
        document.title = event.state.title;
        // Load the content corresponding to event.state.page_id or other state
properties
    }
});
```

Questo esempio mostra come rispondere alle azioni di navigazione che cambiano lo stato della cronologia. La proprietà **state** dell'evento **popstate** contiene l'oggetto di stato associato alla nuova voce della cronologia e può essere usata per aggiornare di conseguenza il contenuto della pagina.

L'evento **popstate** viene generato dal browser quando l'utente naviga nella cronologia della sessione. Questo può accadere quando l'utente clicca i pulsanti Indietro o Avanti, oppure quando i metodi **history.back()**, **history.forward()** o **history.go()** vengono invocati programmaticamente.

L'event listener viene aggiunto all'evento **popstate** tramite **window.addEventListener()**. Il primo argomento passato a questo metodo è la stringa **'popstate'**, che specifica l'evento da ascoltare. Il secondo argomento è una funzione che definisce cosa fare quando l'evento **popstate** viene emesso.

All'interno della funzione, c'è un'istruzione condizionale che verifica se esiste la proprietà **state** dell'oggetto **event**. La proprietà **state** contiene l'oggetto di stato associato alla voce di cronologia corrente. Questo oggetto di stato è lo stesso che è stato specificato quando la voce di cronologia è stata creata con i metodi **history.pushState()** o **history.replaceState()**.

Se la proprietà **state** esiste (cioè è "truthy"), vengono eseguite diverse azioni. Per prima cosa, l'oggetto di stato viene registrato in console con **console.log()**. Questo può essere utile per il debug, perché consente di vedere il contenuto dell'oggetto di stato quando l'evento **popstate** viene emesso.

Poi, il titolo del documento viene aggiornato per corrispondere alla proprietà **title** dell'oggetto di stato tramite **document.title = event.state.title;**. Questo aiuta a mantenere coerenza tra il titolo del documento e lo stato dell'applicazione.

Il commento nel codice indica che il passo successivo sarebbe caricare e mostrare il contenuto corrispondente al **page_id** o ad altre proprietà dell'oggetto di stato. Questo potrebbe includere il recupero di dati da un server e l'aggiornamento del DOM, oppure il semplice mostrare/nascondere diversi elementi nella pagina.

7.3.4 Sincronizzare lo stato con la UI

Una delle sfide quando si usa la History API è assicurarsi che l'interfaccia utente dell'applicazione resti sincronizzata con lo stato corrente della cronologia. È importante gestire questa sincronizzazione con attenzione, soprattutto nelle applicazioni complesse in cui la UI dipende da più variabili di stato.

L'uso della History API nelle applicazioni web può talvolta presentare delle difficoltà, in particolare quando si tratta di garantire che l'interfaccia utente (UI) rifletta con precisione lo stato corrente della cronologia. Questa sincronizzazione tra UI e stato della cronologia è fondamentale per la coerenza dell'esperienza utente.

La History API consente agli sviluppatori di manipolare lo stack della cronologia del browser. Si tratta di una funzionalità particolarmente trasformativa per le single-page application (SPA), dove la navigazione del browser può essere gestita in modo più efficiente senza bisogno di un refresh completo della pagina. Tuttavia, quando lo stato della cronologia cambia — sia per azioni dell'utente (come clic su link o pulsanti), sia in modo programmatico tramite metodi come

history.pushState() o **history.replaceState()** — è importante che questi cambiamenti vengano rispecchiati correttamente nella UI dell'applicazione.

Nelle applicazioni complesse, in cui la UI dipende da più variabili di stato, gestire questa sincronizzazione può diventare particolarmente impegnativo. Le modifiche dello stato dell'applicazione devono essere riflesse nella UI in modo accurato e tempestivo. Per esempio, se una persona naviga da una pagina a un'altra, non solo l'URL dovrebbe riflettere il cambiamento (cosa gestita dalla History API), ma la UI dovrebbe anche aggiornarsi per mostrare il contenuto della nuova pagina.

Per questo, quando si lavora con la History API, è necessario gestire con cura la sincronizzazione tra lo stato della cronologia e la UI, in modo da garantire un'esperienza utente fluida e intuitiva. Questo può includere l'impostazione di event listener che rispondono ai cambiamenti dello stato della cronologia e aggiornano di conseguenza la UI. Può anche significare sfruttare le funzionalità del framework usato, ad esempio la gestione dello stato in React, per facilitare questa sincronizzazione.

Anche se la History API può migliorare in modo significativo l'esperienza di navigazione, è importante gestire con attenzione la sincronizzazione tra lo stato della cronologia e la UI. Così facendo, gli sviluppatori possono assicurarsi che le applicazioni offrano non solo una navigazione efficiente e intuitiva, ma anche un'interfaccia utente coerente e accurata.

Esempio: sincronizzare lo stato con la UI

```javascript
function updateContent(state) {
    if (!state) return;

    // Update UI components based on state
    if (state.page_id === "home") {
      loadHomePage();
    } else if (state.page_id === "contact") {
      loadContactPage();
    }
    // Update other UI elements as necessary
}

window.addEventListener('popstate', function(event) {
    updateContent(event.state);
});
```

La funzione **updateContent** è definita come un modo per aggiornare i componenti dell'interfaccia utente (UI) dell'applicazione in base allo stato corrente. Lo stato viene passato come parametro a questa funzione. Se non esiste uno stato (cioè se **state** è **null** o **undefined**), la funzione termina immediatamente e non fa nulla.

Tuttavia, se lo stato esiste, la funzione aggiorna la UI in base alla proprietà **page_id** dell'oggetto di stato. Se **page_id** è uguale a "home", richiama una funzione chiamata **loadHomePage()**, che presumibilmente carica e visualizza il contenuto della home page. Se **page_id** è "contact", richiama **loadContactPage()**, che caricherebbe e visualizzerebbe il contenuto della pagina contatti.

Inoltre, il commento nella funzione indica che potrebbero esserci altri elementi della UI da aggiornare in base allo stato. Questi aggiornamenti non sono mostrati in questo esempio, ma probabilmente includerebbero mostrare o nascondere elementi diversi nella pagina, aggiornare i valori dei campi dei moduli, cambiare lo stato "attivo" dei link di navigazione o qualsiasi altra modifica della UI necessaria quando cambia lo stato dell'applicazione.

Dopo aver definito la funzione **updateContent**, viene aggiunto un event listener all'evento 'popstate' usando il metodo **window.addEventListener()**. Questo significa che ogni volta che viene emesso un evento 'popstate', verrà eseguita la funzione fornita come secondo argomento di **addEventListener()**.

In questo caso, la funzione è una funzione anonima che chiama **updateContent()**, passando come argomento la proprietà **state** dell'oggetto evento 'popstate'. La proprietà 'state' contiene l'oggetto di stato associato alla voce corrente della cronologia. Questo oggetto di stato è lo stesso specificato quando la voce di cronologia è stata creata usando i metodi **history.pushState()** o **history.replaceState()**.

Questa configurazione consente all'applicazione di rispondere in modo appropriato alle azioni di navigazione dell'utente, aggiornando la UI per riflettere lo stato corrente dell'applicazione ogni volta che cambia la voce attiva della cronologia.

7.3.5 Integrazione con i framework

Molti framework e librerie JavaScript moderni, come React, Vue.js e Angular, includono un supporto integrato per la gestione della cronologia e del routing, spesso integrandosi in modo naturale con la History API. Quando lavori con questi framework, in genere è preferibile usare le loro soluzioni di routing, progettate per funzionare in modo naturale con il sistema reattivo del framework.

Una delle caratteristiche chiave che queste librerie offrono è proprio il supporto integrato per la gestione della cronologia del browser e del routing. Si tratta di un aspetto cruciale dello sviluppo di applicazioni web, soprattutto quando si parla di SPA. In queste applicazioni, invece di caricare una nuova pagina per ogni vista, la stessa pagina si aggiorna dinamicamente in risposta all'interazione dell'utente, e spesso deve gestire i cambiamenti nello stack della cronologia e nell'URL per offrire un'esperienza utente fluida.

La History API è uno strumento potente che permette agli sviluppatori di manipolare direttamente lo stack della cronologia del browser. Tuttavia, framework come React, Vue.js e Angular hanno fatto un passo in più, integrando questa funzionalità nei propri sistemi e offrendo meccanismi dedicati per gestire cronologia e routing.

Per esempio, React ha una libreria chiamata React Router, Vue.js ha vue-router e Angular ha @angular/router. Queste librerie forniscono interfacce di alto livello, astratte, per gestire il routing, che sotto il cofano usano la History API o ricorrono ad altre tecniche per i browser più vecchi che non la supportano.

Quando gli sviluppatori lavorano con questi framework, in genere è più vantaggioso usare queste soluzioni di routing, perché sono progettate per integrarsi in modo fluido e naturale con il sistema reattivo del framework. Usare questi strumenti non solo astrae la complessità di lavorare direttamente con la History API, ma garantisce anche che il comportamento di routing dell'applicazione sia coerente e affidabile, sfruttando soluzioni collaudate e ampiamente usate.

Anche se la History API è una parte fondamentale dello sviluppo web moderno, quando lavori con framework JavaScript moderni come React, Vue.js e Angular, di solito è meglio sfruttare le loro soluzioni di routing integrate. Queste soluzioni sono pensate per integrarsi in modo naturale con la History API e con l'architettura del framework, offrendo un'interfaccia più potente e più comoda per gli sviluppatori per gestire cronologia e routing del browser.

Esempio: usare React Router

```javascript
// A basic example in a React application using React Router
import { BrowserRouter as Router, Route, Switch, Link } from 'react-router-dom';

function App() {
    return (
        <Router>
            <div>
                <nav>
                    <Link to="/">Home</Link>
                    <Link to="/about">About</Link>
                </nav>
                <Switch>
                    <Route path="/about">
                        <About />
                    </Route>
                    <Route path="/">
```

```
                    <Home />
                </Route>
            </Switch>
        </div>
    </Router>
  );
}
```

Questo è un semplice esempio di come viene gestito il routing in un'applicazione React usando la libreria React Router.

La prima riga importa i componenti necessari dalla libreria 'react-router-dom'. 'BrowserRouter' viene rinominato in 'Router' per comodità, e vengono importati anche 'Route', 'Switch' e 'Link'. Questi componenti sono essenziali per configurare il routing in un'applicazione React:

- 'BrowserRouter' (o 'Router') è un componente che usa la History API HTML5 (pushState, replaceState e l'evento popstate) per mantenere la UI sincronizzata con l'URL.
- 'Route' è un componente che renderizza una parte di UI quando la posizione corrente corrisponde al path della route.
- 'Switch' serve a renderizzare solo la prima 'Route' (o 'Redirect') tra i suoi figli che corrisponde alla posizione corrente.
- 'Link' serve a creare link nell'applicazione. Fare click su un 'Link' avvia una navigazione e aggiorna l'URL.

La funzione 'App' è un componente funzionale che restituisce un elemento JSX (JavaScript XML). All'interno di questa funzione, un componente 'Router' viene usato per racchiudere l'intera applicazione.

All'interno di 'Router' c'è un elemento 'div' che contiene un elemento 'nav' e un componente 'Switch'. L'elemento 'nav' contiene due componenti 'Link' che creano link verso le pagine 'Home' e 'About' dell'applicazione.

La prop 'to' nel componente 'Link' serve a specificare il percorso verso cui l'applicazione navigherà quando il link viene cliccato. Qui ci sono link verso il path root ('/') e verso il path '/about'.

Il componente 'Switch' viene usato per raggruppare i componenti 'Route'. Renderizza solo la prima 'Route' (o 'Redirect') tra i suoi figli che corrisponde alla posizione corrente. Qui ci sono due componenti 'Route': uno per il path '/about' e uno per il path root ('/').

Quando il path nell'URL corrisponde a '/about', viene renderizzato il componente 'About'. Quando il path corrisponde a '/', viene renderizzato il componente 'Home'.

Questa configurazione di React Router consente all'applicazione di navigare tra le pagine 'Home' e 'About' senza ricaricare la pagina, che è uno dei principali vantaggi delle single-page application (SPA).

7.3.6 Gestire i casi limite

Quando usi la History API, considera i casi limite, ad esempio cosa succede quando una persona modifica direttamente l'URL o naviga manualmente verso un URL. Assicurati che l'applicazione possa gestire questi scenari in modo "graceful", mostrando pagine di errore o facendo redirection quando necessario.

In termini pratici, gestire i casi limite significa considerare scenari che non sono i più comuni, ma che possono verificarsi e che, se non gestiti correttamente, possono portare a bug o comportamenti inattesi. Nel contesto della History API, questi casi limite possono includere situazioni in cui una persona modifica manualmente l'URL nella barra degli indirizzi del browser, oppure naviga direttamente verso un URL digitandolo nella barra o cliccando un segnalibro, invece di raggiungere quella pagina attraverso il normale flusso di navigazione dell'applicazione.

Queste manipolazioni dirette dell'URL non aggiornano automaticamente lo stato dell'applicazione e possono quindi portare a una discrepanza tra l'URL e lo stato dell'applicazione. Questo può confondere e può generare errori o comportamenti inattesi. Per esempio, una persona potrebbe navigare manualmente verso un URL che corrisponde a uno stato specifico dell'applicazione che richiede alcune precondizioni. Se tali precondizioni non sono soddisfatte, l'applicazione potrebbe non funzionare correttamente.

Per evitare questi problemi, il testo consiglia agli sviluppatori di assicurarsi che le applicazioni possano gestire questi scenari in modo "graceful". Questo potrebbe significare mostrare pagine di errore che informano la persona del problema e la guidano verso uno stato valido, oppure implementare meccanismi di redirection che portano automaticamente la persona a uno stato valido dell'applicazione quando tenta di accedere direttamente a uno stato non valido.

Nel complesso, la gestione dei casi limite è un aspetto importante della progettazione di applicazioni robuste. Assicura che l'applicazione possa gestire in modo affidabile tutte le possibili interazioni, migliorando l'esperienza complessiva e la solidità dell'applicazione.

Esempio: validare lo stato

```
window.addEventListener('popstate', function(event) {
```

```javascript
    if (!event.state || !isValidState(event.state)) {
        console.error('Invalid state or direct navigation detected');
        loadDefaultPage();   // Load a default page or redirect
    } else {
        updateContent(event.state);
    }
});

function isValidState(state) {
    return state && state.page_id && isValidPageId(state.page_id);
}
```

Questo codice di esempio è scritto in sintassi React JSX e mostra come gestire un evento "popstate" in un'applicazione web. L'evento "popstate" viene generato dal browser quando l'utente naviga nella cronologia del browser usando i pulsanti Indietro o Avanti, oppure quando i metodi **history.back()**, **history.forward()** o **history.go()** vengono invocati programmaticamente.

Nel contesto di una single-page application (SPA), l'evento "popstate" è cruciale per ripristinare lo stato dell'applicazione quando l'utente la naviga usando i pulsanti Indietro e Avanti del browser.

Il codice inizia aggiungendo un event listener all'evento "popstate" usando il metodo **window.addEventListener()**. Il primo argomento di questo metodo è la stringa "popstate", che specifica l'evento da ascoltare. Il secondo argomento è una funzione di callback che definisce cosa fare quando l'evento "popstate" viene generato.

La funzione di callback verifica innanzitutto se la proprietà **state** dell'oggetto **event** esiste e se è valida usando la funzione **isValidState()**. La proprietà **state** dell'oggetto **event** contiene l'oggetto di stato associato alla voce della cronologia quando è stata creata usando i metodi **history.pushState()** o **history.replaceState()**.

Se la proprietà **state** non esiste o non è valida (come determinato da **isValidState()**), registra un messaggio di errore nella console e poi chiama la funzione **loadDefaultPage()**. Questa funzione presumibilmente carica una pagina predefinita o reindirizza l'utente a una posizione predefinita. È un modo per gestire i casi limite in cui un utente potrebbe navigare manualmente verso un URL che non corrisponde a uno stato valido dell'applicazione.

Se invece la proprietà **state** esiste ed è valida, la funzione di callback chiama la funzione **updateContent()**, passando l'oggetto **state** come argomento. Presumibilmente, la funzione **updateContent()** aggiorna il contenuto della pagina in base allo stato.

La funzione **isValidState()** è una funzione di supporto che verifica se l'oggetto **state** è valido. Restituisce **true** se l'oggetto **state** esiste, contiene una proprietà **page_id** e se **page_id** è valido (come determinato da un'altra funzione **isValidPageId()**), e **false** in caso contrario.

7.4 Web Storage

Il Web Storage è una funzionalità integrante e indispensabile nello sviluppo web contemporaneo. Questo potente strumento offre la possibilità di memorizzare dati localmente nel browser dell'utente, eliminando la necessità di richieste continue al server. In questo modo, migliora in modo significativo l'esperienza utente garantendo la persistenza dei dati e permettendo alle applicazioni web di salvare, recuperare e manipolare dati tra diverse sessioni del browser. Questa capacità è particolarmente cruciale in scenari in cui l'utente potrebbe dover allontanarsi temporaneamente dal computer o trovarsi ad affrontare problemi di connettività intermittente.

In questa sezione completa, approfondiremo i due principali meccanismi del Web Storage: localStorage e sessionStorage. Discuteremo nel dettaglio i loro casi d'uso specifici, le differenze chiave tra di essi e tecniche pratiche per implementarli in modo efficace nelle tue applicazioni web.

Comprendendo e sfruttando questi meccanismi, gli sviluppatori possono creare applicazioni web più efficienti e user-friendly, in grado di ricordare le preferenze dell'utente, mantenere lo stato dell'applicazione e persino funzionare offline. Nel corso di questa sezione forniremo esempi reali e best practice, dandoti gli strumenti e le conoscenze necessarie per implementare soluzioni di storage robuste e resilienti nei tuoi progetti di sviluppo web.

7.4.1 Comprendere il Web Storage

Il Web Storage, una funzionalità importante delle applicazioni web moderne, mette a disposizione due tipi distinti di storage:

- **localStorage**: è un tipo di Web Storage che offre memorizzazione persistente tra le sessioni. A differenza di altri tipi di storage, i dati salvati in localStorage non scadono e non vengono eliminati quando il browser viene chiuso. Restano invece memorizzati sul dispositivo dell'utente finché non vengono cancellati esplicitamente, dall'utente o dall'applicazione web. Questo rende localStorage un'ottima scelta per memorizzare dati che devono essere accessibili tra sessioni o visite multiple al sito, come preferenze dell'utente o progressi salvati in un gioco.
- **sessionStorage**: questo tipo di storage, invece, offre una memorizzazione limitata strettamente alla durata della finestra o della scheda in cui l'applicazione web è in

esecuzione. Non appena la finestra o la scheda viene chiusa, qualunque dato memorizzato in sessionStorage viene eliminato immediatamente. Questo rende sessionStorage una scelta perfetta per memorizzare dati rilevanti solo per la durata di una singola sessione, come i dati di un modulo che l'utente sta compilando.

Nonostante le differenze in termini di durata e casi d'uso, sia localStorage sia sessionStorage forniscono un'interfaccia molto simile per salvare e recuperare dati. I dati vengono memorizzati in un semplice sistema key-value, facile da usare, che consente alle applicazioni web di salvare rapidamente dati e recuperarli in seguito. Questo rende il Web Storage uno strumento potente per migliorare l'esperienza utente di un'applicazione web.

Caratteristiche principali del Web Storage:

Il Web Storage è uno strumento potente con diverse caratteristiche uniche. Una delle sue principali caratteristiche è la capacità di memorizzare dati sotto forma di coppie chiave-valore. Questo significa che ogni elemento di dato (il valore) è associato a un identificatore univoco (la chiave), che può essere usato per recuperare rapidamente il dato quando necessario.

Un'altra caratteristica notevole del Web Storage è la sua considerevole capacità di memorizzazione. Consente di memorizzare circa 5MB di dati per origin. Si tratta di uno spazio significativo, che può essere molto utile in una varietà di applicazioni. Inoltre, questa grande capacità di memorizzazione non influisce sulle prestazioni del sito web, garantendo che l'esperienza utente resti fluida e senza interruzioni.

Infine, il Web Storage è progettato in modo tale da non trasmettere i dati al server. Questo può aiutare a ridurre la quantità complessiva di dati inviati con ogni richiesta, risultando vantaggioso in termini di efficienza della trasmissione dei dati e riduzione del carico sul server.

7.4.2 Usare localStorage

localStorage è particolarmente utile per memorizzare preferenze, impostazioni e altri dati che devono persistere oltre la sessione corrente.

La Web Storage API fornisce meccanismi che consentono alle applicazioni web di archiviare dati nel browser dell'utente. Tra i due tipi di storage disponibili, localStorage offre una memorizzazione persistente. In altre parole, i dati salvati in localStorage non scadono e non vengono eliminati quando termina la sessione del browser o quando il browser viene chiuso. Questi dati restano invece memorizzati sul dispositivo dell'utente finché non vengono eliminati esplicitamente, dall'utente o dall'applicazione web.

localStorage è molto utile quando un'applicazione web deve salvare certi tipi di dati nel lungo periodo. Per esempio, un'applicazione web potrebbe usare localStorage per salvare le preferenze o le impostazioni dell'utente. Poiché sono dettagli che spesso si desidera mantenere uguali tra visite successive al sito, salvarli in localStorage permette di recuperarli facilmente ogni volta che l'utente torna, migliorando l'esperienza d'uso.

Un altro caso d'uso comune per localStorage è il salvataggio dei progressi o dello stato di un'applicazione web. Per esempio, se un utente sta lavorando a un'attività in un'applicazione web e deve allontanarsi, l'applicazione potrebbe salvare lo stato corrente dell'attività in localStorage. Quando l'utente torna, anche da una sessione del browser diversa, l'applicazione può recuperare lo stato salvato da localStorage e ripristinarlo, consentendo all'utente di riprendere esattamente da dove aveva interrotto.

In sintesi, localStorage è uno strumento potente per chi sviluppa per il web: offre un metodo semplice, lato client, per archiviare e rendere persistenti i dati nel browser dell'utente. Sfruttando localStorage, gli sviluppatori possono migliorare funzionalità ed esperienza utente delle applicazioni web mantenendo i dati tra sessioni diverse.

Esempio: usare localStorage per salvare le impostazioni dell'utente

```javascript
function saveSettings(settings) {
    for (const key in settings) {
        localStorage.setItem(key, settings[key]);
    }
    console.log('Settings saved:', settings);
}

function loadSettings() {
    return {
        theme: localStorage.getItem('theme') || 'light',
        notifications: localStorage.getItem('notifications') || 'enabled'
    };
}

// Example usage
saveSettings({ theme: 'dark', notifications: 'enabled' });
const settings = loadSettings();
console.log('Loaded settings:', settings);
```

Questo codice di esempio include due funzioni: **saveSettings()** e **loadSettings()**.

- La funzione **saveSettings(settings)** accetta come parametro un oggetto che dovrebbe contenere le impostazioni. Salva ciascuna impostazione nella memoria locale (local storage) del browser. Dopo aver salvato le impostazioni, registra un messaggio nella console che conferma che le impostazioni sono state salvate.

- La funzione **loadSettings()** recupera dal local storage le impostazioni 'theme' e 'notifications'. Se un'impostazione non viene trovata nel local storage, usa un valore predefinito ('light' per theme e 'enabled' per notifications). La funzione restituisce un oggetto con queste impostazioni.

L'esempio d'uso mostra come salvare un oggetto di impostazioni con tema 'dark' e notifiche abilitate usando **saveSettings()**, e poi come caricare queste impostazioni usando **loadSettings()**.

7.4.3 Using sessionStorage

sessionStorage è ideale per memorizzare dati che non devono persistere dopo la chiusura del browser, ad esempio dati legati a una sessione specifica. sessionStorage è particolare perché la sua durata è limitata alla sessione della pagina. Una sessione di pagina dura finché il browser resta aperto e sopravvive ai reload e ai ripristini della pagina. Tuttavia, è progettato per essere molto più temporaneo e i dati memorizzati in sessionStorage vengono cancellati quando termina la sessione della pagina, cioè quando la persona chiude quella specifica scheda del browser.

Questo rende sessionStorage ideale per memorizzare dati che non devono persistere una volta chiusa la scheda del browser. Per esempio, può essere usato per memorizzare informazioni relative a una sessione specifica, come gli input dell'utente in un form prima dell'invio, oppure lo stato di un'applicazione web che deve essere mantenuto tra più pagine all'interno della stessa sessione, ma non oltre.

Questa funzionalità fornisce a chi sviluppa uno strumento potente per migliorare l'esperienza utente, rendendo l'applicazione web più reattiva e riducendo la necessità di interazioni continue con il server. Memorizzando i dati nel browser dell'utente, l'applicazione può accedere e usare questi dati in modo rapido ed efficiente, migliorando funzionalità ed esperienza d'uso durante quella specifica sessione.

Esempio: usare sessionStorage per dati specifici della sessione

```javascript
function storeSessionData(key, data) {
    sessionStorage.setItem(key, data);
    console.log(`Session data stored [${key}]:`, data);
}

function getSessionData(key) {
    return sessionStorage.getItem(key);
```

```javascript
}

// Example usage
storeSessionData('pageVisit', 'Homepage');
console.log('Session data loaded:', getSessionData('pageVisit'));
```

Questo esempio definisce due funzioni per gestire dati specifici della sessione: **storeSessionData** e **getSessionData**.

La funzione **storeSessionData** accetta due parametri: **key** e **data**. **key** è una stringa che funge da identificatore per i dati che vuoi memorizzare. **data** è l'informazione effettiva che vuoi salvare nella sessione dell'utente. Questa funzione usa il metodo **sessionStorage.setItem** per memorizzare i dati nel browser dell'utente per la durata della sessione. Questo metodo accetta due argomenti — la chiave e i dati — e salva i dati sotto la chiave specificata. Dopo aver salvato i dati, viene registrato un messaggio nella console per confermare l'operazione, mostrando la chiave e i dati memorizzati.

La funzione **getSessionData**, invece, serve per recuperare i dati dal session storage. Accetta un solo parametro: **key**, cioè l'identificatore dei dati da recuperare. Questa funzione usa il metodo **sessionStorage.getItem**, che riceve una chiave come argomento e restituisce i dati memorizzati sotto quella chiave. Se non viene trovato alcun dato con la chiave specificata, **getItem** restituisce **null**.

Alla fine dello script, c'è un esempio di come usare queste funzioni. Prima viene chiamata **storeSessionData** con 'pageVisit' come chiave e 'Homepage' come dato: questo memorizza la stringa 'Homepage' in sessionStorage sotto la chiave 'pageVisit'. Poi viene chiamata **getSessionData** con 'pageVisit' per recuperare i dati appena salvati. I dati recuperati vengono infine registrati nella console.

Questo esempio è particolarmente utile quando devi memorizzare e recuperare dati all'interno di una singola sessione, e vuoi che i dati vengano eliminati automaticamente non appena la sessione termina (cioè quando la persona chiude la scheda o il browser).

Best practice per l'uso del Web Storage

1. **Considerazioni sulla sicurezza**: il Web Storage, pur essendo estremamente comodo, comporta alcune considerazioni di sicurezza. Poiché non è una soluzione di archiviazione sicura, è fondamentale ricordare che le informazioni sensibili non dovrebbero mai essere memorizzate direttamente in localStorage o sessionStorage. Il motivo è che qualunque script in esecuzione nella pagina può accedere facilmente a questi dati, con il rischio di violazioni della sicurezza.

2. **Limiti di dimensione dei dati**: un altro fattore importante da considerare è la capacità di archiviazione, che in genere è intorno ai 5MB. Se superi questo limite, possono verificarsi eccezioni che interrompono il corretto funzionamento dell'applicazione. Per questo, è essenziale monitorare i limiti di storage con strumenti come **localStorage.length** o **sessionStorage.length** prima di tentare di aggiungere altri dati. Questo ti aiuta a gestire lo storage in modo efficace ed evitare possibili problemi.

3. **Efficienza e prestazioni**: anche se il Web Storage è generalmente considerato una soluzione veloce, un uso eccessivo può rallentare le prestazioni dell'applicazione. Questo è particolarmente vero se vengono letti frequentemente grandi volumi di dati. Per ottimizzare l'uso del Web Storage, valuta di mettere in cache i dati in variabili quando possibile. Questo approccio può migliorare le prestazioni e aiutare l'applicazione a restare fluida.

7.5 Esercizi Pratici per il Capitolo 7: Web API e Interfacce

Per consolidare la tua comprensione delle web API discusse nel Capitolo 7, questa sezione fornisce esercizi pratici focalizzati sull'implementazione e l'utilizzo di queste tecnologie in scenari reali. Ogni esercizio include una spiegazione dettagliata e il codice della soluzione, aiutandoti ad applicare efficacemente ciò che hai imparato.

Esercizio 1: Utilizzare la Fetch API

Obiettivo: Scrivi una funzione utilizzando la Fetch API per recuperare dati utente da una API pubblica e stampare i nomi degli utenti nella console.

Soluzione:

```javascript
function fetchUserData() {
    fetch('<https://jsonplaceholder.typicode.com/users>')
        .then(response => {
            if (!response.ok) {
                throw new Error('Network response was not ok');
            }
            return response.json();
        })
        .then(users => {
            users.forEach(user => {
                console.log(user.name);
            });
        })
        .catch(error => {
            console.error('Fetch error:', error);
```

```javascript
        });
}

fetchUserData();
```

Questa funzione esegue una richiesta GET a una API pubblica che restituisce una lista di utenti. Elabora la risposta JSON per estrarre e stampare il nome di ogni utente.

Esercizio 2: Implementare localStorage

Obiettivo: Crea funzioni per salvare, recuperare ed eliminare un'impostazione del tema in **localStorage**.

Soluzione:

```javascript
function saveTheme(theme) {
    localStorage.setItem('theme', theme);
    console.log('Theme saved:', theme);
}

function getTheme() {
    return localStorage.getItem('theme') || 'default'; // Return 'default' if no theme set
}

function removeTheme() {
    localStorage.removeItem('theme');
    console.log('Theme removed');
}

// Example usage
saveTheme('dark');
console.log('Current theme:', getTheme());
removeTheme();
```

Questo esercizio dimostra come utilizzare **localStorage** per memorizzare, recuperare ed eliminare impostazioni dell'utente, in particolare una preferenza del tema.

Esercizio 3: Gestire Dati di Sessione con sessionStorage

Obiettivo: Scrivi funzioni per memorizzare e recuperare dati di sessione riguardanti il numero corrente di visite alla pagina dell'utente.

Soluzione:

```javascript
function incrementPageVisit() {
    let visits = parseInt(sessionStorage.getItem('visitCount')) || 0;
    visits++;
    sessionStorage.setItem('visitCount', visits);
    console.log(`Visit count updated: ${visits}`);
}

function getPageVisits() {
    return sessionStorage.getItem('visitCount') || 0;
}

// Example usage
incrementPageVisit();
console.log(`Page visits: ${getPageVisits()}`);
```

Questo esercizio mostra come gestire dati specifici della sessione utilizzando **sessionStorage**, tracciando il numero di volte in cui un utente visita una pagina durante una sessione.

Esercizio 4: Manipolare la Cronologia con la History API

Obiettivo: Implementa una funzione che riporti l'utente alla homepage utilizzando la History API dopo aver modificato le voci della cronologia.

Soluzione:

```javascript
function navigateHome() {
    history.pushState({ page: 'homepage' }, 'homepage', '/home');
    history.go(); // Navigates to the new state
    console.log('Navigation to homepage triggered');
}

// Trigger the navigation
navigateHome();
```

Questa funzione utilizza la History API per aggiungere programmaticamente una nuova voce della cronologia per la homepage e poi navigare verso di essa. Questo è utile nelle applicazioni a pagina singola dove è necessario gestire manualmente la cronologia di navigazione.

Questi esercizi sono progettati per aiutarti a praticare e comprendere l'uso delle varie web API e interfacce trattate nel Capitolo 7. Completando questi esercizi, dovresti acquisire una comprensione pratica di come integrare queste API nelle applicazioni web, migliorandone funzionalità e interattività.

Riepilogo del Capitolo 7: API web e interfacce

Nel Capitolo 7 di "JavaScript from Scratch: Unlock your Web Development Superpowers", abbiamo approfondito le principali API web e le interfacce che consentono agli sviluppatori di creare applicazioni web sofisticate, interattive e dinamiche. Questo capitolo ha offerto un'esplorazione completa di diverse API chiave messe a disposizione dai browser moderni, tra cui la Fetch API, il Web Storage, la History API e altre ancora. Ogni sezione non solo ha introdotto funzionalità e vantaggi di queste API, ma ha anche mostrato applicazioni pratiche tramite esempi dettagliati ed esercizi.

La Fetch API

Abbiamo iniziato con la Fetch API, uno strumento moderno per effettuare richieste HTTP. Questa API è fondamentale per comunicare con i server e gestire flussi di dati asincroni nelle applicazioni web. La Fetch API offre un'alternativa più potente e flessibile a XMLHttpRequest, sfruttando le Promise per rendere la gestione delle operazioni asincrone più semplice ed efficiente. Abbiamo visto come eseguire richieste GET e POST, gestire le risposte e trattare gli errori in modo efficace, ponendo le basi per recuperare e inviare dati in modo fluido all'interno delle applicazioni.

Web Storage

Successivamente, abbiamo trattato la Web Storage API, che include localStorage e sessionStorage. Questa API consente di memorizzare dati localmente nel browser dell'utente, permettendo alle applicazioni di salvare, recuperare e gestire dati tra una sessione e l'altra. Abbiamo discusso le differenze tra localStorage (che mantiene i dati tra sessioni diverse) e sessionStorage (che conserva i dati solo per la durata della sessione della pagina) e fornito esempi su come usare queste opzioni di storage per migliorare l'esperienza utente e mantenere lo stato dell'applicazione.

La History API

Un altro punto centrale del capitolo è stata la History API. Questa API permette di interagire con la cronologia di sessione del browser, offrendo metodi per manipolare lo stack della cronologia in modo programmatico. È particolarmente utile nelle single-page application, dove la gestione della navigazione è cruciale per un'esperienza d'uso senza interruzioni. Abbiamo esaminato come usare metodi come **pushState** e **replaceState** per modificare la cronologia senza ricaricare la pagina e come gestire l'evento **popstate** per aggiornare i contenuti quando l'utente naviga nella cronologia.

Esercizi pratici

Ogni sezione includeva esercizi pratici che ti hanno sfidato a implementare le API discusse in scenari reali. Questi esercizi erano pensati per consolidare l'apprendimento, migliorare la comprensione e offrire esperienza "hands-on" con le API: dalle richieste di rete e la gestione dello storage locale, fino alla manipolazione della cronologia del browser. Nel complesso, ti hanno preparato a integrare queste funzionalità in modo efficace nei tuoi progetti.

Conclusione

Capire e usare le API web e le interfacce del browser è essenziale nello sviluppo web moderno. Questi strumenti forniscono i meccanismi necessari per creare applicazioni web interattive, reattive e user-friendly. Concludendo questo capitolo, ricorda che padroneggiare queste API non solo arricchisce le funzionalità delle tue applicazioni, ma migliora anche in modo significativo l'esperienza utente complessiva. Le conoscenze acquisite qui costituiscono una base solida per esplorare funzionalità e integrazioni più avanzate nei capitoli successivi, aiutandoti ad affrontare con sicurezza le sfide dello sviluppo di applicazioni web dinamiche.

Capitolo 8: Gestione degli errori e test

Benvenuto al Capitolo 8, intitolato "Gestione degli errori e test", un argomento di fondamentale importanza quando si sviluppano applicazioni web robuste e affidabili. Nel mondo in continua evoluzione dello sviluppo web, garantire il funzionamento fluido delle applicazioni è essenziale, e questo capitolo è dedicato a fornire una guida completa alle strategie, alle tecniche e agli strumenti che gli sviluppatori possono utilizzare per identificare, gestire e prevenire efficacemente gli errori. Inoltre, offre indicazioni su come assicurarsi che il codice si comporti come previsto attraverso procedure di test rigorose.

Una gestione efficace degli errori e test approfonditi sono due pilastri critici del processo di sviluppo. Non solo migliorano la qualità complessiva e l'affidabilità delle applicazioni, ma, cosa altrettanto importante, ne aumentano la manutenibilità. Anche l'esperienza utente ne beneficia in modo significativo, poiché questi processi lavorano insieme per ridurre i bug e limitare comportamenti imprevisti che possono interrompere l'interazione dell'utente con l'applicazione.

Nel corso di questo capitolo intraprenderemo un percorso alla scoperta dei vari meccanismi di gestione degli errori in JavaScript. Tra questi rientrano i tradizionali blocchi **try, catch, finally**, i concetti essenziali di propagazione degli errori e la pratica della creazione di errori personalizzati. Questi meccanismi costituiscono la prima linea di difesa contro gli errori di runtime, assicurando che la tua applicazione rimanga reattiva e performante anche di fronte a problemi inattesi.

Oltre alla gestione degli errori, approfondiremo anche il campo delle strategie e dei framework di testing. Questi strumenti sono progettati per aiutare a garantire che la tua base di codice resti priva di bug e funzioni in modo ottimale. Inizieremo la nostra esplorazione con un'analisi approfondita della tecnica fondamentale per gestire gli errori di runtime: l'istruzione **try, catch, finally**. Questa istruzione costituisce la base della gestione degli errori in JavaScript, e padroneggiarla è la chiave per creare applicazioni web resilienti e affidabili.

8.1 Try, Catch, Finally

Il costrutto **try, catch, finally** svolge un ruolo cruciale nel mondo della programmazione JavaScript come meccanismo fondamentale di gestione degli errori. Fornisce agli sviluppatori un percorso strutturato per gestire con eleganza le eccezioni, ovvero errori imprevisti che si verificano durante l'esecuzione del programma. La sua forza sta nella capacità non solo di catturare queste eccezioni, ma anche di offrire un modo per reagire in maniera controllata e ordinata.

Inoltre, la clausola **finally** all'interno di questo costrutto è di grande importanza. Garantisce che determinate azioni di pulizia vengano eseguite, indipendentemente dal fatto che si sia verificato o meno un errore. Questo aggiunge un ulteriore livello di resilienza al tuo codice, assicurando che attività importanti (come chiudere connessioni o liberare risorse) vengano sempre completate, mantenendo così l'integrità complessiva del programma.

Comprendere Try, Catch, Finally

- **Blocco try**: il blocco **try** racchiude il codice che potrebbe potenzialmente causare un errore o un'eccezione. Funziona come un guscio protettivo, consentendo al programma di testare un blocco di codice alla ricerca di errori mentre viene eseguito. Se durante l'esecuzione di questo blocco si verifica un'eccezione, il normale flusso del codice viene interrotto e il controllo passa immediatamente al corrispondente blocco **catch**.
- **Blocco catch**: il blocco **catch** è, di fatto, una rete di sicurezza per il blocco **try**. Viene eseguito se e quando si verifica un errore nel blocco **try**. Agisce come gestore di eccezioni, ovvero un blocco speciale di codice che definisce cosa deve fare il programma quando si verifica uno specifico errore o un'eccezione. Per esempio, se nel blocco **try** si tenta di aprire un file che non esiste, il blocco **catch** potrebbe definire l'azione per creare il file o per notificare l'utente dell'assenza del file.
- **Blocco finally**: il blocco **finally** ricopre un ruolo unico in questo costrutto. Contiene il codice che verrà eseguito sia che nel blocco **try** si verifichi un errore sia che non si verifichi. Questo blocco non dipende dal verificarsi di un errore; garantisce invece che alcune parti chiave del codice vengano eseguite indipendentemente dall'esito dei blocchi **try** e **catch**. In genere, viene utilizzato per ripulire risorse o svolgere attività che devono essere completate in ogni caso. Per esempio, se nel blocco **try** è stato aperto un file in lettura, nel blocco **finally** deve essere chiuso sia che si sia verificato un errore sia che non si sia verificato. Questo assicura che risorse come memoria e handle dei file siano gestite correttamente, a prescindere dall'esito dei blocchi **try** e **catch**.

Nel contesto più ampio della programmazione, i blocchi **try**, **catch** e **finally** costituiscono la pietra angolare della gestione degli errori, offrendo un approccio strutturato e sistematico alla gestione e alla risposta a errori o eccezioni che possono verificarsi durante l'esecuzione di un programma. Padroneggiare l'uso di questi blocchi è fondamentale per sviluppare applicazioni software robuste e resilienti, in grado di gestire problemi imprevisti con eleganza senza compromettere l'esperienza utente.

Esempio: utilizzo di base di Try, Catch, Finally

```javascript
function performCalculation() {
    try {
        const value = potentiallyFaultyFunction(); // This function may throw an error
        console.log('Calculation successful:', value);
    } catch (error) {
        console.error('An error occurred:', error.message);
    } finally {
        console.log('This always executes, error or no error.');
    }
}

function potentiallyFaultyFunction() {
    if (Math.random() < 0.5) {
        throw new Error('Fault occurred!');
    }
    return 'Success';
}

performCalculation();
```

In questo esempio, **potentiallyFaultyFunction** potrebbe generare un errore in modo casuale. Il blocco **try** tenta di eseguire questa funzione, il blocco **catch** gestisce eventuali errori che si verificano, e il blocco **finally** esegue del codice che viene eseguito a prescindere dal risultato, assicurando che tutte le azioni finali necessarie vengano portate a termine.

La funzione **performCalculation** utilizza un blocco **try** per provare a eseguire **potentiallyFaultyFunction**. Il blocco **try** funge da "guscio" protettivo attorno al codice che potrebbe potenzialmente causare un errore o un'eccezione. Se durante l'esecuzione di questo blocco si verifica un'eccezione, il normale flusso del codice viene interrotto e il controllo passa immediatamente al corrispondente blocco **catch**.

La funzione **potentiallyFaultyFunction** è progettata per generare un errore in modo casuale. Questa funzione usa **Math.random()** per generare un numero casuale compreso tra 0 e 1. Se il numero generato è inferiore a 0.5, viene generato un errore con il messaggio 'Fault occurred!'. Se invece non viene generato alcun errore, la funzione restituisce la stringa 'Success'.

Tornando alla funzione **performCalculation**, se **potentiallyFaultyFunction** viene eseguita con successo (cioè non genera un errore), il blocco **try** registra il messaggio 'Calculation successful:' seguito dal valore restituito dalla funzione ('Success').

Se **potentiallyFaultyFunction** genera un errore, entra in funzione il blocco **catch** di **performCalculation**. Il blocco **catch** funge da rete di sicurezza per il blocco **try**: viene eseguito se e quando si verifica un errore nel blocco **try**. In questo caso, il blocco **catch** registra il messaggio 'An error occurred:' seguito dal messaggio dell'eccezione ('Fault occurred!').

Infine, la funzione **performCalculation** include un blocco **finally**. Il blocco **finally** ha un ruolo unico nel costrutto **try, catch, finally**: contiene codice che verrà eseguito sia che nel blocco **try** si verifichi un errore sia che non si verifichi. In questo esempio, il blocco **finally** registra il messaggio 'This always executes, error or no error.' Questo dimostra che alcune parti del codice verranno eseguite indipendentemente dalla presenza di un errore, un aspetto cruciale per mantenere l'integrità complessiva di un programma.

Il costrutto **try, catch, finally** in questo esempio dimostra un approccio strutturato e sistematico alla gestione e alla risposta a errori o eccezioni che possono verificarsi durante l'esecuzione di un programma. Gestendo i problemi imprevisti in modo elegante, aiuta a sviluppare applicazioni software robuste e resilienti che possono continuare a funzionare senza interrompere l'esperienza utente, anche quando si verificano errori.

8.1.1 Uso di Try, Catch per una gestione elegante degli errori

L'uso di **try, catch** permette ai programmi di continuare l'esecuzione anche dopo che si è verificato un errore, evitando che l'intera applicazione vada in crash. Questo è particolarmente utile nelle applicazioni rivolte agli utenti, dove arresti improvvisi possono portare a una cattiva esperienza d'uso.

"Uso di Try, Catch per una gestione elegante degli errori" è un concetto di programmazione che enfatizza l'utilizzo dei costrutti "try" e "catch" per gestire gli errori in un programma. Questo approccio è particolarmente critico per garantire che un programma possa continuare a essere eseguito anche quando si verifica un errore, invece di bloccarsi bruscamente.

In JavaScript, il blocco "try" viene usato per racchiudere il codice che potrebbe potenzialmente generare un errore durante l'esecuzione. Se si verifica un errore all'interno del blocco "try", il flusso di controllo viene immediatamente trasferito al corrispondente blocco "catch".

Il blocco "catch" agisce come rete di sicurezza per il blocco "try". Viene eseguito quando si verifica un errore o un'eccezione nel blocco "try". Il blocco "catch" funge da gestore di eccezioni, ovvero un blocco speciale di codice che definisce cosa deve fare il programma quando si verifica uno specifico errore o un'eccezione.

L'uso di "try" e "catch" consente di gestire gli errori in modo elegante, cioè di reagire in maniera controllata — per esempio correggendo il problema, registrandolo per analisi, oppure informando l'utente — invece di lasciare che l'intera applicazione vada in crash. Questo meccanismo di gestione degli errori migliora significativamente l'esperienza utente, perché il programma rimane funzionale e reattivo anche quando si verificano problemi imprevisti.

Padroneggiare l'uso di "try" e "catch" è fondamentale per sviluppare applicazioni robuste, resilienti e user-friendly, in grado di gestire e rispondere agli errori in modo strutturato e sistematico.

Esempio: Gestire errori nell'input dell'utente

```javascript
function processUserInput(input) {
    try {
        validateInput(input); // Throws error if input is invalid
        console.log('Input is valid:', input);
    } catch (error) {
        console.error('Invalid user input:', error.message);
        return; // Return early or handle error by asking for new input
    } finally {
        console.log('User input processing attempt completed.');
    }
}

function validateInput(input) {
    if (!input || input.trim() === '') {
        throw new Error('Input cannot be empty');
    }
}

processUserInput('');
```

Questo scenario dimostra come gestire input dell'utente potenzialmente non validi. Se la validazione dell'input fallisce, viene generato un errore che viene intercettato e gestito, impedendo che l'applicazione termini in modo imprevisto e fornendo al contempo un feedback all'utente.

processUserInput riceve un input, prova a validarlo tramite **validateInput** e registra un messaggio di successo se l'input è valido. Se la validazione fallisce (cioè se **validateInput** genera un errore), **processUserInput** intercetta l'errore, registra un messaggio di errore e termina in anticipo. Indipendentemente dal fatto che si verifichi o meno un errore, grazie alla clausola **finally** viene registrato anche il messaggio "User input processing attempt completed.".

validateInput verifica se l'input è assente oppure se contiene solo spazi bianchi. Se una di queste condizioni è vera, genera un errore con il messaggio 'Input cannot be empty'.

L'ultima riga del codice esegue **processUserInput** passando una stringa vuota come argomento: questo provocherà un errore e registrerà 'Invalid user input: Input cannot be empty'.

La struttura **try, catch, finally** è uno strumento potente per gestire gli errori in JavaScript, perché consente agli sviluppatori di scrivere applicazioni più resilienti e user-friendly. Comprendendo e implementando correttamente questi costrutti, puoi proteggere le tue applicazioni da guasti imprevisti e assicurarti che le operazioni di pulizia essenziali vengano sempre eseguite.

8.1.2 Gestione personalizzata degli errori

Oltre a gestire gli errori JavaScript integrati, puoi creare tipi di errore personalizzati specifici per le esigenze della tua applicazione. Questo permette una gestione degli errori più granulare e un codice più chiaro.

La gestione personalizzata degli errori in programmazione si riferisce al processo di definizione e implementazione di risposte o azioni specifiche per vari tipi di errori che possono verificarsi all'interno di una base di codice. Questa pratica va oltre la gestione degli errori integrati e implica la creazione di tipi di errore personalizzati, specifici per le necessità della tua applicazione.

In JavaScript, per esempio, puoi creare una classe di errore personalizzata che estende la classe **Error** integrata. Questa classe potrà poi essere usata per generare errori specifici in determinate situazioni della tua applicazione. Quando questi errori personalizzati vengono generati, possono essere intercettati e gestiti in un modo coerente con le esigenze specifiche dell'applicazione.

Questo approccio consente una gestione degli errori più granulare, un codice più chiaro e la possibilità di gestire in modo diverso specifiche categorie di errori, migliorando così la chiarezza e la manutenibilità della gestione degli errori nell'applicazione. Inoltre, offre agli sviluppatori un maggiore controllo sul comportamento dell'applicazione in presenza di errori, permettendo al software di recuperare in modo più elegante oppure di fornire messaggi di errore significativi agli utenti.

Nelle applicazioni complesse, non è raro trovare blocchi try-catch annidati o gestione asincrona degli errori per gestire i problemi attraverso diversi livelli della logica applicativa. Questo approccio strutturato alla gestione degli errori è fondamentale per sviluppare applicazioni robuste, resilienti e user-friendly, in grado di gestire e rispondere agli errori in modo sistematico.

Esempio: definizione e lancio di errori personalizzati

```javascript
class ValidationError extends Error {
    constructor(message) {
        super(message);
        this.name = "ValidationError";
    }
}

function validateUsername(username) {
    if (username.length < 4) {
        throw new ValidationError("Username must be at least 4 characters long.");
    }
}

try {
    validateUsername("abc");
} catch (error) {
    if (error instanceof ValidationError) {
        console.error('Invalid data:', error.message);
    } else {
        console.error('Unexpected error:', error);
    }
} finally {
    console.log('Validation attempt completed.');
}
```

In questo esempio viene definita una classe di errore personalizzata, **ValidationError**. Questo rende più semplice gestire in modo diverso specifiche tipologie di errore, migliorando chiarezza e manutenibilità della gestione degli errori.

Il codice inizia definendo un tipo di errore personalizzato chiamato "ValidationError", che estende la classe **Error** integrata in JavaScript. Grazie a questa estensione, **ValidationError** eredita tutte le proprietà e i metodi standard di **Error**, consentendo al tempo stesso di aggiungere proprietà o metodi personalizzati quando necessario. In questo caso, la proprietà **name** dell'errore viene impostata su "ValidationError".

Successivamente viene definita una funzione chiamata **validateUsername**. Questa funzione serve a validare un nome utente secondo una condizione specifica: lo username deve essere lungo almeno 4 caratteri. La funzione riceve un parametro, **username**, e verifica se la sua lunghezza è inferiore a 4. Se la condizione è vera (quindi lo username non è valido), la funzione lancia (**throw**) un nuovo **ValidationError**. Il messaggio dell'errore spiega il motivo del fallimento: "Username must be at least 4 characters long.".

Dopo di ciò, viene implementata una struttura **try...catch...finally**, un meccanismo integrato di gestione degli errori in JavaScript che consente al programma di *provare* a eseguire un blocco di codice e *intercettare* eventuali errori che si verificano durante l'esecuzione. In questo scenario, il blocco **try** tenta di eseguire **validateUsername** passando "abc" come argomento. Poiché "abc" è più corto di 4 caratteri, la funzione lancerà un **ValidationError**.

Il blocco **catch** è progettato per intercettare e gestire gli errori che avvengono nel blocco **try**. In questo caso, verifica se l'errore catturato è un'istanza di **ValidationError**. Se lo è, viene stampato in console un messaggio specifico: 'Invalid data:' seguito dal messaggio dell'errore. Se invece l'errore non è un **ValidationError** (quindi è un errore inatteso), viene stampato un messaggio diverso: 'Unexpected error:' seguito dall'errore stesso. Questa distinzione nella gestione degli errori aumenta la chiarezza e facilita il debugging grazie a messaggi più specifici e significativi.

Infine, il blocco **finally** esegue codice che verrà eseguito indipendentemente dal fatto che si sia verificato o meno un errore. Questo blocco non dipende dalla presenza di un'eccezione: garantisce che alcune parti fondamentali del codice vengano eseguite a prescindere dall'esito dei blocchi **try** e **catch**. In questo caso, stampa in console il messaggio 'Validation attempt completed.', indicando che il tentativo di validazione è terminato, sia che abbia avuto successo sia che sia fallito.

Questo esempio mostra non solo come definire errori personalizzati e lanciarli in determinate condizioni, ma anche come intercettarli e gestirli in modo significativo e controllato, migliorando la robustezza e l'affidabilità del software.

8.1.3 Nested Try-Catch Blocks

Nelle applicazioni complesse, potresti incontrare situazioni in cui un blocco **try-catch** è annidato all'interno di un altro. Questo può essere utile per gestire errori in diversi livelli della logica applicativa.

I blocchi **try-catch** annidati vengono usati in programmazione quando un blocco **try-catch** è contenuto dentro un altro **try-catch**. In questa situazione, stai creando più livelli di gestione degli errori nel tuo codice.

Il **try** esterno contiene una sezione di codice che potrebbe generare un'eccezione. Se si verifica un'eccezione, il controllo passa al relativo blocco **catch**. Tuttavia, all'interno di questo **try** esterno può esserci un altro **try**: questo è ciò che chiamiamo **try** annidato. Il **try** annidato viene usato per gestire una sezione diversa di codice che potrebbe a sua volta generare un'eccezione. Se un'eccezione avviene all'interno del **try** annidato, il suo blocco **catch** dedicato la intercetterà e la gestirà.

Questa struttura può essere particolarmente utile nelle applicazioni complesse, dove parti diverse del codice possono generare eccezioni diverse e ciascuna potrebbe richiedere una gestione specifica. Utilizzando i **try-catch** annidati, gli sviluppatori possono gestire gli errori a vari livelli della logica applicativa, offrendo più livelli di fallback e assicurando che vengano tentate tutte le possibili opzioni di recupero.

Un esempio tipico è una situazione in cui un'operazione di alto livello (gestita dal **try-catch** esterno) include varie sotto-operazioni, ognuna delle quali potrebbe fallire (gestite dai **try-catch** annidati). Annidando i **try-catch**, puoi gestire gli errori al livello di ciascuna sotto-operazione, mantenendo al contempo una "rete di sicurezza" complessiva a livello alto.

In sintesi, i blocchi **try-catch** annidati forniscono uno strumento efficace per gestire e rispondere agli errori a vari livelli di complessità all'interno di un'applicazione, consentendo di costruire software più robusto e resiliente.

Esempio: utilizzo di Try-Catch annidati

```javascript
try {
    performTask();
} catch (error) {
    console.error('High-level error handler:', error);
    try {
        recoverFromError();
    } catch (recoveryError) {
        console.error('Failed to recover:', recoveryError);
    }
}

function performTask() {
    throw new Error("Something went wrong!");
}

function recoverFromError() {
    throw new Error("Recovery attempt failed!");
}
```

Questa struttura consente di gestire in modo distinto gli errori e i tentativi di ripristino, offrendo più livelli di fallback e assicurando che vengano provate tutte le possibili opzioni di recupero.

La funzione **performTask** viene chiamata all'interno del blocco **try** esterno. Questa funzione, quando viene invocata, è progettata intenzionalmente per lanciare un errore con il messaggio "Something went wrong!". L'istruzione **throw** in JavaScript viene utilizzata per creare errori personalizzati. Quando viene lanciato un errore, il runtime JavaScript interrompe immediatamente l'esecuzione della funzione corrente e passa al blocco **catch** della struttura **try-catch** più vicina. In questo caso, il blocco **catch** registra il messaggio di errore in console usando **console.error**.

La funzione **console.error** è simile a **console.log**, ma include anche lo stack trace nella console del browser ed è stilizzata in modo diverso (di solito in rosso) per evidenziarla come errore. Il messaggio di errore 'High-level error handler:' viene registrato insieme all'errore intercettato.

All'interno di questo blocco **catch**, è presente un blocco **try-catch** annidato. Il **try** annidato chiama la funzione **recoverFromError**. Questa funzione è un meccanismo di recupero ipotetico che viene attivato quando **performTask** fallisce. Ma, come **performTask**, anche **recoverFromError** è progettata per lanciare un errore con il messaggio "Recovery attempt failed!".

Lo scopo è simulare uno scenario in cui fallisce anche il meccanismo di recupero. Nelle applicazioni reali, il meccanismo di recupero potrebbe includere azioni come riprovare l'operazione fallita, passare a un servizio di backup o chiedere all'utente di fornire un input valido, ed è possibile che anche queste azioni falliscano.

Se il recupero fallisce e lancia un errore, il **catch** annidato intercetta questo errore e lo registra in console con il messaggio 'Failed to recover:'.

Questo script è una rappresentazione semplificata di come potresti gestire errori e tentativi di recupero in JavaScript. In un'applicazione reale, sia **performTask** sia **recoverFromError** avrebbero una logica più complessa e potrebbero esserci ulteriori gestioni degli errori e tentativi di recupero a vari livelli dell'applicazione.

8.1.4 Gestione degli errori asincroni

Gestire gli errori provenienti da operazioni asincrone all'interno dei blocchi **try, catch, finally** richiede considerazioni particolari, soprattutto quando si utilizzano Promise o async/await.

La gestione degli errori asincroni si riferisce a un metodo di programmazione usato per gestire e risolvere errori che si verificano durante operazioni asincrone. Le operazioni asincrone sono attività che possono avvenire indipendentemente dal flusso principale del programma, cioè non devono attendere il completamento di altre attività prima di poter iniziare.

In JavaScript, le attività asincrone sono spesso rappresentate da Promise oppure possono essere gestite con la sintassi async/await. Le operazioni asincrone possono essere risorse recuperate dalla rete, operazioni sul file system o qualunque operazione che implichi un certo tempo di attesa.

Quando le operazioni asincrone vengono usate all'interno di un blocco **try-catch-finally**, servono accortezze specifiche per gestire eventuali errori. Questo perché il blocco **try** termina prima che la Promise venga risolta o che la funzione async completi la propria esecuzione, quindi gli errori che si verificano all'interno della Promise o della funzione async non verranno intercettati dal blocco **catch**.

Un modo per gestire gli errori asincroni è aggiungere gestori **.catch** alla Promise. In alternativa, se stai usando async/await, puoi usare un blocco **try-catch** all'interno di una funzione async. Quando si verifica un errore nel blocco **try** di una funzione async, può essere intercettato nel blocco **catch**, proprio come avviene per gli errori sincroni.

Esempio 1:

```
async function fetchData() {
    try {
        const response = await fetch('<https://api.example.com/data>');
        const data = await response.json();
        console.log('Fetched data:', data);
    } catch (error) {
        console.error('Failed to fetch data:', error);
    } finally {
        console.log('Fetch attempt completed.');
    }
}

fetchData();
```

In questo esempio, la funzione async **fetchData** prova a recuperare dati da un'API e a convertire la risposta in formato JSON. Se una di queste operazioni fallisce, l'errore viene intercettato nel blocco **catch** e registrato in console. Indipendentemente dal fatto che si verifichi o meno un errore, il blocco **finally** registra in console 'Fetch attempt completed.'. Questa gestione asincrona degli errori può rendere il codice asincrono più facile da leggere e da gestire, in modo simile a come si gestisce il codice sincrono.

La funzione utilizza l'API **fetch**, una funzione integrata del browser per effettuare richieste HTTP. L'API **fetch** restituisce una Promise che si risolve in un oggetto Response che rappresenta la risposta alla richiesta. Questa Promise può essere risolta (se l'operazione ha avuto successo) oppure rifiutata (se l'operazione è fallita).

All'interno della funzione **fetchData**, il blocco **try** viene usato per racchiudere il codice che potrebbe potenzialmente generare un errore. In questo caso, nel blocco **try** sono incluse due operazioni. Per prima cosa, la funzione esegue una richiesta fetch all'URL 'https://api.example.com/data'. Questa operazione è preceduta dalla parola chiave **await**, che fa sì che JavaScript aspetti finché la Promise non si risolve e restituisce il suo risultato.

Se l'operazione di fetch ha successo, la funzione prova poi a convertire i dati della risposta in formato JSON usando il metodo **response.json()**. Anche questo metodo restituisce una Promise che si risolve con il risultato del parsing del corpo della risposta come JSON, quindi viene usata di nuovo la parola chiave **await**.

Se entrambe le operazioni vanno a buon fine, la funzione registra i dati recuperati in console usando **console.log**.

In caso di errore durante l'operazione di fetch o durante la conversione della risposta in JSON, viene eseguito il blocco **catch**. Il blocco **catch** funge da meccanismo di fallback, consentendo al programma di gestire errori o eccezioni in modo elegante senza andare completamente in crash. Se si verifica un errore, la funzione registra il messaggio di errore in console usando **console.error**.

Il blocco **finally** contiene codice che viene eseguito a prescindere dal fatto che si sia verificato o meno un errore. Questo è utile per eseguire operazioni di pulizia o logging che non dipendono dal successo delle operazioni nel blocco **try**. In questo caso, registra in console 'Fetch attempt completed.'.

Dopo aver definito la funzione **fetchData**, questa viene chiamata ed eseguita con **fetchData()**. Questo avvia le operazioni della funzione, iniziando l'operazione asincrona di fetch.

Best Practice per l'Uso di Try, Catch, Finally

- **Minimize Code in Try Blocks**: È una buona pratica includere nei blocchi **try** solo il codice che potrebbe effettivamente generare un'eccezione. In questo modo, puoi evitare di intercettare eccezioni non intenzionali che potrebbero essere difficili da diagnosticare e potrebbero portare a informazioni di errore fuorvianti. Isolando il codice che può fallire, puoi gestire le eccezioni in modo più efficace.

- **Be Specific with Error Types in Catch Blocks**: Quando intercetti errori, è consigliabile essere il più specifici possibile riguardo ai tipi di errori che stai gestendo. Questa precisione aiuta a evitare di mascherare problemi non correlati che potrebbero verificarsi nel tuo codice. Specificando i tipi di eccezioni, puoi avere più controllo sulla gestione degli errori e fornire feedback più accurati agli utenti.
- **Clean Up Resources in Finally Blocks**: Usa sempre il blocco **finally** per assicurarti che vengano eseguite tutte le operazioni di pulizia necessarie. Questo può includere la chiusura di file o il rilascio di connessioni di rete, tra le altre attività. Questo è cruciale indipendentemente dal fatto che si sia verificato o meno un errore. Assicurarsi che le risorse vengano rilasciate o chiuse correttamente può prevenire memory leak e altri problemi correlati, migliorando la robustezza del tuo codice.

Padroneggiare l'uso di **try, catch, finally** in JavaScript è fondamentale per scrivere applicazioni robuste, affidabili e user-friendly. Utilizzando tecniche avanzate e seguendo le best practice, puoi gestire efficacemente un'ampia gamma di condizioni di errore e assicurarti che le tue applicazioni si comportino in modo prevedibile anche in condizioni avverse.

8.2 Lanciare errori

Nello sviluppo software, l'uso strategico del lancio di errori è una componente essenziale per costruire un meccanismo di gestione degli errori robusto. Questa tecnica permette agli sviluppatori di imporre condizioni specifiche, garantire la validazione dei dati e gestire il flusso di esecuzione in modo metodico e controllato, migliorando così l'affidabilità e le prestazioni complessive dell'applicazione.

Nella sezione successiva di questo documento, approfondiremo l'uso più "sfumato" dell'istruzione **throw**, uno strumento potente in JavaScript, per definire e implementare condizioni di errore personalizzate. Questa esplorazione includerà una guida passo dopo passo su come gestire e affrontare efficacemente questi errori generati intenzionalmente.

Padroneggiando queste tecniche, puoi preservare l'integrità delle tue applicazioni e, allo stesso tempo, aumentarne affidabilità e robustezza, anche in presenza di circostanze impreviste o input non validi.

8.2.1 Comprendere throw in JavaScript

L'istruzione **throw** in JavaScript viene utilizzata per creare un errore personalizzato. Quando un errore viene lanciato, il normale flusso del programma si interrompe e il controllo passa al gestore di eccezioni più vicino, in genere un blocco **catch**.

throw è uno strumento potente per creare e lanciare errori personalizzati. La sua funzione principale è interrompere l'esecuzione normale del codice e trasferire il controllo al gestore di eccezioni più vicino, che di solito è un blocco **catch** all'interno di una struttura **try...catch**. Questo è particolarmente utile per imporre regole e condizioni nel tuo codice (per esempio, la validazione dell'input) e per segnalare che si è verificata una situazione inattesa o errata che il programma non può gestire o da cui non può recuperare.

Per esempio, potresti usare **throw** quando una funzione riceve un argomento fuori da un intervallo accettabile, oppure quando una risorsa necessaria (come una connessione di rete o un file) non è disponibile. Quando il runtime incontra un'istruzione **throw**, interrompe immediatamente l'esecuzione normale e cerca il blocco **catch** più vicino in grado di gestire l'eccezione.

Ecco una sintassi di base dell'istruzione throw:

```
throw expression;
```

In questa sintassi, **expression** può essere una stringa, un numero, un booleano o, più comunemente, un oggetto **Error**. Spesso si preferisce **Error** perché include automaticamente uno stack trace che può essere estremamente utile per il debugging.

Ecco un esempio di lancio di un errore semplice:

```
function checkAge(age) {
    if (age < 18) {
        throw new Error("Access denied - you are too young!");
    }
    console.log("Access granted.");
}

try {
    checkAge(16);
} catch (error) {
    console.error(error.message);
}
```

In questo esempio, la funzione **checkAge** lancia un errore se l'età è inferiore a 18 anni. Questo errore viene poi intercettato nel blocco **catch**, dove viene mostrato un messaggio appropriato.

Oltre all'oggetto **Error** standard fornito da JavaScript, puoi anche definire tipi di errore personalizzati estendendo la classe **Error**. Questo consente una gestione degli errori più "fine" e aiuta a distinguere meglio tra diverse categorie di condizioni d'errore nel tuo codice.

Per esempio, potresti definire una classe **ValidationError** per gestire errori di validazione dell'input, aggiungendo chiarezza e granularità alla tua strategia di error handling.

Come best practice, è importante usare messaggi di errore significativi, considerare i tipi di errore, lanciare gli errori il prima possibile e documentare quali errori le tue funzioni possono generare.

In conclusione, capire come usare l'istruzione **throw** in JavaScript è fondamentale per una gestione efficace degli errori, perché ti permette di controllare il flusso del programma, imporre condizioni specifiche e gestire i problemi in modo metodico e controllato.

8.2.2 Tipi di errore personalizzati

Sebbene JavaScript fornisca un oggetto **Error** standard, spesso è utile definire tipi di errore personalizzati. Questo può essere fatto estendendo la classe **Error**. Gli errori personalizzati sono utili per una gestione degli errori più dettagliata e per distinguere tra diversi tipi di condizioni di errore nel tuo codice.

I tipi di errore personalizzati sono errori definiti dallo sviluppatore che estendono i tipi di errore integrati. Sono particolarmente utili quando l'errore che devi lanciare è specifico per la logica di business o per il dominio del problema della tua applicazione, e i tipi di errore standard forniti dal linguaggio non sono sufficienti.

Nel contesto di JavaScript, come nell'esempio fornito, puoi definire un tipo di errore personalizzato estendendo la classe **Error** integrata. Questo ti permette di creare un errore "con nome" e con un messaggio specifico. L'errore personalizzato può poi essere lanciato quando si verifica una determinata condizione.

Nell'esempio riportato, viene definito un errore personalizzato chiamato **ValidationError**. Questo errore viene lanciato dalla funzione **validateUsername** se lo username fornito non soddisfa la condizione richiesta, cioè avere una lunghezza di almeno 4 caratteri.

Questo tipo di errore personalizzato può poi essere gestito in modo specifico all'interno di un blocco try-catch. Nel blocco **catch**, il codice verifica se l'errore intercettato è un'istanza di **ValidationError**. Se lo è, viene registrato un messaggio di errore specifico nella console. In caso contrario, viene registrato un messaggio di errore generico diverso.

Definire tipi di errore personalizzati consente una gestione più dettagliata e specifica. Permette agli sviluppatori di distinguere tra diversi tipi di condizioni di errore nel proprio codice e di gestire ciascun errore in un modo appropriato a quel contesto. Questo può migliorare molto il debugging, il reporting degli errori e la robustezza complessiva di un'applicazione.

Esempio: definizione di un tipo di errore personalizzato

```javascript
class ValidationError extends Error {
    constructor(message) {
        super(message); // Call the superclass constructor with the message
        this.name = "ValidationError";
        this.date = new Date();
    }
}

function validateUsername(username) {
    if (username.length < 4) {
        throw new ValidationError("Username must be at least 4 characters long.");
    }
}

try {
    validateUsername("abc");
} catch (error) {
    if (error instanceof ValidationError) {
        console.error(`${error.name} on ${error.date}: ${error.message}`);
    } else {
        console.error('Unexpected error:', error);
    }
}
```

Questo esempio introduce una classe **ValidationError** per gestire gli errori di validazione. Fornisce un'indicazione chiara che l'errore è specificamente legato alla validazione, aggiungendo un ulteriore livello di chiarezza al processo di gestione degli errori.

Nella classe 'ValidationError', che estende la classe Error integrata di JavaScript, il metodo costruttore viene usato per creare una nuova istanza di ValidationError. Il costruttore accetta un parametro 'message' e lo passa al costruttore della superclasse (Error). Inoltre, imposta la proprietà 'name' su 'ValidationError' e la proprietà 'date' sulla data corrente.

Nella funzione 'validateUsername', lo username in input viene valutato. Se la lunghezza dello username è inferiore a 4 caratteri, viene lanciato un nuovo 'ValidationError' con un messaggio di errore specifico.

Il meccanismo 'try-catch' viene usato per gestire potenziali errori lanciati dalla funzione 'validateUsername'. Se la funzione lancia un 'ValidationError' (cosa che avverrà quando lo username è più corto di 4 caratteri), l'errore viene intercettato e registrato in console con un messaggio di errore specifico. Se l'errore non è un 'ValidationError', viene considerato un errore inatteso e viene registrato come tale.

L'esempio discute anche l'uso di blocchi try-catch annidati, che possono essere utili nelle applicazioni complesse per gestire errori a diversi livelli della logica. Viene fornito un esempio in cui un'operazione di alto livello coinvolge diverse sotto-operazioni, ciascuna delle quali potrebbe fallire. Annidando i blocchi try-catch, puoi gestire gli errori al livello di ogni sotto-operazione, mantenendo al contempo una "rete di sicurezza" complessiva a livello alto.

Inoltre, viene trattata la gestione degli errori asincroni, soprattutto quando si usano Promise o async/await. Si spiega che serve un'attenzione particolare perché il blocco try termina prima che la Promise venga risolta o che la funzione async completi l'esecuzione, quindi eventuali errori che si verificano all'interno della Promise o della funzione async non verranno intercettati dal blocco catch. Viene fornito un esempio per illustrarlo.

Infine, vengono coperte le best practice per l'uso dei blocchi try-catch-finally, tra cui: ridurre al minimo il codice nei blocchi try, essere specifici sui tipi di errore nei blocchi catch e ripulire le risorse nei blocchi finally. Poi si entra nel dettaglio del lancio (throw) degli errori e della creazione di tipi di errore personalizzati, spiegando perché queste tecniche sono cruciali per una gestione efficace degli errori nelle applicazioni JavaScript.

Best Practice Quando si Generano Errori

- **Use meaningful error messages**: È importante assicurarsi che i messaggi di errore lanciati dal codice siano descrittivi e utili per identificare e correggere i problemi. Devono includere abbastanza dettagli perché chi li legge possa comprendere pienamente il contesto in cui si è verificato l'errore.
- **Consider error types**: Usa sempre tipi di errore specifici quando è opportuno. Questo può aiutare molto le strategie di gestione degli errori, perché diventa più facile implementare risposte diverse per errori di natura diversa. Inoltre, può snellire il processo di debugging e aiutare a prevenire ulteriori problemi.
- **Throw early**: È fondamentale lanciare gli errori il prima possibile, idealmente nel momento stesso in cui viene rilevato qualcosa di sbagliato. Questo aiuta a evitare l'esecuzione successiva di operazioni potenzialmente compromesse, riducendo al minimo il rischio che si sviluppino problemi più gravi in seguito.
- **Document thrown errors**: Assicurati di documentare gli errori che le tue funzioni possono lanciare nella documentazione o nei commenti della funzione. Questo è

particolarmente importante per API e librerie pubbliche, perché consente a chi usa il codice di capire quali problemi potrebbero verificarsi e come gestirli.

Lanciare e gestire gli errori in modo efficace sono competenze fondamentali nella programmazione JavaScript. Usando l'istruzione **throw** in modo responsabile e definendo tipi di errore personalizzati, puoi migliorare notevolmente la robustezza e l'usabilità delle tue applicazioni. Comprendere questi concetti ti aiuta a prevenire stati errati, guidare l'esecuzione dell'applicazione e fornire feedback significativi a utenti e altri sviluppatori, contribuendo alla stabilità e all'affidabilità complessive dell'applicazione.

8.2.3 Contextual Error Information

Quando lanci errori, includere informazioni contestuali può aiutare significativamente nel debugging e nella risoluzione dei problemi. Questo significa non solo indicare cosa è andato storto, ma anche dove e perché, cosa che può essere cruciale per identificare e correggere rapidamente i problemi.

Nel contesto della programmazione, un messaggio di errore in genere include una descrizione del problema. Tuttavia, avere solo questa descrizione potrebbe non essere sufficiente per diagnosticare e risolvere il problema. Per questo, è importante fornire contesto aggiuntivo sullo stato del sistema o dell'applicazione nel momento in cui si è verificato l'errore.

Per esempio, se si verifica un errore durante l'elaborazione di un pagamento in un negozio online, il messaggio potrebbe indicare che il pagamento è fallito. Ma per identificare la causa, sarebbero utili ulteriori informazioni, come i dettagli dell'account, il metodo di pagamento usato, l'ora in cui si è verificato l'errore e gli eventuali codici di errore restituiti dal gateway di pagamento.

Includere informazioni contestuali nei messaggi di errore può facilitare molto il debugging e la risoluzione degli errori. Queste informazioni possono poi essere usate per migliorare la robustezza dell'applicazione e prevenire che errori simili si ripetano in futuro.

Ad esempio, se certi errori si verificano sempre con specifici metodi di pagamento, il codice relativo a quei metodi può essere revisionato e migliorato. Oppure, se certi errori avvengono sempre in momenti particolari, questo potrebbe indicare un problema di carico del server, portando a miglioramenti di capacità o prestazioni.

In conclusione, le informazioni contestuali sugli errori sono una parte cruciale della gestione e della risoluzione dei problemi nello sviluppo software: aiutano chi sviluppa a diagnosticare le issue, migliorano la robustezza dell'applicazione e contribuiscono a una migliore esperienza utente.

Example: Including Context in Errors

```javascript
function processPayment(amount, account) {
    if (amount <= 0) {
        throw new Error(`Invalid amount: ${amount}. Amount must be greater than
zero.`);
    }
    if (!account.isActive) {
        throw new Error(`Account ${account.id} is inactive. Cannot process payment.`);
    }
    // Process the payment
}

try {
    processPayment(0, { id: 123, isActive: true });
} catch (error) {
    console.error(`Payment processing error: ${error.message}`);
}
```

Questo frammento di codice include dettagli specifici nei messaggi di errore, come l'importo che ha causato il fallimento e lo stato dell'account, che possono essere estremamente utili durante la risoluzione dei problemi.

Presenta una funzione chiamata **processPayment**, progettata per elaborare pagamenti. La funzione accetta due parametri: **amount**, che indica l'importo da pagare, e **account**, che rappresenta l'account da cui verrà effettuato il pagamento.

All'interno della funzione **processPayment** sono presenti due istruzioni condizionali che verificano determinate condizioni e lanciano errori se tali condizioni non vengono rispettate.

La prima istruzione **if** controlla se **amount** è minore o uguale a zero. Si tratta di una validazione di base per assicurarsi che l'importo del pagamento sia un numero positivo. Se **amount** è minore o uguale a zero, la funzione lancia un errore con un messaggio che indica che l'importo non è valido e che deve essere maggiore di zero.

La seconda istruzione **if** verifica se l'account è attivo controllando l'attributo **isActive** dell'oggetto **account**. Se l'account non è attivo, la funzione lancia un errore indicando che l'account è inattivo e che non è possibile elaborare il pagamento.

Questi messaggi di errore sono utili perché forniscono informazioni contestuali su cosa è andato storto, il che può aiutare nel debugging e nella risoluzione degli errori.

Dopo la definizione della funzione **processPayment**, viene usato un blocco **try-catch** per testare la funzione. Il meccanismo **try-catch** in JavaScript serve a gestire le eccezioni (errori) che vengono lanciate durante l'esecuzione del codice all'interno del blocco **try**.

In questo caso, la funzione **processPayment** viene chiamata dentro il blocco **try** con un importo pari a 0 e un account attivo. Poiché l'importo è 0, verrà attivato l'errore nella prima istruzione **if** della funzione **processPayment**.

Quando questo errore viene lanciato, l'esecuzione del blocco **try** si interrompe e il controllo passa al blocco **catch**. Il blocco **catch** intercetta l'errore ed esegue il proprio codice, che in questo caso consiste nel registrare il messaggio di errore nella console.

Questo è un pattern comune in JavaScript per gestire errori ed eccezioni in modo "graduale", evitando che mandino in crash l'intero programma e consentendo di mostrare o registrare messaggi di errore più informativi.

8.2.4 Concatenazione degli errori

La concatenazione degli errori (error chaining) è un concetto di programmazione che si presenta nelle applicazioni complesse, dove gli errori spesso derivano da altri errori. In queste situazioni, JavaScript permette di concatenare gli errori includendo l'errore originale come parte di un nuovo errore. Questo crea una "traccia" di ciò che è andato storto a ogni passaggio, consentendo agli sviluppatori di seguire la progressione degli errori lungo la catena.

Questo metodo di gestione degli errori è particolarmente utile quando errori di basso livello devono essere trasformati in errori di livello più alto e più significativi per il codice chiamante. Aiuta a mantenere le informazioni dell'errore originale, che possono essere cruciali per il debugging, e fornisce anche contesto aggiuntivo sull'operazione di livello superiore che è fallita.

Per esempio, considera un caso in cui un'operazione di database di basso livello fallisce. Questo errore di basso livello può essere intercettato e "incapsulato" in un nuovo errore di livello più alto, come **DatabaseError**. Il nuovo errore include l'errore originale come causa, preservando l'informazione dell'errore iniziale e aggiungendo contesto sull'operazione di livello più alto che è fallita.

Ecco un esempio di codice che illustra questo concetto:

```javascript
class DatabaseError extends Error {
    constructor(message, cause) {
        super(message);
        this.name = 'DatabaseError';
```

```javascript
        this.cause = cause;
    }
}

function updateDatabase(entry) {
    try {
        // Simulate a database operation that fails
        throw new Error('Low-level database error');
    } catch (err) {
        throw new DatabaseError('Failed to update database', err);
    }
}

try {
    updateDatabase({ data: 'some data' });
} catch (error) {
    console.error(`${error.name}: ${error.message}`);
    if (error.cause) {
        console.error(`Caused by: ${error.cause.message}`);
    }
}
```

In questo esempio, un **DatabaseError** avvolge un errore di livello inferiore, preservando le informazioni dell'errore originale e fornendo più contesto sull'operazione di livello superiore che è fallita. Quando l'errore viene registrato, vengono mostrati sia il messaggio di errore di alto livello sia quello di basso livello, offrendo un quadro chiaro di ciò che è andato storto in ogni passaggio.

All'inizio viene definita una classe di errore personalizzata chiamata 'DatabaseError'. Questa classe estende la classe 'Error' integrata in JavaScript, formando una sottoclasse che eredita tutte le proprietà e i metodi della classe 'Error' ma aggiunge anche alcuni elementi personalizzati. Nella classe 'DatabaseError' viene definita una funzione costruttore che accetta due parametri: 'message' e 'cause'. Il parametro 'message' viene passato al costruttore della superclasse (Error) usando la parola chiave 'super', mentre 'cause' viene salvato in una proprietà con lo stesso nome. Anche la proprietà 'name' viene impostata su 'DatabaseError' per indicare il tipo di errore.

La funzione 'updateDatabase' è il punto in cui avviene un'operazione di database simulata. Questa operazione è progettata per fallire e quindi lancia un errore, come indicato dall'istruzione 'throw'. Il messaggio di errore qui è 'Low-level database error', che rappresenta un errore tipico che potrebbe verificarsi a livello di database. Questo errore viene intercettato immediatamente nel blocco 'catch' che segue il blocco 'try'.

Nel blocco 'catch', l'errore intercettato (indicato con 'err') viene avvolto in un 'DatabaseError' e rilanciato. Questo è un esempio di concatenazione degli errori (error chaining), in cui un errore di basso livello viene catturato e avvolto in un errore di livello superiore. L'errore originale viene passato come causa del 'DatabaseError', preservando le informazioni dell'errore originale e fornendo al contempo contesto aggiuntivo sull'operazione che è fallita (in questo caso, l'aggiornamento del database).

Successivamente, la funzione 'updateDatabase' viene invocata all'interno di un blocco 'try'. Ci si aspetta che questa chiamata generi un 'DatabaseError' a causa del fallimento simulato del database. Questo errore viene quindi intercettato nel blocco 'catch'.

Nel blocco 'catch', il messaggio di errore viene registrato in console. Se è presente una causa aggiuntiva (cosa che accade qui, perché il 'DatabaseError' include una 'cause'), viene registrato anche il messaggio dell'errore causa, preceduto dal testo 'Caused by: '.

In questo modo, vengono mostrati sia il messaggio di errore di alto livello ('Failed to update database') sia quello di basso livello ('Low-level database error'), fornendo una panoramica chiara di ciò che è andato storto in ogni passaggio.

Questo concetto di creazione e uso di tipi di errore personalizzati è uno strumento potente nella gestione degli errori. Consente un reporting degli errori più sfumato e dettagliato, rendendo più semplice ed efficiente il debugging e la risoluzione dei problemi. La pratica della concatenazione degli errori mostrata qui è particolarmente utile nelle applicazioni complesse, dove gli errori di basso livello devono essere trasformati in errori di livello superiore più significativi.

8.2.5 Lancio condizionale degli errori

A volte, la decisione di lanciare o meno un errore può dipendere da più condizioni o dallo stato dell'applicazione. Gestire strategicamente queste condizioni può prevenire lanci di errori non necessari e rendere la logica dell'applicazione più chiara e prevedibile.

In molti linguaggi di programmazione, puoi creare un insieme di condizioni che, quando vengono soddisfatte, porteranno il sistema a lanciare un errore. Queste condizioni possono essere qualsiasi cosa definita da chi programma: per esempio, quando una funzione riceve un argomento fuori da un intervallo accettabile, quando una risorsa necessaria (come una connessione di rete o un file) non è disponibile, oppure quando un'operazione produce un risultato diverso da quello atteso.

Lo scopo di lanciare questi errori è impedire che il programma continui in uno stato errato e avvisare chi sviluppa o chi usa il software di problemi che il programma non può gestire o da cui non può recuperare.

Per esempio, considera una funzione che dovrebbe leggere dati da un file ed eseguire alcune operazioni su di essi. Se il file non esiste o non è accessibile per qualche motivo, la funzione non può svolgere il proprio compito. In questi casi, invece di continuare l'esecuzione e magari produrre risultati errati, la funzione può lanciare un errore indicando che il file richiesto non è disponibile.

Una volta lanciato un errore, l'esecuzione normale del programma viene interrotta e il controllo passa a una routine speciale di gestione degli errori, che può essere progettata per gestire l'errore in modo controllato e intraprendere azioni appropriate, come registrare l'errore, notificare l'utente o chi sviluppa, oppure tentare un'operazione di ripristino.

Il lancio condizionale degli errori è uno strumento potente per gestire situazioni inattese nelle applicazioni software. Lanciando errori in presenza di condizioni specifiche, chi sviluppa può assicurarsi che le applicazioni si comportino in modo prevedibile in caso di errore, rendendole più robuste e affidabili.

Esempio: Lancio condizionale degli errori

```javascript
function loadData(data) {
    if (!data) {
        throw new Error('No data provided.');
    }

    if (data.isLoaded && !data.isDirty) {
        console.log('Data is already loaded and not dirty.');
        return;   // No need to throw an error if the data is already loaded and not
dirty
    }

    // Assume data needs reloading
    console.log('Reloading data...');
}

try {
    loadData(null);
} catch (error) {
    console.error(`Error loading data: ${error.message}`);
}
```

Questo esempio mostra come le condizioni legate allo stato dei dati influenzino la decisione di lanciare o meno un errore, promuovendo una gestione dei dati efficiente e priva di errori.

All'interno della funzione **loadData**, la prima operazione è un controllo condizionale per verificare se l'argomento **data** esiste. Se l'argomento **data** non viene fornito oppure è **null**, la funzione lancia un errore con il messaggio 'No data provided.'. Questo è un esempio di gestione degli errori in stile "fail-fast", in cui la funzione interrompe immediatamente l'esecuzione quando incontra una condizione di errore.

La funzione controlla quindi due proprietà dell'argomento **data**: **isLoaded** e **isDirty**. Se i dati sono già caricati (**data.isLoaded** è **true**) e non sono "sporchi" (**data.isDirty** è **false**), la funzione si limita a registrare il messaggio 'Data is already loaded and not dirty.' ed esce. In questo caso, la funzione considera che non sia necessario procedere con il caricamento, perché i dati sono già presenti e non sono cambiati da quando sono stati caricati.

Se nessuna delle condizioni precedenti è soddisfatta, la funzione assume che i dati debbano essere ricaricati. Quindi registra il messaggio 'Reloading data...'.

La funzione **loadData** viene poi chiamata all'interno di un blocco **try**, passando **null** come argomento. Poiché **null** non è un argomento valido per **loadData** (dato che la funzione si aspetta un oggetto con le proprietà **isLoaded** e **isDirty**), ciò porta al lancio di un errore con il messaggio 'No data provided.'.

Il blocco **try** è abbinato a un blocco **catch**, progettato per gestire eventuali errori lanciati nel **try**. Quando **loadData** lancia un errore, il **catch** lo intercetta ed esegue il proprio codice. In questo caso, registra in console un messaggio di errore che include il messaggio dell'errore catturato.

Questo codice dimostra quindi un pattern comune in JavaScript per lavorare con errori potenziali: lanciare errori quando una funzione non può procedere correttamente e intercettarli per gestirli in modo appropriato, evitando che mandino in crash l'intero programma.

Best practice per il lancio degli errori

- **Coerenza**: È fondamentale mantenere coerenza nel *modo* e nei *momenti* in cui lanci errori all'interno dell'applicazione. Così facendo, crei un ambiente prevedibile, che rende il codice più semplice da comprendere e mantenere sia per te sia per altri sviluppatori.
- **Documentazione**: Nella documentazione dell'API, assicurati di descrivere i tipi di errore che le tue funzioni possono lanciare. Questo livello di trasparenza aiuta altri sviluppatori a prevedere e gestire le possibili eccezioni, riducendo la probabilità di problemi inattesi.
- **Test**: Non dimenticare di includere test specifici per la logica di gestione degli errori. È importante ricordare che garantire il comportamento corretto dell'applicazione in condizioni di errore è tanto vitale quanto il suo funzionamento normale. Test solidi in

una varietà di condizioni aiutano a evitare che errori imprevisti compromettano le prestazioni dell'applicazione.

Gestire e lanciare correttamente gli errori è essenziale per costruire software resiliente. Integrando tecniche avanzate come informazioni contestuali, concatenazione degli errori e lancio condizionale, insieme all'adesione alle best practice, puoi migliorare la stabilità dell'applicazione e offrire un'esperienza migliore sia a chi usa il prodotto sia a chi lo sviluppa.

8.3 Test unitari e test di integrazione

Nel processo complesso e articolato dello sviluppo software, un aspetto resta centrale per creare software robusto, affidabile e manutenibile: il testing rigoroso. Approfondendo questa parte fondamentale del ciclo di vita del software, troviamo due metodi di test particolarmente importanti: i test unitari e i test di integrazione.

I test unitari, come suggerisce il nome, si concentrano sul test di singoli componenti o "unità" del software, per verificare che si comportino come previsto in diverse condizioni. I test di integrazione, invece, adottano una prospettiva più ampia: valutano come queste unità interagiscono e lavorano insieme come un tutto coerente, garantendo un funzionamento fluido.

Queste metodologie, se comprese e applicate correttamente, costituiscono la spina dorsale di uno sviluppo efficiente ed efficace. Servono a un duplice scopo: da un lato riducono in modo significativo la probabilità che bug o errori "sfuggano" e arrivino al prodotto finale; dall'altro facilitano la manutenzione, rendendo più semplice individuare e correggere i problemi all'interno del sistema.

Promuovendo una cultura di test approfonditi, gli sviluppatori possono non solo aumentare la qualità del software, ma anche migliorarne affidabilità e longevità, con un impatto positivo sulla soddisfazione delle persone che lo utilizzano.

8.3.1 Test unitari

Il test unitario è una parte cruciale del software testing in cui vengono testati singoli componenti o unità del software. Lo scopo principale è verificare che ogni unità si comporti come previsto e come progettato, in una varietà di condizioni. Un'unità può essere una singola funzione, un metodo, un modulo o un oggetto in un linguaggio di programmazione.

Nei test unitari, le unità vengono testate in isolamento rispetto al resto del sistema, per assicurarsi che il test copra esclusivamente la funzionalità dell'unità stessa. Questa focalizzazione su una singola unità aiuta a identificare e risolvere i bug in fase iniziale del ciclo di sviluppo, rendendola una pratica chiave nello sviluppo software.

I test unitari sono caratterizzati da automazione e ripetibilità. Spesso vengono automatizzati per essere eseguiti a ogni build o tramite un sistema di continuous integration, così da assicurare che tutti i test vengano eseguiti. Questa automazione è cruciale per identificare e risolvere rapidamente problemi e bug. Inoltre, i test unitari possono essere eseguiti più volte nelle stesse condizioni e dovrebbero produrre sempre gli stessi risultati, garantendo coerenza e affidabilità dell'unità software.

Per esempio, in JavaScript, un semplice test unitario può essere scritto per una funzione **add** usando un framework di testing come Jest o Mocha. Il test verificherebbe che la funzione **add** sommi correttamente due numeri.

Il test unitario è una componente fondamentale del processo di sviluppo software e contribuisce in modo significativo alla creazione di software robusto, affidabile e di alta qualità.

Caratteristiche del test unitario:

- **Isolamento**: In questa procedura di test, le singole unità del sistema vengono esaminate in isolamento dal resto del sistema integrato. Questo serve a garantire che il test sia focalizzato esclusivamente sulla funzionalità dell'unità. Questo approccio permette di identificare con maggiore precisione eventuali errori o problemi all'interno di ciascuna unità.
- **Automazione**: Il processo di testing è automatizzato: i test sono programmati per essere eseguiti automaticamente a ogni nuova build. Questo può essere facilitato anche da un sistema di continuous integration. L'obiettivo è assicurare che tutti i test vengano eseguiti senza eccezioni, riducendo la possibilità di errore umano e aumentando l'efficienza complessiva del testing.
- **Ripetibilità**: Una caratteristica chiave di questi test è la ripetibilità. Possono essere eseguiti più volte nelle stesse condizioni. Questo è cruciale perché garantisce che i test producano gli stessi risultati ogni volta che vengono eseguiti. Tale ripetibilità consente di monitorare in modo costante e individuare eventuali problemi o bug nel sistema.

Esempio: test unitario di una funzione semplice

```javascript
function add(a, b) {
    return a + b;
}

describe('add function', () => {
```

```javascript
    it('adds two numbers correctly', () => {
        expect(add(2, 3)).toBe(5);
    });
});
```

In questo esempio, viene scritto un semplice test unitario per una funzione **add** utilizzando un framework di testing JavaScript (come Jest o Mocha). Il test verifica che la funzione **add** sommi correttamente due numeri.

La prima parte del codice definisce una funzione chiamata 'add'. Lo scopo di questa funzione è eseguire una semplice operazione aritmetica: l'addizione di due numeri. La funzione riceve due argomenti, 'a' e 'b', e restituisce il risultato della loro somma. L'istruzione **return** serve a specificare il valore che la funzione deve restituire. In questo caso, restituisce la somma di 'a' e 'b'.

Dopo la definizione della funzione, troviamo una suite di test per la funzione 'add'. Il testing è un aspetto cruciale dello sviluppo software perché assicura che il codice si comporti come previsto. Il framework di testing utilizzato non è indicato esplicitamente, ma la sintassi è simile a quella di librerie JavaScript molto diffuse come Jest o Mocha.

La funzione **describe** viene usata per raggruppare test correlati all'interno di una suite di test. Qui raggruppa i test della funzione 'add'. Accetta due argomenti: una stringa e una funzione di callback. La stringa 'add function' descrive la suite di test e può essere utile durante la lettura dei risultati. La callback contiene i test veri e propri.

All'interno del blocco **describe**, troviamo la funzione **it**, che definisce un singolo test. Anche **it** accetta una stringa e una funzione di callback come argomenti. La stringa 'adds two numbers correctly' descrive cosa dovrebbe fare il test. La callback contiene la logica del test.

In questo test, la funzione **expect** viene utilizzata per fare un'asserzione sul valore restituito da **add** quando viene chiamata con gli argomenti 2 e 3. La funzione **toBe** viene chiamata sul risultato di **expect** per affermare che il valore restituito deve essere identico a 5.

Se **add(2, 3)** restituisce effettivamente 5, il test passerà. Se restituisce un valore diverso, il test fallirà, indicando che c'è un problema nella funzione 'add' che deve essere corretto.

Questo pezzo di codice è una dimostrazione semplice ma chiara di definizione di funzioni e testing in JavaScript, mostrando come le funzioni possano essere testate per assicurarsi che funzionino correttamente in diversi scenari.

8.3.2 Integration Testing

Mentre i test unitari coprono i singoli componenti, l'integration testing si concentra sui punti di interazione tra quei componenti per assicurarsi che, combinati tra loro, producano i risultati desiderati. Questo tipo di test è fondamentale per individuare problemi che emergono quando moduli indipendenti vengono integrati.

Questo tipo di testing è particolarmente importante quando più componenti, che potrebbero essere stati sviluppati in modo indipendente, vengono combinati per creare un sistema più ampio. Consente di scoprire problemi legati alla comunicazione dei dati tra moduli, alle chiamate di funzione o alle informazioni condivise tramite stato condiviso o altre risorse.

Per esempio, considera uno scenario in cui una funzione dovrebbe passare i propri risultati a un'altra funzione per un'ulteriore elaborazione. Ogni funzione potrebbe funzionare perfettamente se testata indipendentemente (unit testing), ma potrebbero emergere problemi quando vengono combinate, per motivi come formati dei dati non corrispondenti, assunzioni errate sull'ordine di esecuzione o altre discrepanze. L'integration testing è progettato per intercettare questo tipo di problemi.

Inoltre, l'integration testing può aiutare a verificare requisiti di funzionalità, prestazioni e affidabilità a livello di sistema. Può essere condotto in modalità top-down, bottom-up o "sandwich".

- L'approccio top-down testa prima i componenti di alto livello, utilizzando stub per i componenti di livello inferiore che non sono ancora stati integrati.
- L'approccio bottom-up testa prima i componenti di basso livello, utilizzando driver per i componenti di alto livello che non sono ancora stati integrati.
- L'approccio "sandwich" è una combinazione degli approcci top-down e bottom-up.

L'integration testing viene in genere svolto da un team di test. Si esegue dopo i test unitari e prima dei test di sistema. Il suo obiettivo principale è assicurarsi che i componenti integrati funzionino come previsto e che eventuali errori dovuti alle interazioni tra moduli vengano individuati e corretti prima che il sistema entri nelle fasi finali di test o, peggio, venga consegnato alla persona che lo utilizzerà.

Caratteristiche dell'Integration Testing:

- **Combinazione di moduli**: questo processo mira a testare l'integrazione di due o più unità. L'obiettivo principale è assicurarsi che il loro funzionamento combinato e la loro interazione portino al risultato atteso. È un passaggio essenziale per mantenere la funzionalità e l'affidabilità del sistema nel suo complesso.

- **Flusso dei dati e flusso di controllo**: prevede un esame approfondito sia del flusso dei dati tra i moduli sia della logica di controllo che integra i moduli in modo coerente. Assicurando un corretto flusso dei dati e una logica di controllo adeguata, è possibile ottenere un funzionamento più efficiente e privo di errori.

Esempio: Test di integrazione per un'applicazione web

```javascript
// Assuming an application with a user module and a database module
function getUser(id) {
    return database.findUserById(id);   // This function interacts with the database
module
}

describe('getUser integration', () => {
    it('retrieves a user correctly from the database', () => {
        // Mock the database.findUserById to return a specific user
        const mockId = 1;
        const mockUser = { id: mockId, name: 'John Doe' };
        jest.spyOn(database, 'findUserById').mockReturnValue(mockUser);

        const user = getUser(mockId);
        expect(user).toEqual(mockUser);
        expect(database.findUserById).toHaveBeenCalledWith(mockId);
    });
});
```

Questo esempio dimostra un test di integrazione per una funzione che recupera i dati utente da un database. La funzione **database.findUserById** viene mockata per garantire che il test si concentri sui punti di integrazione senza dipendere dall'implementazione reale del database.

La funzione **getUser(id)** comunica con un ipotetico modulo database del sistema, chiamando in particolare la funzione **database.findUserById(id)**. Questa funzione interagisce con il database per recuperare un record utente associato all'**id** fornito.

Il test di integrazione è costruito all'interno di un blocco **describe**, un costrutto di testing di Jest che raggruppa test correlati. In questo caso, raggruppa i test relativi a 'getUser integration'. All'interno del blocco **describe** è presente un singolo test definito dalla funzione **it**, un altro costrutto di Jest che specifica un singolo caso di test. Questo caso di test è intitolato 'retrieves a user correctly from the database'.

Per testare la funzione **getUser** in isolamento senza effettuare chiamate reali al database, la funzione **database.findUserById** viene mockata usando **jest.spyOn(database, 'findUserById').mockReturnValue(mockUser);**. Questa riga sostituisce la funzione reale con una funzione mock che, quando viene chiamata, restituisce sempre un oggetto utente predefinito, **mockUser**. Questa tecnica è nota come mocking ed è uno strumento potente nel testing perché consente di controllare il comportamento e l'output di una funzione durante un test.

L'oggetto utente mock è definito come **const mockUser = { id: mockId, name: 'John Doe' };**, e rappresenta un utente con ID 1 di nome 'John Doe'. È l'oggetto utente che viene restituito quando **database.findUserById** viene chiamata durante il test.

Il test vero e proprio avviene nelle ultime due righe del blocco **it**. La funzione **getUser** viene chiamata con **mockId** come argomento e l'utente restituito viene confrontato con **mockUser**. Se **getUser** funziona correttamente, dovrebbe restituire un oggetto utente identico a **mockUser**. Questo viene verificato usando la funzione **expect** di Jest insieme al matcher **toEqual**.

L'ultima riga verifica se la funzione **database.findUserById** è stata chiamata con **mockId** come argomento. Questo aiuta a verificare che **getUser** stia effettuando la chiamata corretta alla funzione del database con l'argomento corretto.

Questo test assicura che la funzione **getUser** si integri correttamente con **database.findUserById** per recuperare i dati utente dal database. Dimostra l'uso del mocking per isolare la funzione testata e controllare il comportamento delle dipendenze durante un test.

8.3.3 Best practice per il testing

- **Manutenibilità**: è importante scrivere test che non siano solo facili da mantenere, ma anche facili da capire. Man mano che la base di codice evolve e subisce cambiamenti, i test dovrebbero essere semplici da aggiornare. Questo assicura che restino pertinenti ed efficaci, fornendo i controlli necessari mentre il codice matura.
- **Copertura**: anche se è utile puntare a un'alta copertura dei test, è essenziale dare priorità ai percorsi critici. Non tutto il codice richiede lo stesso livello di attenzione o test estesi. Concentrati invece sulle aree cruciali per la funzionalità dell'applicazione o che presentano un rischio maggiore di causare problemi significativi.
- **Integrazione continua**: integrare i test nella pipeline di continuous integration (CI) è un passaggio chiave per individuare potenziali problemi in modo precoce e frequente. Questo ti consente di intervenire rapidamente, mantenendo costante la qualità del codice e riducendo il rischio che i problemi si trascinino fino alle fasi finali dello sviluppo.

I test unitari e i test di integrazione sono fondamentali per sviluppare software di alta qualità. Assicurando che le singole unità funzionino correttamente e che si integrino in modo adeguato, gli sviluppatori possono costruire sistemi più affidabili e manutenibili. Applicare queste pratiche di testing in modo efficace non solo aiuta a individuare gli errori in anticipo, ma supporta anche decisioni di progettazione migliori, portando in definitiva a soluzioni software più robuste.

8.4 Strumenti e librerie per il testing (Jest, Mocha)

Nel complesso e in continua evoluzione mondo dello sviluppo software, la scelta di strumenti e librerie adatti specificamente al testing può avere un impatto profondo su efficienza, efficacia e, più in generale, sulla facilità con cui vengono condotte le attività di verifica. La scelta del framework può snellire il processo oppure introdurre complessità non necessarie, rendendo questo un fattore importante da considerare per qualunque progetto.

Questa sezione del documento è dedicata a illustrare due dei framework di testing JavaScript più diffusi e apprezzati nello scenario moderno dello sviluppo web: Jest e Mocha.

Ciascuno di questi strumenti offre un insieme specifico di funzionalità, caratteristiche ed ecosistemi che, nel complesso, li rende adatti a una varietà di scenari di test all'interno del contesto più ampio dello sviluppo web. Pur condividendo alcuni elementi in comune, le differenze tra Jest e Mocha possono fare sì che uno risulti più adatto dell'altro in base a requisiti e condizioni specifiche del progetto.

Comprendere le peculiarità di questi strumenti, i loro punti di forza e le loro potenziali debolezze, oltre a come utilizzarli nel modo più efficace, è fondamentale per qualunque sviluppatore o team che voglia implementare una strategia di testing solida, completa e affidabile. Questa comprensione può ottimizzare il flusso di lavoro, assicurare la qualità del codice e contribuire al successo complessivo di un progetto di sviluppo software.

8.4.1 Jest

Jest, sviluppato da Facebook, è un framework di testing JavaScript piacevole da usare, con un focus su semplicità e supporto per grandi applicazioni web. È spesso apprezzato per la configurazione "zero-config", che permette di iniziare a scrivere test con una configurazione minima.

Jest è un framework di testing JavaScript popolare, robusto e ricco di funzionalità sviluppato da Facebook. È dotato di un set esteso di caratteristiche che lo rendono una scelta di riferimento per testare codice JavaScript, inclusa la sintassi ES6, ed è particolarmente usato nelle community React e React Native.

Tra le caratteristiche principali di Jest c'è la configurazione "zero-config", che consente di utilizzarlo subito dopo l'installazione senza richiedere setup iniziali. Questo lo rende molto adatto anche a chi inizia, e riduce il boilerplate tipicamente associato alla preparazione di un ambiente di testing.

Jest offre anche una libreria di mocking potente e flessibile. Permette di sostituire funzionalità JavaScript con dati o funzioni mock, isolando il codice sotto test e garantendo che i test vengano eseguiti in modo prevedibile. La libreria di mocking può gestire il mocking di funzioni, mock manuali e timer mock, utili quando si testano porzioni di codice che dipendono dai timer integrati di JavaScript come **setTimeout** o **setInterval**.

Un'altra funzionalità importante è lo snapshot testing. I test snapshot confrontano l'output del codice (lo "snapshot") con una versione salvata. Se l'output cambia, il test fallisce. Questo è particolarmente utile quando si testano componenti React, perché aiuta a garantire che l'interfaccia utente non cambi in modo inatteso.

Jest esegue anche i test in parallelo, distribuendo il carico di lavoro sulle CPU disponibili. Questo può migliorare significativamente la velocità di suite di test grandi e fornire feedback più rapido, soprattutto in ambienti di continuous integration (CI).

Un'ulteriore caratteristica rilevante è il supporto ai test asincroni. Le operazioni asincrone sono comuni in JavaScript, e gestirle correttamente nei test può essere complesso. Jest mette a disposizione diversi metodi per affrontare questo aspetto, rendendo più semplice testare codice asincrono.

In sintesi, Jest è una soluzione completa per il testing di applicazioni JavaScript. L'ampiezza delle funzionalità, la facilità d'uso e le capacità avanzate lo rendono un'ottima scelta per qualunque progetto JavaScript o React. Che tu sia all'inizio nel testing o abbia già esperienza, Jest offre strumenti e funzionalità che possono snellire il processo e aiutarti a creare codice robusto e privo di errori.

Caratteristiche principali di Jest:

- **Configurazione zero**: Jest si distingue perché funziona in modo fluido con una configurazione minima, fin da subito. Questa caratteristica è particolarmente evidente e utile nei progetti creati con Create React App, perché elimina la necessità di configurazioni lunghe e dispendiose.
- **Mock e spy integrati**: Jest include un set completo di strumenti per creare mock di funzioni, moduli e timer. Questo semplifica i test dei moduli in isolamento, fa risparmiare tempo a chi sviluppa e migliora l'efficienza e l'affidabilità dei test.

- **Snapshot testing**: Jest supporta lo snapshot testing, una funzionalità importante nello sviluppo moderno. I test snapshot sono particolarmente utili per assicurarsi che l'interfaccia utente non cambi in modo inatteso, migliorando stabilità e prevedibilità dell'applicazione.
- **Esecuzione dei test in parallelo**: Jest esegue automaticamente i test in parallelo, sfruttando più CPU. Questa funzionalità aumenta drasticamente la velocità della suite di test, permettendo iterazioni più rapide e cicli di sviluppo più produttivi.

Esempio: un test semplice con Jest

```
// sum.test.js
function sum(a, b) {
    return a + b;
}

test('adds 1 + 2 to equal 3', () => {
    expect(sum(1, 2)).toBe(3);
});
```

Per eseguire questo test con Jest, ti basta installare Jest (**npm install --save-dev jest**) e aggiungere uno script al tuo **package.json**: **"test": "jest"**

Nella definizione della funzione abbiamo **function sum(a, b)**, dove **sum** è il nome della funzione e **a** e **b** sono i parametri. Questi parametri rappresentano i due numeri che andremo a sommare.

Il corpo della funzione contiene l'istruzione **return a + b;**. Questa è l'operazione che la funzione esegue: sommare tra loro i parametri **a** e **b**. La parola chiave **return** specifica il risultato prodotto dalla funzione, che in questo caso è la somma di **a** e **b**.

Sotto la definizione della funzione, c'è un test Jest definito usando la funzione **test**. La funzione **test** serve a definire un test in Jest. Accetta due argomenti: una stringa e una funzione di callback. La stringa descrive ciò che il test deve fare. In questo caso, la descrizione è 'adds 1 + 2 to equal 3'.

L'argomento callback contiene la logica del test. All'interno di questa funzione troviamo una chiamata a **expect**, cioè **expect(sum(1, 2))**. La funzione **expect** viene usata in Jest per verificare dei valori. Accetta come argomento il valore effettivo prodotto dal tuo codice: in questo caso, il valore restituito dalla chiamata **sum(1, 2)**.

Alla chiamata **expect** segue un metodo matcher **.toBe(3);**. I matcher in Jest vengono usati per affermare come i valori attesi e quelli reali devono confrontarsi. Il metodo **.toBe** controlla se il valore effettivo è uguale a quello atteso. Qui verifica che il risultato di **sum(1, 2)** sia 3.

In sintesi, questo esempio è una dimostrazione semplice ma chiara della definizione di una funzione e del testing in JavaScript. Definisce una funzione per sommare due numeri e poi scrive un test per verificare che la funzione funzioni correttamente.

8.4.2 Mocha

Mocha è un potente framework di test JavaScript che funziona sia su Node.js sia nel browser, rendendolo uno strumento versatile per testare in ambienti diversi. Semplifica il testing asincrono, rendendolo diretto e piacevole per chi sviluppa.

Mocha esegue i test in modo seriale, il che consente report flessibili e accurati. Questa caratteristica è particolarmente utile durante il debugging, perché associa le eccezioni non gestite ai casi di test corretti, rendendo più semplice individuare l'origine di un errore.

Tra le funzionalità principali di Mocha ci sono report flessibili e accurati, un'interfaccia ricca che supporta diversi stili di testing come Behavior-Driven Development (BDD) e Test-Driven Development (TDD), e la compatibilità con il testing JavaScript sia lato client sia lato server.

Inoltre, Mocha è altamente personalizzabile. Offre un'ampia varietà di plugin, inclusi reporter per diversi formati di output, integrazioni con librerie di asserzioni per test più leggibili e utilità di mocking per isolare il codice sotto test. Questo rende Mocha una scelta ideale per chi ha bisogno di un framework di testing flessibile e ricco di funzionalità.

Caratteristiche principali di Mocha:

- **Flessibile e accurato**: il framework esegue i test in modo seriale, offrendo il vantaggio di report dettagliati. Questo consente un tracciamento degli errori più preciso e un debugging più semplice, migliorando il processo di sviluppo nel suo complesso.
- **Interfaccia ricca**: supporta vari stili di testing, inclusi (ma non solo) Behavior-Driven Development (BDD) e Test-Driven Development (TDD). Questo ampio supporto copre metodologie di sviluppo diverse e requisiti di progetto differenti.
- **Supporto per browser e Node.js**: è uno strumento versatile che può essere utilizzato per testare JavaScript sia lato client sia lato server. L'ampio raggio d'azione garantisce test completi e risultati coerenti, indipendentemente dall'ambiente.
- **Personalizzabile**: è altamente personalizzabile e offre un'ampia varietà di plugin. Questi includono reporter che forniscono informazioni dettagliate sui risultati dei test,

framework per un testing strutturato e utilità di mocking che simulano il comportamento delle funzioni. Questa adattabilità consente di creare un ambiente di test su misura in base alle esigenze del progetto.

Esempio: un semplice test Mocha con la libreria di asserzioni Chai

```javascript
// test.js
const assert = require('chai').assert;
const sum = require('./sum');

describe('Sum Function', () => {
    it('adds 1 + 2 to equal 3', () => {
        assert.equal(sum(1, 2), 3);
    });
});

// sum.js
function sum(a, b) {
    return a + b;
}
module.exports = sum;
```

Per eseguire i test con Mocha, devi installare Mocha e Chai (**npm install --save-dev mocha chai**), poi aggiungere uno script di test al tuo **package.json**: **"test": "mocha"**

Il file **sum.js** contiene una funzione chiamata **sum** che accetta due argomenti, **a** e **b**, che rappresentano due numeri. La funzione esegue una semplice operazione aritmetica di addizione tra questi due numeri e restituisce il risultato.

Il file **test.js**, invece, è dove viene definita la suite di test per la funzione **sum**. La suite è strutturata usando le funzioni **describe** e **it** di Mocha, che servono a organizzare e definire i test.

La funzione **describe** raggruppa test correlati in una suite di test. Qui viene usata per raggruppare i test della funzione **sum**. Accetta due argomenti: una stringa che descrive la suite e una funzione di callback che contiene i test.

All'interno del blocco **describe** è annidata la funzione **it** di Mocha, che viene usata per definire un singolo test. Anche questa accetta una stringa e una funzione di callback come argomenti. La stringa descrive cosa il test deve verificare; in questo caso, che la somma di 1 e 2 sia uguale a 3. La funzione di callback contiene la logica del test.

Il test vero e proprio viene eseguito usando la funzione **assert** di Chai, che serve a fare asserzioni nei test. Qui viene usata per verificare l'uguaglianza tra il risultato di **sum(1, 2)** e 3. Se la funzione **sum** funziona correttamente e restituisce 3, il test passerà. Se restituisce qualunque altro valore, il test fallirà.

L'uso di Mocha e Chai in questo codice fornisce un modo strutturato e descrittivo per definire una suite di test per una funzione, verificarne la correttezza e gestire l'esito (pass/fail) dei test.

Conclusione

Scegliere lo strumento di testing giusto è essenziale per un testing del software efficace. Jest offre una soluzione completa, "tutto-in-uno", con un focus su semplicità e performance, adatta a progetti che richiedono funzionalità pronte all'uso con una configurazione minima.

Mocha, con le sue capacità di testing flessibili e accurate, è ideale per chi ha bisogno di un framework altamente personalizzabile e compatibile sia con Node.js sia con gli ambienti browser. Comprendendo e sfruttando questi strumenti, chi sviluppa può assicurarsi che le proprie applicazioni siano robuste, manutenibili e prive di bug.

Esercizi Pratici per il Capitolo 8: Gestione degli Errori e Testing

Per rafforzare la tua comprensione della gestione degli errori e del testing in JavaScript, questa sezione fornisce esercizi pratici incentrati su questi concetti. Questi esercizi sono progettati per aiutarti ad applicare le teorie discusse nel Capitolo 8 attraverso implementazioni pratiche utilizzando framework di testing popolari e tecniche di gestione degli errori.

Esercizio 1: Gestire Eccezioni con Try, Catch, Finally

Obiettivo: Scrivi una funzione che tenti di analizzare dati JSON e utilizzi try, catch, finally per gestire eventuali errori che potrebbero verificarsi durante il parsing, registrando l'errore e assicurando che venga eseguita un'azione di cleanup.

Soluzione:

```javascript
function safeJsonParse(jsonString) {
    let parsedData = null;
    try {
        parsedData = JSON.parse(jsonString);
        console.log("Parsing successful:", parsedData);
    } catch (error) {
```

```javascript
        console.error("Failed to parse JSON:", error);
    } finally {
        console.log("Parse attempt finished.");
    }
    return parsedData;
}

// Example usage
const jsonData = '{"name": "John", "age": 30}';
const malformedJsonData = '{"name": "John", age: 30}';
safeJsonParse(jsonData);  // Should log the parsed data
safeJsonParse(malformedJsonData);  // Should log an error
```

Esercizio 2: Testing con Jest

Obiettivo: Crea un test Jest per una semplice funzione che somma due numeri. Assicurati che il test verifichi la correttezza della funzione.

Soluzione:

```javascript
// sum.js
function sum(a, b) {
    return a + b;
}
module.exports = sum;

// sum.test.js
const sum = require('./sum');

test('adds 1 + 2 to equal 3', () => {
    expect(sum(1, 2)).toBe(3);
});

// Run this test by adding `"test": "jest"` to your package.json scripts and running
`npm test` in your terminal.
```

Esercizio 3: Integration Testing con Mocha e Chai

Obiettivo: Scrivi un test di integrazione per una funzione che recupera dati utente da una API. Usa Mocha come framework di testing e Chai per le assertion. Supponi che la API restituisca un oggetto JSON.

Soluzione:

```javascript
// userFetcher.js
const fetch = require('node-fetch');

async function fetchUser(userId) {
    const                    response                  =                await
fetch(`https://jsonplaceholder.typicode.com/users/${userId}`);
    return response.json();
}
module.exports = fetchUser;

// userFetcher.test.js
const fetchUser = require('./userFetcher');
const chai = require('chai');
const expect = chai.expect;

describe('fetchUser', function() {
    it('should fetch user data', async function() {
        const user = await fetchUser(1);
        expect(user).to.have.property('id');
        expect(user.id).to.equal(1);
    });
});

// Ensure you have Mocha and Chai installed (`npm install --save-dev mocha chai`), and
set the test script in package.json: `"test": "mocha"`
```

Questi esercizi sono progettati per consolidare la tua comprensione delle pratiche di gestione degli errori e testing trattate nel Capitolo 8. Completando questi compiti, non solo potrai esercitarti nell'implementazione di meccanismi di gestione degli errori, ma acquisirai anche esperienza pratica nella scrittura di test unitari e di integrazione utilizzando popolari framework di testing JavaScript. Questo approccio pratico ti aiuta a costruire una solida base per scrivere applicazioni JavaScript più sicure, pulite e affidabili.

Riepilogo del Capitolo 8: Gestione degli errori e testing

Nel Capitolo 8 abbiamo esplorato gli aspetti cruciali della gestione degli errori e del testing in JavaScript. Questi elementi sono essenziali per sviluppare software affidabile, robusto e manutenibile. Attraverso spiegazioni dettagliate ed esercizi pratici, questo capitolo ha l'obiettivo di fornirti gli strumenti e le conoscenze necessari per implementare strategie efficaci di gestione degli errori e garantire l'integrità del tuo codice tramite un testing sistematico.

Importanza della gestione degli errori

La gestione degli errori è una parte fondamentale dello sviluppo software: assicura che l'applicazione si comporti in modo prevedibile in qualunque circostanza, anche quando qualcosa va storto. Abbiamo iniziato il capitolo parlando del costrutto **try, catch, finally**, che consente di gestire e affrontare gli errori in JavaScript in modo elegante. Questo meccanismo non solo aiuta a mantenere la stabilità dell'applicazione, ma migliora anche l'esperienza utente prevenendo interruzioni improvvise.

Abbiamo poi approfondito il lancio degli errori, dove hai imparato come generare intenzionalmente errori con la keyword **throw**. Questo è particolarmente utile per imporre determinate condizioni all'interno dell'applicazione, ad esempio validare gli input dell'utente o verificare che le risorse necessarie siano disponibili. Abbiamo inoltre discusso i tipi di errore personalizzati, che rendono possibile adottare strategie di gestione più specifiche per particolari categorie di errori, rendendo il debugging più intuitivo e mirato.

Il ruolo del testing

Il testing è la pietra angolare dello sviluppo di software affidabile. Consiste nel verificare che il codice funzioni come previsto e continui a farlo man mano che evolve. In questo capitolo abbiamo trattato due principali tipologie di test:

- **Test unitari**: si concentrano su singoli componenti o "unità" di codice, assicurando che ciascuna parte funzioni correttamente in isolamento. Abbiamo visto come i test unitari siano fondamentali per validare il comportamento di piccole porzioni di funzionalità all'interno dell'applicazione.
- **Test di integrazione**: verificano che più unità lavorino insieme come previsto. I test di integrazione sono essenziali per assicurarsi che la combinazione delle singole parti dell'applicazione produca un insieme coerente e funzionante.

Strumenti e librerie per il testing

Abbiamo esaminato due framework di testing JavaScript molto diffusi, Jest e Mocha, fondamentali per facilitare sia i test unitari sia i test di integrazione. Jest è apprezzato per la sua semplicità e per le funzionalità pronte all'uso, inclusi runner e librerie di asserzioni integrate, rendendolo ideale per progetti in cui contano una configurazione rapida e la facilità d'uso. Mocha, noto per la sua flessibilità e per un ecosistema esteso, consente ambienti di test più personalizzati e si integra facilmente con diverse librerie di asserzioni e strumenti di mocking.

Conclusione

Gestione degli errori e testing non servono solo a prevenire o correggere bug: aiutano a costruire in modo proattivo una base solida per le tue applicazioni. Comprendendo e applicando le strategie discusse in questo capitolo, puoi migliorare in modo significativo l'affidabilità e la qualità del tuo software.

Queste pratiche non solo proteggono le tue applicazioni da guasti inattesi, ma rafforzano anche la fiducia nella base di codice, sia per te sia per chi deve farvi affidamento. Mentre continui a sviluppare e affinare le tue competenze in JavaScript, ricorda che test approfonditi e una gestione diligente degli errori sono strumenti indispensabili nel kit di ogni sviluppatore, essenziali per creare applicazioni di livello professionale nel dinamico panorama software di oggi.

Quiz per la Parte II: JavaScript Intermedio

Questo quiz è progettato per verificare la tua comprensione dei concetti trattati nella Parte II: JavaScript Intermedio, includendo Funzioni Avanzate, JavaScript Orientato agli Oggetti, Web API e Interfacce, Gestione degli Errori e Testing. Ogni domanda riflette argomenti e principi chiave essenziali per padroneggiare le competenze di JavaScript di livello intermedio.

Domanda 1: Funzioni Avanzate

Qual è il principale vantaggio dell'utilizzo delle arrow function in JavaScript?

A) Hanno un proprio contesto **this**.

B) Non possono contenere codice asincrono.

C) Non hanno un proprio contesto **this**.

D) Sono più veloci delle funzioni tradizionali.

Domanda 2: JavaScript Orientato agli Oggetti

Quale affermazione riguardo la catena dei prototipi in JavaScript è vera?

A) Gli oggetti JavaScript contengono direttamente tutti i metodi del loro prototipo.

B) Le modifiche al prototipo di un oggetto influenzano solo quell'istanza.

C) Il prototipo di un oggetto definisce metodi che possono essere condivisi da tutte le istanze di quell'oggetto.

D) I prototipi vengono tipicamente utilizzati in JavaScript per impedire l'ereditarietà.

Domanda 3: Web API e Interfacce

Quale API viene utilizzata per memorizzare dati che devono persistere tra diverse sessioni in un'applicazione web?

A) **sessionStorage**

B) **localStorage**

C) **fetch()**

D) **XMLHttpRequest**

Domanda 4: Gestione degli Errori e Testing

Cosa fa il blocco **finally** in un'istruzione **try...catch...finally**?

A) Viene eseguito se si verifica un errore nel blocco **try**.

B) Viene eseguito dopo il blocco **catch**, ma solo se non sono stati intercettati errori.

C) Viene eseguito indipendentemente dal fatto che un errore sia stato generato o intercettato.

D) Contiene il codice di cleanup che viene eseguito a seconda del tipo di errore.

Domanda 5: Funzioni Avanzate

In JavaScript, cos'è una closure?

A) Un tipo di funzione che può essere eseguita asincronamente.

B) Una combinazione di una funzione insieme ai riferimenti al suo stato circostante.

C) Il processo di combinazione di diverse funzioni in una sola.

D) Una funzione restituita da un'altra funzione.

Domanda 6: JavaScript Orientato agli Oggetti

Quale parola chiave viene utilizzata per creare ereditarietà di classi in JavaScript?

A) **inherits**

B) **extends**

C) **prototype**

D) **super**

Domanda 7: Web API e Interfacce

Qual è l'utilizzo principale della API **fetch()**?

A) Manipolare la cronologia del browser.

B) Effettuare richieste di rete e gestire le risposte.

C) Memorizzare dati nel browser che scompaiono dopo la fine della sessione.

D) Inviare dati al local storage.

Domanda 8: Gestione degli Errori e Testing

Qual è lo scopo di generare errori personalizzati in JavaScript?

A) Interrompere deliberatamente l'applicazione.

B) Migliorare il processo di debugging fornendo errori più chiari.

C) Rallentare l'esecuzione delle funzioni.

D) Evitare la necessità di librerie esterne per la gestione degli errori.

Istruzioni per il Completamento

Scegli la risposta migliore per ogni domanda. Questo quiz è progettato per riflettere la tua conoscenza e comprensione dei concetti di JavaScript intermedio discussi nella Parte II del libro. Le risposte corrette forniranno indicazioni su quanto bene hai compreso gli argomenti e, rivedendo eventuali risposte errate, potrai rafforzare l'apprendimento.

Progetto 2: Creazione di un'Applicazione Meteo Utilizzando API

1. Panoramica del Progetto: Creazione di un'Applicazione Meteo Utilizzando API

1.1 Scopo

L'obiettivo principale di questa applicazione meteo è fornire agli utenti informazioni meteorologiche in tempo reale, inclusi temperatura, umidità, velocità del vento e previsioni. Questa applicazione fungerà da strumento affidabile per pianificare attività quotidiane, viaggi o qualsiasi evento che potrebbe essere influenzato dalle condizioni meteorologiche.

1.2 Funzionalità

L'applicazione meteo includerà diverse funzionalità chiave per garantire che soddisfi le esigenze dei suoi utenti:

1. **Visualizzazione Meteo Attuale**: Mostra le condizioni meteorologiche attuali di una posizione specificata, inclusi temperatura, umidità, nuvolosità e informazioni sul vento.
2. **Previsioni Meteo**: Fornisce una previsione a breve termine (prossime 24 ore) e una previsione a lungo termine (fino a 7 giorni) per aiutare gli utenti a pianificare in anticipo.
3. **Ricerca Città**: Consente agli utenti di cercare le condizioni meteorologiche in diverse città di tutto il mondo.
4. **Meteo Basato sulla Posizione**: Rileva automaticamente la posizione attuale dell'utente per mostrare il meteo locale all'avvio dell'applicazione.
5. **Mappa Interattiva**: (Opzionale) Integra una mappa interattiva che mostra le condizioni meteorologiche in diverse regioni.
6. **Design Responsivo**: Garantisce che l'applicazione sia accessibile su vari dispositivi, inclusi desktop, tablet e smartphone.

1.3 Scelta dell'API

Per questo progetto, utilizzeremo l'API di OpenWeatherMap. Questa scelta si basa su diversi fattori:

- **Dati Completi**: OpenWeatherMap fornisce una vasta gamma di dati meteorologici, incluse condizioni attuali, previsioni delle precipitazioni minuto per minuto, previsioni orarie, previsioni giornaliere e dati storici.
- **Copertura Globale**: Offre dati meteorologici per località in tutto il mondo, il che è fondamentale per un'applicazione meteo destinata a una base di utenti globale.
- **Facilità d'Uso**: L'API di OpenWeatherMap ha un'interfaccia ben documentata e semplice che facilita il processo di integrazione.
- **Disponibilità di un Piano Gratuito**: L'API offre un generoso piano gratuito, consentendo fino a 60 chiamate al minuto, che è adeguato per lo sviluppo e un utilizzo moderato.

Queste caratteristiche rendono OpenWeatherMap una scelta eccellente per gli sviluppatori che desiderano integrare dati meteorologici affidabili nelle applicazioni senza costi o complessità significativi.

Questo progetto mira non solo a costruire un'applicazione meteo funzionale, ma anche a migliorare la comprensione del lavoro con le API, della gestione delle operazioni asincrone in JavaScript e dello sviluppo di interfacce utente responsive. Alla fine di questo progetto, avrai acquisito una preziosa esperienza nell'integrazione di API, nella gestione dei dati e nel design di applicazioni — un insieme di competenze altamente rilevante nel panorama dello sviluppo web odierno.

2. Configurazione e Setup

Configurare e preparare correttamente il proprio ambiente di sviluppo è fondamentale per un processo di sviluppo fluido e un deployment dell'applicazione di successo. Questa sezione descrive i passaggi necessari per prepararsi alla creazione dell'applicazione meteo, inclusi il setup dell'ambiente, l'ottenimento di una chiave API e l'inizializzazione della struttura del progetto.

2.1 Configurazione dell'Ambiente

1. **Strumenti di Sviluppo:**

- o **Editor di Codice**: Installa un editor di codice adatto allo sviluppo web, come Visual Studio Code, che offre un eccellente supporto per JavaScript, HTML, CSS e varie estensioni.
  - o **Node.js**: Installa Node.js se prevedi di utilizzare strumenti basati su Node o scripting lato server. Include npm (Node package manager), essenziale per la gestione delle librerie JavaScript.
  - o **Git**: Installa Git per il controllo di versione, consentendoti di gestire e tracciare le modifiche nel tuo progetto.
2. **Browser**: Assicurati di avere un browser web moderno come Google Chrome o Firefox per i test. Questi browser supportano le ultime tecnologie web e forniscono potenti strumenti per sviluppatori.

2.2 Registrazione della Chiave API

Per recuperare i dati meteorologici da OpenWeatherMap, dovrai ottenere una chiave API. Segui questi passaggi per registrarti e ottenere la tua chiave:

- **Visita il Sito Web di OpenWeatherMap**: Vai su OpenWeatherMap e registrati per creare un account.
- **Abbonati a un Piano API**: Vai alla sezione "API" e scegli un piano. Il piano gratuito dovrebbe essere sufficiente per scopi di sviluppo.
- **Ottieni la Tua Chiave API**: Dopo l'abbonamento, puoi trovare la tua chiave API nella dashboard del tuo account sotto la scheda "API Keys". Tieni presente che potrebbero essere necessari alcuni minuti affinché la chiave API diventi attiva.

2.3 Inizializzazione del Progetto

1. **Crea una directory di progetto**:

```
mkdir weather-app
cd weather-app
```

2. **Inizializza il progetto**:

- Se usi solo HTML, CSS e JavaScript, prepara la tua directory con i file di base:

```
touch index.html style.css app.js
```

- Se usi un framework JavaScript come React: Questo comando crea una nuova applicazione React con tutte le dipendenze necessarie e le configurazioni di build.

```
npx create-react-app .
```

3. **Controllo di versione**:

- Inizializza un repository Git nella directory del progetto:

```
git init
```

- Crea un file **.gitignore** per escludere node_modules e altri file non essenziali:

```
node_modules/
.env
```

4. **Variabili d'ambiente**:

- Per archiviare in modo sicuro la tua chiave API, usa una variabile d'ambiente. Se stai usando Node.js o un framework come React, installa **dotenv**:

```
npm install dotenv
```

- Crea un file **.env** nella root del progetto e salva lì la tua chiave API:

```
REACT_APP_OPEN_WEATHER_MAP_API_KEY=your_api_key_here
```

Una configurazione corretta è la base dell'ambiente di sviluppo del tuo progetto. Completando questi passaggi, ti assicuri che il processo di sviluppo sia efficiente e che l'applicazione sia pronta per ulteriori funzionalità e per il deployment. Con l'ambiente impostato, la chiave API protetta e la struttura del progetto inizializzata, sei pronto a sviluppare le funzionalità principali dell'app meteo.

3. Progettazione dell'Interfaccia Utente

Progettare un'interfaccia utente (UI) intuitiva ed efficace è fondamentale per il successo di qualsiasi applicazione. Per l'app meteo, la UI dovrebbe essere non solo esteticamente piacevole, ma anche funzionale e facile da navigare. Questa sezione copre i componenti chiave del processo di design della UI, inclusa la pianificazione del layout, la scomposizione in componenti e gli approcci di stile.

3.1 Pianificazione del Layout

1. **Creazione del Wireframe**:
   o Inizia disegnando un wireframe di base dell'interfaccia dell'applicazione. Concentrati sul posizionamento degli elementi principali come la barra di ricerca, l'area di visualizzazione del meteo e, se necessario, i link di navigazione.
   o Strumenti come Balsamiq, Adobe XD o anche semplici schizzi su carta possono essere utilizzati per questo processo.
2. **Considerazioni sul Design Responsivo**:
   o Assicurati che il layout sia responsivo, adattandosi a diverse dimensioni e orientamenti dello schermo. Usa un approccio mobile-first, che progetta prima per schermi piccoli e poi scala verso schermi più grandi.
   o Integra le media query nel tuo CSS per gestire diverse dimensioni dello schermo e mantenere l'integrità del layout su più dispositivi.

3.2 Componenti della UI

1. **Barra di Ricerca**:
   o Qui gli utenti inseriranno il nome della città per cui vogliono ottenere le informazioni meteo. Dovrebbe essere ben visibile, in genere nella parte superiore della pagina.
   o Includi la validazione dell'input per assicurarti che il campo non sia vuoto.
2. **Schede di Visualizzazione del Meteo**:
   o Progetta delle schede per mostrare dati meteo come temperatura, umidità, velocità del vento e condizioni (soleggiato, nuvoloso, ecc.).
   o Valuta l'uso di icone o elementi visivi per rappresentare dinamicamente le diverse condizioni meteo in base ai dati ricevuti dall'API.
3. **Menu di Navigazione** (Opzionale):
   o Se la tua applicazione ha più viste (ad esempio meteo attuale, previsione dettagliata, dati storici), includi un menu di navigazione per passare da una vista all'altra.

- o Assicurati che gli elementi di navigazione siano accessibili e facilmente riconoscibili.

3.3 Stile

1. **CSS/SASS**:
   - o Decidi se usare CSS puro o un preprocessore come SASS. SASS offre vantaggi come regole annidate, variabili e mixin, che possono semplificare fogli di stile complessi.
   - o Organizza i fogli di stile in modo logico, separando gli stili specifici dei componenti da quelli più generali.
2. **Uso di un Framework CSS**:
   - o Considera l'utilizzo di framework come Bootstrap, Material-UI (per React) o Tailwind CSS per velocizzare lo sviluppo e garantire coerenza e responsività.
   - o Questi framework forniscono componenti predefiniti e classi utility che possono ridurre significativamente il tempo necessario per lo styling.
3. **Tema e Colori**:
   - o Scegli una palette di colori che rispecchi la natura dell'applicazione: blu e bianchi tenui possono evocare una sensazione di calma adatta alle app meteo.
   - o Assicurati che il testo sia leggibile su tutti gli sfondi e che gli elementi interattivi siano evidenziati in modo efficace per guidare l'interazione dell'utente.

3.4 Considerazioni sull'Accessibilità

- Assicurati che tutte le parti della UI siano accessibili, inclusi il supporto alla navigazione da tastiera e la compatibilità con gli screen reader.
- Usa HTML semantico per migliorare l'accessibilità. Per esempio, usa **<button>** per i pulsanti invece di **<div>** e assicurati che le immagini abbiano un testo alternativo (alt).

Progettare l'interfaccia utente è un passaggio critico che influisce su come gli utenti interagiscono con la tua applicazione. Considerando con cura layout, componenti e stile, e garantendo l'accessibilità, crei un ambiente user-friendly in grado di comunicare in modo efficace le informazioni meteo. Questo processo di design attento non solo aumenta il coinvolgimento degli utenti, ma promuove anche un'esperienza d'uso positiva.

4. Funzionalità dell'Applicazione

Sviluppare la funzionalità principale della tua applicazione meteo implica la gestione del recupero, dell'elaborazione e della gestione dei dati. Questa sezione descrive come implementare le funzioni principali dell'applicazione meteo, inclusi il recupero dei dati meteorologici, la gestione delle risposte dell'API e la gestione dello stato dell'applicazione.

4.1 Recupero dei Dati Meteorologici

1. **Utilizzo della Fetch API**:
    o   Utilizza la JavaScript Fetch API per effettuare richieste asincrone all'API di OpenWeatherMap. Questo implica la costruzione di un URL con i parametri di query necessari, come il nome della città e la chiave API.

Esempio di Richiesta Fetch:

```javascript
function fetchWeather(city) {
    const apiKey = process.env.REACT_APP_OPEN_WEATHER_MAP_API_KEY;
    const                               url                               =
`https://api.openweathermap.org/data/2.5/weather?q=${city}&appid=${apiKey}&un
its=metric`;

    fetch(url)
        .then(response => {
            if (!response.ok) {
                throw new Error('Network response was not ok');
            }
            return response.json();
        })
        .then(data => updateWeatherDisplay(data))
        .catch(error => console.error('Failed to fetch weather:', error));
}
```

2. **Gestione degli Errori**:
    o   Gestisci correttamente gli errori che possono verificarsi durante la richiesta API, come problemi di rete o errori nei dati. Fornisci messaggi di errore comprensibili per l'utente e meccanismi di fallback.

4.2 Elaborazione delle Risposte API

1. **Parsing dei Dati**:

o Una volta recuperati i dati dall'API, esegui il parsing per estrarre e formattare le informazioni necessarie come temperatura, velocità del vento, umidità e condizioni meteorologiche.

2. **Aggiornamento dell'UI**:

o Usa i dati analizzati per aggiornare dinamicamente i componenti dell'UI. Questo potrebbe includere la visualizzazione del meteo attuale, l'aggiornamento delle icone meteorologiche e il popolamento dei dati delle previsioni.

Esempio di Funzione di Aggiornamento dei Dati:

```javascript
function updateWeatherDisplay(weatherData) {
    const temperature = weatherData.main.temp;
    const conditions = weatherData.weather[0].description;
    const humidity = weatherData.main.humidity;

    document.getElementById('temp').textContent = `${temperature} °C`;
    document.getElementById('conditions').textContent = conditions;
    document.getElementById('humidity').textContent         =         `Humidity:
${humidity}%`;
}
```

4.3 Gestione dello Stato

1. **Utilizzo degli State Hooks (React)**:

Se utilizzi React, usa gli state hooks (ad es., **useState**) per gestire lo stato dell'applicazione, come la città corrente, i dati meteorologici e qualsiasi stato di caricamento o errore.

Esempio di Gestione dello Stato in React:

```javascript
import React, { useState } from 'react';

function WeatherApp() {
    const [city, setCity] = useState('');
    const [weather, setWeather] = useState(null);
    const [loading, setLoading] = useState(false);
    const [error, setError] = useState(null);

    const handleSearch = () => {
        setLoading(true);
        setError(null);
        fetchWeather(city).then(data => {
            setWeather(data);
```

```
        setLoading(false);
    }).catch(err => {
        setError(err.message);
        setLoading(false);
    });
};

return (
    // JSX for rendering the UI
);
}
```

2. **Local Storage per le Ricerche Recenti**:

> Facoltativamente, usa **localStorage** per ricordare le ricerche recenti o salvare le preferenze dell'utente, come le unità di misura (Celsius o Fahrenheit).

Implementare la funzionalità dell'applicazione implica configurare un recupero dati efficiente, una gestione degli errori robusta e aggiornamenti dinamici dell'UI. Gestendo efficacemente lo stato dell'applicazione e integrando queste funzionalità, la tua app meteo diventa uno strumento potente per fornire informazioni meteorologiche tempestive e accurate. Man mano che perfezioni questi processi, considera l'aggiunta di funzionalità più avanzate come notifiche per condizioni meteorologiche severe o l'integrazione di altre fonti di dati per un'esperienza utente più ricca.

5. Displaying Weather Data

Una volta che hai recuperato ed elaborato con successo i dati meteo, il passo critico successivo è visualizzare queste informazioni in modo efficace nell'interfaccia utente. Questa sezione si concentra su come presentare dinamicamente i dati meteo agli utenti in modo chiaro e coinvolgente.

5.1 Structuring the Display

1. **Weather Information Cards**:

> Crea componenti UI distinti o "card" per le diverse informazioni meteo. Per esempio, usa card separate per visualizzare il meteo attuale, le previsioni orarie e le previsioni settimanali. Questo approccio modulare rende più semplice gestire e aggiornare in modo indipendente sezioni specifiche della visualizzazione.

Esempio di Struttura HTML per le Card Meteo:

```html
<div id="currentWeather" class="weather-card">
    <h2>Current Weather</h2>
    <div id="temp" class="weather-detail"></div>
    <div id="conditions" class="weather-detail"></div>
    <div id="humidity" class="weather-detail"></div>
</div>
```

2. **Dynamic Updates**:

Implementa funzioni JavaScript per aggiornare dinamicamente queste card in base ai dati ricevuti dall'API meteo. Assicurati che gli aggiornamenti avvengano senza ricaricare la pagina, per offrire un'esperienza utente fluida.

5.2 Implementing Data Visualization

1. **Weather Icons**:

Usa i codici delle condizioni meteo restituiti dall'API per mostrare le icone appropriate che rappresentano visivamente le condizioni attuali. Le icone possono essere più efficaci del testo nel comunicare rapidamente le informazioni meteo.

Esempio di Aggiornamento delle Icone Meteo:

```javascript
function updateWeatherIcon(conditionCode) {
    const iconElement = document.getElementById('weatherIcon');
    iconElement.src = `/path/to/icons/${conditionCode}.png`;
}
```

2. **Graphs and Charts** (Optional):

Per previsioni più dettagliate, valuta l'uso di rappresentazioni grafiche come grafici o diagrammi. Librerie come Chart.js o D3.js possono essere utilizzate per creare grafici interattivi che mostrano l'andamento della temperatura, la probabilità di precipitazioni o i pattern del vento nel tempo.

5.3 Accessibility Considerations

1. **Readable Fonts and Colors**:

Scegli dimensioni dei font e colori che garantiscano leggibilità su tutti i dispositivi e in diverse condizioni di luce. Un alto contrasto tra testo e sfondo è essenziale per la leggibilità e l'accessibilità.

2.   **Alt Text for Icons**:

Fornisci un testo alternativo (alt) descrittivo per tutte le icone usate nell'applicazione. Questo testo dovrebbe comunicare la stessa informazione dell'icona, assicurando che il contenuto sia accessibile alle persone con disabilità visive.

5.4 Responsive Design

1.   **Fluid Layouts**:

Usa CSS Grid o Flexbox per creare layout fluidi che si adattano a diverse dimensioni dello schermo. Questa responsività assicura che le informazioni meteo siano presentate in modo ordinato e leggibile sia su schermi grandi sia su dispositivi mobili.

2.   **Media Queries**:

Usa le media query per adattare stili e configurazioni del layout in base alle caratteristiche del dispositivo, come larghezza, altezza o orientamento.

Visualizzare i dati meteo in modo efficace non significa soltanto mostrare numeri e testo; significa creare una presentazione intuitiva, informativa e accessibile che aumenti il coinvolgimento. Strutturando con cura gli elementi di visualizzazione, incorporando supporti visivi come icone e grafici, e garantendo l'accessibilità, la tua applicazione meteo offrirà un'esperienza user-friendly che fornisce informazioni essenziali in modo efficiente. Man mano che perfezioni la visualizzazione dei dati meteo, continua a raccogliere feedback dagli utenti per apportare miglioramenti iterativi, assicurando che l'applicazione rimanga utile e rilevante.

6. Funzionalità Aggiuntive

Migliorare la funzionalità principale della tua applicazione meteo con funzionalità aggiuntive può aumentare significativamente il coinvolgimento e la soddisfazione degli utenti. Questa sezione discute potenziali miglioramenti che potrebbero rendere la tua app meteo più completa, interattiva e facile da usare.

6.1 Previsioni Estese

Aggiungere una funzionalità di previsioni estese consente agli utenti di pianificare meglio eventi futuri visualizzando le previsioni meteorologiche su un periodo più lungo.

Implementazione:

- Recupera e visualizza una previsione meteo di 5 o 7 giorni utilizzando la stessa API, modificando l'endpoint o i parametri dell'API.
- Visualizza le previsioni di ogni giorno in una scheda o sezione separata, mostrando informazioni chiave come temperature massime e minime, condizioni meteorologiche e probabilità di precipitazioni.

6.2 Integrazione della Geolocalizzazione

Rilevare automaticamente la posizione attuale dell'utente per visualizzare il meteo locale è una funzionalità comoda per gli utenti mobili.

Implementazione:

- Usa la Geolocation API per ottenere la latitudine e la longitudine attuali dell'utente.
- Passa queste coordinate all'API meteo per recuperare e visualizzare il meteo locale.
- Assicurati di gestire correttamente le autorizzazioni e fornire opzioni di fallback se l'utente nega le autorizzazioni di geolocalizzazione.

Esempio di Utilizzo della Geolocalizzazione:

```javascript
function fetchLocalWeather() {
    navigator.geolocation.getCurrentPosition(position => {
        const { latitude, longitude } = position.coords;
        fetchWeatherByCoords(latitude, longitude);
    }, showError);
}

function fetchWeatherByCoords(lat, lon) {
    const                              url                              =
`https://api.openweathermap.org/data/2.5/weather?lat=${lat}&lon=${lon}&appid=${apiKe
y}`;
    // fetch and update UI logic here
}
```

6.3 Avvisi Meteo

Visualizzare avvisi meteo può essere cruciale per la sicurezza dell'utente durante condizioni meteorologiche estreme.

Implementazione:

- Usa un endpoint dedicato dell'API meteo che fornisce avvisi meteo.
- Visualizza gli avvisi in un'area prominente dell'applicazione con uno stile distintivo per attirare l'attenzione dell'utente.

6.4 Toggle di Conversione delle Unità

Consenti agli utenti di passare da Celsius a Fahrenheit per le letture della temperatura, soddisfacendo preferenze basate sulla scelta geografica o personale.

Implementazione:

- Implementa un toggle switch nell'UI.
- Converti le temperature tra le unità in base alla selezione dell'utente e aggiorna la visualizzazione di conseguenza.

6.5 Mappa Meteo Interattiva

Incorpora una mappa interattiva che visualizzi varie condizioni meteorologiche in diverse regioni, migliorando l'interattività e il valore informativo dell'applicazione.

Implementazione:

- Integra un servizio di mapping come Google Maps o Leaflet.
- Sovrapponi i dati meteorologici sulla mappa, come gradienti di temperatura, precipitazioni o copertura nuvolosa.

Esempio di Integrazione della Mappa:

```javascript
function initWeatherMap() {
    const map = L.map('weatherMap').setView([51.505, -0.09], 13);
    L.tileLayer('https://{s}.tile.openstreetmap.org/{z}/{x}/{y}.png', {
        attribution: '© OpenStreetMap contributors'
    }).addTo(map);
    // Additional logic to overlay weather data
```

```
}
```

6.6 Dashboard Meteo Personalizzata

Consenti agli utenti di creare una dashboard personalizzata dove possano aggiungere più località da monitorare, configurare notifiche meteo e personalizzare il layout.

Implementazione:

- Fornisci un sistema basato su login utente o su local storage per salvare le preferenze dell'utente.
- Consenti agli utenti di aggiungere e rimuovere città o regioni per il monitoraggio meteorologico.

Implementando queste funzionalità aggiuntive, la tua applicazione meteo può offrire molto più di semplici aggiornamenti meteorologici di base, trasformandosi in uno strumento completo per il monitoraggio e la pianificazione del meteo. Queste funzionalità non solo migliorano il coinvolgimento degli utenti, ma forniscono anche valore pratico, rendendo la tua applicazione una risorsa di riferimento per informazioni relative al meteo. Man mano che sviluppi queste funzionalità, continua a testare e raccogliere feedback dagli utenti per perfezionare funzionalità e usabilità, assicurando che l'app rimanga rilevante e utile in scenari diversi.

7. Testing e Deployment

Il testing e il deployment sono fasi cruciali nello sviluppo della tua applicazione meteo. Questa sezione descrive strategie per testare approfonditamente la tua applicazione al fine di garantire che sia affidabile e funzioni bene in varie condizioni, oltre ai passaggi per distribuire l'applicazione in un ambiente live dove gli utenti possano accedervi.

7.1 Testing

1. **Unit Testing**:
    - Concentrati sul test dei singoli componenti dell'applicazione, come le funzioni di recupero dati, i componenti UI e le funzioni di utilità.
    - Usa Jest o Mocha/Chai per scrivere unit test che verifichino la funzionalità di questi componenti in isolamento.

    Esempio di Unit Test:

```
// Testing a function that formats weather data
```

```javascript
describe('formatWeatherData', () => {
    it('correctly formats temperature data', () => {
        const rawWeather = { temp: 283.15 }; // Kelvin
        const expectedOutput = { temp: 10 }; // Celsius

expect(formatTemperature(rawWeather.temp)).toEqual(expectedOutput.temp);
    });
});
```

2. **Integration Testing**:
    o Assicurati che le diverse parti dell'applicazione funzionino insieme come previsto. Testa scenari come le interazioni dell'utente con la barra di ricerca che portano a corrette chiamate API e aggiornamenti appropriati dell'UI.
    o Simula le azioni dell'utente e verifica la corretta gestione delle risposte e degli errori.
3. **End-to-End Testing**:
    o Usa strumenti come Cypress o Selenium per simulare i percorsi utente dall'inizio alla fine.
    o Convalida il workflow completo dell'applicazione, inclusa l'integrazione di tutti i componenti, dall'inserimento del nome di una città, al recupero dei dati, fino alla visualizzazione del meteo e all'aggiornamento degli elementi UI.

7.2 Deployment

1. **Preparazione al Deployment**:
    o Assicurati che tutte le variabili ambientali, come le chiavi API, siano protette e non hardcoded nei file sorgente. Usa file **.env** o meccanismi simili per gestirle.
    o Minimizza e ottimizza gli asset dell'applicazione (HTML, CSS, JavaScript, immagini) per la produzione.
2. **Scelta di una Piattaforma di Hosting**:
    o Seleziona un servizio di hosting adatto in base alle esigenze della tua applicazione. Per una semplice applicazione meteo, piattaforme come Netlify, Vercel o GitHub Pages offrono soluzioni di hosting gratuite e facili da usare.
    o Per applicazioni più dinamiche che potrebbero richiedere servizi backend, considera piattaforme come Heroku o AWS.
3. **Processo di Deployment**:
    o Configura il repository del progetto su GitHub o un servizio simile.
    o Collega il tuo repository alla piattaforma di hosting.

o   Configura il continuous deployment dal tuo repository per distribuire automaticamente nuove versioni dell'applicazione quando vengono inviate modifiche al branch principale.

Esempio di Deployment con Netlify:

```
# Assuming the project is set up with a GitHub repository
# Link your GitHub repository to Netlify
# Set up build commands and publish directory in Netlify
npm run build  # Build your application for production
# Netlify will handle the rest, deploying your site after each push to your
repo
```

4. **Post-Deployment**:
    o   Dopo il deployment, esegui test per assicurarti che l'applicazione funzioni come previsto nell'ambiente di produzione.
    o   Monitora le prestazioni e le interazioni degli utenti per raccogliere informazioni che possano guidare ulteriori sviluppi o miglioramenti.

Il testing garantisce che la tua applicazione meteo sia robusta e priva di bug, mentre un deployment efficace la rende accessibile ai tuoi utenti in modo affidabile. Pianificando ed eseguendo attentamente queste fasi, puoi migliorare la qualità della tua applicazione e offrire un'esperienza utente fluida e coinvolgente. Continua a monitorare l'applicazione dopo il deployment per gestire eventuali problemi e migliorare in base al feedback degli utenti.

8. Sfide ed Estensioni

Sviluppare un'applicazione meteo offre una preziosa opportunità per affrontare una varietà di sfide tecniche ed esplorare potenziali estensioni che possano migliorarne la funzionalità e l'esperienza utente. Questa sezione discuterà alcune delle sfide comuni che potresti incontrare e suggerirà possibili estensioni per migliorare ed espandere la tua applicazione.

8.1 Sfide

1. **Limitazioni delle API**:
    o   **Sfida**: I piani gratuiti delle API meteo spesso presentano limitazioni sul numero di richieste per minuto o per giorno, il che può limitare la frequenza con cui puoi recuperare aggiornamenti.
    o   **Soluzione**: Implementa meccanismi di caching per memorizzare temporaneamente i dati meteorologici e ridurre il numero di chiamate API.

Fornisci feedback all'utente quando il limite viene raggiunto, spiegando perché gli aggiornamenti potrebbero subire ritardi.

2. **Accuratezza e Tempestività dei Dati**:
   - **Sfida**: I dati meteorologici potrebbero non riflettere sempre le condizioni in tempo reale a causa di ritardi negli aggiornamenti dei dati da parte dell'API.
   - **Soluzione**: Visualizza l'ora dell'aggiornamento dei dati per impostare le giuste aspettative per gli utenti. Considera l'uso di API che offrano aggiornamenti più frequenti se la tempestività è critica.

3. **Interfacce Utente Complesse**:
   - **Sfida**: Gestire una UI complessa, specialmente quando si incorporano funzionalità come mappe interattive o dati di previsione estesi, può portare a problemi di prestazioni.
   - **Soluzione**: Ottimizza gli asset front-end e considera il lazy loading dei componenti pesanti come le mappe solo quando necessario.

4. **Gestione di Formati di Dati Diversi**:
   - **Sfida**: Le API meteo possono restituire dati in vari formati, rendendo difficile standardizzare la gestione dei dati tra diverse fonti.
   - **Soluzione**: Crea un livello di normalizzazione dei dati che converta tutti i dati in ingresso in un formato standard prima che vengano elaborati o visualizzati.

8.2 Estensioni

1. **Personalizzazione Utente**:
   - Consenti agli utenti di personalizzare l'interfaccia, ad esempio scegliendo tra modalità scura e chiara o selezionando quali dati meteorologici desiderano vedere di default.
   - Implementa widget o dashboard che gli utenti possano personalizzare con le informazioni e il layout preferiti.

2. **Funzionalità Social**:
   - Integra funzionalità social in cui gli utenti possano condividere le previsioni meteorologiche sui social media o comunicare con altri riguardo a piani legati al meteo.
   - Consenti agli utenti di inviare report meteorologici locali e foto, aumentando il coinvolgimento della community.

3. **Analisi Meteo Avanzate**:
   - Fornisci confronti con dati meteorologici storici per offrire approfondimenti sulle tendenze e anomalie climatiche.
   - Integra funzionalità di modellazione predittiva del meteo che possano prevedere cambiamenti climatici in modo più accurato utilizzando algoritmi di machine learning.

4. **Aggregazione Meteo Multi-Sorgente**:

- o Combina dati provenienti da più API meteo per migliorare l'affidabilità e l'accuratezza delle previsioni fornite.
- o Implementa un sistema per confrontare e mettere a contrasto le previsioni provenienti da diverse fonti, fornendo agli utenti un "punteggio di affidabilità" basato sul grado di concordanza tra tali previsioni.

5. **Applicazione Mobile**:
   - o Sviluppa un'app mobile dedicata per offrire funzionalità più robuste, come notifiche sui cambiamenti meteorologici, funzionalità widget o disponibilità offline.
   - o Ottimizza i servizi basati sulla posizione nell'app mobile per offrire aggiornamenti e avvisi meteorologici più precisi.

Affrontare le sfide ed esplorare potenziali estensioni sono parti integranti dello sviluppo di una solida applicazione meteo. Questi sforzi non solo migliorano l'affidabilità dell'applicazione e la soddisfazione degli utenti, ma incoraggiano anche apprendimento e miglioramento continui. Mentre sviluppi la tua app meteo, considera queste sfide ed estensioni come opportunità per innovare e aumentare il valore del tuo progetto. Affrontando queste aree, puoi creare un'applicazione più completa, coinvolgente e facile da usare che si distingua nel competitivo mercato delle app meteo.

9. Conclusione

Il percorso di creazione di un'applicazione meteo da zero è allo stesso tempo impegnativo e gratificante. Questo progetto non solo ha migliorato le tue competenze nell'uso di JavaScript e di varie tecnologie web, ma ha anche approfondito la tua comprensione della progettazione di applicazioni, dell'integrazione di API, della creazione di interfacce utente e della gestione dei dati.

9.1 Punti Chiave

1. **Integrazione delle API**: Hai imparato come utilizzare in modo efficace l'API di OpenWeatherMap per recuperare dati meteo in tempo reale. Gestire richieste e risposte dell'API con la Fetch API di JavaScript ha migliorato le tue competenze nella programmazione asincrona e nella gestione degli errori.
2. **Progettazione di una UI Responsive**: La progettazione e l'implementazione di un'interfaccia user-friendly e responsive, usando pratiche moderne di HTML e CSS (e potenzialmente framework JavaScript come React), ti hanno preparato a costruire una varietà di applicazioni web accessibili su qualsiasi dispositivo.
3. **JavaScript Avanzato**: Attraverso questo progetto, hai applicato concetti avanzati di JavaScript, inclusa la gestione di dati asincroni, l'uso di variabili d'ambiente e la creazione di contenuti dinamici in base alle interazioni dell'utente. Questo ha

consolidato le tue conoscenze di JavaScript e il modo in cui possono essere applicate a progetti reali.

4. **Testing e Deployment**: Hai affrontato le pratiche essenziali di test e deployment delle applicazioni web, garantendo affidabilità e disponibilità per gli utenti finali. Queste competenze sono fondamentali per qualsiasi progetto di sviluppo software e ti saranno utili nel tuo percorso professionale futuro.

9.2 Riflessioni sulle Sfide

Durante questo progetto, hai affrontato numerose sfide, dai limiti di rate delle API alla necessità di garantire che l'applicazione funzioni in modo efficiente su diverse piattaforme. Superare queste difficoltà ti ha insegnato strategie di problem solving e ottimizzazione, fondamentali per una carriera di successo nella programmazione.

9.3 Miglioramenti Futuri

Anche se la funzionalità principale dell'applicazione meteo è completa, le possibilità di miglioramento e ampliamento sono molte. Che si tratti di integrare ulteriori fonti di dati per previsioni più accurate, aggiungere funzionalità social o sviluppare un'app mobile companion, c'è sempre spazio per migliorare e innovare.

9.4 Considerazioni Finali

Il completamento di questo progetto di applicazione meteo rappresenta una tappa importante nel tuo percorso come web developer. È una testimonianza del tuo impegno e della tua dedizione nell'apprendere e applicare nuove tecnologie e concetti. Andando avanti, usa questa esperienza come base per progetti più complessi e continua a esplorare nuove tecnologie e metodologie.

Continua a programmare, continua a imparare e ricorda che ogni riga di codice che scrivi non solo costruisce applicazioni, ma costruisce anche le tue competenze e plasma il tuo futuro. Complimenti per aver completato questo progetto e in bocca al lupo per i tuoi prossimi passi nello sviluppo!

Parte III: JavaScript e oltre

Capitolo 9: Framework JavaScript moderni

Benvenuto al Capitolo 9, "Framework JavaScript moderni". In questo capitolo illuminante, faremo un'immersione approfondita nel mondo trasformativo e innovativo dei framework e delle librerie JavaScript più influenti, che hanno avuto un impatto enorme sullo stato attuale dello sviluppo web.

L'obiettivo principale di questo capitolo è esplorare con attenzione e mettere in luce i protagonisti che hanno plasmato in modo attivo e significativo il panorama dello sviluppo web moderno. Vogliamo mostrare, con chiarezza, come questi strumenti potenti e intuitivi possano aumentare drasticamente la produttività, migliorare la manutenibilità e innalzare in modo sostanziale la qualità complessiva delle applicazioni web.

Questi strumenti hanno cambiato le dinamiche dello sviluppo web, rendendolo più efficiente e accessibile e contribuendo a un'esperienza utente più ricca.

9.1 Introduzione a framework e librerie

Nel panorama dello sviluppo web, in rapido e continuo cambiamento, i framework e le librerie JavaScript sono emersi come componenti integrali dell'ecosistema. Questi strumenti indispensabili offrono basi di codice strutturate, riutilizzabili e manutenibili che possono aumentare in modo significativo l'efficienza e la produttività di chi sviluppa.

Consentono di costruire applicazioni web complesse, scalabili e robuste, in grado di soddisfare le esigenze degli ambienti online dinamici di oggi. Questa sezione offre un'introduzione approfondita al concetto di framework e librerie. Traccia distinzioni chiare tra queste due tipologie di risorse, ciascuna con caratteristiche e vantaggi specifici.

Inoltre, la sezione approfondisce la loro profonda importanza nello sviluppo web moderno, spiegando come contribuiscano alla creazione di soluzioni web innovative, user-friendly e ad alte prestazioni.

9.1.1 Comprendere framework e librerie

Framework

Nel contesto della programmazione e dello sviluppo web, i framework sono strumenti completi che fungono da struttura fondamentale su cui costruire e modellare applicazioni software. Sono composti da codice pre-scritto e riutilizzabile, progettato per aiutare chi sviluppa a creare applicazioni o componenti in modo più efficiente ed efficace.

I framework definiscono l'architettura del software, fornendo un'impalcatura completa che può essere completata con codice specifico. Sono di natura opinionated, cioè stabiliscono regole e linee guida che è previsto vengano seguite. Questa struttura aiuta a creare codebase scalabili e manutenibili. In sostanza, semplificano il processo di programmazione offrendo modalità standardizzate per costruire e distribuire diversi tipi di applicazioni, aumentando così l'efficienza e la produttività.

Inoltre, i framework spesso includono strumenti e funzionalità integrate per attività come la validazione degli input, la gestione delle sessioni, l'interazione con i database e altro ancora, riducendo la quantità di codice scritto manualmente e permettendo di concentrarsi maggiormente sulla logica applicativa anziché su elementi ripetitivi.

Nel mondo dello sviluppo web esistono numerosi framework popolari, ognuno con caratteristiche, vantaggi e casi d'uso specifici. Tra questi troviamo Angular, React e Vue.js, tra gli altri.

I framework svolgono un ruolo indispensabile nello sviluppo software moderno, fornendo una base solida ed efficiente per creare applicazioni di alta qualità e scalabili. Non solo accelerano il processo di sviluppo, ma impongono anche best practice, contribuendo in modo significativo alla qualità complessiva e alla manutenibilità del software.

Librerie

Nel mondo della programmazione e dello sviluppo web, le "librerie" sono raccolte di snippet o routine di codice pre-scritti che possono essere sfruttati per svolgere compiti o funzioni specifiche all'interno delle applicazioni. In genere offrono un insieme di interfacce ben definite, classi, metodi e funzioni che possono essere invocati o riutilizzati secondo necessità.

Le librerie svolgono un ruolo cruciale nello sviluppo software perché permettono di evitare di reinventare la ruota per funzionalità comuni, risparmiando tempo e risorse preziose. Sono composte da funzioni e componenti riutilizzabili che svolgono compiti specifici e aiutano a costruire applicazioni. Chi sviluppa richiama queste funzioni e componenti quando serve, mantenendo un maggiore controllo sull'architettura dell'applicazione.

È qui che le librerie differiscono dai framework: le librerie sono meno opinionated e più flessibili, lasciando maggiore libertà nel modo in cui strutturare l'applicazione.

Le librerie possono coprire un'ampia gamma di funzionalità e possono essere generiche o specializzate. Per esempio, alcune si concentrano su componenti di interfaccia utente, altre aiutano con il networking, altre forniscono funzioni matematiche, e così via. Possono essere utilizzate praticamente in qualsiasi area dello sviluppo applicativo, dalle interfacce frontend alle operazioni backend sul server.

In sostanza, una libreria è come una cassetta degli attrezzi: offre strumenti pronti all'uso che aiutano a costruire applicazioni funzionali ed efficienti. L'uso delle librerie non solo accelera lo sviluppo, ma migliora anche la leggibilità e la manutenibilità del codice, poiché le librerie seguono pratiche e convenzioni di codifica standardizzate.

Le librerie sono una parte integrante dello sviluppo software e contribuiscono in modo significativo all'efficienza, alla scalabilità e alla qualità delle applicazioni. Aiutano a evitare duplicazioni, promuovono il riuso del codice e contribuiscono a costruire software più robusto e affidabile.

9.1.2 Esempi di framework e librerie

React

React, sviluppato da Facebook, è una libreria JavaScript ampiamente utilizzata che si specializza nell'aiutare a costruire interfacce utente (UI). Usata principalmente per applicazioni a pagina singola (single-page), consente di creare grandi applicazioni web in cui i dati possono cambiare senza dover ricaricare la pagina.

React è nota per la sua efficienza e flessibilità. Opera su un DOM virtuale (Document Object Model), che permette di aggiornare solo la parte della pagina che deve cambiare invece di rinfrescare l'intera pagina. Questo porta a prestazioni molto più fluide e veloci.

Inoltre, React consente di creare componenti: parti di codice riutilizzabili che restituiscono un elemento React da renderizzare nella pagina. L'uso dei componenti promuove la riusabilità, rendendo il codice più facile da mantenere e da fare debug, poiché ogni componente contiene la propria logica. Questo approccio modulare rende anche più semplice lavorare in team su progetti di grandi dimensioni.

React è anche nota per il suo ecosistema ricco. Le sue librerie possono essere combinate con una varietà di altre librerie o framework, come Redux per la gestione dello stato o Jest per i test. Inoltre, React ha una comunità ampia e attiva che offre una grande quantità di risorse, inclusi tutorial, forum e librerie di terze parti.

React è una potente libreria JavaScript che offre prestazioni efficienti e flessibilità, rendendola un'ottima scelta per costruire interfacce utente complesse.

Angular

Angular è un framework per applicazioni web open-source e di grande rilievo, sviluppato e mantenuto da Google. È ampiamente utilizzato da chi sviluppa in tutto il mondo per creare applicazioni web dinamiche a pagina singola (single-page).

Angular è scritto in TypeScript, un superset di JavaScript tipizzato staticamente, che migliora leggibilità e prevedibilità del codice. Adotta una struttura di sviluppo modulare, in cui le funzionalità sono suddivise in moduli separati, rendendo il codice più semplice da organizzare, gestire e riutilizzare.

Una delle caratteristiche distintive di Angular è l'uso di template dichiarativi: HTML arricchito con costrutti personalizzati (direttive). I template vengono analizzati dal motore di template di Angular per produrre la vista renderizzata. Il sistema di dependency injection, un'altra funzionalità chiave, aumenta efficienza e modularità permettendo di riutilizzare componenti e servizi in diverse parti dell'applicazione.

Inoltre, Angular offre molte funzionalità integrate, come data binding, validazione dei form, routing e supporto HTTP. Il data binding riduce la necessità di scrivere grandi quantità di codice ripetitivo (boilerplate). La validazione dei form assicura la correttezza dei dati prima dell'invio al server.

Il routing di Angular consente di navigare tra diverse viste dell'applicazione. Il supporto HTTP permette di comunicare facilmente con un server remoto per recuperare, modificare e salvare dati.

Offrendo un approccio strutturato allo sviluppo di applicazioni web, Angular aiuta a scrivere codice più organizzato, riutilizzabile e testabile, aumentando produttività ed efficienza. È adatto alla realizzazione di applicazioni di grandi dimensioni grazie alle sue funzionalità potenti e al forte supporto della community.

Vue.js

Vue.js è un popolare framework JavaScript utilizzato per costruire interfacce utente e applicazioni a pagina singola (single-page). È noto come *framework progressivo*. Ciò significa che è progettato per essere adottato in modo incrementale: chi sviluppa può integrare tanto o poco del framework quanto serve, aggiungendo più complessità solo quando è necessario. Questa flessibilità rende Vue.js uno strumento versatile sia per progetti semplici sia per progetti complessi.

Sviluppato dall'ex ingegnere di Google Evan You, Vue.js ha guadagnato popolarità grazie alla sua semplicità e facilità d'uso. Presenta un'architettura adattabile che si concentra sul rendering dichiarativo e sulla composizione a componenti, permettendo di scrivere codice pulito e manutenibile.

Vue.js è anche altamente performante ed efficiente e offre funzionalità come il lazy-loading, il rendering asincrono e molte altre opzioni di ottimizzazione. La sua architettura basata su componenti consente la riusabilità, aumentando l'efficienza del codice e la coerenza.

Inoltre, Vue.js ha una community vivace e di supporto, che può offrire risorse e assistenza preziose. La documentazione estesa, i tutorial e gli esempi del framework lo rendono accessibile sia a chi è alle prime armi sia a chi ha più esperienza.

In conclusione, Vue.js è un framework potente, flessibile e user-friendly che ha avuto un impatto significativo nel mondo dello sviluppo web. La combinazione di funzionalità solide, ottimizzazioni delle prestazioni e supporto della community lo rende un'ottima scelta per molti sviluppatori.

9.1.3 Perché usare framework e librerie?

1. **Efficienza**: Uno dei principali vantaggi nell'utilizzare framework e librerie è la maggiore efficienza che offrono. Accelerano il processo di sviluppo mettendo a disposizione template e funzioni predefinite. Questa automazione delle attività ripetitive libera tempo prezioso, permettendo a chi sviluppa di concentrarsi sull'implementazione di funzionalità uniche e sull'innovazione. In pratica, meno tempo speso a scrivere codice boilerplate e più tempo per costruire le parti distintive di un'applicazione.
2. **Qualità**: Molti di questi framework e librerie sono il risultato del lavoro di team di sviluppo competenti e di community grandi e attive. Vengono continuamente sviluppati, migliorati e manutenuti, assicurando l'aderenza a standard elevati. Gli aggiornamenti e i miglioramenti costanti offrono la certezza di una base affidabile su cui costruire applicazioni.
3. **Scalabilità**: Man mano che le aziende crescono, anche il software deve adattarsi e crescere con loro. I framework includono pattern e strumenti progettati per rendere

la scalabilità delle applicazioni più gestibile e meno dispendiosa in termini di tempo. Forniscono l'infrastruttura necessaria a supportare la crescita delle applicazioni, assicurando che il software possa gestire carichi e complessità crescenti.

4. **Community e risorse**: Un vantaggio importante dei framework e delle librerie più diffusi è l'ampiezza delle loro community, spesso globali. Queste community contribuiscono a un'enorme quantità di risorse come tutorial, forum e plugin di terze parti. Tali risorse possono aiutare a risolvere un'ampia gamma di problemi: da quelli comuni, affrontati da molti sviluppatori, fino a sfide più rare e specifiche. Questo supporto può essere fondamentale, offrendo accesso a una grande base di conoscenze ed esperienze.

Esempio: Configurare una semplice applicazione React

React è diventato sinonimo di sviluppo web moderno grazie alla sua flessibilità e alla ricchezza del suo ecosistema. Ecco un esempio di base per configurare una semplice applicazione React:

```
# Install Create React App globally
npm install -g create-react-app

# Create a new React application
create-react-app my-react-app

# Navigate into your new application folder
cd my-react-app

# Start the development server
npm start
```

Seguendo queste istruzioni, avrai una nuova applicazione React configurata e pronta per lo sviluppo sul tuo computer locale.

Questa configurazione ti fornirà un'applicazione React "boilerplate" con supporto per hot reloading, funzionalità JavaScript moderne e una buona struttura sia per progetti piccoli sia per progetti grandi.

create-react-app è uno strumento da riga di comando (CLI) mantenuto dalla community open-source di Facebook che ti consente di generare una nuova applicazione React e usare una build webpack preconfigurata per lo sviluppo. Configura il tuo ambiente di sviluppo in modo che tu possa usare le ultime funzionalità JavaScript, offre una buona esperienza per chi sviluppa e ottimizza la tua app per la produzione.

Ecco una spiegazione di ciascun comando:

- **npm install -g create-react-app**: questo comando installa **create-react-app** globalmente sul tuo computer. **npm** è il gestore di pacchetti per Node.js, che è un ambiente di runtime che ti permette di eseguire JavaScript sul tuo computer. Il flag **g** installa il pacchetto a livello globale, rendendo il comando **create-react-app** disponibile da qualsiasi posizione nel terminale.
- **create-react-app my-react-app**: questo comando crea una nuova applicazione React con il nome "my-react-app". Quando esegui questo comando, **create-react-app** imposterà una nuova directory con il nome "my-react-app" e la riempirà con i file boilerplate necessari per eseguire un'applicazione React.
- **cd my-react-app**: questo comando ti sposta nella directory della nuova applicazione. **cd** significa "change directory", cioè cambia la directory corrente nel terminale portandoti nella cartella "my-react-app".
- **npm start**: questo comando avvia il server di sviluppo. Quando esegui un'applicazione React, questa gira su un server locale nel tuo ambiente di sviluppo (spesso chiamato "development server"). Questo comando avvia quel server e rende la nuova applicazione React disponibile da visualizzare nel browser.

Framework e librerie sono indispensabili nella cassetta degli attrezzi di chi sviluppa per il web. Non solo forniscono i mattoni fondamentali per creare applicazioni web avanzate, ma impongono anche best practice e pattern essenziali per la collaborazione in team e la scalabilità dei progetti.

9.1.4 Concetti avanzati di integrazione

Sviluppo modulare

I framework e le librerie JavaScript moderni supportano pratiche di sviluppo modulare, che consistono nel suddividere l'applicazione in componenti più piccoli e intercambiabili. Questo approccio migliora la riusabilità del codice e rende più semplice gestire codebase di grandi dimensioni.

Lo sviluppo modulare è una tecnica di progettazione software che suddivide il sistema in componenti più piccoli, indipendenti e intercambiabili, chiamati moduli. Ogni modulo è un'unità software separata che gestisce uno specifico pezzo di funzionalità all'interno del sistema complessivo.

Questo approccio allo sviluppo software presenta numerosi vantaggi.

In primo luogo, rende il codice più gestibile. Dividendo la codebase in parti più piccole, è più facile comprendere e lavorare su un singolo modulo senza perdersi nella complessità dell'intero sistema. Questo è particolarmente utile nei progetti grandi con più persone, perché consente a più sviluppatori di lavorare su moduli diversi contemporaneamente senza interferire con il lavoro altrui.

In secondo luogo, aumenta la riusabilità del codice. Una volta sviluppato, un modulo può essere utilizzato in varie parti dell'applicazione, riducendo la necessità di scrivere più volte lo stesso codice. Questo non solo fa risparmiare tempo di sviluppo, ma aiuta anche a mantenere coerenza in tutta l'applicazione.

In terzo luogo, lo sviluppo modulare favorisce la scalabilità. Man mano che l'applicazione cresce, è possibile aggiungere nuovi moduli senza interrompere il sistema esistente. Questo rende più facile estendere le funzionalità dell'applicazione e adattarla a requisiti che cambiano.

Infine, migliora test e manutenzione. Poiché ogni modulo è un'unità separata, può essere testato in modo indipendente. Questo rende più semplice isolare e correggere i bug. Inoltre, semplifica aggiornamenti e modifiche, perché i cambiamenti a un singolo modulo non influenzano l'intero sistema.

Nei framework JavaScript moderni come React, Angular e Vue.js, lo sviluppo modulare è parte integrante del design. Per esempio, in React l'applicazione è suddivisa in componenti (moduli) riutilizzabili che possono gestire il proprio stato e le proprie props. Allo stesso modo, Angular utilizza una struttura gerarchica di componenti per le sue applicazioni.

In sintesi, lo sviluppo modulare è una strategia efficace per gestire la complessità nei sistemi software di grandi dimensioni. Snellisce il processo di sviluppo, promuove il riuso del codice e la scalabilità, e migliora la manutenibilità, rendendolo un approccio molto diffuso nello sviluppo web moderno.

Esempio: In React, i componenti sono i mattoni fondamentali dell'applicazione. Ogni componente ha il proprio stato e le proprie props, rendendolo riutilizzabile e indipendente.

State Management

Le applicazioni complesse richiedono soluzioni efficienti di gestione dello stato per gestire i dati tra componenti diversi. Librerie come Redux per React o Vuex per Vue.js forniscono strumenti robusti per gestire lo stato su scala globale.

La gestione dello stato nello sviluppo web si riferisce al trattamento dei dati che possono essere modificati dalle interazioni dell'utente e dagli eventi di sistema all'interno di un'applicazione. Include l'archiviazione, la manipolazione e l'eliminazione dei dati lungo l'intero ciclo di vita di un'applicazione o di un componente.

In un'applicazione web, lo stato può rappresentare qualsiasi dato che può cambiare nel tempo e influenzare il comportamento o l'output dell'applicazione. Può trattarsi dello stato di accesso dell'utente, del contenuto di un carrello, dei dati di un form o di qualsiasi altra informazione di cui l'applicazione ha bisogno per funzionare.

La gestione dello stato può essere locale o globale. La gestione locale si riferisce a uno stato specifico di un singolo componente e che non influisce su altre parti dell'applicazione. Per esempio, il valore di input di un campo di un form è locale a quel campo e non influisce su altri componenti a meno che non venga condiviso esplicitamente.

La gestione globale, invece, riguarda dati condivisi tra più componenti. Un esempio è lo stato di accesso dell'utente, che può influenzare il comportamento dell'intera applicazione e deve essere accessibile da più componenti.

Gestire lo stato in modo efficiente è fondamentale per garantire che un'applicazione si comporti in modo coerente e prevedibile. Aiuta a tracciare le modifiche dei dati nel tempo e può facilitare attività di debug e di testing.

L'uso di librerie come Redux per React, Vuex per Vue.js o NgRx per Angular può semplificare notevolmente la gestione dello stato, soprattutto nelle applicazioni più grandi con requisiti di dati complessi. Queste librerie offrono uno store centralizzato per lo stato, accessibile in tutta l'applicazione, rendendo più facile tracciare e gestire le modifiche. Inoltre, forniscono vantaggi aggiuntivi come il time-travel debugging, il supporto ai middleware e altro ancora.

Esempio: Usare Redux in un'applicazione React per gestire uno stato globale come lo stato di autenticazione dell'utente, che deve essere accessibile da più componenti.

Server-Side Rendering (SSR)

Framework come Next.js (per React) e Nuxt.js (per Vue.js) consentono il rendering lato server delle applicazioni, che può migliorare in modo significativo prestazioni e SEO delle pagine web, servendo pagine completamente renderizzate dal server.

Il Server-Side Rendering (SSR) è una tecnica usata nello sviluppo web moderno che ottimizza le prestazioni di un sito e lo rende più compatibile con l'ottimizzazione per i motori di ricerca (SEO).

In una tipica single-page application (SPA), la maggior parte del rendering avviene lato client: il browser dell'utente scarica una pagina HTML minima, che viene poi popolata con JavaScript. Questo JavaScript si occupa di recuperare i dati e di costruire il markup HTML. Anche se questo approccio offre un'esperienza fluida, soprattutto quando i contenuti cambiano dinamicamente, presenta alcuni svantaggi. Il principale è che può portare a tempi di caricamento più lenti, perché il browser deve attendere che tutto il JavaScript venga scaricato ed eseguito prima di poter renderizzare completamente la pagina.

Inoltre, questo approccio può avere un impatto negativo sulla SEO, perché i crawler dei motori di ricerca potrebbero non renderizzare e comprendere completamente i contenuti aggiunti tramite JavaScript, con conseguente minore visibilità nei risultati di ricerca.

Il Server-Side Rendering affronta questi problemi spostando gran parte del lavoro di rendering sul server. Con l'SSR, quando un utente visita una pagina, il server genera l'HTML completo in risposta alla richiesta e lo invia al browser del client. In questo modo la pagina può essere resa più rapidamente rispetto al rendering lato client. L'utente vede una pagina completa non appena l'HTML è stato scaricato, ottenendo un tempo di caricamento percepito più veloce.

In più, poiché il server invia una pagina già renderizzata, tutto il contenuto risulta visibile ai motori di ricerca, il che può portare a un miglioramento della SEO.

In pratica, l'SSR viene implementato tramite framework specifici per librerie JavaScript, come Next.js per React e Nuxt.js per Vue.js. Questi framework forniscono strumenti e funzionalità che semplificano l'impostazione del rendering lato server nella tua applicazione.

In conclusione, il Server-Side Rendering è una tecnica preziosa per migliorare sia le prestazioni sia la SEO di un'applicazione web. Renderizzando la pagina sul server anziché sul client, l'SSR può offrire un'esperienza più veloce e più "SEO-friendly".

Esempio: Implementare Next.js in un progetto React per pre-renderizzare le pagine sul server, migliorando tempi di caricamento e SEO grazie alla consegna di contenuti già pronti da visualizzare a utenti e motori di ricerca.

9.1.5 Ottimizzazione delle prestazioni

Lazy Loading

Implementare il lazy loading può migliorare in modo significativo le prestazioni di un'applicazione, caricando le risorse solo quando sono effettivamente necessarie.

Il lazy loading è un pattern di progettazione comunemente usato in programmazione che rimanda l'inizializzazione di un oggetto o l'esecuzione di un processo complesso fino al momento in cui serve davvero. Questo può migliorare le prestazioni di un'applicazione riducendo il tempo di caricamento iniziale e preservando risorse di sistema come memoria e potenza di calcolo.

Nel contesto dello sviluppo web, il lazy loading viene spesso usato per rinviare il caricamento di risorse come immagini, script o persino intere sezioni di una pagina finché non diventano necessarie. Per esempio, quando un utente visita una pagina web, invece di caricare tutte le immagini in una sola volta, una tecnica di lazy loading potrebbe caricare solo le immagini immediatamente visibili nel viewport. Man mano che l'utente scorre verso il basso, le immagini aggiuntive vengono caricate "just in time", quando diventano visibili. Questo può accelerare notevolmente il caricamento iniziale della pagina, offrendo un'esperienza più veloce e reattiva.

Il lazy loading può essere applicato anche ad altre aree dello sviluppo software. Per esempio, nella programmazione orientata agli oggetti, un oggetto può essere predisposto con un placeholder o un proxy finché non è necessario l'oggetto completo, momento in cui viene inizializzato del tutto. Questo approccio è particolarmente utile quando la creazione dell'oggetto completo è un processo costoso in termini di risorse.

Il lazy loading è un pattern utile per migliorare prestazioni ed efficienza rimandando le operazioni più costose finché non sono assolutamente necessarie. Usandolo, chi sviluppa può creare applicazioni più veloci, più reattive e più efficienti nell'uso delle risorse di sistema.

Esempio: Usare **React.lazy** e **Suspense** in React per fare code splitting a livello di componente, così da caricare solo le funzionalità rivolte all'utente quando servono.

Code Splitting

La maggior parte dei framework moderni supporta il code splitting "out of the box", cioè la suddivisione del codice in bundle o chunk diversi che possono essere caricati on demand.

Il code splitting è una tecnica usata nello sviluppo web moderno che consente di dividere il codice in bundle o chunk separati, caricabili su richiesta o in parallelo.

Questo processo offre benefici rilevanti per prestazioni e tempi di caricamento. Quando un utente visita una pagina per la prima volta, invece di caricare l'intero bundle JavaScript dell'applicazione, vengono caricati solo i chunk necessari per la vista corrente. Questo riduce la quantità di dati da trasferire e da analizzare, portando a tempi di caricamento più rapidi e a un'esperienza più reattiva.

Quando l'utente naviga nell'applicazione, altri chunk di codice vengono caricati secondo necessità. Questo caricamento on demand è particolarmente utile per applicazioni grandi con molte route e funzionalità, perché garantisce che chi usa l'app scarichi solo il codice necessario per ciò che sta utilizzando in quel momento.

Inoltre, il code splitting può migliorare anche l'efficienza della cache. Poiché il codice è diviso in più bundle più piccoli, una modifica in una parte dell'applicazione non invalida l'intera cache, ma solo il chunk interessato. Questo significa che chi visita il sito deve scaricare solo il codice aggiornato, mentre le parti non modificate restano in cache dalle visite precedenti.

Molti framework JavaScript moderni e bundler, come React con Webpack o Vue.js con Vue CLI, supportano il code splitting in modo nativo. Per esempio, in un progetto Vue.js, è possibile configurare Webpack per usare import dinamici, che separano i componenti delle route in chunk diversi, caricati solo quando l'utente accede a quella route.

In conclusione, il code splitting è una tecnica potente che migliora prestazioni ed esperienza utente ottimizzando il caricamento e il caching del codice JavaScript.

Esempio: Configurare Webpack in un progetto Vue.js per usare import dinamici, dividendo i componenti delle route in chunk separati caricati solo quando l'utente accede alla route.

9.1.6 Framework e strumenti di testing

Il processo di scrittura di test unitari e di integrazione può essere notevolmente semplificato grazie all'integrazione di framework e strumenti di testing. Tra questi rientrano, a titolo di esempio, Jest, Mocha, Enzyme per applicazioni costruite con React, oppure Vue Test Utils per applicazioni basate su Vue.js. Questi strumenti non solo semplificano il processo di test, ma garantiscono anche la massima copertura e un rilevamento efficiente degli errori.

Inoltre, l'uso di piattaforme di continuous integration (CI) e continuous deployment (CD) è altamente vantaggioso. Queste piattaforme, come Jenkins, CircleCI o GitHub Actions, offrono un mezzo per automatizzare le procedure di test e di deployment. Questa automazione assicura che ogni commit o modifica apportata alla codebase venga testata e verificata, riducendo al minimo il rischio di errori o bug nell'ambiente di produzione.

In aggiunta, queste piattaforme garantiscono che le build stabili vengano distribuite automaticamente, snellendo in modo efficace il processo di rilascio e assicurando che gli utenti finali abbiano sempre accesso alla versione più recente e più stabile dell'applicazione.

Sebbene framework e librerie forniscano una base solida per costruire applicazioni, comprendere come utilizzare funzionalità avanzate e integrazioni è fondamentale per sviluppare applicazioni web ad alte prestazioni, scalabili e manutenibili. Man mano che approfondisci i singoli framework nelle sezioni successive, valuta in che modo l'architettura e le funzionalità di ciascun framework possano essere ottimizzate per soddisfare le esigenze specifiche del tuo progetto.

9.2 Fondamenti di React

React è una libreria JavaScript estremamente potente, progettata specificamente per costruire interfacce utente. La sua funzione principale — e il suo punto di forza — consiste nella capacità di creare applicazioni a pagina singola (single-page) dinamiche e altamente reattive, in cui una risposta rapida alle interazioni dell'utente è fondamentale. Nato dal team innovativo di Facebook, React si è ritagliato uno spazio di primo piano grazie alle sue capacità di rendering straordinariamente efficienti e alla sua architettura semplice e intuitiva, basata sui componenti.

In questa sezione intraprenderemo un percorso attraverso i concetti e le funzionalità fondamentali di React, con l'obiettivo di offrirti una comprensione solida di come utilizzare questo strumento in modo efficace. Il testo è pensato per aiutarti a muovere i primi passi nella creazione di interfacce utente interattive, funzionali ed esteticamente gradevoli. Partiremo dalle basi e arriveremo gradualmente a tecniche più avanzate, così da darti conoscenze e sicurezza per creare applicazioni React potenti e user-friendly.

9.2.1 Comprendere i componenti di React

In React, le applicazioni sono strutturate attorno ai componenti. Questi possono essere considerati i mattoni fondamentali di qualsiasi applicazione realizzata con React. Ogni componente in un'applicazione React funziona come un modulo distinto e autocontenuto. I componenti si occupano di gestire contenuti, presentazione e comportamento, rendendo la struttura dell'applicazione più ordinata e gestibile.

I componenti in React incapsulano tutta la logica necessaria al loro funzionamento. Questo include il rendering dell'interfaccia utente (UI), la gestione dello stato (i dati che possono cambiare nel tempo e influenzare il comportamento dell'applicazione) e la risposta alle interazioni dell'utente. Racchiudendo questa logica all'interno di ciascun componente, React facilita la creazione di applicazioni pulite, efficienti e scalabili.

In React esistono due tipi di componenti: i Componenti Funzionali e i Componenti di Classe. I componenti funzionali sono funzioni JavaScript che accettano proprietà (props) e restituiscono elementi HTML che descrivono come dovrebbe apparire la UI. I componenti di classe, invece, erano il metodo principale per creare componenti con logiche di stato complesse e metodi del ciclo di vita prima dell'introduzione degli Hook.

React utilizza anche un'estensione di sintassi per JavaScript chiamata JSX (JavaScript XML) per descrivere l'aspetto della UI. JSX ti permette di scrivere codice simile a HTML all'interno del JavaScript, rendendo il codice più leggibile e più facile da comprendere.

In React, lo stato è un oggetto che determina come un componente viene renderizzato e come si comporta. I componenti React possono avere uno stato locale, gestito tramite **useState** nei componenti funzionali oppure tramite **this.state** nei componenti di classe. I metodi del ciclo di vita nei componenti di classe e l'Hook **useEffect** nei componenti funzionali ti consentono di eseguire codice in momenti specifici del ciclo di vita del componente.

Gestire input e azioni dell'utente è una parte essenziale di qualsiasi applicazione. React semplifica la gestione degli eventi con il proprio sistema di eventi sintetici (synthetic events), garantendo coerenza tra i diversi browser.

In generale, comprendere i componenti React è fondamentale per sviluppare applicazioni con React. Il concetto di componenti consente di creare interfacce utente complesse usando porzioni di codice riutilizzabili, rendendo le applicazioni più facili da sviluppare e mantenere.

Tipi di componenti:

Componenti funzionali

Sono funzioni JavaScript che accettano proprietà (props) e restituiscono elementi HTML che descrivono la UI. Con l'introduzione degli Hook, i componenti funzionali possono anche gestire lo stato e altre funzionalità di React.

I componenti funzionali rappresentano un tipo specifico di architettura a componenti in React, una libreria JavaScript molto diffusa per costruire interfacce utente interattive. Si chiamano "funzionali" perché sono semplicemente funzioni JavaScript. A differenza dei componenti di classe, non estendono alcuna classe base, ma restituiscono HTML (tramite JSX) come risultato della funzione.

I componenti funzionali hanno guadagnato popolarità grazie alla loro semplicità e concisione. Sono meno verbosi, più facili da leggere e testare, e questo tende a ridurre la probabilità di introdurre bug. In molti casi, i componenti funzionali ricevono dati e li presentano, cioè si occupano principalmente della UI.

Nelle prime versioni di React, i componenti funzionali erano noti anche come componenti stateless, perché non avevano accesso allo stato o ai metodi del ciclo di vita. Tuttavia, con l'introduzione degli Hook in React 16.8, i componenti funzionali possono oggi gestire stato ed effetti collaterali (side effects), capacità che in precedenza erano esclusive dei componenti di classe.

Un vantaggio importante dei componenti funzionali è la possibilità di utilizzare gli hook integrati di React. Gli Hook permettono ai componenti funzionali di usare lo stato e altre funzionalità di

React senza dover scrivere una classe. Gli Hook **useState** e **useEffect** sono tra i più usati: consentono rispettivamente la gestione dello stato e l'esecuzione di logiche legate al ciclo di vita all'interno dei componenti funzionali.

Un esempio di un semplice componente funzionale potrebbe essere:

```
import React from 'react';

function Welcome(props) {
    return <h1>Hello, {props.name}!</h1>;
}

export default Welcome;
```

Questo è un semplice esempio di componente funzionale in React. Il componente è scritto in un linguaggio chiamato JSX (JavaScript XML), un'estensione di sintassi per JavaScript che ti consente di scrivere, nel tuo codice JavaScript, qualcosa che assomiglia a HTML.

Il componente è una funzione chiamata 'Welcome'. Come spesso accade con i componenti funzionali in React, questa funzione accetta un argomento chiamato 'props' (abbreviazione di properties, cioè proprietà). Queste proprietà sono, in sostanza, input del componente che possono essere usati per passargli dati. In questo caso, ci si aspetta che 'props' contenga una proprietà chiamata 'name'.

All'interno della funzione viene restituito un singolo elemento simile a HTML: un'intestazione 'h1'. Tra i tag di apertura e chiusura di questa intestazione, è scritta l'espressione {props.name}. Questo è un esempio di sintassi JSX, in cui è possibile incorporare espressioni JavaScript dentro il codice simile a HTML racchiudendole tra parentesi graffe. Qui l'espressione accede alla proprietà 'name' dell'oggetto 'props'.

Quando questo componente viene utilizzato in un'applicazione React, renderizzerà un'intestazione 'h1' con il contenuto "Hello, {name}!", dove {name} verrà sostituito con il valore passato come proprietà 'name' al componente 'Welcome'.

Infine, la riga 'export default Welcome' alla fine del codice usa il sistema di moduli di JavaScript per esportare la funzione 'Welcome' da questo file. La keyword 'default' indica che 'Welcome' è l'export predefinito del file, cioè può essere importato senza dover usare le parentesi graffe nell'istruzione di import. In questo modo il componente 'Welcome' diventa importabile e utilizzabile in altre parti dell'applicazione.

In sintesi, questo è un semplice componente funzionale React che accetta una proprietà 'name' e renderizza un messaggio di saluto con quel nome in un'intestazione 'h1'. Questo componente può essere riutilizzato ovunque serva un messaggio di saluto nell'applicazione.

Componenti di classe

Prima degli Hook, i componenti di classe erano il metodo principale per creare componenti in grado di gestire logiche di stato complesse e metodi del ciclo di vita.

Nel contesto di React, i componenti di classe sono classi JavaScript ES6 che estendono la classe **React.Component** importata dalla libreria React. **React.Component** è una classe base astratta che fornisce le funzionalità fondamentali dei componenti React, inclusi i metodi del ciclo di vita e la capacità di contenere e gestire lo stato.

I componenti di classe hanno un metodo **render** che restituisce un elemento React (tipicamente scritto in JSX, un'estensione di sintassi per JavaScript che assomiglia a HTML). Questo elemento **React** descrive ciò che dovrebbe apparire sullo schermo quando il componente viene renderizzato.

Una delle caratteristiche distintive dei componenti di classe è la loro capacità di avere uno stato locale. Lo stato in React è una struttura dati che contiene e gestisce dati che possono cambiare nel corso del ciclo di vita del componente e che influenzano comportamento e rendering del componente. Nei componenti di classe, lo stato viene inizializzato nel costruttore e può essere aggiornato usando il metodo **setState** fornito da **React.Component**.

Un'altra caratteristica importante dei componenti di classe sono i metodi del ciclo di vita. Si tratta di metodi speciali che vengono chiamati automaticamente durante diverse fasi del ciclo di vita di un componente, per esempio quando viene creato, aggiornato o distrutto. Questi metodi consentono a chi sviluppa di controllare cosa accade quando i componenti vengono montati, aggiornati o smontati, offrendo un elevato grado di controllo sul comportamento del componente.

Tuttavia, anche se i componenti di classe sono potenti, possono essere verbosi e complessi, soprattutto per chi è alle prime armi. Inoltre, l'introduzione degli Hook in React 16.8 ha reso possibile usare funzionalità di stato e di ciclo di vita anche nei componenti funzionali, rendendoli potenti quanto i componenti di classe e portando la community React a spostarsi verso i componenti funzionali.

Detto questo, comprendere i componenti di classe resta fondamentale, perché molte codebase React più datate e ancora in uso li utilizzano ampiamente, e continuano a essere una parte importante del modello a componenti di React.

9.2.3 JSX - JavaScript XML

JSX, che sta per JavaScript XML, è un'estensione di sintassi per JavaScript. È stata sviluppata ed è ampiamente utilizzata da React, una popolare libreria JavaScript per la creazione di interfacce utente. JSX non è un linguaggio di programmazione, ma consente agli sviluppatori di scrivere una sintassi simile a HTML direttamente nel codice JavaScript.

JSX rende più semplice e intuitivo creare e gestire HTML complesso e dinamico all'interno della tua applicazione JavaScript. Offre una sintassi più leggibile ed espressiva per strutturare il codice della UI e sfrutta la potenza e la flessibilità di JavaScript.

Uno degli aspetti distintivi di JSX è che non viene usato solo per il markup HTML. Può anche creare componenti definiti dall'utente, permettendo di comporre interfacce utente complesse a partire da componenti più piccoli e riutilizzabili. Questa architettura basata su componenti è al centro di librerie come React, e JSX vi svolge un ruolo fondamentale.

Un semplice esempio di codice JSX potrebbe essere questo:

```
const element = <h1 className="greeting">Hello, world!</h1>;
```

In questo esempio, JSX viene tradotto in una funzione JavaScript che crea un elemento HTML **h1** con la classe "greeting" e il testo "Hello, world!".

La cosa fondamentale da ricordare su JSX è che, alla fine, viene compilato in normale JavaScript. Sotto il cofano, la sintassi JSX viene trasformata in chiamate a **React.createElement()**, un metodo fornito dalla libreria React. Questa conversione viene di solito effettuata tramite un compilatore JavaScript come Babel.

Nonostante la sintassi simile a HTML, JSX mantiene tutta la potenza di JavaScript. Ti permette di incorporare qualsiasi espressione JavaScript tra parentesi graffe **{}** nel tuo codice JSX.

In conclusione, JSX è uno strumento potente per scrivere codice UI dichiarativo e basato su componenti in JavaScript. Unisce l'espressività di HTML con la potenza di JavaScript, offrendo un modo più intuitivo ed efficiente per costruire interfacce utente in JavaScript.

9.2.4 State and Lifecycle

In React, lo stato (state) è un oggetto che determina come un componente viene renderizzato e come si comporta. I componenti React possono avere uno stato locale, gestito tramite **useState** nei componenti funzionali oppure tramite **this.state** nei componenti di classe.

Lo "state" in React è un oggetto integrato che contiene i valori delle proprietà appartenenti a un componente. Quando l'oggetto state cambia, il componente viene renderizzato di nuovo. Lo state viene usato per dati che cambiano nel tempo o che influenzano il comportamento o il rendering del componente. Per esempio: input dell'utente, risposte del server e altro. Lo state viene inizializzato nel costruttore di un componente di classe, oppure usando l'Hook **useState** nei componenti funzionali. Gli aggiornamenti dello state avvengono tramite il metodo **setState** o tramite la funzione setter restituita da **useState**.

Il "lifecycle" (ciclo di vita) di un componente React si riferisce alle diverse fasi che un componente attraversa dalla sua creazione fino alla sua rimozione dal DOM. Ogni fase include metodi che React invoca in momenti specifici, permettendo di controllare cosa succede quando un componente viene montato, aggiornato o smontato. Nei componenti di classe, si tratta di metodi come **componentDidMount**, **componentDidUpdate** e **componentWillUnmount**. Con l'introduzione degli Hook in React, effetti simili possono essere ottenuti nei componenti funzionali usando l'Hook **useEffect**.

Comprendere questi concetti è fondamentale per gestire dati e comportamento nelle applicazioni React. Permettono di controllare il processo di rendering e di reagire ai cambiamenti di state o props, creando interfacce utente dinamiche e interattive.

Esempio di state in un componente funzionale:

```javascript
import React, { useState } from 'react';

function Counter() {
    const [count, setCount] = useState(0);

    const increment = () => {
        setCount(count + 1);
    };

    return (
        <div>
            <p>You clicked {count} times</p>
            <button onClick={increment}>Click me</button>
        </div>
    );
}
```

```
export default Counter;
```

Questo esempio utilizza la libreria React per creare un semplice componente contatore. Il codice mostra l'uso dei componenti funzionali di React e dell'hook **useState**, una funzionalità introdotta in React 16.8 che consente di aggiungere stato ai componenti funzionali.

Scomponiamo il codice:

1. L'istruzione **import React, { useState } from 'react';** viene usata per importare la libreria React e l'hook **useState** nel file.
2. **function Counter() { … }** definisce un componente funzionale chiamato **Counter**. In React, un componente può essere definito come una funzione che restituisce un elemento React. Questo elemento descrive ciò che dovrebbe apparire sullo schermo quando il componente viene renderizzato.
3. All'interno del componente **Counter**, **const [count, setCount] = useState(0);** usa l'hook **useState** per creare una nuova variabile di stato chiamata **count**. Questa variabile conterrà il conteggio corrente. L'hook **useState** restituisce anche una funzione (**setCount**) che possiamo usare per aggiornare lo stato **count**. L'argomento passato a **useState** (in questo caso, 0) è il valore iniziale dello stato.
4. **const increment = () => { … };** definisce una funzione chiamata **increment**. Questa funzione, quando viene chiamata, aggiorna lo stato **count** invocando **setCount(count + 1)**, aumentando di fatto **count** di 1.
5. L'istruzione **return** descrive l'output renderizzato del componente. Restituisce un elemento **div** che contiene un paragrafo e un pulsante. Il paragrafo mostra il conteggio corrente, inserito dinamicamente tramite le parentesi graffe. Il pulsante, quando viene cliccato, richiama la funzione **increment**, aumentando il conteggio.
6. La riga **export default Counter;** esporta il componente **Counter**, rendendolo disponibile per l'uso in altre parti dell'applicazione.

L'output di questo componente sullo schermo sarebbe un testo che visualizza "You clicked X times", dove X è il conteggio corrente, e un pulsante con scritto "Click me". Ogni volta che il pulsante viene cliccato, il conteggio aumenterebbe di 1.

Questo esempio di codice dimostra le basi della gestione dello stato in React usando l'hook **useState** e i componenti funzionali, entrambi centrali nello sviluppo React moderno.

I metodi del ciclo di vita nei componenti di classe permettono di eseguire codice in momenti specifici del ciclo di vita, come **componentDidMount**, **componentDidUpdate** e **componentWillUnmount**. Con gli Hook nei componenti funzionali, effetti simili si ottengono usando **useEffect**.

9.2.5 Gestione degli eventi

"Gestione degli eventi" si riferisce al processo di gestione e risposta alle interazioni dell'utente o agli eventi di sistema in un'applicazione software. Queste interazioni possono includere un'ampia varietà di azioni, come clic del mouse, pressione di tasti sulla tastiera, gesti touch o persino comandi vocali in alcune applicazioni. Gli eventi di sistema possono essere, ad esempio, la scadenza di un timer, un cambiamento di stato del sistema, la ricezione di dati da un server e così via.

Quando un utente interagisce con un'applicazione, vengono creati eventi che vengono poi "dispatchati" per essere gestiti dall'applicazione. Per esempio, quando un utente clicca un pulsante, viene generato un evento di click. L'applicazione deve quindi decidere come rispondere a quell'evento: è qui che entra in gioco la gestione degli eventi. La risposta potrebbe essere qualunque cosa, dall'apertura di una nuova finestra, al recupero di dati, al cambiamento dello stato dell'applicazione e altro ancora.

Nel contesto di JavaScript e delle applicazioni web, la gestione degli eventi è spesso associata a specifici elementi HTML. Per esempio, un elemento **button** potrebbe avere un gestore dell'evento click che attiva una funzione quando il pulsante viene premuto.

In framework JavaScript come React, la gestione degli eventi avviene tramite i cosiddetti Synthetic Events. Il sistema di Synthetic Events di React è un wrapper cross-browser del sistema di eventi nativo del browser, che garantisce che gli eventi abbiano proprietà coerenti tra browser diversi.

Ecco un esempio di gestione degli eventi in React:

```javascript
function ActionLink() {
    const handleClick = (e) => {
        e.preventDefault();
        console.log('The link was clicked.');
    };

    return (
        <a href="#" onClick={handleClick}>
            Click me
        </a>
    );
}
```

Questo esempio dimostra la creazione di un componente funzionale in React. Il componente specifico illustrato nel codice si chiama 'ActionLink'. Si tratta di un componente funzionale in

React. I componenti funzionali sono un modo più semplice per scrivere componenti in React: sono semplicemente funzioni JavaScript che restituiscono elementi React.

Il componente **ActionLink** è definito come una funzione JavaScript:

```
function ActionLink() {
    ...
}
```

All'interno della funzione **ActionLink**, viene definita un'altra funzione chiamata **handleClick**:

```
const handleClick = (e) => {
    e.preventDefault();
    console.log('The link was clicked.');
};
```

Questa funzione **handleClick** è un gestore (event handler) per gli eventi di click. Accetta un oggetto evento **e** come argomento. Questo oggetto **e** rappresenta l'evento che si è verificato. Il metodo **preventDefault** viene chiamato sull'oggetto evento per impedire che venga eseguita l'azione predefinita associata a quell'evento. In questo caso, impedisce l'azione predefinita di un click su un link, cioè la navigazione verso un nuovo URL.

Invece di navigare verso un nuovo URL, la funzione registra 'The link was clicked.' nella console. Questo avviene tramite il metodo **console.log**, che stampa il messaggio fornito nella console del browser.

Infine, il componente **ActionLink** restituisce un elemento JSX:

```
return (
    <a href="#" onClick={handleClick}>
        Click me
    </a>
);
```

JSX è un'estensione di sintassi per JavaScript usata con React per descrivere l'aspetto della UI. L'elemento JSX restituito è un tag di ancoraggio (anchor), che di solito viene usato per creare link.

L'attributo **onClick** è una prop speciale in React che viene usata per gestire gli eventi di click. La funzione **handleClick** viene passata alla prop **onClick**. Questo significa che, quando il link viene cliccato, verrà eseguita la funzione **handleClick**.

In sintesi, questo componente **ActionLink**, quando viene usato in un'applicazione React, renderizzerà un link con la scritta 'Click me'. Quando questo link viene cliccato, invece di navigare verso un nuovo URL (che è il comportamento predefinito dei link), registrerà 'The link was clicked.' nella console.

React offre un ricco insieme di funzionalità che lo rendono ideale per sviluppare interfacce utente complesse con meno codice e maggiore riusabilità. Partendo da queste basi — componenti, JSX, state, metodi del ciclo di vita e gestione degli eventi — ora hai le conoscenze fondamentali per approfondire funzionalità e pattern React più avanzati.

Se vuoi approfondire React, dai un'occhiata agli altri libri pubblicati su: https://www.cuantum.tech/books. Valuta il nostro libro dedicato a React, oppure segui il nostro intero percorso di apprendimento sullo sviluppo web per padroneggiare lo sviluppo web moderno.**

9.3 Fondamenti di Vue

Vue.js, comunemente chiamato Vue, è un framework JavaScript progressivo utilizzato principalmente per costruire interfacce utente. A differenza di altri framework monolitici che possono risultare opprimenti, Vue.js è progettato con cura per essere adottato in modo incrementale fin dalle basi.

La filosofia di design di Vue.js è semplice: si concentra esclusivamente sul livello di presentazione (view layer). Questo lo rende estremamente flessibile e facile da integrare con altre librerie o persino con progetti già esistenti. Non impone una struttura rigida e consente agli sviluppatori di organizzare il codice come preferiscono, il che può essere un grande vantaggio per progetti che richiedono un certo livello di personalizzazione.

Oltre alla sua semplicità e flessibilità, Vue.js è anche uno strumento potente per creare Single-Page Application (SPA) sofisticate. Se usato insieme a tooling moderno e librerie di supporto, Vue.js è perfettamente in grado di gestire progetti su larga scala. È un framework versatile e flessibile che può adattarsi a un'ampia gamma di progetti, dai siti piccoli e semplici fino ad applicazioni web grandi e complesse.

9.3.1 Comprendere i componenti di Vue

Al suo cuore, Vue si basa su un'architettura a componenti, molto simile a React. I componenti sono istanze Vue riutilizzabili dotate di un nome e incapsulano template, logica e stili in modo granulare.

Vue.js, spesso abbreviato in Vue, è un framework JavaScript progressivo usato principalmente per costruire interfacce utente. A differenza di altri framework monolitici, Vue è pensato per essere adottato gradualmente e si concentra solo sul view layer, rendendo semplice l'integrazione con altre librerie o con progetti già esistenti.

Al centro dell'architettura di Vue ci sono i componenti. Si tratta di istanze Vue riutilizzabili con un nome e svolgono un ruolo cruciale nella costruzione di applicazioni Vue. I componenti in Vue incapsulano template, logica e stili in modo autocontenuto e riutilizzabile. Questa incapsulazione rende più semplice creare interfacce utente complesse a partire da parti più piccole e gestibili.

Un componente Vue ha tre parti principali:

1. Il "template", che contiene il markup HTML con direttive e binding. Questi collegano il template ai dati sottostanti del componente.
2. Lo "script", che definisce la logica del componente. Include le sue proprietà data, le computed properties, i metodi e altro ancora.
3. Lo "style", che descrive l'aspetto visivo del componente.

Creare un componente Vue implica definire queste tre parti in un file .vue. Una volta definito, il componente può essere riutilizzato in tutta l'applicazione.

Comprendere come creare e usare i componenti Vue è una parte fondamentale per padroneggiare Vue.js. Man mano che diventi più a tuo agio con i componenti Vue, sarai in grado di costruire applicazioni Vue più complesse e interattive.

Esempio di un semplice componente Vue:

```
<template>
  <div>
    <h1>Hello, {{ name }}!</h1>
  </div>
</template>

<script>
export default {
```

```
  data() {
    return {
      name: 'Vue World'
    };
  }
}
</script>

<style>
h1 {
  color: blue;
}
</style>
```

Questo componente Vue include tre sezioni:

- **template**: Contiene il markup HTML con direttive e binding che collegano il template ai dati sottostanti del componente.
- **script**: Definisce la logica del componente, incluse le sue proprietà dei dati, proprietà computate, metodi e altro.
- **style**: Descrive l'aspetto visivo del componente.

Ora, analizziamo il codice:

1. **<template>**: Questa sezione contiene la struttura HTML del componente Vue. All'interno del **<template>**, abbiamo un **div** contenente un tag **h1**. All'interno del tag **h1**, abbiamo "Hello, {{ name }}!". Qui, **{{ name }}** è un placeholder per una variabile chiamata **name**. Questo è un esempio del rendering dichiarativo di Vue, dove il risultato renderizzato verrà aggiornato quando il dato **name** cambia.
2. **<script>**: Questa sezione contiene il codice JavaScript che controlla il comportamento del componente. All'interno del **<script>**, definiamo ed esportiamo un oggetto JavaScript, che è la definizione del componente Vue. La funzione **data** restituisce l'oggetto dati reattivo del componente. In questo caso, restituisce un oggetto con una proprietà: **name**, che ha il valore 'Vue World'. Questo valore **name** è ciò che viene renderizzato nel placeholder **{{ name }}** nel template.
3. **<style>**: Questa sezione contiene le regole CSS per il componente Vue. Qui, abbiamo una regola che imposta il colore del testo degli elementi **h1** su blu.

Quindi, quando questo componente Vue viene renderizzato, produrrà un'intestazione blu con scritto "Hello, Vue World!". La potenza dei componenti Vue.js deriva dalla loro riutilizzabilità: questo componente può essere riutilizzato ovunque sia necessario un messaggio di saluto nell'applicazione, e il **name** può essere facilmente modificato per salutare diverse entità.

9.3.2 L'Istanza Vue

Ogni applicazione Vue inizia creando una nuova istanza Vue con il metodo **Vue.createApp**, che funge da radice di un'applicazione Vue.

L'Istanza Vue, indicata come **Vue.createApp** in Vue 3, è un aspetto fondamentale del framework Vue.js. È il principale elemento costitutivo delle applicazioni Vue ed è il punto di partenza quando si costruisce un'app con Vue.js.

Quando si crea un'istanza Vue, si passa un oggetto di opzioni che include proprietà dichiarative come **data**, **methods**, **computed**, **watch**, **components** e lifecycle hooks come **created**, **mounted**, **updated** e **destroyed**.

L'opzione **data** contiene l'oggetto dati dell'istanza Vue. Ogni proprietà dichiarata nell'oggetto dati sarà reattiva, il che significa che se il suo valore cambia, l'istanza Vue si aggiornerà per riflettere i cambiamenti.

I **methods** sono funzioni che possono essere invocate dall'interno dell'istanza Vue o nella parte DOM del componente. Sono spesso utilizzati per la gestione degli eventi (come l'input dell'utente).

Le proprietà **computed** sono funzioni utilizzate per calcolare uno stato derivato basato sui dati dell'istanza. Queste proprietà sono memorizzate nella cache in base alle loro dipendenze e vengono rivalutate solo quando una dipendenza cambia.

L'opzione **watch** consente operazioni asincrone o costose in risposta al cambiamento dei dati. Questo è molto utile quando si desidera eseguire un'operazione quando un particolare dato cambia.

L'opzione **components** è il punto in cui si dichiarano i componenti che possono essere utilizzati all'interno del template dell'istanza Vue.

I lifecycle hooks sono metodi speciali che forniscono visibilità sul ciclo di vita di un'istanza Vue dalla creazione alla distruzione. Consentono di eseguire codice in fasi specifiche del ciclo di vita di un'Istanza Vue.

In poche parole, un'Istanza Vue è la radice di ogni applicazione Vue ed è creata istanziando Vue con il metodo **Vue.createApp()**. Fornisce la funzionalità necessaria per costruire un'applicazione Vue reattiva e funge da collante che tiene insieme un'applicazione Vue.

Esempio di Creazione di un'Istanza Vue:

```javascript
const App = Vue.createApp({
  data() {
    return {
      greeting: 'Hello Vue!'
    };
  }
});


App.mount('#app');
```

Questo snippet inizializza una nuova applicazione Vue e la monta su un elemento del DOM con l'id **app**.

Ecco una spiegazione passo dopo passo di ciò che fa il codice:

1. **const App = Vue.createApp({})**: questa riga inizializza una nuova applicazione Vue. Il metodo **createApp** crea una nuova applicazione e restituisce un'istanza dell'applicazione, che viene salvata nella costante **App**.
2. All'interno del metodo **createApp**, viene passato come argomento un oggetto. Questo oggetto, spesso chiamato "options object", definisce le proprietà dell'istanza Vue.
3. Nell'options object viene definita una funzione **data**. Questa funzione restituisce un oggetto che rappresenta lo stato locale del componente, cioè i dati reattivi che il componente utilizzerà.
4. In questo caso, l'oggetto dati è composto da una sola proprietà, **greeting**, inizializzata con la stringa 'Hello Vue!'. Questa proprietà **greeting** può ora essere letta e modificata dall'istanza Vue, e ogni cambiamento aggiornerà automaticamente le parti rilevanti del DOM.
5. **App.mount('#app')**: questa riga dice a Vue di montare l'applicazione su un elemento HTML. L'argomento **'#app'** è un selettore CSS che individua l'elemento HTML che fungerà da punto di mount per l'applicazione Vue. Questo elemento è la radice dell'applicazione Vue. In questo caso, l'applicazione viene montata su un elemento con id 'app'.

In conclusione, questo script crea una semplice applicazione Vue con un singolo dato reattivo, 'greeting', e la monta su un elemento del DOM con id 'app'. Questo pattern di base — creare un'istanza dell'applicazione, definirne i dati e poi montarla nel DOM — è comune nelle applicazioni Vue.

9.3.3 Direttive e data binding

"Direttive e data binding" è un concetto importante nei moderni framework JavaScript come Vue.js e Angular.

Le direttive sono attributi speciali con il prefisso "v-" che puoi includere nei tag HTML. Vengono usate per applicare un comportamento reattivo al DOM (Document Object Model) renderizzato. In altre parole, le direttive estendono le funzionalità dell'HTML permettendoti di creare contenuti dinamici in base ai dati della tua applicazione.

Un esempio di direttiva è v-if, che renderizza un elemento in modo condizionale in base alla veridicità (truthiness) della proprietà dei dati a cui è legata. Un altro esempio è v-for, che renderizza una lista di elementi in base a un array presente nei tuoi dati.

Il data binding, invece, è una tecnica che stabilisce una connessione tra l'interfaccia utente (UI) dell'applicazione e i suoi dati. Questa connessione assicura che qualsiasi cambiamento ai dati si rifletta automaticamente sulla UI e viceversa.

Una delle direttive più comuni per il data binding in Vue.js è v-model, che crea un data binding bidirezionale sugli elementi di input e textarea dei form. Questo significa che non solo la UI si aggiorna quando i dati cambiano, ma anche i dati cambiano quando la UI viene aggiornata.

Questi due concetti svolgono un ruolo cruciale nello sviluppo di applicazioni web interattive, perché consentono a chi sviluppa di creare interfacce utente dinamiche e reattive con meno codice.

Vue usa le direttive per fornire funzionalità alle applicazioni HTML, e queste direttive offrono un modo per applicare reattivamente effetti collaterali (side effects) al DOM quando lo stato dell'applicazione cambia.

- **v-bind**: è una direttiva di Vue.js che viene usata per associare (bind) un attributo o una prop di un componente a un'espressione. La direttiva **v-bind** crea una connessione tra i dati della tua applicazione Vue e l'attributo o la prop che stai associando. Questo significa che, se i dati cambiano, l'attributo o la prop si aggiorneranno automaticamente per riflettere quel cambiamento. È un modo per dire "mantieni questo attributo o questa prop sincronizzati con il valore corrente di questa espressione". Per esempio, se volessi associare l'attributo 'title' di un elemento HTML a una proprietà presente nei dati della tua istanza Vue, potresti usare **v-bind:title="myTitle"**. Poi, ogni volta che **myTitle** cambia, l'attributo 'title' su quell'elemento verrà aggiornato per riflettere il nuovo valore.

- **v-model**: questa direttiva in Vue.js crea un data binding bidirezionale su elementi di input, textarea o select dei form. Questo significa che non solo aggiorna la vista quando il modello cambia, ma aggiorna anche il modello quando la vista viene aggiornata. In altre parole, **v-model** offre un modo per mantenere dati e vista sincronizzati in entrambe le direzioni. Per esempio, se hai un elemento di input e vuoi mantenerne il valore sincronizzato con una proprietà nei dati della tua istanza Vue, puoi usare **v-model="myInput"**. In questo modo, ogni volta che chi usa l'app modifica l'input, **myInput** verrà aggiornato con il nuovo valore, e viceversa: se **myInput** cambia, il valore dell'input verrà aggiornato per riflettere il nuovo valore.

Usando queste direttive, Vue.js ti permette di creare applicazioni web dinamiche e responsive, in cui la vista si aggiorna automaticamente per riflettere i cambiamenti dei dati, e i dati possono essere aggiornati in base alle interazioni dell'utente con la vista.

Esempio di data binding:

```
<div id="app">
  <input v-model="message" placeholder="edit me">
  <p>The message is: {{ message }}</p>
</div>

<script>
Vue.createApp({
  data() {
    return {
      message: 'Hello Vue!'
    };
  }
}).mount('#app');
</script>
```

Questo esempio mostra come **v-model** possa essere utilizzato per creare un data binding bidirezionale su un elemento **input** in modo che non solo visualizzi il valore di **message**, ma lo aggiorni anche ogni volta che l'utente modifica l'input.

L'applicazione consiste in un singolo elemento **div** con un **id** pari a 'app'. All'interno di questo **div**, ci sono due elementi: un campo **input** e un tag **p** (paragrafo). Il campo **input** ha una direttiva **v-model** che lo collega a una proprietà dati chiamata 'message'. Questo significa che qualsiasi modifica effettuata nel campo input aggiornerà automaticamente la proprietà dati 'message', e viceversa. Il testo placeholder del campo input è 'edit me'.

Il tag **p** contiene un placeholder - **{{ message }}**. Questa sintassi viene utilizzata in Vue.js per mostrare dati reattivi. In questo caso, sta mostrando il valore della proprietà dati 'message'.

Poiché questa proprietà dati 'message' è collegata al campo input tramite **v-model**, qualsiasi modifica effettuata nel campo input verrà riflessa nel testo del paragrafo.

La sezione script dell'applicazione è dove l'istanza Vue viene creata e montata. La funzione **Vue.createApp** viene utilizzata per creare una nuova istanza Vue. All'interno di questa funzione, viene definita una funzione data, che restituisce lo stato iniziale dei dati dell'applicazione. In questo caso, restituisce un oggetto con una singola proprietà - 'message', che viene inizializzata con la stringa 'Hello Vue!'.

Successivamente viene chiamato il metodo **mount** sull'istanza Vue, passando '#app' come argomento. Questo dice a Vue di montare l'applicazione sull'elemento HTML con l'id 'app'. Questo elemento funge da elemento radice dell'applicazione Vue.

In sintesi, questa è una semplice applicazione Vue.js che dimostra l'uso della direttiva **v-model** per creare un data binding bidirezionale tra un campo input e una proprietà dati. Questo consente a qualsiasi modifica nel campo input di aggiornare automaticamente la proprietà dati e a qualsiasi modifica nella proprietà dati di aggiornare automaticamente il contenuto del campo input.

9.3.4 Gestione degli Eventi

"Gestione degli Eventi" si riferisce al processo di gestione e risposta alle interazioni dell'utente o agli eventi di sistema in un'applicazione software. Queste interazioni possono includere una vasta varietà di azioni, come clic del mouse, pressioni di tasti sulla tastiera, gesture touch o persino comandi vocali in alcune applicazioni. Gli eventi di sistema possono essere qualsiasi cosa, dallo scadere di un timer, al cambiamento dello stato del sistema, alla ricezione di dati da un server, e così via.

Quando un utente interagisce con un'applicazione, vengono creati e inviati eventi che devono essere gestiti dall'applicazione. Ad esempio, quando un utente clicca un pulsante, viene generato un evento di click. L'applicazione deve quindi decidere come rispondere a questo evento, ed è qui che entra in gioco la gestione degli eventi. Questa risposta potrebbe essere qualsiasi cosa, dall'apertura di una nuova finestra, al recupero di dati, al cambiamento dello stato dell'applicazione e altro ancora.

Nel contesto di JavaScript e delle applicazioni web, la gestione degli eventi è spesso associata a specifici elementi HTML. Ad esempio, un elemento button potrebbe avere un gestore di eventi click che attiva una funzione quando il pulsante viene cliccato.

In framework JavaScript come React, la gestione degli eventi viene effettuata utilizzando i cosiddetti Synthetic Events. Il sistema Synthetic Event di React è un wrapper cross-browser attorno al sistema di eventi nativo del browser, che garantisce che gli eventi abbiano proprietà coerenti tra diversi browser.

Vue.js offre una funzionalità nota come direttive. Una di queste direttive è **v-on**, che serve allo scopo di ascoltare eventi DOM (Document Object Model). La funzione principale di questa direttiva **v-on** è eseguire specifico codice JavaScript ogni volta che questi eventi DOM vengono attivati. Questa funzionalità è particolarmente utile nello sviluppo web dinamico e interattivo, consentendo agli sviluppatori di creare esperienze più reattive.

Esempio di Gestione degli Eventi Click:

```html
<div id="event-example">
  <button v-on:click="count++">Click me</button>
  <p>Times clicked: {{ count }}</p>
</div>

<script>
Vue.createApp({
  data() {
    return {
      count: 0
    };
  }
}).mount('#event-example');
</script>
```

In questo esempio, la direttiva **v-on:click** dice a Vue di incrementare la proprietà di dati **count** ogni volta che il pulsante viene cliccato.

Lo script crea un elemento della pagina web composto da un pulsante e da un paragrafo di testo. Il pulsante è etichettato "Click me". Questo pulsante è configurato con un event listener tramite la direttiva **v-on:click** di Vue. Questa direttiva dice a Vue.js di ascoltare gli eventi di click sul pulsante e, ogni volta che si verifica un click, la proprietà di dati **count** viene incrementata di uno.

La proprietà di dati **count** viene inizialmente impostata a zero quando l'app Vue viene creata. Questa proprietà è reattiva, cioè ogni volta che il suo valore cambia, Vue.js aggiorna automaticamente il DOM per riflettere il nuovo valore.

Il paragrafo di testo mostra la stringa "Times clicked: " seguita dal valore corrente della proprietà di dati **count**. Poiché **count** è una proprietà reattiva, il testo in questo paragrafo si aggiornerà automaticamente a ogni click del pulsante, mostrando il conteggio aggiornato.

In sintesi, questo script dimostra un aspetto semplice ma fondamentale di Vue.js (e di molti altri framework JavaScript): la capacità di rispondere alle interazioni dell'utente con un comportamento dinamico. In questo caso, l'interazione è un click su un pulsante e il comportamento dinamico è l'incremento di un contatore e l'aggiornamento automatico del valore mostrato.

Il design di Vue è incentrato su semplicità e flessibilità. Offre una curva di apprendimento graduale e può essere una scelta adatta sia per chi è alle prime armi sia per chi ha più esperienza. Il sistema di base è lineare, ma anche estremamente adattabile e consente personalizzazioni potenti con un overhead minimo. Man mano che continui a esplorare Vue, valuta di sfruttare il suo ampio ecosistema di plugin e librerie della community per estendere ulteriormente le tue applicazioni.

9.4 Fondamenti di Angular

Angular è una piattaforma altamente dinamica e un framework esteso per la costruzione di applicazioni client-side. Utilizza HTML e TypeScript, linguaggi di programmazione versatili che ne potenziano ulteriormente le capacità. Angular è stato sviluppato ed è mantenuto continuamente da Google, il che lo rende un framework affidabile e robusto per chi sviluppa.

Essendo uno dei framework frontend più completi disponibili oggi, Angular offre una miriade di strumenti solidi e funzionalità notevoli per creare applicazioni complesse e ad alte prestazioni. È una soluzione sofisticata che risponde alle esigenze dello sviluppo web moderno, offrendo un'esperienza fluida sia a chi sviluppa sia a chi usa le applicazioni.

Uno dei motivi per cui Angular si distingue da altri framework è la sua forte impostazione architetturale. Questa struttura solida consente di creare applicazioni scalabili che possono gestire carichi elevati mantenendo alte prestazioni. Il suo ricco set di funzionalità include anche una gamma di componenti e strumenti pensati per semplificare compiti complessi e aumentare la produttività.

Un altro aspetto significativo di Angular è il suo ecosistema vivace. Ha una community ampia e attiva di sviluppatori in tutto il mondo che contribuisce al suo sviluppo e miglioramento continui, offrendo risorse, spunti e supporto preziosi ad altri utenti.

Questa sezione mira a introdurre i concetti fondamentali che sono alla base di Angular. Comprendendo questi principi, puoi iniziare a costruire applicazioni efficaci con questo potente framework. Che tu sia agli inizi e voglia cominciare con lo sviluppo frontend o che tu abbia già esperienza e voglia migliorare le tue competenze, Angular è uno strumento versatile e potente che può aiutarti a raggiungere i tuoi obiettivi.

9.4.1 Panoramica dell'architettura di Angular

Angular è costruito attorno a un'architettura di alto livello che usa una gerarchia di componenti come principale caratteristica architetturale. Sfrutta anche i servizi, che forniscono funzionalità specifiche non direttamente legate alle viste e che possono essere iniettati nei componenti come dipendenze.

Alcuni dei concetti chiave dell'architettura di Angular includono:

- **Moduli**
- **Componenti**
- **Template**
- **Servizi**
- **Dependency Injection (DI)**

Comprendere questi concetti chiave aiuta a creare applicazioni efficaci con questo potente framework. Angular è uno strumento versatile e potente che può aiutarti a raggiungere i tuoi obiettivi, sia che tu stia iniziando sia che tu voglia migliorare le tue competenze.

Concetti chiave:

Moduli

Le applicazioni Angular sono modulari per natura. Questo significa che sono composte da diversi moduli, ciascuno responsabile di una specifica funzionalità o area dell'applicazione. Questa modularità aiuta a organizzare il codice, rendendolo più manutenibile, riutilizzabile e più facile da comprendere.

Angular ha sviluppato un proprio sistema di modularità, chiamato NgModule. Un NgModule è un modo per raggruppare componenti, direttive, pipe e servizi correlati, in modo che possano essere combinati con altri NgModule per creare un'intera applicazione.

Ogni applicazione Angular ha almeno un NgModule, il modulo root, che convenzionalmente si chiama AppModule. Il modulo root fornisce il meccanismo di bootstrap che avvia l'applicazione. È il modulo base con cui il framework Angular crea il contesto o l'ambiente dell'applicazione.

Gli NgModule possono importare funzionalità da altri NgModule, proprio come i moduli JavaScript. Possono anche dichiarare i propri componenti, direttive, pipe e servizi. I componenti definiscono le viste, che sono insiemi di elementi dello schermo che Angular può scegliere e modificare in base alla logica del programma e ai dati.

Le direttive forniscono la logica del programma e i servizi necessari all'applicazione possono essere aggiunti ai componenti come dipendenze, rendendo il codice modulare, riutilizzabile ed efficiente. Le pipe trasformano i valori visualizzati all'interno di un template.

In sintesi, i moduli in Angular agiscono come mattoni fondamentali dell'applicazione e svolgono un ruolo cruciale nella sua strutturazione e nel suo avvio.

Componenti

Ogni applicazione Angular ha almeno un componente: il componente root (radice). In Angular, i componenti fungono da controller per i template (i livelli di vista) e gestiscono l'interazione della vista con vari servizi e con altri componenti.

I componenti sono i principali mattoni delle applicazioni Angular e svolgono un ruolo fondamentale nel definire la struttura dell'applicazione. Ogni applicazione Angular è composta da un albero di componenti, a partire da almeno un componente root. Questo componente root funge da punto di ingresso per la logica dell'applicazione ed è il primo componente che Angular crea e inserisce nel DOM (Document Object Model) quando l'applicazione inizia a essere eseguita.

In Angular, i componenti sono essenzialmente classi che interagiscono con il file **.html** del componente, che viene visualizzato nel browser. Le responsabilità principali di un componente Angular sono incapsulare i dati, la struttura HTML e la logica della sezione di schermo che controlla. I componenti fungono da controller per i template associati (livelli di vista) e gestiscono l'interazione di questi livelli di vista con vari servizi e con altri componenti.

Ogni componente in Angular può essere visto come una porzione specifica della UI (User Interface) dell'applicazione. I componenti possono contenere altri componenti, creando così una struttura gerarchica che organizza in modo ordinato le funzionalità dell'applicazione in parti gestibili e modulari. Questa struttura gerarchica rispecchia anche la struttura del DOM, rendendo l'applicazione più intuitiva e più facile da comprendere.

Inoltre, i componenti gestiscono dati e funzionalità e possono reagire all'input dell'utente e ad altri eventi. Incapsulano i dati e il comportamento di cui l'applicazione ha bisogno per visualizzare la vista e rispondere alle interazioni dell'utente. Questa incapsulazione rende i componenti riutilizzabili, perché possono essere inseriti in diverse parti della UI dell'applicazione, o persino in applicazioni diverse, senza dover duplicare il codice.

I componenti in Angular sono strumenti potenti e flessibili per costruire applicazioni web dinamiche e interattive. Offrono i mezzi per definire elementi personalizzati e riutilizzabili che incapsulano il proprio comportamento e la propria logica di rendering, semplificando in modo significativo la costruzione di interfacce utente complesse.

Template

I template in Angular sono una parte cruciale della struttura dell'applicazione. Definiscono le viste dell'applicazione. Le viste sono ciò che gli utenti vedono e con cui interagiscono nel browser. Rappresentano l'interfaccia utente di un'applicazione Angular.

Questi template sono scritti in HTML. Tuttavia, non sono semplice HTML: incorporano elementi e attributi specifici di Angular, che vengono analizzati da Angular e poi trasformati nel Document Object Model (DOM), che rappresenta la struttura del sito web. È questo processo che consente ad Angular di fornire funzionalità dinamiche e interattive nelle applicazioni.

I template Angular possono includere istruzioni di controllo del flusso, data binding, gestione dell'input dell'utente e molte altre funzionalità. I costrutti di controllo del flusso, come cicli e condizioni, consentono agli sviluppatori di manipolare dinamicamente la struttura del DOM. Il data binding permette la sincronizzazione dei dati tra il modello (JavaScript) e la vista (HTML). La gestione dell'input dell'utente consente ai template di reagire alle interazioni dell'utente.

Inoltre, questi template possono anche sfruttare le direttive di Angular. Le direttive sono funzioni che vengono eseguite ogni volta che il compilatore di Angular le trova nel DOM. Queste direttive possono manipolare il DOM, controllare il layout, creare componenti riutilizzabili o persino estendere la sintassi dell'HTML.

In sintesi, i template in Angular sono molto più che HTML statico: sono dinamici, reattivi e altamente personalizzabili, offrendo agli sviluppatori uno strumento potente per creare interfacce utente ricche e interattive.

Servizi

Nel contesto dello sviluppo software, soprattutto all'interno di framework come Angular, i "servizi" (services) si riferiscono a una componente architetturale fondamentale. I servizi incapsulano logica di business riutilizzabile che è separata dalla vista, cioè la parte dell'applicazione con cui l'utente interagisce.

Per "logica di business" si intendono le regole, i flussi di lavoro e le procedure che un'applicazione utilizza per manipolare ed elaborare i dati. Questo può includere calcoli, trasformazioni dei dati, interazioni con database e altre funzioni centrali dell'applicazione.

Ciò che rende unici i servizi è il fatto che sono progettati per essere indipendenti dalle viste. Questa indipendenza li rende riutilizzabili, cioè possono essere utilizzati in diverse parti dell'applicazione senza dover riscrivere la stessa logica più volte.

I servizi vengono iniettati nei componenti come dipendenze, un processo che fornisce ai componenti le funzionalità necessarie per svolgere i propri compiti. In Angular, questo avviene tramite un meccanismo chiamato Dependency Injection (DI). La DI è un design pattern in cui una classe riceve le proprie dipendenze da una fonte esterna, invece di crearle al proprio interno.

Iniettando i servizi nei componenti, il codice dell'applicazione diventa più modulare. La modularità è un principio di progettazione in cui il software è diviso in componenti separati e intercambiabili. Ciascuno di questi componenti ha un ruolo specifico e può funzionare in modo indipendente dagli altri. Questa separazione rende il codice più facile da comprendere, mantenere e scalare.

Inoltre, l'uso dei servizi promuove la riusabilità del codice. Poiché i servizi incapsulano logica di business che può essere utilizzata in più componenti, non è necessario duplicare la stessa logica in parti diverse dell'applicazione. Questo non solo rende la codebase più pulita e più organizzata, ma la rende anche più facile da gestire e da fare debug.

Infine, i servizi contribuiscono all'efficienza dell'applicazione. Con la logica di business ordinatamente incapsulata nei servizi, i componenti possono concentrarsi sul proprio ruolo principale: controllare le viste e gestire le interazioni dell'utente. Questa chiara separazione delle responsabilità porta a un'applicazione più efficiente e performante.

In conclusione, i servizi in Angular, e in framework simili, offrono un modo robusto ed efficiente per gestire e riutilizzare la logica di business in tutta l'applicazione. Rendendo il codice più modulare e riutilizzabile, i servizi svolgono un ruolo cruciale nella costruzione di software scalabile e manutenibile.

Dependency Injection (DI)

La Dependency Injection (DI) è un design pattern software usato per rendere il codice più manutenibile, testabile e modulare. Consiste nel far sì che una classe riceva le proprie dipendenze — gli oggetti con cui lavora — da una fonte esterna, invece di crearle al proprio interno.

Nel contesto di Angular, la DI è una funzionalità fondamentale che consente al framework di fornire a una classe le dipendenze al momento dell'istanziazione. Queste dipendenze possono includere vari servizi, cioè porzioni di codice riutilizzabili che possono essere condivise tra più parti di un'applicazione.

L'uso della DI in Angular aiuta a ridurre al minimo l'hard-coding all'interno dell'applicazione e favorisce un accoppiamento debole (loose coupling) tra le classi. Questo significa che le classi possono operare in modo più indipendente, rendendo il codice più semplice da modificare e da testare.

Inoltre, la DI offre un modo per gestire le dipendenze del codice in un punto centralizzato, invece di distribuirle in modo sparso in tutta l'applicazione. Questo rende la codebase più pulita, più facile da comprendere e più facile da mantenere.

Un altro vantaggio della DI è che permette una migliore riusabilità ed efficienza del codice. Quando un servizio viene iniettato in una classe come dipendenza, quel servizio può essere riutilizzato in più componenti, eliminando la necessità di duplicare il codice. Inoltre, iniettando le dipendenze, una classe non deve crearle e gestirle autonomamente, risultando più efficiente e più semplice da gestire.

In sintesi, la Dependency Injection (DI) in Angular è un potente design pattern che aiuta a creare codice più manutenibile, testabile e modulare fornendo a una classe le proprie dipendenze da una fonte esterna anziché facendogliele creare internamente. Questo approccio produce una codebase più pulita, più efficiente e più riutilizzabile, che risulta più facile da comprendere e da mantenere.

9.4.2 Setting Up an Angular Project

Quando stai per iniziare con Angular, ci sono alcuni passaggi necessari da seguire per configurare correttamente il tuo ambiente di sviluppo. Angular si basa su un sistema robusto che richiede un po' di configurazione prima che tu possa iniziare a creare applicazioni.

Un componente chiave di questo processo di setup è l'Angular CLI, nota anche come Command Line Interface. Questo strumento non è essenziale solo per inizializzare i tuoi progetti Angular, ma è altrettanto importante per lo sviluppo, la generazione della struttura (scaffolding) e la manutenzione delle tue applicazioni Angular.

Usando l'Angular CLI, puoi semplificare il flusso di lavoro e aumentare l'efficienza mentre lavori sui tuoi progetti Angular.

Installazione:

```
npm install -g @angular/cli
```

Crea un nuovo progetto:

```
ng new my-angular-app
cd my-angular-app
```

Esegui l'applicazione:

```
ng serve
```

Questo comando avvia il server, osserva i tuoi file e ricompila l'app mentre apporti modifiche a quei file.

Questo esempio fornisce istruzioni su come installare Angular CLI (Command Line Interface), creare una nuova applicazione Angular ed eseguirla.

npm install -g @angular/cli è un comando per installare globalmente Angular CLI usando npm (Node Package Manager).

Il comando **ng new my-angular-app** crea una nuova applicazione Angular chiamata "my-angular-app".

cd my-angular-app cambia la directory corrente portandoti nella directory della nuova applicazione Angular appena creata.

Infine, **ng serve** viene usato per eseguire l'applicazione Angular.

9.4.3 Esempio base di Angular

Creiamo un componente semplice che visualizza un messaggio:

Genera un nuovo componente:

```
ng generate component hello-world
```

Modifica il componente (src/app/hello-world/hello-world.component.ts):

```typescript
import { Component } from '@angular/core';

@Component({
  selector: 'app-hello-world',
  template: `<h1>Hello, {{ name }}!</h1>`,
  styleUrls: ['./hello-world.component.css']
})
export class HelloWorldComponent {
  name: string = 'Angular';
}
```

Usare il componente nella tua app (src/app/app.component.html):

```html
<!-- Display the hello-world component -->
<app-hello-world></app-hello-world>
```

Nel codice di esempio fornito, iniziamo generando un nuovo componente. Questo viene fatto utilizzando l'Interfaccia a Riga di Comando (CLI) di Angular, che è uno strumento da riga di comando che aiuta con attività come la generazione di nuovi componenti, servizi e altro. Il comando **ng generate component hello-world** viene utilizzato per creare un nuovo componente chiamato 'hello-world'. Questo comando, quando eseguito, crea una nuova directory chiamata 'hello-world' all'interno della directory 'app', e all'interno di questa nuova directory vengono creati quattro nuovi file: un file CSS per gli stili, un file HTML per il template, un file spec per i test e un file TypeScript per la logica del componente.

Successivamente, l'esempio istruisce su come modificare il componente appena creato. Questo viene fatto nel file TypeScript del componente (**src/app/hello-world/hello-world.component.ts**). Viene definita una nuova classe **HelloWorldComponent** e decorata con il decoratore **@Component**. Questo decoratore identifica la classe immediatamente sotto di esso come un componente e fornisce il template e i metadati specifici correlati al componente.

Nei metadati del componente, specifichiamo il selettore CSS del componente come 'app-hello-world', il suo template HTML come **<h1>Hello, {{ name }}!</h1>**, e un array di file CSS (in questo caso, solo uno) che stilizza questo componente.

La classe **HelloWorldComponent** ha una proprietà **name** impostata su 'Angular'. Questa proprietà viene utilizzata nel template HTML del componente. Le parentesi graffe (**{{ }}**) rappresentano la sintassi di interpolation binding di Angular, che viene utilizzata qui per visualizzare la proprietà **name** del componente. Quindi, il testo "Hello, Angular!" verrà visualizzato nel browser.

Infine, l'esempio mostra come utilizzare il componente **hello-world** nell'applicazione. Questo viene fatto aggiungendo il suo selettore (**<app-hello-world></app-hello-world>**) al file HTML principale dell'applicazione (**src/app/app.component.html**). Quando Angular vede questo selettore, lo sostituisce con l'HTML del template di questo componente. Quindi in questo caso, visualizzerà "Hello, Angular!" nel browser dove viene posizionato il tag **<app-hello-world></app-hello-world>**.

In sintesi, questo esempio fornisce un'introduzione di base alla creazione e all'utilizzo di un nuovo componente in Angular. I componenti sono una parte cruciale delle applicazioni Angular, e comprendere come crearli e utilizzarli è fondamentale per padroneggiare Angular.

9.4.4 Gestione dei Dati e degli Eventi

Angular fornisce two-way data binding, event binding e property binding, che sono essenziali per gestire dati dinamici e interazioni utente.

La gestione dei dati in Angular implica la gestione dello stato dell'applicazione, il recupero dei dati da fonti esterne (come un server o un'API), e l'aggiornamento dei dati in risposta alle azioni dell'utente o ad altri eventi. Angular fornisce vari strumenti e tecniche per la gestione dei dati, come servizi, HTTP client e Observables, che consentono agli sviluppatori di gestire i dati in modo efficiente.

La gestione degli eventi, d'altra parte, implica la risposta alle azioni dell'utente, come clic, pressioni di tasti o movimenti del mouse. Angular offre un robusto sistema di gestione degli eventi che consente agli sviluppatori di definire comportamenti personalizzati in risposta a queste interazioni dell'utente. Questo può includere l'aggiornamento dello stato dell'applicazione, effettuare chiamate API, validare input di form e molto altro.

Angular combina questi due aspetti — gestione dei dati e gestione degli eventi — per creare applicazioni web dinamiche e interattive. Attraverso il two-way data binding, per esempio, Angular consente agli sviluppatori di creare una connessione fluida tra i dati dell'applicazione e l'interfaccia utente. Questo significa che i cambiamenti nello stato dell'applicazione si riflettono immediatamente nell'interfaccia utente, e viceversa.

In sintesi, la gestione dei dati e degli eventi in Angular è una parte fondamentale della creazione di applicazioni web utilizzando questo potente framework. Implica la gestione dei dati dell'applicazione, la risposta alle interazioni dell'utente e il collegamento di entrambi per creare un'esperienza utente reattiva e intuitiva.

Esempio di Two-Way Data Binding:

```html
<!-- Add FormsModule to your module imports -->
<input [(ngModel)]="name" placeholder="Enter your name">
<p>Hello, {{ name }}!</p>
```

Questo frammento di codice di esempio dimostra come creare un campo di input e collegarlo a una variabile, consentendo aggiornamenti in tempo reale sia nella variabile che nel campo di input.

Prima di approfondire il codice, è importante notare che il commento suggerisce di aggiungere FormsModule agli import del proprio modulo. FormsModule è un modulo Angular che esporta classi di direttive che possono essere utilizzate per creare form e gestire controlli di form. FormsModule è necessario in questo contesto perché include la direttiva **ngModel**, che è fondamentale per implementare il two-way data binding.

Il tag **input** crea un campo di input in un form HTML. L'attributo **[(ngModel)]="name"** all'interno del tag **input** rappresenta la sintassi di two-way data binding di Angular. Qui, **ngModel** è una direttiva integrata di Angular che imposta il two-way data binding su un elemento di input di un form. Il **name** nell'espressione **[(ngModel)]** si riferisce a una proprietà **name** nella classe del componente.

Il two-way data binding significa che se l'utente modifica il valore nel campo di input, la proprietà **name** nella classe del componente viene aggiornata. Viceversa, se la proprietà **name** cambia per qualsiasi motivo, anche il valore nel campo di input verrà aggiornato per riflettere il nuovo valore. Questo è ciò che rende il data binding "bidirezionale", funziona in entrambe le direzioni - dal campo di input alla proprietà della classe e viceversa.

La riga ** Hello, {{ name }}! ** è un paragrafo che visualizza un messaggio di saluto. La sintassi **{{ name }}** rappresenta la sintassi di interpolation binding di Angular. Questo significa che il valore della proprietà **name** verrà inserito dinamicamente al posto di **{{ name }}**. Man mano che il valore di **name** cambia, il saluto visualizzato verrà aggiornato automaticamente per incorporare il nuovo valore di **name**.

In sintesi, questo frammento di codice dimostra come il two-way data binding di Angular possa creare un'interazione dinamica tra l'interfaccia utente e i dati sottostanti. Collegando insieme un campo di input e una variabile, Angular consente aggiornamenti bidirezionali in tempo reale che creano un'esperienza utente reattiva e intuitiva.

Conclusione

Angular fornisce una piattaforma ben strutturata e robusta che è idealmente adatta allo sviluppo di applicazioni su larga scala. Adotta un approccio completo all'architettura delle applicazioni, che lo rende uno strumento potente per gestire la complessità tipicamente associata ai grandi progetti software. Tra le sue numerose funzionalità, Angular offre moduli, componenti, servizi e un sistema di dependency injection, tutti elementi che contribuiscono alla sua idoneità per applicazioni di livello enterprise.

I moduli consentono agli sviluppatori di organizzare il codice in blocchi coerenti, mentre i componenti permettono di costruire porzioni di codice riutilizzabili che possono migliorare drasticamente l'efficienza e la manutenibilità. I servizi forniscono un modo per condividere funzionalità comuni tra diverse parti di un'applicazione, e il sistema di dependency injection semplifica il compito di fornire istanze di classi con le loro dipendenze.

Man mano che approfondirai Angular, scoprirai che non solo incoraggia buone pratiche di codifica come modularità e testabilità, ma include anche una vasta gamma di strumenti e utilità progettati per assistere nello sviluppo di applicazioni web sofisticate e moderne. Dalle utility di testing a un potente template engine, Angular è una soluzione completa per lo sviluppo web professionale.

Esercizi Pratici per il Capitolo 9: Framework JavaScript Moderni

Questi esercizi sono progettati per rafforzare la tua comprensione dei framework JavaScript discussi nel Capitolo 9. Completando questi compiti, acquisirai esperienza pratica nell'applicazione dei concetti fondamentali di React, Vue e Angular per costruire componenti di base e gestire efficacemente lo stato dell'applicazione.

Esercizio 1: Componente Counter in React

Obiettivo: Creare un componente React che implementi un semplice contatore. Il componente deve visualizzare un pulsante e un numero. Ogni clic del pulsante deve incrementare il numero.

Soluzione:

```javascript
import React, { useState } from 'react';

function Counter() {
    const [count, setCount] = useState(0);

    const increment = () => {
        setCount(count + 1);
```

```
    };

    return (
        <div>
            <p>Count: {count}</p>
            <button onClick={increment}>Increment</button>
        </div>
    );
}

export default Counter;
```

Esercizio 2: Lista Todo in Vue

Obiettivo: Costruire una semplice applicazione Vue che permetta agli utenti di aggiungere elementi a una lista todo e visualizzarli.

Soluzione:

```
<template>
  <div>
    <input v-model="newTodo" @keyup.enter="addTodo" placeholder="Add a todo">
    <ul>
      <li v-for="todo in todos" :key="todo.id">
        {{ todo.text }}
      </li>
    </ul>
  </div>
</template>

<script>
export default {
  data() {
    return {
      newTodo: '',
      todos: [],
      nextTodoId: 1
    };
  },
  methods: {
    addTodo() {
      this.todos.push({ id: this.nextTodoId++, text: this.newTodo });
      this.newTodo = '';
    }
  }
}
</script>
```

```
<style>
/* Add style as necessary */
</style>
```

Esercizio 3: Data Binding in Angular

Obiettivo: Creare un componente Angular che colleghi un campo di input a un elemento paragrafo, aggiornando il contenuto del paragrafo in tempo reale mentre si digita nell'input.

Soluzione:

```
import { Component } from '@angular/core';

@Component({
  selector: 'app-data-binding',
  template: `
    <input [(ngModel)]="name" placeholder="Enter your name">
    <p>Hello, {{ name }}!</p>
  `,
  styleUrls: ['./data-binding.component.css']
})
export class DataBindingComponent {
  name: string = '';
}
```

Nota: Assicurati di aver importato **FormsModule** nel tuo modulo Angular per utilizzare **ngModel**.

Questi esercizi servono come punto di partenza per comprendere come lavorare con React, Vue e Angular. Si concentrano su funzionalità fondamentali come la gestione dello stato in React, il rendering dinamico delle liste in Vue e il two-way data binding in Angular.

Man mano che acquisirai familiarità con questi framework, prova ad estendere questi esercizi con funzionalità aggiuntive come la modifica e l'eliminazione dei todo oppure implementando una logica di stato più complessa nell'app del contatore. Queste competenze sono essenziali per qualsiasi sviluppatore web moderno e forniscono una solida base per costruire applicazioni complesse.

Riepilogo del Capitolo 9: Framework JavaScript moderni

Nel Capitolo 9 abbiamo esplorato gli elementi essenziali dei framework JavaScript moderni, concentrandoci su React, Vue e Angular — tre tra gli strumenti più influenti nel panorama attuale dello sviluppo web. Ogni framework offre filosofie e approcci tecnici distinti per costruire applicazioni web, adattandosi a esigenze di progetto e preferenze diverse. L'obiettivo di questo capitolo era fornire una comprensione di base di questi framework, così da apprezzarne le capacità e capire come possano essere utilizzati per migliorare i tuoi progetti di sviluppo web.

React: una libreria per costruire interfacce utente

React, sviluppato da Facebook, enfatizza la programmazione dichiarativa e la gestione efficiente dei dati tramite il suo virtual DOM. La sua architettura basata su componenti consente agli sviluppatori di creare componenti incapsulati che gestiscono il proprio stato, favorendo aggiornamenti efficienti e una codebase prevedibile.

Abbiamo discusso di come React utilizzi JSX per il templating, combinando la potenza di JavaScript con una sintassi simile a HTML, rendendo il codice più leggibile ed espressivo. Abbiamo inoltre trattato la gestione dello stato e la funzionalità degli Hook di React, che permette di usare lo stato e altre caratteristiche di React nei componenti funzionali, semplificando il codice e aumentando la flessibilità.

Vue: il framework JavaScript progressivo

Vue.js è noto per la sua semplicità e facilità di integrazione. È progettato per essere adottato in modo incrementale, risultando tanto semplice da integrare in progetti esistenti quanto potente nel supportare Single-Page Application sofisticate e interfacce web complesse.

Abbiamo esaminato l'uso, in Vue, dei single-file components che incapsulano template, logica e stile specifici del componente. Il sistema di direttive di Vue, come **v-model** per il binding bidirezionale e **v-if** per il rendering condizionale, fornisce strumenti potenti e intuitivi per creare interfacce utente dinamiche. Il nucleo del sistema di reattività di Vue garantisce che le modifiche ai dati vengano riflesse in modo efficiente nella UI.

Angular: una piattaforma per applicazioni web mobile e desktop

Angular, mantenuto da Google, è un framework MVC (Model-View-Controller) completo che propone un'impostazione chiara su come le applicazioni dovrebbero essere strutturate. Abbiamo approfondito componenti, servizi e moduli di Angular, che aiutano a organizzare il codice e a promuoverne la riusabilità.

L'ampio set di funzionalità di Angular include dependency injection, routing completo, gestione dei form e molto altro, rendendolo adatto ad applicazioni di livello enterprise che richiedono scalabilità, manutenibilità e capacità di testing. TypeScript, parte centrale di Angular, offre sicurezza di tipo (type safety), che può individuare errori in fase di compilazione, migliorando la qualità del codice.

Conclusione

Il capitolo ha fornito spunti pratici su ciascun framework, con esempi ed esercizi per consolidare la comprensione di concetti chiave come l'architettura a componenti, la reattività e la gestione dello stato. Concludendo con esercizi per costruire applicazioni semplici e funzionalità interattive, risulta evidente che imparare questi framework non solo aumenta la produttività, ma amplia anche la capacità di risolvere sfide di sviluppo complesse.

Comprendere e utilizzare framework e librerie JavaScript moderni è fondamentale per qualsiasi sviluppatore che voglia eccellere nello sviluppo web. Ogni framework ha i propri punti di forza e casi d'uso ideali, e sapere quale usare e quando può influenzare in modo significativo il successo dei tuoi progetti. Che tu scelga la flessibilità di React, la semplicità di Vue o la solidità di Angular, il tuo percorso nello sviluppo web moderno è ben supportato da questi potenti strumenti.

Capitolo 10: Sviluppare applicazioni a pagina singola

Benvenute nell'ampio percorso del Capitolo 10, in cui ci immergeremo nell'affascinante e progressivo mondo delle Single Page Applications (SPA). Questo capitolo è interamente dedicato a comprendere in modo approfondito come funzionano le SPA, le ragioni della loro crescente popolarità nel panorama delle moderne applicazioni web e le metodologie più efficaci per svilupparle utilizzando le tecnologie più avanzate disponibili oggi.

Le Single Page Applications, nella loro essenza, offrono un'esperienza utente più continua, fluida e sensibilmente più veloce. Questo risultato si ottiene caricando i contenuti in modo dinamico, riducendo in maniera sostanziale la necessità di ricaricare la pagina.

Questo caricamento dinamico dei contenuti è uno degli elementi chiave che rende le SPA una scelta attraente. Consente alle persone che le usano di vivere un'esperienza scorrevole e senza interruzioni, simile a quella di un'applicazione desktop, mentre navigano nel sito, migliorando in ultima analisi la soddisfazione e il coinvolgimento.

10.1 Il modello SPA

Il modello SPA cambia in modo fondamentale il modo in cui le applicazioni web interagiscono con chi le usa, caricando una singola pagina HTML e aggiornandola dinamicamente man mano che l'utente interagisce con l'applicazione.

Il modello SPA (Single Page Application) è un approccio di progettazione nello sviluppo web in cui una singola pagina HTML viene caricata una sola volta e poi aggiornata dinamicamente mentre l'utente interagisce con l'applicazione. A differenza delle applicazioni web tradizionali, in cui il browser avvia la comunicazione con un server per richiedere e caricare nuove pagine, il modello SPA riduce la necessità di ricaricare la pagina, offrendo così un'esperienza utente più fluida, continua e significativamente più veloce.

Nel modello SPA, la maggior parte delle risorse come HTML, CSS e script viene caricata una sola volta durante il caricamento iniziale. Il server invia i file necessari per avviare l'applicazione web. Man mano che le persone interagiscono con l'applicazione, JavaScript intercetta le loro azioni, effettua chiamate API per recuperare i dati e utilizza tali dati per aggiornare dinamicamente il Document Object Model (DOM) senza ricaricare la pagina.

Una delle sfide nelle SPA è la gestione dello stato dell'applicazione, poiché la pagina del browser non viene ricaricata. Lo stato deve essere gestito in modo efficiente per mantenere l'interfaccia utente sincronizzata con i dati sottostanti.

Il modello SPA è una scelta interessante per le moderne applicazioni web, perché offre alle persone un'esperienza scorrevole e senza interruzioni, simile a quella di un'applicazione desktop, mentre navigano nel sito, migliorando in ultima analisi la soddisfazione e il coinvolgimento. Tuttavia, comprendere e implementare le SPA richiede una buona padronanza di JavaScript, AJAX e delle tecniche di gestione dello stato.

Questa sezione esplora il modello SPA, delineandone l'architettura, i benefici e le differenze rispetto alle tradizionali applicazioni multi-pagina.

10.1.1 Comprendere il modello SPA

Concetto di base:

In una tradizionale applicazione web, il browser, noto anche come client, avvia la comunicazione con un server per richiedere nuove pagine. Una volta ricevuto il nuovo contenuto HTML, il browser ricarica la pagina. Questo processo è spesso lento e può interferire con la fluidità dell'esperienza utente, causando possibili interruzioni e ritardi.

Al contrario, una Single-Page Application (SPA) adotta un approccio diverso. Una SPA carica una singola pagina HTML una sola volta alla prima visita e aggiorna dinamicamente quella pagina mentre l'utente continua a interagire con l'applicazione. Le risorse necessarie per la pagina, inclusi contenuto HTML, fogli di stile CSS e script JavaScript, vengono caricate una sola volta durante il primo caricamento.

Quando l'utente naviga nella SPA, gli eventuali dati aggiuntivi necessari vengono recuperati quando servono. Questo recupero dati avviene di solito in formato JSON, tramite chiamate AJAX. AJAX, che sta per Asynchronous JavaScript and XML, consente di aggiornare parti di una pagina web senza dover ricaricare l'intera pagina. Questo migliora in modo significativo l'esperienza utente, offrendo un'interazione più scorrevole e senza interruzioni con la pagina web.

In sostanza, il modello SPA imita il comportamento di un'applicazione desktop all'interno del browser web, offrendo un'esperienza utente fluida, continua e sensibilmente più veloce. Il processo di caricamento dinamico dei contenuti e la riduzione dei ricaricamenti di pagina sono tra le caratteristiche principali che rendono le SPA una scelta attraente nello sviluppo web moderno. Tuttavia, è bene notare che comprendere e implementare efficacemente le SPA richiede una solida conoscenza di JavaScript, AJAX e delle tecniche per gestire lo stato dell'applicazione.

Flusso tecnico:

Caricamento iniziale della pagina

Il server invia i file HTML, CSS e JavaScript necessari per caricare l'applicazione web. Questo è l'unico vero "caricamento di pagina" nel senso tradizionale. Durante questo caricamento iniziale, il server invia tutte le risorse necessarie, inclusi i file HTML, CSS e JavaScript, al client (il browser). È l'unica volta in cui la pagina web viene caricata in senso tradizionale nel modello SPA.

L'HTML fornisce la struttura di base della pagina, il CSS la impagina e JavaScript aggiunge interattività. Il browser interpreta quindi questi file per costruire e renderizzare l'applicazione web sul dispositivo dell'utente.

Una volta completato il caricamento iniziale, la SPA funziona aggiornando dinamicamente la pagina esistente man mano che l'utente interagisce con l'applicazione. Questo significa che qualunque dato aggiuntivo necessario per aggiornare il contenuto della pagina web viene recuperato quando serve, senza richiedere una ricarica completa della pagina.

Il caricamento iniziale è un aspetto critico delle SPA: è il primo punto di contatto dell'utente con l'applicazione e l'efficienza e la velocità di questo processo possono influire in modo significativo sulla percezione delle prestazioni.

In sostanza, durante il caricamento iniziale il server invia i file necessari per avviare l'applicazione web, e questi file vengono caricati una sola volta. Dopo di ciò, man mano che le persone interagiscono con l'applicazione, JavaScript intercetta le loro azioni, recupera i dati quando necessario e aggiorna dinamicamente il Document Object Model (DOM) senza ricaricare la pagina. Questo porta a un'esperienza utente più scorrevole e più rapida, aumentando soddisfazione e coinvolgimento.

Interazione e contenuti dinamici

Man mano che le persone interagiscono con l'applicazione, JavaScript intercetta i comportamenti del browser ed effettua chiamate API per recuperare i dati. Questi dati vengono poi utilizzati per aggiornare dinamicamente il DOM senza ricaricare la pagina. Nel contesto delle Single Page Applications (SPA), questo è particolarmente importante.

Quando le persone interagiscono con una SPA, le loro azioni vengono intercettate da JavaScript. Questo può includere azioni come fare clic su un pulsante, inviare un modulo o navigare tra diverse sezioni dell'applicazione. In seguito a queste interazioni, JavaScript effettua chiamate API per recuperare i dati necessari.

Una volta recuperati i dati, questi vengono utilizzati per aggiornare dinamicamente il contenuto mostrato nella pagina senza richiedere una ricarica completa. Questo aggiornamento dinamico si ottiene modificando il Document Object Model (DOM), la struttura che rappresenta la pagina web nel browser.

Questo processo di interazione e caricamento dinamico dei contenuti è parte di ciò che rende le SPA così efficienti e user-friendly. Consente un'esperienza scorrevole e senza interruzioni, simile a quella che si trova in un'applicazione desktop. Mentre l'utente interagisce con la SPA, i contenuti si aggiornano e cambiano in tempo reale in base alle azioni, senza ricaricamenti di pagina invasivi e dispendiosi in termini di tempo.

Tuttavia, questo approccio dinamico e interattivo porta con sé anche alcune sfide, come la necessità di una gestione efficace dello stato. Poiché la pagina non viene ricaricata, lo stato dell'applicazione — che include tutti i dati attualmente visualizzati e lo stato delle interazioni in corso — deve essere gestito con attenzione per garantire che l'interfaccia utente rimanga sincronizzata con i dati sottostanti.

Gestione dello stato

Poiché le SPA non ricaricano la pagina del browser, la gestione dello stato dell'applicazione diventa fondamentale. Lo stato deve essere gestito in modo efficiente per mantenere l'interfaccia utente (UI) sincronizzata con i dati sottostanti.

Nel contesto delle Single Page Applications (SPA), la gestione dello stato assume un ruolo centrale a causa della natura dinamica di queste applicazioni. Dal momento che le SPA non ricaricano l'intera pagina, ma aggiornano parti di essa in base alle interazioni dell'utente, gestire lo stato dell'applicazione diventa un compito cruciale.

La gestione dello stato consiste nel tenere traccia della condizione dell'applicazione, includendo i dati visualizzati e lo stato di eventuali interazioni in corso. Questo stato deve essere gestito con efficienza per garantire che la UI rimanga allineata ai dati sottostanti. Se lo stato non viene gestito correttamente, possono verificarsi incoerenze nell'interfaccia, creando discrepanze tra ciò che l'utente vede e i dati reali.

Ad esempio, si consideri un'applicazione di e-commerce. Lo stato dell'applicazione potrebbe includere gli articoli presenti nel carrello, i dati personali dell'utente e lo stato di eventuali transazioni in corso. Se l'utente aggiunge un articolo al carrello, questa azione dovrebbe riflettersi immediatamente nello stato del carrello. Allo stesso modo, se l'utente aggiorna l'indirizzo di consegna, la nuova informazione dovrebbe aggiornare istantaneamente lo stato.

In una SPA, questi aggiornamenti di stato avvengono in modo dinamico, senza ricaricare l'intera pagina. Pertanto, la gestione dello stato nelle SPA comprende metodi e tecniche per aggiornare in tempo reale lo stato dell'applicazione, mantenendo la UI sincronizzata con i dati sottostanti.

Implementare una gestione dello stato efficace è una sfida tecnica che richiede una buona padronanza di JavaScript e, spesso, l'uso di librerie o framework dedicati. Una corretta gestione dello stato migliora l'esperienza utente, garantendo un'interazione fluida e senza interruzioni con l'applicazione, simile a quella di un'app desktop, aumentando soddisfazione e coinvolgimento.

Esempio: struttura di base di una SPA

Vediamo un esempio semplice di struttura di una SPA usando JavaScript "vanilla" e HTML:

HTML (index.html):

```html
<!DOCTYPE html>
<html lang="en">
<head>
    <meta charset="UTF-8">
    <meta name="viewport" content="width=device-width, initial-scale=1.0">
    <title>Simple SPA</title>
</head>
<body>
    <div id="app">
        <header>
            <h1>Simple SPA Example</h1>
            <nav>
                <a href="#" onclick="loadHome()">Home</a>
                <a href="#" onclick="loadAbout()">About</a>
            </nav>
        </header>
        <main id="content">
            <!-- Content updated dynamically -->
        </main>
    </div>

    <script src="app.js"></script>
</body>
```

```html
</html>
```

JavaScript (app.js):

```javascript
function loadHome() {
    document.getElementById('content').innerHTML = '<h2>Home Page</h2><p>Welcome to
the home page!</p>';
}

function loadAbout() {
    document.getElementById('content').innerHTML = '<h2>About Page</h2><p>Welcome to
the about page!</p>';
}

// Load the default page
loadHome();
```

Questa semplice SPA è composta da due "pagine", Home e About, che vengono caricate dinamicamente nel contenitore **main** senza causare un ricaricamento completo della pagina. I link nella barra di navigazione attivano funzioni JavaScript che aggiornano il contenuto all'interno dell'elemento **main**.

Le SPA, in sostanza, offrono un'esperienza utente continua, fluida e più veloce, caricando i contenuti in modo dinamico e riducendo la necessità di ricaricare la pagina. Questo caricamento dinamico dei contenuti è uno degli elementi chiave che rende le SPA una scelta attraente, perché consente un'esperienza senza interruzioni durante la navigazione del sito, migliorando soddisfazione e coinvolgimento.

L'esempio approfondisce poi il modello SPA, spiegando come cambi in modo fondamentale l'interazione tra applicazioni web e persone che le usano. A differenza delle applicazioni web tradizionali, che richiedono al browser di avviare la comunicazione con un server per richiedere e caricare nuove pagine, il modello SPA riduce questa necessità. Carica una singola pagina HTML e la aggiorna dinamicamente mentre l'utente interagisce con l'applicazione. Questo modello offre un'esperienza utente fluida, continua e più rapida.

Il modello SPA carica la maggior parte delle risorse, come HTML, CSS e script, una sola volta durante il caricamento iniziale. Man mano che le persone interagiscono con l'applicazione, JavaScript intercetta le loro azioni, effettua chiamate API per recuperare i dati e utilizza tali dati per aggiornare dinamicamente il Document Object Model (DOM) senza ricaricare la pagina. Questa gestione efficiente delle risorse e dell'interazione migliora l'esperienza utente, ma introduce anche sfide come la gestione dello stato dell'applicazione, poiché la pagina non viene ricaricata.

Per esemplificare questi concetti, l'esempio di codice fornisce un esempio di base della struttura di una SPA usando JavaScript "vanilla" e HTML. Il file HTML include una struttura di base con un header che contiene link di navigazione e una sezione principale in cui il contenuto verrà inserito dinamicamente.

Il file JavaScript definisce due funzioni, **loadHome** e **loadAbout**, responsabili del caricamento del contenuto nella sezione principale della pagina web quando vengono cliccati i link di navigazione corrispondenti. Quando la pagina viene caricata inizialmente, viene chiamata la funzione **loadHome** per popolare la sezione principale con il contenuto della home page. Questo illustra come le SPA carichino i contenuti dinamicamente senza causare un ricaricamento completo della pagina.

In sintesi, il modello SPA offre vantaggi significativi in termini di esperienza utente e prestazioni, riducendo la necessità di ricaricare completamente la pagina e offrendo un'interazione fluida, simile a quella di un'app nativa. Comprendere e implementare le SPA richiede una buona padronanza di JavaScript, AJAX e delle tecniche di gestione dello stato.

Il modello SPA offre vantaggi significativi in termini di esperienza utente e prestazioni, riducendo la necessità di ricaricare completamente la pagina e offrendo un'interazione fluida, simile a quella di un'app nativa. Comprendere e implementare le SPA richiede una buona padronanza di JavaScript, AJAX e delle tecniche di gestione dello stato.

10.2 Routing nelle SPA

Il routing nelle Single Page Applications (SPA) è un aspetto fondamentale che consente alle persone di navigare agevolmente tra diverse parti dell'applicazione senza dover ricaricare l'intera pagina ogni volta che si accede a una nuova sezione. Questo metodo efficace di routing migliora in modo significativo l'esperienza complessiva, creando un processo di navigazione fluido e intuitivo che rispecchia ciò che le persone si aspettano quando utilizzano un'applicazione desktop tradizionale.

In questa sezione approfondiremo il funzionamento del routing nel contesto delle SPA. Ci concentreremo in particolare sull'implementazione del routing lato client, un elemento che costituisce il fondamento dell'architettura SPA. Il routing lato client svolge un ruolo cruciale nel garantire che l'applicazione sia reattiva e facile da usare, distribuendo i contenuti rapidamente senza la necessità di richieste continue al server, che possono rallentare le prestazioni dell'applicazione e interrompere l'esperienza dell'utente.

10.2.1 Comprendere il routing lato client

Il routing lato client consiste nel manipolare la History API del browser per aggiornare l'URL senza inviare una richiesta al server per caricare una nuova pagina. Questo approccio consente di associare URL specifici a diverse "view" o "componenti" della SPA. Quando una persona naviga verso una parte diversa dell'applicazione, la SPA intercetta la variazione dell'URL, di solito tramite un router, e carica dinamicamente il contenuto appropriato.

Nello sviluppo web tradizionale, quando una persona fa clic su un link per navigare verso una parte diversa del sito, viene inviata una richiesta al server. Il server risponde quindi con la pagina HTML pertinente. Questo processo può spesso causare un ritardo percepibile durante il caricamento della nuova pagina, interrompendo l'esperienza dell'utente.

Nelle SPA, invece, tutto il codice necessario (HTML, CSS, JavaScript) viene caricato al caricamento iniziale della pagina, oppure caricato dinamicamente quando serve e aggiunto alla pagina. Di conseguenza, quando una persona naviga verso una parte diversa della SPA, non è necessaria alcuna richiesta al server per caricare una nuova pagina. È invece il JavaScript in esecuzione sul client a gestire la navigazione, aggiornare l'URL nel browser e cambiare la view nel browser, il tutto senza refresh della pagina. Questo porta a un'esperienza molto più fluida, perché non ci sono ritardi dovuti ai ricaricamenti.

Il routing lato client viene implementato usando la History API di HTML5, che consente di modificare l'URL senza ricaricare la pagina. Diverse view o componenti della SPA sono associate a URL specifici. Quando una persona naviga verso una parte diversa dell'applicazione, la SPA intercetta il cambiamento dell'URL e carica dinamicamente il contenuto appropriato.

Comprendere il routing lato client significa imparare come le SPA gestiscono la navigazione sul lato client con JavaScript, come utilizzano la History API di HTML5 per cambiare l'URL senza un refresh, e come diverse view o componenti siano associate a URL specifici.

Concetti chiave:

History API

Le SPA moderne utilizzano la History API di HTML5 per interagire programmaticamente con la cronologia del browser. Questa API consente di modificare l'URL senza ricaricare la pagina, cosa essenziale per il routing lato client.

La History API è uno strumento potente offerto dai browser moderni, progettato per permettere agli sviluppatori di manipolare l'URL di un sito e interfacciarsi con la cronologia del browser senza causare un refresh della pagina o un reindirizzamento a una nuova pagina. Questo è particolarmente cruciale per le Single Page Applications (SPA), dove è fondamentale offrire un'esperienza utente scorrevole e senza interruzioni.

La History API comprende diversi metodi e proprietà che permettono agli sviluppatori di creare strutture di navigazione più complesse. Ad esempio, include metodi come **pushState** e **replaceState**, usati rispettivamente per aggiungere e modificare voci nella cronologia. Questi metodi non ricaricano la pagina, ma aggiornano l'URL e possono memorizzare oggetti di stato con qualunque tipo di dato che debba essere preservato.

Un altro componente fondamentale della History API è l'evento **popstate**. Questo evento viene emesso ogni volta che cambia la voce di cronologia attiva; e, se la voce che viene attivata è stata creata tramite una chiamata a **pushState** o **replaceState**, l'evento conterrà anche l'oggetto di stato creato con quella chiamata.

Utilizzando la History API, gli sviluppatori possono controllare in modo completo la navigazione del browser e gestire efficacemente come le persone interagiscono con l'applicazione. Questo include la gestione dei pulsanti Avanti e Indietro, l'aggiornamento dell'URL in base allo stato dell'applicazione e persino la memorizzazione di informazioni di stato che possono essere usate quando la persona torna a uno stato precedente.

La History API è una parte chiave per creare applicazioni web interattive e user-friendly, perché fornisce gli strumenti necessari per gestire e manipolare la cronologia del browser e l'URL in un modo che migliora l'esperienza complessiva.

Rotte e viste

Le rotte (routes) definiscono i pattern degli URL associati alle diverse viste (views) della tua applicazione. Una vista è una rappresentazione di una parte specifica dell'applicazione (ad esempio una pagina profilo, una pagina impostazioni).

Le rotte definiscono i pattern degli URL che le persone seguono mentre navigano in un'applicazione web. Ogni rotta corrisponde a una parte specifica dell'applicazione, come una determinata pagina o funzionalità. Per esempio, in un sito di blogging potresti avere rotte come **/posts** per l'elenco dei post, **/posts/new** per creare un nuovo post e **/posts/:id** per visualizzare un post specifico.

D'altra parte, le viste rappresentano i template visivi o i componenti che vengono mostrati quando una persona naviga verso una rotta specifica. Le viste definiscono ciò che le persone vedono e con cui interagiscono sullo schermo. Ad esempio, la rotta **/posts** potrebbe mostrare un elenco di post, la rotta **/posts/new** un modulo per creare un nuovo post, e la rotta **/posts/:id** il contenuto completo di un post specifico.

Nel contesto delle SPA, rotte e viste vengono gestite sul lato client. La SPA carica una singola pagina HTML e usa JavaScript per aggiornare dinamicamente le viste in base alle interazioni della persona e alla rotta corrente, senza dover caricare nuove pagine dal server. Questo offre un'esperienza più scorrevole e veloce, simile a quella di un'applicazione desktop.

Tuttavia, gestire rotte e viste nelle SPA può essere complesso, perché implica manipolare la History API del browser per aggiornare l'URL senza inviare una richiesta al server e aggiornare dinamicamente il Document Object Model (DOM) per cambiare le viste. Per questo motivo, comprendere e implementare in modo efficace rotte e viste nelle SPA richiede una solida padronanza di JavaScript e delle tecniche di gestione dello stato.

10.2.2 Esempio: implementare un routing di base in JavaScript "vanilla"

Per illustrare il routing lato client in una SPA, implementiamo un semplice router usando JavaScript "vanilla":

Struttura HTML (index.html):

```html
<div id="app">
    <nav>
        <ul>
            <li><a href="#/home">Home</a></li>
            <li><a href="#/about">About</a></li>
        </ul>
    </nav>
    <div id="view"></div>
</div>

<script src="router.js"></script>
JavaScript Router (router.js):
const routes = {
    '/home': '<h1>Home Page</h1><p>Welcome to the Home Page.</p>',
    '/about': '<h1>About Page</h1><p>Learn more about us here.</p>'
};

function router() {
    const path = window.location.hash.slice(1) || '/home';
    const route = routes[path];
    document.getElementById('view').innerHTML = route || '<h1>404 - Page Not Found</h1>';
}

window.addEventListener('load', router);
window.addEventListener('hashchange', router);
```

In questa configurazione:

- **HTML** definisce un semplice menu di navigazione con link basati su hash per Home e About.
- **JavaScript** imposta una funzione **router** che gestisce il caricamento delle diverse viste in base al valore di hash corrente nell'URL. Ascolta sia gli eventi **load** sia **hashchange** per gestire il caricamento iniziale della pagina e i successivi cambiamenti dell'hash.

Questo è un modo semplice ma efficace per creare SPA, cioè applicazioni web che caricano una singola pagina HTML e aggiornano dinamicamente quella pagina man mano che l'utente interagisce con l'app.

Nella struttura HTML abbiamo due link: Home e About. Questi link hanno attributi href che cambieranno l'hash dell'URL in **#/home** e **#/about** quando vengono cliccati. Il **div** con id **view** è l'area in cui verrà inserito dinamicamente il contenuto delle pagine.

Nel router JavaScript, le rotte sono definite per '/home' e '/about'. Ogni rotta è associata a una stringa HTML che verrà inserita nel **div view** quando la rotta viene attivata.

La funzione **router** è responsabile della gestione del caricamento delle diverse viste in base al valore di hash corrente nell'URL. Ottiene il percorso corrente prendendo l'hash dell'URL corrente e rimuovendo '#'. Se l'hash è vuoto, imposta come predefinito '/home'. Poi recupera, dall'oggetto **routes**, la stringa HTML associata al percorso corrente e la inserisce nel **div view**. Se nessuna rotta corrisponde al percorso, viene mostrato un messaggio di errore.

Questa funzione **router** viene chiamata quando la pagina si carica (evento **load**) e quando l'hash dell'URL cambia (evento **hashchange**). Questo significa che la vista corretta viene mostrata al primo caricamento della pagina e che la vista si aggiorna ogni volta che l'utente clicca su un link.

In conclusione, questo esempio mostra come si possa implementare una SPA di base con routing lato client usando HTML e JavaScript. Dimostra come diverse viste possano essere associate a diversi hash dell'URL e caricate dinamicamente, offrendo un'esperienza utente fluida in cui il contenuto della pagina cambia senza che l'intera pagina debba ricaricarsi.

10.2.3 Routing lato client avanzato con i framework

Sebbene JavaScript "vanilla" sia in grado di gestire gli aspetti fondamentali del routing, framework contemporanei come React, Vue e Angular offrono soluzioni di routing molto più sofisticate. Queste soluzioni moderne includono funzionalità aggiuntive come lazy loading, rotte annidate e route guard che migliorano in modo significativo la funzionalità e l'esperienza utente delle applicazioni web.

React Router

È una libreria ampiamente utilizzata, progettata specificamente per il routing nelle applicazioni React. Offre capacità di routing dinamico sincronizzate in modo fluido con lo stato dell'applicazione, fornendo così un'esperienza di routing efficiente e intuitiva.

React Router è una potente libreria di routing creata appositamente per applicazioni che usano React, una libreria JavaScript molto diffusa per costruire interfacce utente dinamiche. Il ruolo fondamentale di React Router è rendere semplice per gli sviluppatori implementare il routing dinamico nelle loro applicazioni.

Per routing si intende la capacità di un'applicazione di passare tra stati o viste diversi in risposta alle interazioni dell'utente. Questo è un aspetto cruciale delle single-page application (SPA), dove, invece di recuperare una nuova pagina HTML dal server ogni volta che l'utente naviga in una parte diversa dell'applicazione, vengono recuperati i dati necessari e il contenuto della pagina corrente viene aggiornato dinamicamente.

React Router facilita questo processo consentendo agli sviluppatori di associare componenti diversi (che rappresentano viste o parti diverse dell'applicazione) a differenti percorsi URL. Quando l'utente naviga verso un determinato percorso, React Router assicura che il componente associato venga renderizzato, aggiornando di fatto il contenuto visibile della pagina.

Ciò che distingue React Router è la sua natura dinamica. Gli approcci di routing tradizionali definiscono rotte statiche che sono in grado di renderizzare componenti specifici solo quando il percorso dell'applicazione corrisponde a un determinato URL. React Router, invece, consente un routing dinamico, in cui le rotte possono essere cambiate e configurate a runtime, offrendo un'esperienza utente più flessibile e reattiva.

Inoltre, React Router è progettato per sincronizzarsi con lo stato corrente dell'applicazione. Questo significa che la UI dell'applicazione e l'URL sono sempre allineati, permettendo agli sviluppatori di creare applicazioni complesse con viste e rotte annidate, mantenendo al contempo un'esperienza di navigazione semplice e intuitiva per l'utente.

Con React Router, gli sviluppatori possono anche implementare funzionalità come la protezione delle rotte (limitando l'accesso a certe parti dell'applicazione in base all'autenticazione dell'utente) e il lazy loading (caricando i componenti solo quando servono), rendendola una soluzione versatile e robusta per gestire la navigazione nelle applicazioni React.

React Router è una soluzione di routing completa per applicazioni React che consente agli sviluppatori di creare esperienze di navigazione dinamiche, reattive e user-friendly.

Vue Router

In qualità di router ufficiale per Vue.js, Vue Router offre supporto per rotte annidate, transizioni fluide e un controllo di navigazione granulare. Le sue funzionalità integrate lo rendono una scelta ideale per gli sviluppatori che cercano una soluzione di routing robusta e completa per le loro applicazioni Vue.js.

Vue Router è la libreria di routing ufficiale progettata specificamente per Vue.js, un popolare framework JavaScript per costruire interfacce utente. Fornisce agli sviluppatori gli strumenti necessari per costruire Single Page Applications (SPA) con routing dinamico e annidato, nonché un controllo di navigazione granulare.

In una Single Page Application, tutti gli HTML, CSS e JavaScript necessari vengono caricati al caricamento iniziale della pagina, oppure vengono caricati dinamicamente e aggiunti alla pagina quando necessario. Invece di caricare nuove pagine da un server quando l'utente naviga, le SPA aggiornano la pagina corrente in tempo reale in risposta alle interazioni dell'utente. Questo offre un'esperienza utente più fluida, simile a quella di un'applicazione desktop.

Vue Router svolge un ruolo cruciale nella gestione di questo processo di aggiornamento dinamico. Mappa percorsi URL specifici su componenti dell'applicazione Vue.js. Quando l'utente naviga verso un determinato URL, il componente Vue associato viene caricato e renderizzato, aggiornando il contenuto visibile nella pagina senza richiedere un ricaricamento completo.

Inoltre, Vue Router supporta funzionalità di routing avanzate come rotte annidate e viste denominate. Le rotte annidate permettono agli sviluppatori di costruire interfacce utente più complesse con gerarchie di viste annidate, in cui alcuni componenti sono annidati all'interno di altri. Le viste denominate consentono di avere più "viste" sulla stessa rotta, ciascuna con il proprio componente associato.

Oltre a queste funzionalità, Vue Router offre anche transizioni fluide tra le rotte tramite il sistema di transizione integrato e fornisce un controllo di navigazione granulare, permettendo agli sviluppatori di reagire ai cambiamenti di rotta e persino di impedire un cambio di rotta se alcune condizioni non sono soddisfatte.

Vue Router è uno strumento essenziale per sviluppare Single Page Applications con Vue.js. Fornisce capacità di routing robuste e flessibili che migliorano l'esperienza utente facilitando il caricamento dinamico dei contenuti e una navigazione senza interruzioni.

Angular Router

Integrato direttamente nel framework Angular, Angular Router supporta concetti di routing avanzati. Questo include i *route guard*, la risoluzione dei dati (*data resolution*) e più *router outlet* con nome, garantendo così un ambiente di routing versatile e sicuro per applicazioni Angular complesse.

Angular Router è una funzionalità integrale del framework Angular che offre capacità di routing avanzate, consentendo una navigazione fluida all'interno delle Single Page Applications (SPA). Una SPA è un tipo di applicazione web che carica una singola pagina HTML e la aggiorna dinamicamente man mano che la persona interagisce con l'applicazione.

Angular Router gestisce le transizioni tra le diverse viste o componenti che le persone vedono mentre interagiscono con l'applicazione. Può mappare percorsi URL differenti su componenti specifici, assicurando che il contenuto corretto venga caricato quando una persona naviga verso una determinata rotta. Inoltre, mantiene la cronologia del browser per ciascuna vista, consentendo di usare i pulsanti Avanti e Indietro come in una tradizionale applicazione web multi-pagina.

Inoltre, Angular Router supporta funzionalità di routing avanzate, tra cui *route guard*, risoluzione dei dati e più *router outlet* con nome. I *route guard* permettono agli sviluppatori di aggiungere controlli di autenticazione e autorizzazione prima che una rotta venga attivata o disattivata. La risoluzione dei dati consente di recuperare i dati prima di navigare verso una determinata rotta, garantendo che tutte le informazioni necessarie siano disponibili quando la rotta viene attivata. Più *router outlet* con nome consentono di avere più "viste" sulla stessa rotta, ciascuna con il proprio componente associato.

Angular Router è uno strumento potente del framework Angular che offre una gamma di funzionalità per gestire la navigazione nelle SPA: dal routing di base fino a casi d'uso più complessi e avanzati, migliorando l'esperienza utente complessiva.

In conclusione, il routing è un aspetto fondamentale nello sviluppo delle SPA perché consente la navigazione all'interno dell'applicazione senza dover ricaricare la pagina. Implementare un routing lato client efficace fa sì che la SPA si comporti, dal punto di vista di chi la usa, più come una tradizionale applicazione multi-pagina, ma con transizioni molto più fluide e prestazioni migliori. Che tu scelga di implementare il routing da zero o di usare un router specifico del framework, comprendere questi concetti migliorerà notevolmente la tua capacità di sviluppare SPA dinamiche e interattive.

10.3 Gestione dello Stato

La gestione dello stato è un aspetto fondamentale delle Single Page Applications (SPAs). Svolge un ruolo cruciale nella gestione dello stato dell'applicazione in modo prevedibile e coerente. Man mano che la complessità delle Single Page Applications (SPAs) aumenta, la necessità di una gestione efficiente dello stato diventa più evidente. Questo perché è essenziale per garantire interazioni fluide e mantenere la coerenza dei dati in tutta l'applicazione.

In questa sezione, approfondiremo i fondamenti della gestione dello stato. Vedremo cosa comporta e perché è così cruciale nello sviluppo e nella manutenzione delle SPAs. Discuteremo anche delle sfide comuni che gli sviluppatori affrontano quando si occupano della gestione dello stato. Queste sfide possono variare dal mantenimento della sincronizzazione dello stato tra più componenti alla gestione dell'utilizzo della memoria dell'applicazione.

Inoltre, esploreremo varie strategie per gestire efficacemente lo stato nelle SPAs. Applicazioni diverse possono richiedere approcci differenti a seconda della loro complessità e dei requisiti specifici del progetto. Comprendendo queste strategie, gli sviluppatori possono prendere decisioni più informate sul modo migliore di gestire lo stato nelle loro applicazioni, migliorando così l'esperienza utente e le prestazioni complessive delle SPAs.

10.3.1 Comprendere la Gestione dello Stato

Lo stato in una SPA rappresenta i dati o le condizioni della UI in un determinato momento. Questo può includere input dell'utente, risposte del server, controlli della UI come pulsanti o slider, o qualsiasi altro fattore che possa influenzare l'output dell'applicazione.

Le SPAs sono uniche perché caricano una singola pagina HTML all'avvio dell'applicazione e aggiornano dinamicamente quella pagina mentre l'utente interagisce con l'applicazione. Questo richiede un'attenta gestione dello stato dell'applicazione, poiché qualsiasi cambiamento nello stato influisce direttamente su ciò che l'utente vede sullo schermo.

Nel contesto delle SPAs, lo stato rappresenta i dati o le condizioni dell'Interfaccia Utente (UI) in un determinato momento. Questo potrebbe includere input dell'utente, risposte del server, controlli della UI come pulsanti o slider, o qualsiasi altro fattore che influenzi l'output dell'applicazione. La gestione dello stato, quindi, implica il tracciamento di questi cambiamenti e l'aggiornamento della UI per rifletterli.

Esistono diverse sfide chiave quando si tratta di gestione dello stato. Man mano che le applicazioni crescono in complessità, lo stato può diventare profondamente annidato e difficile da gestire. Senza un approccio strutturato, i cambiamenti di stato possono essere imprevedibili e difficili da tracciare, portando a potenziali bug. Una gestione inefficiente dello stato può anche causare re-render o aggiornamenti non necessari, influenzando le prestazioni dell'applicazione.

Diverse strategie possono essere utilizzate per gestire efficacemente lo stato nelle SPAs. Un approccio comune consiste nel distinguere tra stato locale e stato globale. Lo stato locale viene gestito all'interno di un componente specifico e non necessita di essere condiviso in tutta l'applicazione. D'altra parte, lo stato globale deve essere accessibile e modificabile da più componenti dell'applicazione.

Un'altra strategia prevede l'utilizzo di librerie di gestione dello stato. Queste librerie forniscono strumenti e pattern per aiutare gli sviluppatori a gestire lo stato dell'applicazione in modo più efficace. Esempi di librerie di gestione dello stato includono Redux per applicazioni React, Vuex per applicazioni Vue.js e NgRx per applicazioni Angular.

Tecniche avanzate per la gestione dello stato includono l'uso di middleware per gestire azioni asincrone o logging, l'utilizzo di librerie come Immer o Immutable.js per gestire i dati in modo immutabile, e lo sfruttamento delle capacità di gestione reattiva dello stato di librerie come RxJS di Angular o il sistema di reattività di Vue.

In conclusione, comprendere la gestione dello stato è una parte critica dello sviluppo delle SPAs. Implica il tracciamento dei cambiamenti dello stato dell'applicazione e l'aggiornamento della UI per riflettere tali cambiamenti. Scegliendo l'approccio e gli strumenti giusti, gli sviluppatori possono garantire che lo stato dell'applicazione sia gestibile, prevedibile e scalabile, portando ad applicazioni più efficienti, manutenibili e performanti.

Sfide Chiave nella Gestione dello Stato:

Complessità

Man mano che le applicazioni crescono, lo stato può diventare profondamente annidato e difficile da gestire. Nell'ambito delle Single Page Applications (SPAs) e della gestione dello stato, la complessità si riferisce spesso all'aumento dell'intricazione o della complicazione che emerge man mano che le applicazioni crescono ed evolvono. Questa complessità può manifestarsi in diversi modi, in particolare nel modo in cui viene gestito lo stato di un'applicazione.

Lo stato di un'applicazione rappresenta i dati o le condizioni dell'Interfaccia Utente (UI) in un determinato momento. Nelle SPAs, questo potrebbe includere input dell'utente, risposte del server, controlli della UI come pulsanti o slider, o qualsiasi altro fattore che influenzi l'output dell'applicazione. Man mano che le applicazioni crescono, lo stato può diventare profondamente annidato e difficile da gestire. È qui che entra in gioco la complessità.

Una sfida chiave nella gestione dello stato consiste nell'affrontare questa complessità. Man mano che le applicazioni si espandono, introducendo più funzionalità e caratteristiche, lo stato diventa sempre più intricato. Questo stato annidato può essere difficile da gestire senza un approccio strutturato.

I cambiamenti di stato possono anche diventare imprevedibili e difficili da tracciare, portando a potenziali bug ed errori. Inoltre, una gestione inefficiente dello stato può causare re-render o aggiornamenti non necessari, influenzando le prestazioni dell'applicazione.

La complessità nella gestione dello stato si riferisce all'aumento dell'intricazione che emerge man mano che le applicazioni crescono e lo stato diventa più profondamente annidato e difficile da gestire. Questa complessità comporta diverse sfide, inclusa la manutenibilità e le prestazioni dell'applicazione, che gli sviluppatori devono affrontare efficacemente per costruire SPAs efficienti e performanti.

Manutenibilità

La manutenibilità, nel contesto dello sviluppo software, si riferisce alla misura di quanto facilmente un sistema software o un componente possa essere modificato per correggere difetti, migliorare le prestazioni o altri attributi, oppure adattarsi a un ambiente cambiato. È un attributo chiave della qualità del software ed è cruciale per il successo e l'usabilità a lungo termine delle applicazioni software.

La manutenibilità coinvolge diversi aspetti:

1. **Manutenzione Correttiva**: Questa è forse la forma più comune di manutenibilità e comporta la correzione di bug, difetti o altri problemi identificati dopo il rilascio del software. Più è facile isolare la causa di un bug e correggerlo, più il software è considerato manutenibile.
2. **Manutenzione Adattiva**: Man mano che l'ambiente software cambia (ad esempio, se il software deve essere portato su un nuovo sistema operativo), il software deve adattarsi. Più è facile effettuare questi adattamenti, più il software è manutenibile.
3. **Manutenzione Perfettiva**: Si riferisce ai miglioramenti apportati al software per aumentarne le prestazioni, la manutenibilità o altri attributi. Potrebbe includere ottimizzazioni del codice, refactoring o altre tecniche.
4. **Manutenzione Preventiva**: Comporta modifiche effettuate per prevenire problemi futuri. Ad esempio, un pezzo di codice potrebbe funzionare bene ora, ma se si prevede che possa causare problemi in futuro, potrebbe essere riscritto.

Diversi fattori possono influenzare la manutenibilità di un sistema software o di un componente:

- **Complessità del Codice**: Un codice più complesso è generalmente più difficile da mantenere. Un codice più semplice e pulito è più facile da comprendere e modificare.
- **Documentazione**: Un codice ben documentato, con spiegazioni chiare su ciò che fanno le diverse parti del programma, può migliorare notevolmente la manutenibilità.
- **Standard di Codifica**: L'uso coerente di standard di codifica può rendere il codice più facile da comprendere e mantenere.
- **Modularità**: Un software suddiviso in moduli separati e indipendenti è generalmente più facile da mantenere.

La manutenibilità è una caratteristica chiave di una buona progettazione software ed è essenziale per il successo a lungo termine di un'applicazione software.

Nel contesto delle Single Page Applications (SPAs), le "Prestazioni" rappresentano un aspetto cruciale e si riferiscono alla velocità e all'efficienza con cui queste applicazioni vengono renderizzate e rispondono alle interazioni dell'utente. Buone prestazioni sono essenziali nelle SPAs per fornire un'esperienza utente fluida, efficiente e senza interruzioni.

Le prestazioni possono essere influenzate da una varietà di fattori, inclusa l'efficienza del codice sottostante, la dimensione e la complessità dell'applicazione, il carico sul server e la velocità della connessione internet dell'utente, tra gli altri.

Uno dei fattori chiave che influenzano le prestazioni nelle SPAs è la gestione dello stato. Una gestione inefficiente dello stato può causare re-render o aggiornamenti non necessari, rallentando l'applicazione e degradando l'esperienza utente.

Nel contesto della gestione dello stato, esistono diverse strategie che possono essere utilizzate per migliorare le prestazioni. Ad esempio, utilizzare lo stato locale per dati necessari solo all'interno di un componente specifico può ridurre aggiornamenti inutili ad altre parti dell'applicazione. D'altra parte, lo stato globale può essere utilizzato per dati che devono essere condivisi tra più componenti, ma occorre gestire questo stato globale in modo efficiente per evitare problemi di prestazioni.

Le librerie di gestione dello stato, come Redux per applicazioni React, Vuex per applicazioni Vue.js e NgRx per applicazioni Angular, possono anche contribuire a migliorare le prestazioni fornendo metodi efficienti per gestire lo stato.

Tecniche avanzate per la gestione dello stato, come l'utilizzo di middleware per gestire azioni asincrone o logging, l'utilizzo di librerie come Immer o Immutable.js per gestire i dati in modo immutabile e lo sfruttamento delle capacità di gestione reattiva dello stato di librerie come RxJS di Angular o il sistema di reattività di Vue, possono anch'esse migliorare le prestazioni.

Le prestazioni sono un aspetto critico dello sviluppo delle SPAs e possono influenzare notevolmente l'esperienza utente. Una gestione efficace dello stato è fondamentale per garantire buone prestazioni e costruire applicazioni robuste, efficienti e intuitive.

10.3.2 Strategie per una gestione efficace dello stato

Stato locale vs. stato globale:

Stato locale

Nel mondo della programmazione e dello sviluppo software, in particolare nel contesto della progettazione e della costruzione di Single Page Applications (SPA), il termine "stato locale" viene usato per indicare lo stato di un componente o di una funzione specifica all'interno dell'applicazione.

A differenza dello stato globale, lo stato locale non è accessibile né condiviso in tutta l'applicazione. Rimane invece contenuto nell'ambito (scope) del componente o della funzione in cui è stato definito ed è accessibile solo in quel contesto specifico.

Questo concetto è particolarmente importante quando si lavora con framework JavaScript moderni come React, Vue o Angular, in cui le applicazioni sono tipicamente costruite con un'architettura basata su componenti. Ognuno di questi componenti può avere il proprio stato locale, utilizzato per gestire dati e operazioni interne.

Per esempio, immagina un semplice componente "form" in un'applicazione React. Questo form può avere un proprio stato locale per tenere traccia dei dati inseriti dall'utente nei campi del modulo. Questo stato è rilevante e necessario solo all'interno del componente form e non deve essere condiviso o reso disponibile ad altri componenti dell'applicazione. Per questo motivo viene gestito come stato locale.

Lo stato locale è un concetto fondamentale nella costruzione delle SPA: aiuta a gestire e regolare il comportamento di singoli componenti o funzioni all'interno dell'applicazione, contribuendo a un funzionamento complessivo efficiente ed efficace.

Stato globale

Lo stato globale, nel contesto dello sviluppo software e in particolare delle Single Page Applications (SPA), si riferisce allo stato che è accessibile e modificabile da qualunque parte dell'applicazione. Questo concetto è particolarmente importante nei moderni framework JavaScript come React, Vue o Angular, che adottano un'architettura basata su componenti.

A differenza dello stato locale, confinato in un componente o in una funzione specifica, lo stato globale è condiviso in tutta l'applicazione. In genere contiene dati che devono essere accessibili da più componenti. Per esempio, lo stato di login dell'utente, le impostazioni del tema o quelle della lingua (locale) vengono spesso conservati nello stato globale, perché sono richiesti da varie parti dell'applicazione.

Gestire in modo efficiente lo stato globale è cruciale per le prestazioni e la manutenibilità di un'applicazione. Richiede attenzione per garantire coerenza dei dati ed evitare re-render o aggiornamenti non necessari, che possono degradare le prestazioni dell'applicazione. Esistono diverse strategie e librerie per gestire efficacemente lo stato globale, come Redux per applicazioni React, Vuex per applicazioni Vue.js e NgRx per applicazioni Angular.

Lo stato globale è un elemento fondamentale della gestione dello stato nelle SPA. Svolge un ruolo centrale nella condivisione dei dati tra diverse parti dell'applicazione, contribuendo a un funzionamento complessivo efficiente ed efficace.

Esempio di stato locale in un componente React:

```javascript
import React, { useState } from 'react';

function LoginForm() {
    const [username, setUsername] = useState('');
    const [password, setPassword] = useState('');

    const handleSubmit = (event) => {
        event.preventDefault();
        console.log(username, password);
    };

    return (
        <form onSubmit={handleSubmit}>
            <input type="text" value={username} onChange={e => setUsername(e.target.value)} />
            <input type="password" value={password} onChange={e => setPassword(e.target.value)} />
            <button type="submit">Login</button>
        </form>
    );
}
```

Questo pezzo di codice rappresenta un componente funzionale in React chiamato "LoginForm". La funzione LoginForm() è la funzione principale del componente.

In React, i componenti sono porzioni di codice riutilizzabili che restituiscono un elemento React da renderizzare nella pagina. In questo caso, LoginForm è un componente funzionale che restituisce un elemento **form**.

L'hook useState viene utilizzato per dichiarare e gestire variabili di stato nei componenti funzionali. Qui viene usato per dichiarare e gestire lo stato di due variabili: 'username' e 'password'.

useState('') crea una variabile di stato e la inizializza con una stringa vuota. Il primo elemento dell'array restituito da useState è il valore di stato corrente (username o password), mentre il secondo elemento è una funzione che consente di aggiornarlo (setUsername o setPassword).

La funzione handleSubmit è un event handler che viene eseguito quando il modulo viene inviato. L'oggetto evento le viene passato come argomento, ed event.preventDefault() viene chiamato per impedire l'invio del modulo nel modo predefinito, che causerebbe il ricaricamento della pagina. Al suo posto, lo stato corrente di 'username' e 'password' viene stampato nella console.

L'istruzione return della funzione LoginForm restituisce codice JSX, che è un'estensione di sintassi per JavaScript che produce elementi React.

L'elemento form ha un attributo onSubmit, che è un attributo JSX che definisce l'event handler per l'evento di submit del modulo. È impostato sulla funzione handleSubmit.

All'interno del form ci sono due elementi input e un elemento button. Gli input sono rispettivamente di tipo text e password. Ogni input ha un attributo value impostato sulla corrispondente variabile di stato: ciò significa che il valore del campo di input è sempre il valore corrente di 'username' o 'password'.

L'attributo onChange di ciascun campo di input è impostato su una funzione arrow che riceve l'oggetto evento e chiama setUsername o setPassword con il valore corrente del campo. Questo significa che, ogni volta che la persona digita nel campo, la variabile di stato corrispondente viene aggiornata con quel valore.

L'elemento button è di tipo submit, quindi facendo clic su di esso si invia il modulo e si attiva la funzione handleSubmit.

In sintesi, il componente LoginForm è un semplice modulo con campi di input per username e password e un pulsante di invio. Lo stato dei campi di input viene gestito tramite l'hook useState di React e l'invio del modulo viene gestito con una funzione personalizzata che stampa nella console lo stato corrente di username e password.

Using State Management Libraries:

React

Nel contesto della progettazione e dello sviluppo di Single Page Applications (SPA) con React, gestire efficacemente lo stato dell'applicazione è fondamentale. React è una libreria JavaScript molto diffusa per costruire interfacce utente e, data la sua struttura basata su componenti, richiede una gestione dello stato efficiente.

Lo stato in un'applicazione si riferisce ai dati o alle condizioni dell'Interfaccia Utente (UI) in un determinato momento. Può includere input dell'utente, risposte del server, controlli della UI come pulsanti o slider, o qualunque altro fattore che influenzi l'output dell'applicazione. La gestione dello stato, quindi, consiste nel tracciare questi cambiamenti e aggiornare la UI per rifletterli.

La gestione dello stato nelle applicazioni React può diventare complessa quando lo stato deve essere condiviso e modificato tra più componenti o quando la struttura dei dati di stato è annidata o particolarmente articolata. In questi casi, utilizzare librerie di state management come Redux o la Context API può essere di grande aiuto.

Redux fornisce uno store centralizzato per lo stato dell'applicazione, permettendo di gestirlo in modo prevedibile. Segue un rigoroso flusso di dati unidirezionale e usa concetti come actions e reducers per gestire i cambiamenti di stato. Questo rende gli aggiornamenti prevedibili e trasparenti, facilitando test e debug dell'applicazione.

La Context API, invece, è una funzionalità fornita direttamente da React per gestire lo stato globale. Consente di condividere dati di stato e funzioni per manipolarli senza dover passare props attraverso più livelli di componenti. Lo fa tramite un oggetto Context e rendendolo disponibile dove serve tramite Provider e Consumer oppure tramite l'hook useContext.

Quando si sviluppano applicazioni con React, una gestione efficace dello stato è essenziale per creare applicazioni fluide, efficienti e robuste. Strumenti come Redux e la Context API possono offrire soluzioni per gestire stati globali complessi, migliorando leggibilità, manutenibilità e prestazioni delle applicazioni React.

Vue

VueX è un pattern e una libreria di gestione dello stato progettata specificamente per le applicazioni Vue.js. Fornisce uno store centralizzato per tutti i componenti di un'applicazione, il che significa che le informazioni di stato vengono gestite in un unico punto e possono essere accessibili e manipolate da qualunque componente all'interno dell'applicazione.

L'obiettivo principale di VueX è fornire un'unica fonte di verità (*single source of truth*) per i dati di stato, assicurando che lo stato dell'applicazione rimanga coerente tra tutti i componenti. Questo rende più facile tracciare e fare debug dei cambiamenti di stato, migliorando la manutenibilità dell'applicazione.

In VueX, il pattern di gestione dello stato è composto da quattro parti principali: state, getters, mutations e actions.

- Lo **state** contiene i dati effettivi.
- I **getters** sono simili alle proprietà calcolate in Vue e vengono usati per recuperare dati dallo stato.
- Le **mutations** vengono usate per modificare lo stato e sono l'unico modo per cambiare i dati nello stato in uno store VueX.
- Le **actions** sono funzioni in cui inserisci la tua logica di business. Le actions eseguono (commit) mutations e possono contenere operazioni asincrone arbitrarie.

Gestendo i cambiamenti di stato in modo prevedibile, VueX aiuta a gestire la complessità che emerge man mano che le applicazioni Vue.js crescono per dimensioni e funzionalità. Questo rende VueX uno strumento essenziale per sviluppare applicazioni Vue.js su larga scala, in cui una gestione efficiente dello stato è fondamentale per mantenere prestazioni ed esperienza utente.

Angular

Nel contesto di Angular, un framework open-source per applicazioni web molto popolare sviluppato da Google, NgRx è una libreria estremamente efficace che fornisce soluzioni di gestione dello stato reattiva.

La gestione dello stato è un aspetto cruciale di qualunque applicazione web. Si riferisce alla gestione dei dati o delle condizioni dell'Interfaccia Utente (UI) in un determinato momento, includendo input dell'utente, risposte del server, controlli della UI come pulsanti o slider, o qualunque altro fattore che influenzi l'output dell'applicazione.

NgRx si allinea efficacemente al flusso di dati unidirezionale di Angular. Si tratta di un design in cui i dati scorrono in una sola direzione dalla sorgente, attraverso la logica applicativa e infine verso la vista. Questo approccio garantisce un comportamento coerente e prevedibile dell'applicazione, rendendola più facile da debuggare e testare.

NgRx utilizza un pattern ispirato a Redux, un'altra libreria di state management, ma con la potenza della programmazione reattiva fornita dagli stream Observable di RxJS, una libreria per la programmazione reattiva. Questo significa che NgRx può gestire dati che arrivano in modo asincrono e può creare strutture di flusso dati complesse in modo più lineare e facile da comprendere.

In sostanza, NgRx fornisce un'unica fonte di verità per lo stato, consentendo agli sviluppatori di scrivere codice più pulito e manutenibile, aiutando a evitare bug legati allo stato e rendendo più semplice tracciare l'evoluzione dello stato dell'applicazione nel tempo. È uno strumento potente per chi vuole costruire applicazioni Angular robuste, ad alte prestazioni.

Esempio di gestione dello stato globale con Redux:

```javascript
// Action Type
const SET_USER = 'SET_USER';

// Action Creator
function setUser(user) {
    return {
        type: SET_USER,
        payload: user
    };
}

// Reducer
function userReducer(state = {}, action) {
    switch (action.type) {
        case SET_USER:
            return {...state, ...action.payload};
        default:
            return state;
    }
}

// Store
import { createStore } from 'redux';
const store = createStore(userReducer);

// Dispatching an action
store.dispatch(setUser({ name: 'Jane Doe', isLoggedIn: true }));
```

Questo codice è un esempio di base di gestione dello stato globale con Redux in un'applicazione JavaScript, nello specifico un'applicazione React. Redux è un contenitore di stato prevedibile, progettato per aiutarti a scrivere app JavaScript che si comportano in modo coerente in ambienti diversi e che siano facili da testare.

Il codice inizia con la definizione di un tipo di azione, 'SET_USER'. In Redux, le azioni sono semplici oggetti JavaScript che hanno un campo 'type'. Questo campo dovrebbe in genere essere una stringa che descrive l'azione, come 'SET_USER'. È pratica comune salvarli come costanti per evitare bug causati da errori di battitura.

Successivamente viene definito un action creator chiamato 'setUser'. Un action creator è semplicemente una funzione che crea un'azione. In Redux, gli action creator non devono necessariamente essere funzioni pure e spesso vengono usati con il middleware 'thunk' per azioni ritardate, ad esempio il recupero dei dati. In questo caso, però, 'setUser' è un action creator semplice che restituisce un'azione. Questa azione è un oggetto che contiene un campo 'type' e un campo 'payload'. Il campo 'payload' rappresenta i nuovi dati che vogliamo memorizzare nello stato di Redux.

Poi viene definito un reducer chiamato 'userReducer'. I reducer sono funzioni che specificano come cambia lo stato dell'applicazione in risposta alle azioni inviate allo store. Lo scopo di un reducer è restituire un nuovo oggetto di stato in base al tipo di azione che riceve. La funzione reducer esegue uno switch sul tipo di azione; nel caso di 'SET_USER', restituisce un nuovo stato che combina lo stato esistente con i nuovi dati provenienti dal payload dell'azione. Se il reducer riceve un tipo di azione che non riconosce, dovrebbe restituire lo stato esistente senza modificarlo.

Dopo aver definito il tipo di azione, l'action creator e il reducer, viene creato lo store Redux. Lo store Redux è essenzialmente un oggetto JavaScript che contiene lo stato dell'applicazione. La funzione 'createStore' della libreria Redux viene usata per creare lo store. 'userReducer' viene passato come argomento a 'createStore', collegando il reducer allo store.

Infine, un'azione viene inviata (dispatch) usando il metodo 'dispatch' dello store. L'action creator 'setUser' viene chiamato con un oggetto contenente le informazioni dell'utente. Questo oggetto rappresenta il payload dell'azione 'SET_USER'. Il metodo dispatch prende l'oggetto azione restituito da 'setUser' e lo passa a 'userReducer'. Il reducer gestisce quindi l'azione e aggiorna lo stato nello store Redux.

In conclusione, questo codice fornisce un esempio semplice ma completo di come Redux possa essere usato per gestire lo stato globale in un'applicazione JavaScript. Rappresenta alcuni concetti fondamentali di Redux: azioni, action creator, reducer, lo store e l'invio (dispatch) delle azioni allo store.

10.3.3 Tecniche avanzate

Middleware

Nel contesto della gestione dello stato nelle Single Page Applications (SPA), i middleware possono offrire funzionalità aggiuntive che migliorano il modo in cui lo stato viene gestito all'interno dell'applicazione. Uno dei modi in cui lo fanno è gestire azioni asincrone. Le azioni asincrone sono attività che iniziano ora ma terminano più tardi, permettendo ad altre attività di essere eseguite nel frattempo senza rimanere bloccate. Gestire correttamente queste azioni è fondamentale per mantenere prestazioni ed esperienza utente dell'applicazione.

Ad esempio, supponiamo che una SPA debba recuperare dati da un server. Questa operazione è tipicamente asincrona perché può richiedere tempo, e non vorresti che l'intera applicazione si bloccasse mentre aspetta la risposta del server. Il middleware può gestire questa operazione, assicurando che il resto dell'applicazione continui a funzionare mentre i dati vengono recuperati.

Il middleware può anche offrire funzionalità di logging. Il logging è un modo per registrare le attività all'interno di un'applicazione. Può essere estremamente utile per il debug, perché i log possono fornire una panoramica dettagliata di ciò che è accaduto prima di un problema. Nel contesto della gestione dello stato, il logging può aiutare a tracciare come lo stato cambia nel tempo, quali azioni hanno portato a quei cambiamenti di stato e quali errori si sono verificati durante tali cambiamenti.

In sintesi, i middleware nella gestione dello stato possono migliorare la funzionalità delle SPA fornendo strumenti e servizi per gestire azioni asincrone e logging, elementi chiave per costruire applicazioni efficienti, manutenibili e ad alte prestazioni.

Immutable Data Patterns

Gli Immutable Data Patterns sono tecniche di programmazione che enfatizzano l'immutabilità nelle strutture dati dell'applicazione. Questi pattern prevedono l'uso di librerie come Immer o Immutable.js, che offrono API per lavorare con strutture dati in modo immutabile.

L'immutabilità è un principio fondamentale della programmazione funzionale, secondo cui, una volta creata, una struttura dati non può essere modificata. Qualunque modifica o aggiornamento dei dati produrrà una nuova copia della struttura dati, lasciando intatta quella originale. Questo principio offre diversi vantaggi nello sviluppo di applicazioni.

In primo luogo, può migliorare notevolmente la prevedibilità dell'applicazione. Poiché i dati non possono essere cambiati dopo la loro creazione, puoi avere la certezza che non verranno alterati in modo inaspettato altrove nell'applicazione. Questo può rendere il codice più facile da comprendere e ridurre la probabilità di bug.

In secondo luogo, gli Immutable Data Patterns possono migliorare le prestazioni dell'applicazione. Librerie come Immer e Immutable.js usano tecniche sofisticate per evitare copie inutili dei dati. Per esempio, quando viene effettuato un aggiornamento, copiano solo la parte della struttura dati che è cambiata, condividendo le parti non modificate tra la versione vecchia e quella nuova. Questo è noto come structural sharing e può portare a significative ottimizzazioni di memoria e prestazioni.

Infine, gli Immutable Data Patterns possono rendere l'applicazione più semplice da gestire quando si usano certi strumenti o framework. Per esempio, funzionano molto bene con Redux, una popolare libreria di gestione dello stato per React. Redux fa affidamento sull'immutabilità per funzionalità come il time-travel debugging, in cui puoi spostarti avanti e indietro nello stato dell'applicazione per comprendere la sequenza dei cambiamenti di stato.

In conclusione, gli Immutable Data Patterns, facilitati da librerie come Immer e Immutable.js, offrono una strategia solida per gestire i dati nell'applicazione. Garantendo l'immutabilità dei dati, migliorano sia le prestazioni sia la prevedibilità, portando ad applicazioni più robuste e manutenibili.tenibili.

Reactive State Management

La gestione reattiva dello stato (*Reactive State Management*) è un concetto della programmazione che si riferisce a un modello in cui i cambiamenti dello stato di un'applicazione vengono gestiti in modo reattivo. Lo stato dell'applicazione indica le informazioni memorizzate in un dato momento, che possono cambiare lungo il ciclo di vita dell'applicazione. È una parte essenziale delle applicazioni interattive, che siano web, desktop o mobile. Questo stato può includere input dell'utente, risposte del server, controlli della UI o qualunque altro fattore che influisca sull'output dell'applicazione.

RxJS di Angular e il sistema di reattività di Vue sono due esempi di librerie che offrono capacità di gestione reattiva dello stato. Queste librerie forniscono un modo per gestire i cambiamenti di stato in modo reattivo, con numerosi vantaggi.

In un sistema reattivo, quando lo stato dell'applicazione cambia, tali cambiamenti vengono propagati automaticamente in tutto il sistema verso tutte le parti interessate dell'applicazione. Questo significa che, invece di dover interrogare lo stato per verificarne i cambiamenti, i componenti vengono informati di questi cambiamenti. Ciò può semplificare notevolmente il paradigma di sviluppo, perché chi sviluppa non deve più scrivere codice per controllare costantemente i cambiamenti di stato.

Il modello reattivo rende inoltre i cambiamenti di stato più facili da tracciare e gestire, rendendo l'applicazione più efficiente. Invece di dover gestire manualmente quando e dove aggiornare la UI o altre parti dell'applicazione in base ai cambiamenti di stato, il sistema reattivo gestisce questi aggiornamenti automaticamente. Questo può portare ad applicazioni più reattive e performanti, perché gli aggiornamenti vengono eseguiti non appena avvengono i cambiamenti di stato e vengono aggiornate solo le parti dell'applicazione che dipendono dallo stato modificato.

RxJS (Reactive Extensions for JavaScript) di Angular è una libreria per la programmazione reattiva che utilizza gli *Observable*, rendendo più semplice comporre codice asincrono o basato su callback. Questo si allinea molto bene con il modello di gestione reattiva dello stato, trasformando i cambiamenti di stato in un flusso di eventi che possono essere osservati e a cui si può reagire.

D'altra parte, il sistema di reattività di Vue è integrato nel core di Vue. Utilizza un sistema di dipendenze reattive che vengono tracciate e aggiornate automaticamente ogni volta che lo stato cambia. Questo rende estremamente semplice costruire interfacce utente dinamiche che reagiscono ai cambiamenti di stato, perché Vue gestisce tutta la complessità del tracciamento delle dipendenze e dell'aggiornamento del DOM.

In conclusione, la gestione reattiva dello stato, resa possibile da librerie come RxJS di Angular o il sistema di reattività di Vue, fornisce un modello potente per gestire i cambiamenti di stato nelle applicazioni moderne e interattive. Reagendo ai cambiamenti di stato in modo automatico ed efficiente, semplifica il processo di sviluppo e porta ad applicazioni più performanti e manutenibili.

In conclusione, una gestione efficace dello stato è fondamentale per costruire SPA robuste. Scegliendo la strategia e gli strumenti giusti, puoi assicurarti che lo stato della tua applicazione sia gestibile, prevedibile e scalabile. Che tu scelga funzionalità integrate come **useState** di React, librerie complete come Redux o VueX, oppure che tu sfrutti tutta la potenza reattiva di Angular con NgRx, comprendere questi concetti è cruciale per chiunque sviluppi SPA e voglia creare applicazioni efficienti, manutenibili e ad alte prestazioni.

Esercizi Pratici per il Capitolo 10: Sviluppo di Single Page Applications

Per consolidare la tua comprensione dei concetti chiave trattati nel Capitolo 10, presentiamo diversi esercizi pratici. Questi esercizi sono progettati per aiutarti ad acquisire esperienza pratica nello sviluppo di Single Page Application (SPA), concentrandosi su routing, gestione dello stato e modello SPA.

Esercizio 1: Routing Semplice in una SPA

Obiettivo: Implementare un semplice routing lato client in una SPA JavaScript vanilla senza utilizzare framework.

Soluzione:

```html
<!-- index.html -->
<!DOCTYPE html>
<html lang="en">
<head>
    <meta charset="UTF-8">
    <title>Simple SPA Routing</title>
</head>
<body>
    <nav>
        <ul>
            <li><a href="#home">Home</a></li>
            <li><a href="#about">About</a></li>
        </ul>
    </nav>
    <div id="content"></div>

    <script src="router.js"></script>
</body>
</html>
// router.js
const routes = {
    'home': '<h1>Home Page</h1><p>Welcome to the home page.</p>',
    'about': '<h1>About Page</h1><p>Learn more about our SPA.</p>'
};

function handleRouting() {
    let hash = window.location.hash.substring(1);
    document.getElementById('content').innerHTML = routes[hash] || '<h1>404 Not
Found</h1><p>The requested page does not exist.</p>';
}

window.addEventListener('hashchange', handleRouting);
window.addEventListener('load', handleRouting);
```

Esercizio 2: Gestione dello Stato con Redux

Obiettivo: Creare una semplice applicazione React che utilizzi Redux per la gestione dello stato al fine di gestire un contatore.

Soluzione:

```
# First, set up a new React app and install Redux
npx create-react-app redux-counter
cd redux-counter
```

```javascript
npm install redux react-redux
// src/redux/store.js
import { createStore } from 'redux';

function counterReducer(state = { count: 0 }, action) {
    switch (action.type) {
        case 'INCREMENT':
            return { count: state.count + 1 };
        case 'DECREMENT':
            return { count: state.count - 1 };
        default:
            return state;
    }
}

const store = createStore(counterReducer);
export default store;
// src/App.js
import React from 'react';
import { useSelector, useDispatch } from 'react-redux';

function App() {
    const count = useSelector(state => state.count);
    const dispatch = useDispatch();

    return (
        <div>
            <h1>Count: {count}</h1>
            <button onClick={() => dispatch({ type: 'INCREMENT' })}>Increment</button>
            <button onClick={() => dispatch({ type: 'DECREMENT' })}>Decrement</button>
        </div>
    );
}

export default App;
// src/index.js
import React from 'react';
import ReactDOM from 'react-dom';
import { Provider } from 'react-redux';
import store from './redux/store';
import App from './App';

ReactDOM.render(
    <Provider store={store}>
        <App />
    </Provider>,
    document.getElementById('root')
);
```

Esercizio 3: Caricamento Dinamico dei Componenti in Vue.js

Obiettivo: Implementare un'applicazione Vue.js che carichi dinamicamente i componenti in base alla route.

Soluzione:

```
<!-- App.vue -->
<template>
  <div id="app">
    <nav>
      <button @click="currentView = 'home'">Home</button>
      <button @click="currentView = 'about'">About</button>
    </nav>
    <component :is="currentView"></component>
  </div>
</template>

<script>
import Home from './components/Home.vue'
import About from './components/About.vue'

export default {
  data() {
    return {
      currentView: 'home'
    }
  },
  components: {
    Home,
    About
  }
}
</script>
<!-- components/Home.vue -->
<template>
  <div>
    <h1>Home</h1>
    <p>This is the home page.</p>
  </div>
</template>

<script>
export default {
  name: 'Home'
}
</script>
<!-- components/About.vue -->
<template>
```

```
  <div>
    <h1>About</h1>
    <p>This is the about page.</p>
  </div>
</template>

<script>
export default {
  name: 'About'
}
</script>
```

Questi esercizi sono progettati per migliorare le tue competenze nello sviluppo di SPA, concentrandosi sull'implementazione di funzionalità fondamentali come routing e gestione dello stato attraverso diversi framework e librerie. Completando questi compiti, acquisirai una comprensione più profonda di come funzionano le SPAs e di come gestire efficacemente stati e route dell'applicazione, componenti chiave nella costruzione di moderne applicazioni web.

Riepilogo del Capitolo 10: Sviluppare Single Page Applications

Questo capitolo ha esplorato il mondo delle Single Page Applications (SPA), un approccio moderno per costruire applicazioni web dinamiche e interattive che offrono un'esperienza utente fluida, simile a quella delle applicazioni desktop. Nel corso del capitolo abbiamo analizzato concetti essenziali, tecniche e buone pratiche fondamentali per progettare, implementare e ottimizzare le SPA.

Concetti e tecniche principali

Abbiamo iniziato definendo il modello SPA, che ruota attorno al caricamento di una singola pagina HTML e al suo aggiornamento dinamico man mano che l'utente interagisce con l'applicazione. Questo approccio riduce i ricaricamenti di pagina, diminuisce il carico sul server web e fornisce una risposta quasi immediata alle azioni dell'utente, aspetti cruciali per migliorare l'esperienza complessiva.

Routing nelle SPA è stato un tema centrale: abbiamo discusso come gestire la navigazione all'interno di una SPA senza refresh completi della pagina. Abbiamo visto come implementare il routing lato client sia con JavaScript "vanilla" sia con framework popolari come React, Vue e Angular. Ognuno di questi strumenti offre soluzioni per definire rotte navigabili, gestire i cambiamenti di rotta e renderizzare dinamicamente contenuti associati a URL specifici. Questo permette alle SPA di mantenere URL salvabili nei preferiti, migliorare la SEO e supportare la navigazione tramite la cronologia del browser, comportandosi — dal punto di vista dell'utente — in modo più simile ai siti tradizionali multi-pagina.

Gestione dello stato è emersa come un aspetto critico nello sviluppo di SPA, data la complessità e l'interattività di queste applicazioni. Una gestione efficiente dello stato garantisce che la UI rimanga coerente con i modelli di dati sottostanti e con la logica dell'applicazione. Abbiamo esaminato diverse strategie per la gestione dello stato locale e globale, discutendo come lo stato possa essere gestito tramite context, props e librerie avanzate di state management come Redux per React, VueX per Vue e NgRx per Angular. Questi strumenti aiutano a gestire lo stato dell'applicazione in modo prevedibile, rendendo le applicazioni più scalabili e manutenibili.

Applicazione pratica

Attraverso esercizi pratici, hai applicato ciò che hai imparato costruendo funzionalità come semplici meccanismi di routing e soluzioni per la gestione dello stato. Questi esercizi sono stati pensati per offrire esperienza diretta sulle principali funzionalità delle SPA, rafforzando comprensione e competenze in scenari reali.

Sfide e soluzioni

Sviluppare SPA non è privo di difficoltà. Abbiamo affrontato problemi comuni come la gestione di stati complessi, l'ottimizzazione delle prestazioni per evitare rallentamenti dell'interfaccia e la configurazione delle SPA per una migliore visibilità nei motori di ricerca. Sono state discusse soluzioni come il server-side rendering, il code splitting e il caricamento dinamico dei dati per mitigare queste sfide.

Direzioni future

Guardando al futuro, l'architettura delle SPA continua a evolversi grazie ai progressi nelle tecnologie web. Le Progressive Web Apps (PWA), ad esempio, estendono il concetto di SPA offrendo funzionalità offline, notifiche push e accesso all'hardware del dispositivo, sfumando i confini tra applicazioni web e native.

Conclusione

Le Single Page Applications rappresentano un cambiamento significativo nello sviluppo web, con un'attenzione forte alle esperienze centrate sull'utente. Man mano che continui a esplorare e costruire SPA, tieniti aggiornatз sugli sviluppi più recenti dei framework JavaScript, sulle tecniche di ottimizzazione delle prestazioni e sui nuovi standard web che possono influenzare la progettazione e l'implementazione delle SPA. Le competenze e le conoscenze acquisite in questo capitolo costituiscono una base solida per creare applicazioni web sofisticate ed efficienti, adatte alle esigenze di utenti moderni e organizzazioni.

Capitolo 11: JavaScript e il server

Benvenuto al Capitolo 11, opportunamente intitolato "JavaScript e il server". In questo capitolo illuminante, faremo un'immersione profonda nel ruolo versatile e potente di JavaScript, che si estende ben oltre i confini tradizionali delle operazioni nel browser.

Approfondiremo le sfumature di come JavaScript, con l'aiuto di piattaforme robuste come Node.js, riesca ad ampliare le proprie capacità fino a includere la programmazione lato server. Questa caratteristica unica di JavaScript apre la strada allo sviluppo full-stack, il tutto realizzabile con un unico linguaggio di programmazione.

Questo cambiamento di paradigma nel modo in cui affrontiamo lo sviluppo web ha avuto un impatto profondo e trasformativo. Ha aperto un mondo completamente nuovo di possibilità, permettendo agli sviluppatori di costruire applicazioni web molto più scalabili, efficienti e integrate rispetto al passato. Unendo front-end e back-end, ha reso possibile un flusso continuo di dati e logica, rivoluzionando il processo di sviluppo web.

11.1 Fondamenti di Node.js

Node.js è un potente ambiente di runtime che estende le capacità di JavaScript oltre i confini del browser e le porta nello sviluppo lato server. Questo strumento innovativo è stato sviluppato in modo magistrale da Ryan Dahl nel 2009, in risposta alla crescente esigenza di un approccio più unificato allo sviluppo web.

Ciò che rende Node.js unico è l'utilizzo del motore JavaScript V8. Questo motore, che alimenta anche il popolare browser web Google Chrome, consente a JavaScript di essere eseguito al di fuori del browser. Questa innovazione cruciale colma in modo significativo il divario tra sviluppo front-end e back-end, rendendo possibile per gli sviluppatori usare JavaScript lungo l'intero stack di sviluppo.

Di conseguenza, con Node.js gli sviluppatori web possono ora scrivere codice lato server usando lo stesso linguaggio che impiegano per il codice lato client, promuovendo un approccio più integrato e fluido allo sviluppo web. Questo offre anche il vantaggio di ridurre la curva di apprendimento e di favorire riutilizzo del codice ed efficienza.

11.1.1 Caratteristiche principali di Node.js

Modello I/O guidato dagli eventi e non bloccante

Node.js opera su un singolo thread, utilizzando chiamate I/O non bloccanti, il che gli consente di gestire decine di migliaia di connessioni concorrenti, garantendo un'elevata scalabilità.

In informatica, un thread è la più piccola sequenza di istruzioni programmabili che può essere gestita in modo indipendente dallo scheduler di un sistema operativo. In un ambiente multi-thread tradizionale, vengono creati nuovi thread per ogni attività. Node.js, però, adotta un approccio diverso. Invece di creare un nuovo thread per ogni richiesta del client (cosa che può essere molto dispendiosa in termini di memoria), Node.js lavora su un singolo thread usando ciò che viene chiamato "event loop". Questo consente a Node.js di gestire più operazioni in modo concorrente, senza attendere il completamento delle attività e senza consumare grandi quantità di risorse di sistema.

La parte relativa alle "chiamate I/O non bloccanti" descrive il modo in cui Node.js gestisce le operazioni di Input/Output (I/O), che includono attività come la lettura dalla rete, l'accesso a un database o al filesystem. In un modello I/O bloccante, il thread di esecuzione viene sospeso finché l'operazione I/O non termina, il che può essere inefficiente. Node.js, invece, usa un modello I/O non bloccante: il sistema non aspetta che un'operazione I/O termini prima di passare ad altre operazioni. Di conseguenza, può continuare a elaborare le richieste in arrivo mentre le operazioni I/O vengono gestite in background.

La combinazione di queste caratteristiche consente a Node.js di gestire decine di migliaia di connessioni concorrenti. È qui che entra in gioco l'"alta scalabilità". La scalabilità, nel contesto dei server, si riferisce alla capacità di un sistema di gestire un carico di lavoro crescente aggiungendo risorse. Poiché Node.js può gestire un numero elevato di connessioni con un singolo thread e non blocca le operazioni I/O, può servire un gran numero di richieste dei client senza degradare le prestazioni, risultando altamente scalabile.

Questi attributi contribuiscono a rendere Node.js uno strumento potente per sviluppare applicazioni lato server, in particolare per applicazioni in tempo reale, microservizi e altri sistemi che richiedono la gestione di un elevato numero di connessioni simultanee con bassa latenza.

NPM (Node Package Manager)

Parte integrante di Node.js, npm è un gestore di pacchetti robusto e dinamico, fondamentale per il funzionamento fluido e le capacità avanzate di Node.js. Offre un accesso semplice a una vastissima gamma di librerie e strumenti, che supera ampiamente le 800.000 unità. Questa enorme raccolta non è solo una testimonianza della diversità e della portata di npm, ma colloca npm tra i più grandi registri software al mondo.

Le librerie e gli strumenti disponibili tramite npm coprono un'ampia gamma di funzionalità, soddisfacendo praticamente ogni aspetto della programmazione e dello sviluppo web. Vanno da semplici librerie di utilità che aiutano nelle attività quotidiane di coding, a framework complessi che costituiscono la spina dorsale di intere applicazioni. Questa moltitudine di risorse facilita lo sviluppo di applicazioni di qualsiasi dimensione e complessità, offrendo soluzioni e strumenti pronti all'uso per una grande varietà di esigenze e sfide.

Inoltre, npm funge anche da piattaforma per la condivisione e la distribuzione dei pacchetti, favorendo una community di programmazione aperta e collaborativa. Gli sviluppatori possono pubblicare i propri pacchetti nel registro npm, rendendoli disponibili ad altri e contribuendo così alla crescita esponenziale e alla diversità dell'ecosistema npm.

In più, npm include funzionalità per il controllo delle versioni e la gestione delle dipendenze. Consente agli sviluppatori di specificare le versioni dei pacchetti da cui dipende un progetto, prevenendo potenziali conflitti e garantendo il funzionamento regolare delle applicazioni. Supporta anche l'installazione globale dei pacchetti, rendendoli disponibili in più progetti sullo stesso sistema.

In questo modo, npm non solo migliora in modo significativo l'utilità e la versatilità di Node.js, ma contribuisce anche alla più ampia community di programmazione e sviluppo web. Riunisce una vasta gamma di strumenti e librerie, facilita la condivisione e il riuso del codice e offre meccanismi solidi di gestione dei pacchetti, semplificando il processo di sviluppo web e rendendolo più efficiente e produttivo.

11.1.2 Per iniziare con Node.js

Installazione: Per iniziare a usare Node.js, devi installarlo sul tuo sistema. Puoi scaricarlo da il sito ufficiale di Node.js.

Per una guida completa passo dopo passo su come installare Node.js, visita il nostro articolo del blog: https://www.cuantum.tech/post/how-to-install-nodejs-on-windows-mac-and-linux-a-stepbystep-guide

Hello World in Node.js: Una volta installato, puoi scrivere il tuo primo semplice programma in Node.js, che tradizionalmente inizia con un esempio "Hello World".

Crea un file chiamato app.js:

```javascript
const http = require('http');

const server = http.createServer((req, res) => {
    res.statusCode = 200;
    res.setHeader('Content-Type', 'text/plain');
    res.end('Hello World\\\\\n');
});

const port = 3000;
server.listen(port, () => {
    console.log(`Server running at <http://localhost>:${port}/`);
});
```

Lo script inizia richiedendo il modulo 'http'. Questo modulo è integrato in Node.js ed è usato per creare server HTTP ed effettuare richieste HTTP.

Successivamente viene chiamato il metodo **createServer** sull'oggetto **http**, che crea un nuovo server HTTP e lo restituisce. Questo metodo accetta una funzione di callback che viene eseguita ogni volta che il server riceve una richiesta. La callback, a sua volta, accetta due argomenti: **req** (l'oggetto richiesta) e **res** (l'oggetto risposta).

L'oggetto **req** rappresenta la richiesta HTTP e contiene proprietà per la query string, i parametri, il body, gli header HTTP e altro ancora. Al contrario, l'oggetto **res** viene usato per inviare al client la risposta HTTP desiderata. In questo script, lo status della risposta è impostato a 200 (che indica una richiesta HTTP andata a buon fine) e il tipo di contenuto è impostato su 'text/plain'.

res.end('Hello World\\\\\n'); viene usato per terminare il processo di risposta. Questo metodo segnala al server che tutti gli header e il body della risposta sono stati inviati e che il messaggio può considerarsi completo. In questo caso, invia la stringa 'Hello World\n' come body della risposta.

Quindi viene dichiarata una costante, **port**, e le viene assegnato il valore 3000. Questa è la porta sulla quale il server resterà in ascolto per eventuali richieste in ingresso.

Infine viene chiamato il metodo **listen** sull'oggetto **server**, che fa sì che il server resti in attesa di richieste sulla porta specificata (3000). Anche questo metodo accetta una funzione di callback, che viene eseguita quando il server ha iniziato ad ascoltare correttamente. Qui la callback si limita a stampare nella console un messaggio che indica che il server è in esecuzione.

Esegui la tua applicazione Node.js: Apri il terminale, vai nella directory che contiene **app.js** e digita:

```
node app.js
```

Questo comando avvia un server su localhost alla porta 3000. Quando visiti **http://localhost:3000** nel browser, vedrai "Hello World".

11.1.3 Comprendere il runtime di Node.js

Node.js esegue codice JavaScript lato server, il che significa che puoi scrivere la logica del server usando JavaScript. Questa capacità è rivoluzionaria per chi ha già familiarità con JavaScript, perché elimina la necessità di imparare un linguaggio separato per lo sviluppo back-end.

Una delle caratteristiche chiave di Node.js è il suo modello I/O guidato dagli eventi e non bloccante. Questo significa che Node.js opera su un singolo thread, usando quello che viene chiamato "event loop". Invece di creare un nuovo thread per ogni richiesta del client (cosa che può consumare molta memoria), Node.js può gestire più operazioni in modo concorrente senza attendere il completamento delle attività. Inoltre, il modello I/O non bloccante consente al sistema di continuare a elaborare le richieste in arrivo mentre attività come la lettura di un file o l'accesso a un database vengono gestite in background. Questa architettura permette a Node.js di gestire decine di migliaia di connessioni concorrenti, rendendolo altamente scalabile.

Un'altra funzionalità importante è il Node Package Manager (npm), un gestore di pacchetti che funge da porta d'accesso a una vasta gamma di librerie e strumenti e facilita il controllo delle versioni e la gestione delle dipendenze.

Comprendere il runtime di Node.js significa anche imparare come installare Node.js e scrivere programmi semplici. Ad esempio, il classico programma 'Hello World' in Node.js prevede la creazione di un server HTTP che risponde alle richieste in arrivo con il messaggio 'Hello World'.

Infine, Node.js eccelle nelle attività legate all'I/O, come la lettura asincrona dei file. Questo è dimostrato dal modulo **fs** (file system) in Node.js, che può leggere un file e stamparne il contenuto, oppure registrare un errore se il file non esiste.

Capire il runtime di Node.js significa sapere come Node.js esegue JavaScript lato server, conoscere le sue caratteristiche uniche e come usarlo per costruire applicazioni lato server.

Esempio: lettura asincrona dei file: Node.js eccelle nelle attività legate all'I/O. Ecco un esempio di come Node.js gestisce la lettura asincrona di un file, un'attività comune nelle applicazioni web.

```javascript
const fs = require('fs');

fs.readFile('example.txt', 'utf8', (err, data) => {
    if (err) {
        console.error('Error reading file:', err);
        return;
    }
    console.log('File contents:', data);
});
```

All'inizio dello script viene importato il modulo **fs** (file system). Questo modulo offre diversi metodi per interagire con il filesystem, rendendo possibile eseguire operazioni di I/O, come leggere e scrivere file, direttamente in JavaScript.

La funzione **fs.readFile** viene poi utilizzata per leggere il contenuto di un file chiamato **example.txt**. Questa funzione è asincrona, il che significa che restituisce subito il controllo e non blocca l'esecuzione del resto del programma mentre il file viene letto. Al suo posto, riceve una funzione di callback che verrà invocata quando la lettura sarà stata completata.

La funzione di callback passata a **fs.readFile** accetta due argomenti: **err** e **data**. Se durante la lettura si verifica un errore, l'argomento **err** conterrà un oggetto Error che descrive cosa è andato storto. In questo caso, lo script registra il messaggio di errore nella console usando **console.error**.

Se invece il file viene letto correttamente, l'argomento **data** conterrà il contenuto del file come stringa. Lo script quindi registra questi contenuti nella console usando **console.log**.

In sintesi, questo script dimostra un aspetto di base ma fondamentale di Node.js: l'I/O asincrono sui file. Usando il modulo **fs** e le funzioni di callback, è possibile leggere file dal filesystem senza bloccare l'esecuzione del resto del programma, ottenendo codice lato server efficiente e reattivo.

Questo esempio usa il modulo **fs** (file system) di Node.js per leggere un file in modo asincrono. Se c'è un errore (ad esempio, il file non esiste), registra l'errore; altrimenti, stampa il contenuto del file.

In conclusione, Node.js porta JavaScript nell'ambiente server, sfruttando la natura event-driven di JavaScript per offrire uno strumento potente per costruire applicazioni lato server veloci e scalabili. Questa capacità semplifica in modo significativo il processo di sviluppo, permettendo agli sviluppatori di usare JavaScript lungo tutto lo stack.

11.2 Creare una REST API con Express

Man mano che prosegui nel tuo percorso di esplorazione delle profondità di JavaScript lato server, scoprirai che una delle applicazioni più comuni e potenti di Node.js è la creazione di API RESTful. REST, acronimo di Representational State Transfer, è uno stile architetturale ampiamente adottato che sfrutta i metodi HTTP standard come GET, POST, PUT e DELETE per la comunicazione. Questo stile viene impiegato nello sviluppo di servizi web e facilita l'interazione tra client e server in modo fluido.

Dall'altra parte, Express.js, spesso chiamato semplicemente Express, è un framework per applicazioni web minimalista e flessibile per Node.js. È progettato con l'idea di semplicità e flessibilità, permettendo agli sviluppatori di creare applicazioni web e mobile con facilità.

Il suo solido set di funzionalità consente di creare applicazioni single-page, multi-page e ibride, rendendolo uno strumento estremamente efficiente per costruire API REST. Con Express.js, gli sviluppatori possono scrivere meno codice, evitare ripetizioni e, in definitiva, risparmiare tempo. La sua flessibilità e il suo minimalismo, uniti alla potenza di Node.js, creano un ambiente ricco di funzionalità, adatto allo sviluppo di applicazioni web e mobile robuste.

11.2.1 Perché Express?

Express semplifica il processo di creazione di applicazioni lato server con Node.js. È pensato per costruire applicazioni web e API. È stato definito lo standard de facto per i server Node.js grazie alla sua semplicità e al vasto ecosistema di middleware disponibile.

Il motivo principale della popolarità di Express è la sua semplicità. Offre un modo diretto e intuitivo per definire route e handler per diverse richieste e risposte HTTP. Questa semplicità accelera lo sviluppo e permette di realizzare applicazioni in modo più efficiente.

Express introduce anche il concetto di middleware. Le funzioni middleware sono pezzi di codice che hanno accesso all'oggetto request, all'oggetto response e alla funzione successiva (next) nel ciclo request-response dell'applicazione. Possono eseguire qualsiasi codice, modificare gli oggetti request e response, terminare il ciclo request-response o chiamare il middleware successivo nello stack. Questa architettura consente di svolgere una grande varietà di attività, dalla gestione dei cookie al parsing del body delle richieste, fino al logging e molto altro, semplicemente aggiungendo il middleware appropriato.

Inoltre, Express è noto per la sua scalabilità. La sua natura leggera, combinata con la capacità di gestire in modo efficiente la logica lato server e di integrarsi senza problemi con database e altri strumenti, lo rende un'ottima scelta per scalare le applicazioni. Quando i requisiti crescono, Express può gestire facilmente l'aumento di carico, mantenendo l'applicazione robusta e performante.

Express ha una community grande e attiva. Questo significa che è facile trovare soluzioni ai problemi, imparare dalle esperienze altrui e accedere a una vasta gamma di middleware e strumenti sviluppati dalla community. Questa rete di supporto può essere preziosa sia per chi è alle prime armi sia per chi ha più esperienza.

In sintesi, Express semplifica lo sviluppo di applicazioni lato server con Node.js offrendo un framework semplice, scalabile e flessibile, con un robusto ecosistema di middleware. La sua community attiva garantisce anche supporto e sviluppo continuo, rendendolo una scelta eccellente per creare applicazioni web e API.

Key Features of Express:

- **Semplicità**: Express.js offre un modo semplice e diretto per configurare le route che la tua API può usare per comunicare efficacemente con i client. La semplicità di Express.js permette agli sviluppatori di gestire richieste e risposte senza complessità inutili, aumentando così la produttività.
- **Middleware**: Express.js dispone di un robusto framework di middleware che consente agli sviluppatori di usare middleware esistenti per aggiungere funzionalità alle applicazioni Express. In alternativa, puoi scrivere middleware personalizzati per svolgere una serie di compiti, come il parsing dei body delle richieste, la gestione dei cookie, la gestione delle sessioni o il logging. Questa flessibilità permette di estendere le funzionalità delle applicazioni in base alle esigenze specifiche.
- **Scalabilità**: Express.js gestisce in modo efficiente la logica lato server e si integra senza problemi con database e altri strumenti, rendendolo un'ottima scelta per scalare le applicazioni. La sua architettura leggera e le alte prestazioni lo rendono una scelta preferita per sviluppare applicazioni in grado di gestire un grande numero di richieste senza sacrificare velocità o prestazioni.

11.2.2 Impostare un progetto Express

Per iniziare, dovrai avere Node.js installato sul tuo sistema. Poi potrai configurare un progetto Express con alcuni passaggi iniziali:

```
mkdir myapi
cd myapi
```

```
npm init -y
npm install express
```

I comandi creano una nuova directory chiamata 'myapi', si spostano all'interno di quella directory, inizializzano un nuovo progetto Node.js con le impostazioni predefinite (grazie al flag '-y') e poi installano la libreria Express.js, un framework popolare per creare applicazioni web in Node.js.

Crea un file chiamato **app.js** e aggiungi la seguente configurazione di base:

```
const express = require('express');
const app = express();
const PORT = process.env.PORT || 3000;

app.get('/', (req, res) => {
    res.send('Hello World from Express!');
});

app.listen(PORT, () => {
    console.log(`Server running on <http://localhost>:${PORT}`);
});
```

Il frammento di codice di esempio utilizza il framework Express.js, un framework per applicazioni web Node.js popolare e flessibile, per configurare un semplice server web.

Per prima cosa, importa il modulo 'express'. Questo avviene tramite la funzione **require()**, una funzione integrata in Node.js utilizzata per importare moduli (librerie o file). Il modulo 'express' importato viene quindi memorizzato nella variabile costante 'app'.

Successivamente, imposta una variabile costante 'PORT'. Questa variabile assume il valore della variabile d'ambiente 'PORT' se esiste, oppure usa come valore predefinito 3000 se non esiste. Questo viene fatto usando l'operatore '||' (OR logico). Le variabili d'ambiente sono un meccanismo universale per trasmettere informazioni di configurazione ai programmi Unix. Fanno parte dell'ambiente in cui un processo viene eseguito.

La funzione **app.get()** viene quindi utilizzata per configurare una route per le richieste HTTP GET. In questo caso, specifica che quando il server riceve una richiesta GET all'URL radice ('/'), deve eseguire la funzione di callback fornita. La funzione di callback accetta due argomenti: 'req' (l'oggetto richiesta) e 'res' (l'oggetto risposta). In questo caso, la funzione usa semplicemente 'res.send()' per inviare la stringa 'Hello World from Express!' al client che ha effettuato la richiesta.

Infine, **app.listen()** viene chiamata passando come argomento la costante 'PORT', il che indica al server di iniziare ad ascoltare le connessioni in ingresso su quella porta. Anche questo metodo accetta una funzione di callback come argomento, che verrà eseguita una volta che il server avrà iniziato ad ascoltare correttamente. In questo caso, registra un messaggio nella console che indica che il server è in esecuzione e su quale porta, usando una template string e includendo la variabile 'PORT' al suo interno.

Esegui la tua applicazione usando **node app.js** e visita **http://localhost:3000** per vederla in azione.

11.2.3 Costruire una semplice REST API

Espandiamo la nostra applicazione per includere una REST API per una risorsa semplice, ad esempio gli utenti.

Passo 1: Definire dati e route

Per prima cosa, crea un semplice array che fungerà da database:

```javascript
let users = [
    { id: 1, name: 'Alice' },
    { id: 2, name: 'Bob' },
    { id: 3, name: 'Charlie' }
];
```

Successivamente, definisci le route per gestire le operazioni CRUD:

```javascript
// Get all users
app.get('/users', (req, res) => {
    res.status(200).json(users);
});

// Get a single user by id
app.get('/users/:id', (req, res) => {
    const user = users.find(u => u.id === parseInt(req.params.id));
    if (!user) res.status(404).send('User not found');
    else res.status(200).json(user);
});

// Create a new user
app.use(express.json()); // Middleware to parse JSON bodies
app.post('/users', (req, res) => {
    const user = {
```

```javascript
        id: users.length + 1,
        name: req.body.name
    };
    users.push(user);
    res.status(201).send(user);
});

// Update existing user
app.put('/users/:id', (req, res) => {
    let user = users.find(u => u.id === parseInt(req.params.id));
    if (!user) res.status(404).send('User not found');
    else {
        user.name = req.body.name;
        res.status(200).send(user);
    }
});

// Delete a user
app.delete('/users/:id', (req, res) => {
    users = users.filter(u => u.id !== parseInt(req.params.id));
    res.status(204).send();
});
```

Questo codice di esempio definisce diversi endpoint HTTP per una risorsa "user":

- **GET /users**: questo endpoint recupera tutti gli utenti. Quando viene effettuata una richiesta GET a '/users', la funzione risponde con lo status 200 (OK) e restituisce l'array 'users' in formato JSON.

- **GET /users/:id**: questo endpoint recupera un singolo utente in base al relativo ID. L'ID viene letto dai parametri della route presenti nell'oggetto request. La funzione poi cerca nell'array 'users' l'utente che corrisponde a quell'ID. Se l'utente viene trovato, la funzione risponde con lo status 200 e restituisce l'utente in formato JSON. Se invece l'utente non viene trovato, risponde con lo status 404 (Not Found) e invia il messaggio 'User not found'.

- **POST /users**: questo endpoint crea un nuovo utente. Il middleware 'express.json()' viene usato per fare il parsing dei body JSON delle richieste in arrivo, consentendo alla funzione di accedere al nome richiesto tramite 'req.body.name'. Viene creato un nuovo oggetto user con un ID pari a 'users.length + 1' e con il nome richiesto, e poi questo utente viene aggiunto all'array 'users'. La funzione risponde con lo status 201 (Created) e restituisce il nuovo utente.

- **PUT /users/:id**: questo endpoint aggiorna il nome di un utente esistente in base al relativo ID. In modo simile all'endpoint GET '/users/:id', la funzione trova l'utente con l'ID corrispondente. Se l'utente viene trovato, aggiorna il nome con quello richiesto e risponde con lo status 200, restituendo l'utente aggiornato. Se l'utente non viene trovato, risponde con lo status 404 e con il messaggio 'User not found'.

- **DELETE /users/:id**: questo endpoint elimina un utente in base al relativo ID. La funzione filtra l'array 'users' per rimuovere l'utente con l'ID corrispondente, eliminandolo di fatto. Poi la funzione risponde con lo status 204 (No Content) e non invia alcun contenuto.

Questo esempio fornisce una semplice dimostrazione di una API RESTful con Express.js, mostrando come gestire diverse richieste HTTP, manipolare i dati e rispondere ai client in modo efficace. Può fungere da base per costruire API più complesse con funzionalità aggiuntive, come gestione degli errori, autenticazione, integrazione con database e altro.

In conclusione, Express rende semplice configurare route e middleware, creando una struttura pulita e manutenibile per la tua API. Seguendo questi passaggi, hai costruito una REST API di base in grado di gestire varie richieste HTTP, manipolare dati e rispondere ai client in modo efficace. Man mano che espandi le tue applicazioni Express, puoi integrare funzionalità più avanzate, come la connessione a database e la gestione dell'autenticazione. Questa configurazione rappresenta una base su cui puoi costruire man mano che le tue applicazioni crescono in complessità e scala.

11.3 Comunicazione in tempo reale con WebSockets

Nel mondo delle moderne applicazioni web, la comunicazione in tempo reale non è solo un lusso, ma una necessità critica. Questa funzionalità essenziale rende possibili esperienze dinamiche e interattive come la messaggistica live, i giochi immersivi e l'editing collaborativo, tutti elementi ormai attesi nel panorama digitale di oggi.

Una delle tecnologie chiave che abilita questo tipo di interattività in tempo reale è WebSockets. WebSockets offre un metodo per stabilire una sessione di comunicazione bidirezionale tra il browser dell'utente – il client – e un server. A differenza delle richieste HTTP tradizionali, in cui il client deve avviare la comunicazione, WebSockets consente sia al client sia al server di inviare messaggi in modo indipendente, rompendo così il classico ciclo request-response. Questo approccio innovativo apre la strada a una comunicazione più rapida ed efficiente, facilitando quel tipo di interazione istantanea e fluida che gli utenti si aspettano.

Questa sezione ha l'obiettivo di farti conoscere i fondamenti di WebSockets. Approfondiremo il funzionamento di WebSockets, chiariremo i principi alla base di questa tecnologia e forniremo una guida pratica su come implementarla nelle tue applicazioni web. Che tu stia costruendo un'app di chat, una piattaforma di gaming in tempo reale o qualsiasi altra esperienza web interattiva, comprendere e sfruttare WebSockets può migliorare in modo significativo la reattività e l'esperienza d'uso delle tue applicazioni.

11.3.1 Comprendere WebSockets

WebSockets rappresenta un miglioramento significativo rispetto alle comunicazioni HTTP tradizionali perché offre un canale di comunicazione full-duplex che opera su un'unica connessione di lunga durata. Questo significa che sia il client sia il server possono inviarsi dati in modo indipendente e simultaneo, senza dover stabilire nuove connessioni per ogni interazione. È un cambiamento importante rispetto al classico ciclo request-response di HTTP, in cui è il client ad avviare tutte le comunicazioni.

Questa caratteristica unica rende WebSockets particolarmente utile in scenari in cui lo scambio di dati in tempo reale è fondamentale. Per esempio, è ampiamente utilizzato in applicazioni come sistemi di chat live, giochi multiplayer online, aggiornamenti sportivi in diretta, aggiornamenti dei dati di mercato in tempo reale e strumenti di editing collaborativo, tra molti altri.

Capire come funziona WebSockets, come può essere implementato in un'applicazione web e in cosa differisce dalle comunicazioni HTTP tradizionali è essenziale per sfruttarne tutto il potenziale e creare esperienze web interattive e in tempo reale.

Caratteristiche chiave di WebSockets:

Connessione persistente

A differenza di HTTP, che è stateless, WebSockets mantiene la connessione aperta, consentendo latenze più basse e una gestione più efficace dei dati in tempo reale. In una comunicazione HTTP tipica, il client stabilisce una nuova connessione ogni volta che deve comunicare con il server. Questo perché HTTP è stateless: non mantiene alcun tipo di connessione né "ricorda" informazioni tra richieste diverse provenienti dallo stesso client.

WebSockets, invece, funziona in modo diverso. Una volta stabilita una connessione WebSocket tra un client e un server, quella connessione resta attiva, o "persistente", finché non viene chiusa esplicitamente dal client o dal server. È ciò che viene definito "connessione persistente".

Questa connessione persistente permette di ridurre la latenza perché client e server non devono aprire e chiudere continuamente connessioni a ogni scambio di dati. Al contrario, i dati possono viaggiare avanti e indietro sulla connessione aperta per tutto il tempo in cui rimane attiva, rendendo la comunicazione più efficiente.

Inoltre, la connessione persistente consente una migliore gestione dei dati in tempo reale. Applicazioni che richiedono scambio di dati live, come sistemi di chat, giochi multiplayer online o aggiornamenti sportivi in diretta, possono beneficiare molto di questa caratteristica.

Mantenendo una connessione aperta, queste applicazioni possono offrire aggiornamenti istantanei e interattività in tempo reale, migliorando l'esperienza utente e la reattività.

La connessione persistente fornita da WebSockets porta miglioramenti significativi in termini di efficienza e gestione dei dati in tempo reale rispetto alle comunicazioni HTTP tradizionali, rendendolo una scelta preferita per costruire applicazioni web interattive e in tempo reale.

Comunicazione full-duplex

La comunicazione full-duplex è una caratteristica fondamentale nelle moderne applicazioni web e indica un sistema in cui la trasmissione dei dati può avvenire contemporaneamente in due direzioni. Nel contesto dello sviluppo web, questo significa che sia il client (di solito un browser) sia il server possono inviare e ricevere dati allo stesso tempo, in modo indipendente l'uno dall'altro.

Si tratta di un cambiamento significativo rispetto al tradizionale modello di comunicazione HTTP basato su request-response, in cui il client avvia una richiesta e poi attende una risposta dal server. In un sistema full-duplex come WebSockets, una volta stabilita la connessione, sia client sia server possono iniziare a comunicare in modo indipendente, inviando e ricevendo dati senza dover aspettare la risposta dell'altra parte.

Questo consente un'interazione in tempo reale e migliora l'efficienza della comunicazione, rendendola particolarmente utile per applicazioni che richiedono scambio istantaneo di dati, come chat live, gaming online e strumenti di editing collaborativo.

Efficienza

WebSockets è ideale per scenari in cui l'overhead di HTTP sarebbe troppo elevato, come nel caso di messaggi frequenti e di piccole dimensioni nelle applicazioni di chat o negli aggiornamenti sportivi in diretta. Questo aspetto diventa particolarmente rilevante quando la comunicazione prevede lo scambio frequente di piccoli pacchetti di dati.

In tali scenari, l'overhead di HTTP — che include l'apertura della connessione, l'invio della richiesta, l'attesa della risposta e la chiusura della connessione — può essere considerevole. Ognuno di questi passaggi richiede tempo e risorse e, quando la comunicazione è fatta di scambi piccoli ma frequenti, questi costi si accumulano rapidamente. Questo overhead può influire sulle prestazioni dell'applicazione, rendendola più lenta e meno reattiva.

WebSockets, invece, mantiene una connessione aperta tra client e server, consentendo l'invio e la ricezione di dati senza dover aprire e chiudere continuamente connessioni. Questa connessione persistente riduce in modo significativo l'overhead del processo di comunicazione, portando a uno scambio di dati più efficiente.

Inoltre, WebSockets supporta la comunicazione full-duplex, il che significa che sia il client sia il server possono inviare e ricevere dati simultaneamente. Si tratta di un miglioramento notevole rispetto alla comunicazione half-duplex di HTTP, in cui il client invia una richiesta e poi deve attendere la risposta del server prima di poterne inviare un'altra.

L'efficienza di WebSockets deriva dalla capacità di mantenere una connessione persistente e full-duplex, che riduce l'overhead e consente una trasmissione dei dati più efficiente. Questo lo rende una scelta ideale per applicazioni che richiedono scambi frequenti e di piccole dimensioni.

11.3.2 Configurare un server WebSocket con Node.js

Quando si tratta di implementare WebSockets in Node.js, esistono diverse librerie disponibili per aiutarti nel processo. Spesso, gli sviluppatori si affidano a librerie come **ws** o **socket.io** per questo scopo.

Queste librerie offrono un alto livello di funzionalità e sono adatte a gestire le complessità dei WebSockets. Per esempio, **socket.io** fornisce funzionalità aggiuntive oltre al framework WebSocket di base. Tra queste, c'è la riconnessione automatica, che garantisce che la tua applicazione continui a funzionare in modo fluido anche quando si verificano problemi di connessione.

Inoltre, offre le room, una funzionalità che permette un flusso di dati e una comunicazione più organizzati nella tua applicazione. Infine, **socket.io** fornisce gli eventi, un aspetto cruciale che consente una programmazione efficace basata sugli eventi. Usando queste librerie, puoi migliorare notevolmente le prestazioni e le funzionalità della tua applicazione Node.js.

Ecco un esempio:

Passo 1: Installare ws

```
npm install ws
```

Passo 2: Creare un server WebSocket Crea un file chiamato **websocket-server.js** e aggiungi il seguente codice:

```javascript
const WebSocket = require('ws');
const server = new WebSocket.Server({ port: 8080 });

server.on('connection', socket => {
    console.log('A new client connected!');

    socket.on('message', message => {
        console.log('Received message: ' + message);
        server.clients.forEach(client => {
            if (client.readyState === WebSocket.OPEN) {
                client.send("Someone said: " + message);
            }
        });
    });

    socket.on('close', () => {
        console.log('Client has disconnected.');
    });
});
```

Il codice di esempio è un semplice script lato server scritto in Node.js che utilizza WebSocket per la comunicazione in tempo reale. Usa il modulo **ws**, una libreria WebSocket molto diffusa per Node.js.

Analizziamo il codice passo dopo passo:

```javascript
const WebSocket = require('ws');
```

Questa riga importa la libreria WebSocket, che viene memorizzata nella variabile costante "WebSocket".

```javascript
const server = new WebSocket.Server({ port: 8080 });
```

Qui viene creata una nuova istanza di server WebSocket. Il server resta in ascolto di connessioni WebSocket sulla porta 8080.

```javascript
server.on('connection', socket => {
    console.log('A new client connected!');
```

Il server rimane in ascolto di nuove connessioni da parte di un client. Quando un client si connette al server, viene generato un evento 'connection' e il server registra il messaggio "A new client connected!".

```javascript
socket.on('message', message => {
    console.log('Received message: ' + message);
```

Il server rimane in ascolto dell'evento 'message' sul socket connesso. Questo evento viene attivato quando dal client arriva un messaggio. Il server quindi registra il messaggio ricevuto.

```javascript
    server.clients.forEach(client => {
        if (client.readyState === WebSocket.OPEN) {
            client.send("Someone said: " + message);
        }
    });
});
```

Qui il server scorre tutti i client connessi. Se lo **readyState** del client è **WebSocket.OPEN**, cioè la connessione è aperta, il server invia un messaggio al client. Il messaggio è preceduto da "Someone said: " per chiarezza.

```javascript
    socket.on('close', () => {
        console.log('Client has disconnected.');
    });
});
```

Il server resta anche in ascolto dell'evento 'close' sul socket connesso. Questo evento viene attivato quando il client si disconnette dal server. Quando accade, il server registra "Client has disconnected.".

In sintesi, questo esempio configura un server WebSocket che accetta connessioni dai client, riceve messaggi dai client, trasmette tali messaggi a tutti i client connessi e ascolta le disconnessioni dei client. È un esempio semplice di come usare WebSockets per la comunicazione in tempo reale in un'applicazione JavaScript lato server con Node.js.

Questo server resta in ascolto di nuove connessioni, registra i messaggi ricevuti dai client e trasmette questi messaggi a tutti i client connessi.

11.3.3 Implementare un client semplice

Un semplice client HTML può essere utilizzato per connettersi a questo server e inviare messaggi.

Client HTML (index.html):

```html
<!DOCTYPE html>
<html lang="en">
<head>
    <meta charset="UTF-8">
    <title>WebSocket Client</title>
</head>
<body>
    <input type="text" id="messageInput" placeholder="Type a message">
    <button onclick="sendMessage()">Send</button>
    <ul id="messages"></ul>

    <script>
        const socket = new WebSocket('ws://localhost:8080');

        socket.onmessage = function(event) {
            const messageList = document.getElementById('messages');
            const msg = document.createElement('li');
            msg.textContent = event.data;
            messageList.appendChild(msg);
        };

        function sendMessage() {
            const input = document.getElementById('messageInput');
            if (input.value) {
                socket.send(input.value);
                input.value = '';
            }
        }
    </script>
</body>
</html>
```

La struttura del documento inizia con la dichiarazione **<!DOCTYPE html>**, che viene utilizzata per informare il browser web sulla versione di HTML con cui la pagina è stata scritta — in questo caso, HTML5.

All'interno dei tag **<html>**, ci sono due sezioni principali: **<head>** e **<body>**. La sezione **<head>** contiene meta-informazioni sul documento e può includere il titolo del documento (visualizzato nella barra del titolo o nella scheda del browser), link a fogli di stile, script e altro ancora. In questo caso, include una dichiarazione di codifica dei caratteri (**<meta charset="UTF-8">**), che specifica la codifica dei caratteri per il documento HTML, e il titolo del documento (**<title>WebSocket Client</title>**).

La sezione **<body>** contiene il contenuto principale del documento HTML — ciò che vedi renderizzato nel browser. In questo caso, include un campo di input in cui gli utenti possono digitare i propri messaggi, un pulsante 'Send' per inviare quei messaggi e un elenco non ordinato (**<ul id="messages"></ul>**) in cui verranno mostrati i messaggi in arrivo dal server WebSocket.

Il blocco di script all'interno della sezione **<body>** stabilisce una connessione al server WebSocket, imposta gli event listener e definisce la funzione **sendMessage**.

La riga **const socket = new WebSocket('ws://localhost:8080');** crea una nuova connessione WebSocket al server che si trova a 'ws://localhost:8080'.

L'event listener **socket.onmessage** resta in attesa dei messaggi provenienti dal server. Quando viene ricevuto un messaggio, viene creato un nuovo elemento della lista (**<li>**), il messaggio in arrivo viene impostato come suo contenuto e quindi viene aggiunto alla lista 'messages'.

La funzione **sendMessage** viene chiamata quando si fa clic sul pulsante 'Send'. Per prima cosa recupera l'input dell'utente dal campo di testo. Se l'input non è vuoto, invia il messaggio al server usando **socket.send(input.value)** e poi svuota il campo di input.

In sostanza, questo documento facilita la comunicazione in tempo reale con un server WebSocket, consentendo agli utenti di inviare messaggi al server e vedere immediatamente le risposte provenienti dal server.

Questa pagina HTML include un campo di input per digitare i messaggi e un pulsante per inviarli. Utilizza l'API WebSocket per aprire una connessione al server, inviare messaggi e visualizzare i messaggi in arrivo.

In conclusione, i WebSockets aprono una vasta gamma di possibilità per lo scambio di dati in tempo reale nelle applicazioni web, migliorando l'interattività e la reattività delle esperienze web moderne. Comprendendo e utilizzando i WebSockets, puoi migliorare in modo significativo le prestazioni delle applicazioni che richiedono funzionalità in tempo reale, come applicazioni di chat, notifiche live o giochi multiplayer. Questa tecnologia è un pilastro per gli sviluppatori che desiderano costruire applicazioni web dinamiche, coinvolgenti e reattive.

Esercizi Pratici per il Capitolo 11: JavaScript e il Server

Questi esercizi pratici sono progettati per rafforzare la tua comprensione dei concetti discussi nel Capitolo 11, concentrandosi su Node.js, la costruzione di REST API con Express e l'implementazione della comunicazione in tempo reale utilizzando WebSockets. Completando questi esercizi, acquisirai esperienza pratica con JavaScript lato server, migliorando la tua capacità di sviluppare applicazioni web dinamiche e interattive.

Esercizio 1: Server Node.js di Base

Obiettivo: Creare un semplice server Node.js che risponda con "Hello, Node.js!" per qualsiasi richiesta.

Soluzione:

```javascript
// Create a file named server.js
const http = require('http');

const server = http.createServer((req, res) => {
    res.statusCode = 200;
    res.setHeader('Content-Type', 'text/plain');
    res.end('Hello, Node.js!');
});

const port = 3000;
server.listen(port, () => {
    console.log(`Server running at <http://localhost>:${port}/`);
});
```

Esegui questo server con **node server.js** e vai su **http://localhost:3000** nel tuo browser per vedere la risposta.

Esercizio 2: Costruire una Semplice REST API con Express

Obiettivo: Creare un'applicazione Express che gestisca una lista di attività, supportando operazioni di creazione, lettura, aggiornamento ed eliminazione delle attività.

Soluzione:

```javascript
const express = require('express');
const app = express();
app.use(express.json()); // Middleware to parse JSON bodies
```

```javascript
let tasks = [{ id: 1, task: 'Do laundry' }, { id: 2, task: 'Write code' }];

app.get('/tasks', (req, res) => {
    res.status(200).json(tasks);
});

app.post('/tasks', (req, res) => {
    const newTask = { id: tasks.length + 1, task: req.body.task };
    tasks.push(newTask);
    res.status(201).json(newTask);
});

app.put('/tasks/:id', (req, res) => {
    let task = tasks.find(t => t.id === parseInt(req.params.id));
    if (!task) res.status(404).send('Task not found');
    else {
        task.task = req.body.task;
        res.status(200).json(task);
    }
});

app.delete('/tasks/:id', (req, res) => {
    tasks = tasks.filter(t => t.id !== parseInt(req.params.id));
    res.status(204).send();
});

const port = 3000;
app.listen(port, () => {
    console.log(`Server running on <http://localhost>:${port}`);
});
```

Esercizio 3: Applicazione Chat in Tempo Reale con WebSockets

Obiettivo: Implementare una semplice applicazione di chat in tempo reale utilizzando WebSockets.

Soluzione:

```javascript
// Server setup (server.js)
const WebSocket = require('ws');
const wss = new WebSocket.Server({ port: 8080 });

wss.on('connection', function connection(ws) {
    ws.on('message', function incoming(message) {
        console.log('received: %s', message);
        wss.clients.forEach(function each(client) {
```

```
            if (client !== ws && client.readyState === WebSocket.OPEN) {
                client.send(message);
            }
        });
    });
});
HTML del Client (index.html):
<!DOCTYPE html>
<html>
<head>
    <title>WebSocket Chat</title>
</head>
<body>
    <textarea id="messages" cols="30" rows="10" readonly></textarea><br>
    <input         type="text"         id="messageBox"         autocomplete="off"><button
onclick="sendMessage()">Send</button>

    <script>
        const ws = new WebSocket('ws://localhost:8080');
        const messages = document.getElementById('messages');

        ws.onmessage = function (event) {
            messages.value += event.data + '\\\\n';
        };

        function sendMessage() {
            const messageBox = document.getElementById('messageBox');
            ws.send(messageBox.value);
            messageBox.value = '';
        }
    </script>
</body>
</html>
```

Questi esercizi offrono un modo pratico per applicare le competenze JavaScript lato server che hai imparato in questo capitolo. Dalla configurazione di server di base e la creazione di servizi RESTful fino all'implementazione di sofisticati sistemi di comunicazione in tempo reale, ora hai gli strumenti per costruire applicazioni web robuste, efficienti e interattive.

Riepilogo del Capitolo 11: JavaScript e il Server

Nel Capitolo 11, "JavaScript e il server", abbiamo esplorato le potenti capacità di JavaScript oltre i confini del browser, concentrandoci sullo sviluppo lato server con Node.js e altri strumenti come Express e WebSockets. Questo percorso nel JavaScript lato server ha fornito una panoramica completa di come JavaScript possa essere sfruttato per creare server web e applicazioni in tempo reale robusti, efficienti e scalabili.

Estendere la portata di JavaScript con Node.js

Node.js ha rivoluzionato il modo in cui gli sviluppatori pensano a JavaScript. Tradizionalmente confinato allo scripting lato client, JavaScript, con l'aiuto di Node.js, è diventato un protagonista nello sviluppo di applicazioni lato server. Questa transizione consente agli sviluppatori di usare un unico linguaggio di programmazione sia per il front-end sia per il back-end, semplificando il processo di sviluppo e riducendo la necessità di passare continuamente da un linguaggio all'altro nelle diverse parti di un'applicazione.

Abbiamo iniziato introducendo le basi di Node.js, sottolineando la sua architettura event-driven e non bloccante, che lo rende adatto alle operazioni ad alto contenuto di I/O. La capacità di gestire numerose connessioni simultanee con una singola istanza di server è una prova della sua efficienza e ha reso Node.js un ambiente preferito per lo sviluppo di applicazioni e servizi web.

Costruire API REST con Express

Express.js è stato presentato come un framework minimalista ma potente per creare applicazioni web e API. Attraverso esempi dettagliati, abbiamo visto come costruire API RESTful con Express, consentendo la creazione, il recupero, l'aggiornamento e l'eliminazione di risorse. Questa sezione ha fornito conoscenze pratiche sulla configurazione delle route, sulla gestione delle richieste e sull'integrazione di middleware per funzionalità estese, elementi fondamentali per realizzare API web moderne.

Implementare la comunicazione in tempo reale

Il capitolo ha anche trattato la comunicazione in tempo reale tramite WebSockets, una funzionalità essenziale per applicazioni che richiedono interazione live, come chat, piattaforme collaborative e notifiche in tempo reale. Abbiamo approfondito la configurazione di un server WebSocket e dei client, mostrando come facilitare una comunicazione bidirezionale a bassa latenza. Questa capacità è cruciale nel panorama web moderno, in cui le aspettative degli utenti si stanno spostando verso esperienze fluide e interattive.

Applicazione pratica ed esercizi

Gli esercizi pratici hanno rafforzato i concetti trattati, guidandoti nella creazione di un server Node.js di base, nello sviluppo di una REST API con Express e nell'implementazione di una semplice chat in tempo reale con WebSockets. Questi esercizi sono stati progettati per offrire esperienza pratica, migliorando la comprensione e le competenze in scenari reali.

Conclusione

Questo capitolo ti ha fornito conoscenze e strumenti per estendere le funzionalità di JavaScript al lato server, aprendo un mondo di possibilità per lo sviluppo di applicazioni full-stack. Mentre continui a esplorare il JavaScript lato server, ricorda che i principi di un buon sviluppo software — mantenere codice pulito, efficiente e scalabile — sono validi qui tanto quanto in qualsiasi altro ambiente di calcolo.

Guardando avanti, le competenze acquisite in questo capitolo non solo ti permetteranno di creare applicazioni più dinamiche e reattive, ma ti consentiranno anche di affrontare problemi complessi con soluzioni integrate che abbracciano sia il lato client sia il lato server. Poiché JavaScript continua a evolversi, restare aggiornati su questi sviluppi sarà fondamentale per far crescere le tue capacità come sviluppatore e per affrontare le sfide dello sviluppo web moderno.

Capitolo 12: Distribuire applicazioni JavaScript

Benvenuti al Capitolo 12, "Distribuire applicazioni JavaScript", in cui approfondiamo le fasi cruciali per rendere le vostre applicazioni JavaScript disponibili al mondo. Questo capitolo affronta i passaggi e gli strumenti essenziali per preparare e distribuire le vostre applicazioni in modo efficiente e sicuro. Dal controllo di versione fino alla distribuzione vera e propria su diverse piattaforme, questo capitolo offre una guida completa per garantire che le vostre applicazioni siano robuste, scalabili e pronte per la produzione.

12.1 Controllo di versione con Git

Prima di esplorare le diverse tecniche di distribuzione, è di fondamentale importanza comprendere il ruolo che i sistemi di controllo di versione svolgono nella gestione e nella salvaguardia della codebase della vostra applicazione.

Questi sistemi costituiscono la spina dorsale del toolkit di ogni sviluppatore, facilitando il processo di tracciamento delle modifiche apportate al codice, consentendo di tornare a stati precedenti quando necessario e offrendo una piattaforma per collaborare in modo efficace con altri sviluppatori.

Tra la vasta gamma di sistemi di controllo di versione disponibili, Git si distingue come il più utilizzato. Ha ottenuto un'adozione diffusa nel settore grazie alla sua flessibilità intrinseca, alla grande potenza e alla capacità di adattarsi a diversi flussi di lavoro. La popolarità di Git è ulteriormente rafforzata dal solido supporto della sua community, che mette a disposizione risorse e soluzioni per qualsiasi sfida possa sorgere nel processo di sviluppo.

12.1.1 Comprendere Git

Git è un sistema di controllo di versione distribuito progettato per gestire progetti da piccoli a molto grandi con velocità ed efficienza. Consente a più sviluppatori di lavorare sullo stesso progetto senza interferire con le modifiche altrui. Git si basa sul concetto di repository, dove è archiviata la cronologia del progetto.

Git è progettato per gestire progetti da piccoli a molto grandi con velocità ed efficienza. Consente a più sviluppatori di lavorare sullo stesso progetto senza interferire con le modifiche altrui. Git si basa sul concetto di repository, dove è archiviata la cronologia del progetto.

Comprendere Git significa anche configurarlo sulla vostra macchina. Una volta installato, potete inizializzare un nuovo repository nella directory del progetto e iniziare a usare le funzionalità di Git, come aggiungere file all'area di staging, creare commit nel repository e visualizzare la cronologia dei commit.

Inoltre, esistono best practice per l'uso di Git, tra cui eseguire commit frequenti con messaggi chiari e descrittivi, usare branch per funzionalità o correzioni diverse e adottare convenzioni di denominazione coerenti per branch e commit.

Comprendere Git è una parte fondamentale dello sviluppo software moderno. Non solo aiuta a tracciare e gestire le modifiche al codice, ma facilita anche una collaborazione efficace tra sviluppatori.

Concetti chiave di Git:

- **Commit**: Un commit, nel contesto di Git, è essenzialmente un'istantanea dello stato corrente del progetto in un determinato momento. Questo stato include tutte le modifiche apportate ai file. Ogni commit possiede un ID univoco, noto anche come hash del commit, che consente di tracciare modifiche specifiche all'interno del progetto. Se dovesse essere necessario tornare a uno stato precedente, questi hash tornano utili.
- **Branch**: La gestione dei branch in Git è una funzionalità potente che permette agli sviluppatori di divergere dalla linea principale di sviluppo e lavorare in modo indipendente senza influenzare altre parti del progetto. È estremamente utile quando si vuole aggiungere una nuova funzionalità o sperimentare qualcosa, senza rischiare la stabilità del progetto principale. Una volta che il lavoro su questo branch ha raggiunto un livello soddisfacente, può essere unito di nuovo alla linea principale del progetto.
- **Merge**: Il merge è il processo tramite il quale le modifiche provenienti da branch diversi vengono riunite in un unico branch. Questo processo combina le cronologie divergenti dei branch e, se necessario, risolve eventuali conflitti dovuti alle differenze tra le loro storie. È una parte critica per mantenere un progresso coerente e unificato del progetto, assicurando che tutte le modifiche utili e gli avanzamenti vengano integrati nel progetto principale.

12.1.2 Configurare Git

Prima di poter iniziare a usare Git, il primo passo è installarlo sul computer. Questo programma open-source è disponibile per diversi sistemi operativi, tra cui Windows, Mac OS e Linux. Potete trovare le guide di installazione e i link per il download sul sito ufficiale di Git.

Andate semplicemente su il sito ufficiale di Git e seguite le istruzioni per il vostro specifico sistema operativo. Questo vi garantirà di avere il software necessario per iniziare a gestire e tracciare i cambiamenti nei vostri progetti di codice sorgente.

Inizializzare un nuovo repository Git: Una volta installato Git, potete inizializzare un nuovo repository nella directory del progetto:

cd path/to/your/project
git init

Questi comandi vengono eseguiti in una shell Bash. **cd path/to/your/project** serve a cambiare la directory corrente nel percorso specificato in cui si trova il vostro progetto. **git init** serve a inizializzare un nuovo repository Git nella directory corrente.

Flusso di lavoro Git di base: Ecco un semplice esempio di gestione del vostro progetto con Git:

1. **Aggiungere file**: Aggiungete i file all'area di staging. Questa area contiene i file che volete includere nel prossimo commit.

    ```
    git add index.html app.js style.css
    ```

2. **Eseguire il commit delle modifiche**: Salvate nel repository le modifiche presenti nell'area di staging.

    ```
    git commit -m "Initial commit: Add main project files"
    ```

3. **Visualizzare la cronologia dei commit**: Controllate la cronologia dei commit per vedere quali modifiche sono state apportate.

    ```
    git log
    ```

Questo esempio fornisce istruzioni di base per usare Git, un sistema di controllo di versione.

1. **Aggiungere file**: questo passaggio descrive come aggiungere i file all'area di staging, che è uno spazio preparatorio per i file che verranno inclusi nel prossimo commit. Il comando 'git add' seguito dai nomi dei file aggiunge quei file all'area di staging.
2. **Eseguire il commit delle modifiche**: questo passaggio spiega come salvare nel repository le modifiche effettuate. Il comando 'git commit' seguito da '-m' e da un messaggio registra le modifiche nel repository, con una descrizione di ciò che è stato cambiato.
3. **Visualizzare la cronologia dei commit**: questo passaggio illustra come visualizzare la cronologia dei commit, che è essenzialmente un registro di tutte le modifiche apportate nel repository. Il comando 'git log' mostra questo registro.

12.1.3 Best practice per l'uso di Git

-   **Commit frequenti**: è altamente consigliato eseguire commit spesso e assicurarsi che ogni commit sia accompagnato da messaggi chiari e descrittivi. Questa pratica non solo rende più facile individuare e comprendere le modifiche apportate, ma aiuta anche a identificare il momento esatto in cui potrebbero essere stati introdotti eventuali problemi, semplificando il debugging.
-   **Strategia di branching**: una delle best practice nel controllo di versione è l'uso dei branch per scopi diversi, come funzionalità, correzioni o esperimenti. Questa strategia contribuisce a mantenere il branch principale pulito e pronto per la distribuzione, evitando che venga appesantito da lavoro in corso o codice sperimentale.
-   **Convenzioni di denominazione coerenti**: per rendere più fluido il processo di sviluppo e la collaborazione tra i membri del team, è importante adottare una convenzione di denominazione coerente per branch e commit. Questo aumenta la chiarezza e la leggibilità del controllo di versione, rendendo più semplice per chiunque capire a cosa serve ogni commit e ogni branch.

Il controllo di versione con Git è una parte indispensabile dello sviluppo software moderno, soprattutto quando ci si prepara a distribuire applicazioni. Gestire correttamente la vostra codebase con Git non solo protegge il codice, ma migliora anche collaborazione ed efficienza.

12.2 Bundler e task runner (Webpack, Gulp)

Nel percorso complesso e ricco di sfumature del deployment di applicazioni JavaScript, esiste un passaggio assolutamente essenziale che non può essere trascurato: l'ottimizzazione e l'organizzazione accurata del codice e delle risorse. Questa fase è fondamentale per garantire che la vostra applicazione funzioni in modo fluido ed efficiente. È proprio qui che il ruolo di bundler e task runner diventa particolarmente importante.

Questi strumenti potenti snelliscono e semplificano notevolmente il processo di preparazione della vostra applicazione per la fase finale di produzione. Lo fanno automatizzando attività di routine che altrimenti richiederebbero molto tempo, raggruppando asset essenziali e ottimizzando l'output per ottenere le migliori prestazioni. Usandoli, potete ridurre drasticamente le risorse e il tempo dedicati alla preparazione dell'applicazione, lasciandovi concentrare su aspetti più importanti del progetto.

In questa sezione ci concentreremo su due strumenti fondamentali e standard del settore, diventati molto popolari per la loro efficienza e facilità d'uso: Webpack e Gulp. Webpack viene usato principalmente per creare bundle di file e moduli, mentre Gulp è noto per la sua capacità di automatizzare attività. Entrambi svolgono un ruolo integrale nella creazione di applicazioni efficienti, scalabili e sostenibili e sono considerati indispensabili nello sviluppo moderno di applicazioni JavaScript.

12.2.1 Comprendere i bundler: Webpack

Webpack è un potente module bundler utilizzato principalmente per JavaScript, ma può anche trasformare asset front-end come HTML, CSS e immagini se vengono inclusi i loader corrispondenti. Prende moduli con le loro dipendenze e genera asset statici che rappresentano tali moduli.

In particolare, Webpack tratta ogni elemento della vostra applicazione, inclusi JavaScript, CSS, font e immagini, come un modulo. Questo approccio modulare consente una gestione e una manutenzione migliori del codice nei progetti su larga scala.

Webpack utilizza inoltre loader e plugin per potenziare le sue funzionalità. I loader permettono a Webpack di elaborare diversi tipi di file e convertirli in moduli che possono essere inclusi nei bundle di output. I plugin, invece, estendono le capacità di Webpack, consentendovi di svolgere un'ampia gamma di attività come l'ottimizzazione dei bundle, la gestione degli asset e l'iniezione di variabili d'ambiente.

Nel contesto della distribuzione di applicazioni JavaScript, Webpack si rivela uno strumento cruciale. La sua capacità di raggruppare file e moduli aiuta a semplificare la preparazione dell'applicazione per la fase finale di produzione, garantendo che l'applicazione funzioni in modo fluido ed efficiente. Per questo motivo è considerato uno strumento indispensabile nello sviluppo moderno di applicazioni JavaScript.

Funzionalità chiave di Webpack:

- **Moduli**: Webpack, un module bundler potente e flessibile, tratta ogni singolo componente della vostra applicazione come un modulo. Questo include non solo i file

JavaScript, ma anche fogli di stile CSS, font e file di immagini. Questo approccio consente un maggiore controllo e una migliore organizzazione della struttura dell'applicazione.

- **Loader**: i loader sono una funzionalità chiave di Webpack. Forniscono un modo per elaborare e trasformare diversi tipi di file prima che vengano aggiunti al grafo delle dipendenze. Ciò significa che possono convertire i file in moduli che possono poi essere inclusi nei bundle finali. Per esempio, un loader può trasformare un file TypeScript in JavaScript o convertire SASS in CSS.
- **Plugin**: i plugin sono un'altra parte fondamentale dell'architettura di Webpack. Migliorano le capacità di Webpack oltre il bundling e la build standard. I plugin permettono di svolgere un'ampia gamma di attività, incluse (ma non limitate a) l'ottimizzazione dei bundle, la gestione degli asset e l'iniezione di variabili d'ambiente. Con i plugin, le possibilità sono quasi illimitate e potete adattare il processo di build alle vostre esigenze specifiche.

Esempio di configurazione di base di Webpack: Create un file chiamato **webpack.config.js** nella root del vostro progetto:

```javascript
const path = require('path');

module.exports = {
  // Entry point of your application
  entry: './src/index.js',

  // Output configuration
  output: {
    path: path.resolve(__dirname, 'dist'),
    filename: 'bundle.js'
  },

  // Loaders and rules
  module: {
    rules: [
      {
        test: /\\\\.css$/,
        use: ['style-loader', 'css-loader']
      },
      {
        test: /\\\\.js$/,
        exclude: /node_modules/,
        use: {
          loader: 'babel-loader',
          options: {
            presets: ['@babel/preset-env']
          }
        }
      }
```

```
    ]
  }
};
```

Questo esempio mostra una configurazione di base per Webpack, un module bundler potente e molto diffuso, usato prevalentemente nello sviluppo di applicazioni JavaScript.

La configurazione inizia importando il modulo **path**, che fornisce utilità per lavorare con percorsi di file e cartelle. Questo modulo viene usato più avanti nella configurazione per risolvere il percorso assoluto della directory **dist**, dove verrà generato il bundle di output.

L'oggetto di configurazione ha tre sezioni principali: **entry**, **output** e **module**.

La chiave **entry** specifica il punto di ingresso dell'applicazione, **./src/index.js**. È il file JavaScript che avvia l'applicazione e da cui Webpack inizia il processo di bundling. Questo file include tipicamente importazioni da altri moduli JavaScript. Webpack procederà quindi a creare un bundle di questo file insieme a tutti i moduli da cui dipende.

La chiave **output** è un oggetto che definisce dove Webpack scriverà i bundle che crea e come li nominerà. Include **path**, che indica a Webpack dove posizionare i file di output sul computer, e **filename**, che specifica il nome del file bundle generato. In questo caso, il bundle verrà scritto nella directory **dist** nella root del progetto con il nome **bundle.js**.

La chiave **module** contiene un oggetto che definisce regole diverse per moduli diversi. Nel contesto di Webpack, un modulo può essere un file JavaScript, un file CSS, un'immagine o qualsiasi altra risorsa che si voglia includere nell'applicazione. La chiave **rules** è un array di oggetti, ciascuno dei quali definisce una regola per un certo tipo di modulo.

In questa configurazione possiamo vedere due regole. La prima regola indica a Webpack di usare **style-loader** e **css-loader** per tutti i file che terminano con **.css**. **style-loader** aggiunge il CSS al DOM iniettando un tag **style**, mentre **css-loader** interpreta **@import** e **url()** come **import/require()** e risolve le dipendenze.

La seconda regola riguarda i file **.js**, escludendo quelli presenti nella directory **node_modules**. Per questi file viene usato **babel-loader**. Questo loader utilizza Babel, uno strumento che transpila la sintassi ES6 e successive in ES5, per garantire compatibilità con browser più vecchi. La chiave **options** specifica che deve essere usato il preset **@babel/preset-env**, che consente di usare JavaScript moderno senza dover gestire manualmente quali trasformazioni siano necessarie in base all'ambiente di destinazione.

12.2.2 Comprendere i task runner: Gulp

Gulp è un task runner potente che utilizza Node.js come piattaforma. Svolge un ruolo importante nel processo di sviluppo automatizzando attività ripetitive, rendendo il workflow più rapido ed efficiente.

Tra le principali attività automatizzate da Gulp ci sono minificazione, compilazione, unit test, linting e molte altre. La minificazione è un processo che rimuove caratteri non necessari dal codice per ridurne la dimensione e migliorare i tempi di caricamento. La compilazione è il processo di trasformazione del codice sorgente scritto in un linguaggio in un altro linguaggio (spesso in codice macchina). Gli unit test verificano che singoli componenti del software funzionino come previsto. Il linting, invece, consiste nell'eseguire un programma che analizza il codice alla ricerca di potenziali errori.

La popolarità di Gulp deriva da alcune caratteristiche chiave. Prima di tutto, privilegia la semplicità, preferendo il "codice alla configurazione" per definire i task, rendendolo più diretto e facile da usare. Inoltre, Gulp è basato su stream e sfrutta gli stream di Node.js, permettendo di eseguire più operazioni sui file in pipeline senza dover scrivere file intermedi su disco. Questo porta a un processo di build più rapido ed efficiente.

Infine, proprio come Webpack, Gulp dispone di un'ampia gamma di plugin che possono essere utilizzati per svolgere vari compiti e ampliarne le funzionalità. Questo lo rende uno strumento versatile, configurabile per esigenze di progetto molto diverse.

In uno scenario pratico, dopo aver installato Gulp nel progetto, si crea un file **gulpfile.js** nella root. Questo file serve a definire i task che Gulp eseguirà. Per esempio, si potrebbe definire un task per minificare file JavaScript: si indicano i file sorgente, si applica la minificazione con un plugin come **gulp-uglify**, si rinomina l'output e infine si specifica la directory di destinazione. Si può anche definire un task di default che viene eseguito quando si lancia semplicemente il comando **gulp**.

In conclusione, Gulp è uno strumento importante nello sviluppo moderno di applicazioni JavaScript. La sua capacità di automatizzare numerose attività fa risparmiare molto tempo, accelerando il processo di sviluppo. Comprendendo e utilizzando Gulp in modo efficace, i developer possono concentrarsi di più sugli aspetti centrali delle applicazioni e meno sulle attività ripetitive.

Caratteristiche chiave di Gulp:

- **Semplicità**: Gulp è progettato mettendo la semplicità al centro. Usa un approccio "codice invece di configurazione" per definire i task. Questa filosofia lo rende diretto e facile da usare anche per chi è all'inizio. L'obiettivo è offrire uno strumento che richieda poca configurazione, lasciando più tempo al lavoro di sviluppo.

- **Basato su stream**: Gulp sfrutta la potenza degli stream di Node.js. Questa caratteristica permette di eseguire più operazioni sui file come in una pipeline, eliminando la necessità di scrivere file intermedi su disco. Questo approccio non solo accelera l'elaborazione, ma riduce anche in modo significativo l'overhead di I/O.
- **Plugin**: come Webpack, Gulp è altamente estendibile e dispone di molti plugin per compiti diversi. Questi plugin ne aumentano le funzionalità, rendendolo uno strumento potente. Che si debba minificare il codice, compilare Sass o ottimizzare immagini, è probabile che esista un plugin di Gulp adatto allo scopo.

Esempio di task in Gulp: Per prima cosa, installate Gulp nel progetto:

```
npm install --save-dev gulp
```

Create un file **gulpfile.js** nella root del progetto:

```js
const gulp = require('gulp');
const uglify = require('gulp-uglify');
const rename = require('gulp-rename');

// Define a task to minify JavaScript files
gulp.task('compress', function () {
  return gulp.src('src/*.js')
    .pipe(uglify())
    .pipe(rename({ suffix: '.min' }))
    .pipe(gulp.dest('dist'));
});

// Default task
gulp.task('default', gulp.series('compress'));
```

Questo esempio di codice dimostra l'uso di Gulp, un potente task runner che può automatizzare attività ripetitive per rendere il workflow più efficiente. In questo specifico frammento di codice, Gulp viene utilizzato per automatizzare l'attività di minificazione dei file JavaScript.

Nelle prime tre righe del codice vengono importati (require) tre pacchetti: 'gulp', 'gulp-uglify' e 'gulp-rename'. Il pacchetto 'gulp' è la libreria principale di Gulp. 'gulp-uglify' è un plugin di Gulp usato per minificare i file JavaScript e 'gulp-rename' è un plugin di Gulp usato per rinominare i file.

Successivamente viene definito un task di Gulp chiamato 'compress'. Questo task è progettato per minificare i file JavaScript. La funzione all'interno di 'gulp.task' specifica cosa fa il task. Restituisce uno stream di file dalla directory 'src' con estensione '.js'. Questi file vengono poi passati (pipe) alla funzione 'uglify', che minifica i file JavaScript. I file minificati vengono quindi passati alla funzione 'rename', che aggiunge il suffisso '.min' ai nomi dei file. Infine, questi file rinominati e minificati vengono passati a 'gulp.dest', che scrive i file nella directory 'dist'.

L'ultima riga del codice definisce un task di default. I task di default sono quelli che vengono eseguiti quando si lancia il comando 'gulp' senza specificare alcun task. In questo caso, il task di default è impostato per eseguire il task 'compress'. Il metodo 'gulp.series' viene usato per definire una serie di task che devono essere eseguiti uno dopo l'altro. In questo caso, l'unico task nella serie è 'compress'.

Quindi, in sintesi, questo script definisce un task di Gulp che minifica tutti i file JavaScript nella directory 'src', li rinomina aggiungendo un suffisso '.min' e poi li esporta nella directory 'dist'. Questo task è anche impostato come task di default, quindi verrà eseguito quando si lancia il comando 'gulp' senza specificare alcun task.

Questo tipo di automazione può aiutare i developer a risparmiare tempo e a ridurre il rischio di errori che possono verificarsi quando si svolgono manualmente attività ripetitive. Comprendendo e utilizzando task runner come Gulp, potete rendere i vostri workflow più efficienti e produttivi.

In conclusione, Webpack e Gulp sono strumenti fondamentali per preparare le applicazioni JavaScript al deployment. Ottimizzano il processo, riducono i potenziali errori e garantiscono che le applicazioni siano il più efficienti possibile. Comprendendo e utilizzando questi strumenti, potete automatizzare molti aspetti del processo di build, dal bundling e dalla minificazione del codice fino all'esecuzione di task predefiniti, rendendo molto più semplice il passaggio dallo sviluppo alla produzione.

12.3 Deployment and Hosting (Netlify, Vercel)

Dopo che la vostra applicazione JavaScript è stata correttamente bundlizzata e ottimizzata per la produzione, la fase successiva e cruciale del processo di sviluppo è il deployment e l'hosting. Questa tappa fondamentale richiede di rendere l'applicazione accessibile agli utenti tramite Internet, portando di fatto il progetto dallo sviluppo nelle mani degli utenti finali.

Nel panorama dello sviluppo web, negli ultimi anni si è verificato un cambiamento rivoluzionario nel modo in cui vengono gestiti i processi di deployment e hosting. Piattaforme come Netlify e Vercel sono emerse in prima linea in questa rivoluzione, offrendo alle applicazioni web moderne un livello senza precedenti di semplicità e velocità, insieme a una serie di funzionalità potenti progettate specificamente per i progetti front-end. Queste piattaforme hanno rimodellato il processo di deployment e hosting, allineandolo alle esigenze del web moderno.

In questa sezione approfondiremo queste piattaforme, esplorandone le caratteristiche e i vantaggi specifici. Evidenzieremo come siano state progettate per rispondere ai requisiti del deployment moderno, offrendo un processo fluido ed efficiente che integra continuous integration e delivery. Dai processi di build automatizzati all'invalidazione immediata della cache, queste piattaforme forniscono gli strumenti necessari per un processo di deployment robusto ed efficiente, in grado di soddisfare le richieste delle applicazioni web moderne.

12.3.1 Panoramica delle soluzioni di hosting moderne

Netlify e **Vercel** rappresentano due dei servizi di hosting cloud più popolari nel mondo dello sviluppo moderno. Entrambi sono noti per i loro generosi piani base gratuiti, che hanno attirato una vasta community di developer. Questi developer si affidano spesso a Netlify e Vercel per ospitare diverse proprietà digitali, inclusi siti statici e backend serverless.

Uno dei motivi principali della loro popolarità è il modo in cui queste piattaforme si integrano con i vostri repository Git. Offrono servizi di continuous deployment fluidi ed efficienti che lavorano in armonia con il workflow di sviluppo.

Questo significa che ogni volta che aggiornate il repository, ad esempio facendo push di un nuovo insieme di modifiche, la piattaforma entra in azione. Effettua automaticamente il deploy della nuova versione del sito, facendovi risparmiare tempo e riducendo il potenziale errore umano. Questa funzionalità è un vero game-changer, perché rende gli aggiornamenti e la manutenzione del sito molto più snelli e gestibili.

Funzionalità chiave

- **Continuous Deployment**: entrambe le piattaforme si integrano perfettamente con i vostri repository Git, che si tratti di GitHub, GitLab o Bitbucket, per automatizzare il processo di deployment. Questo significa che ogni volta che fate push di modifiche sul vostro repository Git, viene attivato automaticamente un nuovo deploy, garantendo che l'applicazione live sia sempre aggiornata con le ultime modifiche.
- **Funzioni serverless**: queste piattaforme supportano anche le funzioni serverless. Questa potente funzionalità vi consente di eseguire codice backend senza dover gestire un'intera infrastruttura server, semplificando il processo di sviluppo e riducendo i costi di gestione.
- **Rollback istantanei**: un'altra funzionalità di spicco è la possibilità di tornare istantaneamente a versioni precedenti dell'applicazione. Questo elimina la necessità

di ridistribuire l'applicazione, facendovi risparmiare tempo e fatica, soprattutto quando si verificano problemi critici che richiedono correzioni immediate.

- **Domini personalizzati e SSL**: infine, potete configurare facilmente domini personalizzati su queste piattaforme. Offrono anche l'emissione e il rinnovo automatici dei certificati SSL, garantendo che il sito sia sempre sicuro e che i dati degli utenti siano protetti.

12.3.2 Distribuire con Netlify

Guida passo dopo passo:

1. **Crea un account Netlify**: il primo passo è creare un account Netlify. Puoi farlo registrandoti gratuitamente su Netlify.
2. **Nuovo sito da Git**: dopo esserti registrato ed aver effettuato l'accesso al tuo account, vai alla dashboard di Netlify. Qui dovresti scegliere di creare un nuovo sito da Git. Questo ti permetterà di distribuire direttamente dal tuo repository Git, rendendo aggiornamenti e modifiche rapidi e semplici.
3. **Collega il tuo repository**: il passo successivo è collegare a Netlify il tuo account GitHub, GitLab o Bitbucket. Segui le istruzioni fornite dalla piattaforma per farlo. Assicurati di selezionare il repository che contiene il progetto che vuoi distribuire.
4. **Impostazioni di build**: prima di poter distribuire il sito, devi specificare i comandi di build e la directory di pubblicazione. Per esempio, se stai lavorando su un progetto Webpack, potresti inserire **npm run build** come comando di build e **dist/** come directory di pubblicazione.
5. **Distribuisci**: una volta configurato tutto, puoi distribuire il tuo sito. Netlify si occuperà automaticamente del processo di deployment e ti fornirà un URL da cui potrai accedere al sito appena pubblicato.

Esempio di impostazioni di build per un'applicazione React:

```
Build command: npm run build
Publish directory: build/
```

12.3.3 Distribuire con Vercel

Guida passo dopo passo:Crea un account Vercel: inizia registrandoti per un account gratuito su Vercel. Questa piattaforma ospiterà il tuo progetto, quindi creare un account è un primo passo necessario.

1. **Importa il tuo progetto**: dopo aver creato l'account ed effettuato l'accesso, vai alla dashboard di Vercel. Qui fai clic sul pulsante "New Project", che ti porterà all'opzione "Import Project". Puoi importare il tuo progetto direttamente da un repository Git.
2. **Configura il tuo progetto**: Vercel è in grado di rilevare automaticamente le impostazioni di build per un'ampia varietà di framework, il che può semplificare la configurazione. Tuttavia, se stai usando una configurazione personalizzata, dovrai specificare manualmente il comando di build e la directory di output.
3. **Variabili d'ambiente**: il passaggio successivo consiste nel configurare eventuali variabili d'ambiente necessarie. È un passaggio importante, perché queste variabili possono influire sul modo in cui il progetto viene eseguito.
4. **Distribuisci**: infine, Vercel si occuperà di compilare e distribuire la tua applicazione. Al termine, fornirà un URL live da cui potrai accedere al progetto distribuito.

Esempio di configurazione per un'applicazione Vue.js:

```
Build command: npm run build
Output directory: dist/
```

Queste istruzioni servono per compilare un progetto software. "Build command: npm run build" è il comando che si esegue per avviare il processo di build tramite npm (Node Package Manager). "Output directory: dist/" indica che i risultati della build (codice compilato o file eseguibile) verranno salvati in una cartella chiamata 'dist/'.

In conclusione, il deployment e l'hosting con piattaforme come Netlify e Vercel semplificano il processo di rendere le applicazioni web disponibili online. Queste piattaforme non solo offrono soluzioni di hosting robuste e scalabili, ma integrano anche pratiche di sviluppo moderne come l'integrazione e il deployment continui, le funzioni serverless e l'HTTPS automatizzato.

Utilizzando questi servizi, i developer possono concentrarsi maggiormente sulla costruzione delle applicazioni e meno sulle complessità del deployment e della gestione dei server. Man mano che lo sviluppo web continua a evolversi, il ruolo di tali piattaforme diventa sempre più cruciale nella pipeline di deployment, garantendo ai developer l'accesso ai migliori strumenti per offrire esperienze web di alta qualità in modo efficiente.

Esercizi Pratici per il Capitolo 12: Distribuzione di Applicazioni JavaScript

Questi esercizi pratici sono progettati per consolidare la tua comprensione della distribuzione di applicazioni JavaScript, concentrandosi sull'utilizzo del controllo di versione, bundler, task runner e moderne piattaforme di deployment come Netlify e Vercel. Completando questi esercizi, acquisirai esperienza pratica nella preparazione e distribuzione efficiente di applicazioni web.

Esercizio 1: Controllo di Versione con Git

Obiettivo: Inizializzare un nuovo repository Git, aggiungere i file del progetto, effettuare il commit e pubblicarli su un repository remoto su GitHub.

Soluzione:

1. **Creare un Repository Locale:**

- Vai nella directory del tuo progetto nel terminale.
- Inizializza il repository:

```
git init
```

- Aggiungi i file allo staging:

```
git add .
```

- Effettua il commit delle modifiche:

```
git commit -m "Initial commit"
```

1. **Creare un Repository Remoto su GitHub:**
    o   Vai su GitHub e crea un nuovo repository.
    o   Copia l'URL del repository remoto fornito da GitHub.
2. **Collegare il Repository Locale a quello Remoto ed Effettuare il Push:**

- Aggiungi il repository remoto:

```
git remote add origin YOUR_REPOSITORY_URL
```

- Effettua il push del codice su GitHub:

```
git push -u origin master
```

Esercizio 2: Configurare Webpack per un Progetto Semplice

Obiettivo: Configurare Webpack per creare bundle di file JavaScript e CSS per un progetto semplice.

Soluzione:

1. **Installare Webpack e i Loader**:

- Installa Webpack e i loader necessari:

```
npm install --save-dev webpack webpack-cli css-loader style-loader
```

2. **Creare webpack.config.js**:

- Imposta la configurazione:

```javascript
const path = require('path');

module.exports = {
  entry: './src/index.js',
  output: {
    filename: 'bundle.js',
    path: path.resolve(__dirname, 'dist')
  },
  module: {
    rules: [
      {
        test: /\\\\.css$/,
        use: ['style-loader', 'css-loader']
      }
    ]
  }
};
```

- Aggiungi un semplice file CSS al tuo progetto e importalo nel tuo **index.js**.

3. **Eseguire Webpack**:

- Aggiungi uno script di build nel tuo **package.json**:

```
"scripts": {
  "build": "webpack"
}
```

- Compila il progetto:

```
npm run build
```

Esercizio 3: Distribuire un Sito Statico su Netlify

Obiettivo: Distribuire un semplice sito web statico su Netlify utilizzando continuous deployment da un repository Git.

Soluzione:

1. **Preparare il Progetto**:
    - Assicurati che il tuo progetto abbia un file **index.html** e tutti i file CSS/JS associati.
    - Effettua il push del progetto su GitHub se non lo hai già fatto.
2. **Configurare Netlify**:
    - Registrati su Netlify ed effettua il login.
    - Clicca su "New site from Git" e seleziona il tuo repository GitHub.
    - Configura le impostazioni di build se necessario (per siti statici, generalmente non è richiesto alcun comando di build; basta impostare la directory di pubblicazione se il tuo **index.html** non si trova nella root).
3. **Distribuire**:
    - Segui le istruzioni per distribuire il tuo sito.
    - Netlify fornirà un URL per visualizzare il tuo sito online.

Questi esercizi forniscono scenari pratici per applicare i concetti appresi nel Capitolo 12, dall'utilizzo di Git per il controllo di versione, alla configurazione di Webpack per il bundling delle risorse, fino alla distribuzione di un sito tramite Netlify. Completare questi compiti migliorerà la tua capacità di gestire e distribuire applicazioni web in modo efficace, garantendo che siano accessibili e performanti per gli utenti finali.

Riepilogo del Capitolo 12: Distribuire applicazioni JavaScript

Nel Capitolo 12, "Distribuire applicazioni JavaScript", abbiamo esplorato le fasi finali del ciclo di vita dello sviluppo, concentrandoci sugli aspetti cruciali della preparazione e della distribuzione di applicazioni JavaScript in produzione. Questo percorso vi ha fornito conoscenze e strumenti per assicurarvi che le vostre applicazioni non siano solo pronte per il deployment, ma anche ottimizzate in termini di prestazioni, scalabilità e manutenibilità.

Concetti e tecnologie chiave

Abbiamo iniziato con il **controllo di versione con Git**, sottolineandone il ruolo fondamentale in qualsiasi progetto di sviluppo. Git funge da spina dorsale per gestire le modifiche, facilitare la collaborazione e proteggere la codebase da perdite o errori potenziali. Abbiamo visto come configurare e gestire un repository Git, includendo commit, branching e merging: attività essenziali per mantenere una cronologia di sviluppo pulita ed efficiente.

Dopo il controllo di versione, abbiamo analizzato **bundler e task runner**, in particolare Webpack e Gulp. Questi strumenti rendono più snello il processo di sviluppo automatizzando attività di routine come minificazione, compilazione e transpilation. Webpack, in qualità di module bundler, si concentra sull'assemblaggio e sull'ottimizzazione degli asset dell'applicazione. Gestisce tutto, da JavaScript e CSS fino a immagini e font, assicurando che i file del progetto siano impacchettati in modo efficiente per il deployment. Gulp, invece, eccelle come task runner, permettendovi di automatizzare attività ripetitive come il preprocessing dei CSS e l'ottimizzazione delle immagini, aumentando in modo significativo la produttività.

Il capitolo è poi passato a **deployment e hosting**, dove abbiamo trattato piattaforme moderne come Netlify e Vercel. Queste piattaforme hanno rivoluzionato il deployment integrandosi direttamente con il sistema di controllo versione per automatizzare il processo di messa online dell'applicazione. Abbiamo descritto i passaggi per distribuire un'applicazione web con questi servizi, evidenziando le loro funzionalità di continuous deployment, che aggiornano automaticamente l'applicazione live a ogni commit sul repository. Questa integrazione tra sviluppo e deployment mette in luce l'approccio moderno all'hosting web, in cui semplicità d'uso, scalabilità e integrazione con gli strumenti di sviluppo sono elementi centrali.

Applicazione pratica ed esercizi

Gli esercizi pratici hanno offerto esperienza diretta con gli strumenti e i concetti affrontati nel capitolo. Dall'inizializzazione e gestione di un repository Git, alla configurazione di Webpack per il bundling degli asset, fino al deployment di un sito statico con Netlify, questi esercizi miravano a consolidare la comprensione e a rafforzare le competenze nella distribuzione di applicazioni web.

Conclusione

Distribuire applicazioni JavaScript significa molto più che trasferire file su un server: richiede un approccio completo che includa controllo di versione, ottimizzazione del codice e deployment automatizzati. Le pratiche e gli strumenti esplorati sono fondamentali nei workflow moderni di sviluppo web e aiutano a garantire che le applicazioni vengano consegnate agli utenti in modo efficiente e affidabile.

Man mano che continuerete a sviluppare e distribuire applicazioni, gli spunti acquisiti in questo capitolo costituiranno una base per adottare best practice e sfruttare strumenti avanzati per semplificare i workflow e migliorare la qualità dei vostri deployment. La capacità di gestire e distribuire applicazioni in modo efficace è cruciale in un panorama digitale in rapida evoluzione e le competenze acquisite qui saranno preziose mentre affronterete progetti e sfide più complessi nella vostra carriera di sviluppo.

Quiz Parte III: JavaScript e oltre

Questo quiz è progettato per verificare la tua comprensione dei concetti chiave trattati nella Parte III del libro, che comprende framework JavaScript moderni, sviluppo di applicazioni a pagina singola, JavaScript lato server e strategie di distribuzione. Ogni domanda è pensata per aiutarti a consolidare le tue conoscenze e assicurarti di aver compreso gli elementi essenziali di ciascun capitolo.

Domanda 1: Framework JavaScript moderni

Quale affermazione descrive meglio l'uso di Vue.js nello sviluppo di interfacce utente?

A) Vue.js è utilizzato esclusivamente per il rendering lato server.

B) Vue.js utilizza un DOM virtuale per ottimizzare il rendering.

C) Vue.js tratta tutto come un componente, inclusi HTML, CSS e JavaScript.

D) Vue.js non supporta l'uso dei componenti.

Domanda 2: Sviluppare applicazioni a pagina singola

Qual è il principale vantaggio dell'utilizzo del routing lato client in una Single Page Application (SPA)?

A) Richiede al server di effettuare il rendering e restituire nuovo HTML durante la navigazione.

B) Permette all'applicazione di caricare nuove pagine senza un aggiornamento completo della pagina, migliorando l'esperienza utente.

C) Aumenta significativamente la quantità di dati trasferiti tra server e client.

D) Semplifica l'architettura backend gestendo tutto il rendering lato client.

Domanda 3: JavaScript e il server

Per cosa viene utilizzato principalmente Node.js nello sviluppo web?

A) Creare pagine web animate.

B) Modificare il codice JavaScript direttamente nel browser.

C) Eseguire JavaScript sul server per creare applicazioni di rete scalabili.

D) Migliorare le capacità di stile CSS nelle applicazioni web.

Domanda 4: Distribuire applicazioni JavaScript

Quale strumento è descritto come un "module bundler" ed è particolarmente efficace nella gestione delle risorse dell'applicazione come JavaScript, CSS e immagini?

A) Gulp

B) Jenkins

C) Webpack

D) Git

Domanda 5: Tecnologie di comunicazione in tempo reale

Quale tecnologia consente una comunicazione in tempo reale, bidirezionale, tra client web e server?

A) HTTP/2

B) WebSockets

C) AJAX

D) REST API

Domanda 6: Distribuzione continua

Quale piattaforma offre una funzionalità di distribuzione continua che si integra direttamente con i repository di codice per aggiornamenti automatici al momento dei commit?

A) Apache

B) Netlify

C) Server FTP

D) Localhost

Domanda 7: Task runner

Qual è l'uso principale di Gulp nei flussi di lavoro dello sviluppo web?

A) Creare branch privati nel controllo versione.

B) Automatizzare attività come minificazione, compilazione e testing.

C) Raggruppare moduli e risorse.

D) Distribuire applicazioni su server di produzione.

Risposte:

1. C) Vue.js tratta tutto come un componente, inclusi HTML, CSS e JavaScript.
2. B) Permette all'applicazione di caricare nuove pagine senza un aggiornamento completo della pagina, migliorando l'esperienza utente.
3. C) Eseguire JavaScript sul server per creare applicazioni di rete scalabili.
4. C) Webpack
5. B) WebSockets
6. B) Netlify
7. B) Automatizzare attività come minificazione, compilazione e testing.

Questo quiz dovrebbe aiutarti a consolidare la tua comprensione dei concetti JavaScript avanzati trattati nella Parte III del libro, preparandoti a progetti più complessi e a un ulteriore apprendimento nel campo dello sviluppo web moderno.

Progetto 3: Applicazione full-stack per prendere appunti

1. Obiettivo

L'obiettivo di questo progetto è sviluppare un'applicazione full-stack per prendere appunti che consenta agli utenti di gestire le proprie note in modo efficiente, con operazioni come creazione, lettura, aggiornamento ed eliminazione (CRUD). L'applicazione offrirà un'interfaccia intuitiva, un'archiviazione sicura e affidabile e un'interazione fluida tra i componenti front-end e back-end.

1.1 Funzionalità principali

- **Operazioni CRUD**: Gli utenti potranno creare nuove note, leggere quelle esistenti, aggiornarne il contenuto ed eliminarle quando necessario.
- **Design responsive**: L'applicazione sarà responsive, garantendo un'interfaccia funzionale e gradevole su diversi dispositivi e dimensioni di schermo.
- **Aggiornamenti in tempo reale**: Le modifiche apportate alle note verranno aggiornate in tempo reale, migliorando l'esperienza utente grazie a un feedback immediato.
- **Funzionalità di ricerca**: Gli utenti potranno cercare tra le note usando parole chiave per trovare rapidamente le informazioni di cui hanno bisogno.
- **Persistenza dei dati**: Le note verranno memorizzate in un database MongoDB, garantendo che i dati dell'utente siano salvati e persistano tra una sessione e l'altra.

1.2 Tecnologie

- **Front-end**:
    - **React**: Utilizzato per la sua architettura basata su componenti, che consente codice modulare e riutilizzabile e un processo di rendering efficiente.
    - **Redux** (opzionale): Per gestire e centralizzare lo stato dell'applicazione, facilitando la comunicazione tra i componenti React.

- **Bootstrap** o **Material-UI**: Per aiutare con lo styling e velocizzare lo sviluppo grazie a componenti pronti all'uso e responsive.
- **Back-end**:
    - **Node.js**: Come ambiente di runtime per eseguire JavaScript sul server.
    - **Express**: Un framework web per Node.js minimale e flessibile che offre un set robusto di funzionalità per sviluppare applicazioni web e mobile.
    - **Mongoose**: Una libreria ODM (Object Data Modeling) per MongoDB e Node.js che gestisce le relazioni tra i dati, fornisce validazione degli schemi ed è usata per tradurre tra oggetti nel codice e la loro rappresentazione in MongoDB.
- **Database**:
    - **MongoDB**: Un database NoSQL noto per alte prestazioni, alta disponibilità e facile scalabilità.

1.3 Strumenti di sviluppo e deployment

- **Webpack**: Per il bundling di file JavaScript e asset, inclusa la transpilation di JavaScript più recente e codice JSX.
- **Babel**: Transpiler per scrivere JavaScript di nuova generazione, in particolare JSX.
- **Git**: Per il controllo di versione, per gestire e tracciare le modifiche nel codice sorgente.
- **Heroku** o **Netlify**: Per ospitare l'applicazione, offrendo processi di deploy semplici e integrazione con Git.
- **MongoDB Atlas**: Per ospitare il database MongoDB nel cloud, offrendo scalabilità e accesso semplificato.

1.4 Obiettivi del progetto

L'obiettivo finale di questo progetto è offrire una piattaforma per prendere appunti robusta, intuitiva e ricca di funzionalità, che sfrutti tecnologie web moderne e best practice. L'applicazione mira a offrire agli utenti un'esperienza fluida nella gestione delle note, sia per uso personale, educativo o professionale.

2. Setup e configurazione

Un setup e una configurazione corretti sono fondamentali per un processo di sviluppo fluido della nostra applicazione full-stack per prendere appunti. Questa sezione ti guiderà nella configurazione dell'ambiente di sviluppo, nella strutturazione del progetto e nell'installazione delle dipendenze necessarie.

2.1 Configurazione dell'ambiente

1. **Installazione di Node.js**:
   - Assicurati che Node.js sia installato sul tuo computer. Puoi scaricarlo da il sito ufficiale di Node.js.
   - Verifica l'installazione eseguendo **node -v** nel terminale per controllare la versione.
2. **Installazione di MongoDB**:
   - Installa MongoDB in locale per scopi di sviluppo da il sito di MongoDB, oppure configura un cluster gratuito su MongoDB Atlas per lo sviluppo nel cloud.
3. **Editor di testo**:
   - Scegli un editor di testo o un ambiente di sviluppo integrato (IDE) come Visual Studio Code (VSCode), che supporta lo sviluppo JavaScript e offre estensioni per Node.js, React e Git.

2.2 Struttura delle directory del progetto

Creare una struttura di directory ben organizzata è fondamentale per gestire in modo efficiente le complessità di un'applicazione full-stack. Ecco una struttura suggerita:

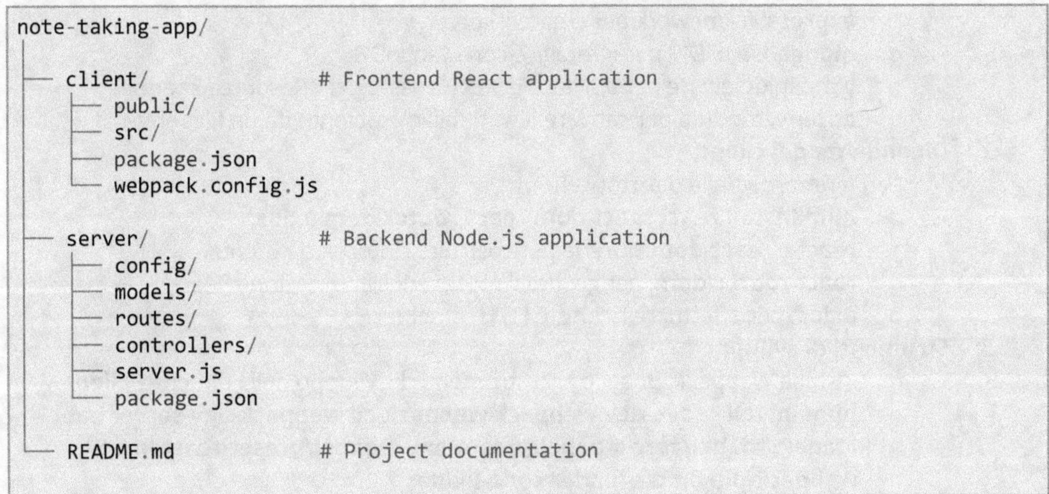

```
note-taking-app/

├── client/                # Frontend React application
│   ├── public/
│   ├── src/
│   ├── package.json
│   └── webpack.config.js
│
├── server/                # Backend Node.js application
│   ├── config/
│   ├── models/
│   ├── routes/
│   ├── controllers/
│   ├── server.js
│   └── package.json
│
└── README.md              # Project documentation
```

2.3 Inizializzazione del progetto

1. **Crea le cartelle del progetto**:

```
mkdir note-taking-app
cd note-taking-app
mkdir client server
```

2. **Inizializza Node.js in ciascuna sottodirectory**:

- Entra in ciascuna cartella (**client** e **server**) ed esegui:

```
npm init -y
```

- Questo comando crea un file **package.json** per gestire i metadati del progetto e le dipendenze.

2.4 Installazione delle dipendenze

1. **Dipendenze del server**:
    - All'interno della directory **server**:
    - **npm install express mongoose cors dotenv**
    -
    - **express**: framework per creare il server.
    - **mongoose**: ODM per interagire con MongoDB.
    - **cors**: middleware per abilitare CORS (Cross-Origin Resource Sharing).
    - **dotenv**: modulo per caricare le variabili d'ambiente da un file **.env**.
2. **Dipendenze del client**:
    - All'interno della directory **client**:
    - **npm install react react-dom react-router-dom axios**
    - **react** e **react-dom**: librerie per costruire l'interfaccia utente.
    - **react-router-dom**: per gestire il routing nell'applicazione React.
    - **axios**: per effettuare richieste HTTP al server.
3. **Strumenti di sviluppo**:
    - Installa Webpack, Babel e altri strumenti di sviluppo nella directory **client**:
    - **npm install --save-dev webpack webpack-cli webpack-dev-server babel-loader @babel/core @babel/preset-env @babel/preset-react html-webpack-plugin css-loader style-loader**

2.5 Configurazione di Webpack e Babel

Crea un file **webpack.config.js** nella cartella **client** con la seguente configurazione:

```
const path = require('path');
```

```javascript
const HtmlWebpackPlugin = require('html-webpack-plugin');

module.exports = {
  entry: './src/index.js',
  output: {
    path: path.resolve(__dirname, 'dist'),
    filename: 'bundle.js'
  },
  module: {
    rules: [
      {
        test: /\\\\.jsx?$/,
        exclude: /node_modules/,
        use: {
          loader: 'babel-loader',
          options: {
            presets: ['@babel/preset-env', '@babel/preset-react']
          }
        }
      },
      {
        test: /\\\\.css$/,
        use: ['style-loader', 'css-loader']
      }
    ]
  },
  plugins: [
    new HtmlWebpackPlugin({
      template: './public/index.html'
    })
  ],
  devServer: {
    historyApiFallback: true,
  }
};
```

Questa configurazione garantisce che il front-end e il back-end siano ben preparati per lo sviluppo, con tutti gli strumenti e le dipendenze necessarie installati.

3. Costruzione del Backend

Il backend della nostra applicazione per prendere appunti gestirà le operazioni CRUD per le note, la gestione dell'autenticazione degli utenti (opzionale) e l'interazione con il database MongoDB per memorizzare e recuperare i dati. Questa sezione ti guiderà nella configurazione del server Express, nella definizione dello schema del database con Mongoose e nell'implementazione delle route API.

3.1 Inizializzazione del Server

1. **Creare il File Principale del Server**:
   - Nella directory **server**, crea un file chiamato **server.js**.
   - Questo file sarà il punto di ingresso per il tuo server.
2. **Configurazione Base del Server**:

- Configura un server Express con le configurazioni iniziali:

```javascript
const express = require('express');
const mongoose = require('mongoose');
const cors = require('cors');
const dotenv = require('dotenv');

dotenv.config(); // Load environment variables from .env file

const app = express();
const PORT = process.env.PORT || 5000;

app.use(cors());
app.use(express.json()); // Middleware to parse JSON

app.listen(PORT, () => {
  console.log(`Server running on port ${PORT}`);
});
```

3.2 Connessione al Database

1. **Configurare MongoDB con Mongoose**:
   - Assicurati di avere l'URI di connessione MongoDB nel tuo file **.env** (ad esempio da MongoDB Atlas o dalla tua configurazione locale di MongoDB).
   - Connettiti a MongoDB utilizzando Mongoose:
   - **const dbURI = process.env.MONGODB_URI;**
   - **mongoose.connect(dbURI, { useNewUrlParser: true, useUnifiedTopology: true })**
   - **.then(() => console.log('Database connected successfully'))**
   - **.catch(err => console.error('MongoDB connection error:', err));**

3.3 Modelli

1. **Definire uno Schema Mongoose per le Note**:
   - Nella directory **server/models**, crea un file chiamato **Note.js**.
   - Definisci lo schema e il modello per una nota:

```javascript
const mongoose = require('mongoose');

const noteSchema = new mongoose.Schema({
  title: {
    type: String,
    required: true,
    trim: true
  },
  content: {
    type: String,
    required: true
  },
  date: {
    type: Date,
    default: Date.now
  }
});

const Note = mongoose.model('Note', noteSchema);
module.exports = Note;
```

3.4 Route API

1. **Configurare le Route Express per le Operazioni CRUD**:
   o Crea una directory **routes** e un file per le route delle note (**notes.js**):

```javascript
const express = require('express');
const router = express.Router();
const Note = require('../models/Note');

// GET all notes
router.get('/', async (req, res) => {
  try {
    const notes = await Note.find();
    res.json(notes);
  } catch (err) {
    res.status(500).json({ message: err.message });
  }
});

// POST a new note
router.post('/', async (req, res) => {
  const note = new Note({
    title: req.body.title,
    content: req.body.content
  });
  try {
    const newNote = await note.save();
    res.status(201).json(newNote);
```

```javascript
  } catch (err) {
    res.status(400).json({ message: err.message });
  }
});

// Additional routes for PUT and DELETE

module.exports = router;
```

2. **Integrare le Route nel Server**:
   - In **server.js**, importa e utilizza le route:

```javascript
const notesRouter = require('./routes/notes');
app.use('/api/notes', notesRouter);
```

Con la configurazione del backend completata, il tuo server è ora in grado di gestire le richieste per amministrare le note, inclusa la loro creazione, lettura, aggiornamento ed eliminazione. Questa solida architettura backend garantisce che la tua applicazione possa elaborare e memorizzare i dati in modo efficiente, fungendo da struttura portante per la funzionalità di presa appunti.

4. Progettazione del Frontend

Il frontend della nostra applicazione per prendere appunti fornirà un'interfaccia intuitiva per interagire con le note. Useremo React per costruire una SPA (Single Page Application) dinamica e responsive. Questa sezione ti guiderà nella configurazione dell'ambiente React, nella creazione dei componenti necessari e nella loro integrazione con l'API del backend.

4.1 Configurazione di React

1. **Create React App**:
   - Vai nella directory **client** e inizializza una nuova applicazione React:
   - **npx create-react-app .**
   - Questo comando configura un nuovo progetto React con tutte le impostazioni necessarie.
2. **Pulizia iniziale**:
   - Rimuovi file e codice non necessari per partire con una base pulita, semplificando il setup iniziale e assicurandoti di iniziare lo sviluppo solo con ciò che ti serve.

4.2 Struttura dei Componenti

1. **Progettazione dei componenti**:
   - Pianifica e crea i componenti necessari per l'applicazione:
     - **App**: Il componente principale che contiene il layout generale.
     - **NoteList**: Visualizza un elenco di tutte le note.
     - **NoteItem**: Rappresenta una singola nota nell'elenco.
     - **NoteEditor**: Usato per creare una nuova nota o modificare una nota esistente.
     - **SearchBar**: Consente agli utenti di filtrare le note in base ai criteri di ricerca.
2. **Setup del routing**:

- Usa **react-router-dom** per gestire la navigazione all'interno dell'applicazione:

```
npm install react-router-dom
```

- Configura le route di base in **App.js**:

```javascript
import React from 'react';
import { BrowserRouter as Router, Route, Switch } from 'react-router-dom';
import NoteList from './components/NoteList';
import NoteEditor from './components/NoteEditor';

function App() {
  return (
    <Router>
      <div>
        <Switch>
          <Route path="/" exact component={NoteList} />
          <Route path="/edit/:id" component={NoteEditor} />
          <Route path="/create" component={NoteEditor} />
        </Switch>
      </div>
    </Router>
  );
}

export default App;
```

4.3 Stile

1. **CSS e framework**:

- Decidi se usare CSS puro, un preprocessore CSS come SASS, o un framework CSS come Bootstrap o Material-UI:

```
npm install @material-ui/core
```

- Utilizza il metodo di stile scelto per creare componenti responsive ed esteticamente gradevoli.

4.4 Connessione al Backend

1. **Integrazione API**:

- Usa **axios** per effettuare richieste HTTP al tuo backend:

```
npm install axios
```

- Implementa le chiamate API in **NoteList** e **NoteEditor** per le operazioni CRUD:

```javascript
import axios from 'axios';

// Esempio in NoteList per recuperare le note
useEffect(() => {
  const fetchNotes = async () => {
    try {
      const response = await axios.get('/api/notes');
      setNotes(response.data);
    } catch (error) {
      console.error('Error fetching notes:', error);
    }
  };

  fetchNotes();
}, []);
```

4.5 Test e Validazione

1. **Test dei componenti**:

- Scrivi test usando Jest e React Testing Library per assicurarti che i componenti vengano renderizzati correttamente e che le funzionalità funzionino come previsto:

```
npm install --save-dev @testing-library/react
```

Con il frontend progettato e integrato con il backend, la tua applicazione ora dispone di un'interfaccia utente funzionale e responsive che consente agli utenti di gestire le proprie note in modo efficace. I prossimi passi includono il completamento delle funzionalità, il miglioramento dell'interfaccia utente e la preparazione al deployment.

5. Integrazione del frontend con il backend

Integrare il frontend con il backend è un passaggio fondamentale nello sviluppo di un'applicazione full-stack. Questo processo garantisce che l'interfaccia utente interagisca in modo efficace con le funzionalità lato server, offrendo un'esperienza utente dinamica e reattiva. In questa sezione vedremo come collegare il frontend React della nostra applicazione per prendere appunti al backend Express, concentrandoci sul recupero dei dati, la gestione dello stato e la gestione degli aggiornamenti.

5.1 Integrazione API

1. **Uso di Axios per le richieste HTTP**:
   - Installa Axios nel progetto client per gestire le richieste HTTP verso il server backend:

```
npm install axios
```

   - Crea un'istanza di Axios configurata con l'URL di base del tuo backend:

```
import axios from 'axios';

const api = axios.create({
  baseURL: '<http://localhost:5000/api>',
  headers: {
    'Content-Type': 'application/json'
  }
});
```

2. **Recupero dei dati dal backend**:
   - Implementa il recupero dei dati nel componente **NoteList** per ottenere le note dal backend:

```javascript
import React, { useEffect, useState } from 'react';
import NoteItem from './NoteItem';
import api from './api';

function NoteList() {
  const [notes, setNotes] = useState([]);

  useEffect(() => {
    const fetchNotes = async () => {
      try {
        const response = await api.get('/notes');
        setNotes(response.data);
      } catch (error) {
        console.error('Error fetching notes:', error);
      }
    };

    fetchNotes();
  }, []);

  return (
    <div>
      {notes.map(note => (
        <NoteItem key={note._id} note={note} />
      ))}
    </div>
  );
}

export default NoteList;
```

3. **Gestire le operazioni di creazione, aggiornamento ed eliminazione**:
   - Nel componente **NoteEditor**, implementa la funzionalità per aggiungere o aggiornare le note:

```javascript
function NoteEditor({ history, match }) {
  const [note, setNote] = useState({ title: '', content: '' });

  const handleChange = (e) => {
    const { name, value } = e.target;
    setNote(prevNote => ({
      ...prevNote,
      [name]: value
    }));
  };

  const handleSubmit = async (e) => {
    e.preventDefault();
    try {
```

```javascript
      if (match.params.id) {
        await api.put(`/notes/${match.params.id}`, note);
      } else {
        await api.post('/notes', note);
      }
      history.push('/');
    } catch (error) {
      console.error('Error saving the note:', error);
    }
  };

  return (
    <form onSubmit={handleSubmit}>
      <input name="title" value={note.title} onChange={handleChange} />
      <textarea name="content" value={note.content} onChange={handleChange}
/>

      <button type="submit">Save</button>
    </form>
  );
}
```

5.2 Gestione dello stato

1. **Uso della Context API per uno stato globale**:
   - In modo opzionale, implementa la Context API di React per gestire lo stato in modo globale tra i componenti, particolarmente utile per gestire gli stati di autenticazione o i dati condivisi tra più componenti.
   - Definisci un contesto per le note e avvolgi la gerarchia dei componenti in questo provider di contesto, così da rendere le note accessibili in tutto l'albero dei componenti.

5.3 Gestione degli errori e feedback all'utente

1. **Implementare la gestione degli errori**:
   - Fornisci feedback all'utente quando le chiamate API falliscono, mostrando messaggi di errore nell'interfaccia.
   - Usa blocchi try-catch nelle operazioni asincrone per intercettare e gestire gli errori.
2. **Stati di caricamento**:
   - Gestisci gli stati di caricamento nei componenti per informare l'utente quando i dati vengono recuperati o salvati. Mostra loader o indicatori di avanzamento per migliorare l'esperienza utente.

Integrare il frontend con il backend è una fase cruciale nello sviluppo full-stack e richiede attenzione alle interazioni con le API, alla gestione dello stato e ai meccanismi di feedback all'utente. Seguendo le linee guida e gli esempi forniti, la tua applicazione sarà in grado di gestire in modo efficiente le operazioni sui dati in tempo reale, offrendo un'esperienza utente fluida e interattiva.

6. Implementazione delle funzionalità

Ora che l'integrazione di base tra frontend e backend della nostra applicazione per prendere appunti è completa, è il momento di concentrarsi sull'implementazione di funzionalità specifiche che miglioreranno le capacità dell'applicazione e l'esperienza utente. Questa sezione coprirà l'aggiunta di funzionalità di ricerca e filtro, l'implementazione dell'autenticazione e altre funzionalità essenziali.

6.1 Operazioni CRUD

Assicurati che le operazioni CRUD di base funzionino correttamente in tutta l'applicazione. Questo include:

1. **Creazione delle note**: Gli utenti devono poter creare nuove note tramite un form.
2. **Lettura delle note**: Mostra tutte le note in una vista a elenco o a griglia.
3. **Aggiornamento delle note**: Abilita la modifica delle note esistenti.
4. **Eliminazione delle note**: Consenti agli utenti di eliminare le note che non servono più.

6.2 Funzionalità di ricerca

Implementare una funzione di ricerca consente agli utenti di trovare rapidamente note specifiche in base a parole chiave o contenuto.

1. **Componente barra di ricerca**:
   - Aggiungi una barra di ricerca al componente **NoteList** che permetta agli utenti di inserire i termini di ricerca.

```
function SearchBar({ setSearchTerm }) {
  return (
    <input
      type="text"
      onChange={(e) => setSearchTerm(e.target.value)}
      placeholder="Search notes..."
    />
```

```
  );
}
```

2. **Filtrare le note in base alla ricerca**:
   o   Usa il termine di ricerca per filtrare le note mostrate.

```
const [searchTerm, setSearchTerm] = useState('');
const filteredNotes = notes.filter(note =>
  note.title.toLowerCase().includes(searchTerm.toLowerCase()) ||
  note.content.toLowerCase().includes(searchTerm.toLowerCase())
);

return (
  <div>
    <SearchBar setSearchTerm={setSearchTerm} />
    {filteredNotes.map(note => (
      <NoteItem key={note._id} note={note} />
    ))}
  </div>
);
```

6.3 Autenticazione utente

Se la tua applicazione richiede agli utenti di effettuare l'accesso:

1. **Configurare le route di autenticazione**:
   o   Implementa nel backend le route per registrazione e login usando Express.
   o   Usa librerie come **bcrypt** per l'hashing delle password e **jsonwebtoken** per generare JWT.
2. **Autenticazione nel frontend**:
   o   Crea i componenti **Login** e **Register**.
   o   Gestisci lo stato di autenticazione usando React Context o Redux per memorizzare informazioni utente e token.
   o   Proteggi le route che richiedono autenticazione usando higher-order component o hook che reindirizzano gli utenti non autenticati.

6.4 Funzionalità aggiuntive

Valuta l'implementazione di funzionalità aggiuntive che possano migliorare usabilità e funzionalità dell'applicazione:

1. **Organizzazione delle note**:

- o Permetti agli utenti di aggiungere tag alle note o organizzarle in categorie o cartelle.
  - o Implementa il drag-and-drop per riordinare le note.
2. **Editing Rich Text**:
  - o Integra un editor rich text come **react-quill** o **draft-js** per consentire agli utenti di formattare le note, aggiungere link, elenchi e altre funzionalità di testo avanzate.
3. **Condivisione e collaborazione**:
  - o Abilita la condivisione delle note con altri utenti o la possibilità di collaborare in tempo reale su una singola nota.
4. **Notifiche e promemoria**:
  - o Aggiungi la possibilità di impostare promemoria per le note e inviare notifiche all'utente via email o tramite notifiche web.

L'implementazione di queste funzionalità trasformerà l'app di base per prendere appunti in un'applicazione robusta e completa, in grado di soddisfare una varietà di esigenze. Ogni funzionalità non solo migliora l'esperienza utente, ma aggiunge anche complessità e opportunità di apprendimento al progetto. Pianificando ed eseguendo con cura queste funzionalità, la tua applicazione si distinguerà in termini di utilità e usabilità.

7. Testing

Un testing accurato è fondamentale per garantire che la tua applicazione full-stack per prendere appunti funzioni correttamente e offra un'esperienza utente affidabile. Questa sezione ti guiderà nella configurazione e nell'esecuzione di diversi tipi di test, coprendo sia i componenti frontend che quelli backend della tua applicazione.

7.1 Unit Testing

1. **Backend Testing**:
  - o Usa framework di testing come Mocha e Chai per il backend. Questi strumenti ti aiuteranno a testare le route Express e le operazioni sul database.
  - o Esempio di un test di base per una route GET in un'app Express:

```javascript
const chai = require('chai');
const chaiHttp = require('chai-http');
const server = require('../server');
const should = chai.should();

chai.use(chaiHttp);
```

```javascript
describe('Notes', () => {
  describe('/GET notes', () => {
    it('it should GET all the notes', (done) => {
      chai.request(server)
        .get('/api/notes')
        .end((err, res) => {
          res.should.have.status(200);
          res.body.should.be.a('array');
          done();
        });
    });
  });
});
```

2. **Frontend Testing**:
    o   Usa Jest e React Testing Library per testare i componenti React. Questi
        strumenti sono ideali per assicurarti che i componenti vengano renderizzati
        correttamente e gestiscano lo stato come previsto.
    o   Esempio di un test per un componente React che visualizza una nota:

```javascript
import { render, screen } from '@testing-library/react';
import NoteItem from './NoteItem';

test('displays the correct note content', () => {
  const note = { title: 'Test Note', content: 'This is a test note' };
  render(<NoteItem note={note} />);

  expect(screen.getByText('Test Note')).toBeInTheDocument();
  expect(screen.getByText('This is a test note')).toBeInTheDocument();
});
```

7.2 Integration Testing

I test di integrazione aiutano a garantire che le varie parti dell'applicazione lavorino bene
insieme, dall'interazione del frontend con le API del backend fino all'integrazione con il
database.

1. **Integrazione API e Database**:
    o   Testa l'integrazione tra le route API e il database per verificare che operazioni
        come creazione, recupero, aggiornamento ed eliminazione delle note
        vengano eseguite correttamente.
    o   Questi test in genere prevedono l'invio di richieste agli endpoint dell'API e la
        verifica delle risposte e dello stato del database.

7.3 End-to-End (E2E) Testing

I test end-to-end simulano scenari reali dell'utente dall'inizio alla fine. Strumenti come Cypress o Selenium possono essere usati per automatizzare le interazioni con la UI e con il backend reali.

1. **Configurare Cypress**:
    o   Installa Cypress nel progetto frontend:

```
npm install cypress --save-dev
```

    o   Aggiungi uno script al tuo **package.json** per aprire Cypress:

```
"scripts": {
  "cypress:open": "cypress open"
}
```

    o   Scrivi test che interagiscano con la tua applicazione come farebbe un utente:

```javascript
describe('Note management', () => {
  it('creates a new note', () => {
    cy.visit('/');
    cy.contains('New Note').click();
    cy.get('[data-testid="note-title-input"]').type('New Note');
    cy.get('[data-testid="note-content-input"]').type('Note        content
here');
    cy.contains('Save').click();
    cy.contains('New Note').should('exist');
    cy.contains('Note content here').should('exist');
  });
});
```

7.4 Performance Testing

Valuta test di performance per assicurarti che l'applicazione gestisca il carico in modo efficiente, soprattutto se prevedi traffico elevato o operazioni ad alta intensità di dati.

Load Testing:

Strumenti come JMeter o Artillery possono simulare più utenti o richieste verso la tua applicazione per testare come gestisce un carico crescente.

Un testing completo è parte integrante dello sviluppo di un'applicazione affidabile e robusta. Implementando test unitari, di integrazione, E2E e di performance, ti assicuri che ogni componente dell'applicazione si comporti come previsto e che le parti funzionino in modo coerente tra loro. Questo approccio non solo riduce bug e problemi in produzione, ma aumenta anche la fiducia nella qualità del prodotto.

8. Deployment

Il deployment della tua applicazione full-stack per prendere appunti è il passaggio finale per rendere la tua app accessibile agli utenti sul web. Questa sezione ti guiderà nei processi di preparazione dell'applicazione per la produzione, nella scelta di una soluzione di hosting e nel garantire un deployment fluido.

8.1 Prepararsi al deployment

1. **Variabili d'ambiente**:
   o Assicurati che tutte le informazioni sensibili e le impostazioni specifiche dell'ambiente (come gli URL del database) siano memorizzate in variabili d'ambiente e non hard-coded nel codice.
   o Crea file **.env** per ambienti diversi (ad es. **.env.production**, **.env.development**).
2. **Ottimizzazione**:
   o Minimizza e ottimizza gli asset del frontend. Questo può essere fatto usando Webpack per il bundling di JavaScript, CSS e altri asset.
   o Assicurati che immagini e altri media siano compressi senza perdere qualità.
3. **Miglioramenti di sicurezza**:
   o Implementa best practice di sicurezza come HTTPS, validazione dei dati e impostazioni CORS.
   o Usa header HTTP legati alla sicurezza come **Strict-Transport-Security** o **Content-Security-Policy**.

8.2 Scegliere una soluzione di hosting

1. **Backend (Node.js + Express)**:
   o **Heroku**: una scelta popolare per applicazioni Node.js. Heroku semplifica i processi di deployment e offre un piano gratuito per progetti piccoli.
   o **DigitalOcean** o **AWS Elastic Beanstalk**: questi servizi offrono maggiore controllo sul server e sono adatti alla scalabilità.
2. **Frontend (React)**:

- o **Netlify**: ideale per ospitare siti statici e SPA costruite con React. Offre deployment continuo da repository Git, HTTPS automatico e molte altre funzionalità pronte all'uso.
- o **Vercel**: simile a Netlify, fornisce un ottimo supporto per applicazioni React con vantaggi come SSR (Server-Side Rendering) e SSG (Static Site Generation).

3. **Database**:
   - o **MongoDB Atlas**: un servizio database cloud che si integra perfettamente con qualsiasi applicazione. È facile da configurare e collegare con Node.js.

8.3 Passaggi di deployment

1. **Deployment del backend**:
   - o **Heroku**:
     - Crea un account Heroku e installa la Heroku CLI.
     - Accedi alla Heroku CLI e crea una nuova app.
     - Imposta le variabili d'ambiente nella dashboard di Heroku.
     - Esegui il deployment della tua app usando Git:

```
git add .
git commit -m "Prepare for deployment"
git push heroku master
```

     - Heroku rileva automaticamente un'app Node.js e fa la build del progetto di conseguenza.

2. **Deployment del frontend**:
   - o **Netlify**:
     - Esegui il push del codice su un repository Git (GitHub, GitLab o Bitbucket).
     - Collega il repository a Netlify tramite l'opzione "New site from Git".
     - Configura le impostazioni di build e la directory di pubblicazione (**build/** per create-react-app).
     - Netlify effettuerà il deployment del sito e fornirà un URL al termine.

8.4 Dopo il deployment

1. **Monitoraggio**:
   - o Monitora prestazioni e stabilità della tua applicazione usando strumenti come New Relic o Logentries.
   - o Imposta alert per downtime o errori critici.
2. **Analytics**:

  o Integra Google Analytics o un servizio simile per comprendere comportamento e traffico degli utenti.

3. **Continuous Integration/Continuous Deployment (CI/CD)**:
   - Se non è già configurato, imposta pipeline CI/CD per automatizzare i processi di build e deployment. Questo assicura che gli aggiornamenti al codebase attivino deployment automatici.

Il deployment è una fase critica che rende la tua applicazione disponibile agli utenti in tutto il mondo. Scegliendo le soluzioni di hosting giuste e seguendo i passaggi dettagliati per distribuire sia i componenti frontend che backend, ti assicuri che l'applicazione sia robusta, sicura e scalabile. Questa configurazione non solo serve gli utenti attuali in modo efficiente, ma offre anche una base solida per crescita e miglioramenti futuri.

9. Documentazione e manutenzione

Una documentazione accurata e una manutenzione diligente sono fondamentali per il successo a lungo termine e la scalabilità della tua applicazione full-stack per prendere appunti. Questa sezione ti guiderà attraverso le best practice per creare una documentazione efficace e le strategie per mantenere la tua applicazione, garantendone il miglioramento continuo e l'affidabilità.

9.1 Creazione della documentazione

1. **Documentazione per gli utenti**:
   - **Scopo e pubblico**: Rivolgiti agli utenti finali che interagiranno con l'applicazione. Spiega come usare l'app, descrivendo funzionalità come creare, modificare, eliminare e cercare note.
   - **Formato**: Valuta formati facili da consultare, come pagine di aiuto online, guide PDF o tutorial interattivi. Strumenti come Adobe FrameMaker, MadCap Flare, o opzioni più semplici come la wiki di un repository Git possono essere efficaci.
2. **Documentazione per gli sviluppatori**:
   - **Documentazione del codice**: Usa commenti inline e strumenti come JSDoc per annotare il codice sorgente. Questo aiuta gli sviluppatori a comprendere le parti più complesse del codice e lo scopo di funzioni e classi specifiche.
   - **Documentazione delle API**: Documenta gli endpoint API del backend se la tua applicazione espone un'API. Strumenti come Swagger (OpenAPI) possono generare automaticamente una documentazione API interattiva che aiuta altri sviluppatori a comprendere e utilizzare correttamente la tua API.
   - **Panoramica dell'architettura**: Fornisci una panoramica ad alto livello dell'architettura dell'applicazione, includendo le configurazioni di frontend e

backend, la progettazione dello schema del database e le interazioni tra le diverse parti dell'applicazione.

3. **Linee guida di manutenzione**:
    o   Includi linee guida per aggiornare librerie e dipendenze, procedure di test dopo gli aggiornamenti e best practice per garantire compatibilità e sicurezza a ogni nuova release.

9.2 Strategie di manutenzione

1. **Aggiornamenti regolari e gestione delle dipendenze**:
    o   Aggiorna regolarmente le dipendenze dell'applicazione per beneficiare di miglioramenti e patch di sicurezza nelle librerie che usi.
    o   Usa strumenti come Dependabot o Snyk per automatizzare gli aggiornamenti delle dipendenze e i controlli sulle vulnerabilità di sicurezza.
2. **Tracciamento dei bug e risoluzione dei problemi**:
    o   Implementa un sistema per tracciare e gestire bug e problemi, usando piattaforme come Jira, Trello o GitHub Issues.
    o   Incoraggia gli utenti a segnalare problemi e a fornire feedback tramite funzionalità di supporto integrate o piattaforme esterne come email o un portale di supporto dedicato.
3. **Monitoraggio delle prestazioni**:
    o   Utilizza strumenti come Google Analytics per l'interazione degli utenti e New Relic o Datadog per il monitoraggio delle prestazioni del backend.
    o   Rivedi regolarmente i report sulle prestazioni per identificare e risolvere colli di bottiglia o problemi di scalabilità.
4. **Backup e ripristino in caso di emergenza**:
    o   Implementa procedure di backup regolari per il database e gli ambienti server.
    o   Sviluppa un piano di disaster recovery che includa i passaggi per ripristinare dati e servizi in caso di guasti hardware, corruzione dei dati o violazioni della sicurezza.
5. **Pratiche di sicurezza**:
    o   Monitora continuamente gli avvisi di sicurezza relativi alle tecnologie che utilizzi.
    o   Esegui regolarmente audit di sicurezza e penetration test per identificare e correggere vulnerabilità.
6. **Coinvolgimento della community e dell'open source** (se applicabile):
    o   Se il progetto è open source, incoraggia i contributi della community documentando chiaramente come configurare gli ambienti di sviluppo, inviare modifiche e comunicare con il team del progetto.

o Gestisci pull request e contributi della community in modo efficace per assicurarti che siano allineati con gli obiettivi del progetto e con gli standard di qualità.

Una documentazione efficace e una manutenzione proattiva sono fondamentali per il funzionamento fluido e la crescita futura della tua applicazione. Offrendo una documentazione chiara e completa, permetti a utenti e sviluppatori di capire e utilizzare efficacemente l'applicazione o di contribuire al suo sviluppo. Inoltre, aderendo a solide pratiche di manutenzione, ti assicuri che l'applicazione rimanga sicura, performante e rilevante per gli utenti, estendendone il ciclo di vita e migliorando la soddisfazione degli utenti.

10. Estensioni e miglioramenti

Dopo aver distribuito la tua applicazione full-stack per prendere appunti, è importante considerare possibili miglioramenti ed estensioni per mantenerla rilevante, migliorare l'esperienza utente e rispondere a nuove esigenze. Questa sezione illustrerà possibili miglioramenti e nuove funzionalità che possono essere integrate nella tua applicazione per estenderne le capacità e mantenerne la competitività sul mercato.

10.1 Miglioramenti delle funzionalità

1. **Sistema di tag**:
   o Implementa una funzionalità di tagging che permetta agli utenti di assegnare tag alle note per una migliore organizzazione e recupero. Gli utenti possono filtrare le note per tag, rendendo più facile trovare rapidamente le informazioni correlate.
2. **Modifica collaborativa**:
   o Introduci funzionalità di modifica collaborativa in tempo reale, simili a Google Docs, consentendo a più utenti di modificare la stessa nota contemporaneamente. Questo può essere realizzato usando WebSocket o tecnologie come Firebase.
3. **Editing di testo avanzato (Rich Text)**:
   o Aggiorna l'editor delle note per supportare funzioni di testo avanzato, incluse grassetto, corsivo, sottolineato, elenchi puntati e font personalizzati. Valuta l'integrazione di una libreria di editor rich text come Quill o CKEditor.
4. **App mobile**:
   o Sviluppa una versione mobile dell'applicazione usando React Native o un altro framework mobile per offrire agli utenti accesso alle note anche in mobilità.
5. **Integrazione con servizi di terze parti**:

- o Permetti agli utenti di integrare le note con altri servizi come Google Calendar per i promemoria, Dropbox per i backup o Slack per la condivisione.
6. **Esportazione e importazione delle note**:
   - o Fornisci funzionalità per esportare le note in formati come PDF o Markdown e importare note da altre piattaforme.
7. **Note vocali e trascrizione**:
   - o Implementa funzionalità di note vocali, in cui gli utenti possono registrare memo vocali che vengono automaticamente trascritti in testo.

10.2 Miglioramenti delle prestazioni

1. **Ottimizzare i tempi di caricamento**:
   - o Analizza e ottimizza i tempi di caricamento usando strumenti come Google Lighthouse. Riduci la dimensione degli asset, usa il lazy loading per immagini e componenti e assicurati tempi di risposta del server efficienti.
2. **Ottimizzazione del database**:
   - o Ottimizza le query del database per migliorare tempi di risposta e scalabilità. Implementa indici per ricerche più rapide, soprattutto se l'applicazione gestisce un grande volume di note.
3. **Strategie di caching**:
   - o Implementa meccanismi di caching lato client e lato server per memorizzare temporaneamente i dati consultati più di frequente, riducendo i tempi di caricamento e le richieste al server.

10.3 Scalabilità

1. **Architettura a microservizi**:
   - o Se l'applicazione cresce in modo significativo, considera di suddividere l'architettura del server in microservizi. Questo approccio può aiutare a gestire la complessità dell'applicazione, migliorando scalabilità e manutenzione.
2. **Auto-scaling nel cloud**:
   - o Sfrutta le funzionalità di auto-scaling del cloud per gestire in modo efficiente carichi variabili, assicurando che l'applicazione rimanga reattiva anche sotto uso intenso.

10.4 Miglioramenti della sicurezza

1. **Audit di sicurezza regolari**:

     o   Esegui audit di sicurezza regolari e aggiorna le pratiche di sicurezza per proteggerti da nuove vulnerabilità e minacce.

2. **Crittografia dei dati avanzata**:
   - Implementa misure di crittografia più avanzate per i dati a riposo e in transito, in particolare per i dati sensibili degli utenti.
3. **Autenticazione a due fattori (2FA)**:
   - Offri l'autenticazione a due fattori per gli account utente, per fornire un ulteriore livello di sicurezza.

10.5 Miglioramenti dell'esperienza utente (UX)

1. **Ciclo di feedback degli utenti**:
   - Stabilisci un ciclo continuo di feedback degli utenti per raccogliere e analizzare suggerimenti e reclami. Usa questi dati per dare priorità a nuove funzionalità e miglioramenti.
2. **Personalizzazione**:
   - Implementa opzioni di personalizzazione come temi e layout configurabili per aumentare il coinvolgimento degli utenti.

Il processo di estensione e miglioramento della tua applicazione è continuo. Introducendo costantemente nuove funzionalità, ottimizzando le prestazioni e migliorando sicurezza e usabilità, ti assicuri che l'applicazione si adatti alle esigenze degli utenti e ai progressi tecnologici. Questi miglioramenti non solo fidelizzano gli utenti esistenti, ma ne attraggono di nuovi, favorendo una base utenti in crescita e coinvolta per la tua applicazione.

Conclusione

Nel concludere "JavaScript from Zero to Superhero: Unlock Your Web Development Superpowers", è essenziale riflettere sul percorso che abbiamo intrapreso insieme. Dai concetti fondamentali di JavaScript alle complessità del deployment di un'applicazione full-stack, questo libro ha coperto un'ampia gamma di argomenti pensati per fornirti le competenze necessarie per eccellere nel mondo dello sviluppo web.

Il viaggio attraverso JavaScript

Abbiamo iniziato la nostra esplorazione dalle basi di JavaScript, comprendendone la sintassi, gli operatori, i tipi di dato e le strutture. Queste competenze fondamentali sono cruciali per qualsiasi sviluppatore e costituiscono i mattoni su cui poggiano i temi più avanzati. Man mano che procedevamo, siamo entrati nelle funzionalità che rendono JavaScript uno strumento potente sia nella programmazione lato client sia in quella lato server.

Abbiamo esplorato come JavaScript gestisce le operazioni asincrone—un concetto critico nelle moderne applicazioni web. Comprendere callback, promise e i pattern async/await non solo chiarisce come JavaScript affronti operazioni che richiedono tempo per completarsi, ma mette anche in luce la robustezza con cui il linguaggio gestisce questi scenari, rendendo le nostre applicazioni più efficienti e reattive.

Un'immersione nel DOM e oltre

Il Document Object Model (DOM) è stato un altro tema fondamentale. Imparando a manipolare il DOM, abbiamo acquisito la capacità di creare contenuti dinamici ed esperienze utente interattive. Questa conoscenza è vitale per qualsiasi sviluppatore web che voglia costruire siti coinvolgenti e interattivi.

Quando siamo passati ad argomenti più avanzati, abbiamo affrontato framework e librerie JavaScript moderni come React, Vue e Angular. Questi strumenti sono indispensabili nell'attuale panorama dello sviluppo web, offrendo soluzioni potenti per creare applicazioni scalabili e manutenibili. Comprendere questi framework consente agli sviluppatori di tenere il passo con il settore e di soddisfare le esigenze di requisiti di progetto complessi.

Il lato server di JavaScript con Node.js

Il nostro percorso ci ha portato anche attraverso gli aspetti lato server di JavaScript con Node.js, arricchendo il tuo toolkit e permettendoti di sviluppare capacità full-stack. Questa conoscenza ti consente di gestire scripting lato server, API e database, rendendoti una risorsa versatile in qualsiasi team di sviluppo.

Il capitolo sul deployment delle applicazioni JavaScript ha racchiuso i passaggi finali cruciali necessari per lanciare un'applicazione web. Trattando piattaforme di distribuzione, ottimizzazioni e best practice, abbiamo fatto in modo che tu sia ben preparato a portare i tuoi progetti dallo sviluppo alla produzione, mostrando le tue applicazioni al mondo.

Applicazione pratica e competenze reali

In tutto il libro, esercizi e progetti pratici sono stati integrati per offrire un'esperienza diretta. I progetti, che vanno da semplici script a una completa applicazione full-stack per prendere appunti, sono stati progettati per metterti alla prova e migliorare il tuo apprendimento attraverso l'applicazione concreta dei concetti trattati. Questi esercizi non sono puramente accademici; sono pietre miliari per costruire il tuo portfolio e migliorare le tue capacità di problem solving nello sviluppo web.

Il futuro di JavaScript e dello sviluppo web

Guardando avanti, il panorama dello sviluppo web e di JavaScript è in continua evoluzione. Nuovi framework, strumenti e best practice emergono costantemente. Come sviluppatore, rimanere aggiornato su questi cambiamenti è cruciale. Partecipa alla community, contribuisci a progetti open source e non smettere mai di imparare. Tecnologie come WebAssembly e le progressive web app (PWA) sono all'orizzonte e promettono di sfumare ulteriormente i confini tra applicazioni desktop e web.

Il ruolo dell'apprendimento continuo

Il settore tecnologico è fatto di apprendimento perpetuo. Ciò che hai appreso da questo libro è una solida base, ma l'architettura della tua carriera nello sviluppo web si costruirà attraverso educazione continua e capacità di adattamento. Partecipa a bootcamp di programmazione, corsi online e meetup per sviluppatori. Leggi blog, guarda tutorial e continua a programmare. Ogni riga di codice che scrivi, ogni bug che risolvi e ogni progetto che completi ti spinge più avanti nel tuo percorso.

In conclusione

Questo libro è stato realizzato non solo per insegnarti JavaScript, ma anche per ispirarti a esplorare le vaste possibilità che offre. Che tu aspiri a diventare uno sviluppatore front-end, un esperto di Node.js o un ingegnere full-stack, le competenze che hai acquisito qui sono preziose. JavaScript è più di un linguaggio di programmazione; è una porta d'accesso per realizzare le tue aspirazioni creative e professionali nel mondo digitale.

Quando chiudi questo libro, ricorda che la fine di questa lettura è solo l'inizio della tua avventura nello sviluppo web. Con le tue nuove competenze, un atteggiamento proattivo e la passione per costruire e creare, ora sei pronto ad affrontare il mondo dello sviluppo web. Abbraccia le sfide, celebra i tuoi successi e continua a crescere. Il tuo percorso come sviluppatore JavaScript è appena iniziato.

Dove continuare?

Se hai completato questo libro e desideri approfondire ulteriormente le tue conoscenze di programmazione, ci piacerebbe consigliarti alcuni altri libri della nostra azienda di software che potrebbero risultarti utili. Questi libri coprono un'ampia gamma di argomenti e sono progettati per aiutarti a continuare ad ampliare le tue competenze di programmazione.

"ChatGPT API Bible: Mastering Python Programming for Conversational AI": offre una guida pratica e passo dopo passo per utilizzare ChatGPT, coprendo tutto, dall'integrazione dell'API alla messa a punto del modello per attività o settori specifici.

"Natural Language Processing with Python: Building your Own Customer Service ChatBot": questo libro completo offre un'esplorazione approfondita del Natural Language Processing. Presenta concetti complessi in modo chiaro attraverso spiegazioni coinvolgenti ed esempi intuitivi.

"Data Analysis with Python": Python è un linguaggio potente per l'analisi dei dati, e questo libro ti aiuterà a sfruttarne al massimo il potenziale. Copre argomenti come la pulizia dei dati, la manipolazione dei dati e la visualizzazione dei dati, offrendo anche esercizi pratici per applicare ciò che hai imparato.

"Machine Learning with Python": il machine learning è uno dei campi più entusiasmanti dell'informatica, e questo libro ti aiuterà a iniziare a costruire i tuoi modelli di apprendimento automatico utilizzando Python. Copre argomenti come regressione lineare, regressione logistica e alberi decisionali.

"Mastering ChatGPT and Prompt Engineering": in questo libro ti accompagneremo in un viaggio completo nel mondo del prompt engineering, coprendo tutto, dalle basi dei modelli linguistici di IA fino a strategie avanzate e applicazioni nel mondo reale.

Tutti questi libri sono progettati per aiutarti a continuare ad ampliare le tue competenze di programmazione e ad approfondire la tua comprensione del linguaggio Python. Crediamo che la programmazione sia una competenza che può essere sviluppata nel tempo e siamo impegnati a fornire risorse che possano aiutarti a raggiungere i tuoi obiettivi.

Cogliamo inoltre questa opportunità per ringraziarti per aver scelto la nostra azienda di software come guida nel tuo percorso di apprendimento della programmazione. Speriamo che tu abbia trovato questo libro una risorsa utile e ci auguriamo di continuare a offrirti materiali di programmazione di alta qualità in futuro. Se hai commenti o suggerimenti per libri o risorse future, non esitare a contattarci. Saremo felici di ricevere il tuo feedback!

Scopri di più su di noi

In **Cuantum Technologies**, siamo specializzati nello sviluppo di applicazioni web che offrono esperienze creative e risolvono problemi del mondo reale. I nostri sviluppatori hanno esperienza in una vasta gamma di linguaggi di programmazione e framework, tra cui **Python, Django, React, Three.js e Vue.js**, tra gli altri. Esploriamo costantemente nuove tecnologie e tecniche per rimanere all'avanguardia nel settore e siamo orgogliosi della nostra capacità di creare soluzioni che soddisfino le esigenze dei nostri clienti.

Se desideri saperne di più su **Cuantum Technologies** e sui servizi che offriamo, visita il nostro sito web:

books.cuantum.tech

Saremo lieti di rispondere a qualsiasi domanda tu possa avere e di discutere come possiamo aiutarti con le tue esigenze di sviluppo software.

www.cuantum.tech

9 798904 178512